完全図解

新しい介護

［監修・著者］
大田仁史
◉茨城県立医療大学附属病院長
三好春樹
◉生活とリハビリ研究所代表・理学療法士

講談社

監修のことば

超高齢社会を迎え、介護は国民一人一人が真剣に考えなければならない時代になりました。いや、考えるというより、国民の誰もが実践しなければならない時代ともいえると思います。実践を学ぶとは、プロになって他人を世話しなければならないということではありません。介護を知る、それによって介護の良し悪しが判断できる、介護を学ぶことを通じて介護予防を学ぶ、ことです。

介護の中身は、いうまでもなく「生活の具体」です。絵空事ではできません。病院でも最近では、病棟（回復期リハビリテーション病棟）に理学療法士（PT）、作業療法士（OT）が入り、看護師、介護福祉士といっしょに生活現場（病棟にかぎられますが）で治療にあたろうという時代になりました。リハビリテーション医療のもっとも中心的な場で医療と介護が渡り合う場が出現したのです。その延長線上に、在宅や施設でのケアが存在することになったのです。これは、遅きに失した感がなくもありませんが、リハビリテーション医療にとっても介護の世界にとっても画期的なことだと私は考えています。

じつは、三好春樹さんは介護の現場からリハビリテーション医療を学び、それを介護の現場に持ち帰って、そのことを28年間じつにエネルギッシュに介護の世界に伝え、また、介護現場から新しい情報を発信し、発言してきました。私は、リハビリテーションについて、特に退院後、在宅で暮らす脳卒中者を元気づけるために考え方や手法を提案してきました。そして、現在、医療リハビリテーション病院に勤める傍らで地域大学に籍をおいてはいるものの、今後の日本の超高齢者へのケアのために、終末期リハビリテーションという新しい考え方を世に問い、深く福祉の領域と関わりを持っています。2人は同じ目標に、挟み撃ちで攻めて、いよいよ目標地点に到達しかかった感じがします。そのような2人が、講談社の肝いりで、時の代表的なその道の第一人者ばかりの執筆者を網羅し、介護に関わる本を上梓できるのは意義深く、うれしいかぎりです。

いうまでもなく介護は、食べる、排泄する、にはじまり、衣服の着脱、入浴など日常生活の営みの根幹に直接的に関わる複合的な援助です。たとえば排泄援助は、排泄の生理機能、動作能力、意志に加え、便器や周辺の物理的な要素、身につけている衣服などによっても援助のしかたは違ってきます。そのような日常的な活動のしかたは人さまざまで、長年「生活してきた」高齢者になるほど個別性が高くなるのは当然でしょう。高齢者の場合、いわば、生活のしかたについては介護される当人が高度の「専門家」なのです。そこに、生活の歴史も考え方も感性も違う他人が介入する。これが介護です。ですから、高齢者の介護がうまく整うかどうかは介護者と要介護者との関係によってもがらりと変わります。こう考えると、介護はきわめて専門性の高いサービスであることがわかります。介護される一人一人の個別性の中から普遍的な技術を見出す努力、それを他者に展開し検証する態度。このくり返しの中からほんとうの介護技術が生まれます。

「新しい介護」はそのような実践を通して得た最新の考え方と技術を集大成したものです。超高齢社会を迎えた日本では、介護する人もされる人も、すなわち国民全員が良質の介護技術を知ることが望まれます。ぜひ家庭に一冊備えておくことをおすすめします。

大田仁史

監修のことば

私が介護の世界に入ったのは１９７４年、24歳のときでした。縁があって特別養護老人ホームの職員になったのです。

当時、介護職は私を含めて全員シロウトでした。医師や看護師は急性期の安静を必要としている患者さんたちへのアプローチは教えてくれました。でも介護に求められているのは、むしろ安静にしないためのアプローチでした。

理学療法士（ＰＴ）や作業療法士（ＯＴ）は、マヒした手足の治し方、固まった関節を伸ばす方法は教えてくれました。しかし、私たちに必要なのは、マヒし固まっている関節でどう生活していくのかという方法でした。

やむなく私たち介護職は、既成の専門家に頼るのではなく、介護職ならではの自前の方法論を創りあげていくことにしました。偉い先生の本よりは、目の前の老人の表情を見ることにしました。どんな関わり方をしたときに老人の顔が輝いてくるか、逆にどんなことをすると表情がなくなるのか、を判断基準にして、介護を手づくりしていくのです。

そうしてみると、介護現場は「宝の山」でした。そこでは新しいコトバが生まれていました。「患者」という受け身的な治療対象に代わって「生活の主体」という新しい人間像が立ちあがってくる場でした。

そうした現場で手づくりした介護の方法論を自発的に持ち寄って発表しあおう、とはじまったのが１９８８年の「オムツ外し学会」でした。

当時病院から特養ホームに入所してきた障害老人や痴呆性老人は、当たり前のようにオムツを着けられて寝たきりになっていました。それを、特養ホームのシロウト介護職が次々とオムツを外し、寝たきりから脱出させていたのです。いわば「オムツ外し」は安静を強制する看護に代わる新しい介護の象徴だったのです。

時代は変わり、介護保険制度ができ、介護は国民的課題といわれるまでになりました。しかし、マスコミや文化人がとり上げるのは、制度や政策ばかりで、その制度、政策でどんなケアをするのか、という肝心の中身が語られることはありません。さらにその中身は、現場の介護職の奮闘にも拘わらず、いまだに急性期にしか適用しない安静看護法や、患者という受け身的人間観に基づいたアプローチが主流になっているのです。

本書はそうした状況に対し、ほんとうの意味での介護の発想と方法論を提出するために刊行されました。従来の専門性の枠の中に収まらない創造的な仕事をされている先生方のご協力と、私自身の28年間の経験を、決して内容には妥協せず、しかし表現はできるだけやさしく、その目的を果たせたと考えています。特に痴呆性老人のケアについては、脳細胞に原因を求める〝個体還元論〟を越える新しい人間観と方法論を提出し得たと自負しています。

最後に、片マヒ者、パーキンソン病者、痴呆性老人のイラストが、手足の拘縮、姿位、表情のそれぞれについて、重度で典型的なものになっていることについて触れておきます。すべての人にあてはまるものではありません。私たちの意図は、彼らへの先入観を強めることではなく、むしろ、より重度な人にこそ新しい介護でアプローチすべきであることを伝えたいということにあります。本文に重ねてお断りをしておきます。

三好春樹

執筆者一覧（監修・著者以外の担当頁）

遠藤尚志 言語生活とリハビリ研究所代表　言語聴覚士（244～251頁）

金谷節子 浜松大学助教授（84～91頁）

川崎美織 保健師（332～343頁）

菊谷　武 日本歯科大学口腔介護・リハビリセンター長（92～97頁）

高口光子 介護老人保健施設「鶴舞乃城」看・介護長（346～351頁）

西原修造 香川県健康福祉部・医師（50～59頁）

昇　幹夫 日本笑い学会副会長・医師（62～63頁）

藤島一郎 聖隷三方原病院リハビリテーション科センター長・医師（84～91頁）

山川百合子 茨城県立医療大学講師　精神科医（66～67頁）

米山武義 米山歯科クリニック院長（92～97頁）

協力していただいた方々

青山幸広（介護アドバイザー）
上野文規（元気の素代表、生活とリハビリ研究所講師）
大熊正喜（老人保健施設ライフタウンまび）
大塚　洋（介護アドバイザー・理学療法士）
金田由美子（介護アドバイザー）
下山名月（元気の素、生活とリハビリ研究所講師）
鳥海房枝（特別養護老人ホーム清水坂あじさい荘次長）
村上廣夫（特別養護老人ホーム誠和園施設長）
山田　穣（リハビリデザイン研究所）
ラックヘルスケア㈱ 06-6244-0636（車イス　36～37頁）

松谷章司（NTT東日本関東病院病理診断部長）

Special thanks
竹内孝仁（日本医科大学教授）

本書の特色と役立て方

介護のスタンダード

看護と介護の違いがわかる

治療の場での看護と、生活の場での介護は違います。生活という視点に立った介護の知識と方法が明らかに。

最新介護百科

介護のすべてを完全網羅

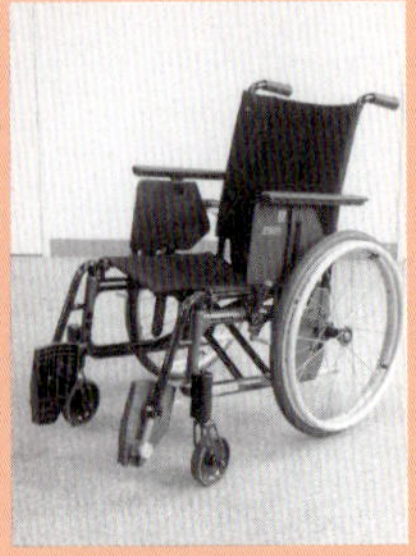

食事、排泄、入浴などの基本編から、片マヒや痴呆などの応用編まで、幅広い内容をカバーしています。

図解化

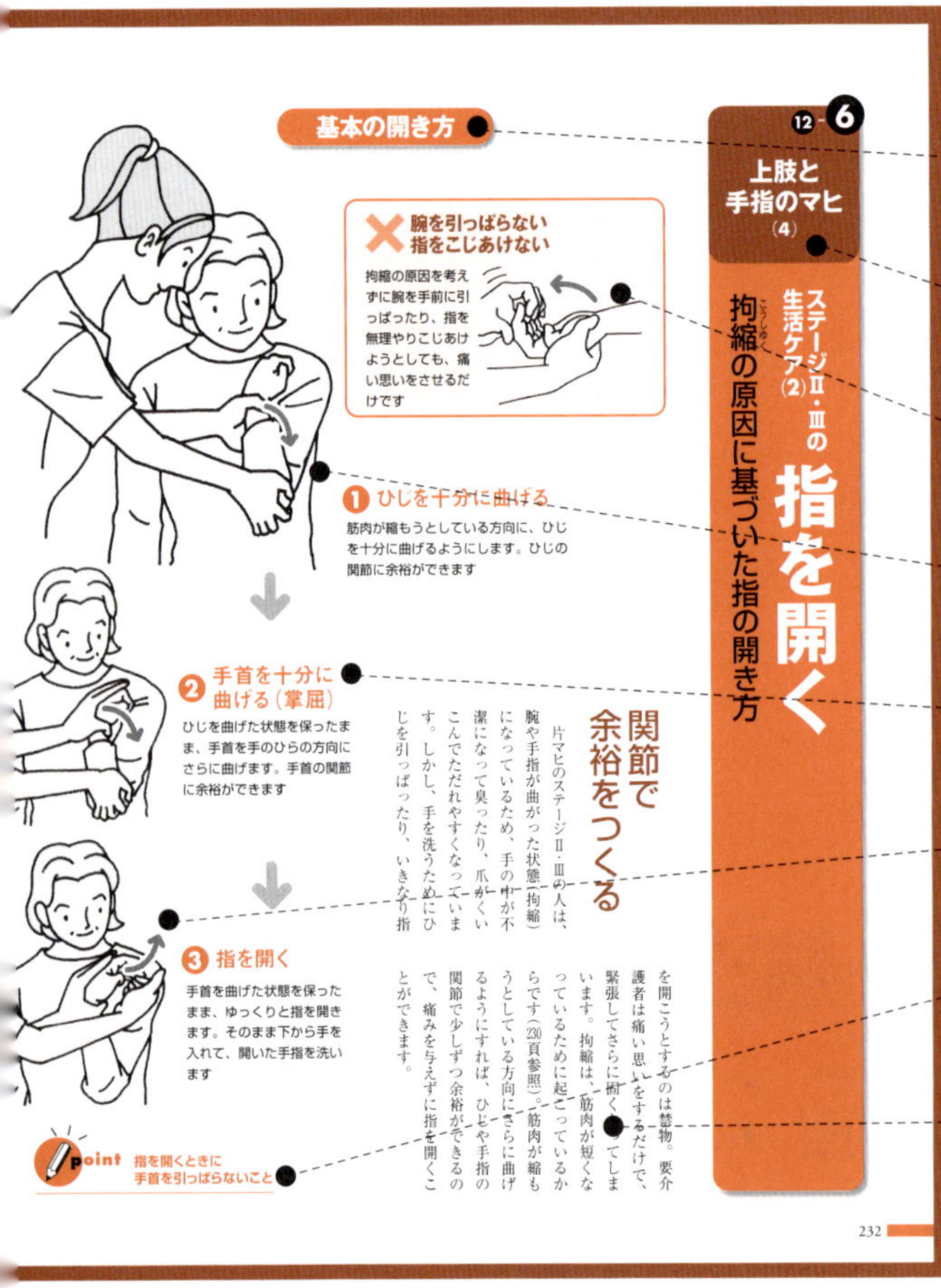

12-6

上肢と手指のマヒ（4）

ステージⅡ・Ⅲの生活ケア(2)

指を開く

拘縮《こうしゅく》の原因に基づいた指の開き方

基本の開き方

❶ ひじを十分に曲げる

筋肉が縮もうとしている方向に、ひじを十分に曲げるようにします。ひじの関節に余裕ができます

❷ 手首を十分に曲げる（掌屈）

ひじを曲げた状態を保ったまま、手首を手のひらの方向にさらに曲げます。手首の関節に余裕ができます

❸ 指を開く

手首を曲げた状態を保ったまま、ゆっくりと指を開きます。そのまま下から手を入れて、開いた手指を洗います

✕ 腕を引っぱらない 指をこじあけない

拘縮の原因を考えずに腕を手前に引っぱったり、指を無理やりこじあけようとしても、痛い思いをさせるだけです

関節で余裕をつくる

片マヒのステージⅡ・Ⅲの人は、腕や手指が曲がった状態（拘縮）になっているため、手の中が不潔になって臭ったり、爪がくいこんでただれやすくなっています。しかし、手を洗うためにひじを引っぱったり、いきなり指を開こうとするのは禁物。要介護者は痛い思いをするだけで、緊張してさらに固くなってしまいます。拘縮は、筋肉が短くなっているために起こっているからです（230頁参照）。筋肉が縮もうとしている方向にさらに曲げるようにすれば、ひじや手指の関節で少しずつ余裕ができるので、痛みを与えずに指を開くことができます。

point 指を開くときに手首を引っぱらないこと

232

❶ まずおさえておきたい基本の手順

❷ 関連テーマごとにまとめた見出しを表記

❸ 間違った介助例とその理由を提示

❹ 指の開き方を順を追ってイラストでわかりやすく図示

❺ 具体的な介助のしかたを手順ごとに解説

❻ 腕や指を動かす方向を矢印で表示

❼ 特に注意したいポイントを明記

❽ わかりやすい本文解説

本書は介護の現場で生じるあらゆる問題をとり上げて体系化し、実践を通して得られた最新の考え方と技術を見開き単位で図解しています。はじめから順に読む以外にも、困っていることがあればその関連頁から読む、という使い方ができます。

脳卒中のおじいちゃんが退院を迫られている
☞ 20、32、34、36、38、42、44、46、48、98、168、170、186、188頁、第12章参照

ベッドがいいのか、ふとんでいいのか判断に迷っている
☞ 32、34、182、184、200、218、296頁参照

車イスをどう選ぶのか
☞ 36、38、200頁参照

床ずれに気をつけなさいといわれたが
☞ 34、46、48、164、166頁、第9章参照

MRSA陽性といわれた
☞ 50、52、54頁参照

高齢者の食事で工夫があると聞いたが
☞ 48、74、76、78、80、82、84、86頁参照

体系化

現場での介護技術を集大成

介護の現場で培われてきたさまざまな経験、技術、ノウハウが、はじめて一冊の本としてまとまりました。

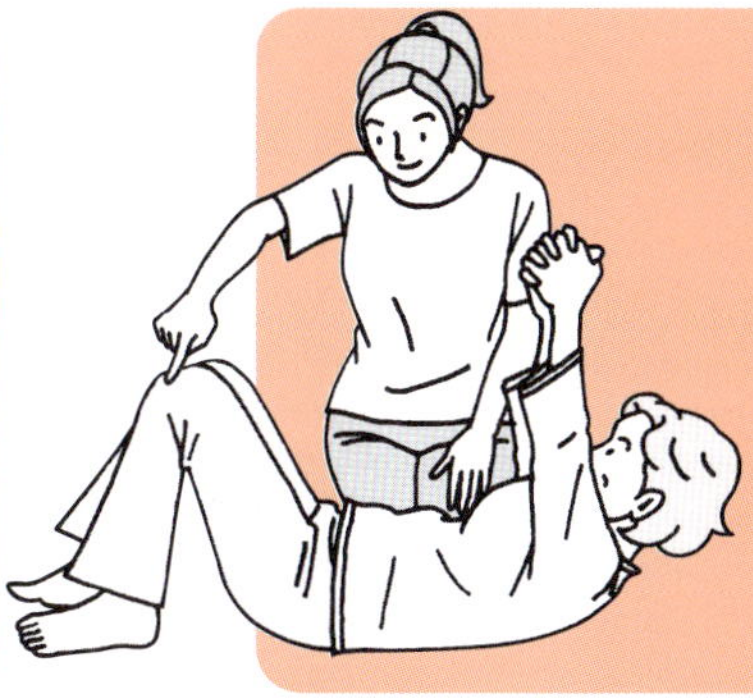

本書の表現・表記について

重度の人こそ介護を工夫

片マヒ者、痴呆性老人のイラストは、姿勢や表情が重度で典型的なものになっていますが、これは重度の人にこそ新しい介護でアプローチすべき、という意図によるものです。すべての人にあてはまるわけではありません。

9 基本のやり方で開かない場合の方法も紹介

10 重要なポイントは拡大イラストで図示

11 知っておくと役立つ話題をコラムで紹介

12 開きたい部位別に手順を分けて図示

Yさん（90歳女性）は、同居しているお嫁さんが財布からお金を盗ったといい出しました。一人でかいがいしく介護してきたお嫁さんは、最初はくやしくて涙が出たそうですが、Yさんにとって介護されることはありがたい反面、心苦しかったのかもしれません。気をとり直したお嫁さんは、食器洗いや部屋の掃除などを手伝ってくれるよう頼むことにしました。実際にはかえって時間も手間もかかるのですが、一方的な人間関係ではなくなったことでYさんの表情は和らぎ、「盗った」ともいわなくなりました（322頁参照）。

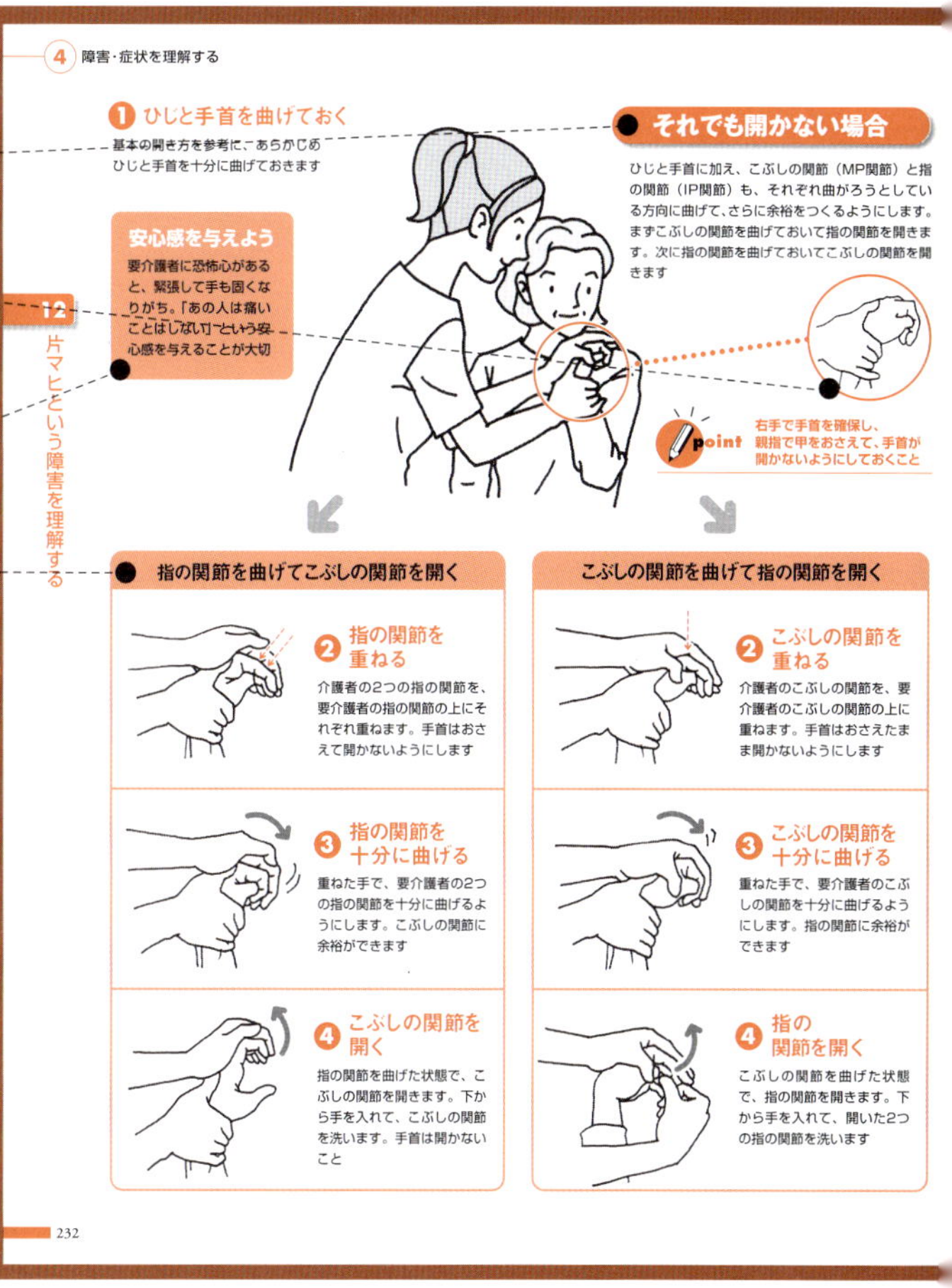
4 障害・症状を理解する

1 ひじと手首を曲げておく
基本の開き方を参考に、あらかじめひじと手首を十分に曲げておきます

安心感を与えよう
要介護者に恐怖心があると、緊張して手も固くなりがち。「あの人は痛いことはしない」という安心感を与えることが大切

それでも開かない場合
ひじと手首に加え、こぶしの関節（MP関節）と指の関節（IP関節）も、それぞれ曲がろうとしている方向に曲げて、さらに余裕をつくるようにします。まずこぶしの関節を曲げておいて指の関節を開きます。次に指の関節を曲げておいてこぶしの関節を開きます

point 右手で手首を確保し、親指で甲をおさえて、手首が開かないようにしておくこと

12 片マヒという障害を理解する

指の関節を曲げてこぶしの関節を開く

2 指の関節を重ねる
介護者の2つの指の関節を、要介護者の指の関節の上にそれぞれ重ねます。手首はおさえて開かないようにします

3 指の関節を十分に曲げる
重ねた手で、要介護者の2つの指の関節を十分に曲げるようにします。こぶしの関節に余裕ができます

4 こぶしの関節を開く
指の関節を曲げた状態で、こぶしの関節を開きます。下から手を入れて、こぶしの関節を洗います。手首は開かないこと

こぶしの関節を曲げて指の関節を開く

2 こぶしの関節を重ねる
介護者のこぶしの関節を、要介護者のこぶしの関節の上に重ねます。手首はおさえたまま開かないようにします

3 こぶしの関節を十分に曲げる
重ねた手で、要介護者のこぶしの関節を十分に曲げるようにします。指の関節に余裕ができます

4 指の関節を開く
こぶしの関節を曲げた状態で、指の関節を開きます。下から手を入れて、開いた2つの指の関節を洗います

232

目次

完全図解　新しい介護

完全図解

Ultimate Practical Care

新しい介護

デザイン／スタジオ・ギブ（山岡　茂、山本雅一、寺田　幹、浦山雄子、細淵　亮、近藤陽子）
編集協力／エーアンドイー（天野弘美、江本芳野）
イラスト／秋田綾子、今崎和広、千田和幸、奈和浩子、本庄和範
図版制作／デザインカブス

第1部
介護のはじまり

第1章 介護の原則

1-1

介護とは何か（1）

介護は「考える杖」

高齢者や障害者が使いこなせる杖とは何か

介護のほんとうの意味

今や「介護の時代」といわれています。どうして介護が必要とされるようになったのでしょうか？

高齢者が増えたから？ それならば、医療や看護の専門職を増やすだけの対応でもよかったはずです。なぜわざわざ、介護福祉士などの新しい資格や制度をつくったのでしょうか？

平均寿命が延び、高齢化が進む現代、マヒなどの障害、老化による痴呆など、健康と病気の中間に位置する人たち、つまり医療や看護だけでは対応しきれないケースが非常に増えてきました。

その増加に伴って、本人や家族が抱える問題なども多様化し、個別化してきたのです。これらの問題の対応策として必要とされたのが、介護職です。一人一人の状態を把握し、その多様で個別的なニーズに応えられる存在として登場したのです。

従来の医療や看護の仕事や役割は、病気で苦しんでいる患者に、よい医療を施して安静を保

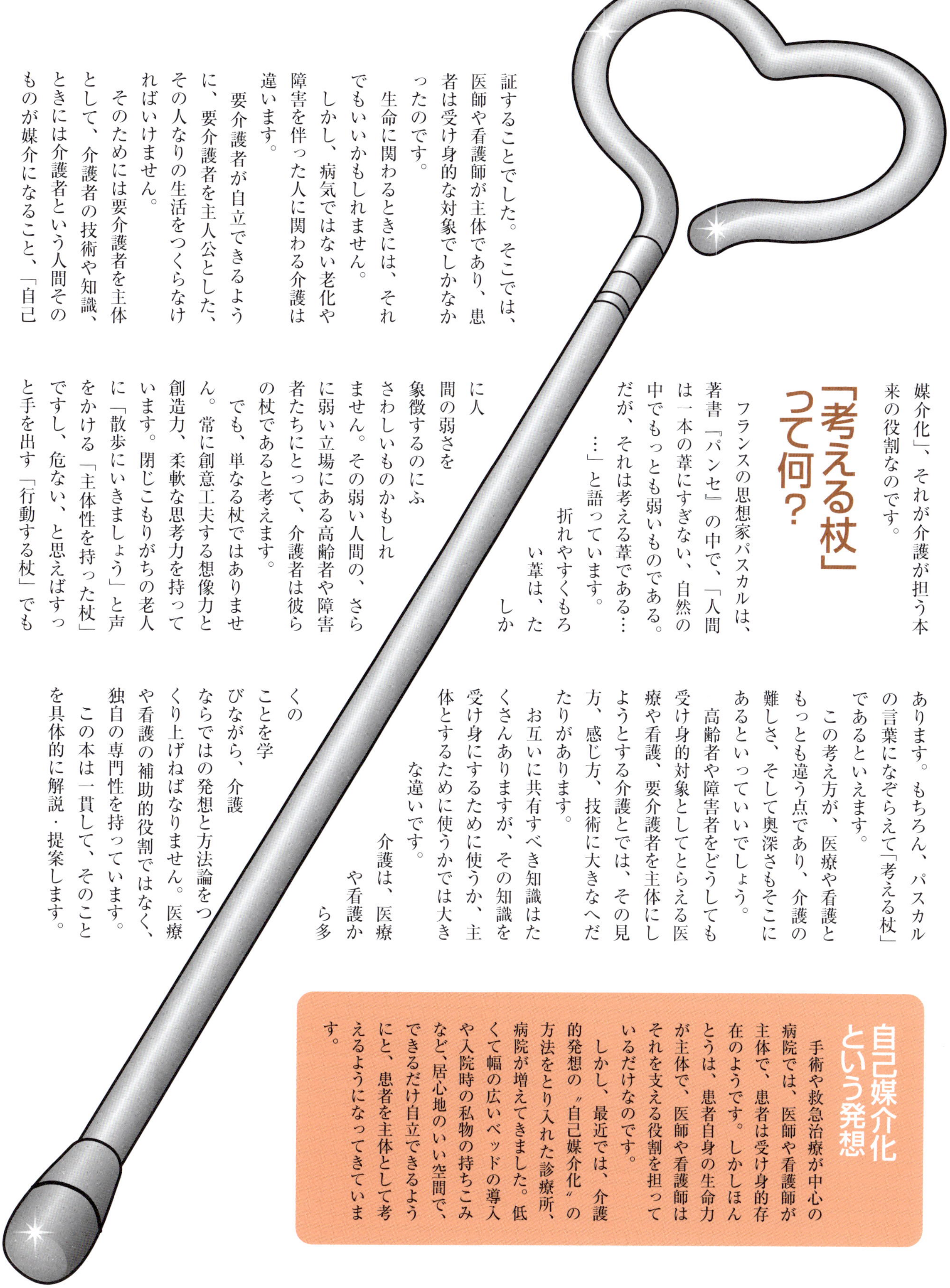

証することでした。そこでは、医師や看護師が主体であり、患者は受け身的な対象でしかなかったのです。

　生命に関わるときには、それでもいいかもしれません。

　しかし、病気ではない老化や障害を伴った人に関わる介護は違います。

　要介護者が自立できるように、要介護者を主人公とした、その人なりの生活をつくらなければいけません。

　そのためには要介護者を主体として、介護者の技術や知識、ときには介護者という人間そのものが媒介になること、「自己媒介化」、それが介護が担う本来の役割なのです。

「考える杖」って何？

　フランスの思想家パスカルは、著書『パンセ』の中で、「人間は一本の葦にすぎない、自然の中でもっとも弱いものである。だが、それは考える葦である……」と語っています。

　折れやすくもろい葦は、たしかに人間の弱さを象徴するのにふさわしいものかもしれません。その弱い人間の、さらに弱い立場にある高齢者や障害者たちにとって、介護者は彼らの杖であると考えます。

　でも、単なる杖ではありません。常に創意工夫する想像力と創造力、柔軟な思考力を持っています。閉じこもりがちの老人に「散歩にいきましょう」と声をかける「主体性を持った杖」ですし、危ない、と思えばすっと手を出す「行動する杖」でもあります。もちろん、パスカルの言葉になぞらえて「考える杖」であるといえます。

　この考え方が、医療や看護ともっとも違う点であり、介護の難しさ、そして奥深さもそこにあるといっていいでしょう。

　高齢者や障害者をどうしても受け身的対象としてとらえる医療や看護、要介護者を主体にしようとする介護とでは、その見方、感じ方、技術に大きなへだたりがあります。

　お互いに共有すべき知識はたくさんありますが、その知識を受け身にするために使うか、主体とするために使うかでは大きな違いです。

　介護は、医療や看護から多くのことを学びながら、介護ならではの発想と方法論をつくり上げねばなりません。医療や看護の補助的役割ではなく、独自の専門性を持っています。

　この本は一貫して、そのことを具体的に解説・提案します。

自己媒介化という発想

　手術や救急治療が中心の病院では、医師や看護師が主体で、患者は受け身的存在のようです。しかしほんとうは、患者自身の生命力が主体で、医師や看護師はそれを支える役割を担っているだけなのです。

　しかし、最近では、介護的発想の〝自己媒介化〟の方法をとり入れた診療所、病院が増えてきました。低くて幅の広いベッドの導入や入院時の私物の持ちこみなど、居心地のいい空間で、できるだけ自立できるように、患者を主体として考えるようになってきています。

1-2

介護とは何か（2）

介護は生活づくり

介護は「これ以上回復しない」ところから出発する

退院のときから介護がはじまる

患者から生活者へ

病院では、病気の治療とともに、入院中にできるだけ身体機能を回復させようと、リハビリを行います。

現在では、科学的な根拠のもとに、機能回復の程度を統計的に予測できるようになっているので、その予測結果をもとにして、目標を設定します。

そして、その目標が達成できれば「健康なからだ」になって、元通りの生活ができるようになると考えます。

逆に介護の世界では、毎日くり返す「日常生活＝ふつうの生活」の中で、「健康なからだ」がつくられると考えます。ここが健康に対する、医療側とのとらえ方の違いです。

介護は、病院での治療やリハビリのあとを受けて、身体機能が「これ以上回復しない」ところから出発します。

障害は病気ではありませんし、ましてや、老化は自然現象です。80歳なら80歳の、90歳なら90歳に見合った健康があるはずです。「ふつうの生活」さえできれば、「健康なからだ」をとり戻せます。

たとえば、先天的な障害のある人であっても、できる範囲で外出して「ふつうの生活」をしています。ちゃんと社会と関わって生活しています。それと同じことです。

老化や障害を現実として受けとめて、それぞれの状態に合わせた方法で生活しましょう。

そして、病気を発症する前と同じように、地域や社会と関わって生活する、いわば、生活者としての現場復帰です。

その生活をくり返していく中から、「健康なからだ」がつくられてきます。

介護がめざすもの

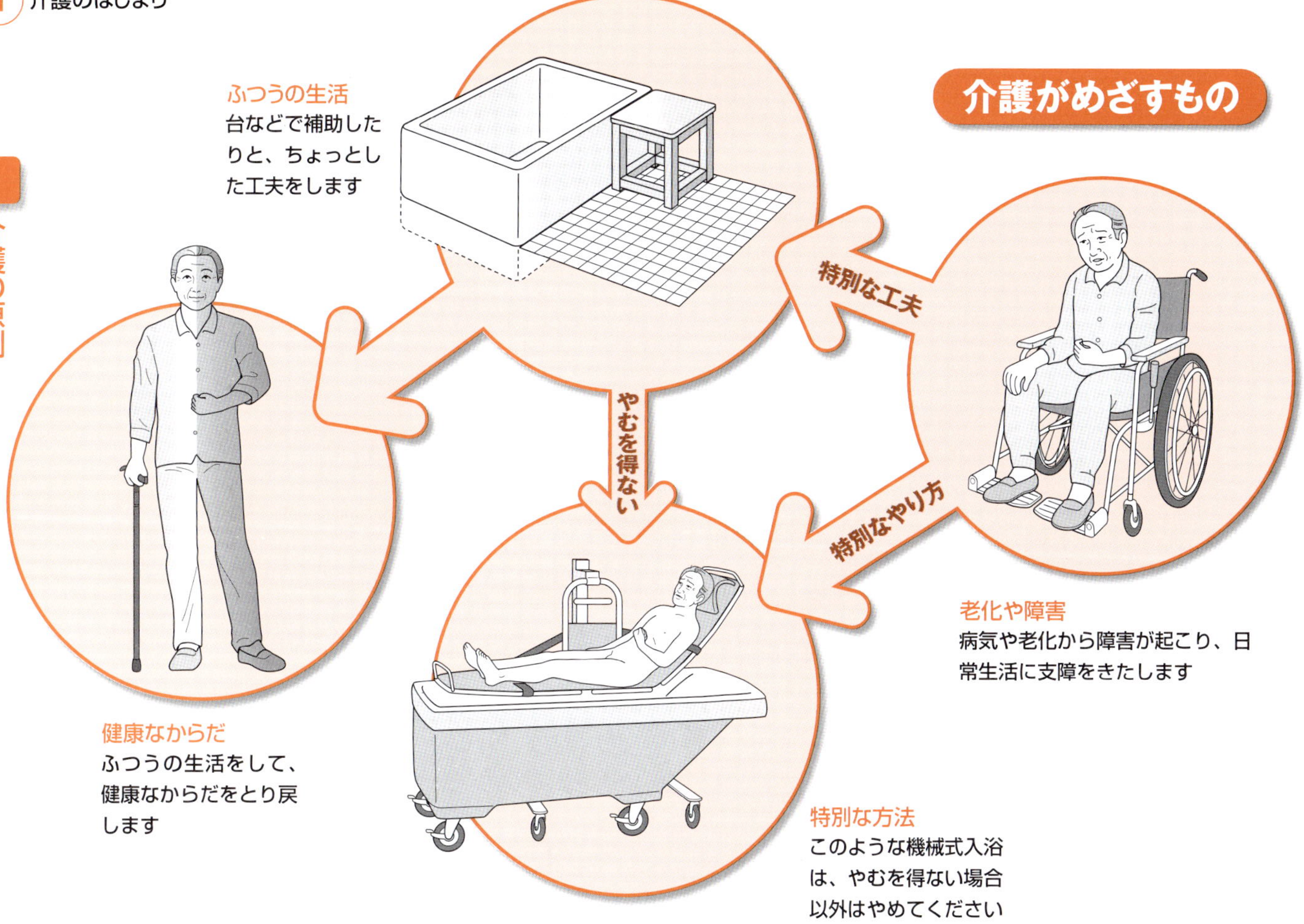
ふつうの生活
台などで補助したりと、ちょっとした工夫をします
特別な工夫
やむを得ない
特別なやり方
老化や障害
病気や老化から障害が起こり、日常生活に支障をきたします
健康なからだ
ふつうの生活をして、健康なからだをとり戻します
特別な方法
このような機械式入浴は、やむを得ない場合以外はやめてください

具体的な「生活づくり」

それでは、具体的な「生活づくり」は、どうしたらいいかということになります。

たとえば、毎日忙しく過ごしていると、誰でも家ではリラックスできるように心がけます。

安眠できるように、枕の高さを調節したり、疲れがとれるようにお風呂に好きな香りを入れたりと、いろいろな工夫をします。

「生活づくり」もそれと同じことです。たとえずっと愛用していた物でも、いくら住み慣れた家であっても、障害のあるからだでは、使い勝手が悪くなるものです。要介護者にとって、自力で動きやすい、過ごしやすい居住空間を整えてあげなければいけません。

改築できるなら、それにこしたことはありませんが、今までの設備にちょっと手を加えるだけでも十分です。少しでも動きやすいように手を加えます。

たとえばお風呂ですが、長期間入院していると、退院してから家のお風呂に入れるのは、とてもうれしいものです。

しかし障害があって、からだが思うように動かないのに、浴槽のへりが高かったりしたら、今までのように簡単に入ったり出たりはできません。そこで、イスや台を使って浴槽のへりまでの高さを調整したりして、入りやすくする工夫が必要になってきます（126頁参照）。

同じように排泄の場合も、できるだけトイレですませられるようにします。タイプは、和式よりは洋式がいいでしょう。改築するまでもなく、かぶせるだけで洋式タイプに変えられる便座も市販されているので、とても便利です。

歩けないのなら、ベッドの横にポータブルトイレを置くのでもいいでしょう。なるべく、自力で移れるようにします。

ただ気をつけたいのは、いずれの工夫をするにしても、本人に何ができるのか、何を望んでいるのかを確認することです。

決して、無理強いしたり、押しつけたりしてはいけません。かならず、本人の主体性を引き出すようにしてください。

介護は関係づくり

「閉じこもり症候群」を防ぐために

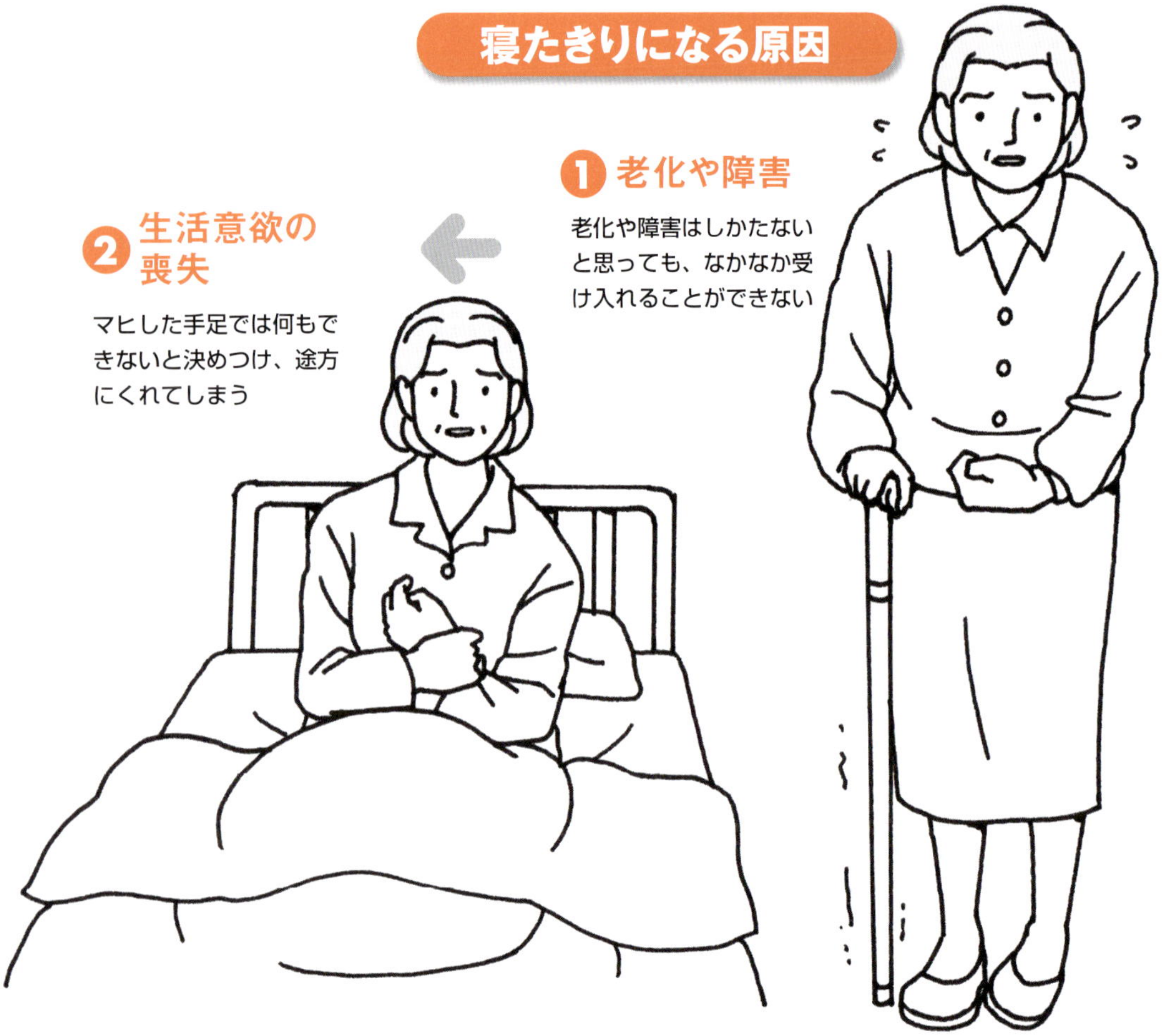
寝たきりになる原因
1 老化や障害
老化や障害はしかたないと思っても、なかなか受け入れることができない
2 生活意欲の喪失
マヒした手足では何もできないと決めつけ、途方にくれてしまう

寝たきりの原因を探る

脳卒中による片マヒが、「寝たきり」の最大の原因だといわれています。

しかし、意識がないとか、重度の障害があるとか、特別な場合以外は、寝たきりになることは考えられません。

ところが、片手で起き上がれるはずの人だけでなく、片脚で立てる人の多くも寝たきりになっているのが現実です。

寝たきりは、いくつかの段階を経ながら進行していきます。

まずは、老化や障害が心理的に受け入れることができないというメンタルな面からはじまります。

健康な頃の自分と比較して、老化に伴う身体機能の低下、障害による軽いマヒなどを持って生活しなければいけないという現実を認めたくないのです。そうなると、だんだんと生活意欲がなくなり、家に閉じこもるようになってきます。

家から出なくなると、さらにベッドやふとんからも起き上がらなくなります。動かなくなると、筋力が落ち、拘縮《こうしゅく》がはじまり、からだ全体の機能が低下します。そして、ついには寝たきりになってしまうのです。

つまり多くの場合の原因は、手脚の障害ではなく、障害をおってからの「生活意欲の喪失」なのです。

逆にいえば、その意欲さえとり戻せれば、寝たきりは防げるということになります。

介護は、ただ「立ち上がり」や「起き上がり」の介助をするだけではありません。老化や障害のある手足でも、「生きていこう」という意欲を引き出すこと、メンタル部分のサポートも大事な仕事です。

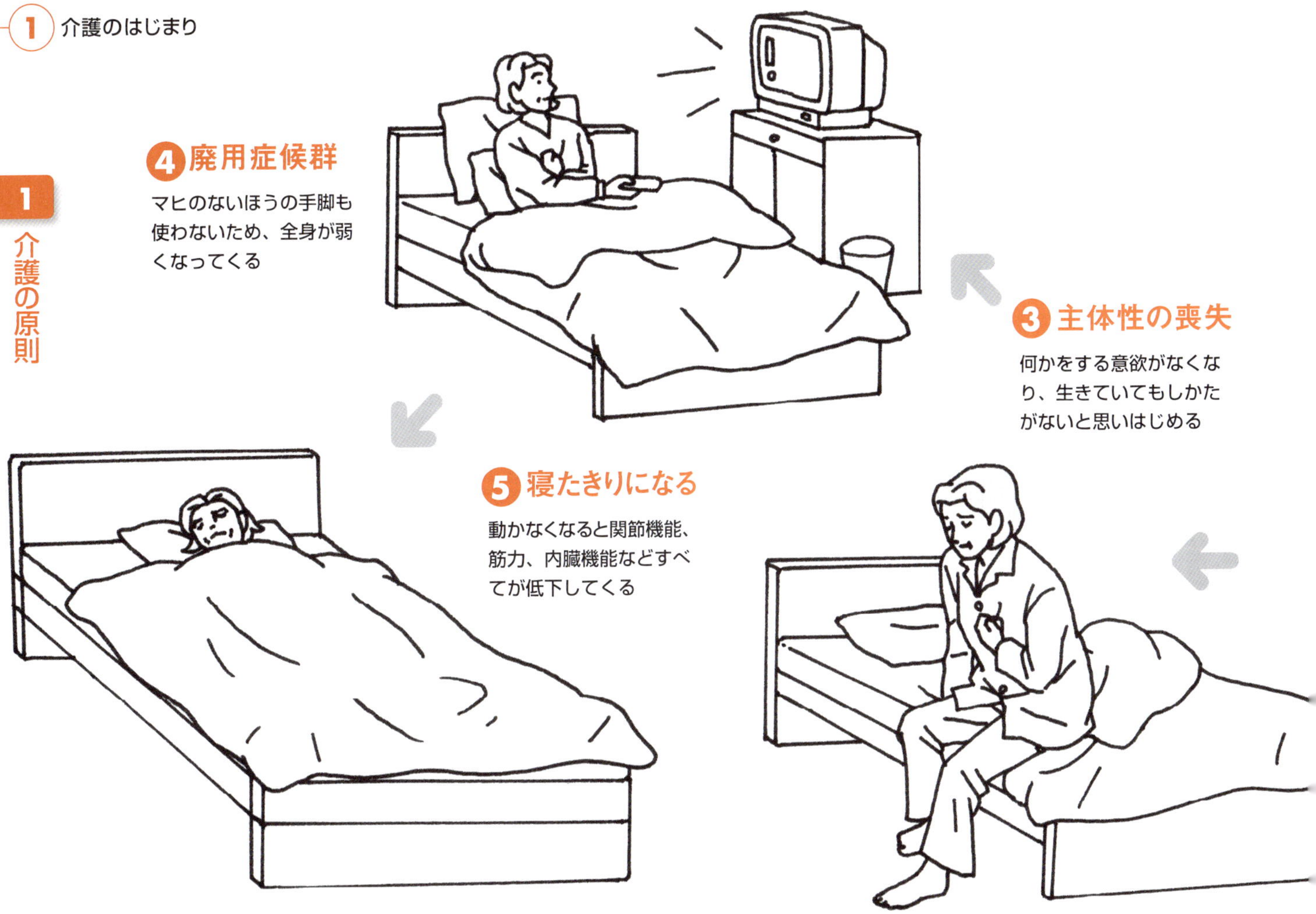

3 主体性の喪失
何かをする意欲がなくなり、生きていてもしかたがないと思いはじめる
4 廃用症候群
マヒのないほうの手脚も使わないため、全身が弱くなってくる
5 寝たきりになる
動かなくなると関節機能、筋力、内臓機能などすべてが低下してくる

生活意欲をとり戻す

では、どうやったら意欲は出てくるのでしょうか。

寝たきりは、老化や障害を認めたくないという気持ちからはじまります。「自分の悩みが他人にはわからない」「健康な人には会いたくない」「自分だけとり残されている」「でも誰かと話したい」、その思いをくり返しながら、だんだん人と疎遠になっていきます。

もともと生活意欲は、人に認めてもらいたい、誰かに見せたい、人と話したいという、人間関係によって生み出されています。誰とも会う予定がない、誰も会いに来ない生活では、朝起きて着替えることすら面倒になってしまいます。

出かけていく場所や仲間がいる、そんな生活づくり、関係づくりこそ老化や障害を超えていくためのエネルギーになります。

家族との人間関係さえあれば十分ではと思わないでください。どんなにいい家族関係だった人でも、「介護される人」「介護する人」という一方的な関係が続くと互いに耐えられなくなって、逆に関係が悪化することがあります。

それならば、ヘルパーや看護師が訪問してくれれば、人間関係が保たれるのでは、とも考えないでください。

本人からみれば、やって来てくれる人は、みんな自分より若くて元気です。「世界でいちばん不幸なのは自分だ」という気持ちになりかねません。このような状態が、ほんとうの寝たきりの原因だとして「閉じこもり症候群」とよばれています。

「閉じこもり症候群」を打ち破るには、生活空間を広げてくれる「身内に近い他人」との人間関係が必要になってきます。

他人であれば多少遠慮もあるので、少し距離をおいてつき合えます。身内の温かさを備えた他人という関係、たとえば、お嫁さんとか、ご近所の方、親戚の方などからアプローチしてもらうといいかもしれません。

本人が「イヤだ」といっても、まずは、誰かに押しかけてもらい、散歩に誘ってもらってはいかがでしょうか。

介護と家族

よい介護方針は家族の協力が不可欠

介護関係のさまざま

妬く

関係の「絶対的差異」をなくす

統計的には、妻が夫を介護していることが多い。はたらいていたときは優位な立場だったが、今は逆転してしまった。ましてや寝たきりであれば、自由に動ける妻との「絶対的差異」が存在する。関係が近い分だけちょっとしたことで嫉妬も大きくなる。これは妻が知らない夫の生活空間をつくることで対応するしかない。たとえば、自分以外の人の介護を受けさせるのも手である。それが若い女性であれば今度は妻が嫉妬する番かもしれない

笑う

「空間的距離」よりも「気持ちの距離」

老人施設などには、よく〝慰問〟がやってくる。どうも家庭を離れて生活していることへの慰めらしい。たしかに家族から離れてはいるが、それは「空間的距離」だけで、問題なのは「気持ちの距離」である。いっしょに生活していたとしても「気持ち」が離れていたら、そこには「関係の地獄」があるだけで、むしろ空間的距離をおくほうがうまくいくことがある。施設に入ったことで、互いに気持ちが通い合うようになったケースはじつに多い

介護の主役は誰なのか

「介護福祉士」や「2級ヘルパー」などの資格を持った介護専門職が増えています。この現状から考えると、介護は専門家にしかできないと思いがちです。

しかし、専門家が「老人心理」などを勉強していても、初対面の要介護者の心情や性格をつかみきれるとはかぎりません。一般論的な方針は立てられても「その人のためのよりよい介護方針」が立てられるのかどうかわかりません。

介護とは要介護者が主体であり、その人のための生活づくり、関係づくりを構築することです。そのための介護方針は、その人の性格、嗜好《しこう》、考え方などをよく把握することからはじめるべきです。

そう考えるとその役割にいち

1 介護の原則

介助

「介助する」より「介助される」ことの難しさ

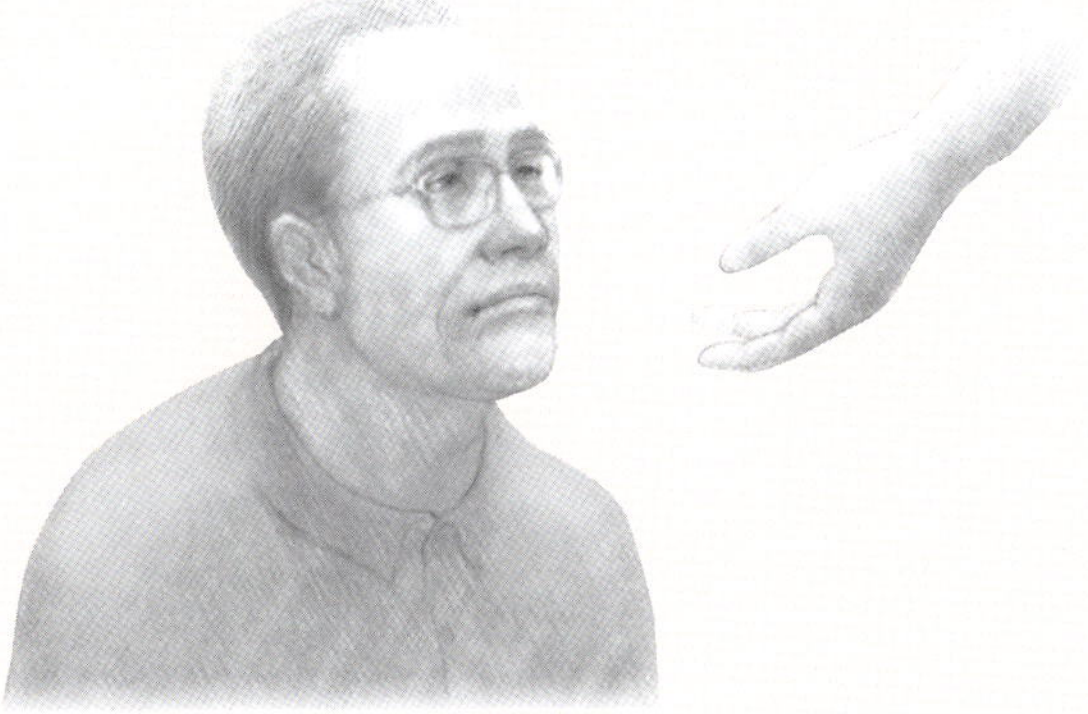

家庭で介護する家族のたいへんさは想像に難くない。24時間体制の年中無休である。特に、要介護者が要求の多い頑固な人だと、いくら世話をしてもきりがない。「ありがとう」の一言でもあればまだいいが、それもない。反対に、「ありがとう、ありがとう」をくり返すタイプは謙虚というよりは卑屈な感じに映る。しかし、正反対に見える2つのタイプの原因は同じである。介助してもらうことの心理的負担である。それがこんな形で出るのだ。横柄にならず卑屈にもならずに介助を受けること、それは介助するよりも難しいことかもしれない

契約

介護における「契約」という考え方

介護はどこまでやれば合格点がとれるのかその目安がない。ないから一生懸命がんばって疲れきってしまい、つい要介護者の要求に嫌な顔を見せることになる。また相手もそれに反応して、神経をピリピリさせるようになる。こんな状況に陥らないよう、相互間で「契約」を結ぶことをすすめたい。金銭のからむ契約ではなく「考え方」である。どこまでやるのか、どこまで要求できるかを話し合い、割り切る関係を「契約」するのである。できないときは「ごめん」といい、それ以上やったら「ありがとう」といってもらう、というふうに

ばん適しているのは、身近にいる家族以外にはありえません。どうすれば好みに合うのか、どんな日常を過ごしていたのか、熟知しているのは家族です。

もちろん、実践テクニックやアドバイスが必要なときは、専門家にどんどん任せます。でも要介護者が、「このからだで生きていこう」と思える生活意欲を高めるのは、家族をはじめとする周囲の支えがあるからです。家族こそが介護の中心です。

施設の方々へ 家族に聞く

施設などで生活していると、要介護者にとって、家族の訪問や手紙は、〝栄養剤〟であり、調子の悪いときは〝特効薬〟になります。どこにいても心身が安定して生活できることが大切です。介護で困ったときは、家族に聞くのがいちばんです。「何がお好きですか？」「落ち着かないときは？」、介護職は介護のプロですが、家族は要介護者をわかっているプロなのです。

1-5 高齢者の理解（1）

老人の心を知る

高齢者は3つのタイプに分けて考える

高齢者の3つのタイプと特徴

1種老人

1930年生まれ（昭和5年）

価値観	長幼の序が基本（大家族・父権主義）	少年期
	長幼の序の喪失	青年期
	長幼の序の逆転	老年期
社会	戦争体験	少年期
	戦争体験を引きずる	青年期
	寿命世界一	老年期
経済	戦争前夜	少年期
	統制経済から復興	青年期
	福祉の向上	老年期
生活	質素な生活	少年期
	飢餓体験・倹約	青年期
	倹約・物を大切にする	老年期

過去の経験が生かされない世代

満州事変	普通選挙	歴史

老人の「立場」と「役割」

老人の心はこれまで生きてきた生活史に色濃く影響を受けています。しかし個々人の生活史は知りようもなく、その時代を通り抜けたすべての人が蒙《こうむ》った世代的要因から推量する以外に手段がありません。老人の心象を理解しやすくするため、どの時代を生き抜いたかによって、老人を、1種老人、2種老人、3種老人に分けてみました。これに、記憶と忘却の原理（29頁参照）を重ねて考えるのです。

1種老人は昭和5年（１９３０年）以前に誕生した人、2種老人はそれ以降団塊の世代（昭和20年〔１９４５年〕前後）までの人、そして超高齢時代の中心的世代になる団塊の世代以降が3種老人になります。したがって、２０１０年までは65歳以

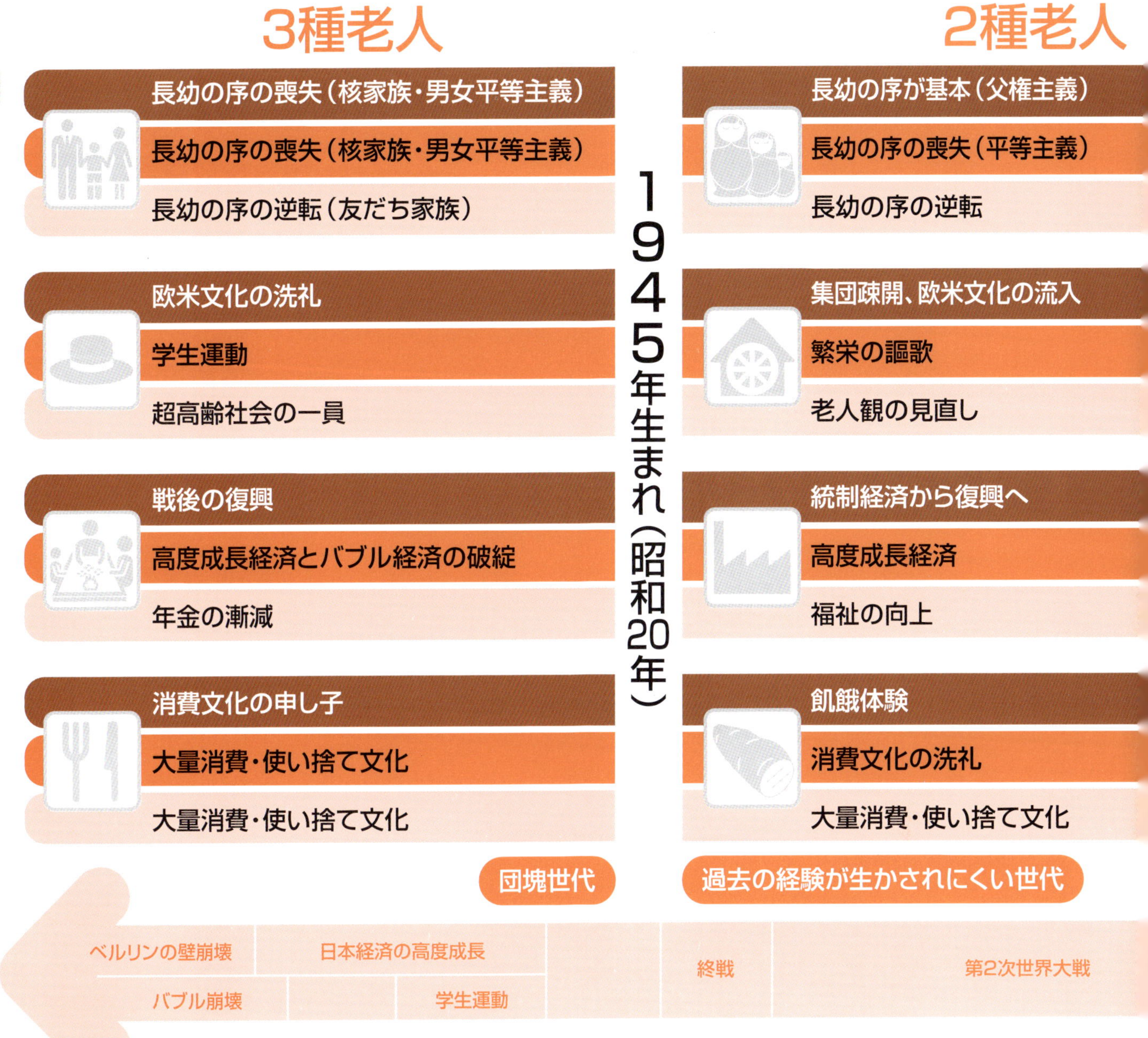

3種老人
長幼の序の喪失（核家族・男女平等主義）
長幼の序の喪失（核家族・男女平等主義）
長幼の序の逆転（友だち家族）
欧米文化の洗礼
学生運動
超高齢社会の一員
戦後の復興
高度成長経済とバブル経済の破綻
年金の漸減
消費文化の申し子
大量消費・使い捨て文化
大量消費・使い捨て文化
団塊世代
1945年生まれ（昭和20年）
2種老人
長幼の序が基本（父権主義）
長幼の序の喪失（平等主義）
長幼の序の逆転
集団疎開、欧米文化の流入
繁栄の謳歌
老人観の見直し
統制経済から復興へ
高度成長経済
福祉の向上
飢餓体験
消費文化の洗礼
大量消費・使い捨て文化
過去の経験が生かされにくい世代
ベルリンの壁崩壊
日本経済の高度成長
バブル崩壊
学生運動
終戦
第2次世界大戦

上の3種老人は存在せず、現在の主たる要介護老人は1種老人で、2種老人が一部入っていることになります。

上の図で見るように、それぞれの時代に時代を象《かたど》る特徴的な背景があります。ことに、「長幼の序」という価値観の喪失《そうしつ》や、生活手法の内実に影響する、物と情報の氾濫は1種老人の心象を著しく屈折させたと思われます。つまり、前者は老人の「立場」を弱め、後者は老人から「役割」を奪ったのです。

「立場」を失い「役割」を果たせなくなった老人の思いは想像に難くありません。深い寂寥感《せきりょうかん》と喪失感とともに、自分が若いころに接してきた老人のあり様と今老いて見る自分の姿の乖離《かいり》に「こんなはずではなかった」と思っているに違いないのです。

この気持ちを次世代の人々が同じ線上の価値観で受け入れることができないところに1種老人の悲劇があると思います。1種老人はひたすら耐えています。心底我慢することをたたきこまれている1種老人は、不愉快極まりない時の流れに息をひそめて我慢しているのです。

1-6

高齢者の理解（2）

老人は我慢している

立場の逆転と役割の喪失が背景にある

長幼の序の喪失とは

かつては老人が中心にいた

かつて老人が若かったころ、人間関係の規範に「長幼の序」がありました。この序列はじつは老人の立場をしっかり支えていたのです。なぜなら年をとって体力、知力が衰えても、むしろその立場が強くなっていくというしくみになっていたからです

繁栄の礎《いしずえ》を築いたのに……

一般的にいっても、立場が弱く役割を果たせない者は評価されません。老人は決してはたらくのが嫌いなわけではありません。むしろ進んで身を使いたいと思っていても、効率・能率主義の社会では見向きされることはないのです。社会の被扶養者。それは身の置き場もないほど辛《つら》いことです。1種老人はそれに耐えて、そのような自分を心のどこかで責めつつ我慢しています。ただ救われるのは1種老人がとびっきり我慢強いことです。

1種老人が若かったころ、「長幼の序」があり、時代は戦時でした。物資はもちろん不足していて、すべてにおいて長じた者にしたがい、戦地に赤紙1枚で召集され、多くの戦友を失いま

記憶と忘却の原理

記憶は記銘、保存、再生の3つのはたらきからなっています。目、耳、肌などの五感から入力された情報を脳に刻む記銘、それを保存しておく機能。必要が生じたとき、保存しておいた情報（知識）をとり出して活用する再生。この3つのはたらきで私たちは新しいことを覚え、新しい道具を使って社会の変化に適応しています。
年をとるとこの3つの機能のうち記銘から低下してきます。つまり、年をとれば最近のことが入りにくくなります。記銘されませんから、当然保存も再生もされません。
記憶と表裏の関係にあるのが忘却です。忘却にも順序があって、最近のことほど忘れやすいのです

記憶はとっくり型ちょうちん

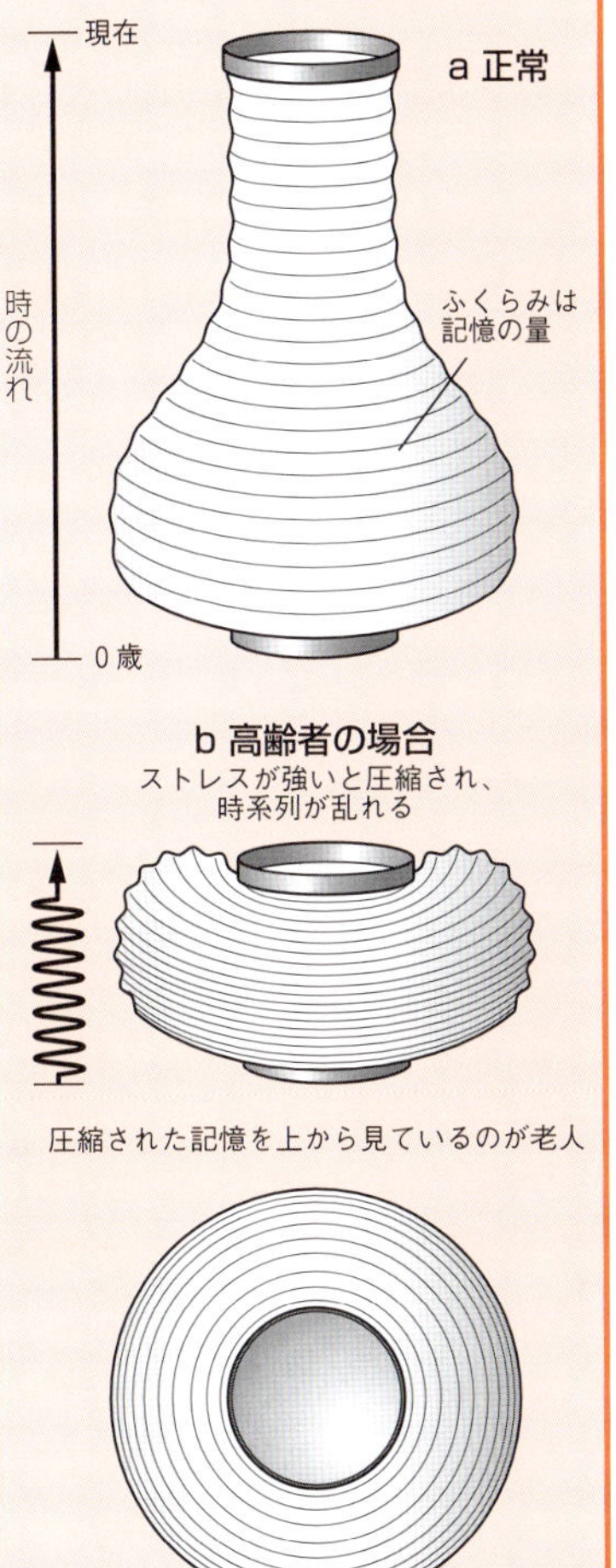
現在
a 正常
時の流れ
ふくらみは
記憶の量
0歳
b 高齢者の場合
ストレスが強いと圧縮され、
時系列が乱れる
圧縮された記憶を上から見ているのが老人

今、老人の出番は激減した

マンガ
プリンター
パソコン
スキャナ
パソコン

1945年の終戦を境にして、この「長幼の序」は平等主義にとって代わられました。また、老人のこれまでの経験が反映されないコンピュータ万能のデジタル的社会は「出番」と「役割」を失わせることになりました

した。女性は老親と幼子を抱えて銃後を守り、父親や夫が戦死しても泣きごとの一つもいえませんでした。旧満州をはじめとし北方にいた人は、他国に幼子を預け、裸一つで帰国した、そんな時代でした。

やっと迎えた終戦。焦土となった日本の国土は荒廃し混乱していました。そのような中、1種老人たちは衣食住を求め、身を粉にしてはたらき、現在の繁栄の礎を築いたのです。我慢強さはこの時代を潜《くぐ》り抜けるときに、骨の髄《ずい》までしみこんで、ほとんど体質のようになりました。

私たちは、その微笑と刻まれた深い皺《しわ》の奥に、時代の不条理に耐えている老人の本心を読みとらなければなりません。

1-7

高齢者の理解（3）

コミュニケーションの方法

言葉だけでは見抜かれている

あなたは見抜かれている

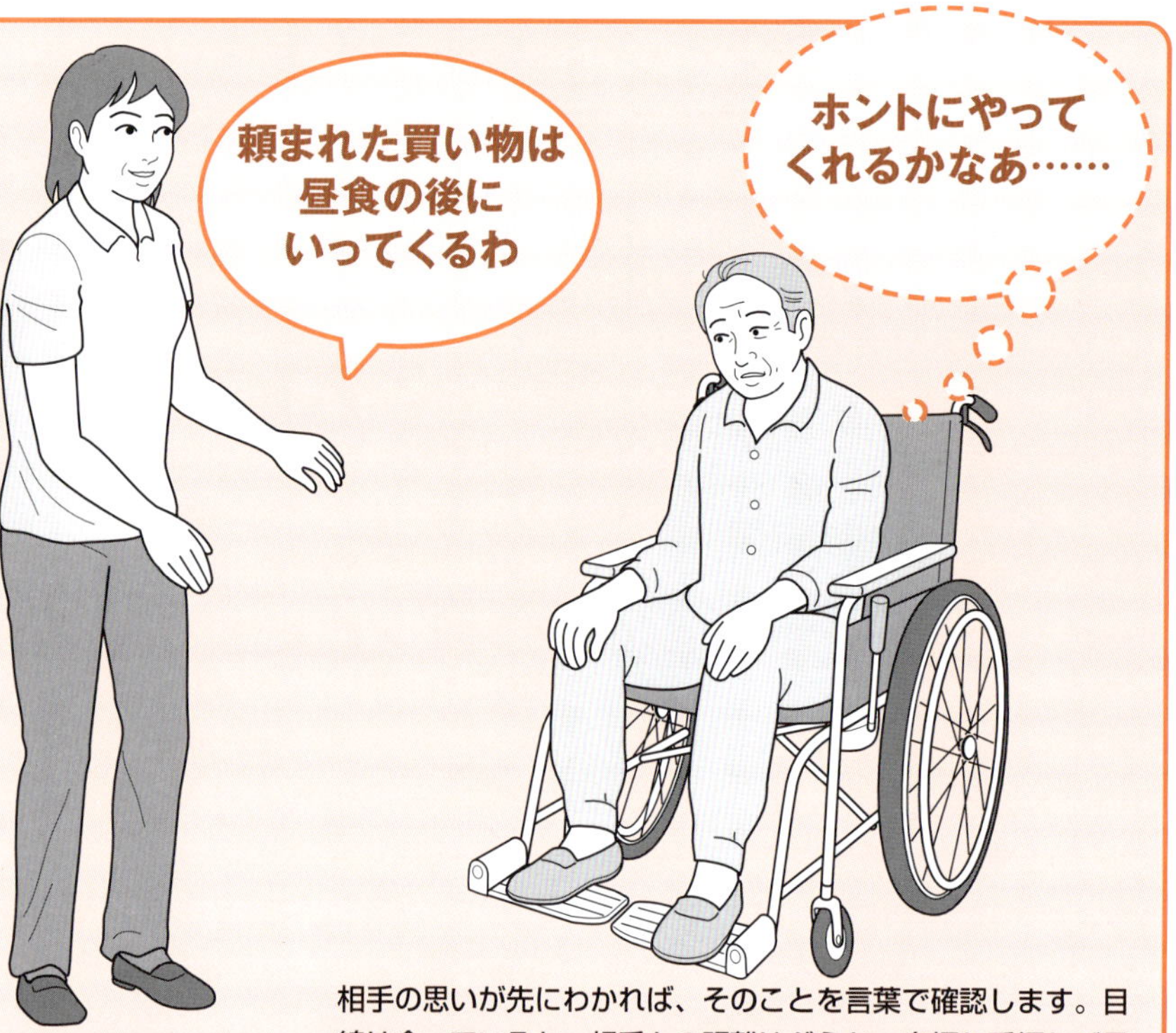

頼まれた買い物は
昼食の後に
いってくるわ
ホントにやって
くれるかなあ……

相手の思いが先にわかれば、そのことを言葉で確認します。目線は合っているか、相手との距離はどうか、身振り手振りが言葉と裏腹ではないか。全身での表現が大切です

共感の意を相手に伝える

人を大切にするということは共感の意を相手に伝えることにほかなりません。相手の気持ちがわかったということをきちんと伝えてはじめて共感といえます。それはコミュニケーションによってなされます。身体に直接的に関わり生活を支援する介護者にとって、要介護者とどれだけうまくコミュニケーションがとれるのかは、重要かつ基本的な介護技術といえます。

私たちは、言語的、非言語的信号を多く発しながら人とコミュニケーションをとっています。しかし、動物行動学者のデズモンド・モーリスにいわせると、その信号は矛盾に満ちていることが多いといいます。

つまり、自分の本心ではないことを伝えなければならないとき、ついつい本心に近い信号が出てしまい、いろいろ出した信号の間に矛盾が生じてしまうことがよくあります。

たとえば、ガンであることを知らされていないガン患者に、「あなたはガンではない」と伝えるとします。伝える側の人が、その人がガンであることを知っていると、いわばうそをつかなければなりません。そのとき、言葉で「あなたはガンではない」とうまく話したつもりでも、表情がこわばるとか手がすくむなど、言葉の表現と矛盾する信号を出してしまうことがあります。そのとき、相手はどちらの信号を信頼するでしょうか。信頼度の高い信号（信頼信号）はどちらでしょうか。

立場が弱いほど敏感になる

これに類することはしばしば

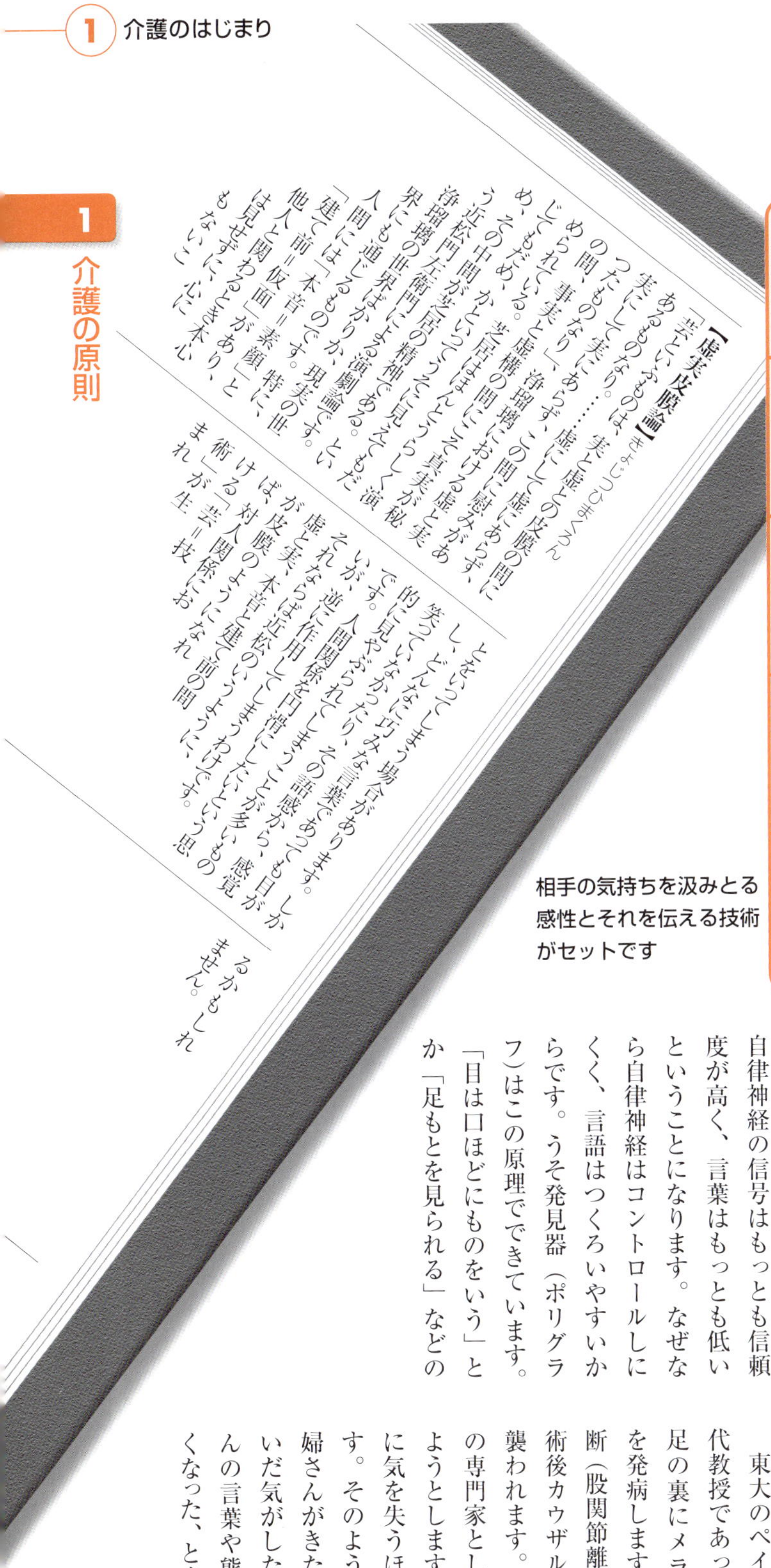

相手の気持ちを汲みとる感性とそれを伝える技術がセットです

信頼度が高い順位

1 **下肢**
相手に向かって足を1歩踏み込めば、親密感は何倍も増します

2 **体幹**
からだの前面は迎え入れる信号。背中は拒否信号です。きちんと向き合うのが基本

3 **手振り**
意味のない手振りのほうが信頼度は高く、「ナースの手すくみ」※という言葉もあります

4 **表情**
せめて表情はきちんとつくれるように努力がいるかもしれません

5 **言葉**
相手の思いを先にいえればすばらしい。同じ言葉で認め合うのが大切

起こります。おためごかしのお見舞いや慰めは病人にはすぐ見やぶられるし、痴呆性老人は自分への関わりが、自分にとって好ましいものか、そうではないか、たちまち見やぶるという話をよく耳にします。それは幼児も同じです。一般的に、立場が弱い人ほど感性が敏感になっていて、矛盾信号を見やぶってしまうようです。

デズモンド・モーリスによると、信号を出す人のもっとも注意がゆき届きにくいところから出る信号ほど信頼度が高いらしいとのことです。その意味では自律神経の信号はもっとも信頼度が高く、言葉はもっとも低いということになります。なぜなら自律神経はコントロールしにくく、言語はつくろいやすいからです。うそ発見器（ポリグラフ）はこの原理でできています。「目は口ほどにものをいう」とか「足もとを見られる」などの箴言《しんげん》の通り、言葉より表情が、また下肢の信頼度も高いということです。信頼度の高さを順番に並べると上の図のようになります。

人に接するときは、言葉だけでなく全身で気持ちを伝える態度のとり方が、技術として問われることを理解してください。

天下の名優は、演じている姿と本人の姿がわからぬほどで、その間は皮膜のごとく薄いといいます。介護者はこのことを、演技ではなく要介護者への接遇の技術として心がけてほしいものです。

東大のペインクリニックの初代教授であった清原迪夫先生は足の裏にメラノーマ（黒色腫）を発病します。ただちに脚を切断（股関節離断術）しましたが、術後カウザルギー（灼熱痛）に襲われます。その痛みを、疼痛の専門家として客観的に記述しようとしますが、あまりの痛さに気を失うほどであったそうです。そのようなとき、ある看護婦さんがきたときは痛みが薄らいだ気がしたが、ある看護婦さんの言葉や態度ではよけいに痛くなった、と書いています。

※ナースが患者に対してどうしてもうそをつかなければならない場面があり、それが手先や態度に現われること

第2章 介護の環境づくり

2-1 介護環境の基本（1）

ふとんかベッドか

どちらが機能を生かせるかで決める

床から楽に立ち上がれる

床からの立ち上がりが困難

介護をはじめる前に選択

介護するには、「ふとんよりベッドのほうが楽だ」といわれますが、それは誤りです。要介護者の持っている機能によって

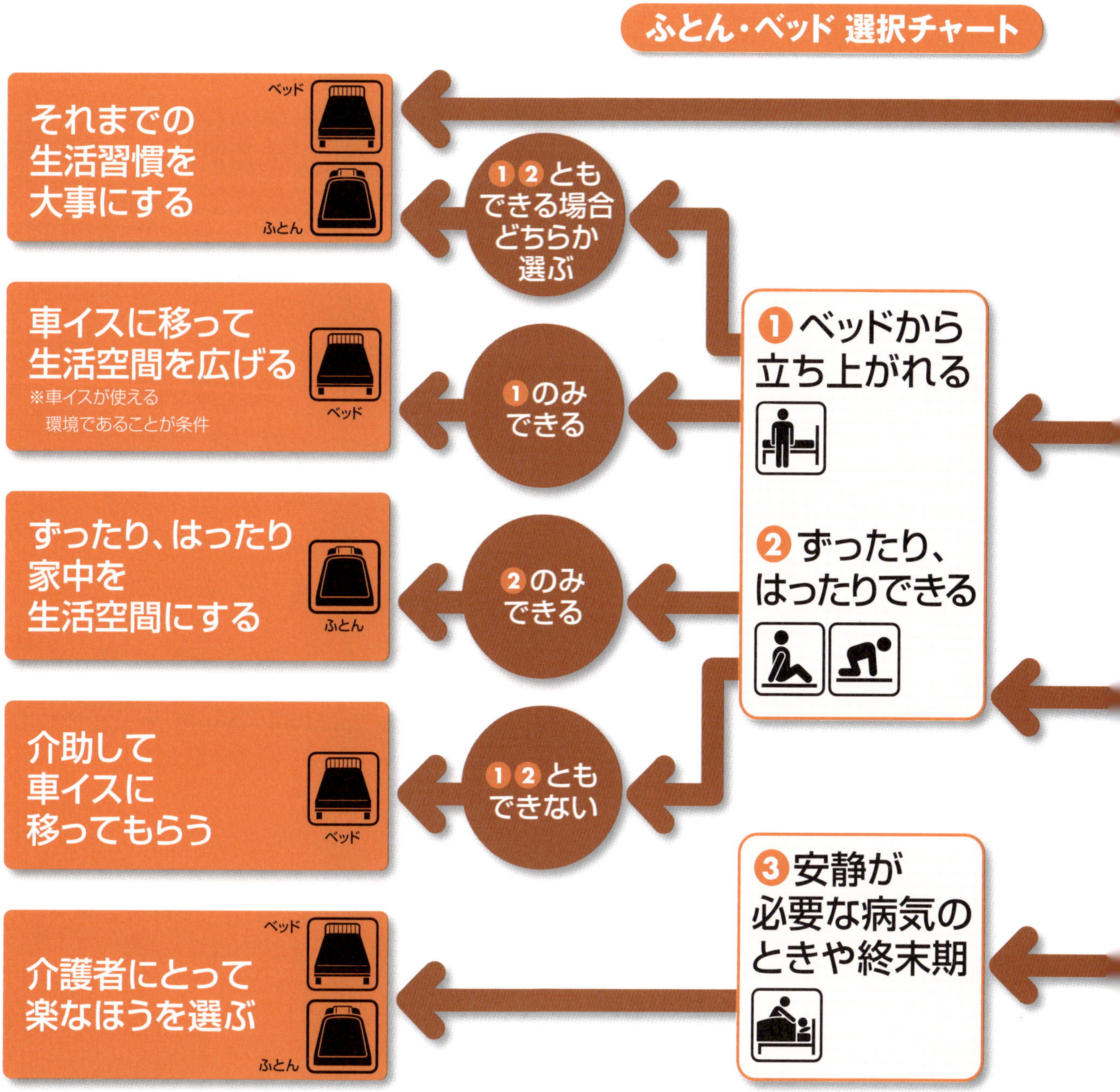

ふとん・ベッド 選択チャート
それまでの生活習慣を大事にする
ベッド
ふとん
1 2 ともできる場合どちらか選ぶ
車イスに移って生活空間を広げる
※車イスが使える環境であることが条件
ベッド
1 のみできる
ずったり、はったり家中を生活空間にする
ふとん
2 のみできる
介助して車イスに移ってもらう
ベッド
1 2 ともできない
介護者にとって楽なほうを選ぶ
ベッド
ふとん
1 ベッドから立ち上がれる
2 ずったり、はったりできる
3 安静が必要な病気のときや終末期

は、ふとんが適切な場合もあります。

「生活習慣を変えない」ことが、ボケさせないためのケアの大原則です。今まで、タタミにふとん、またはベッドを使う生活であったのなら、そのままの生活を継続します。

日本の場合、「タタミにふとん」の生活をしてきた高齢者がほとんどです。しかし、病院に入るとベッドを使うことが多く、ふとんに寝ているつもりでベッドの上で立ち上がろうとする人が少なくありませんでした。

その結果、「危険だから」という理由で、手足をしばられることもありました。近代的な環境に、無理矢理に適応させようとしたのです。

しかし、これでは逆です。要介護者が主人公である介護では、専門職側がその人の生活習慣に合わせるべきです。

ふとんかベッドかを選ぶ際には、その人の生活習慣を考えつつも、どちらが要介護者の残った力を生かして生活空間を広げられるか、その見きわめが大切です。それが、要介護者の今後の生活を左右します。

介護用ベッドの選び方

ベッド選びで介護の質が決まる

ベッド選びの5つのポイント

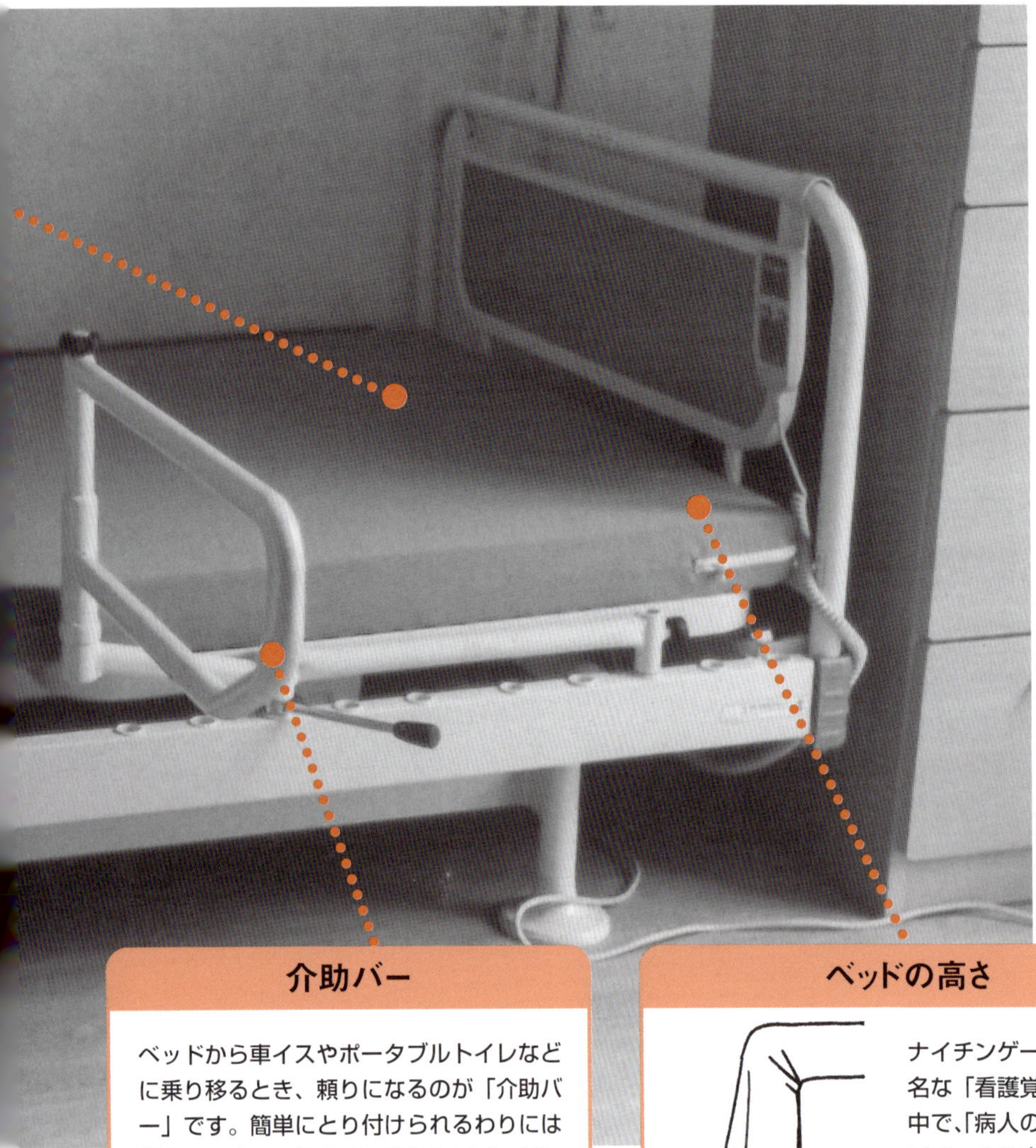

介助バー

ベッドから車イスやポータブルトイレなどに乗り移るとき、頼りになるのが「介助バー」です。簡単にとり付けられるわりには頑丈にできているので、安心してベッドから離れることができます。
特に、半介助が必要な人、一人ではちょっと不安という人にとっては必需品です

ベッドの高さ

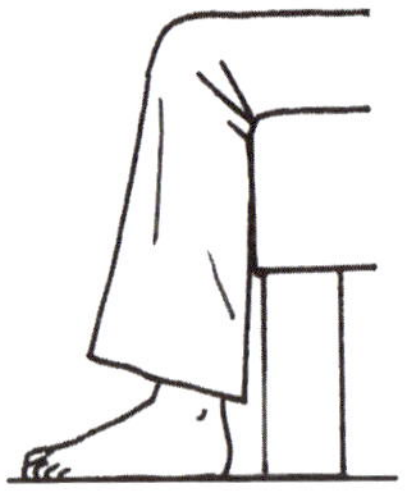

ナイチンゲールは、有名な「看護覚え書」の中で、「病人のベッドはソファより高くていいはずがない」と書いています

理想的な介護用ベッド

ベッド一つで「介護の質」が決まるといってもいいくらい、ベッド選びは重要です。「自立」できるか、「寝たきり」になるか、その分岐点といってもいいでしょう。

病院などで使っているベッドのほとんどは、床からマットまでが高くて幅が狭いタイプです。医師や看護師が処置する際に、中腰になっても腰を痛めないようにと配慮された結果です。

反対にこのベッドで寝起きする人にとっては、使い勝手の悪さはいうまでもありません。高すぎて足は降ろせないし、狭さも加わるので、恐くて横も向けません。このようなベッドが、多くの「寝たきり」をつくってきたのです。

理想的な介護用ベッドを選ぶ

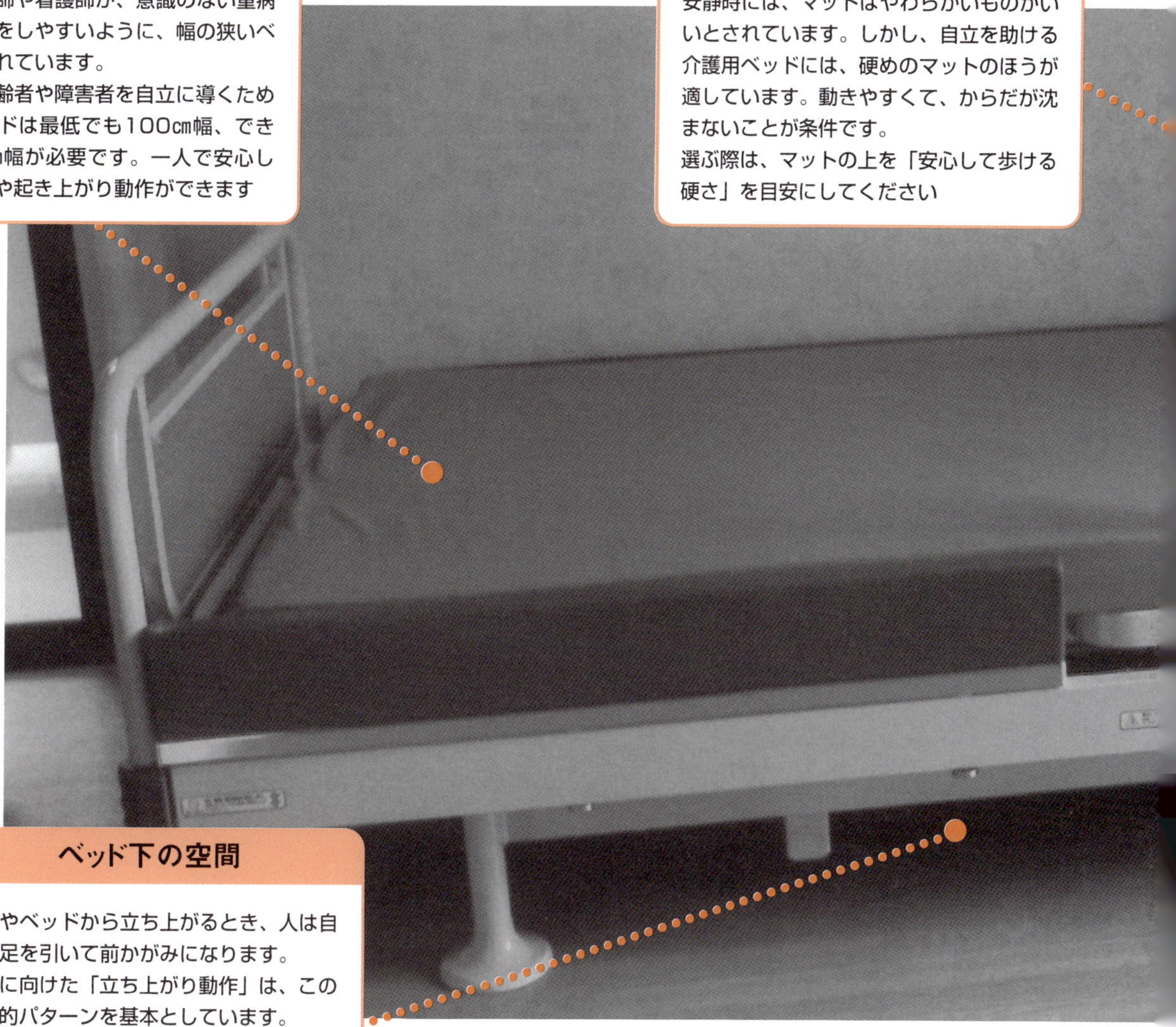

広めのベッド

病院では医師や看護師が、意識のない重病患者の処置をしやすいように、幅の狭いベッドが使われています。
しかし、高齢者や障害者を自立に導くためには、ベッドは最低でも100cm幅、できれば120cm幅が必要です。一人で安心して、寝返りや起き上がり動作ができます

硬めのマット

安静時には、マットはやわらかいものがいいとされています。しかし、自立を助ける介護用ベッドには、硬めのマットのほうが適しています。動きやすくて、からだが沈まないことが条件です。
選ぶ際は、マットの上を「安心して歩ける硬さ」を目安にしてください

ベッド下の空間

イスやベッドから立ち上がるとき、人は自然と足を引いて前かがみになります。
自立に向けた「立ち上がり動作」は、この生理的パターンを基本としています。
下に空間のあるタイプでないと、このパターンが引き出せません。これも選ぶ際のポイントです

条件は、高さ、ベッド幅、マットの硬さなど、いろいろとありますが、その中でも床からマットまでの高さが、最大のポイントといえます。

ベッドに腰かけると足の裏がちゃんと床に着いて、ひざとベッドの角度がほぼ90度になるのが理想的です。

計算方法としては、その人の下肢機能レベル(表)とひざ下の長さに合わせます。

左の表は、ある老人施設のベッドの高さを一人一人に合わせた結果です。参考にしてください。

老人施設の下肢機能別ベッドの高さ

下肢機能のレベル	備考	ベッドの高さの平均	ベッドの高さ—膝の高さの平均値(最低値〜最高値)
車イス使用・移乗動作全介助の人(16人)	介助に都合のよい高さでかまわないが、あまり高すぎるとベッドでの動作が困難になる	60cm	+22(+17〜+25)
車イス使用・移乗動作自立か半介助の人(14人)	ベッドが高すぎても、逆に低すぎても立ち上がり動作ができなくなるレベルの人たち	52	+14(+9〜+17)
歩行器使用者(15人)		46	+8.6(+5〜+18)
杖使用者(5人)		45	+7(+3〜+9)
独歩の人(9人)	少しぐらい高すぎても低すぎても、立ち上がりにそれほど困らない	49	+11(+7〜+15)

清鈴園 (広島県廿日市市)

2-3

介護環境の基本（3）

車イスの選び方

「すわる」「移動する」「移りやすい」が3つのポイント

理想的な車イス

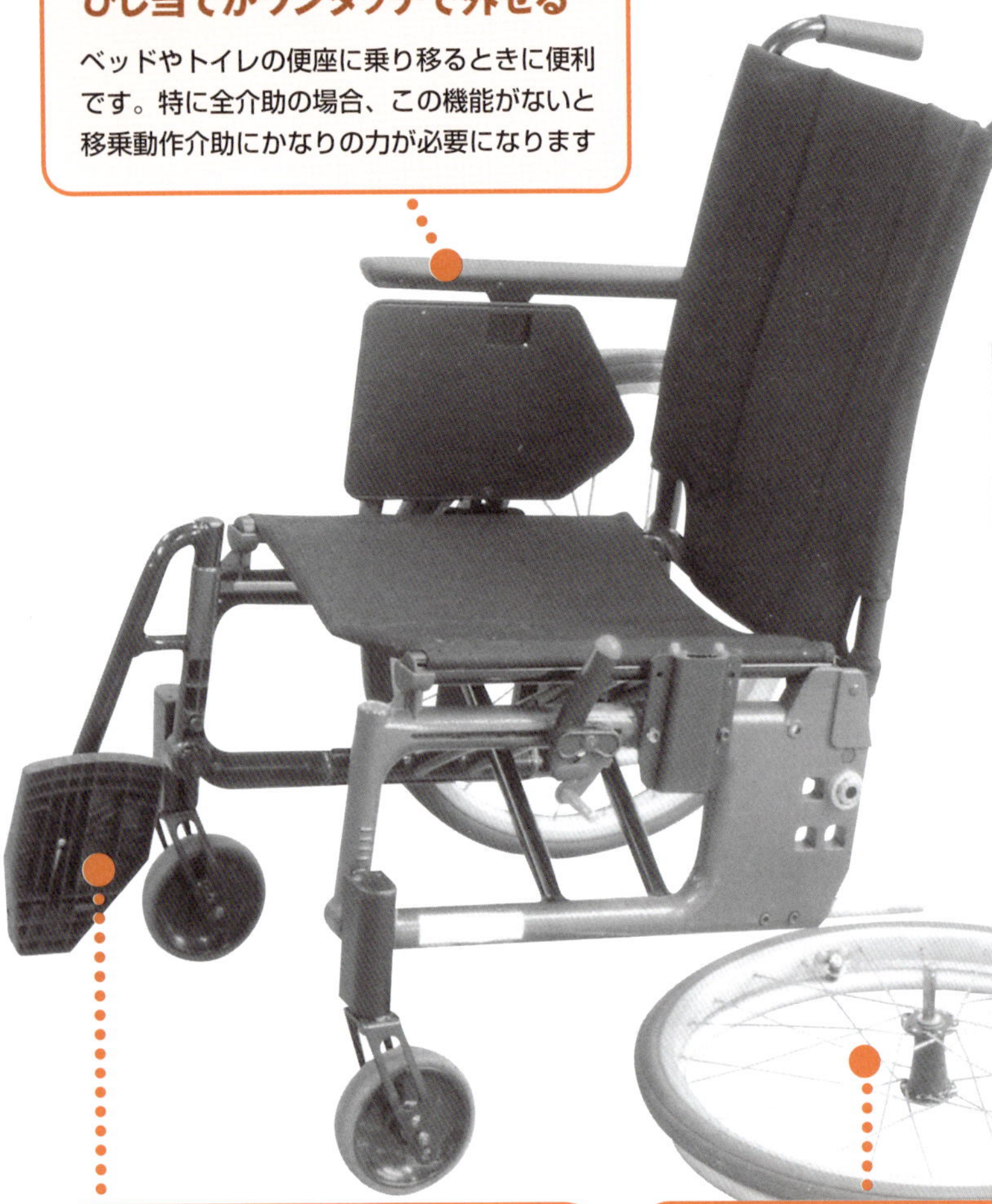

ひじ当てがワンタッチで外せる

ベッドやトイレの便座に乗り移るときに便利です。特に全介助の場合、この機能がないと移乗動作介助にかなりの力が必要になります

フットレストが外せる

フットレストがあると、ベッドから車イス、車イスからベッドへの移乗動作介助のときに、脚がひっかかってけがをすることがあります。外せるタイプが安全です

車輪が外れ、車軸が変えられる

自力駆動や移乗動作介助をスムーズに行ったり、シートを適切な高さに調整するには、これらの機能は不可欠です

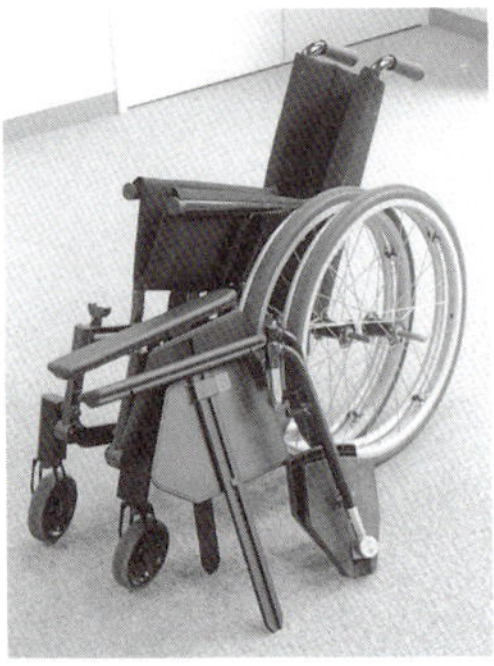

東京都北区区立「清水坂あじさい荘」で使われている理想的な車イス。3つの条件すべてを満たしています

調節機能を重視する

車イスには、「すわる」「移動する」という2つの機能がありますが、もう一つ大切なのが、ベッドから車イス、さらにトイレの便座などへ「移りやすい」ことです。車イスを購入するときにも、この3つをポイントにして選びます。

まず、安定した姿勢で「すわる」には、車軸の高さが大事ですし、自力で「移動する」には、車軸が前にあったほうが楽に動けます。また「移りやすい」ためには、ひじ当てやフットレストがとり外せることが必要です。

オーダーメイドでないかぎり、ぴったり合う「車イス」を見つけるのはたいへんですが、調節機能が装備されていれば、まずは合格です。使う人の適正サイズに調節しましょう。

自分に最適な調節のしかた

❶ フットレストの長さを調節する

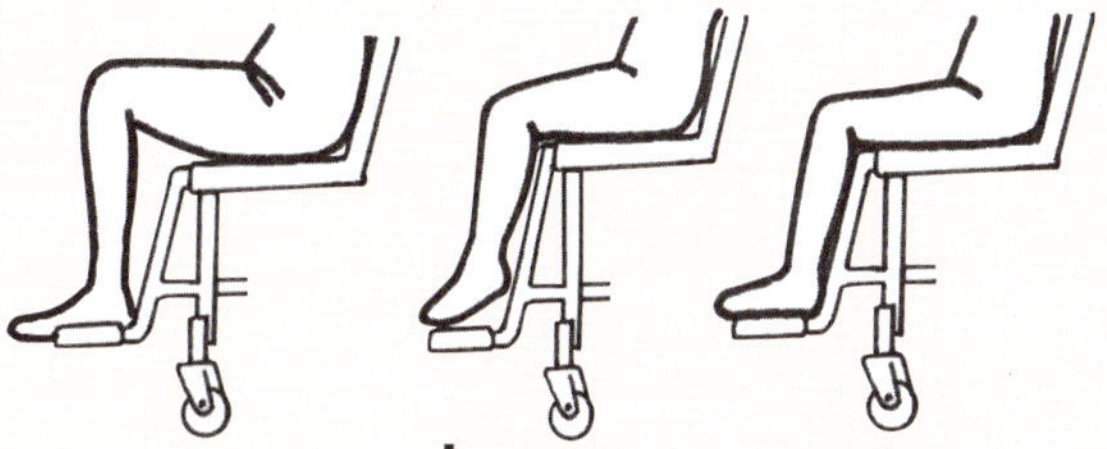

a 短すぎる　b 長すぎる　c 適正な長さ

フットレストの長さを下腿の長さに合わせて、大腿全体に体重がかかるようにします。短すぎるとお尻の坐骨にばかり体重がかかります（図a）。また、長すぎるとひざの裏側にシートの端があたり、痛くてすわっていられません（図b）

❷ シートの奥行きを調節する

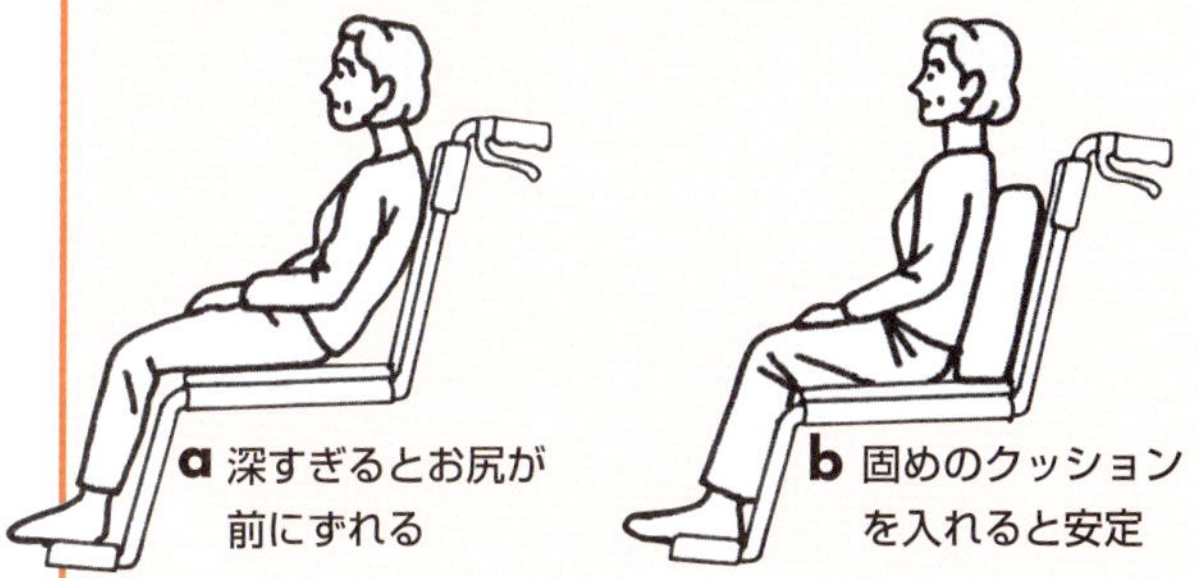

a 深すぎるとお尻が前にずれる　b 固めのクッションを入れると安定

図aのように奥行きが深すぎると、イスと背もたれの間にすき間ができて姿勢が安定しません。奥行き調節機能のついている車イスは少ないので、図bのように背中に固めのクッションを入れて調節してください

❸ からだに合ったシート幅の車イスを選ぶ

車イスの場合、「大は小を兼ねる」は通用しません。からだの左右バランスが悪い場合、シート幅が広すぎると姿勢が不安定になります。からだに合ったものを選びましょう

❹ 車軸を前後に調節する

車軸を前にすると車イスの自力駆動が楽にできます。逆に後ろにすると車輪の出っぱりが少なく、ひじ当てを外しての介助が楽です。車イスの安定性もよくなります

❺ 車軸の高さを調節する

ベッドから車イスへ、車イスからベッドへの乗り移りには、シートの高さが適切でなくてはなりません。車軸の高さで調節します

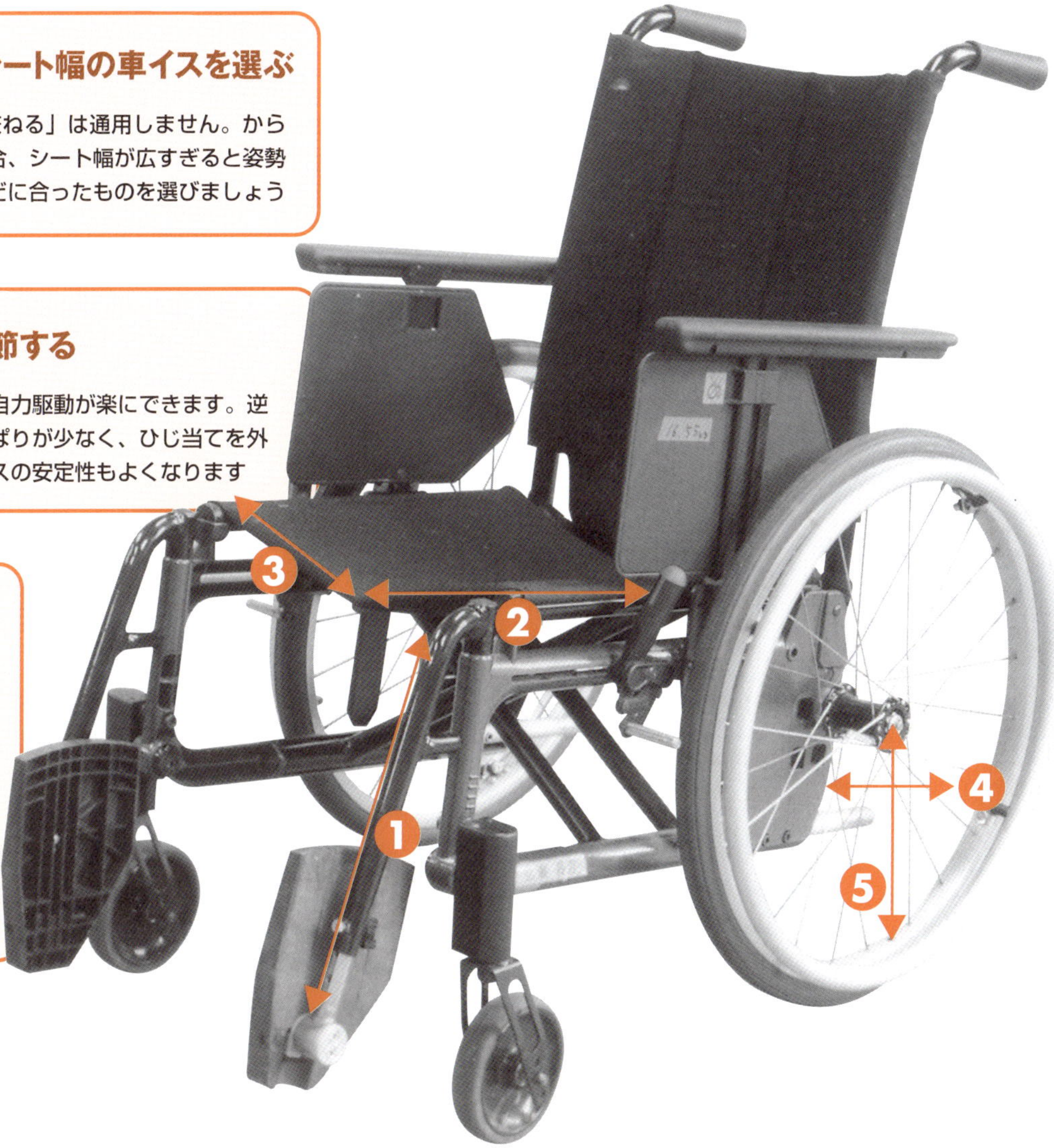

車イスは段差に強い

車イスでもっと外に出かけよう

車イス楽々操作テクニック

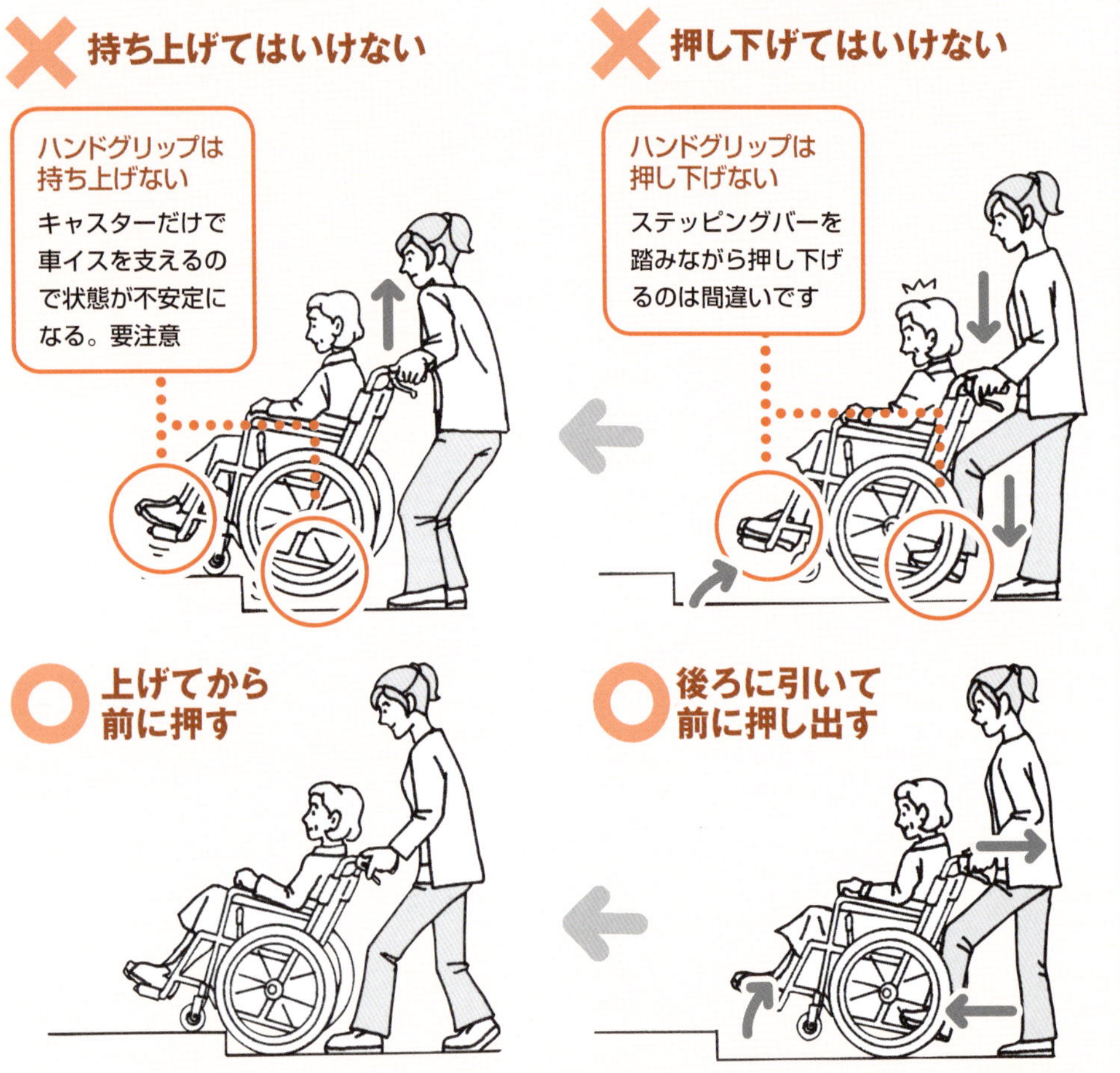
①キャスターを上げる
✕ 押し下げてはいけない
ハンドグリップは押し下げない
ステッピングバーを踏みながら押し下げるのは間違いです
○ 後ろに引いて前に押し出す
②段差を越える
✕ 持ち上げてはいけない
ハンドグリップは持ち上げない
キャスターだけで車イスを支えるので状態が不安定になる。要注意
○ 上げてから前に押す

ハンドグリップを後ろに引いて、片足でステッピングバーを前に押し出して後輪を前に転がすと、キャスターを軽く上げることができます

キャスターを段の上に上げ、ハンドグリップをにぎって「前に押す」と楽にできます

操作のコツを覚える

車イスがあるのに操作や移動がたいへんだからという理由で、外出する機会が減ることも少なくありません。車イスは歩行困難な人にとって、安心して外出できる手段です。車イスの特性、操作テクニックを覚えて、気軽に外出してみましょう。

外に出ていちばん困るのは、でこぼこ道やちょっとした「段差」でしょう。無理に押し上げたり、持ち上げたりしても思い通りには動きません。介助者の負担が増えるばかりで、ただ疲れるだけです。

まずは出かける前に、車イスのステッピングバー、ハンドグリップなどの操作のコツを身につけましょう。坂道や段差のある道でも、問題なく行動できるようになります。

高い段差のある場合

キャスターを上げたまま前進し、後輪が段差にふれたら、キャスターをそっと降ろします。そして、ハンドグリップを前に押して、後輪を転がしながら上げると楽にできます

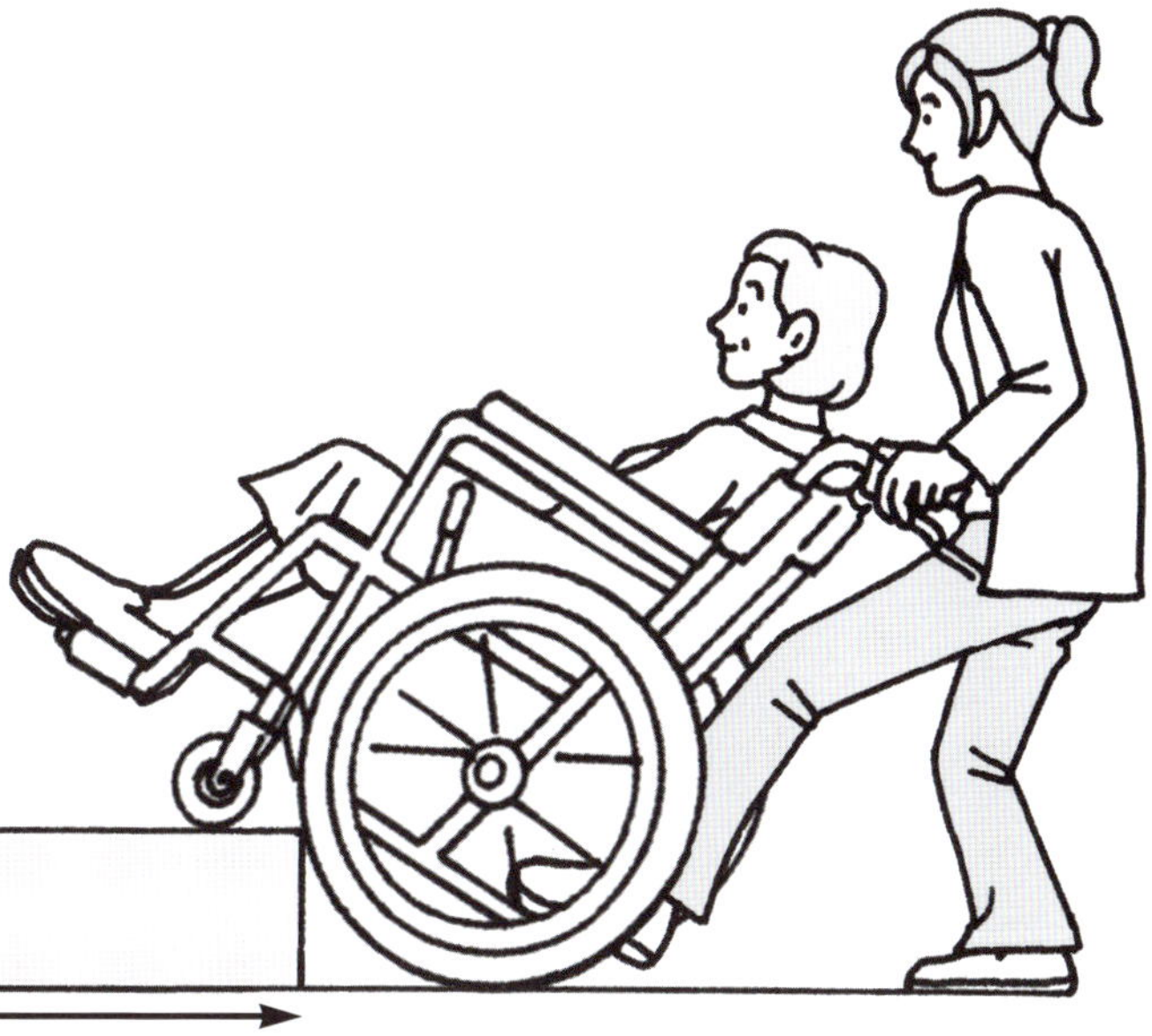

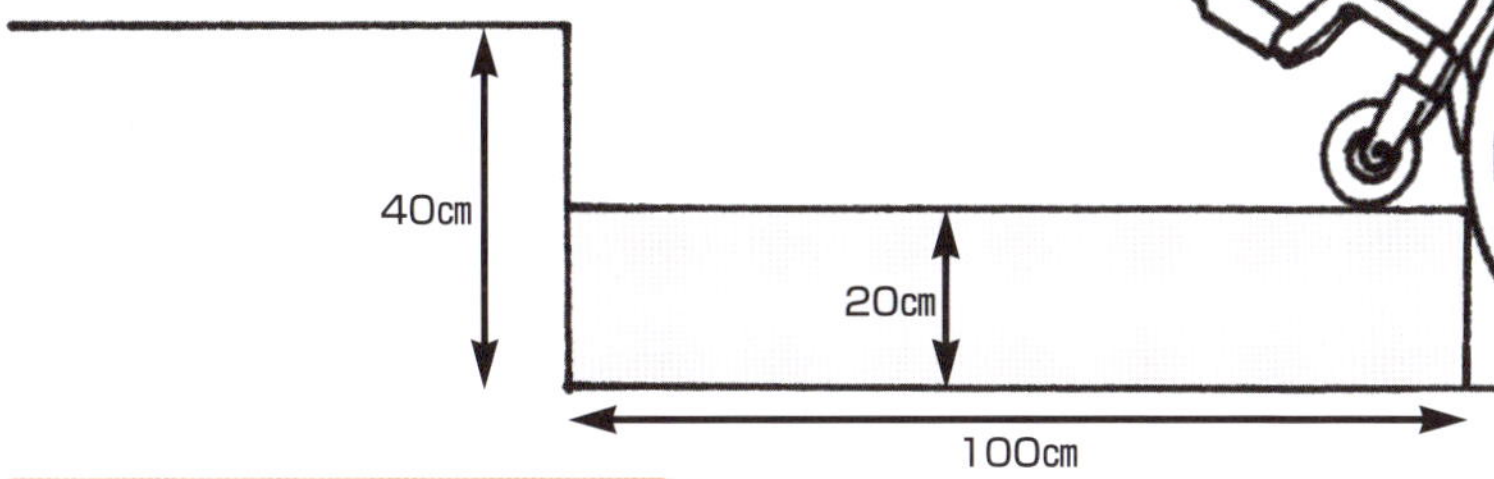

高い段差も工夫すれば乗り切れる

古い日本家屋の玄関は、上がりが高いのが特徴です。車イスで乗り越えるには、段差が40cmなら、高さ20cm、長さ100cmの台を用意します。まず、車イスのキャスターを上げ20cmの台にのせて、次に後輪を段差の角に押しつけて段上にのせます。同じ動きを2段目でもくり返します。降りるには、この逆の動きをします

スロープを下るとき

下り坂は、基本的には後ろ向きでキャスターを坂に着けたまま下りますが、キャスターを上げたままで前向きに下る場合もあります。勢いよく下ると要介護者が恐がりますので、一定のスピードで下るようにしてください

自動車へ移乗する場合

車イスから自動車への移乗では、まず自動車の車種を選ぶことからはじめます。セダンタイプではシートが低すぎるし、ワゴンタイプだと高すぎて乗り降りが困難です。ミニバンタイプの自動車がもっとも使いやすいといえます。スライドドアの車は全介助のときには楽ですが、要介護者が何かにつかまって立てる場合には、開きドアタイプのほうが手すりの代わりになるので便利です。また、車イスはひじ当てやフットレストが外せるタイプを選んでください（36頁参照）。

最初に手と頭から乗りこもうとしないで、開いたドアの先のほうを手で持って立つと、お尻がシートのほうに向いてすわりやすくなります。お尻をシートに着けて次に頭を入れて、そしてからだを回転させながら脚を入れます。自動車から車イスに移るときはこの逆の動きをします

でこぼこ道の場合

要介護者に振動が伝わらないようにします。キャスターを浮かして後輪のみで車イスのハンドグリップを下げながら進みます。バランスをくずさないように注意して押してください

遊びリテーション

三好春樹 ◉生活とリハビリ研究所代表・理学療法士

介護の現場で生まれてきた

特別養護老人ホームで新米のPT（理学療法士）としてはたらきはじめたころの話です。Mさん(77歳女性)は、私がいくら訓練に誘っても訓練室には出てこない人でした。

それでも私はしつこく毎朝居室をたずねていっては説得していました。しつこさには理由がありました。

彼女は脳卒中で左の手足にマヒがありました。でも検査をしてみると、上肢と手指は重いものの、下肢のステージはⅤでした（241頁をごらんになってください。杖をついて歩けるくらいのマヒだということがおわかりいただけると思います）。

それなのに寝たきりでオムツまでしているのです。訓練すればオムツが外せ、トイレにだっていけるようになるはずですから、私としてはもったいなくてしようがないのです。

ついに彼女は私のしつこさに負け、はじめて訓練室に出てきました。病院のリハビリ室とは違って老人たちが和気あいあいとからだを動かしています。訓練室というより社交場といった雰囲気です。

私は車イスにのった彼女を平行棒の中に連れていきました。そして「そこで立って歩いてください」と指示しました。彼女はスッと立って歩きはじめました。でも「こんなことは病院でもさんざんやらされた。役にも立たんのに」とブツブツいいながらです。

そして平行棒の端まできて「歩いたよ」と面白くもなさそうにいうのです。そこで私が「じゃあ、向きを変えて帰ってください」といったとき、彼女がいったコトバがあります。「帰らすくらいなら、いかさにゃええじゃない」

訓練室は大笑いになりました。私もいっしょに笑っていたのですが、PTとしてのアイデンティティが崩壊するような気がしました。

そうか、訓練は専門家に指示、命令されて目的もなくやる〝動作〟にすぎないのです。大事なのは、高齢者自身が自発的に動きだす〝生活行為〟を引き出すことなのですが、それはいくら〝動作〟をやっても効果はありません。

〝生活行為〟と同じように、目的があり、自発的なものとは何だろう。そこで考案したのが「遊びリテーション」でした。「遊び」と「リハビリテーション」を組み合わせた造語で、風船を使ったバレーボールや、ゲートボールのボールと空き缶でやるボウリングなど多くの種目が現場から生まれてきました。ここで、訓練は、心とからだが結びついたのです。

身体障害の人だけでなく、遊離型の痴呆（312頁参照）の人が現実的世界に帰ってくるきっかけとしても大きな効果をあげています。

第2部

生活づくりの介護

第3章 生活をとり戻す

3-1 退院を迎えて（1）

退院が近づいたら

生活の回復は家庭や施設からはじまる

医療ケアから生活ケアへ

医師が、「そろそろ退院してください。これ以上の回復は望めません」というのは、臓器レベルについてです。たとえば、脳卒中なら、脳の損傷がこれ以上は回復しないことを指します。

また、理学療法士など、リハビリの専門家に「これ以上の回復は望めません」といわれたら、それは、身体機能レベルのことです。つまり、手足などのマヒの回復を指します。

「臓器」や「身体機能」は、私たちが生活していくための武器です。元通りになるのに越したことはありませんが、大事なのはその「身体」を使いこなして退院後の生活をつくることです。

臓器レベルや身体機能レベルが元通りにならなくても、それで生活レベルが決まるわけではありません。工夫次第で、重いマヒなどは乗り越えられます。「退院してください」といわれたら、「医療的ケアは終了し、ここからは生活のスタートだ」と思ってください。生活レベルでの回復を支えるのが介護です。

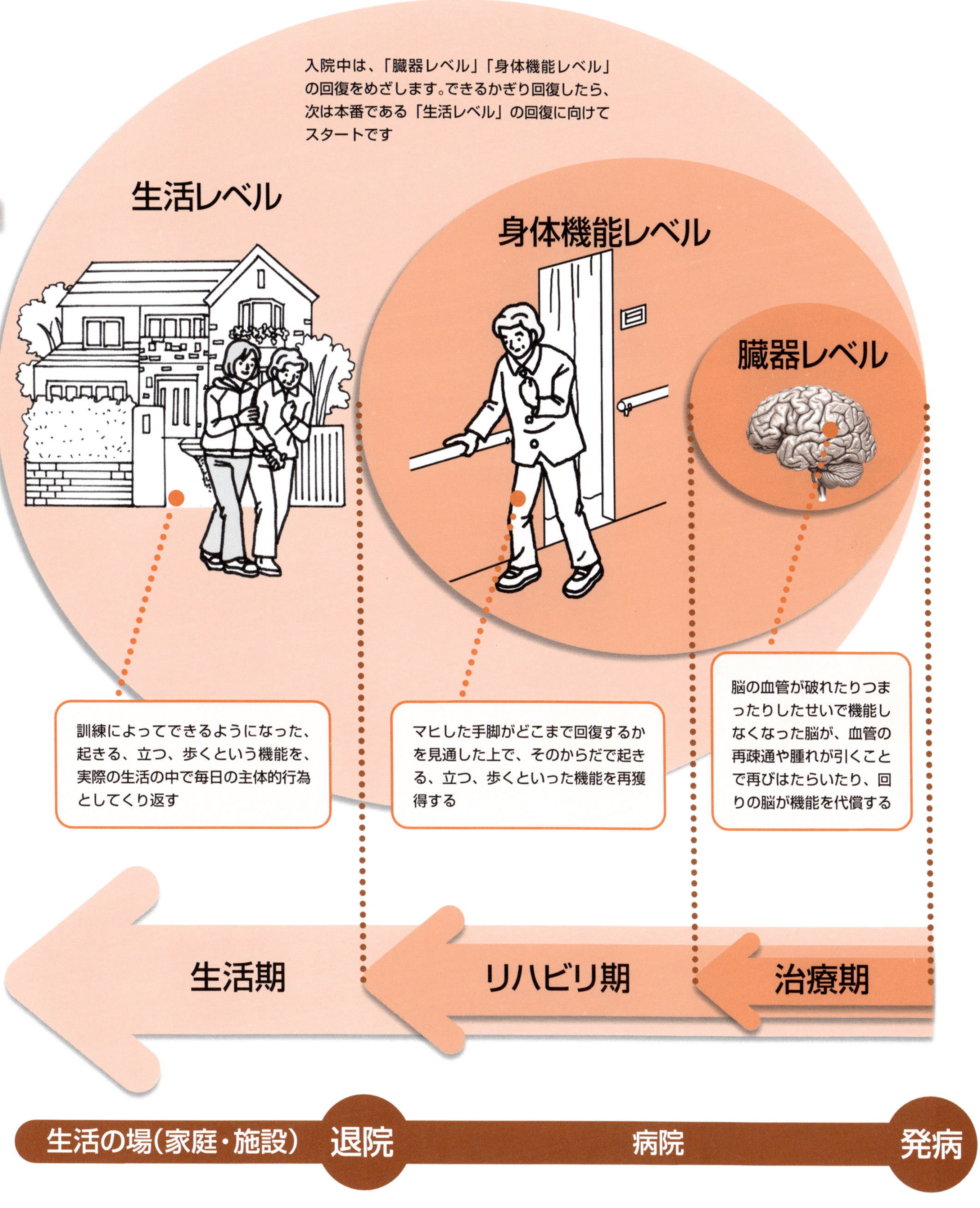
入院中は、「臓器レベル」「身体機能レベル」の回復をめざします。できるかぎり回復したら、次は本番である「生活レベル」の回復に向けてスタートです
生活レベル
身体機能レベル
臓器レベル
訓練によってできるようになった、起きる、立つ、歩くという機能を、実際の生活の中で毎日の主体的行為としてくり返す
マヒした手脚がどこまで回復するかを見通した上で、そのからだで起きる、立つ、歩くといった機能を再獲得する
脳の血管が破れたりつまったりしたせいで機能しなくなった脳が、血管の再疎通や腫れが引くことで再びはたらいたり、回りの脳が機能を代償する
生活期
リハビリ期
治療期
生活の場（家庭・施設）
退院
病院
発病

3-2 退院を迎えて（2）

生活行為を引き出す方法

リハビリ訓練より生活行為が有効

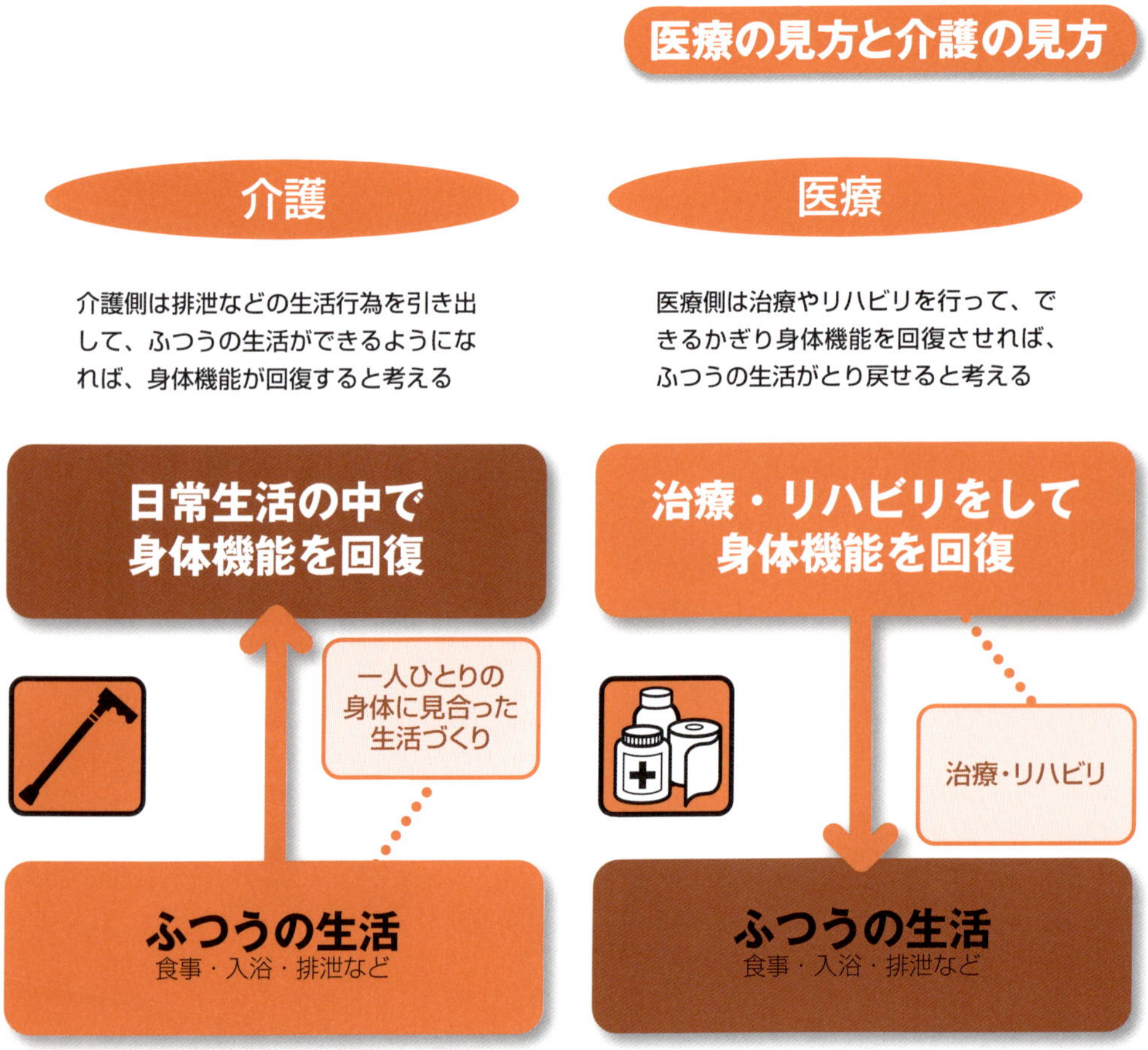
医療の見方と介護の見方
介護
介護側は排泄などの生活行為を引き出して、ふつうの生活ができるようになれば、身体機能が回復すると考える
日常生活の中で身体機能を回復
一人ひとりの身体に見合った生活づくり
ふつうの生活
食事・入浴・排泄など
医療
医療側は治療やリハビリを行って、できるかぎり身体機能を回復させれば、ふつうの生活がとり戻せると考える
治療・リハビリをして身体機能を回復
治療・リハビリ
ふつうの生活
食事・入浴・排泄など

訓練意欲より生活意欲

脳卒中などで病院に運ばれると、治療とともに身体機能の回復をめざしてリハビリを行います。病院側は十分な治療やリハビリを施してある程度の目標に達すると、「そろそろ退院の時期です」と退院をすすめます。

ふつうならばうれしいはずなのに、身体機能が発症前と同じ程度に戻らないため、「もう少しよくなってから」と考えてしまいがちです。退院を延ばしてもらったり、別の病院を探したりするケースも多いようです。

すでに治療期を終えていて、身体機能のことだけを考えるなら、病院よりも生活の場である自宅に戻ったほうがいいでしょう。生活の場には、病院の「訓練」とは違う「実践」があります。日常生活の中で必要な排泄、入浴、食事など、生活しながら訓練することができます。ましてや、生活の場である家庭には要介護者の性格、嗜好、発症前のライフスタイルなど、もっともよく知っている家族や知人、友人がいます。元通りの生活ができるようにサポートしてくれます。機能訓練を続けるには本人の訓練意欲が必要ですが、老いて発病した人にいつまでも「頑張れ」というのは限界があります。訓練意欲はなくても生活に対する意欲さえあれば大丈夫です。

私たちは一定の身体機能を持って、ふつうの日常生活をおくっています。しかし実際は「ふつうの生活」をくり返しているから、身体機能が維持できている側面のほうが大きいのです。専門家がいなければできない訓練ではなく、毎日の生活の中でくり返し行う「生活行為」を一つでも引き出すべきです。

生活行為を引き出す方法

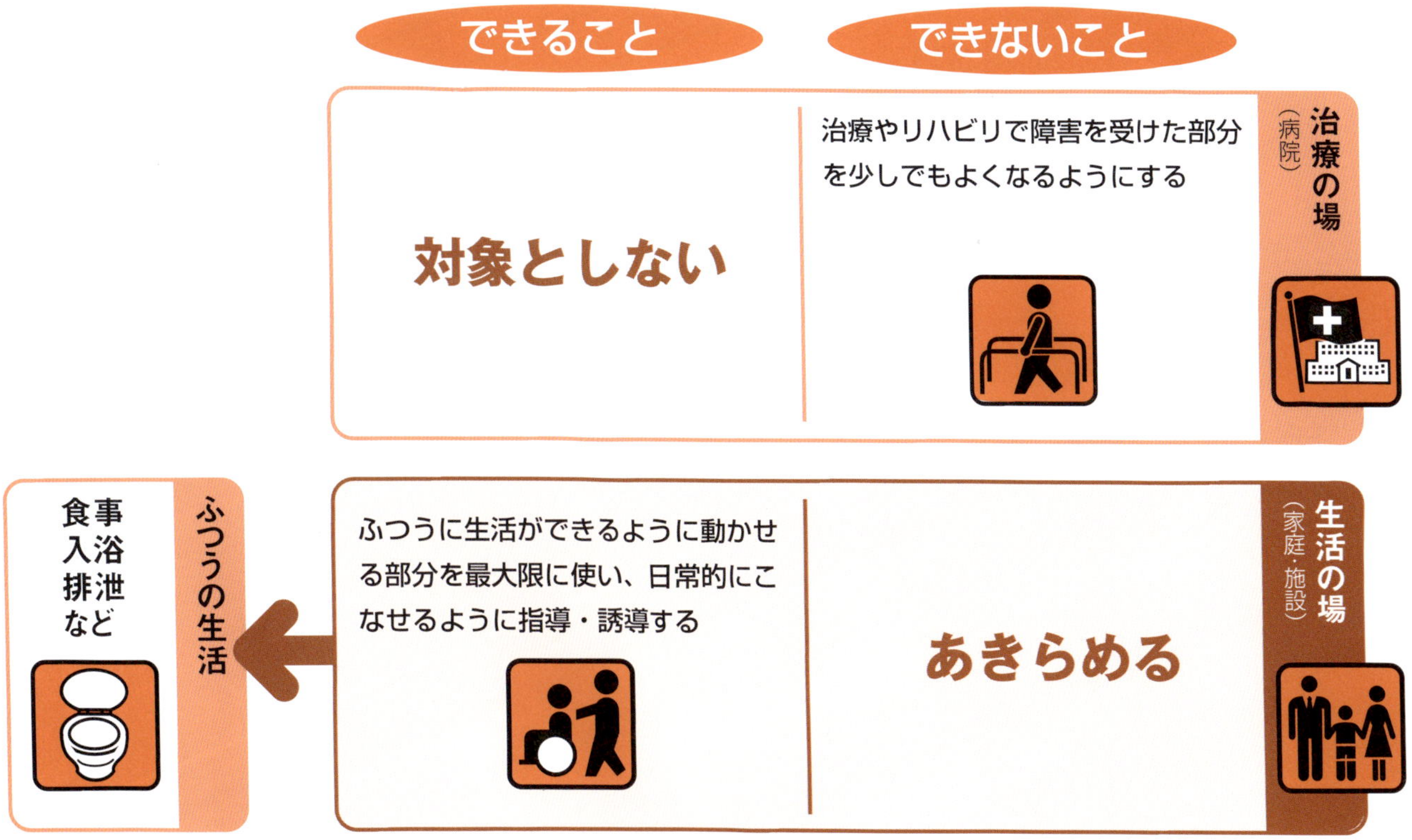
できること
できないこと
治療の場（病院）
治療やリハビリで障害を受けた部分を少しでもよくなるようにする
対象としない
生活の場（家庭・施設）
ふつうに生活ができるように動かせる部分を最大限に使い、日常的にこなせるように指導・誘導する
あきらめる
ふつうの生活
食事
入浴
排泄
など

ただし、生活行為を引き出すためには、今までと発想を変える必要があります。

①身体機能を「できること」と「できないこと」にわける（170頁以降参照）

②生活の場では、「できないこと」はあきらめる（168頁参照）

③残った機能が生かせるような条件をつくる（20頁参照）

「あきらめる」のは、消極的な姿勢ではありません。むしろ現実をきちんと受け止めて、そこから出発しようとする積極的な姿勢です。

今の身体機能を使い「できること」を活用して、生活行為を引き出します。そして、「ふつうの生活」をとり戻します。

今、ここをのがすな

からだが徐々に回復してくる治療期は精神状態も上向きになっています。このときこそ「生活づくり」を始動するときです。一日延ばしでは意欲も下向きになります。この機をのがさず、生活機能回復をめざします。

訓練意欲から生活意欲へ

Tさん（70歳）は脳卒中で倒れてから6年間、ベッドで寝てばかりでした。日常的にできることもすべて妻に介助させるのに、毎日、機能訓練だけは欠かしません。この旺盛な訓練意欲を生活意欲に変えてはというアプローチがはじまりました。まず、「外出訓練」という名の「お花見」や「１泊旅行」、続けて「飲酒訓練」などです。訓練で見せていた苦しい顔が、みるみる笑顔に変わりました。マヒした手足でも人生を楽しめることがわかり、精神面ばかりでなく行動範囲も広がったおかげで身体機能もよくなってきました。

生活行為のすすめ

Sさん（96歳）は、寝たきりでオムツを使っていました。条件さえ整えれば立てるのではと思い、ベッドの高さを変えて介助バーをとり付けたところ、一人で立ち上がりポータブルトイレに移れるまでになりました。

床ずれを防ぐ3つのポイント

まず「すわる生活」をめざすこと

床ずれを防ぐために

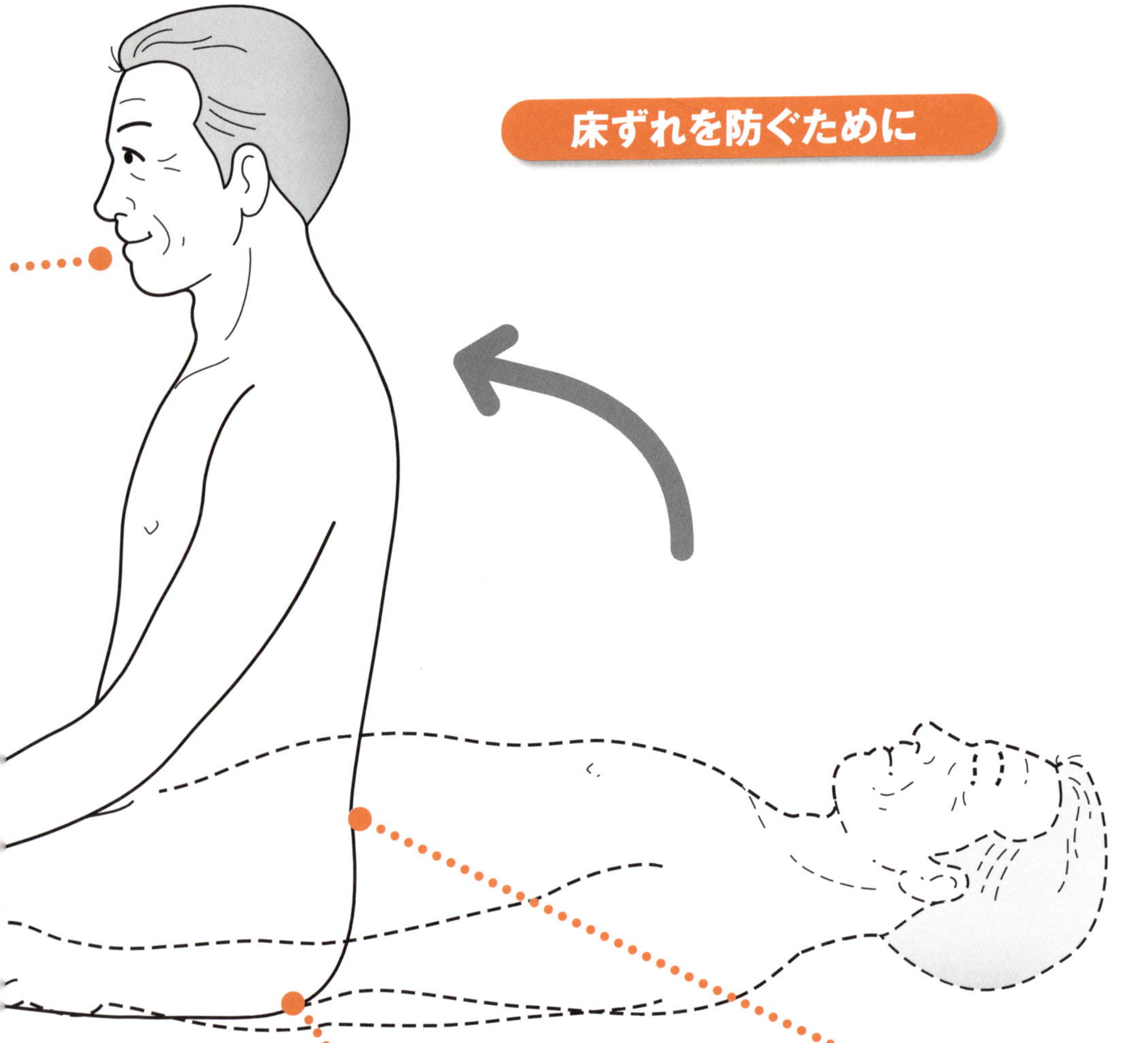

ゴソゴソする

無意識にやっているゴソゴソも、床ずれ防止になります。予防対策として、エアマットやウォーターベッドを使うことがありますが、からだが沈みすぎて、かえってゴソゴソができません。また同じように、高すぎるベッドも恐くてゴソゴソができません。この場合は、低く調節するようにしてください

すわる

「寝たきりにしない」こと、これが床ずれ予防の基本です。日中は、なるべくすわる生活にしてください。
すわりさえすれば床ずれ予防だけでなく、内臓も活性化しますし、本人の意識も違ってきます。食事をする、排泄する、風呂に入る、すべて、すわって行いましょう

床ずれは防止できる

床ずれは、長い時間同じ姿勢で寝ていて、栄養不良や不潔になってしまったために、からだの一部分への血液の流れが不十分となり、次第に皮膚や筋肉がくずれていく状態です。

最初は、床ずれができやすいところがポッンと赤くなるだけです。指で押しても白くならずに、赤みがとれない状態になったら危険信号です。この時期に寝かせきりをやめないと、皮膚がやぶれたり、ただれたり、からだが衰弱し、ほかの病気を誘発することもあります。

いったんできると治りにくいばかりか、非常な苦痛を伴うので、床ずれを予防する介護が大切になってきます。

防止対策としては、ずっと同じ姿勢にしないことが必要です。

床ずれができやすい部位（あお向けに寝ている場合）

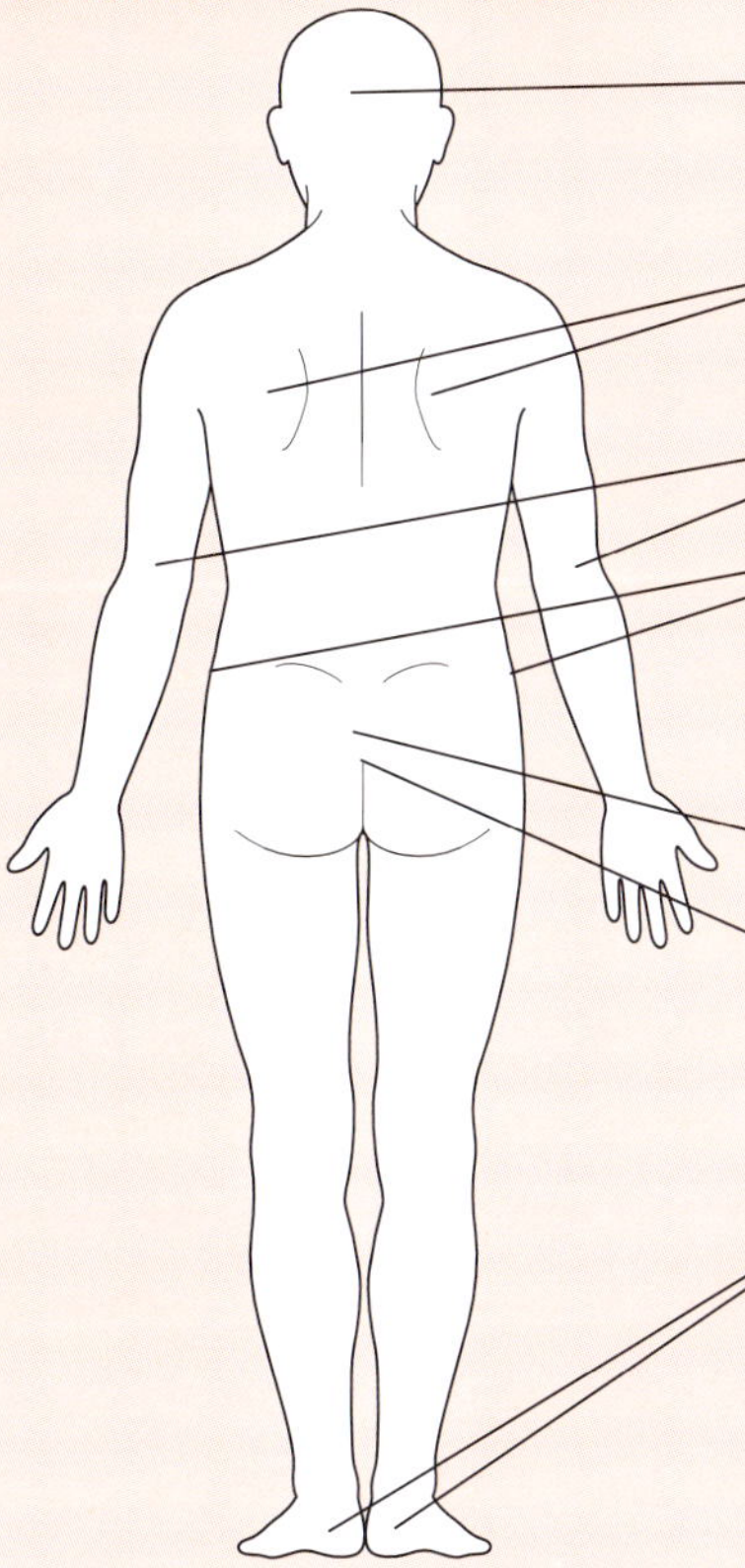

あお向けに寝たきりの状態で、床ずれができやすい部位は、後頭、肩甲骨、ひじ、仙骨、びてい骨、かかとなど、体重がかかるところです。寝たきりをやめて、すわる生活をすることこそ床ずれ防止です

笑顔

床ずれの予防と治療の条件の3番目は笑顔です。すわるだけで表情が出てくることはよく知られていますが、その表情の中で一番いいのが笑顔です。笑うとからだの免疫力が高まって、床ずれを悪化させている感染症を治癒、予防することがわかってきました。笑顔が出る生活づくりを心がけましょう

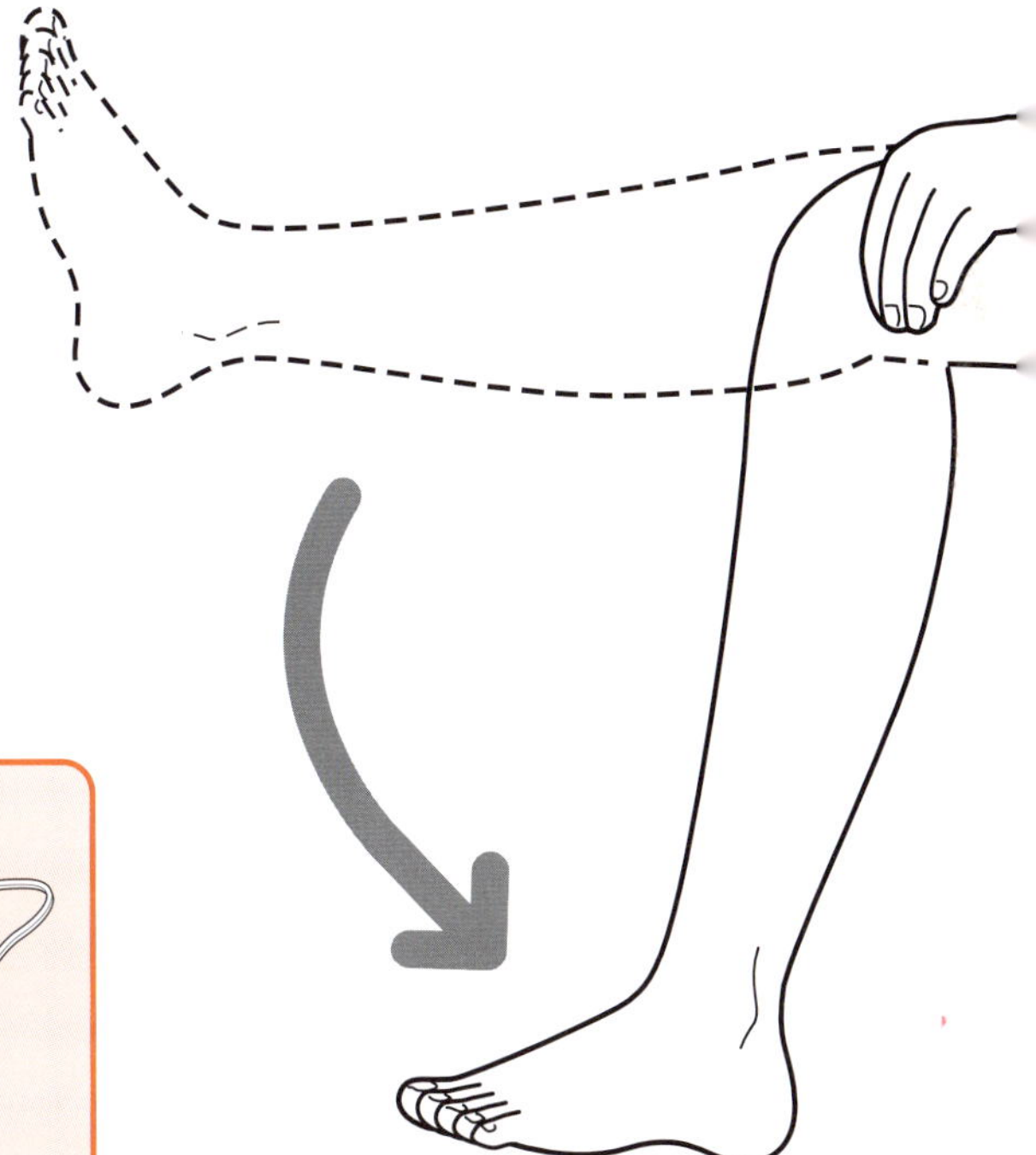

×エアマットは特別な場合だけ

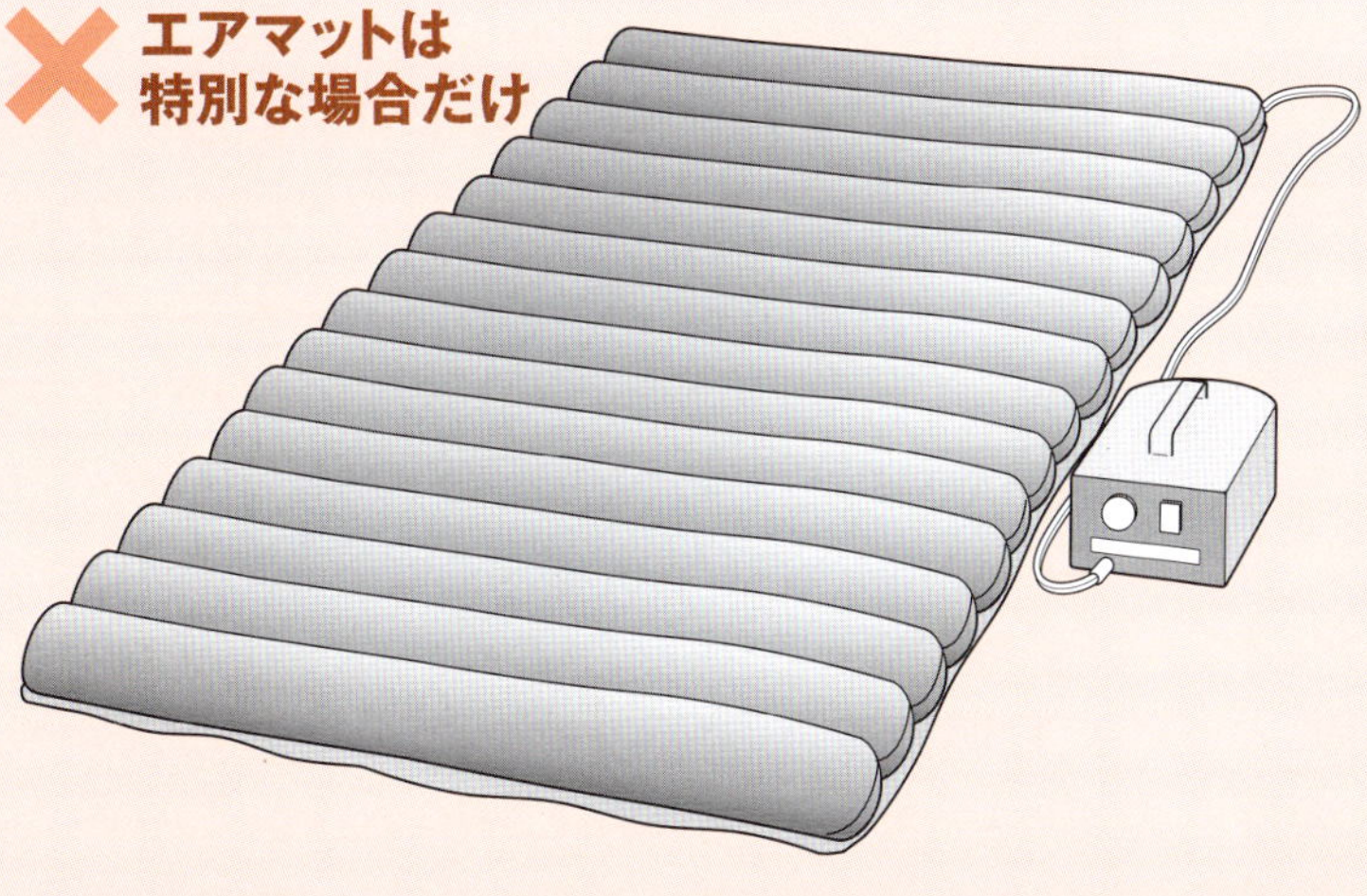

エアマットを使うと、かえって床ずれがひどくなることがあります。要介護者が、すわることができない、意識がない、四肢マヒなどのように、無意識にゴソゴソすることができない場合だけに使ってください

そのためには、こまめに寝返りをするよりも、むしろ、すわる生活をすることのほうが大事です。本人の気分転換にもなりますし、内臓などへの影響度も違ってきます。

さらに、姿勢を変えるのと同時に、バランスのとれた食生活を心がけることも重要です。

3-4 退院を迎えて（4）

すわれるかどうかが最大のポイント

寝たきりにさせないためには、すわること

すわることの重要性

人間のからだをつくっている筋肉は、横紋筋と平滑筋にわけられ、横紋筋はさらに心筋と骨格筋にわけられます。心臓壁をつくる心筋や、食道、胃、気管支などの内臓壁をつくる平滑筋は私たちの意思では動かせませんが、からだの運動をつかさどる骨格筋は、意思によってコントロールできます。

私たちがふつう「筋肉」とよぶのはこの骨格筋で、これらの筋肉が大脳からの指令により、収縮と弛緩をくり返してからだを動かしています。

筋肉の活動は動くことだけではなく、「立つ、すわる」という姿勢にも影響されます。立っていると全身の筋肉がはたらき、すわっていると上半身の筋肉がはたらきます。

寝たきりになるとこの筋肉のはたらきが悪くなり、関節が固まって動かなくなり拘縮が進みます。そうなると、からだ全体の機能が低下してしまいます。たとえ歩けなくても、すわっているだけで筋肉は活動します。できるだけすわることで、筋肉の機能低下を防ぎましょう。

すわることの効用は、筋肉の活性化ばかりではありません。食事をとる場合も、少し前かがみ状態のほうが誤嚥性《ごえんせい》肺炎の防止ばかりか、食欲にも差が出てきます。排泄も、すわった状態のほうが腹圧や重力を活用できるので、スムーズに排便できます。

さらに、寝ているときよりも表情がいきいきしてくるので、顔の筋肉の動きが脳を刺激して、からだの免疫力も活性化します。まずは、すわることです。

❶ 食べやすい

寝たままの姿勢での食事は食べにくいばかりか、誤嚥による肺炎のもとになります。少し前かがみになった状態が、いちばん食べ物を食べやすい姿勢です

❷ 床ずれが治る

いったん床ずれができてしまうと、なかなか治りにくいものです。日に何回もの体位変換をするよりも、すわることのほうがより効果がありますし、予防にもなります

❸ 排便しやすい

直腸内の便を押し出す腹圧は、「寝ている姿勢」より「すわっている姿勢」のほうが、大きくかかります。重力も活用できるので、便秘も解消されます

❹ 筋肉が強くなる

私たちが「筋肉」とよぶ骨格筋は骨にくっついてからだを動かします。すわると背中や首の筋肉に重力がかかって、姿勢を保つように収縮するので筋肉が強くなります

❺ バランスがよくなる

「すわる、立つ、歩く」ために大切な、からだの前後バランス、左右バランスが向上します。寝ているとその感覚が鈍ってしまい、低下するばかりです

すわることの9つの効用

「寝たきり」の9割はすわれる

「寝たきり」は、ただ寝たきりにさせている「寝かせきり」だといわれます。ある特別養護老人ホームでは、ほぼ半数が「寝たきり」だと思われていましたが、原因は「寝かせきり」であることが実証されました。ほぼ90%以上の人が、すわって生活できるようになったのです。昼間はすわって皆といっしょに食堂で食事をし、グループ活動で他の人とふれあうようになりました。昼間を活動的に過ごすと食欲もわき、夜間もよく眠れるようになりました

❻ 表情がよくなる

表情は顔面の表情筋が収縮することで現れます。すわると筋肉に重力がかかり、それに抵抗して目が開いて口が閉じ、しまった顔になります

❼ 血圧調節がよくなる

私たちのからだは、姿勢を変えるたびに全身の血圧を調節しています。寝てばかりいるとこの機能が低下し、すわっただけでめまいを起こしてしまいます

❽ 肺活量が増える

寝ていると肺が圧迫され、はたらきが悪くなります。すわることで、肺の入っている胸郭が拡張するので肺活量が増えます

❾ 手足の拘縮を予防する

すわって重力がかかると、脳卒中で上肢が固まっていくのとは逆の力がかかります。また下肢の関節がすべて曲がるので、ピンと伸びる方向に固まるのを防いでくれます

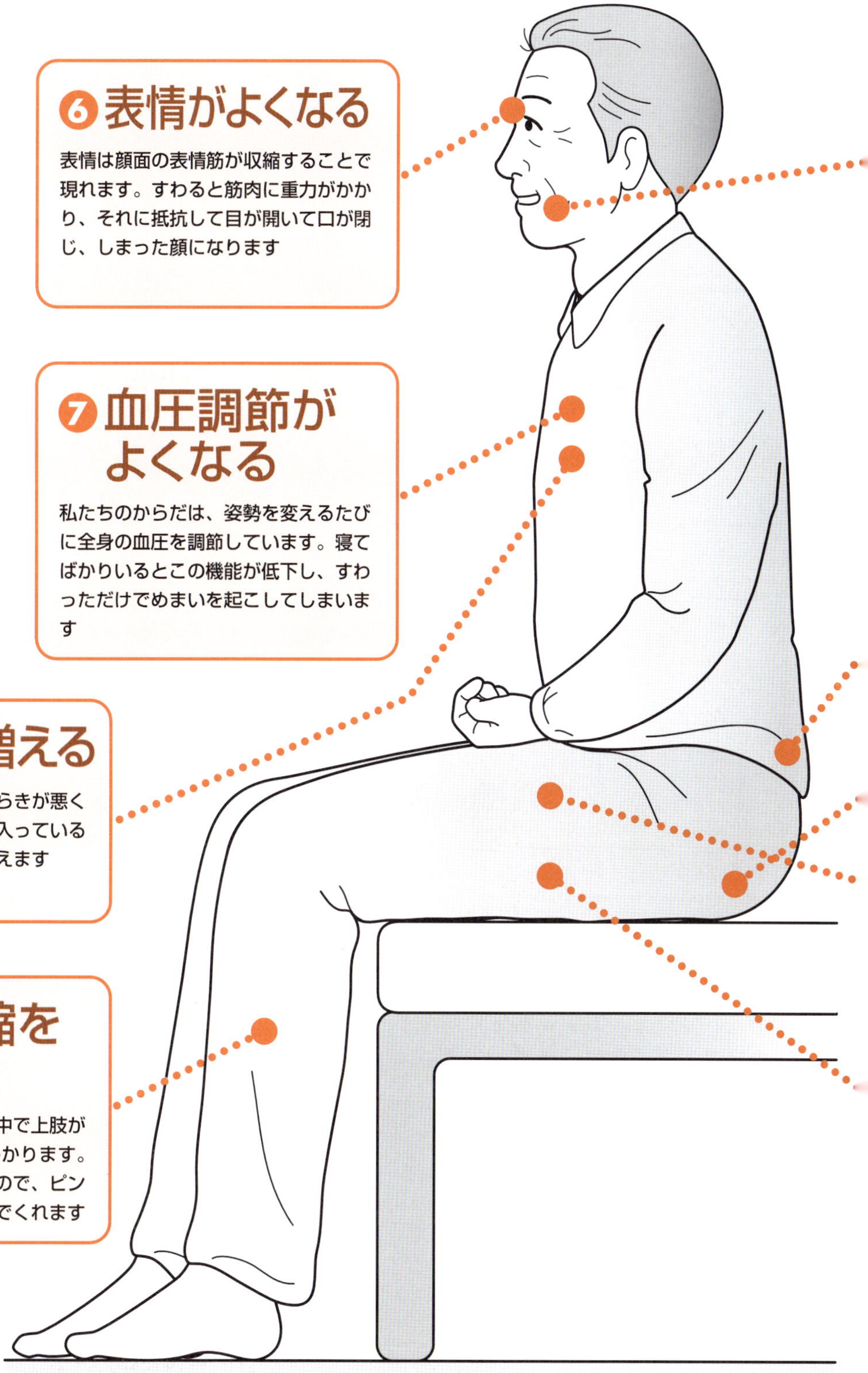

3-5

感染症と介護
（1）

感染症を理解する

きちんとした知識を持てば恐くない！

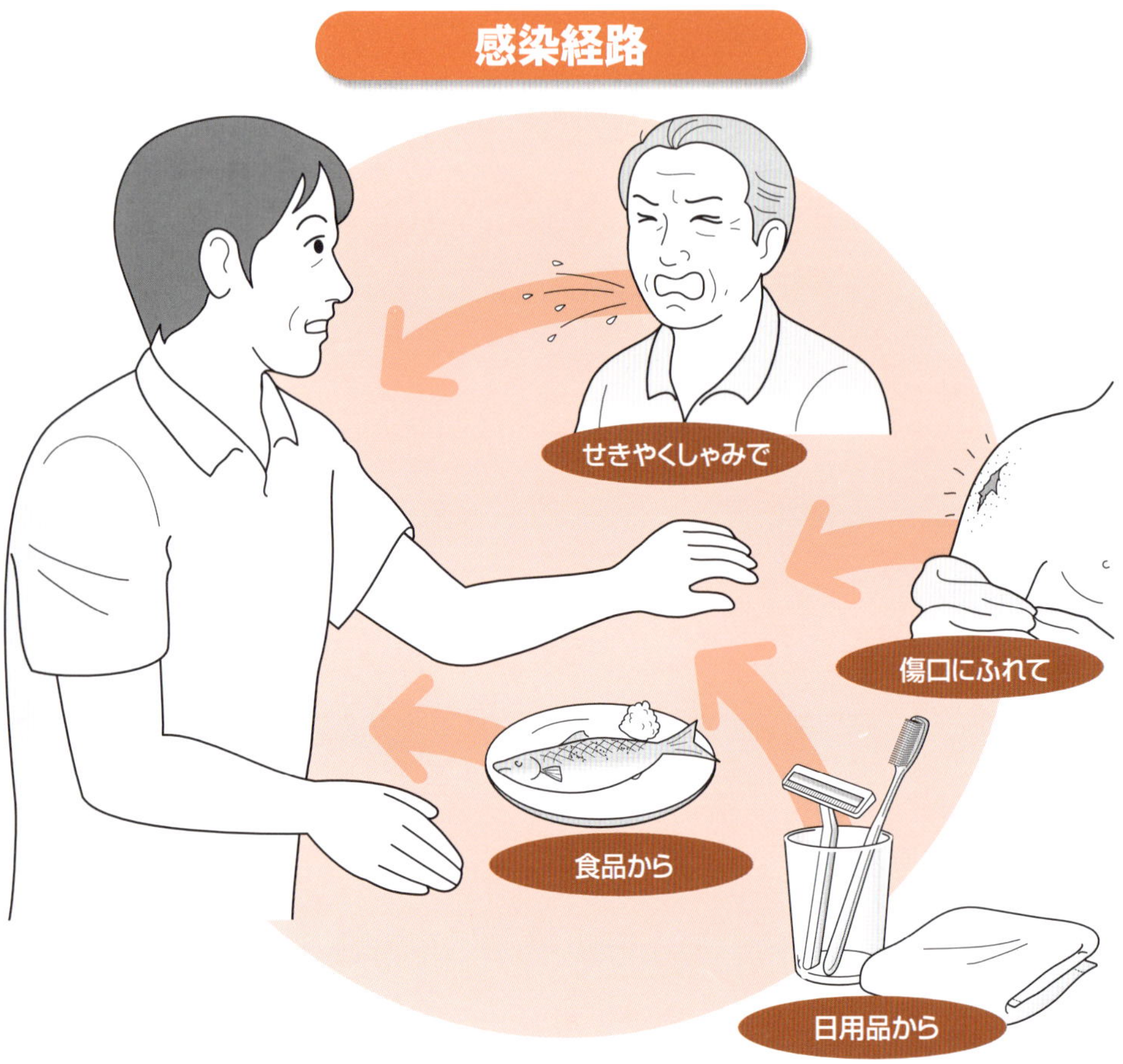
感染経路
せきやくしゃみで
傷口にふれて
食品から
日用品から

基本は予防と知識

感染症は、細菌やウイルスなど病原微生物の感染によって発病する病気です。

一般的によく知られているものとしては、肝炎、インフルエンザ、エイズなどがあります。

特に近年では、新しい病原体、腸管出血性大腸菌O-157による集団食中毒、薬剤耐性菌によるMRSA（メチシリン耐性黄色ブドウ球菌）、過去の病気と思われていた結核の再燃などが問題となっています。

中でも、今まで院内感染として知られていたMRSAが、家庭内にも持ちこまれるようになってきました。健康な人であれば問題はありませんが、抵抗力が弱っていると感染しやすくなります。

感染を防止するためには、その感染経路を知っておくことが必要です。病原菌によって、それぞれ独自のルートを持っています。くしゃみやせきといっしょに空気中に飛び散って、その空気を吸うことにより感染するもの。また、血液を介して、傷口などから侵入するものなど、いろいろです。

介護の現場に感染者がいたり、その可能性がある場合は、十分な感染防止対策が必要になってきます。

予防の基本は、うがいや手洗い、消毒です。これらをきちんと行えば、まず問題はありません。いちばん有効な方法です。

さらに、予防とともに感染症に関する正しい知識も必要です。病気の性質さえわかっていれば、過剰に反応することもありません。情報不足は漠然とした不安を招きます。予防と知識、この2つがあれば、必要以上に恐がることはありません。

消毒剤の知識

用途と効果

用途	消毒剤	系統	一般細菌	MRSA	B型肝炎	C型肝炎
日常手洗い・手指消毒	アルコール（エタノール）	アルコール系	◎	◎	○〜△	○〜△
	オスバン	第4級アンモニウム（逆性石けん）	◎	○	×	×
	ヒビテン	ビグアナイド系	◎	○	×	×
	ヒビスクラブ	ビグアナイド系	◎	○	×	×
	ヒビスコール	ビグアナイド系	◎	◎	○〜△	○〜△
	ウエルパス	第4級アンモニウム（逆性石けん）	◎	◎	○〜△	○〜△
	イソジン	ヨード系	◎	◎	×	×
	ミルトン	塩素系	◎	◎	◎	◎
	ピューラックス	塩素系	◎	◎	◎	◎
粘膜・創傷面	イソジン	ヨード系	◎	◎	×	×
	ヒビテン	ビグアナイド系	◎	○	×	×
	オキシドール、オキシフル	過酸化物	◎	△	×	×
	アクリノール	色素系	◎	△	×	×
器具・器械	アルコール（エタノール）	アルコール系	◎	◎	○〜△	○〜△
	ヒビテン	ビグアナイド系	◎	○	×	×
	ミルトン	塩素系	◎	◎	◎	◎
	ピューラックス	塩素系	◎	◎	◎	◎
	ステリハイド	アルデヒド系	◎	◎	◎	◎
リネン・居室	アルコール（エタノール）	アルコール系	◎	◎	○〜△	○〜△
	オスバン	第4級アンモニウム（逆性石けん）	◎	○	×	×
	ミルトン	塩素系	◎	◎	◎	◎
	ピューラックス	塩素系	◎	◎	◎	◎
	ステリハイド	アルデヒド系	◎	◎	◎	◎

◎有効　○おおむね有効　△効果劣る　×無効（◎を信頼するのがよいと思われます）

☆それぞれの消毒剤の用途、有効性について知っておきましょう。

介護者の心得

- 介助の前後にかならず、うがいや手洗いをする
- 発熱、下痢、せきのひどい要介護者に接した場合は、そのつど手洗いをする
- 特にせきがひどい場合は、なるべくマスクを着用し、うがいを励行する
- 感染者の血液や分泌物などには、できるだけ素手でふれないようにする
- 手に傷があるときはゴム手袋を使う
- 訪問介護の場合は、感染者へのサービスはできるだけいちばん最後にする

MRSA保菌者の場合

- できるだけ除菌を行う
- うがいや手洗いは特に強化する
- マスクやゴム手袋、予防衣を着用する
- 手で直接鼻をいじったりしないように注意する
- 使うものは個人専用とする
- なるべく抵抗力の弱った人との接触を避ける

要介護者への心くばりを

感染防止と同時に忘れてはいけないことは、要介護者を傷つけないための配慮です。

感染防止とばかりに必要以上に注意したり、厳しい態度をとったり、さらに、介助する際の予防衣やゴム手袋の着用は、いくら必要とわかっていても、本人にとっては、「汚いものとして扱われている」という印象しか持てません。

その心情を傷つけて、元気をなくさせることは抵抗力を弱めてしまい、かえって大きなマイナスとなります。感染予防は必要です。しかし、同時に、要介護者に〝差別感〟、〝疎外感〟を与えないような、さりげない心くばりも大切です。

感染予防の基本は手洗い

流水に優《まさ》る消毒剤はない

もみ洗いの基本

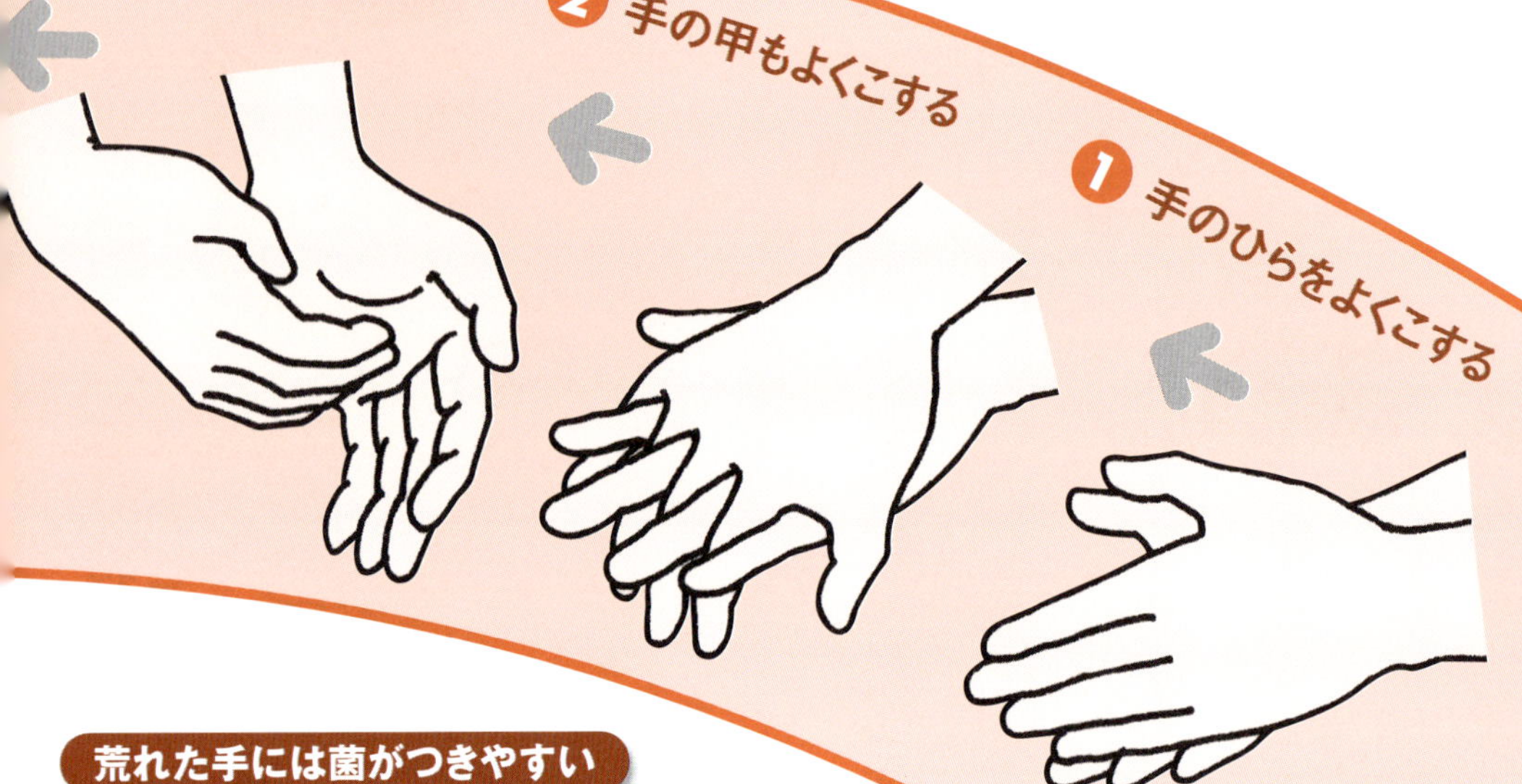
1 手のひらをよくこする
2 手の甲もよくこする
3 指先も入念にこする

荒れた手には菌がつきやすい

感染予防のためとばかりに何回も手を洗うと、肌の弱い人は手荒れを起こしやすくなります。
荒れた手には菌がつきやすいので注意が必要です。クリームやマッサージなどで十分にケアをしてください

手指用の消毒剤(51頁参照)	
●流水で洗う場合	ヒビスクラブ、イソジン など
●洗面器などで洗う場合	ヒビテン、オスバン、イソジン、ミルトン、ピューラックス など
●すりこんで乾燥させるだけ	ヒビスコール、ウエルパス、イソジンパーム
●アルコールスプレーの噴霧	
●アルコール綿、ガーゼによる手拭き	

point 消毒剤を使うにしても、まず水で洗ってからのほうがより効果的です

手洗いがいちばんの予防策

人間は加齢とともに、からだの免疫力が低下してきます。健康な人であれば問題ないような菌などでも、高齢者になると、ちょっとしたことで感染しやすくなります。

最近では、介護の現場にもいろいろな菌やウイルスが持ちこまれています。感染しないように防御するのはもちろんですが、逆に要介護者自身が保菌者のケースもあるので、十分な予防対策が必要です。

感染症は、付着した菌が一定量を超えたときに発症しますので、菌数を減らすことで感染は予防できます。

たとえ肝炎患者の血液が指などについたとしても、すぐに流水で十分に洗えば、まず問題はないのです。

point 手洗いの順番は「ひら・甲《こう》・先《せん》・間《かん》・親《おや》の首《くび》」と覚えましょう

4 指の間を十分に洗う

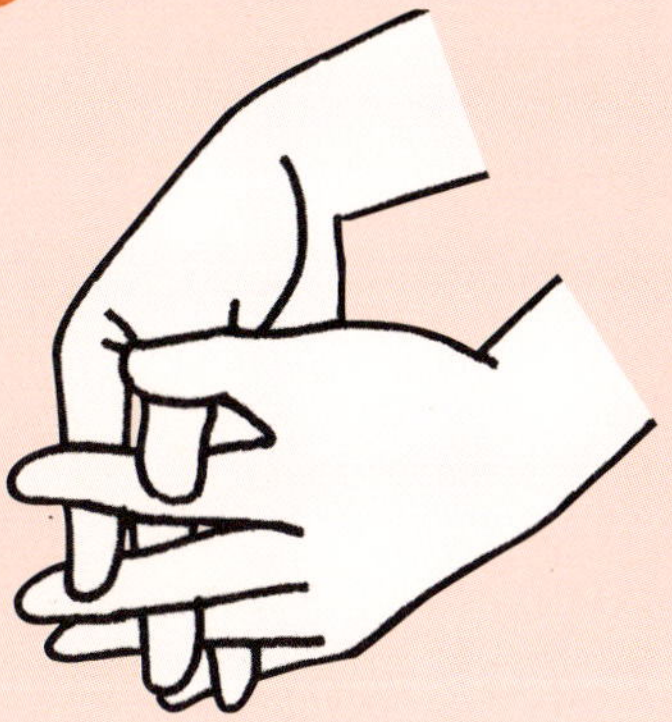

5 親指をねじり洗う

6 手首も忘れずに洗う

消毒剤の使い方

消毒剤を使う場合、正しい濃度に調整して使ってください。濃すぎると手荒れを起こしやすいし、薄めすぎると効果が半減してしまいます

溜めた水に入れる
流水の設備がない場合、消毒剤を入れた水でしっかりと洗います

石けんを使う
水を流しながら石けんで洗います。これだけでも除菌効果はあります

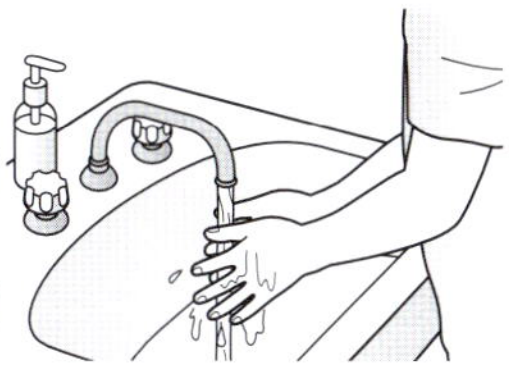

拭いて使う
アルコール綿や消毒剤をしみこませたガーゼで、十分に手拭きします

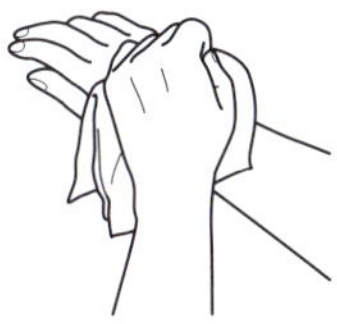

スプレー噴霧
霧吹きスプレーにアルコール系消毒剤などを入れ、手指に吹きかけます

手指にすりこむ
速乾性のある消毒剤を十分に手指にすりこんで乾燥させます

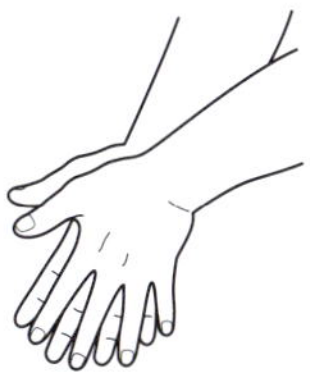

point 指輪やブレスレットなどの装飾品をつけたままでは、手洗いの効果が不確実です。すべてをとり外してから洗うようにしましょう

「もみ洗い」を励行する

　手洗いが基本といっても、ただ漫然と洗っていたのではいけません。手と手をこすり合わせる「もみ洗い」が基本です。できるだけ石けんを使って、手のひらだけでなく、指先や指の間、手首まで入念にこすり合わせて洗ってください。

　これをきちんと行えば、たとえ菌がついても、ほとんどの菌はとり除けるので、必要以上に恐がらなくても大丈夫です。介護の前後にはかならず、実行しましょう。流水の設備がなかったら、水を入れた洗面器に消毒剤を入れて洗うか、外出先などでは、速乾性のある消毒剤をすりこむか、アルコール綿などで拭いて代用します。

　手洗いのあとのケアも非常に大切です。洗いすぎて手が荒れると、逆に菌がつきやすくなります。クリームやマッサージなどで十分に皮膚を保護するようにしてください。

3-7

感染症と介護（3）

MRSAの場合
必要以上に恐がらなくても大丈夫

MRSAの予防と対処法

MRSAの感染経路

①人から人へ直接
②器具・寝具などを介して
③掃除、シーツ交換などにより、菌が床から舞い上がる

主な症状

- 皮膚の化膿、褥瘡《じょくそう》（床ずれ）への感染
- 中耳炎
- 肺炎などの呼吸器感染症
- 腸炎
- 腹膜炎
- 髄膜炎（脳膜炎）
- 敗血症（血液中に菌が流れる）

消毒がキーポイント

これまでMRSAは、多くの病院で〝院内感染〟の一つとして大きな問題となっていましたが、現在では、家庭にも持ちこまれるようになってきました。

要介護者がMRSA保菌者の場合、特に感染症状が出ていなくてもMRSAの感染源となるので、介護の前後には手洗い、

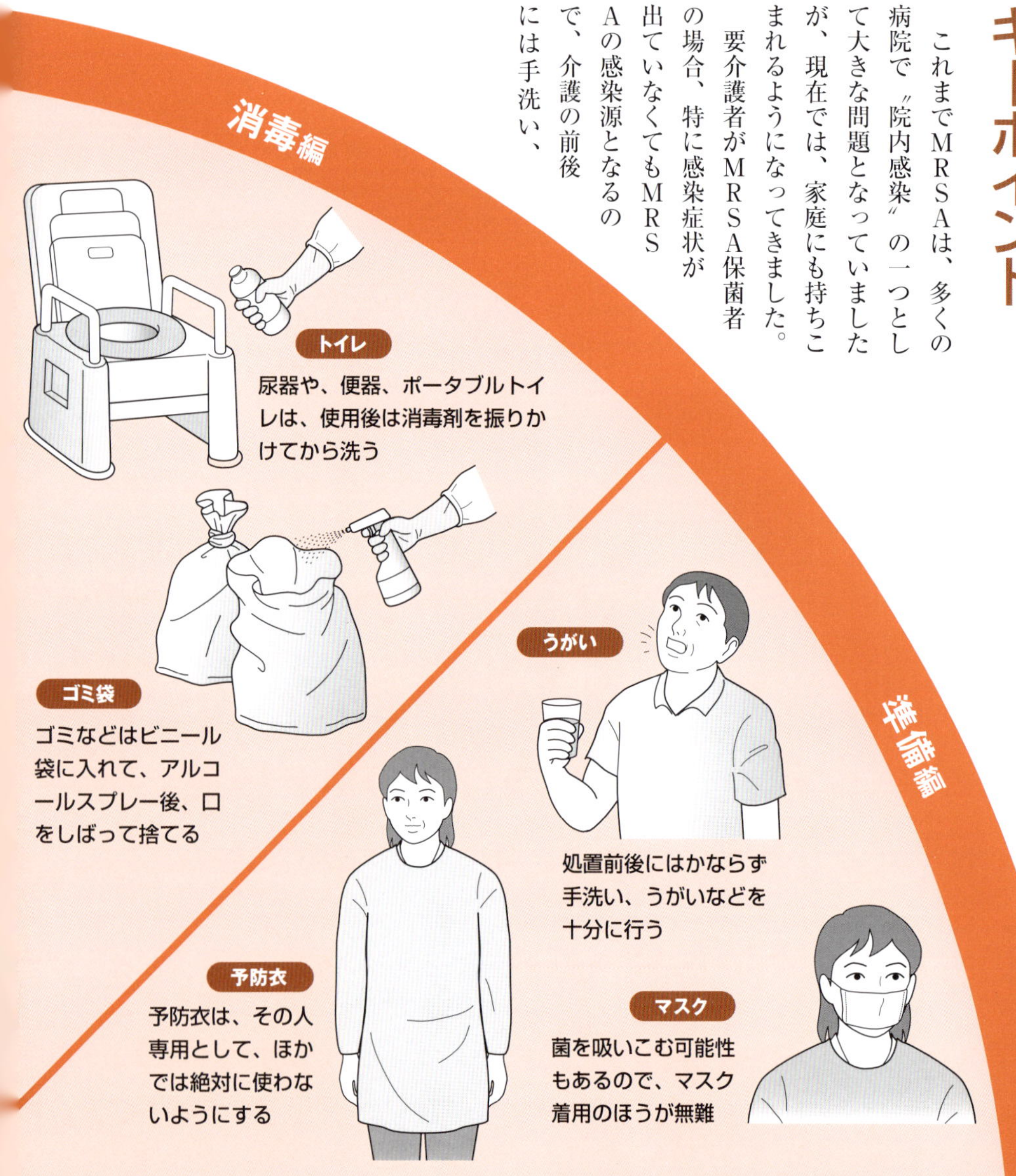

消毒編
トイレ
尿器や、便器、ポータブルトイレは、使用後は消毒剤を振りかけてから洗う
ゴミ袋
ゴミなどはビニール袋に入れて、アルコールスプレー後、口をしばって捨てる
準備編
うがい
処置前後にはかならず手洗い、うがいなどを十分に行う
予防衣
予防衣は、その人専用として、ほかでは絶対に使わないようにする
マスク
菌を吸いこむ可能性もあるので、マスク着用のほうが無難

【MRSAとは】

MRSAとは、Methicillin Resistant Staphylococcus Aureus（メチシリン耐性黄色ブドウ球菌）の略称です。

MRSAは突然変異により、β-ラクタム剤が結合しにくい新しい細菌細胞壁合成酵素を持っているため、メチシリンをはじめとするペニシリン系、セフェム系、マクロライド系などの抗生物質が、その抗菌作用を発揮できないという耐性を示します。黄色ブドウ球菌は、健康な人の3～5%に、鼻や口の中、皮膚、腸などにもしばしば棲みついています。中でも、鼻や口など温度、湿潤性が保たれている部位では定着・増殖しやすいので、それらの部位からの分泌物、体液、膿などから検出されやすくなります。

通常は人体に害をおよぼすことはありませんが、抵抗力の弱った人は感染しやすくなるので注意が必要です。発症すると、いろいろな化膿性疾患や呼吸器感染症などを引き起こします

除菌対策

MRSA保菌者とその対策

●MRSA保菌者とは、MRSAが鼻の中（鼻腔）、のど（咽頭）、皮膚、尿中などに棲みついて繁殖しているけれど、特に感染症状が出ていない人のことです。しかし、MRSAの感染源となるので、介護の前後には手洗い、うがいなどをしっかりと行う必要があります。
感染症状としては、発熱、下痢などがあります。このような症状が出た場合には、すみやかに主治医に連絡をとりましょう

●MRSA保菌者への除菌対策
・鼻腔―イソジン（ゲル、クリーム）を1日2～3回塗布
・咽頭―イソジンガーグルによるうがいを1日3回
・皮膚―イソジンやアルコールで洗浄や清拭《せいしき》

主な消毒剤

●MRSAに有効な消毒剤（51頁参照）
アルコール（エタノール）、イソジン、ウエルパス、ヒビスコール、ミルトン、ピューラックス、ステリハイド　ほか

うがいをしっかりと行います。さらに、予防衣、ゴム手袋なども着用するといいでしょう。

同時に、できるだけ要介護者自身への除菌もはかります。鼻やのどの消毒、手洗い、部屋の消毒などで、MRSAが消えたというケースが多々あります。

要介護者に、発熱、下痢などの症状が出た場合は、すみやかに主治医に連絡をとって、治療を受けるようにしてください。

イソジンで消毒
イソジン
傷口などはイソジンを使って消毒する。処置用器具は本人専用か、使い捨ての物を使う
ふとんのアルコールスプレー
ふとんやマットなど洗いにくいものは、アルコール噴霧で除菌する

部屋の消毒
部屋の消毒は薬剤でスプレー噴霧するか、または薬液に浸した布できれいに拭く
衣類
水洗い後、消毒剤に浸してから洗濯をする。さらに高熱乾燥すればより効果的
オムツ
布ではなく、なるべく紙オムツを使うようにする
介助編
タオル
本人専用を用意するのが望ましい
発熱なら電話
発熱などの症状が出たら、すぐに主治医に連絡
衣類を干す
洗濯物は、家族とは別に洗うのが無難
浴槽
洗面器なども洗剤で洗ったあと、アルコールスプレーまたは消毒剤で洗浄する

肝炎の場合

血液と分泌物に注意しよう!

特に問題なのはB型、C型

いくつかの肝炎ウイルスの中で、特に問題となるのはB型とC型です。どちらも血液を介して感染します。

要介護者が保菌者であったり、その可能性がある人を介護するときは、できるだけゴム手袋を着用したほうがよいでしょう。

健康な皮膚であれば問題あ

肝炎の予防と対処法

症状の進み方

B型、C型どちらも、進行すると慢性肝炎、肝硬変、肝臓がんを発病する危険性がある。無症状のまま治ってしまうことや、急性肝炎だけで終わることもある

消毒編

汚染されたら、すぐに流水で十分洗った後、さらに消毒剤(51頁参照)を使います。器具も本人専用か使い捨てにしましょう

流水で物を洗う

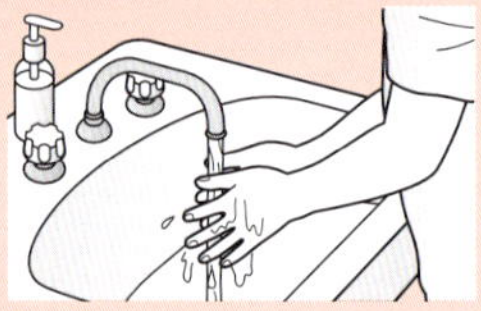

ほとんどの物は消毒する前に流水で洗うようにする

食器の加熱消毒

食器は区別する必要はないが、食後は加熱消毒する

洗面器などを洗う

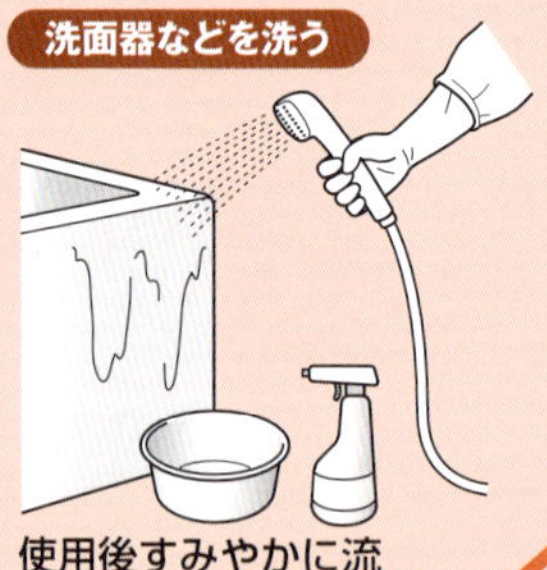

使用後すみやかに流水で洗い消毒剤を使う

準備編

何をするにしても、血液や分泌物が直接、皮膚にふれないようにするため、ゴム手袋を用意しておきましょう

ゴム手袋

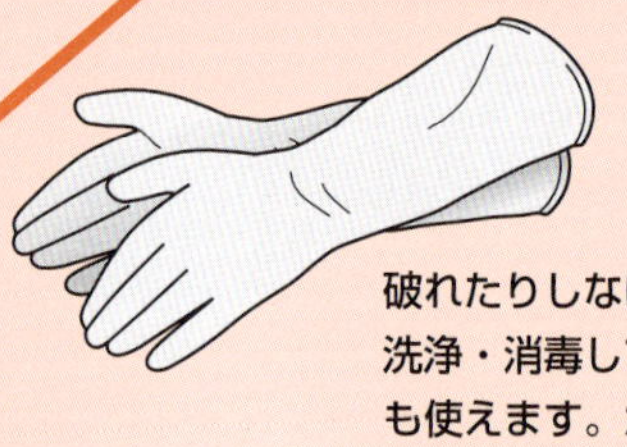

破れたりしなければ洗浄・消毒して何回も使えます。かならずしも使い捨ての必要はなし

カミソリなど

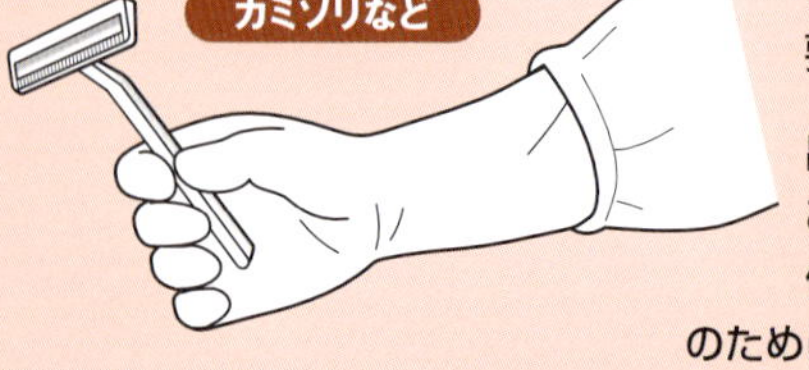

出血させると、感染の危険があるので注意。本人専用か、使い捨てとします。出血予防のためには電気カミソリが望ましい

【肝炎とは】

ウイルスなどによる肝臓の炎症ですが、発症すると肝臓の細胞が壊れて、肝臓のはたらきが悪くなります。特に日本人の場合、肝臓病の原因の大半は肝炎ウイルスです。

タイプとしてはA型〜G型、TTV型がありますが、中でも問題となるのはB型とC型です。肝臓は「沈黙の臓器」といわれ、どちらに感染しても自覚症状がないままに治ることもありますが、慢性化したり、重症化して肝硬変や肝臓がんを発病する危険性があります。早期発見・早期治療が必要です。

感染経路として、A型、E型などは経口感染ですが、B型やC型は血液を介して感染します。皮膚のちょっとした傷口からでもウイルスは侵入するので、とても危険です。ともかく、感染者の血液や分泌物に直接ふれないことがいちばんです

感染予防の基本

●B型もC型も血液を介して感染します。分泌物、唾液、汗、精液などにもウイルスはいますが、ごくわずかなので感染力はありません。ただし、分泌物や排泄物にも血液が混じっている恐れがあるので、予防的に血液と同じように扱います

●たとえ手などに血液や分泌物が付着しても、皮膚が健康な状態ならば感染の心配はありません。しかし、ひび割れや傷などがあれば、そこからウイルスが侵入するので注意が必要です。肝炎ウイルス保有者やその可能性が高い人の介護をする場合は、ゴム手袋着用のうえで行うのがいいでしょう

●感染する危険性が高い場合は、B型はあらかじめワクチン接種をします。また万一感染した場合は、すみやかに医師の治療を受けてください。C型肝炎にはこのような予防法はありません

りませんが、皮膚に小さな傷やひび割れなどがあると、ウイルスはそこから侵入するのです。

分泌物（たん・膿など）や排泄物（尿・便）にも血液が混じっている恐れもあるので、血液と同じような注意が必要です。

いちばん大事なのは、素手でふれないことですが、もしさわってしまったら、すぐに流水で十分に洗います。その後、消毒剤で拭いておくといいでしょう。

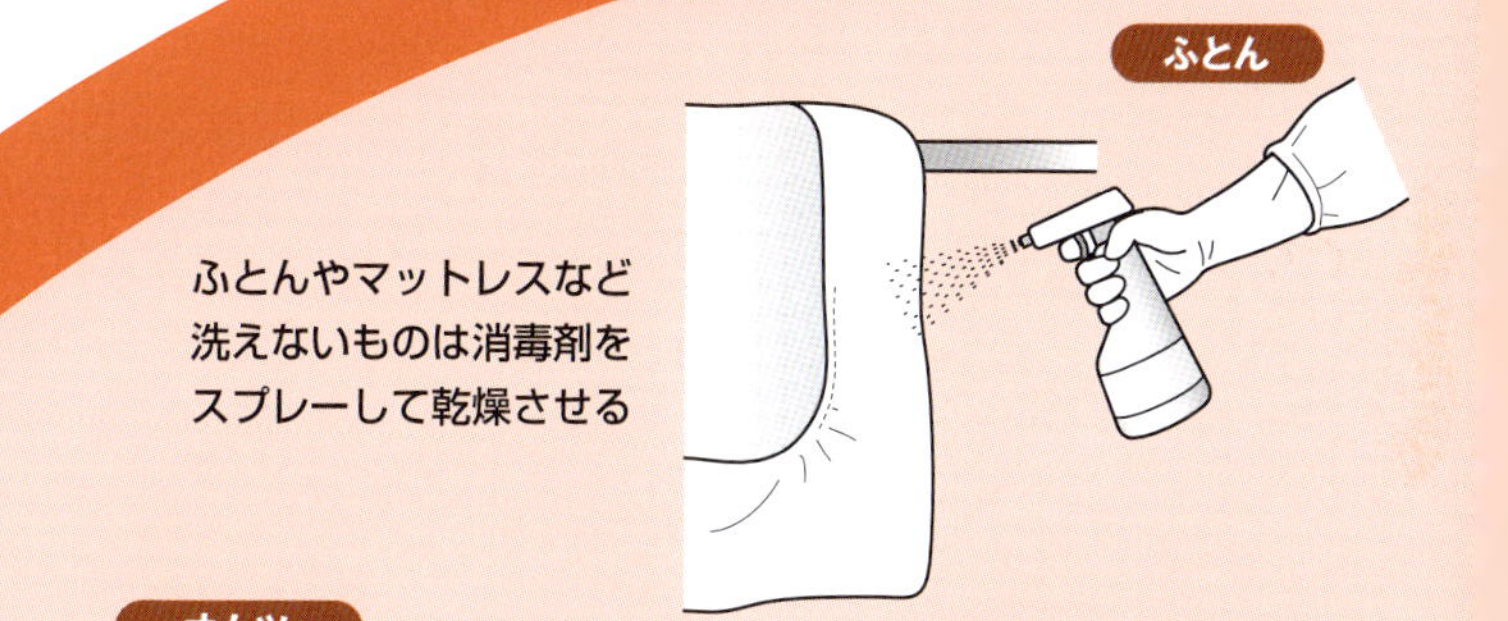
ふとん
ふとんやマットレスなど
洗えないものは消毒剤を
スプレーして乾燥させる

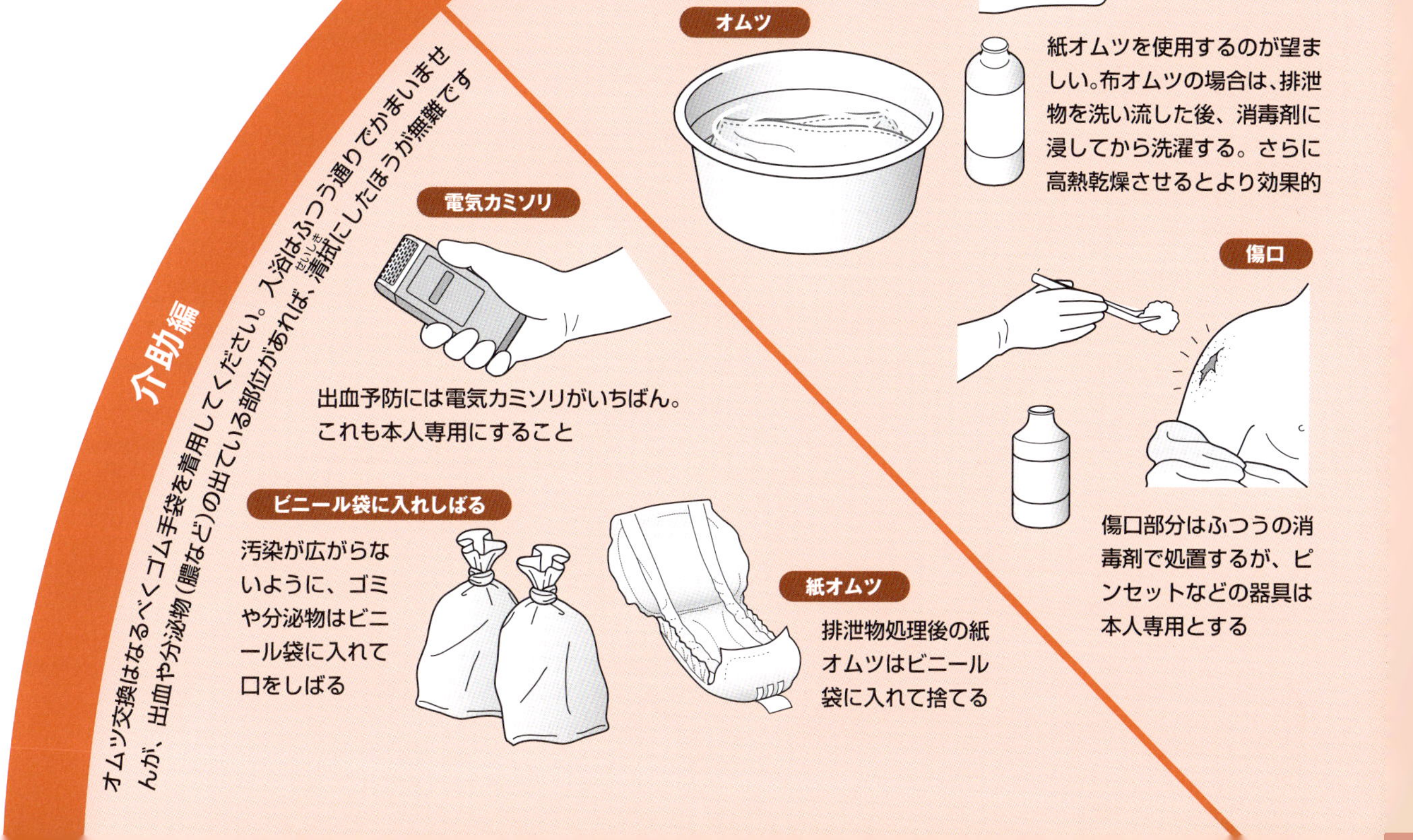
介助編
オムツ交換はなるべくゴム手袋を着用してください。入浴はふつう通りでかまいませんが、出血や分泌物（膿など）の出ている部位があれば、清拭《せいしき》にしたほうが無難です
オムツ
紙オムツを使用するのが望ましい。布オムツの場合は、排泄物を洗い流した後、消毒剤に浸してから洗濯する。さらに高熱乾燥させるとより効果的
電気カミソリ
出血予防には電気カミソリがいちばん。これも本人専用にすること
傷口
傷口部分はふつうの消毒剤で処置するが、ピンセットなどの器具は本人専用とする
ビニール袋に入れしばる
汚染が広がらないように、ゴミや分泌物はビニール袋に入れて口をしばる
紙オムツ
排泄物処理後の紙オムツはビニール袋に入れて捨てる

その他の注意すべき感染症

結核、インフルエンザ、O-157、疥癬《かいせん》について

予防はできる

肝炎やMRSAのほかに、結核、インフルエンザ、O-157、疥癬などの感染症も注意が必要です。特に、インフルエンザやO-157は、免疫力が弱い高齢者や子どもがかかりやすく、重症化すると死に至ることもあります。中でも結核は、最近再び患者が増える傾向があり、最大の感染症といわれています。インフルエンザには予防接種があるので、高齢者などは早めに受けるといいでしょう。2つとも初期症状がカゼと似ており、カゼかなと思っても、慎重に観察する必要があります。

O-157は感染力や毒性が強く、高齢者や赤ちゃんが感染すると、尿が出なくなったり、脳障害を起こす病気を併発して重症化することもあります。

疥癬は、ダニの一種によって起こる皮膚病です。命の危険はありませんが、感染するとやっかいです。

いずれの病気も個々の症状を正しく理解して、うがいや手洗い、消毒などを常に心がけておけば予防はできます。

その他の感染症の予防と対処法

【結核とは】

結核は、いまだに毎年数多くの患者が発生しています。初期症状はカゼとよく似ており、せきやたん、発熱、倦怠感が2週間以上続くようなら要注意です。そのような症状が見られたら、すぐに医師の診察を受けましょう。また、感染者のせきやくしゃみを吸いこむと飛沫《ひまつ》感染を起こしますので、結核患者が見つかったら周囲の人も感染しているかどうか、検査する必要があります

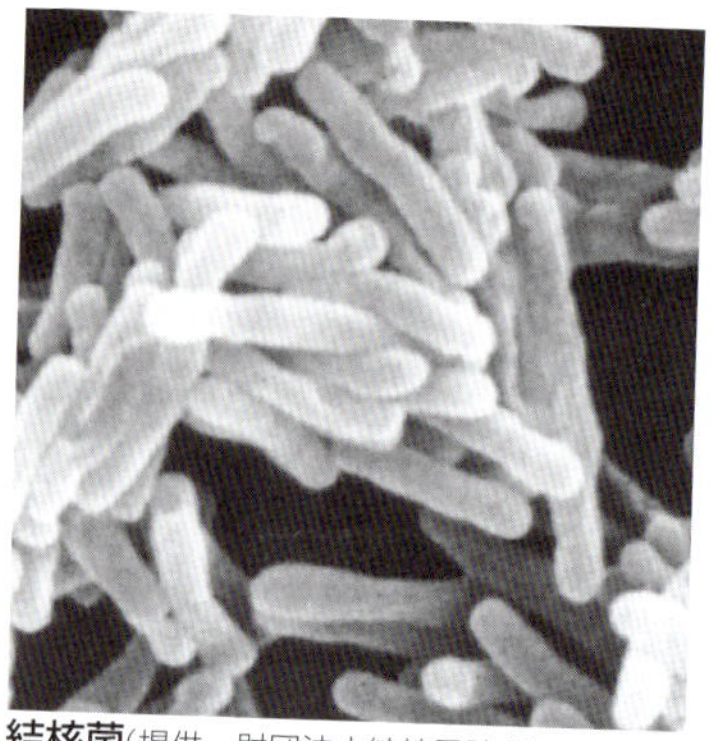

結核菌（提供　財団法人結核予防会）

原因菌	結核菌
感染経路	感染者のせき、くしゃみなどといっしょに飛び散った菌を吸いこんで感染
症　状	せき、たん、血たん、発熱、胸痛、倦怠感
検　査	胸のレントゲンやたんの検査。たんの中に菌が出ていれば人にうつる恐れがあるので注意する

【インフルエンザとは】

冬になると流行するのがインフルエンザです。ふつうは1週間ほどで治りますが、長く続く発熱がある場合は肺炎が疑われます。高齢者が感染すると重症化しやすく、のどの痛み、せきなどの呼吸器症状や筋肉痛、倦怠感などの全身症状が見られたら、早期に医師の診断・治療を受けることが必要です。

予防対策として①うがいや手洗い、②人ごみを避ける、③十分に栄養・休養をとるなども大切ですが、早めに予防接種を受けるのがいちばん効果的です

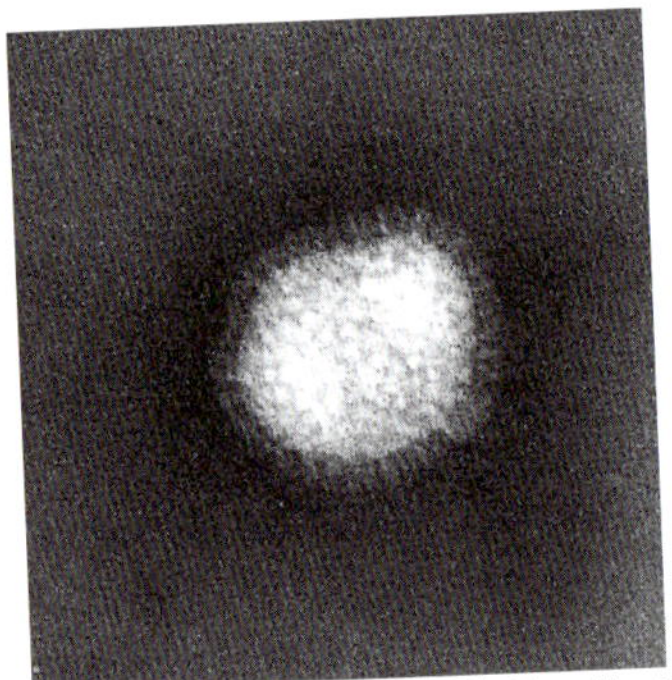

インフルエンザA型ウイルス（提供　長崎大学 熱帯医学研究所 岩崎琢也）

原因菌	インフルエンザウイルス
感染経路	感染者のせき、くしゃみなどから、空気中に飛び散ったウイルスを吸いこんで感染
症　状	くしゃみ、鼻水、せき、のどの痛み、高熱、頭痛、腰痛、嘔吐、下痢など
重　度	重症になると気管支炎、肺炎、脳症などを併発することもあり、さらには死に至ることもある

食中毒予防POINT

①常に石けんで十分に手洗いする
②生鮮食料品は新鮮なものを選び、持ち帰ったらすみやかに冷蔵庫・冷凍庫に入れる
③冷蔵庫は10度以下、冷凍庫は－15度以下での維持が目安
④肉や魚の汁が他の食品にかからないように注意する
⑤冷凍食品は冷蔵庫の中または電子レンジで解凍する
⑥解凍・冷凍をくり返すと菌が増殖する恐れがある
⑦生で食べる野菜などは十分に洗う
⑧加熱する必要のある物は十分に加熱する
⑨室温に放置しすぎたら思い切って捨てる
⑩温め直すときも十分に加熱し、汁ものなどは沸騰させる
⑪肉・魚用、野菜用と、包丁やまな板などを使い分ける
⑫食器、ふきんなどや調理台まわりは常に清潔にしておく

【O-157とは】

菌のついた食べ物や水を食べたり飲んだりして、口から感染します。調理者本人をはじめ、食べ物や水の保存などの衛生管理はもちろんのこと、調理方法・器具などにも十分な注意が必要です。

特に、抵抗力の弱い高齢者や乳児・幼児などがかかりやすく、発病すると脱水症状を起こします。早めの受診、治療が必要です

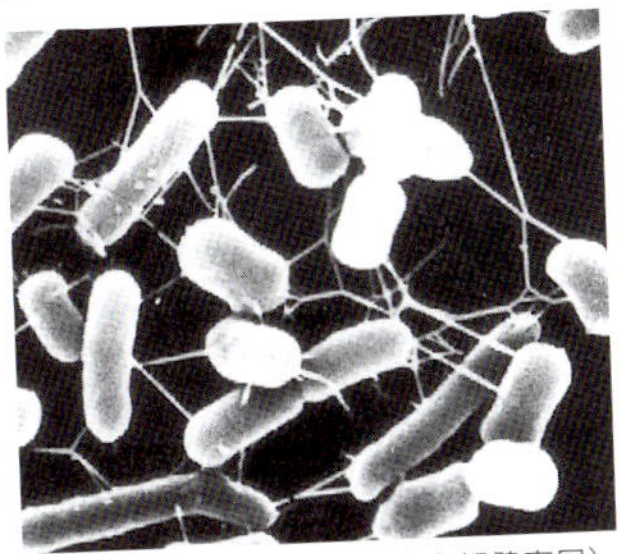
大腸菌O-157（提供　東京都健康局）

原因菌	大腸菌O-157
感染経路	食べ物や水などにより口から感染し、菌は便の中に出る
発病	潜伏期間は4～8日
症状	激しい腹痛、水のような下痢、血便など
重度	高齢者や乳児・幼児では尿が出なくなったり、貧血になったり、脳障害を起こしたりする溶血性尿毒症症候群を併発することがある

介護で注意すること

・便を処理するときは、使い捨てのゴム手袋を使う
・便にふれた場合は流水で十分に洗い、アルコールなどで消毒する（51頁参照）
・便で汚れた衣類などはアルコールスプレーの噴霧などをして、家族の物とは別に洗濯をし、天日で十分に乾かす
・感染者との混浴は避け、そのあとには、乳幼児を入浴させない
・お風呂の湯は毎日換える

疥癬の場合の介護で注意すること

●介護はゴム手袋を着用して行う

手洗い（52頁参照）

●介護の前後や皮膚に直接ふれた場合は、流水と石けんで十分に洗う

消毒

●タオル、シーツ、衣類などは熱湯消毒後に洗濯するか、洗濯後に乾燥機にかける
●ふとんや毛布は日光消毒をする
●散髪用ハサミなどの器具は使用後熱湯消毒（50度以上）する

介助

●入浴や清拭でからだを清潔にすると治りが早い
●オムツを使う場合は、なるべく紙オムツにする
●部屋は換気をして湿気を除き、掃除機で十分に掃除する
●感染したら医師によく相談しましょう

【疥癬とは】

疥癬は、疥癬虫（ヒゼンダニ）による感染症です。感染すると皮膚のやわらかい部分に赤いブツブツができ、激しいかゆみを伴います。要介護者が感染していたら、ゴム手袋をして介助を行ってください。

ヒゼンダニは太陽光線に弱いので、ふとんや衣類をこまめに天日干しするだけでも殺菌効果があります。

また、からだから離れて衣類や器具などについたヒゼンダニは、24時間ほどで死滅します

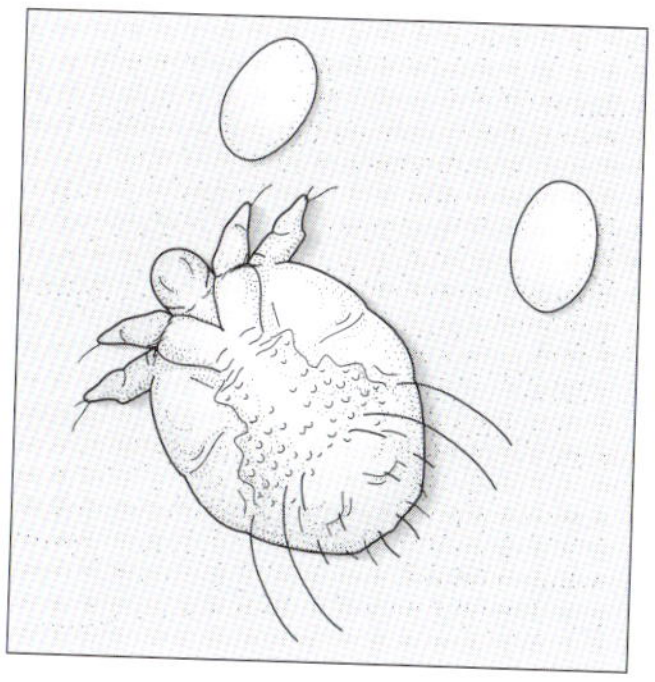

原因	疥癬虫（ヒゼンダニ）
感染経路	感染部に直接接触したり、汚染した衣類や器具などを介しての感染
感染部位	指の間、わきの下、下腹部、陰部など皮膚のやわらかい部分
症状	赤い小さなブツブツができて、激しいかゆみを伴う

脱水症も生活改善で防げる

まずお茶をいっぱい飲むことがポイント

人体と水分のメカニズム

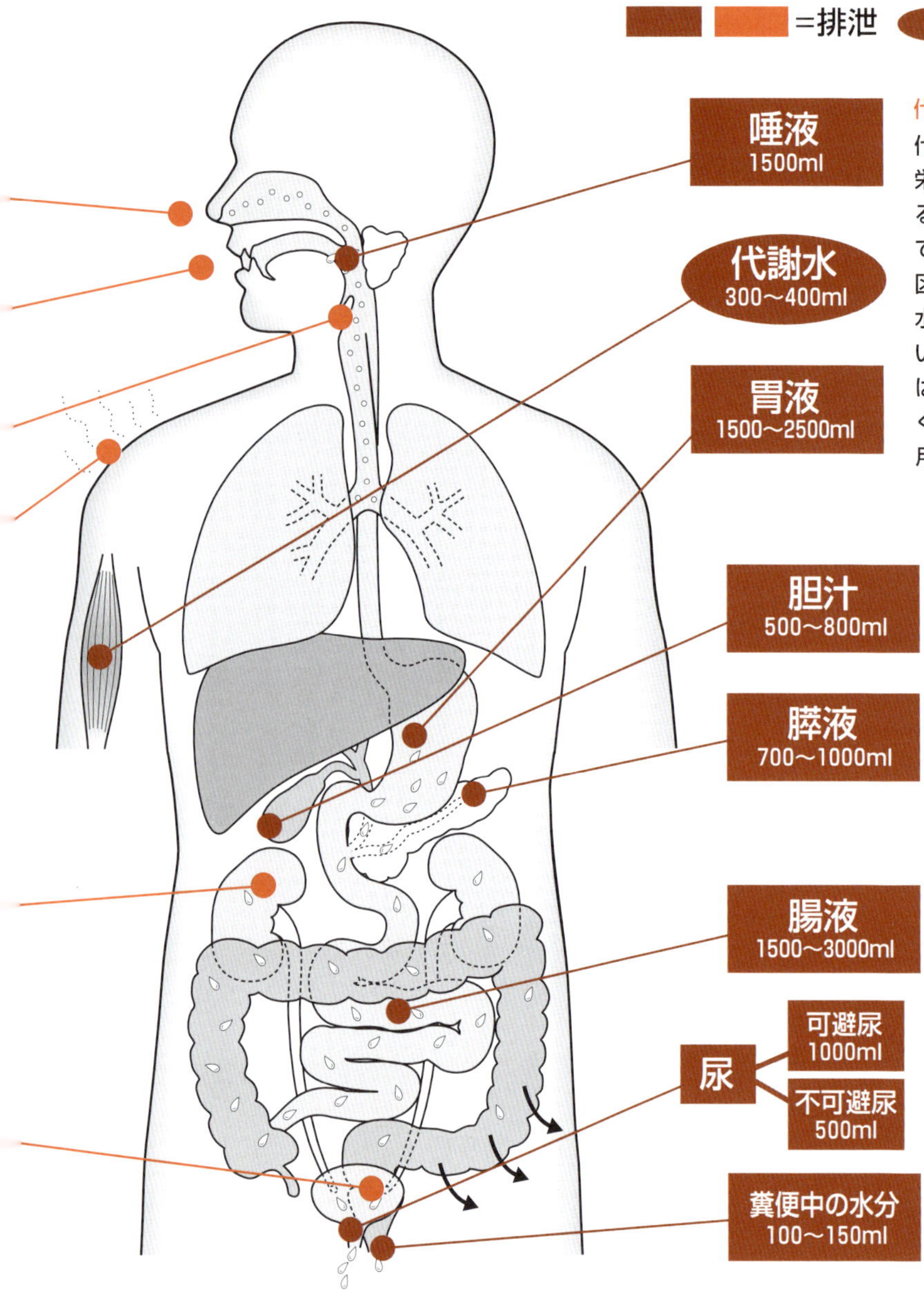
=排泄
=補給
唾液
1500ml
代謝水
300〜400ml
胃液
1500〜2500ml
胆汁
500〜800ml
膵液
700〜1000ml
腸液
1500〜3000ml
尿
可避尿
1000ml
不可避尿
500ml
糞便中の水分
100〜150ml

代謝水
代謝水とは、吸収された栄養素が体内で酸化されるときに生じる水のことで、直接摂取する水とは区別されます。
水分補給が十分にできているときはあまり問題にはなりませんが、足りなくなってくると、その利用価値は大きくなります

消化液
胃液や膵液などの消化液は、その大部分は大腸で再吸収されます。糞便中に排泄されるのは、わずかに1日約100mlから150ml程度

不可避尿
体内にできる老廃物を外に出すために必要なもので、水をまったくとらなくても尿として排泄されてしまいます

可避尿
体内の水の需要に応じて増減し、水の動きのバランスを維持する役目をはたしています

なぜ、脱水症になるのか

人間のからだは60％以上が水分ですが、この水分が10％以上減ると脱水症を起こします。

健康成人であれば、1日にだいたい2400mlの水の出入りがあります。補給と排泄の収支バランスをとることで、体調が維持されています。

ところが、高齢者になると体内に蓄積される水分が少なくなって、逆に尿量が増えてきます。感覚機能も低下してくるので、のどの渇きをあまり感じなくなり、水を飲みたいという意欲が起きません。

水分補給をしないと、あっという間に脱水症になってしまいます。さらにほうっておくと、せん妄状態になり、幻覚などの意識障害を起こします。

典型的な症状としては、まず

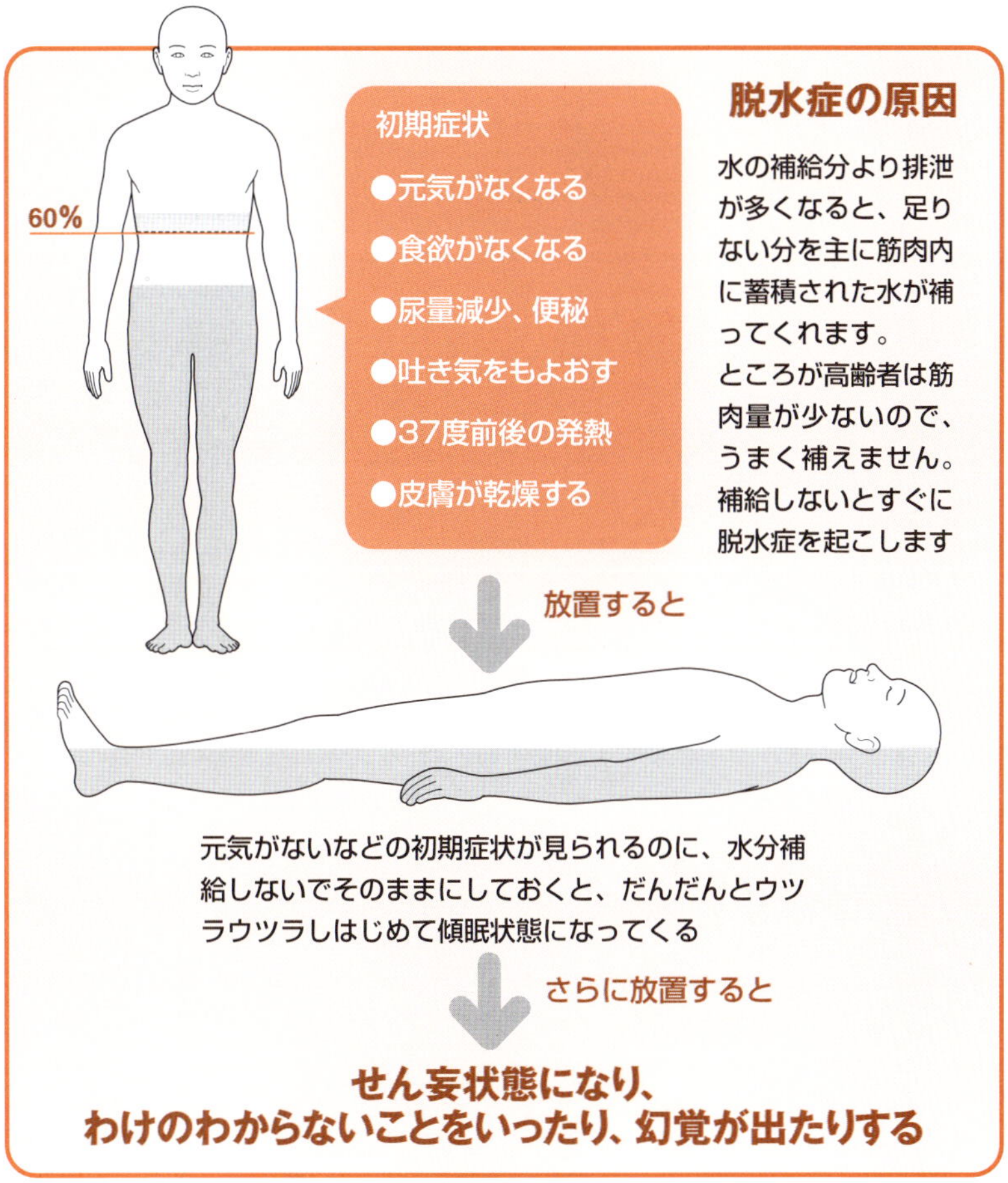
脱水症の原因
水の補給分より排泄が多くなると、足りない分を主に筋肉内に蓄積された水が補ってくれます。
ところが高齢者は筋肉量が少ないので、うまく補えません。
補給しないとすぐに脱水症を起こします
60%
初期症状
●元気がなくなる
●食欲がなくなる
●尿量減少、便秘
●吐き気をもよおす
●37度前後の発熱
●皮膚が乾燥する
放置すると
元気がないなどの初期症状が見られるのに、水分補給しないでそのままにしておくと、だんだんとウツラウツラしはじめて傾眠状態になってくる
さらに放置すると
せん妄状態になり、
わけのわからないことをいったり、幻覚が出たりする

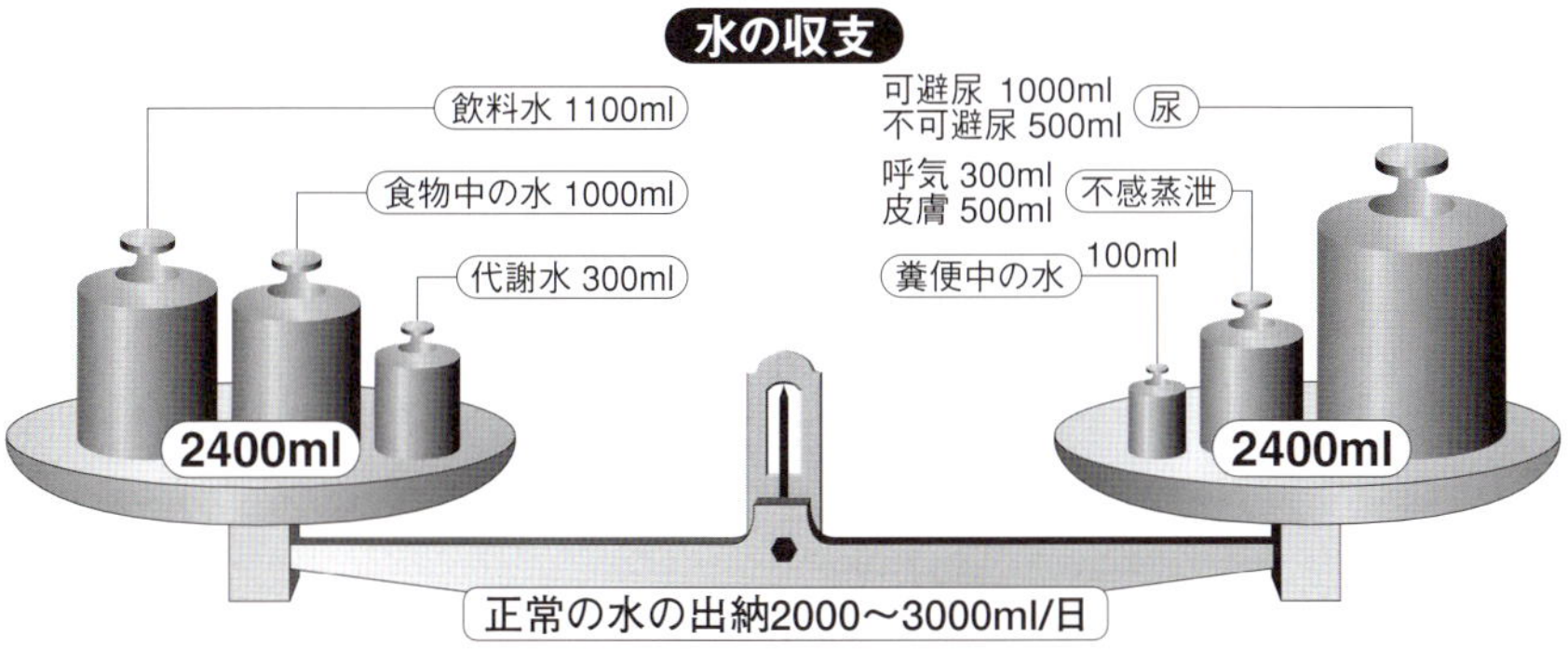
水の収支
飲料水 1100ml
食物中の水 1000ml
代謝水 300ml
2400ml
可避尿 1000ml
不可避尿 500ml
尿
呼気 300ml
皮膚 500ml
不感蒸泄
糞便中の水
100ml
2400ml
正常の水の出納2000〜3000ml/日

呼気 からだの熱を外に出す役目があり、水分が足りないとはたらかなくなり熱中症になることも

食事 食物で1日1000ml程度の水分がとれれば理想的。飲料水とともに大事な補給源になっています

嘔吐 からだの防御反応の一つで、胃液や食物といっしょに水分も出てしまうので脱水症になりやすい

皮膚 呼気とともに体温調節の役目をしていて、水分が足りないと熱が捨てられず、熱中症になることも

病気 インフルエンザで高熱が出たり、腎臓病や糖尿病の持病があると脱水症を起こしやすい

下痢 胃での水分吸収が減ると尿量が多くなるので、糞便とともに必要な水分も出てしまう

元気がなくなって37度ぐらいの熱が出ます。ふだんの体温が低い場合は36・5度で発熱ということもありうるので、見過ごさないように注意してください。

ちょっとようすが変だなと思ったら、わきの下をさわってみます。乾いていたら脱水症の初期と判断して、すぐに「水分補給」をしてください。

水にかぎらず、お茶、スポーツドリンク、牛乳、飲みこみが難しいときは、ゼリー状の飲み物、夏ならかき氷でもかまいません。飲む気力もなくなっているときには、すぐに医療機関で点滴をしてもらう必要があります。

原始の海と人体の組成は同じ

私たち人類の祖先は、原始の海で誕生しました。その頃の名残《なごり》が、いまだ人間のからだの中にあります。生命が誕生した頃の海水の組成を見てみると、ナトリウム、カルシウム、カリウム、マグネシウムなど、人間の体液（＝水分）と同じなのがわかります。これらミネラルが人間の体内組織をつくり、筋肉や神経の収縮などを調整しています

笑いは「奇跡」の薬

「つくり笑い」からはじめてみませんか

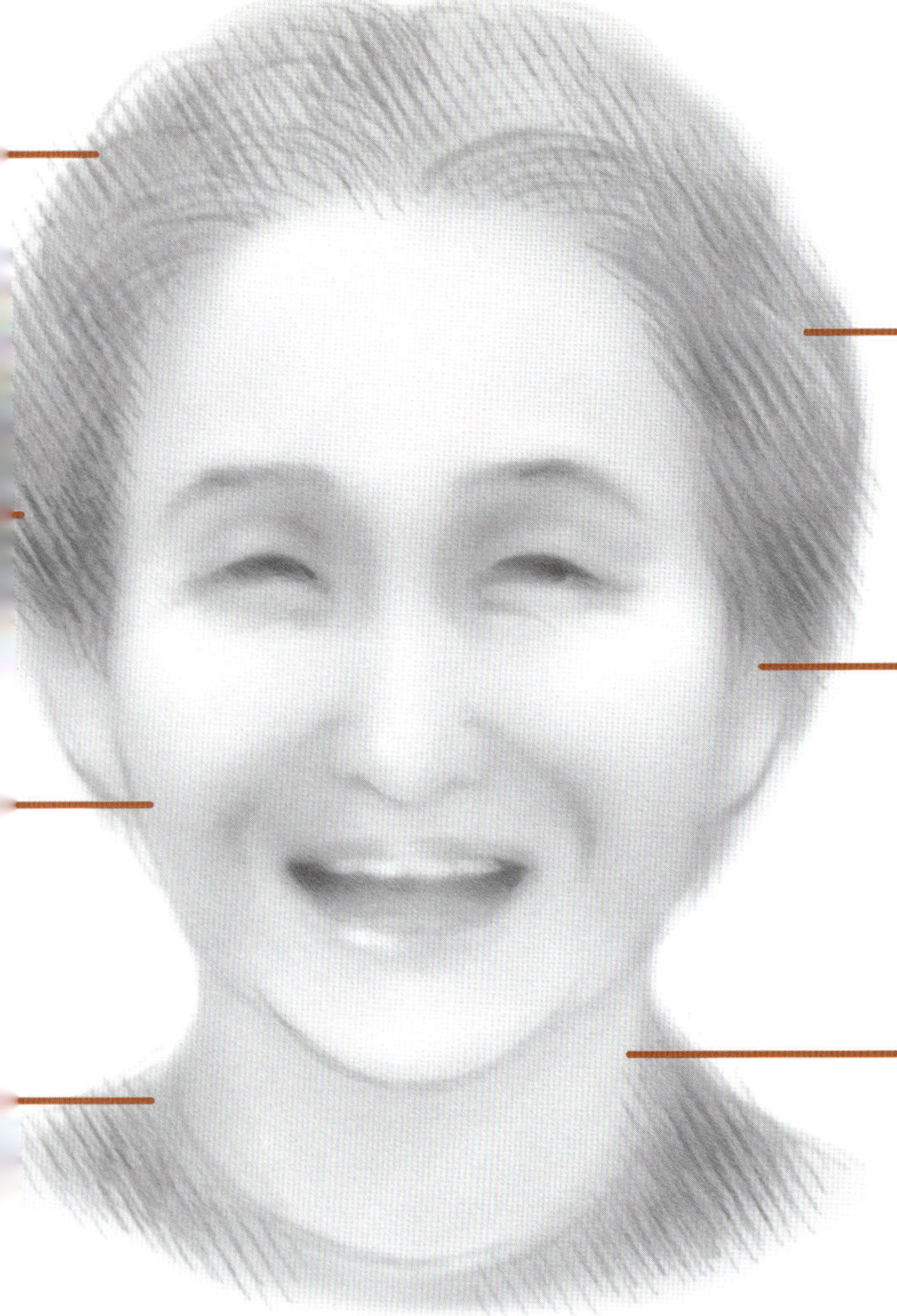

「笑うこと」の効用

脳を刺激する

笑って「顔の筋肉」が動くと脳が刺激される。側頭葉の下にある海馬は、記憶、学習、情動と深い関係があり、この刺激で血流量が増加し、痴呆予防につながる

免疫力を高める

外から入ってくる細菌やウイルス、体内でできるがん細胞などを処理してくれるのが、ナチュラルキラー細胞。これが活性化し、増加して免疫力が高くなる

痛みをおさえる

気分を高揚する作用があり、「脳内麻薬」といわれるβエンドルフィンが増える。気分によって痛みが左右されるといわれるリウマチの痛みをおさえる効果がある

「笑うこと」の影響力

昔から「笑う門には福来たる」といいますが、「笑い」は自分の気持ちをいやしてくれるばかりか、まわりの人たちをもなごませてくれます。

その「笑い」もクスクス笑いから大笑いまで、いろいろです。この笑いが体内の免疫力を高めることが、科学的にも証明されてきています。

どの程度の笑いかというと、涙を流すくらい大笑いするのがいちばんですが、「つくり笑い」でも効果があります。脳が刺激を受けて、ほんとうに笑ったときと同じ効果を発揮することが実証されました。

方法としては、好きな物、嫌いな物を前にしたときの血流の変化を調べます。当然ながら、好きな物のときは血流が増加し、嫌いな物のときは悪化しました。そこで、嫌いな物を前にして無理に笑顔をつくってもらったところ60秒過ぎから血流速度は変化しはじめ、90秒ほどで全員の血流速度が速くなりました。つまり「つくり笑い」でも血流が改善することがわかったのです。

たとえつくり笑いであっても、暗い顔をしている人より笑っている人のほうがいいに決まっています。ましてや、人間のからだに大きな影響があるなら、なるべく笑って過ごしたいものです。忙しい毎日を送っていると、いつしか笑いを忘れてストレスばかりが溜まってきます。心に潤いをとり戻すために笑顔は最適です。状況は変えられなくても、意識や考え方は変えられるものです。笑顔になることで楽しい感情が生まれてきます。

最近笑っていないという方、まずは「つくり笑い」からはじめてみませんか。

笑顔のつくり方

毎朝、鏡の前で練習する

誰でも毎朝、歯を磨いたり顔を洗うために洗面所に立ちますが、その機会を生かして「笑顔をつくること」を朝の習慣にします

口角を上げる

まずは口元の表情からです。口を結んで左右に引っぱるようにして横に広げます。そのとき、口角が「U」の字になるように上げます

目を細める

口元ができたら次は目元です。左右に広げた口元に合わせて、目の下にしわをつくるような感じで、目を細めてみましょう

歯を見せる

口元、目元ができたら次は歯を見せますが、全部見せる必要はありません。唇を半開きにして「ニッ」とするぐらいがいいでしょう

笑い声を出す

これで「笑顔」の表情はできたので、最後は声をつけてみましょう。これを毎日続けているうちに自然な笑顔が出るようになります

ストレスを解消させる

顔の筋肉を動かすと、副交感神経のはたらきが活発になる。副交感神経はからだを休息状態にする作用があるので、ストレスが解消されてリラックスできる

自律神経のはたらきがよくなる

自律神経は、エネルギーを発散するようにはたらく交感神経とエネルギーを蓄えるようにはたらく副交感神経の２つで成り立っている。これらがバランスよくはたらくようになる

人間関係がよくなる

楽しいことがあって笑えばストレスも解消されるので、イライラしているときより仕事がはかどる。また人間関係の「潤滑油」にもなるので、まわりとの関係がよくなる

細胞や血管を若々しくする

笑っているとき呼吸は止まり、そのあと深呼吸をすることが多い。その呼吸が肺の血管を広げて血圧を下げたり、細胞のはたらきをよくして、動脈硬化などの血管障害を予防する

笑顔で接することで言葉が戻った

Sさんの舅《しゅうと》は10年前に脳軟化症で倒れ、一応回復したものの、次にボケが起こりました。Sさんは知的障害者の施設ではたらいた経験があるので、舅の荒れ狂う姿を毎日観察しているうちに、怒るだけの心や感情を持っていることに気づき、もしかしたらボケを重症に追いやるのは、周囲の人間の接し方なのではと考えました。この舅の心に、心地よい刺激を与えればプラスの反応があるに違いない、「せめて笑顔でいてほしい、笑ってもらいたい」と思い、腹がたっても無理に「笑顔をつくって」接するようにしたのです。

すると1週間もしないうちに、失語症かと思っていた舅に笑い声とともに言葉が戻ってきたのです。身のまわりのことも自分でできるようになり、食事も挨拶して食べるようになり、驚くやら、ありがたいやらで、「笑い」はまさに奇跡の薬と実感したそうです。

3-12 豊かな生活

グループをつくろう

「寝たきり」をつくらないために

グループのつくり方

たわいない話題でも、みんなで笑えば、より楽しいものです

一人でいるのは寂しいもの、いつしか笑うことを忘れてしまいそうです

出かける目的をつくる → きっかけづくり

「人に会いにいく」がいちばん

目的のない外出は長く続きません。要介護者に「閉じこもり」の徴候がみえてきたら、無理にでも目的をつくって外に連れ出すようにしてください。「人に会いにいく」のがいいでしょう。「仲間と過ごす時間を持つ」という名目がいちばんです。まずは、その仲間づくりからはじめます

まずは挨拶から

最初のきっかけは介護者がつくってあげてください。まず、介護者同士の挨拶からはじめて、要介護者へと徐々に会話の輪、人の輪を広げていきます。次に「ちょっとお茶でも飲みませんか」と誘ってみましょう。場所は施設のロビーや公園などが気楽でいいかもしれません

「楽しいとき」をつくり出す

「寝たきり」の最大の原因は、「閉じこもり」にあるといえます。「閉じこもり」から「寝たきり」へは2つの段階を経て進行していきます。

まず第一段階としては、家から出なくなります。そして第二段階として、ベッドやふとんから出なくなってしまいます。こうなる前に、何とか策を講じなければいけません。

誰でも外出には目的があります。それが友人などに会うことであれば、とても楽しいものです。まずは、目的の対象となる「仲間づくり」からはじめましょう。

きっかけづくりにはデイサービスセンター、機能回復訓練教室などに出かけることがいいでしょう。いきなり自分と違う立

ケース① テレビよりも人の温もり

一人暮らしのAさんは、一日中テレビばかり。デイサービスセンターにくるように話しても、「テレビが友だち」といいはって家から出ようとしません。ところがある日、テレビが故障したので、新しいテレビがくるまでの間、デイサービスにいくことになりました。するとどうでしょう、あんなに嫌がっていたのに、みんなとボール遊びをしたり、お茶を飲みながらおしゃべりをして見違えるほど明るくなりました。Aさんは、ここで知り合った友だちと家を行き来するようにもなり、新しいテレビはほとんど見ることがないそうです。やはり、人とふれ合うほうが魅力的なんですね

ケース② 「身内に近い他人」の関係

Eさんの舅は、脳卒中で倒れ片マヒになりました。歩くことに不自由はないのですが、横になってばかりで何もしません。寝たきりになるのを心配したEさんは、いっしょに体操をやろうと誘うのですが、関心を示してくれません。そこで、近所に住む知人に朝のラジオ体操に誘ってもらいました。しぶしぶ通いはじめたのですが、しばらく経ってからEさんがようすを見にいくと、仲間といっしょに楽しく笑いながら、からだを動かしていたのです。誰でもそうですが、「身内」では関係が近すぎて甘えが出てしまいます。「身内に近い他人」の関係のほうが、素直になれるのでしょう

知り合う場所
- デイケアセンター
- デイサービスセンター
- ショートステイ
- 機能回復訓練教室
- レクリエーションセンター

同じ障害者同士で集まる
- 脳卒中友の会
- パーキンソン病友の会
- 呆け老人をかかえる家族の会
- 全国失語症友の会連合会

年に何回かはスペシャルイベント
- 誕生日
- お花見
- ビデオ観賞
- お月見
- 体操
- 趣味の会

「別荘」をつくろう
- ペンション
- ショートステイ
- 温泉

ショートステイの「別荘」例

熊本県本渡市のグループホーム「ふれあいサロン・はまなす」です。デイサービス、ショートステイも行っており、観光を兼ねて家族と共に使う人が増えています。観光案内もついています

場の相手では、気おくれしてしまいます。同じ年代で同じような病気や障害を持っている人たちのほうが、入りやすいでしょう。

どんな人でもからだに障害があったりすると、新しい人間関係をつくるのに臆病になってくるものです。少しでも、生きていてよかった、楽しいと感じられる「ひととき」をつくってあげたいものです。

楽しく笑い合う仲間ができれば、行動範囲も広がって気力も出てきます。何よりも「閉じこもり」の防止になります。

●パーキンソン病友の会（0423-48-3725） 呆け老人をかかえる家族の会（075-811-8195） 全国失語症友の会連合会（03-3357-949

薬との上手なつき合い方

元気がなくて薬が多いときは医師に相談

薬には作用と副作用がある

症状を改善するうえで薬の持っている役割はすばらしいものがあります。薬によって痛みも楽になり、血圧や血糖値も上手にコントロールされます。しかし、その反面、薬には副作用というやっかいな作用もあり、両刃の剣でもあります。特にお年寄りでは薬が多いために薬同士の相互作用で作用が強くなったり逆に弱くなったりすることもあります。また、どうしても肝臓や腎臓のはたらきが若い頃よりは弱っているので薬の代謝や排泄が遅れて副作用が出やすい状態となります。

からだのいちばんの情報通は本人と身近な介護者だと思います。からだの調子が悪いときは、まずそれを伝えることが必要になります。

ここで現実的に問題となるのは、かかりつけ医に本人自身か、介護者が注意深く観察したことを率直に伝え相談できる関係にあるかどうかということです。チームとしての医療が求められている現在、大事なのは本人とその介護チーム間の感情的な交流だと思います。

薬はドイツ語でミッテルといいますが、その言葉にはほかにも「手段」という意味があります。薬の投与が本人や周囲がただ安心するだけの手段とならないように気をつけなければなりません。

薬は人間が高いIQを使ってつくった、そして発展させたすばらしいものです。その薬と上手につき合うには薬のことをよく知るというIQだけでなく介護の基本となる共感性を育《はぐく》み、介護するチームとしてのEQ（心のIQ）をも高めることが必要でしょう。

介護と薬 よくある質問 Q&A

Q 痴呆の母は夜中に何度も起きてしまい眠れません。 日中は頭がすっきりしないようすでぼーっとしています。かかりつけ医に睡眠薬を処方してもらうほうがいいのでしょうか？

A 睡眠薬は使い方によっては本人の十分な睡眠を保証し、日中も活動的でいられます。しかしお年寄りはふらつきや眠気の副作用が出やすく、転倒して骨折する可能性もあります。また元気がなくなってうつ状態と勘違いされたり、起きてから不活発で痴呆が進んだかのように見えてしまうこともあります。

まず睡眠薬の投与を考える前に、眠れない原因を考えましょう。お年寄りはからだの病気を持っていることも多いので、痛みやかゆみ、尿が出にくいなどの症状が原因であることが多いといわれています。本人の訴えを聴き、行動を観察することで症状をよく把握し医師にその病気を正しく伝えていくことが大事です。

またお年寄りは生活リズムが乱れやすくなっています。そこで生活上の工夫で対処することを考えましょう。日中の活動的な過ごし方を工夫したり、寝る前のカフェインなどを控える、部屋を暖かくする、トイレに近い部屋を寝室にするなどの工夫もいいでしょう。

しかし、痴呆の方は夜になると徘徊したり、大声を出して興奮することがあります。これらの症状は睡眠薬をはじめ精神安定剤が有効といわれています。睡眠薬や精神安定剤にはいろいろな種類があるので、かかりつけ医に症状を正確に伝えていちばん合う薬を処方してもらいましょう。睡眠薬が必要なときは指示通りにきちんと用いることが大切です。

Q 高血圧や関節リウマチのお年寄りを

介護していますが、現在たくさんの薬が投与されています。徐々に足元がふらつきはじめトイレも一人では危ないくらいです。薬が多いのではないかと思うのですが、どうしたらいいのでしょうか？

A

人は年をとるとそれだけ病気が多くなるのはしかたのないことです。高血圧、糖尿病、腰痛などのからだの調子だけでなく、気分が落ちこんだり、眠れなくなったり、物忘れがひどくなったり心の調子も乱れてきます。そのために医者にかかって症状を説明し、薬を処方されるというのが医療の流れです。このため気がつくと「こんなに飲んでいるの？」とまわりがちょっと心配するくらい飲むことになってしまいます。特にお年寄りは長く続く病気が多いため、薬の数だけでなく薬を飲む期間も長くなっています。

また、どうしても内臓のはたらきが若い頃より弱っているので薬の代謝や排泄が遅れて眠気やふらつきなどをはじめとした副作用が出やすい状態となっています。

まず服用している薬を全部チェックしてみましょう。同じ種類の薬が重複しているかもしれませんし、飲み合わせの悪い組み合わせもあるかもしれません。

また、人によって副作用の出かたも違います。薬の本や説明書を読んだだけでは不安になってしまうでしょう。

相互作用のある薬の組み合わせは非常にたくさんあるので、わからなければ飲んでいる薬を全部持ってかかりつけ医や薬局に聞いてみるのがいちばんです。ただ、これはいらないと勝手に減らしたり、やめてしまったりすると逆に症状が悪化することもありますので、注意しましょう。

使うべき薬はきちんと使い、メリハリのある薬の使い方が大切です。

ケース1 口数が少なくなり、物忘れが目立ってきた

73歳、男性。1年前に奥さんを亡くし、一人暮らしになりました。ここ1ヵ月閉じこもりがちの生活です。また夜は何回も目が覚めてなかなか眠れません。毎日のように「眠れない」と訴えるためかかりつけ医を受診し、睡眠薬が処方されました。それでもまだ「眠れなくて困る」と訴えるため受診する度に睡眠薬が増え、最後は3種類の睡眠薬を飲むようになりました。だんだん口数が少なくなり、物忘れも目立つようになりました。心配した娘さんがよく見ると夜はよく眠っているようですが、朝方ぼうっとしていることが多いのがわかりました。娘さんがかかりつけ医に睡眠の状況や朝のようすを伝えたところ、睡眠薬が減りました。睡眠薬は1錠で眠れるようになり、忘れっぽいのもだんだんなくなって、近所の方のはたらきかけで老人会の行事にも参加しています。

ケース2 精神安定剤を長く服用するときの注意点

70歳、女性。脳梗塞で最近退院したばかりです。寝てばかりいて手足の動きも悪くなってしまいました。これはたいへんと家族がリハビリ教室に連れていってもぼんやりとまわりを見ているだけでなかなか自分でやろうとしません。家族も利用している薬局で薬を一度調べてもらいました。前の病院で夜中に徘徊したり、落ち着かずせん妄状態になったために処方された精神安定剤が、そのまま投薬されていることがわかりました。そこでかかりつけ医に相談したところ、せん妄によく効く精神安定剤の中には長く服用すると元気がなくなり、うつ状態を起こすことがあると説明されました。医師と相談のうえその精神安定剤を徐々に抜いていったところ、元気をとり戻しリハビリ教室にも積極的に通うようになっています。

第4章 食事のケア

4-1 食事の意義（1）

口から食べるから元気になるI

食べることでからだが活性化する

食べることで目が覚める

病院や施設では「元気になったら口から食べられるようになりますよ」といって、点滴をしたり鼻からチューブを入れたりします。しかし実際には逆で、「口から食べるから元気になる」のです。その理由の第1は、意識レベルが高くなる、すなわち「目が覚める」からです。私たちは朝、目が覚めただけでは十分に覚醒しているとはいえません。歯を磨いて口の中が刺激され、食事をして口を動かすことで、ようやく意識がしっかりしてくるのです。

意識レベルを司《つかさど》るのは、脳の中の網様体といわれるところです。目から入ってくる視覚刺激や、食べ物をかむ・飲みこむことで生じる口からの刺激などが網様体に届き、その結果、意識レベルが上がってくるのです。鼻チューブや点滴の場合、たとえ十分な栄養量が胃に供給されたとしても、網様体はほとんど刺激されないままです。そのため、意識レベルが上がってこないのです。

理由その❶ 意識がしっかりしてくる

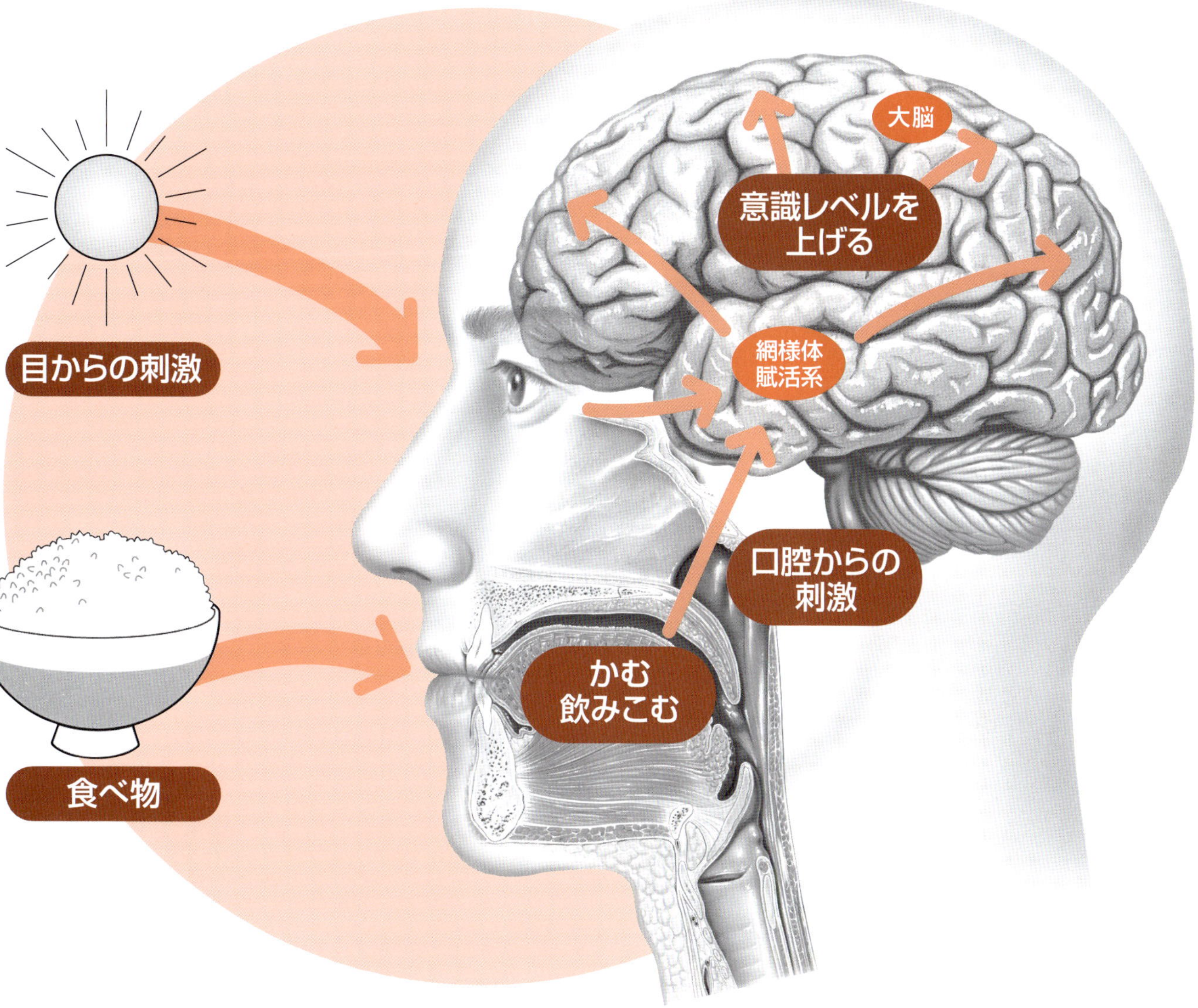
目からの刺激
食べ物
大脳
意識レベルを上げる
網様体賦活系
口腔からの刺激
かむ飲みこむ

栄養がすべてではない

鼻チューブを入れたまま老人ホームに入所してきたSさん（73歳男性）に対し、スタッフは昼食のときだけはチューブを抜いて、プリンやゼリーを口から飲みこませるようにしました。時間はかかるし、栄養の摂取量も以前と比べると足りないのですが、しばらくするとSさんに少しずつ表情が出て、目が輝いてくるようになりました。

「まず重湯《おもゆ》から」の思いこみ

病院看護では重湯から始め、三分粥《がゆ》→五分粥と移っていきます。これは急性期から回復してくる病人にはいいかもしれませんが、老人にはあてはまりません。老人は重病人のように食べられないわけではありません。鼻チューブを入れているのはむしろ介護の都合であり、本人の好きな食べ物を出せば、その日から口から食べられるケースが多いのです。

次頁へ続く

前頁からの続き

①唾液の分泌のしくみ

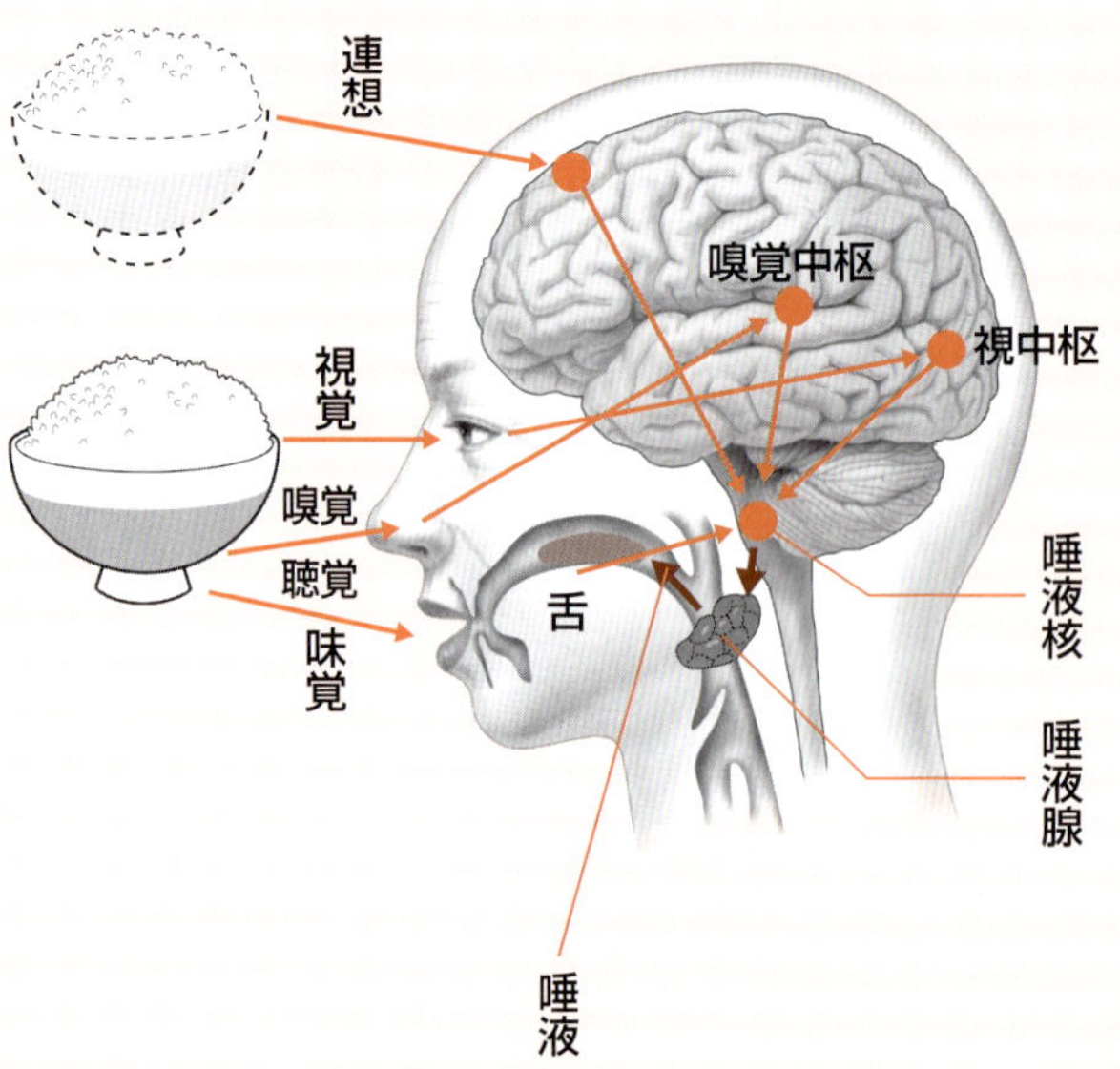
連想
嗅覚中枢
視中枢
視覚
嗅覚
聴覚
味覚
舌
唾液核
唾液腺
唾液

食べ物を見たり匂いをかいだり、調理の音を聞いたり味を思い出したりすることで、唾液の分泌が起こります。また食べ物が口の中に入り、舌や口腔粘膜が刺激されたり、味を感じることで、さらに唾液が分泌されます

②胃液の分泌のしくみ

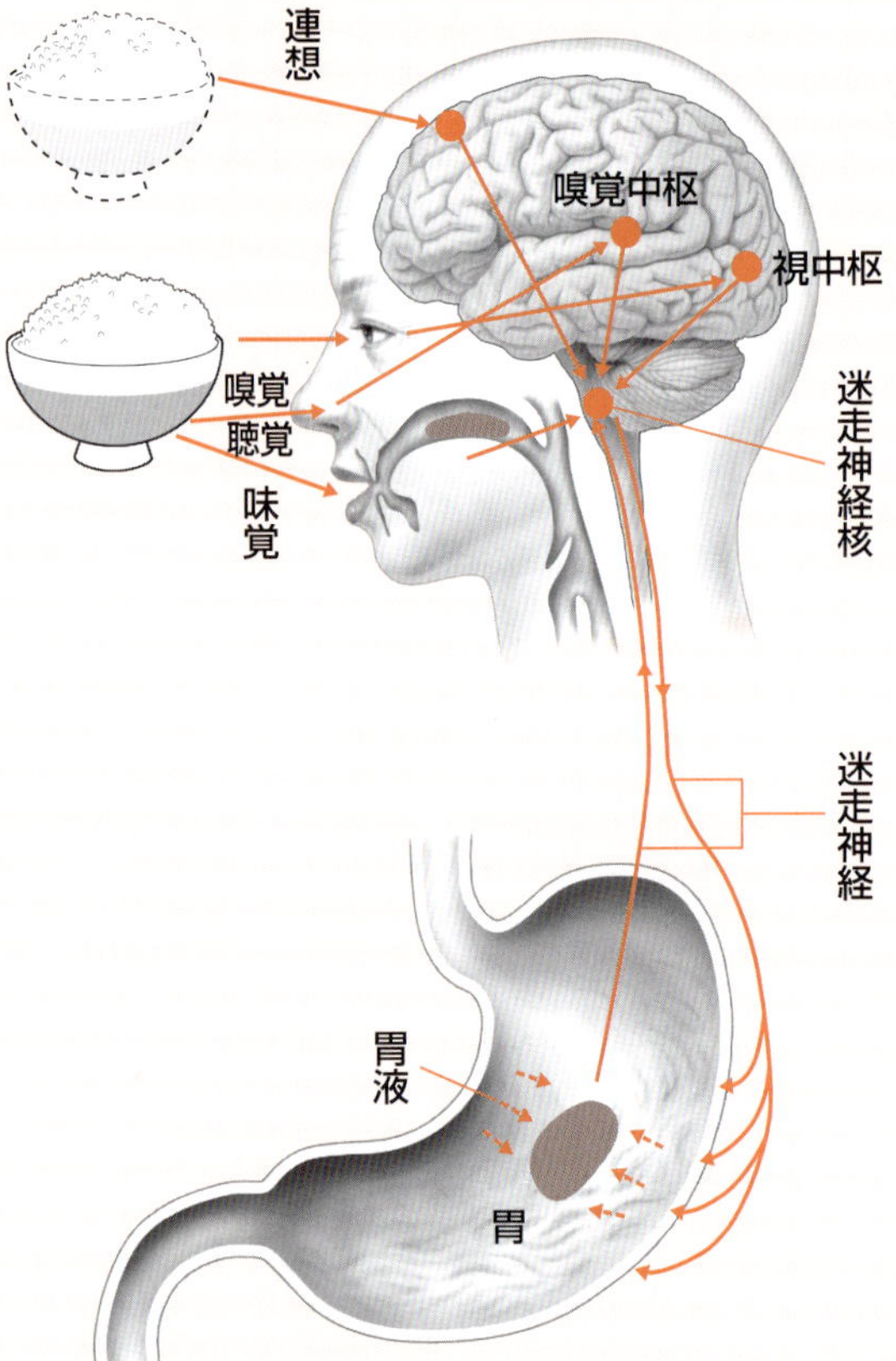
連想
嗅覚中枢
視中枢
嗅覚
聴覚
味覚
迷走神経核
迷走神経
胃液
胃

視覚・嗅覚・聴覚・味覚、そして連想による刺激が迷走神経を介して伝わり、消化酵素に富む胃液を分泌させます。また食べ物が胃に入り、たんぱく質の消化産物が胃の粘膜にふれると、胃酸に富んだ胃液が分泌されます

内臓が目を覚ます

口から食べるから元気になる理由の第2は、「内臓が目を覚ます」からです。食べ物の見た目や匂い、「ごはんですよ」というよびかけや調理の音、これらから起こる連想は唾液の分泌を促し、口に入れた食べ物をかんで味わうことで、さらに唾液が分泌されます。

唾液の分泌は胃の活動を促し、胃は胃液を出す準備をはじめます。胃が活動をはじめると、肝臓や膵臓が活動を開始し、腸全体が蠕動《ぜんどう》運動を起こします。

つまり、口を使って食べ、その食べ物が胃腸に送りこまれることで、内臓全体が目を覚ますのです。これらの臓器が消化吸収の準備をして待っているところに食べ物が入ってくるので、栄養は効率よく吸収され、内臓はさらに活性化していきます。

鼻チューブや胃瘻《いろう》の場合、口から食べないので唾液が分泌されません。意識が低下したまま、内臓で消化吸収の準備をしていないところにいきなり栄養物が入ってくることになるのです。

③膵液の分泌のしくみ

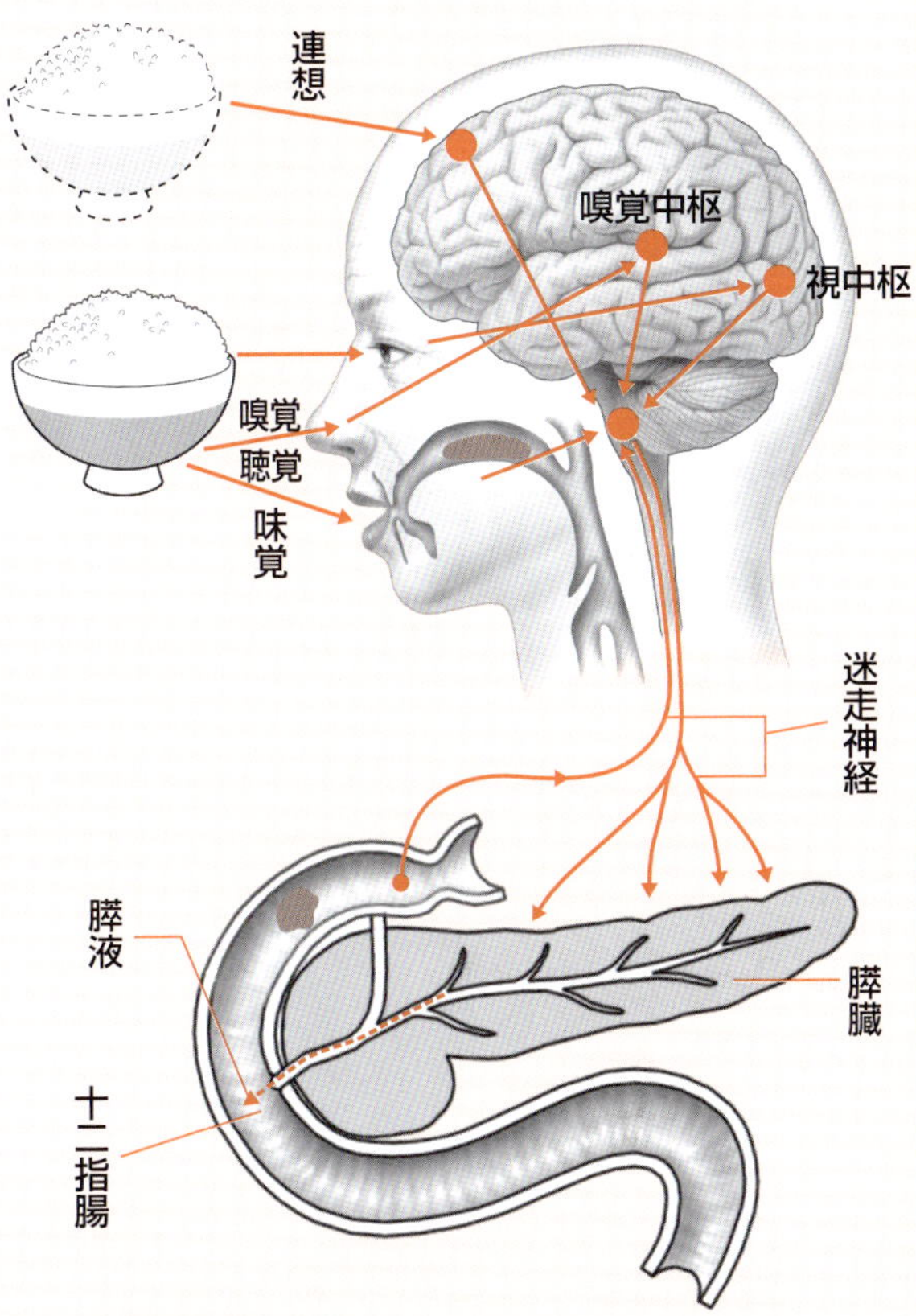

視覚・嗅覚・聴覚・味覚、そして連想による刺激が迷走神経を介して伝わり、消化酵素に富む膵液を分泌させます。また食べ物が腸管に入ってくると、アルカリや消化酵素に富んだ膵液が分泌されます

④胆汁の分泌のしくみ

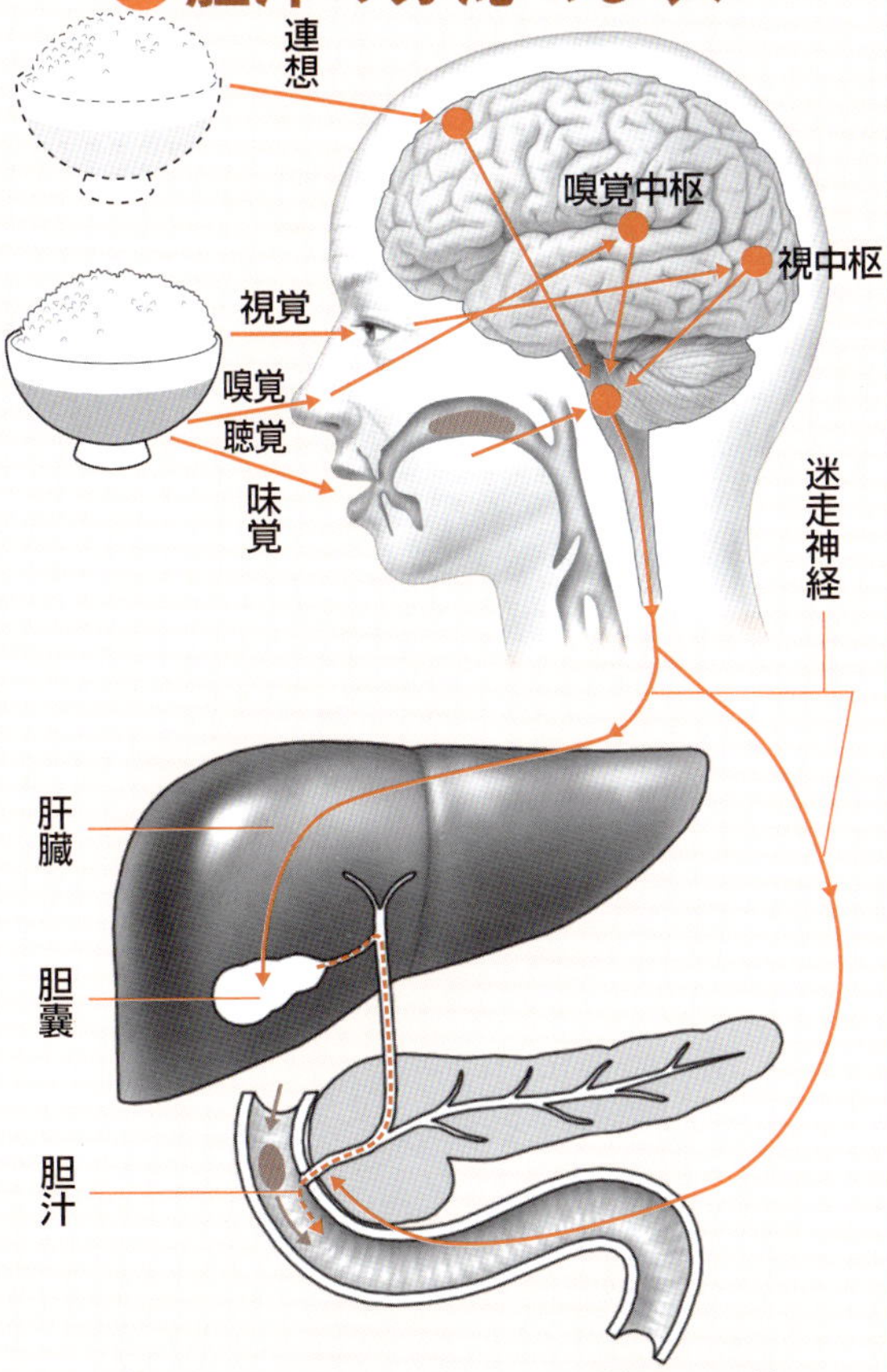

視覚・嗅覚・聴覚・味覚、そして連想による刺激が迷走神経を介して伝わり、肝臓でつくられた胆汁が十二指腸へ流出します。また脂肪の消化産物が十二指腸の粘膜にふれると、同様に胆汁が十二指腸へ流出します

きっかけは豚まん

Tさんは10年前から、奥さんの助けをかりてボケた母親の面倒をみています。

母親がカゼをこじらせたため近くの病院に入院させたところ、あっという間に寝たきりになり、鼻にはチューブを入れられてしまいました。

手脚を抑制された母親をみかねたTさんは、病院スタッフの制止を振りきって家に連れて帰りました。

10日ほど経った頃のこと、簡単にすませようとお昼に買ってきた豚まんを、母親がじっと見つめているのに気づきました。そこで1口ちぎって口に入れてみると、ムシャムシャ、ゴックンと自分でかんで飲みこんでしまったのです。驚いてもう1口、もう1口と口に入れているうちに、結局まるごと1個食べてしまったのでした。

母親はこの日を境にふつうのごはんを食べるようになり、表情もよくなって、笑顔が出るようになりました。

4-2 食事の意義（2）

口から食べるから元気になるⅡ

食事は脳を刺激し、活性化させる

理由その③ 脳全体が活発になる

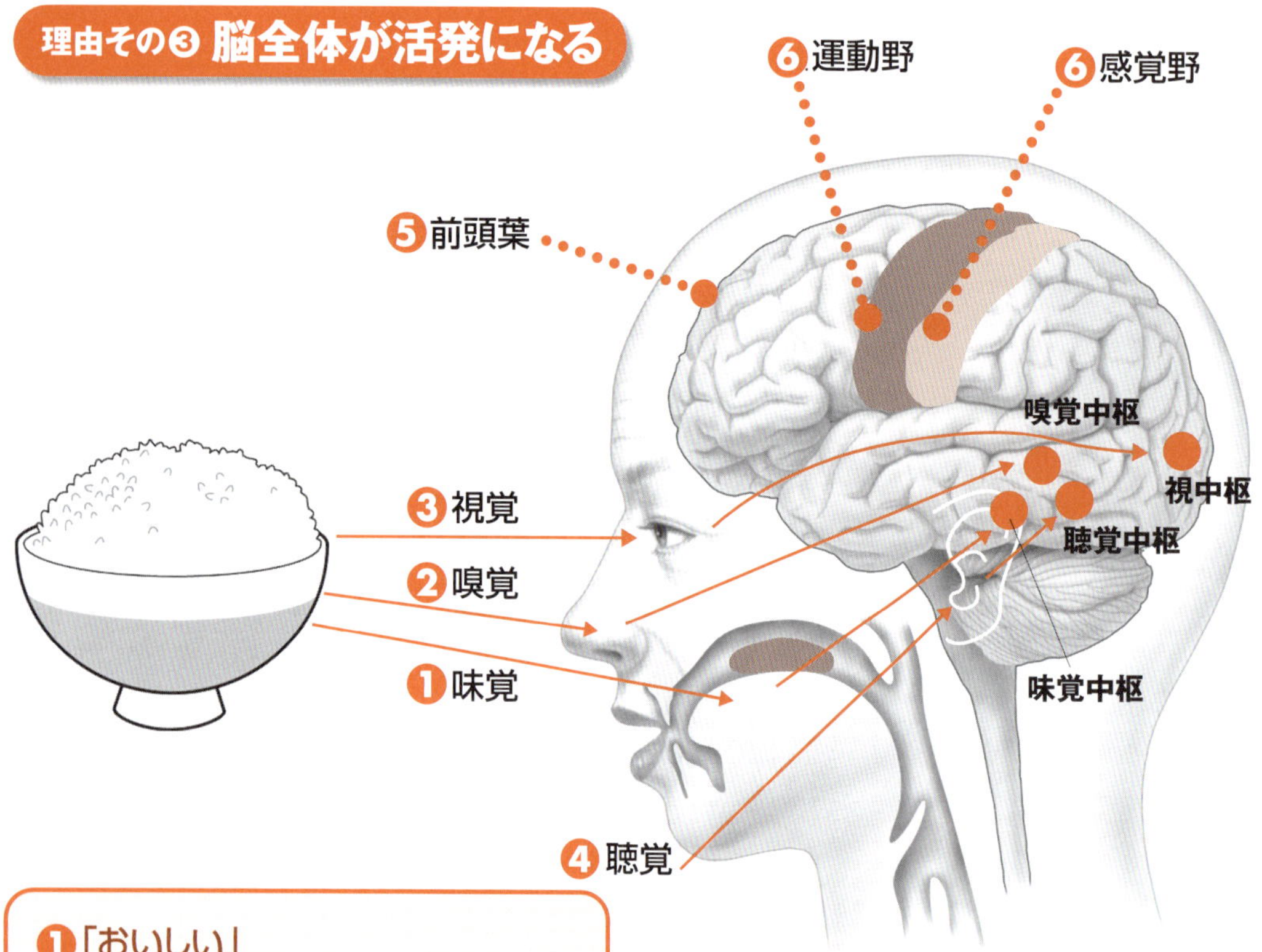

①「おいしい」
頭頂葉と側頭葉の境界にある味覚中枢へ

②おいしそうな匂い
鼻から入った刺激は大脳辺縁系の嗅覚中枢へ

③食べ物を目で見る
目から入った視覚刺激は後頭葉の視中枢へ

④「ごはんですよ」というよびかけ
耳から入った刺激は側頭葉の聴覚中枢へ

⑤「どれから食べようか」
「おいしかった、また食べたい」
前頭葉を刺激

⑥手を伸ばす・口を動かす・飲みこむ
運動野・感覚野を刺激

食べることで脳が活性化

口から食べるから元気になる理由の第3は、「脳全体が活発になる」からです。食事が運ばれてくると、おいしそうな匂いが漂ってきます。すると、鼻から入った刺激は大脳辺縁系《へんえんけい》にある嗅覚中枢《きゅうかくちゅうすう》に入ります。また、食事を用意している音や「ごはんですよ」というよびかけは、耳から入り側頭葉の聴覚中枢へ伝わります。テーブルにならんだ食べ物を見ると、その視覚刺激は後頭葉の視中枢へいきます。「どれから食べようか」とあれこれ迷うことは前頭葉を刺激しますし、食べ物に手を伸ばし、口に入れてかんで飲みこむことは前頭葉のいちばん上の運動野や感覚野を刺激します。さらに、口に入れた食べ物に対する味覚は味覚中枢に達し、「ああおいしかった、また食べたい」と感じると、前頭葉が刺激されます。

このように、口から物を食べるだけで大脳全体が活発になる効果があるのです。1日3回の食事を1ヵ月行えば90回になります。この毎日くり返される生活行為が脳を活性化させ、高齢者を生き生きさせるのだといえるでしょう。

理由その❹ 運動・感覚を司る部分が活発になる

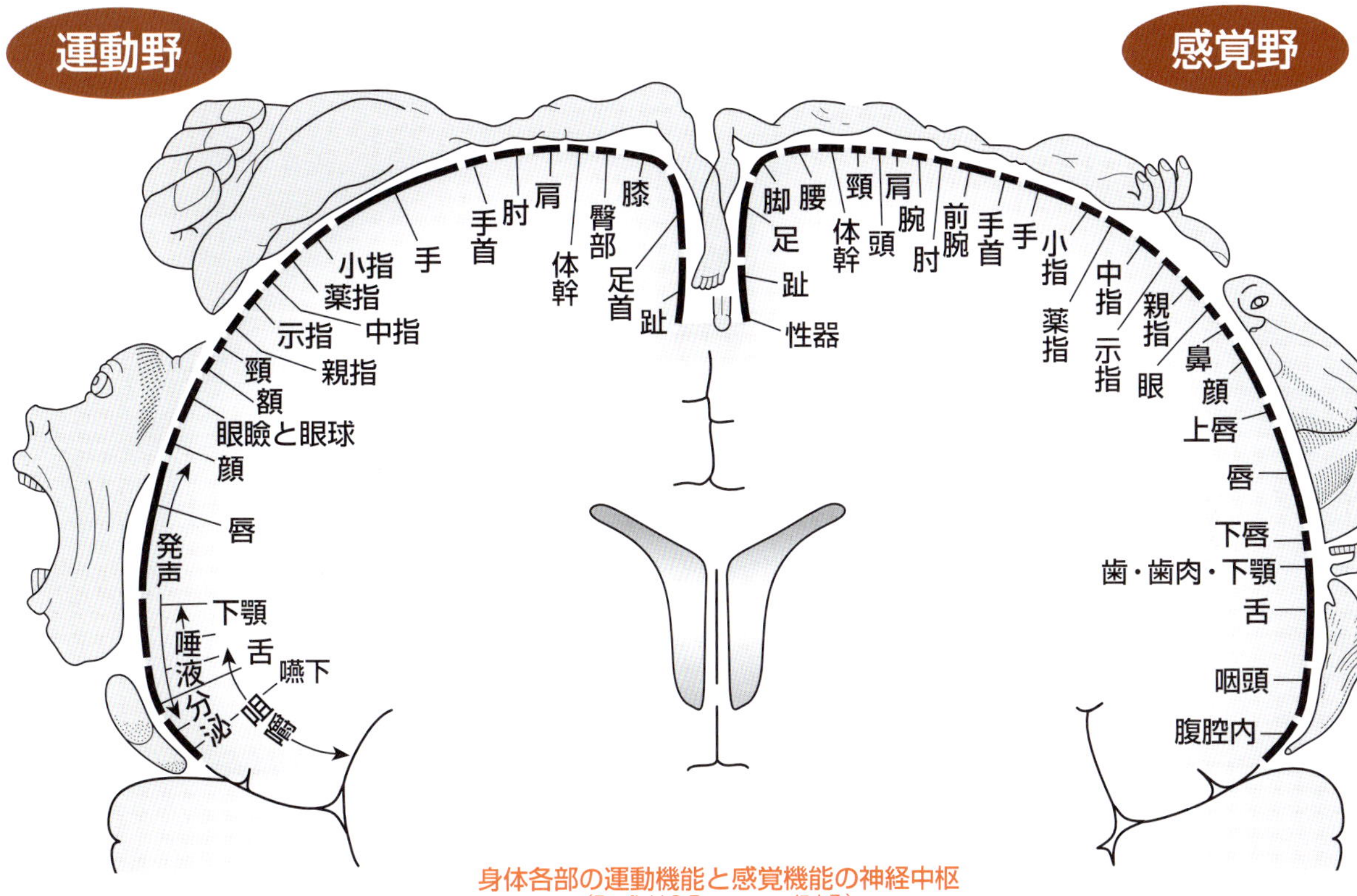

身体各部の運動機能と感覚機能の神経中枢
（Penfield & Rasmussenによる）

上図は脳を縦に切り、左側の運動野と右側の感覚野で、それぞれどこがからだのどの部分を司っているかを示したものです
感覚野：咀嚼と嚥下によって生じる感覚刺激は、感覚野の咽頭から上唇に至る部分に伝えられます。これは、感覚野全体のおよそ3割にあたり、さらに手を使って食べることで、その上の指・手・肩に相当する部分も刺激されることになります
運動野：口から食べるときには、運動野の咀嚼や嚥下に相当する部分から筋肉に命令が出されます。また、手を使うことで指・手・肩に相当する部分も使われることになります

感覚野と運動野が活性化

口から食べるから元気になる理由の第4は、「運動・感覚を司《つかさど》る部分が活発になる」からです。口から食べる、つまりかむ（咀嚼《そしゃく》）・飲みこむ（嚥下《えんげ》）ことによって生じる感覚刺激は、脳《のう》幹網様体《かんもうようたい》だけでなく、大脳の頭頂葉にある感覚野に伝えられます。咀嚼と嚥下に関する部分は咽頭《いんとう》から舌・唇・上唇に至り、感覚野全体の3割近くを占めており、口から食べることでこれらの部分が刺激されることになります。さらに、「自分の手で口に運んで」食べると、指や手、肩を動かすことになり、これらに相当する部分にも刺激が入ることになります。

一方、感覚野の手前には、からだ中の筋肉に命令を出して動かす司令部ともいうべき領域、運動野があります。咀嚼や嚥下、さらに自分で手を動かして食べると、運動野の7割におよぶ部分が使われることになります。すなわち、自分の手で口から食べることによって、感覚野だけでなく運動野も活性化することになるのです。

鼻からチューブを入れて胃に直接栄養物を流しこむ方法では、必要な栄養はとれても、意識低下したままで、感覚野や運動野が活性化されることはありません。しかし、1日3回自分で食事をすれば、大脳皮質の感覚野と運動野の大半が活性化され、脳の血流も増えるのです。もちろん、薬と違って副作用も一切ありません。

4-3

食事姿勢（1）

姿勢がよくないと食べられない

すわって前かがみになろう

自然な食事姿勢は前かがみ

私たちがふだん食事をしているとき、どんな姿勢をとっているか考えてみてください。正座して和食を食べているときも、イスに腰かけて洋食を食べているときも、横から見ると誰もがかならず前かがみの姿勢になっているはずです。これはどこの国の、どんな身分の人であっても同じです。

というのは、食べ物をうまく飲みこもうとすれば、必然的に前かがみの姿勢をとらざるをえないからです（76頁参照）。ためしに、上を向いたままや寝たままの姿勢で食事をしてみてください。食べ物や飲み物が非常に飲みこみにくいばかりか、何かの拍子に気道に入りこんでむせてしまうことがわかると思います。

テーブルが高すぎない
小柄な老人の場合、市販のテーブルでは高すぎて「前かがみの姿勢」がとれないことがあります。イスにすわった姿勢でおへそのあたりにくるぐらいの高さがちょうどいいのです

前かがみの姿勢がとれる
食べ物をうまく飲みこむには前かがみの姿勢をとる必要があります。頭が前にくることで口がのどより下に位置し、食べ物が誤って気道に入るのを防いでくれるのです

かかとが床に着く
安定してすわるためにはかかとが床に着いている必要があります。市販のイスは高さが約40㎝ありますが、日本の高齢女性のひざから下の長さは37㎝前後です。イスの脚を切って、一人一人に合った高さにしましょう

イスに背もたれがあって安心できる
安定した姿勢を保つため、イスには深く腰かけるようにします。その際、背もたれがあると安心です。また、片マヒなどのために左右のバランスがとりにくい場合は、ひじ当てもついているほうがいいでしょう

これは逆にいえば、前かがみのすわった姿勢がいちばん飲みこみがしやすいことを意味します。寝たきりとされる高齢者でも、そのほとんどは足を垂らせば自分ですわることができるものです。片マヒやパーキンソン病のために飲みこみが難しい人ならば、なおさら前かがみの姿勢で食べるようにしたいもの。

最初から無理と決めつけて寝たまま食事介助をしたり、鼻チューブや胃瘻《いろう》にしたりするのではなく、まずは車イスにのせて食堂に連れだしてみましょう。移動が無理なら、ベッドから足を床に降ろしてすわってもらうようにします。今まで食べようとしなかった人でも、すわった姿勢をとるようにしたら食事が自立したということが、実際に介護の現場ではたくさん起こっています。

安定した坐位《ざい》姿勢を保つポイントは、①前かがみになっている、②両足がしっかり床に着いているの2点。そのためには、テーブルやイス(またはベッド)がその人の身長に合った高さになっていることも大切です。

よい老人施設の見わけ方

よい老人施設の見わけ方の一つは、食堂へいってテーブルやイスを見てみることです。日本では小柄な女性の入所者が多いのですが、市販のものの多くは高すぎるため、そのままでは足がきちんと床に着かなかったり、前かがみの姿勢がうまくとれなかったりします。シートの高さが36〜40㎝くらいのイスが何種類か用意され、テーブルも使いやすいよう低くしてあれば、老人主体のケアがされている施設だといえるでしょう

特別養護老人ホーム「甍《いらか》」(大阪市生野区)

違う高さのイスが用意されている
高さの異なるイスを何種類か用意し、一人一人に合った高さのイスで食事できるようにしている

低めのテーブルは高齢者にやさしい
市販のふつうのテーブルでは高すぎることが多い。小柄な老人でも使いやすいよう、低いテーブルを入れてある

4-4 食事姿勢（2）

飲みこむための3つの条件

前かがみの姿勢をとればうまく飲みこめる

× 飲みこみにくい姿勢

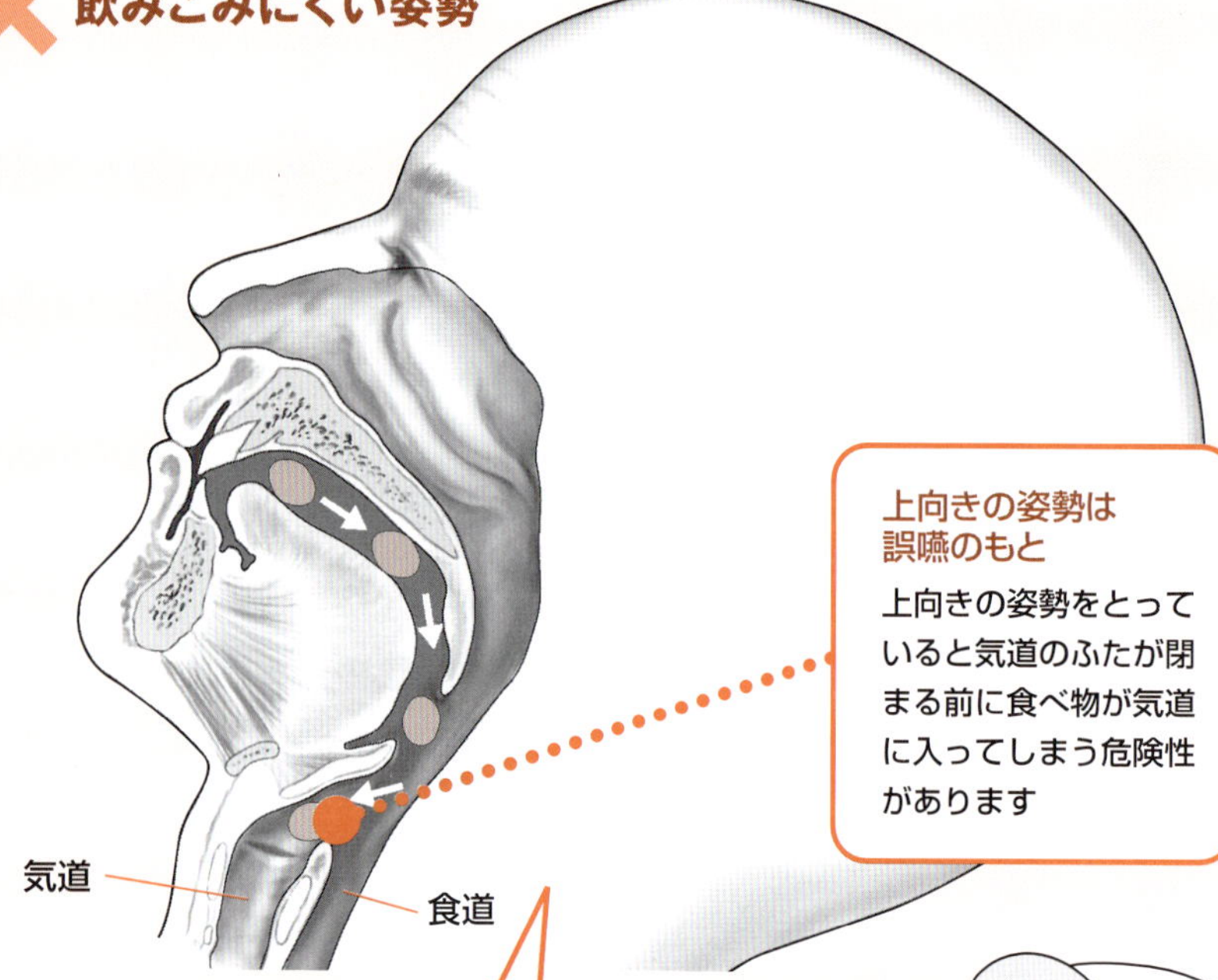

上向きの姿勢は誤嚥のもと

上向きの姿勢をとっていると気道のふたが閉まる前に食べ物が気道に入ってしまう危険性があります

上向きの姿勢だと重力で食べ物がすべり落ちてしまう

寝たままあるいはギャッジベッドを少し起こした状態など、上向きの姿勢で食べようとすると、嚥下反射が起きて気道のふたが閉まる前に、食べ物が重力によって勝手にのどにすべり落ち、誤って気道に入ってしまう危険性があります

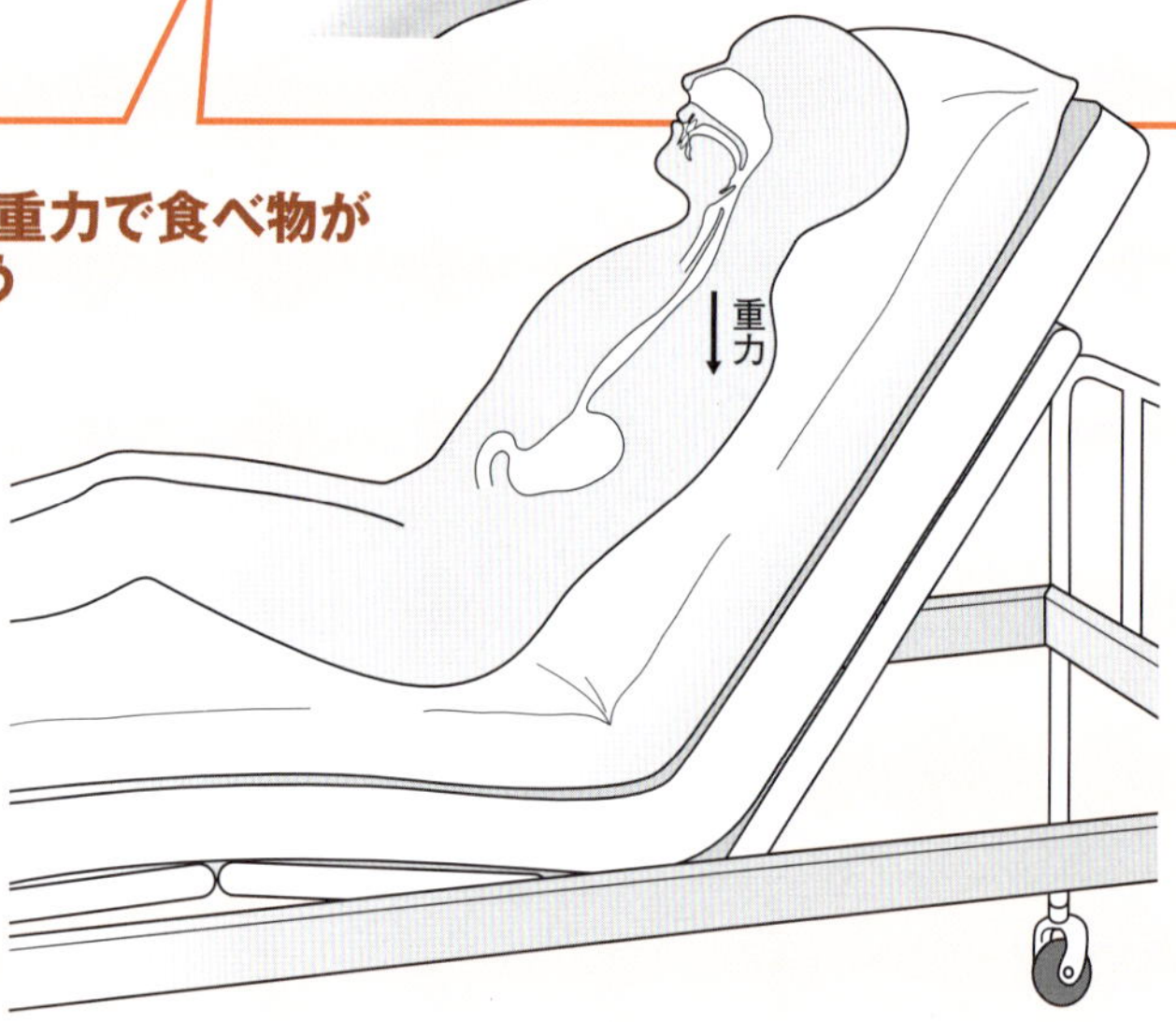

前かがみの姿勢がポイント

「口から食べる」には、口の中でかみ砕いた（咀嚼《そしゃく》）食べ物をうまく飲みこむ（嚥下《えんげ》）必要があります。そのために重要なのが、前かがみの食事姿勢です。

口から食道へ至る食べ物の通り道と、鼻から気道へ至る空気の通り道は、咽頭部（のど）で交わっています。ふだん私たちは、「食べ物の適当な大きさ」「湿り気」「鼻から肺への空気の出入りが一瞬止まる」という3つの条件が整うことで、はじめて無意識に食べ物をのどに送りこんでいます。もし、これらの条件が整う前に食べ物が勝手にのどにすべり落ちてしまうと、誤って気道に入りこむ（誤嚥《ごえん》）恐れがあります。誤嚥を防ぐためには、前かがみの姿勢をとることが重要なのです。

飲みこむしくみ

❷ 食べ物の湿り気

カステラをかまずに飲みこもうとしてものどに引っかかってしまうように、食べ物をうまく飲みこむためには、適度な湿り気があることも必要です

前かがみの姿勢ならうまく飲みこめる

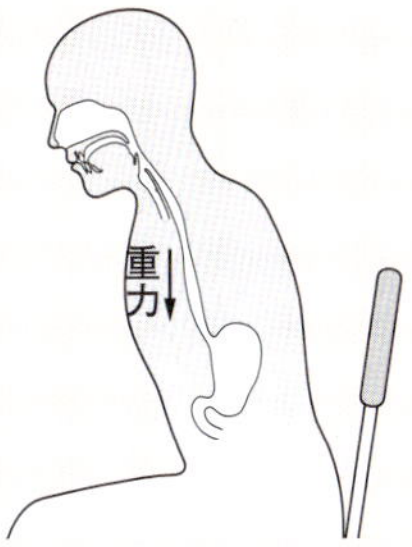

前かがみの姿勢では口の位置がのどより下になるので、食べ物が勝手にのどに入りこみません。準備ができたときに、自分の意志で飲みこむことができます

食べ物が口の中にあるとき

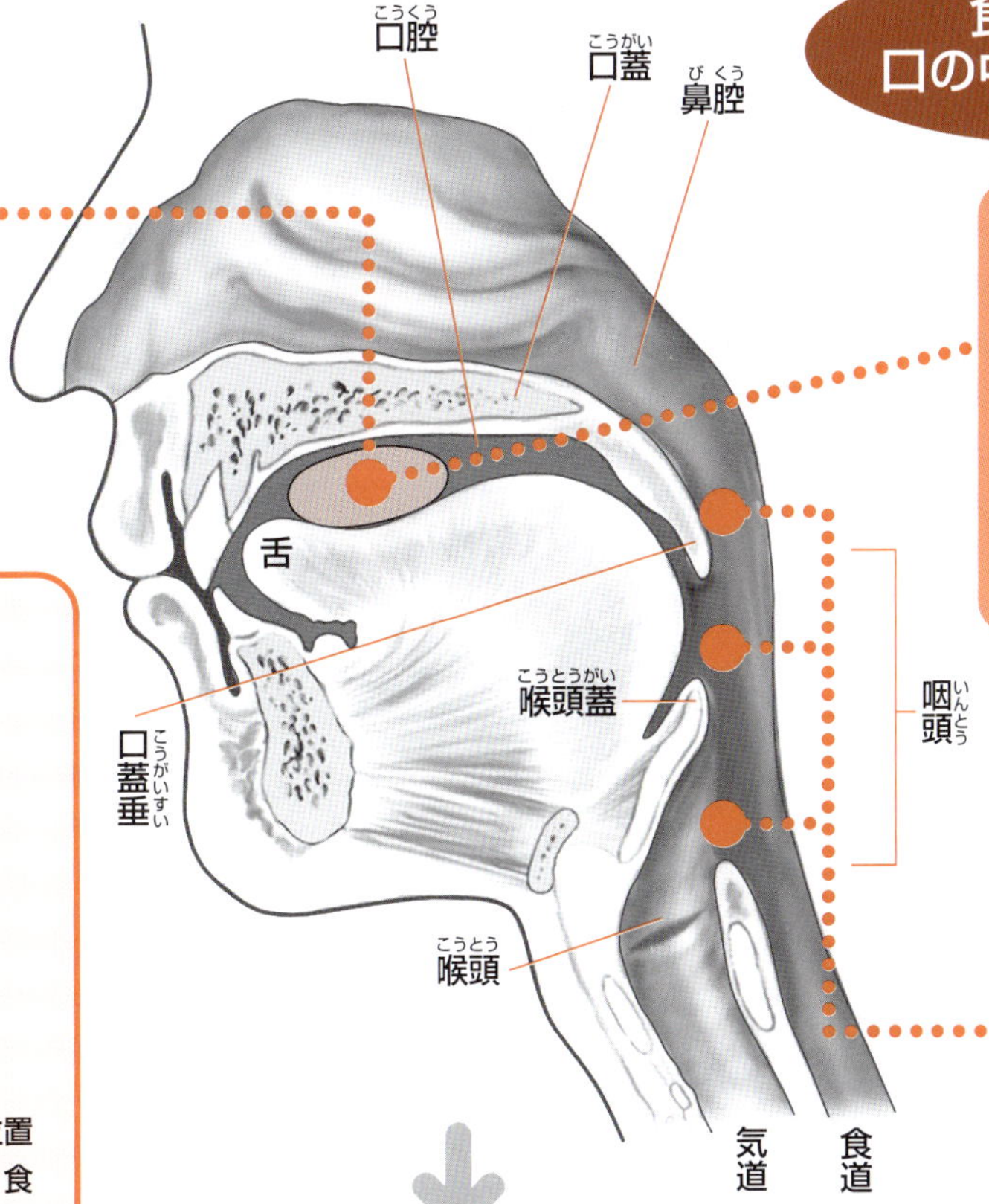

❶ 食べ物の大きさ

大きすぎても小さすぎてもうまく飲みこめません。適度な大きさがうまく飲みこむための条件です

①空気が鼻から肺に出入りしている

食べ物が口の中にあるときは、鼻→鼻腔→咽頭→喉頭→気道→肺へと空気が出入りし、呼吸をしている状態です

食べ物がのどを通るとき

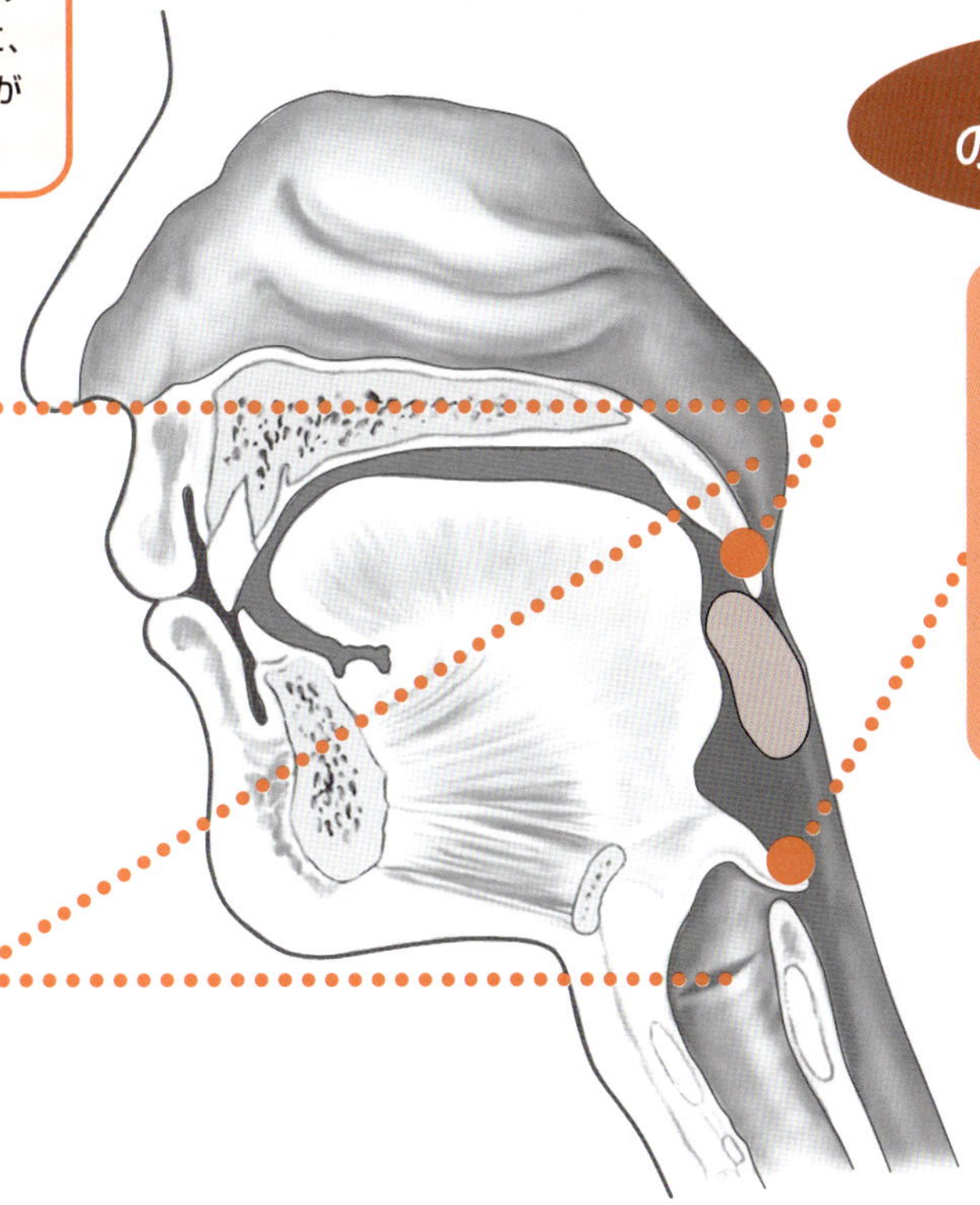

②「口⇔のど」「鼻⇔のど」にふたをする

口蓋が下がり舌がもり上がって口腔と咽頭を、また口蓋垂が上がって鼻腔と咽頭を、それぞれ遮断します

④鼻から肺への空気の出入りが一瞬止まる

飲みこむタイミングに合わせて喉頭と咽頭が遮断され、鼻から肺への空気の出入りが一瞬止まります

❸ 飲みこむタイミングに合わせて一瞬息を止める

飲みこむとき一瞬だけ呼吸を止めて気道にふたをするので、食べ物がうまく食道に誘導される

③気道にふたをする

喉頭蓋が閉じて喉頭と咽頭を遮断、気道にふたをします（嚥下性無呼吸）

食事姿勢のチェックポイント

どれだけ前かがみの姿勢をとれているか

よい姿勢・悪い姿勢

×ギャッジベッド

食べ物が飲みこみにくく誤嚥を起こしやすい

施設や病院でよく見かけるのが、ギャッジベッドを60度くらいに起こした姿勢。しかし、これは嚥下障害のある人の場合だけで、これほど食事に向かない不自然な姿勢はありません。視線が上向きになるため何を食べているのか見えにくく、汁物などの水分もこぼしがち。また、背中のベッドが肩や肩甲骨を圧迫し、腕が非常に動かしにくいのです。何よりも食べ物・飲み物が勝手にのどに流れこんでむせやすく、誤嚥《ごえん》が原因で肺炎や気管支炎を起こすケースすらあるほどです

△リクライニングの車イス

どうしてもまっすぐ起きていられない場合のみ可

イスやふつうの車イスだと痛がったり苦しがってすわっていられない場合、マヒなどのためにどうしてもまっすぐ起きていられない場合などは、次善の策としてリクライニングの車イスで食べるようにします。足を垂らせる点では、ベッドで寝たまま食べるよりはいいといえますが、できるだけ上体を起こすように心がけてください。テーブルに好物があるのを見て思わず身をのり出した、という例もあり、そうするうちにふつうの車イスにすわれるようになってきます

○ベッドにすわる

かかとが床に着くよう ベッドの高さを調節

ベッドから足を降ろしてすわった姿勢も合格です。ベッドサイドに高すぎないテーブル（すわったときにおへそのあたりにくるぐらい）を用意します。また、安定した姿勢をとるためには、両足のかかとがきちんと床に着いている必要があります。かかとが浮かないよう、ベッドの高さを調節しましょう

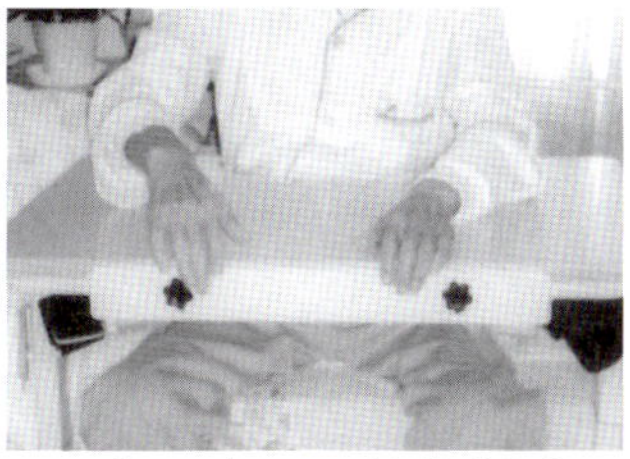

テーブルで支えると姿勢が安定

車イス

テーブルが高く なりすぎないように注意

ふつうの車イスなら合格点。ただし、車イスは移動時の安定のために背中やシートに少し傾斜がついているので、前かがみの姿勢をとるのが難しいことがあります。また、施設によっては車イスのひじ当てがぶつからないようテーブルを高くしているところがありますが、高すぎて非常に食べづらくなります。ひじ当てがつかえても前かがみになれば十分食事できるので、座高に合った高さのテーブルを選ぶのが大事

バナナをペロリと平らげたAさん

鼻チューブをつけたまま病院から老人ホームに入所してきたAさん（76歳女性）は、ふだんは寝たきりで表情もない人でした。

この施設では、夏は水分補給もかねて3時になるとおやつを出しています。チューブをつけている人にはおやつはないのですが、からだを起こすだけでもと、当時まだ使っていたギャッジベッドを起こしたところ、同室の人が食べているバナナをじっと見つめています。そこで、バナナを「一本貸して。今度返すから」ともらってAさんに持たせたところ、鼻チューブをつけたままの状態で1本ペロリと平らげてしまいました。

チューブを抜けばもっと食べるだろうと考えて、看護師さんに相談して鼻チューブを抜くことにしました。すると、Aさんはその日からふつうに食べるようになったのでした。

◎理想的な姿勢

かかとを床に着けた 前かがみの姿勢が理想的

高すぎないテーブルを前に背もたれのあるイスに深くすわり、前かがみの姿勢をとりながら、両足のかかとがきちんと床に着いた状態で食事できれば理想的です。安定した姿勢を保つことができ、食べ物を誤嚥する恐れもほとんどありません。なお、片マヒなどのために左右のバランスがとりにくい人の場合は、ひじ当てつきのイスにするとよいでしょう

4-6

食べない理由（1）

食欲不振

食べたいとき、食べたい物を見つける

お腹がすいていない

1日のスケジュール（施設の例）

14:00
13:00
12:00
11:00
10:00
9:00
8:00
7:00
6:00
昼寝
少しウトウト
ベッドでテレビを見る
昼食
朝食
朝は少しは食べられたけど…
軽いものなら少しは食べられるけど…

対応のしかた

グ〜

お腹がすくまで待つ

特に病気でもないのに、食事時間になってもお腹がすいていないということは誰にでもときどきありますね。そんなときは、どうすればいいのでしょうか。答えは簡単、「お腹がすくまで待つ」のです

食べる気がしない

マンネリ化している

会食をする

デイセンターの行事や誕生会パーティ、忘年会で鍋を囲むなどすると、驚くほどたくさん食べることがあります

外食する

近所のそば屋に出かけるだけでも、雰囲気が変わり食欲が出るもの。車イス可のファミリーレストランも多いです

出前をとる

介護している家族がうな重の出前をとったところ、目先が変わったお陰で食欲が出た、というケースも

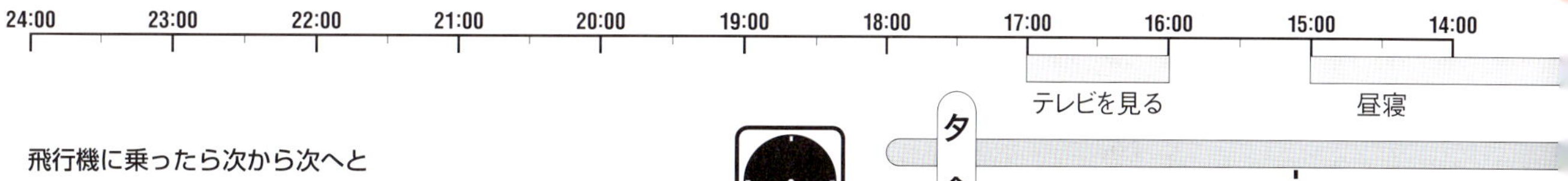
24:00
23:00
22:00
21:00
20:00
19:00
18:00
17:00
16:00
15:00
14:00
テレビを見る
昼寝
夕食

飛行機に乗ったら次から次へと機内食が運ばれて、うんざりしたという経験はありませんか。病院や施設でも似たような1日を過ごしている人は少なくないのでは

こんな時間に食べろっていわれても…

食欲が出るような活動的な1日にする

からだを動かせばお腹もすいて、自然に食欲がわいてきます。デイサービスや「遊びリテーション」などを利用して、活動的な1日にしましょう

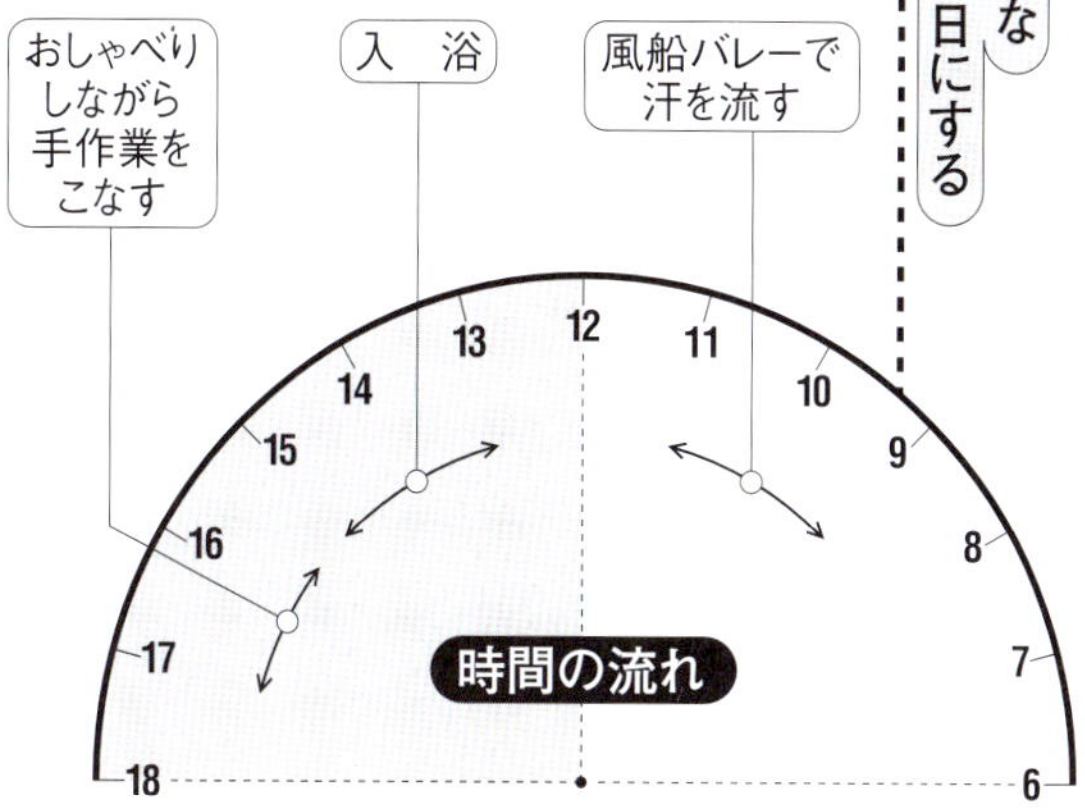
おしゃべりしながら手作業をこなす
入　浴
風船バレーで汗を流す
時間の流れ
18
17
16
15
14
13
12
11
10
9
8
7
6

好きなものを食べる

いつもいつも栄養バランスのとれた食事、みんなと同じ食事をとらなければいけない、というわけではありません。うどんが好きな人ならその人だけうどんにするなど、ときには特別扱いも必要です

病気・ストレス

食欲不振は、病気の徴候の可能性も。いろいろ工夫しても食べなければ、医師に相談したほうがいいでしょう。特に痴呆の高齢者では注意が必要です。また、ストレスで食欲がないケースも考えられます。レクリエーションなどでストレスを忘れる時間をつくったり、家族の面会の有無もチェックしましょう

生きる意欲が減退している

特に理由もなく生きる気力がすうっと失われていくことがあり、食べないという行動に最初に表れます。「消極的な自殺」といってもいいでしょう。「いってみたいところは？」「会ってみたい人は？」と聞いてみてください。そして、その願いをかなえてあげてください。温泉旅行はその一例です

表情(特に笑顔)がなくなる
目のハリがなくなる
「死んだほうがいい」
「生きていてもしかたがない」
「私なんか……」
というようになる
食欲不振

4-7

食べない理由（2）

手がうまく動かない

便利な道具を選べば楽に食べられる

使いやすい食事用品

持ちやすい箸

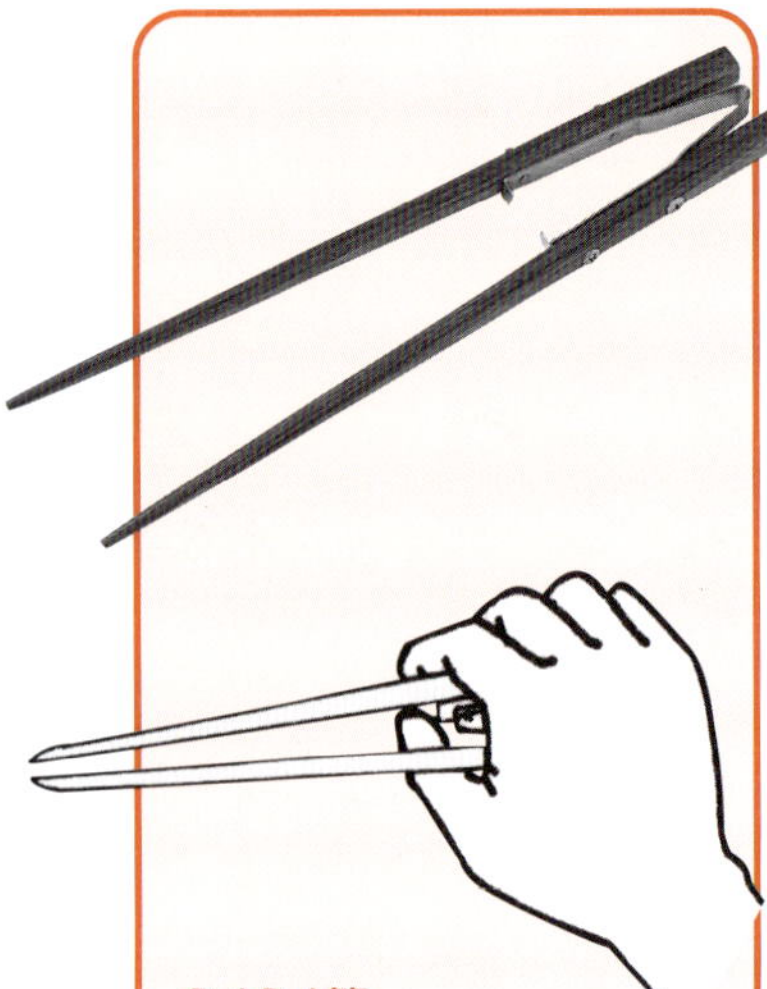

らくらく箸

握力が弱い人でもうまく力を入れることができる。手の大きさに合わせて、大・小のサイズあり

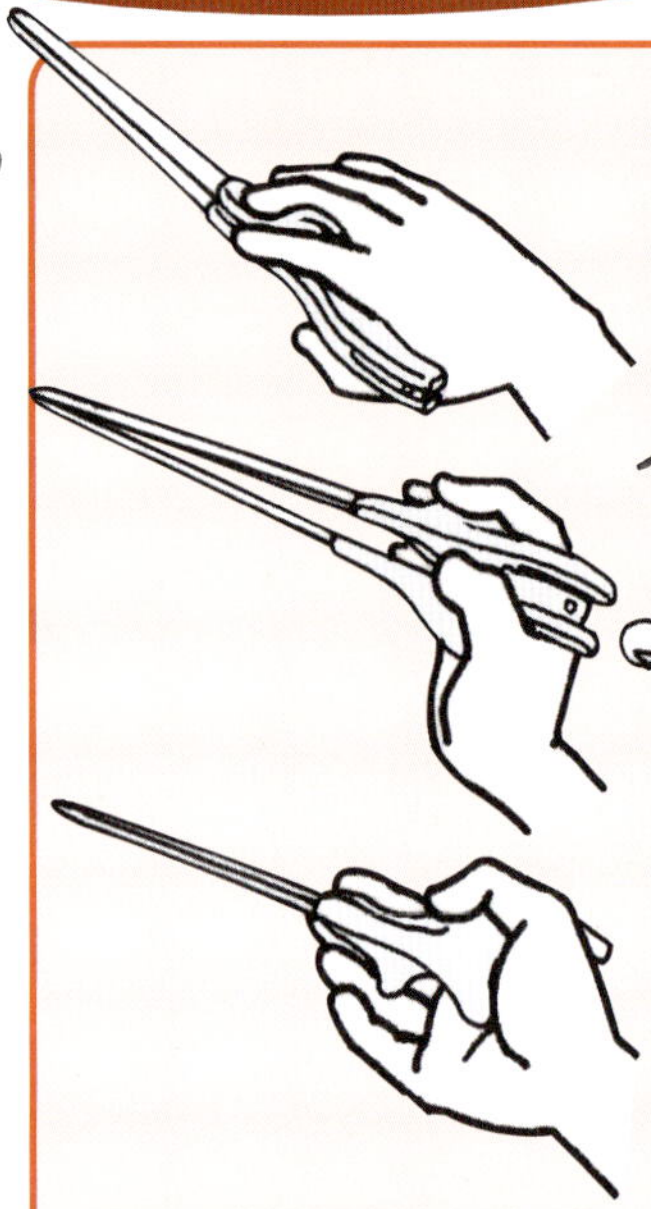

グリップに手を添えれば、自然な手の形になじむ

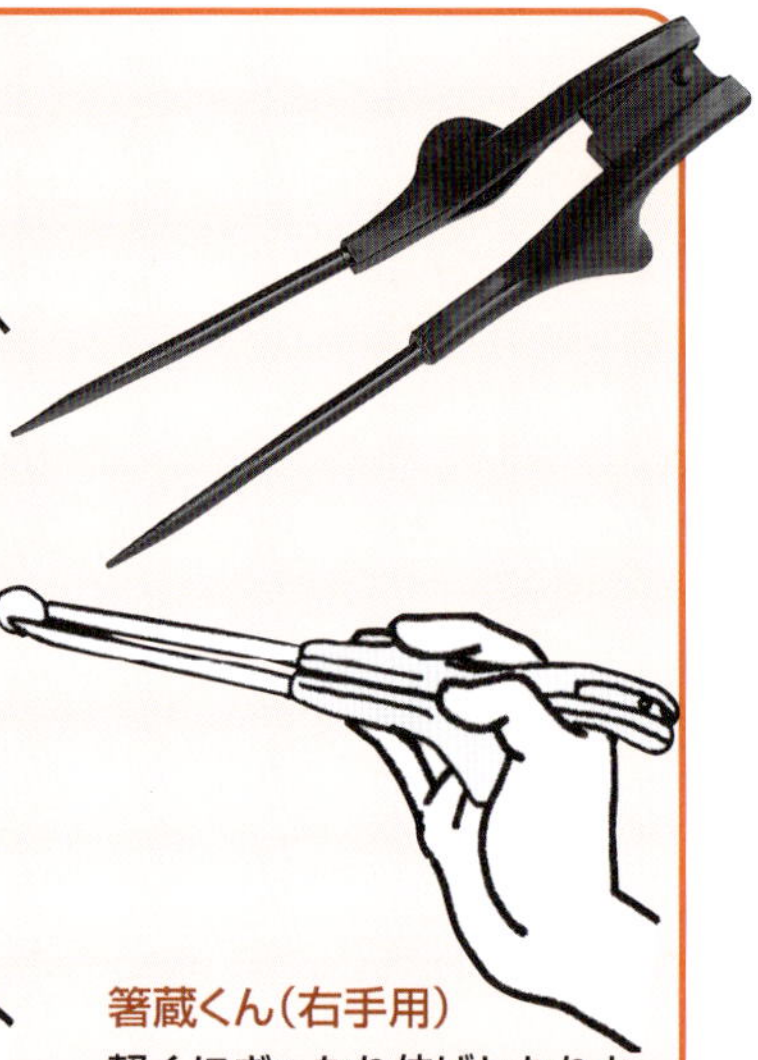

箸蔵くん（右手用）

軽くにぎったり伸ばしたりといった単純な指の動きだけで、簡単に食品をつまむことができる。左手用もあり

曲がるスプーン・フォーク

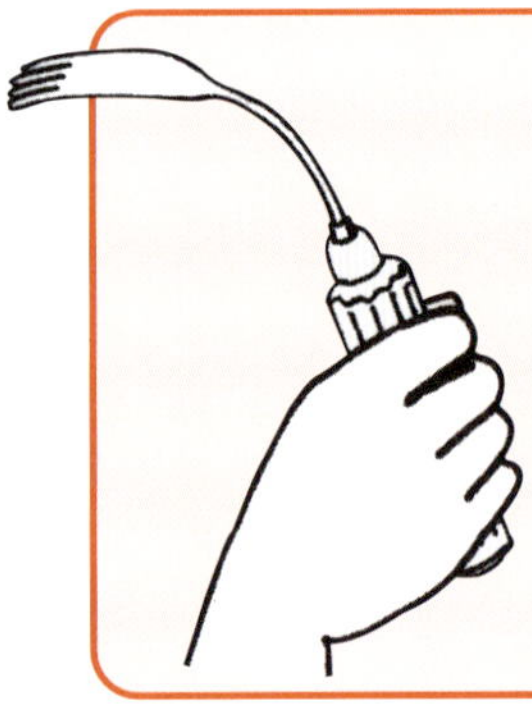

柄の部分が曲げられるので、関節の動きが不自由な人も使いやすい角度に。握力の弱い人でもにぎりやすいよう、木製ハンドルにスポンジをセット

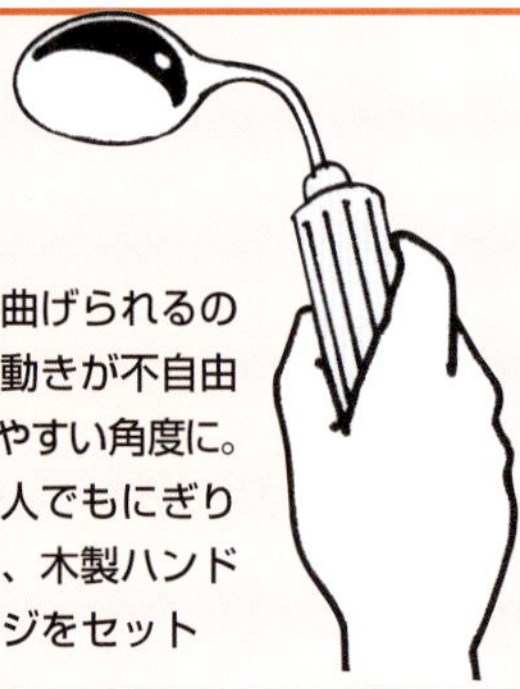

スプーン・フォークとも木製丸型ハンドル・スポンジ付き

ストレスなく食べるために

食事をあまり食べようとしない場合、手がうまく動かないからという可能性も考えられます。右利きの人の場合、右手がマヒしてしまうと「利き手交換」という訓練をして、左手で字を書いたり食事できるようにします。しかし、箸を使うには指先の細かい動きが必要とされるため、特に高齢者ではストレスが溜まるようです。

本来ならば楽しみである食事が、まるで訓練の場のようになってしまっては、せっかくのごちそうもおいしくありません。市販品の中には、手がうまく動かせない人でも使いやすいようにつくられた箸やスプーン、フォークなどがあります。これらをうまく利用して、ストレスを少なくしてあげてください。

現場で評判の食事グッズ

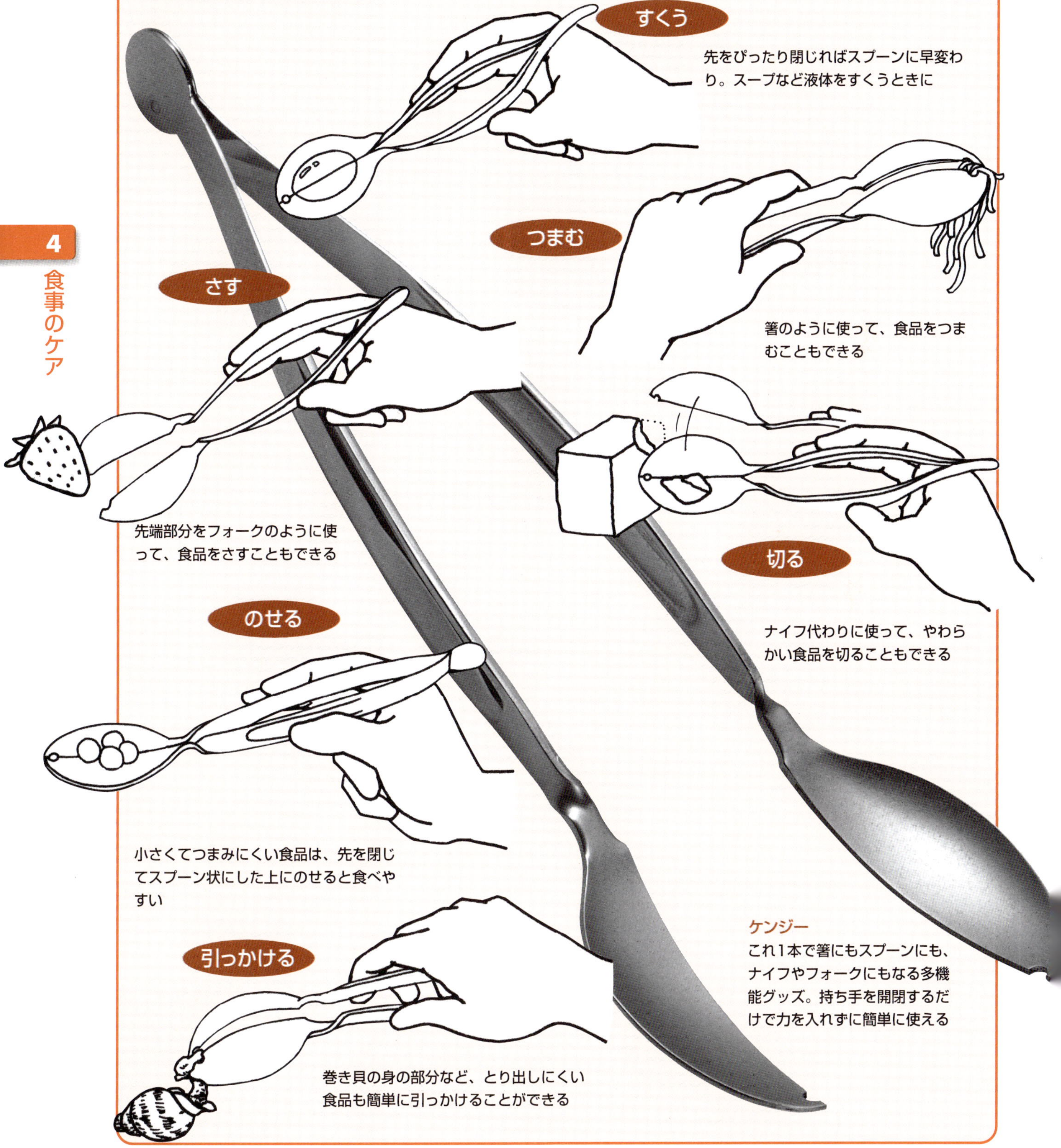

すくう 先をぴったり閉じればスプーンに早変わり。スープなど液体をすくうときに

つまむ 箸のように使って、食品をつまむこともできる

さす 先端部分をフォークのように使って、食品をさすこともできる

切る ナイフ代わりに使って、やわらかい食品を切ることもできる

のせる 小さくてつまみにくい食品は、先を閉じてスプーン状にした上にのせると食べやすい

引っかける 巻き貝の身の部分など、とり出しにくい食品も簡単に引っかけることができる

ケンジー
これ1本で箸にもスプーンにも、ナイフやフォークにもなる多機能グッズ。持ち手を開閉するだけで力を入れずに簡単に使える

●問い合わせ先／フセ企画 047(373)3004

うまく飲みこめない

何でも刻《きざ》めばいいわけではない

むせないための対処法

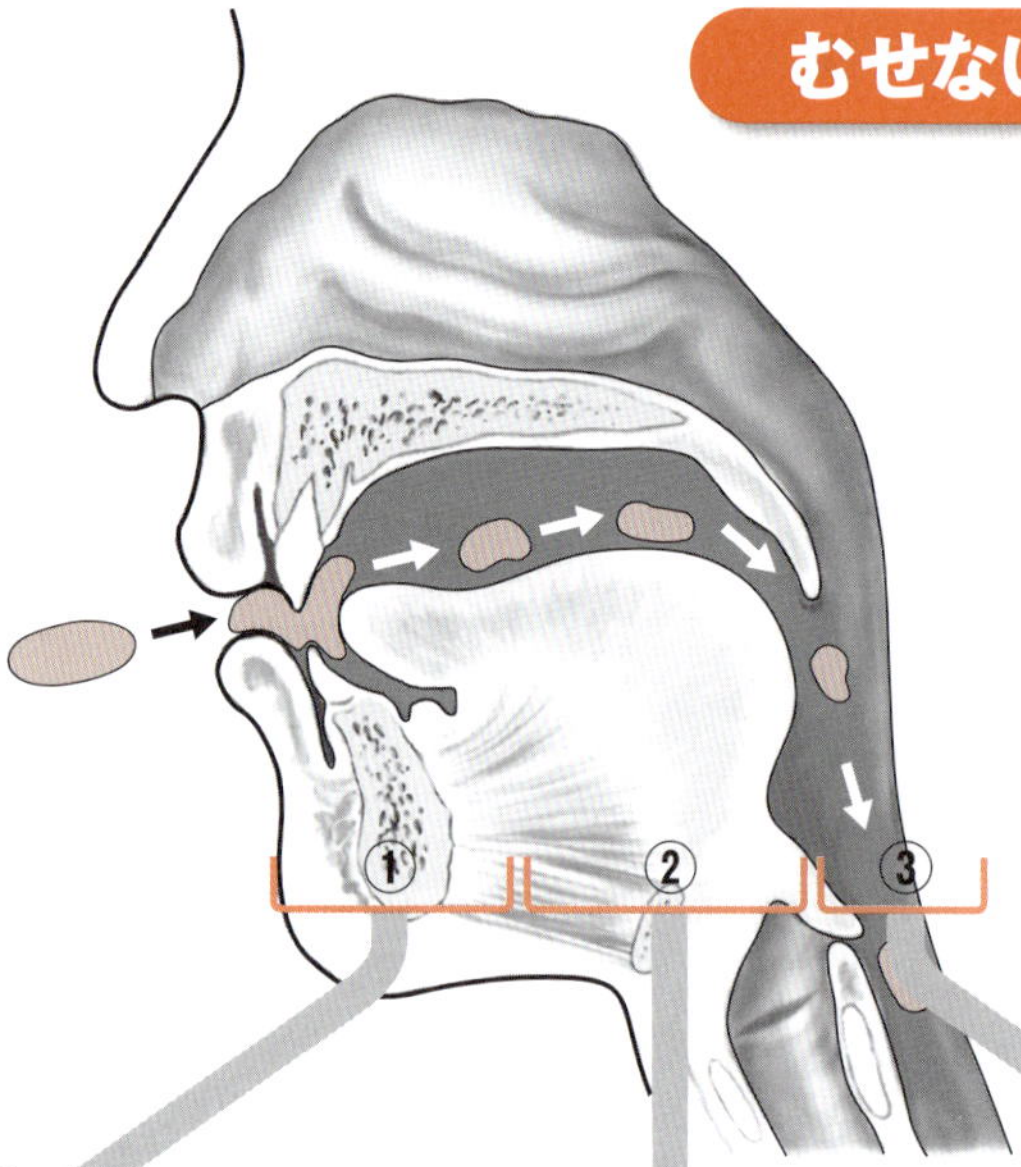

物を食べるときは、①歯でかんで食べ物を細かく砕き（咀嚼《そしゃく》）、②口の中で唾液と混ぜ合わせながら小さな塊をつくって（食塊形成《しょくかい》）のどの奥へ送り、③ゴックンと飲みこむ（嚥下《えんげ》反射）、という手順をふんでいます。したがって、これらの手順のどこに問題があるかによって、対処のしかたも変わってきます

咀嚼に問題がある	食塊形成に問題がある	嚥下反射に問題がある
歯や歯茎が悪くて食べ物を細かくかみ砕くことができない人には、あらかじめ刻んだり（刻みすぎは不可）やわらかくした食べ物が向いています	歯（入れ歯）と舌の動きが悪い人は、かみ砕いた食べ物を口の中でもう一度丸める作業ができないので、刻み食ではむせてしまいかねません	嚥下反射が低下している人（86、100頁参照）では、細かく刻んだ食べ物やすりつぶしてどろどろになった食べ物はむせる原因となります

むせないための対応

●やわらかい食べ物	●一口大の食べ物	①固形物でむせる
●押しつぶした食べ物	●とろみのある食べ物	●とろみのある食べ物
●刻む（固い物は避ける）	●やわらかい食べ物	②水でむせる
		●とろみ水やお茶ゼリー

刻み食と決めつけない

高齢者向けの食事というと、細かく刻んだりミキサーですりつぶした物が食べやすいと思われがちです。しかし実際に自分で食べてみるとよくわかりますが、刻み食やミキサー食は歯にはさまったり舌に残ったりして非常に食べにくく、何よりもおいしくありません。私たちが物を食べるときは、「かむ→小さな塊に丸める→飲みこむ」という手順をふんでいます。これらの手順のどこに問題があるかによって、対処のしかたも違ってきます。また、食べ物をうまく飲みこむためには姿勢も大切です（74頁参照）。前かがみの姿勢をとり、その人に合った大きさ・やわらかさの食べ物を提供することで、問題が解決できることもあるのです。

食材の調理最適温度

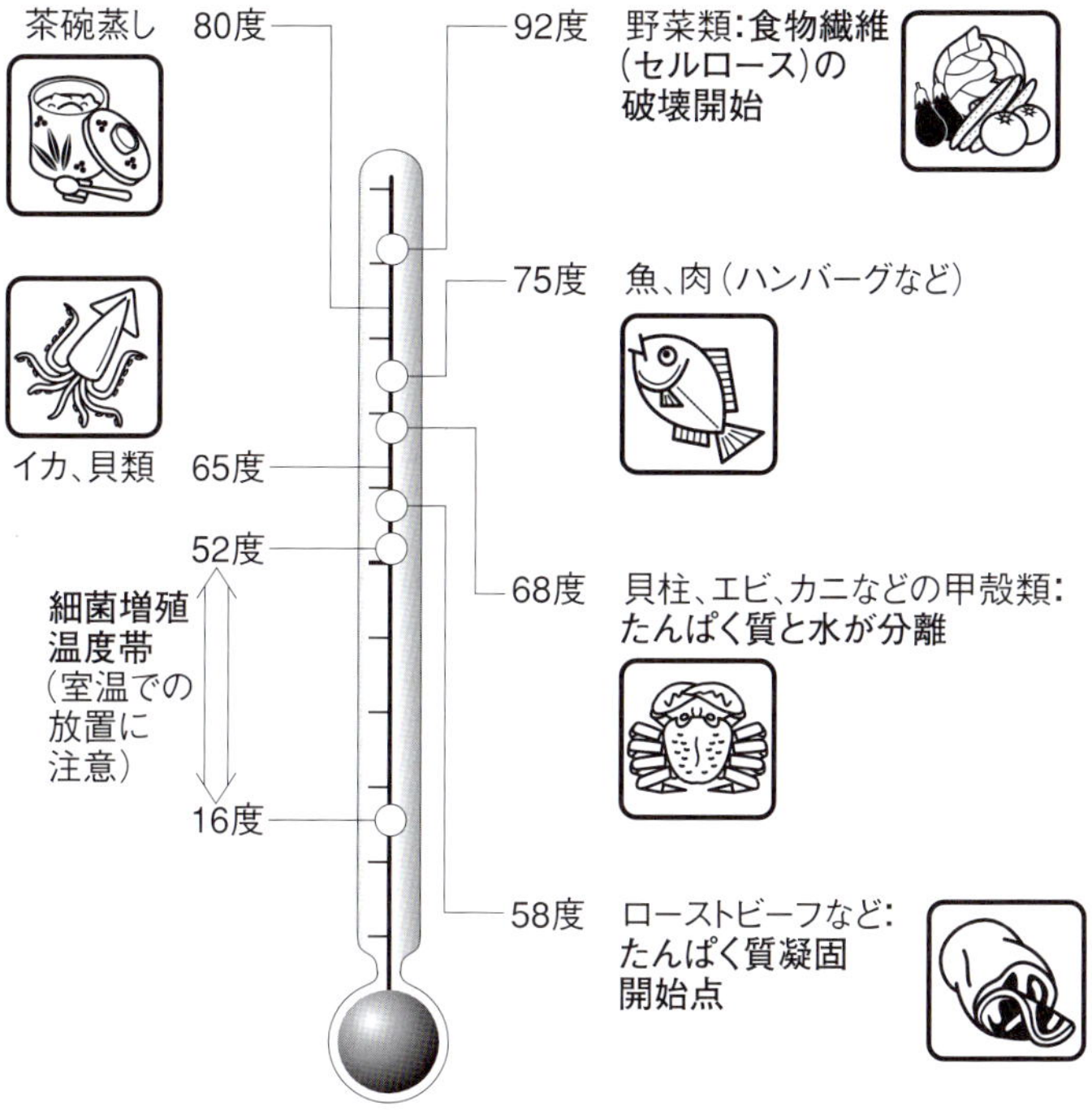

茶碗蒸し 80度
イカ、貝類 65度
52度
細菌増殖温度帯（室温での放置に注意）
16度
92度 野菜類：食物繊維（セルロース）の破壊開始
75度 魚、肉（ハンバーグなど）
68度 貝柱、エビ、カニなどの甲殻類：たんぱく質と水が分離
58度 ローストビーフなど：たんぱく質凝固開始点

「やわらかく」がポイント

食べ物を飲みこみやすくするためのいちばんのポイントは、「やわらかく調理する」ことです。とろみをつけることもいいのですが、何にでもとろみをつけてしまうと高齢者はかえって食べてくれません。まずは、やわらかく調理することを心がけましょう。そのためには、食材別に調理の適温を知っておくと便利です。どんな食材にも、おいしくやわらかく仕上がる適温があります。たとえば温泉卵は68度で30分、茶碗蒸しは80度（湯沸かしポットの温度）で25分加熱すると、食べやすいやわらかさに仕上がります。そのほか、魚や肉は75度（炊飯ジャーの保温・低温の温度）、じゃがいもやかぼちゃ、ほうれんそう、大根などの野菜類は92〜100度（沸かし湯の温度）で調理すれば、高齢者でもおいしく食べられます。適温を守りぐつぐつ煮ないこと、それがジューシーで食べやすく仕上がるためのコツだといえます。なお、細菌の増殖する温度帯は16〜52度です（室温と同じくらい）。誤嚥《ごえん》とともに食中毒を防ぐためにも、温かいものは温かいまま（65度以上）、冷たいものは冷たいまま（10度以下）で提供するようにしましょう

嚥下に適した食品調整剤のいろいろ

提供温度	種類	食品			備考
冷たい	たんぱく質	ゼラチン			沸騰させない
冷たい	海藻類	寒天			
温かい	でんぷん	片栗粉、コーンスターチ、くず粉			30度以下では離水（水が分離）するので温かくして食べる
冷・温どちらでも	嚥下食用増粘剤	ゲル用（固形）	ソフティア②	スルーキング	べとべとはかえって危険。するっとなめらかにおちる程度のとろみに
冷・温どちらでも	嚥下食用増粘剤	液体用	ソフティア①	とろみクリアー	

とろみのつけ方・片栗粉

基本の濃度：煮汁などの液体100mlに水溶き片栗粉（片栗粉3g＋水6ml）
液体を火にかけ、かきまぜながら、水溶き片栗粉を徐々に加える。粉のまま加えるとダマになり、誤嚥の危険性が増します

とろみのつけ方のコツ

食品を調整する物には大きくわけて、ゲル化剤として、①ゼラチン、②寒天、とろみをつける物として、③でんぷん、④増粘剤（嚥下食用）の4種類あります。しかし、あまり難しく考えずに使ってみましょう。ただ、あくまでとろみをつけるのが目的ですから、使いすぎてべとべとにしないように注意してください。「食べてみておいしい」、これが上手な使い方のコツです。そのほか、油脂を上手にとり入れるのも、食べ物を飲みこみやすくする工夫の一つだといえます。たとえば、ねぎとろは嚥下障害者が非常に喜ぶメニューです。味だけでなく、ねぎとろに含まれている適度な油脂が、飲みこみやすさにつながっているようです。高齢者はちらしずしやおはぎが大好きですが、ふつうにつくるとむせやすいものになってしまいます。ゼラチン粥（87頁参照）をベースに、ネタとしてねぎとろやだし巻き卵を包丁の横で叩いたもの（刻んだものは誤嚥しやすい）をのせたり、あんに油を加えると食べやすくなり、排泄を促す効果もあります

嚥《えん》下《げ》障害を調理で工夫

嚥下食で誤嚥《ごえん》と咽頭残留を防ぐ

段階的な嚥下食で対応

嚥下障害のある人では、飲みこんだつもりでも、のど（咽頭《いんとう》）に食物が残留し、寝ている間に逆流して誤嚥性肺炎の原因となることがあります。そのため、食物がのどから食道、胃へと至る狭い消化管を通過しやすいように、物性（変型と流動）に配慮した嚥下食で対応する必要があります。まずはお茶ゼリーを使った簡易評価法で、嚥下障害の程度を調べてみましょう。重い嚥下障害のある人では、もっとも飲みこみやすい1・6％濃度のゼラチンゼリーからはじめ、徐々に不均一な食事へとステップアップしていきます。食材の調理法にも注意しましょう。お粥《かゆ》（でんぷん）は温かいうちはいいですが、冷めるとのどにくっつきやすく、危険な食品となります。冷めてもおいしくて飲みこみやすい、ゼラチン粥のつくり方を覚えておくと便利です。

嚥下障害の程度をしらべる

テストフードで簡易に評価する

水飲みテスト
3mlの水をスプーンで試す

↓

嚥下開始食
- お茶ゼリー
- 赤ぶどうゼリー
（1.6％濃度のゼラチンゼリー）

↓

嚥下食Ⅰ
プリン（市販）

↓

嚥下食Ⅱ
ヨーグルト（市販）

↓

嚥下食Ⅲ
- お粥（市販）
- とろみ茶

↓

移行食
じゃがいもやわらか煮
（一口大）

嚥下障害者の評価は、嚥下内視鏡テストや嚥下造影テストが一般的ですが、在宅や施設などでは簡易的に食品で評価します。3mlの水をスプーンでまず試し、むせたりしなければ、スライスしたお茶ゼリーから開始します。食べられることを確認したら、プリンへと段階的にステップアップしていきます

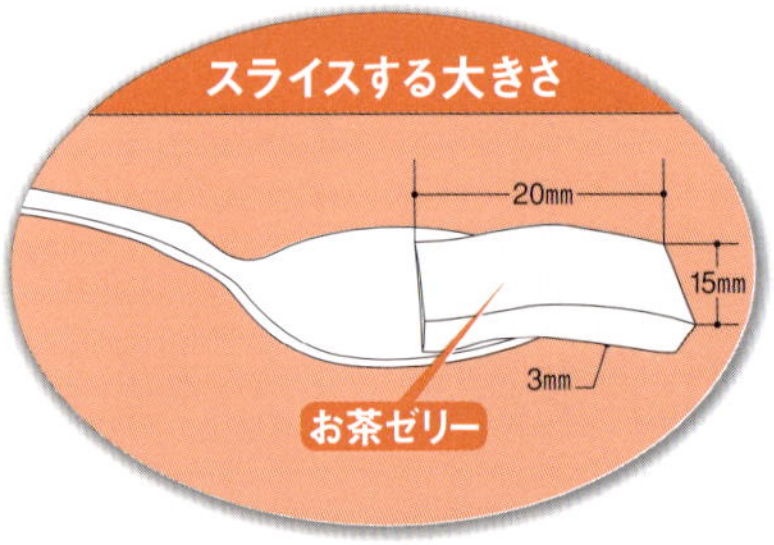
スライスする大きさ
20mm
15mm
3mm
お茶ゼリー

ゼラチンゼリーのつくり方・基本型

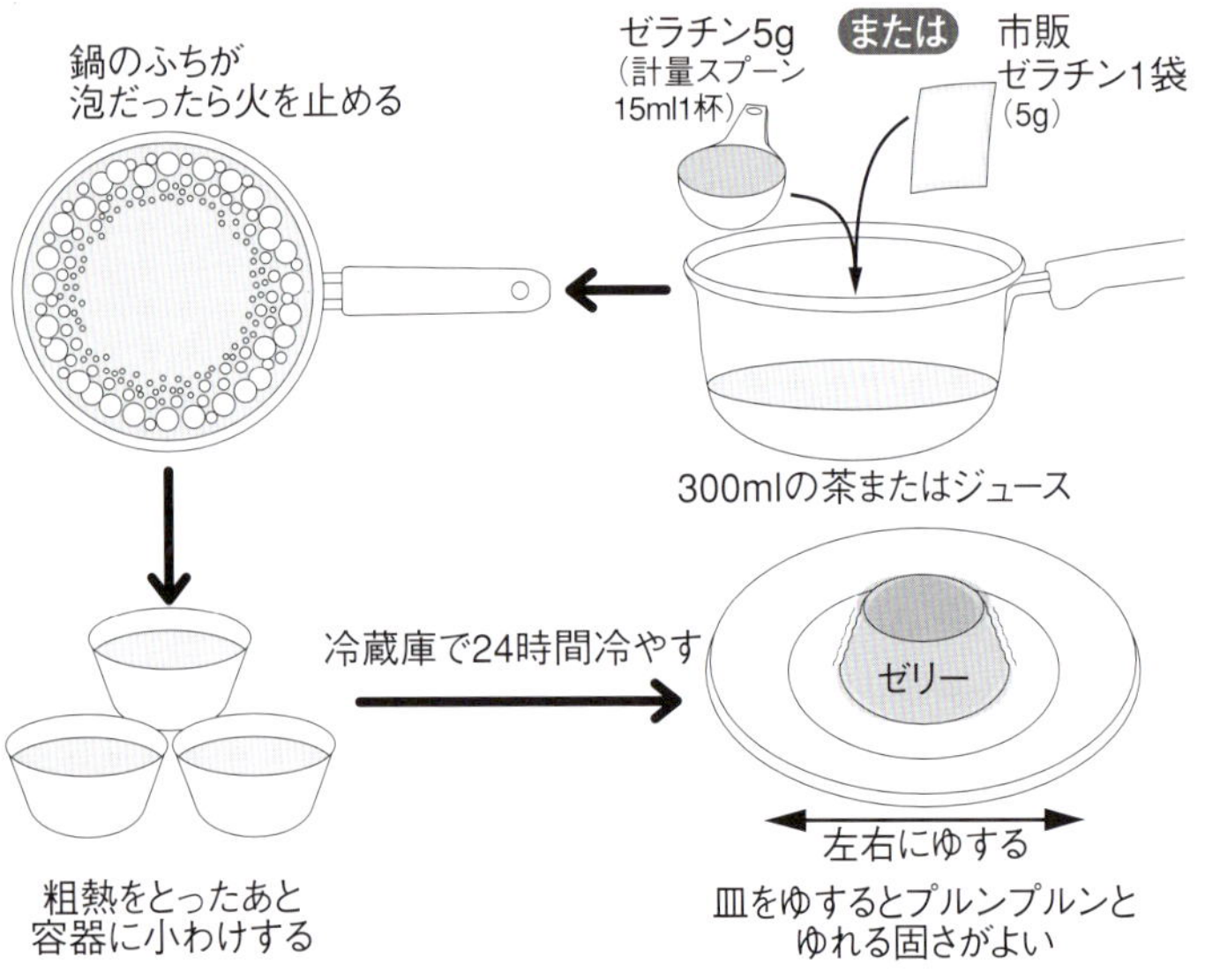
ゼラチン5g
（計量スプーン15ml1杯）
または
市販ゼラチン1袋（5g）
鍋のふちが泡だったら火を止める
300mlの茶またはジュース
粗熱をとったあと容器に小わけする
冷蔵庫で24時間冷やす
ゼリー
左右にゆする
皿をゆするとプルンプルンとゆれる固さがよい

飲みこみやすくする工夫

ゼラチン粥のつくり方・基本型

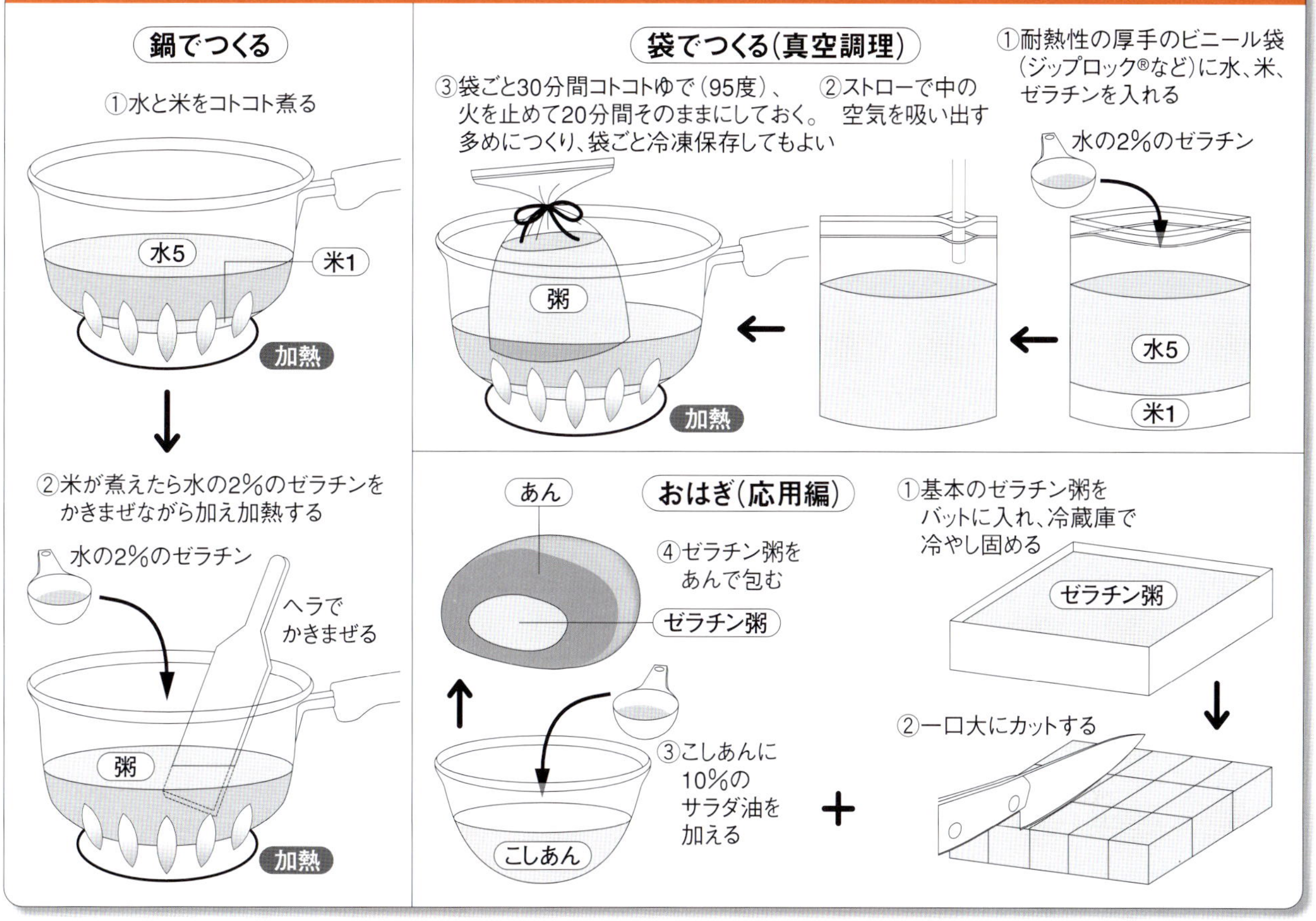
鍋でつくる
①水と米をコトコト煮る
水5
米1
加熱
②米が煮えたら水の2%のゼラチンをかきまぜながら加え加熱する
水の2%のゼラチン
ヘラでかきまぜる
粥
加熱
袋でつくる(真空調理)
①耐熱性の厚手のビニール袋(ジップロック®など)に水、米、ゼラチンを入れる
水の2%のゼラチン
水5
米1
②ストローで中の空気を吸い出す
③袋ごと30分間コトコトゆで(95度)、火を止めて20分間そのままにしておく。多めにつくり、袋ごと冷凍保存してもよい
粥
加熱
おはぎ(応用編)
①基本のゼラチン粥をバットに入れ、冷蔵庫で冷やし固める
ゼラチン粥
②一口大にカットする
③こしあんに10%のサラダ油を加える
こしあん
④ゼラチン粥をあんで包む
あん
ゼラチン粥

食材別調理の工夫例

	もっとも飲みこみやすい	もぐもぐゴックンしやすい	飲みこみにくい
水・お茶	1.6%濃度のゼラチンゼリーなら嚥下困難者にも飲みこみやすい 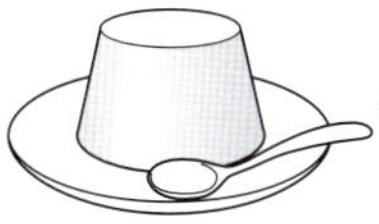	流れ落ちる程度のとろみをつけることで飲みこみやすくなる 	水やお茶は嚥下障害のある人にはもっとも飲みこみにくく危険 
野菜	だし汁とゼラチンを加えミキサーにかければ飲みこみやすい 	やわらかく一口大に煮たものを熱いうちに押しつぶす 	固い野菜を細かく刻《きざ》んだものはかえって誤嚥しやすい 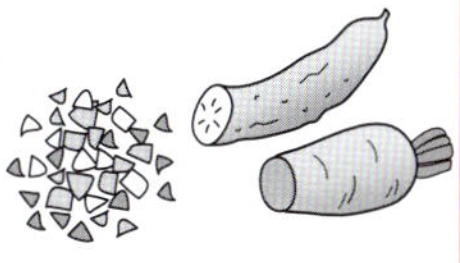
卵	温泉卵（白身・黄身が半熟状態）にすれば飲みこみやすい 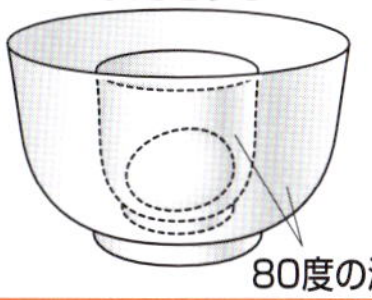 ふたをする 80度の湯	茶碗蒸しにすれば嚥下困難者でも飲みこみやすくなる 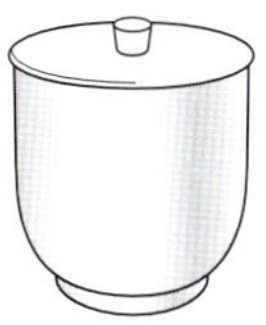	固ゆで卵はのどに引っかかりやすく、むせやすい 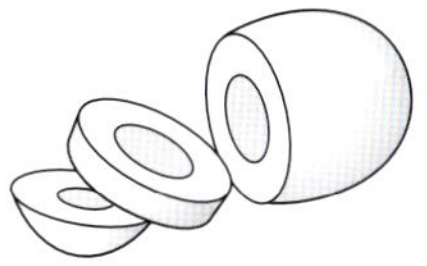

低栄養状態になっていないか

栄養評価と褥瘡《じょくそう》予防について

低栄養状態を防ごう

低栄養状態の評価法

		軽　度	中等度	高　度
血液	血清アルブミン（g/dl）	3.4〜2.8	2.7〜2.1	2.1未満
体重	理想体重（身長²×22）	90〜80%	79〜70%	70%未満
	例：身長150cmの場合 1.5m×1.5m×22＝49.5kg	44.6〜39.6kg	39.5〜34.7kg	34.7kg未満
	体重減少の目安	・1〜2%以上/週 ・5%以上/月 ・7.5%以上/3ヵ月 ・10%以上/6ヵ月		

病院には車イスやベッドに寝たまま測れる体重計があります。受診時に体重を測っておきましょう。あわせて血清アルブミンの値も聞いて、記録しておくとよいでしょう

褥瘡を防ぐ栄養素一覧

たんぱく質を多く含む食品（kcal）	卵（1個、60g） 7.4g 91kcal	牛乳（200ml） 6.6ml 134kcal	豚レバー（35g） 7.1g 45kcal	かき（大1個、100g） 6.6g 60kcal	
ビタミンCを多く含む食品（mg/100g）	アセロラ 1700mg	トマピー 200mg	甘柿 70mg	いちご 62mg	オレンジ 40mg
ビタミンEを多く含む食品（mg/100g）	せん茶 68.1mg	ひまわり油 39.2mg	小麦胚芽 32.6mg	アーモンドパウダー 31.2mg	コーン油 24.3mg
亜鉛※1を多く含む食品（mg/100g）	かきくん製缶詰 25.4mg	小麦胚芽 15.9mg	かき水煮 14.5mg	さば節 8.4mg	粉チーズ 7.3mg
アルギニン※2を多く含む食品（mg/100g）	ゼラチン 6900mg	大豆たんぱく（粉） 6600mg	凍豆腐 4200mg	ピーナツパウダー 3200mg	ごま 2700mg

※1　亜鉛は抗酸化酵素の原料

※2　アルギニンはアミノ酸の一種

褥瘡ではたんぱく質摂取とともに、ビタミンCで組織形成、ビタミンEも同時に摂ることで血流改善を行いたい

栄養状態を調べよう

高齢者の栄養状態を評価することは、健康状態の悪化を防ぐ重要な手段となります。低栄養状態を知るもっともよい指標となるのが、体重と血清アルブミン。身長（m換算）から理想体重を割り出し、その値からどれくらい体重が少ないかによって評価します。

　血清アルブミンは血液中のたんぱく質の一種で、これが3・5g/dl以下になったら、卵や魚肉、ヨーグルトなどでたんぱく質を補いましょう。おじややみそ汁に卵を1個落とし、半熟状態になったものを毎食食べれば、改善できます。濃厚流動やブイ・クレスα《アルファ》など、市販品をとり入れるのもいいでしょう。なお、皮膚や髪の毛の状態なども栄養状態を知る目安となります。

市販品を上手にとり入れる

ビタミン・ミネラル

●ブイ・クレスα

1本（125㎖）に27種の微量栄養素（ビタミンC500㎎、ビタミンB_1 3㎎、ビタミン$B_2$3㎎、葉酸800μg、鉄5㎎、亜鉛10㎎、銅0.012㎎、タウリン1000㎎ほか）が含まれた、ドリンクタイプのサプリメント

水分

●水分補給剤

アイソトニックゼリーなど各種製品化されていますが、誤嚥を防ぐため離水しないものがよいでしょう（古くなったヨーグルトに水が溜まることがありますが、これを離水といいます）

たんぱく質

●濃厚流動

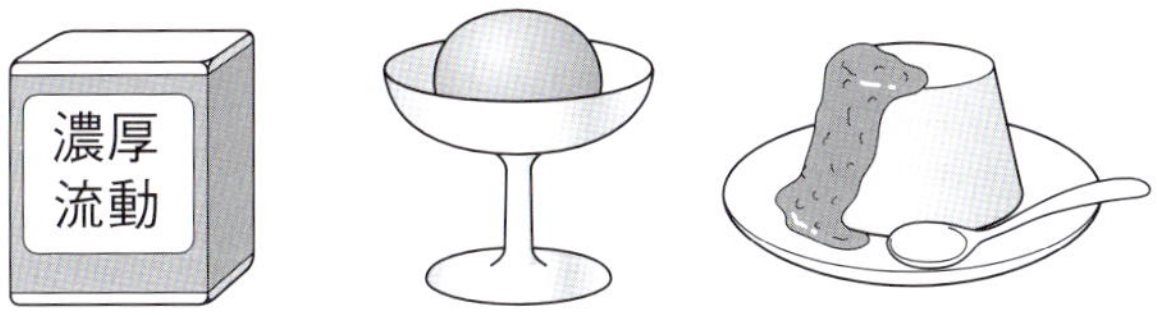

アイスクリームにする　ゼラチンで固める

濃厚流動もゼラチンで固めたり（300gの濃厚流動にゼラチン5g）、アイスクリームにすればおいしく食べられます

●プロッカ

1個（70㎖）で牛乳1本分のたんぱく質とカルシウム、亜鉛5㎎がとれるフルーツゼリー。消化吸収のよいポリペプチド型のたんぱく質で、牛乳が飲めない・飲みにくい人にもよい

食事例（施設・病院の場合）

①ブイ・クレスゼリー
②お茶ゼリー
③半熟オムレツ、ほうれんそうマッシュ添え
④アイス棒
⑤プロッカ
⑥豆腐みそ汁（とろみ入り）
⑦五目ひじきピュレ
⑧卵、かつお節入りおじや

嚥下困難がある高齢者でも、ブイ・クレスαなどの栄養補助食品を利用すれば、簡単にバランスよい食事となり、褥瘡の予防にもつながります。お茶ゼリーは食事開始時・食事中・食事終了時の計3個用意することで、水分補給だけでなく口腔・咽頭の汚れがとれ、カテキンによる腸内細菌叢の改善や、悪臭便の改善をはかることもできます。ヨーグルトに緑茶粉末をかけるのもよいでしょう

からだに現れる栄養不足の目安

部位	皮膚	髪の毛	目	歯肉	口唇	舌
症状	シワ、乾燥 →① 点状出血 →② 色素低下 →③ ツヤ低下 →④ （不足栄養素の各番号へ）	ツヤ低下、乾燥	結膜・眼球乾燥 ビトッツスポット（目の白い部分に白や淡黄色の点）	出血、炎症	口角炎（口の両端のヒビ割れ）	舌炎（赤ただれ）
不足栄養素	①水分、ビタミンC ②ビタミンC ③たんぱく質、カロリー ④ビタミンA（緑黄色野菜など）、E	たんぱく質	ビタミンA	ビタミンC	ビタミンB_2（レバー、卵など）	ナイアシン（まぐろ、かつおなど）

4-11

食事のケア(3)

脱水と便秘になっていないか

高齢者や嚥《えん》下《げ》障害者の脱水に要注意

脱水と便秘を防ぐ

鍋料理を食べよう

秋から冬は、鍋料理を5日に1度以上食べましょう。水分や食物繊維、たんぱく質がたっぷりの温かい鍋を食べた翌朝は、便もたっぷり排泄されます。おいしさのコツは、ぐつぐつ煮こまないことです

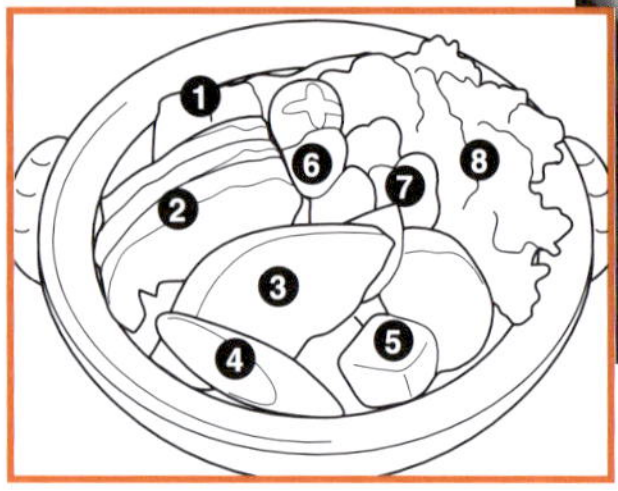

1
2
3
4
5
6
7
8

具の一例：①豆腐②たら③さけ④ねぎ⑤麩⑥しいたけ⑦にんじん⑧ほうれんそう。魚類はしんじょにすると飲みこみやすくなる

緑茶で悪臭便を防ぐ

緑茶に含まれるカテキンには、便の悪臭や腸内細菌叢《そう》を改善する効果があります

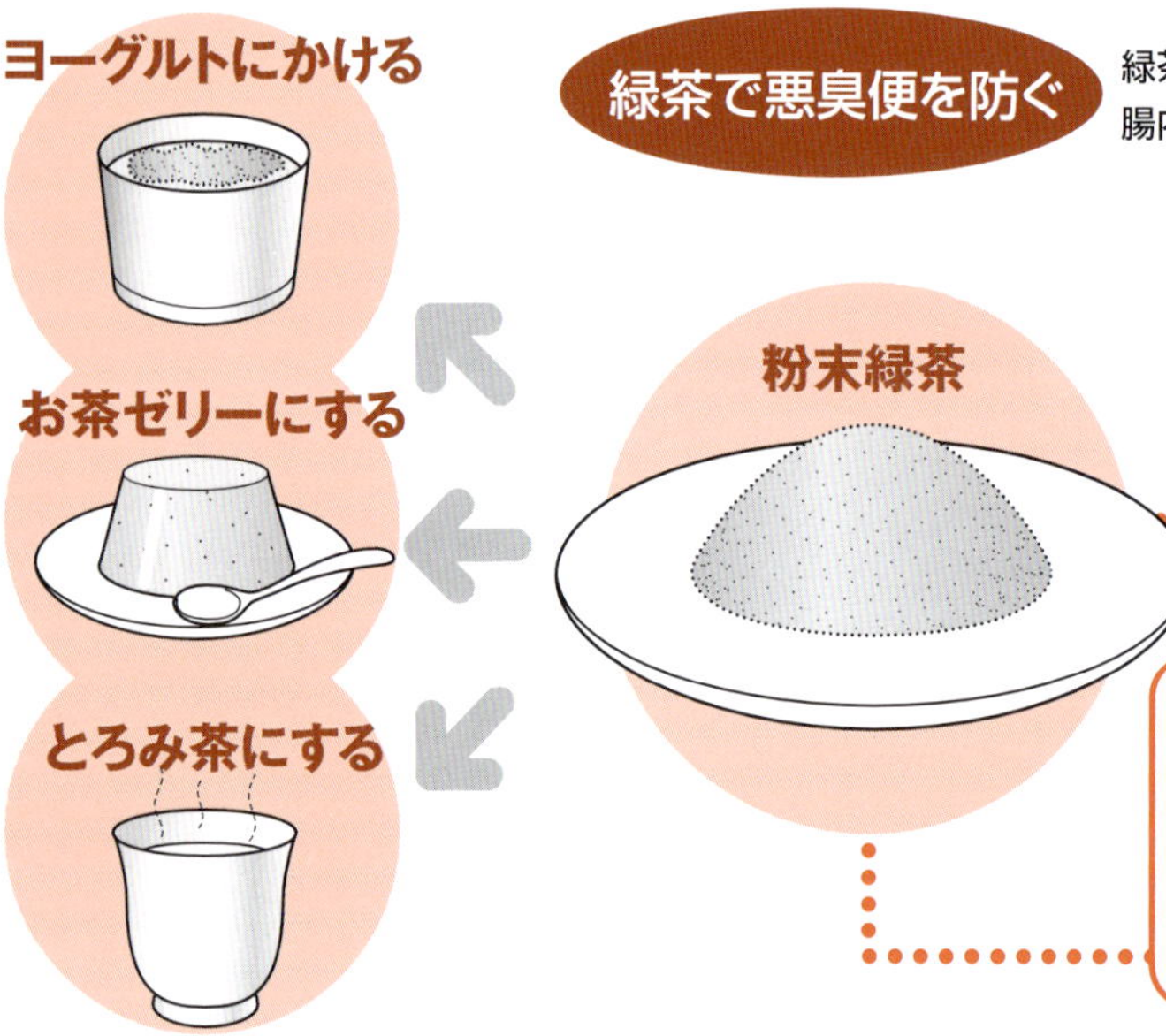

ヨーグルトにかける
お茶ゼリーにする
とろみ茶にする
粉末緑茶

お茶

1杯（140cc）の緑茶に約80mgのカテキン

カテキンの効果

抗酸化作用や抗菌作用をはじめ、さまざまな生理活性効果がある。ビタミンEの含有量も多い

積極的に水分を補給しよう

水はからだの構成成分の、じつに60％以上を占めています。生体は口から入る食物を原材料として、化学反応を行います。この化学反応は水を媒介に行われ、たんぱく質・ビタミン・ミネラルが同時に存在することが必須条件となります。したがって、脱水状態にあると化学反応が正しく行われず、良好な栄養状態も保てないことになります。水の必要量は、一般的に食べ物から1リットル、飲み水として1・1リットル、生体内で代謝の結果つくられる水分として0・3リットルの、計2・4リットル前後とされています。また、体温が上昇すればそれだけ汗などで水分が失われるので、発熱時や気温の高い季節にはさらに多くの水分が必要となります。高齢者では、特にこまめな

脱水とは

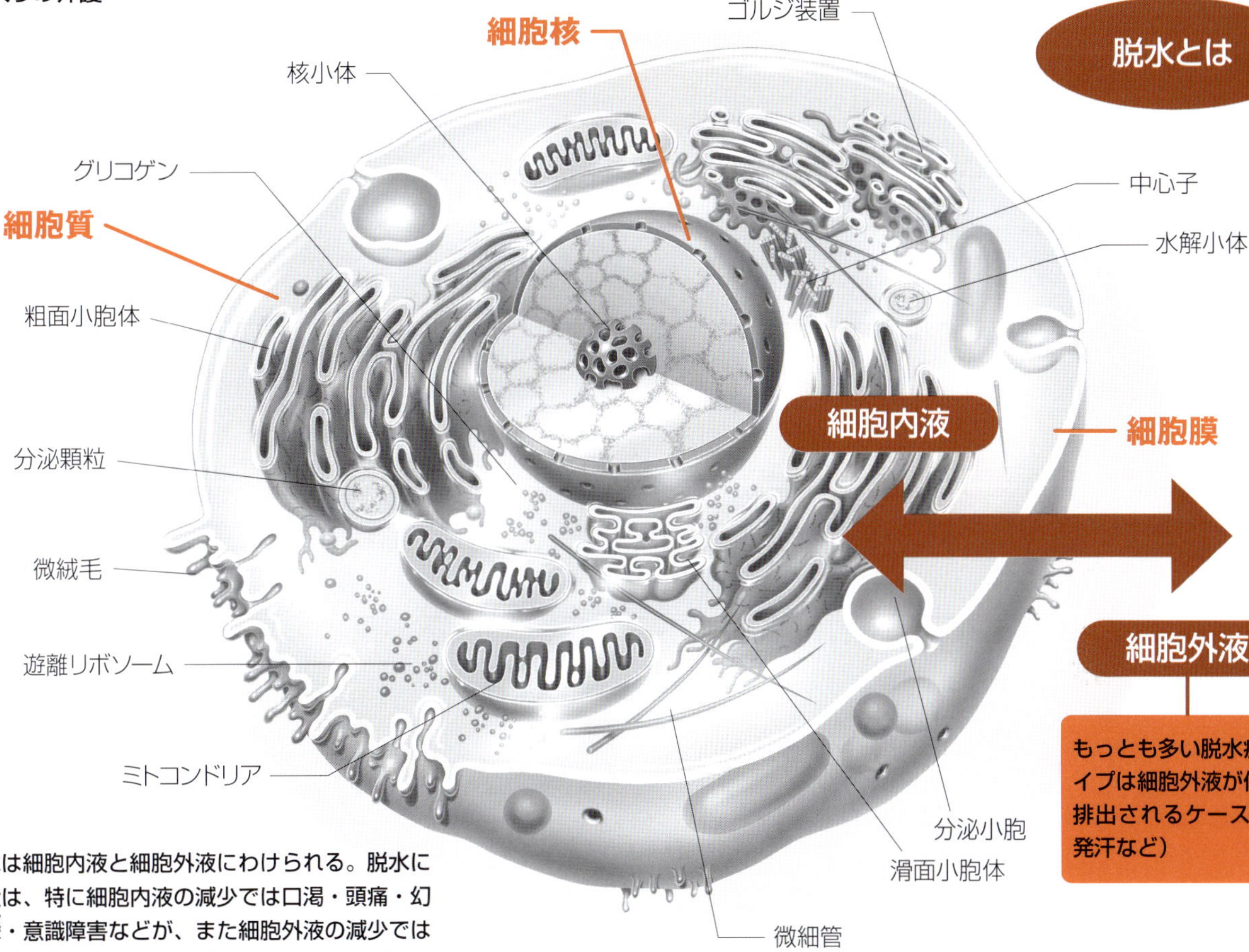
ゴルジ装置
細胞核
核小体
グリコゲン
細胞質
中心子
水解小体
粗面小胞体
細胞内液
細胞膜
分泌顆粒
微絨毛
細胞外液
遊離リボソーム
ミトコンドリア
分泌小胞
滑面小胞体
微細管

もっとも多い脱水症のタイプは細胞外液が体外に排出されるケース（例、発汗など）

体内の水は細胞内液と細胞外液にわけられる。脱水による症状は、特に細胞内液の減少では口渇・頭痛・幻覚・痙攣《けいれん》・意識障害などが、また細胞外液の減少では皮膚弾力の低下・粘膜皮膚の乾燥・体重や血圧の低下などが見られる

ナイトミール快眠法

「おやすみ前のナイトミール」をとり入れると、副交感神経が刺激されて安らかな眠りにつけます

ホットミルク

温かいプリン

お汁粉

ミルクココア

甘酒

夜トイレに何回も起きるのはたんぱく質不足。たんぱく質に甘味を加えたナイトミールや卵をどうぞ

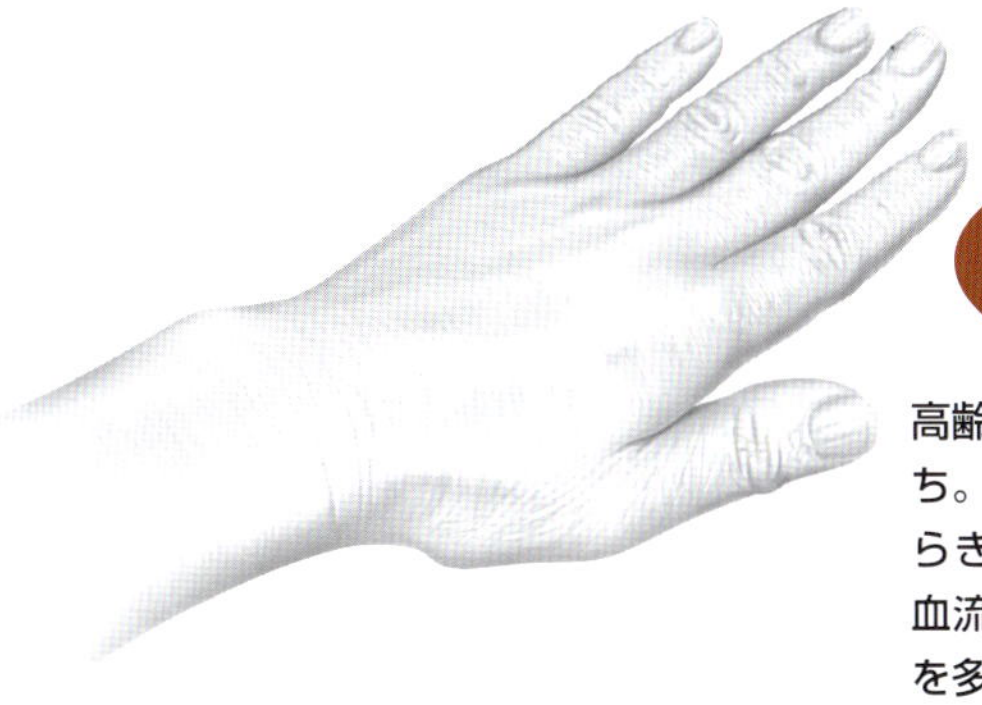

皮膚の乾燥を防ぐ

高齢者では皮膚が乾燥しがち。水分保持に重要なはたらきをするビタミンCや、血流を改善するビタミンEを多めにとりましょう

水分補給を心がけたいものです。また、嚥下障害者にとって水はもっとも飲みこみにくい食品です。脱水を防ぐために、水分補給食品やお茶ゼリー、とろみ茶で水分を補給しましょう。

高齢者では、便秘が非常に多く見られます。十分な水分をとるほか、鍋料理もおすすめです。また、健康によくないからと誤解して、油脂をとらないことも便秘の原因となります。睡眠不足も便秘を招くので、ナイトミール（眠る前の軽い食事）をとり入れてぐっすり眠るようにしましょう。さらに、日中はからだを起こして腸に刺激を与えて便秘を防ぐようにしましょう。

4-12

口腔ケア（1）

口腔《こう》《くう》ケアとは何か

歯みがきだけでは不十分

口腔ケア不良で全身の疾患が

口腔（くち）は呼吸器と消化器の入り口です。呼吸の道は鼻《び》腔《くう》（はな）や口腔から咽頭《いんとう》、喉《こう》頭《とう》（のど）を経て気管、肺へ至ります。食べる（消化に関する）道は口腔から咽頭、食道を経て胃や腸につながっています。いずれも、起点は口腔であり、人が生きていくうえで重要な位置を占めます。一方、微生物にとって口腔はとても居心地のよい場所です。口腔は常に37度前後に保たれ、しかも、微生物にとっても栄養になる食物が日に何度となく流れこむためです。

そこで、口の中のケアを怠ると、虫歯や歯周病などの口の中の病気ばかりでなく、さまざまな病気を引き起こすことが知られています。

まず重要な病気は「肺炎」。口の中の微生物が気管支や肺に流れこむことで起こります。お年寄りや嚥《えん》下《げ》障害（飲みこみ障害）を持った人の場合には、微生物を含んだ唾液や食物が誤嚥《ごえん》され、誤嚥性肺炎を起こします。「老人の友」ともよばれる肺炎は口腔ケアによってある程度予防できることがわかっています。

口の中の微生物は心臓にも悪影響をおよぼします。歯周病の原因菌の一つである菌が血液にのって心臓に到達し心臓の血管に炎症を起こします。これによって、心臓を動かすための血管が閉塞し、重大な心臓病を引き起こします。

口腔ケア不良がもたらす全身疾患

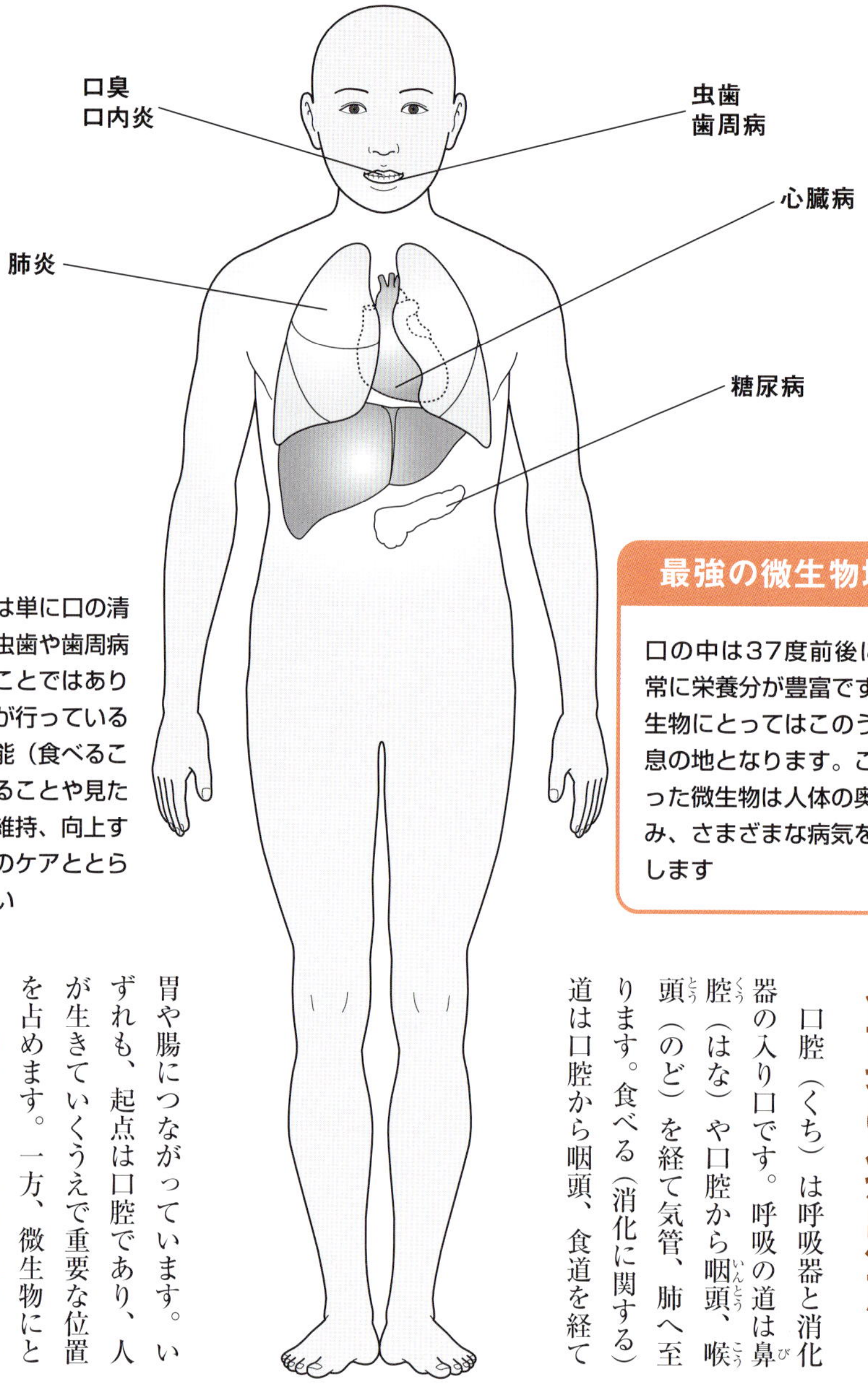

口腔ケアとは単に口の清掃をして、虫歯や歯周病を予防することではありません。口が行っているすべての機能（食べること、しゃべることや見た目など）を維持、向上するための口のケアととらえてください

最強の微生物培養器

口の中は37度前後に保たれ、常に栄養分が豊富ですので、微生物にとってはこのうえない安息の地となります。ここから育った微生物は人体の奥に入りこみ、さまざまな病気を引き起こします

どこが汚れやすいか～順序と道具～

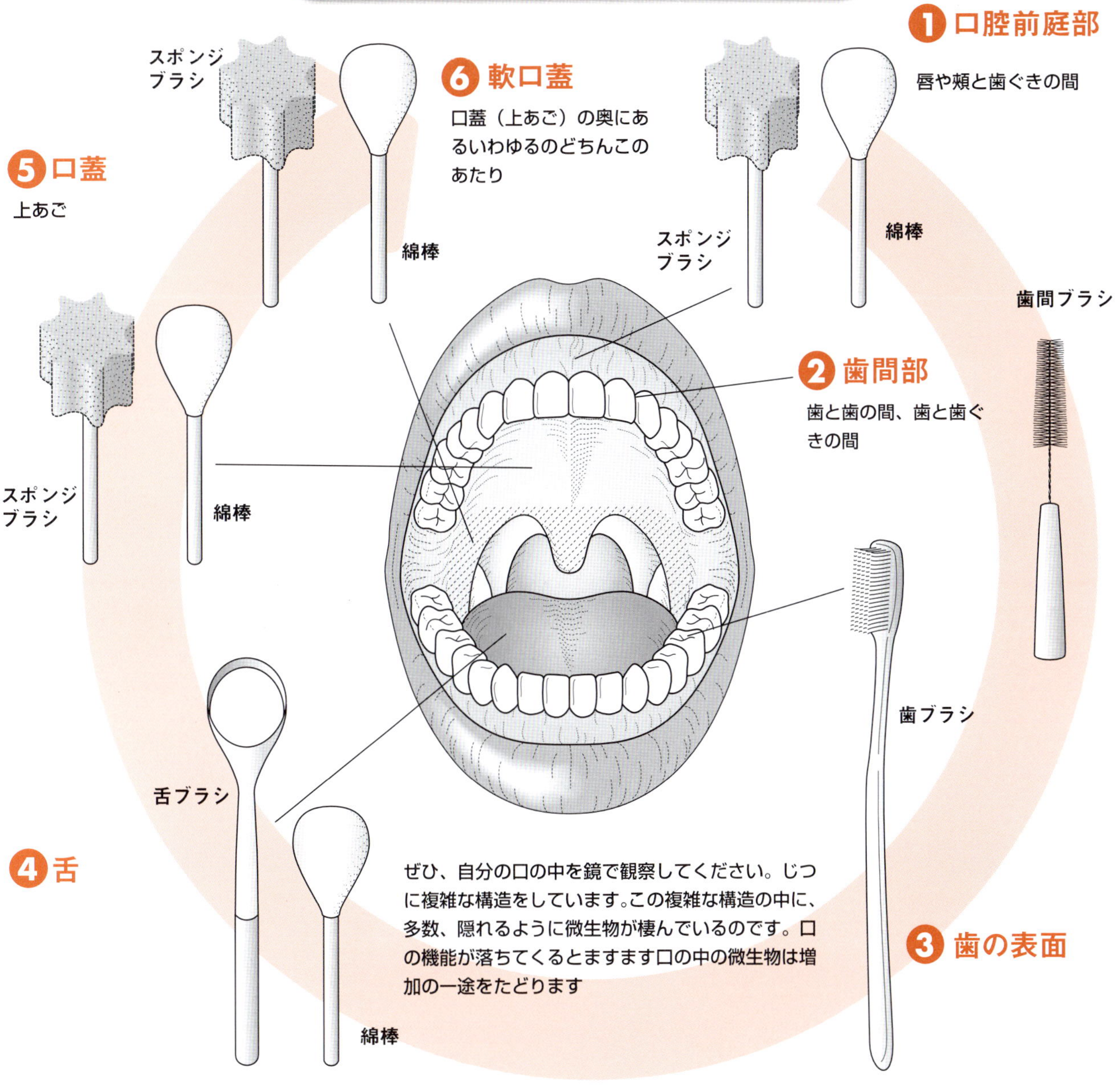
1 口腔前庭部
唇や頬と歯ぐきの間
2 歯間部
歯と歯の間、歯と歯ぐきの間
3 歯の表面
4 舌
5 口蓋
上あご
6 軟口蓋
口蓋（上あご）の奥にあるいわゆるのどちんこのあたり
スポンジブラシ
綿棒
歯間ブラシ
歯ブラシ
舌ブラシ
ぜひ、自分の口の中を鏡で観察してください。じつに複雑な構造をしています。この複雑な構造の中に、多数、隠れるように微生物が棲んでいるのです。口の機能が落ちてくるとますます口の中の微生物は増加の一途をたどります

どこが微生物の棲家になるか

口の中は複雑な構造をしています。上下のあごに並んだ歯、かむ面の複雑な溝、歯と歯の間、歯と歯ぐきの間、唇や頬と歯ぐきの間、そして舌や、口蓋《こうがい》とよばれる上あご。これらのほかにも歯のような硬い組織や唇のようにやわらかい組織、さわるとときとして吐き気をもよおす軟《なん》口蓋《こうがい》とよばれる部分などがあり、ケアを行う際さまざまな工夫が必要であり、それに応じたケア用品が必要です。

そこで、どこが汚れやすく微生物の棲家《すみか》になりやすいか見てみましょう。特に、清掃が忘れられがちなところは口腔前庭《ぜんてい》部（唇と歯ぐきの間）。この場所は口を大きく開けすぎるとむしろ狭くなりすぎ清掃がしにくい場所です。少し閉じ気味にしながらスポンジブラシ等で奥から前へこすりながら汚れをとります。

また、年をとると、歯と歯の間、歯と歯ぐきの間に大きな隙《すき》間《ま》ができます（歯間部）。この隙間の清掃には歯間ブラシというブラシが適しています。

4-13 口腔ケア（2）

口腔ケアの方法

より安全な口腔ケアのために

体位の間違い

○ からだを低くして、あごを引く姿勢に

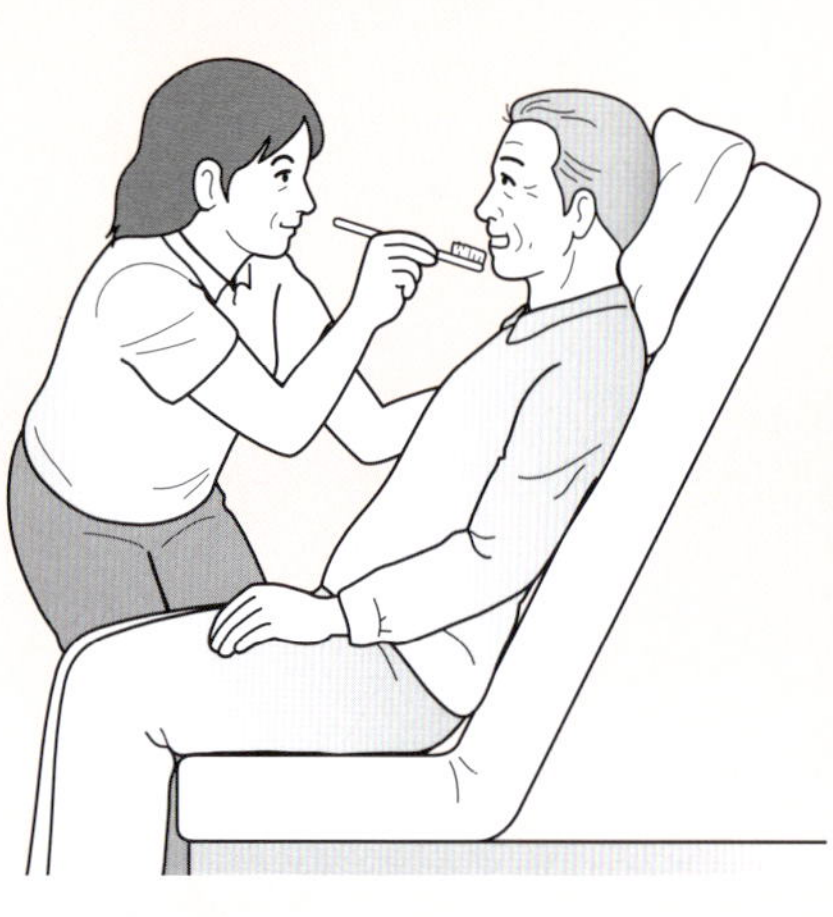

目線を合わせてあごを引いてもらいながらケアします

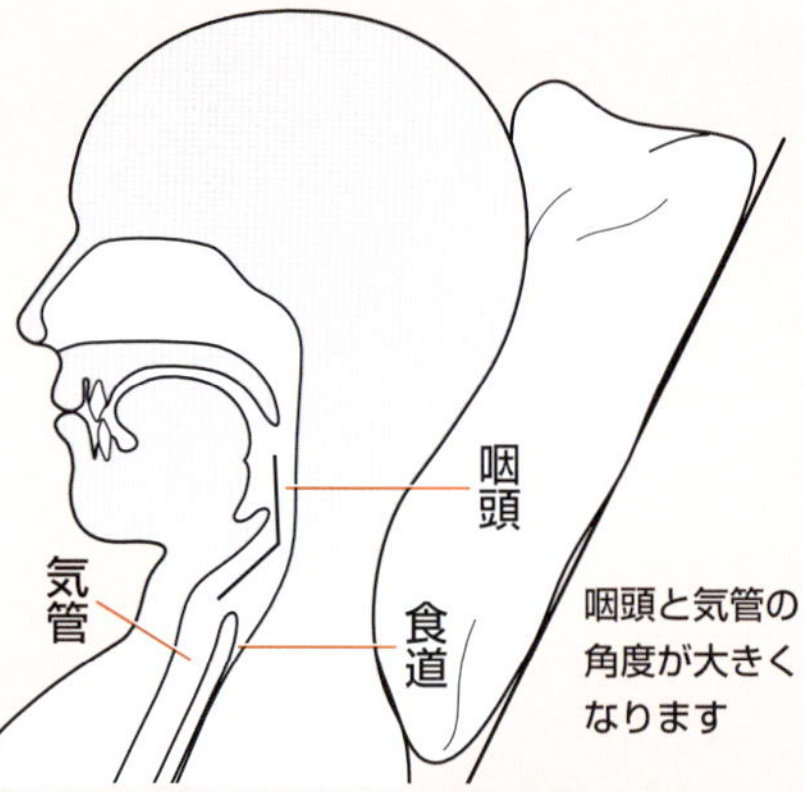
咽頭
気管
食道
咽頭と気管の角度が大きくなります

あごを引きぎみにすると口の中に貯めていやすくなるばかりでなく、咽頭に入りこんでも誤嚥しにくくなります

× 立って介助すると、あごが上がり誤嚥しやすい

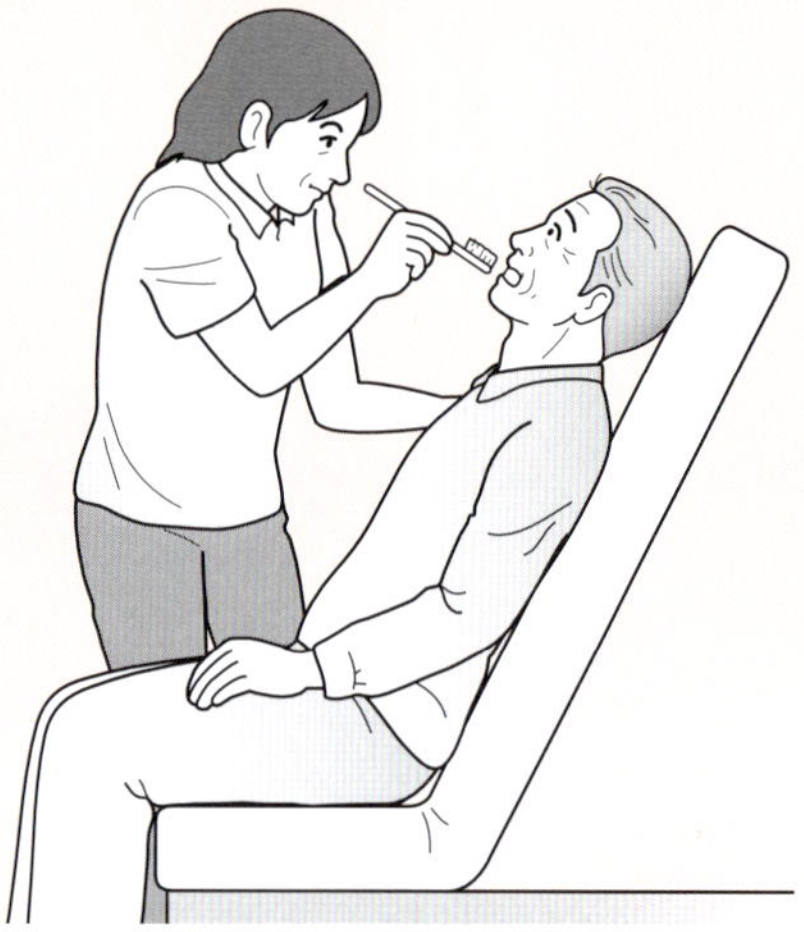

上からのぞきこむように介助すると、ついあごが上がってしまいます

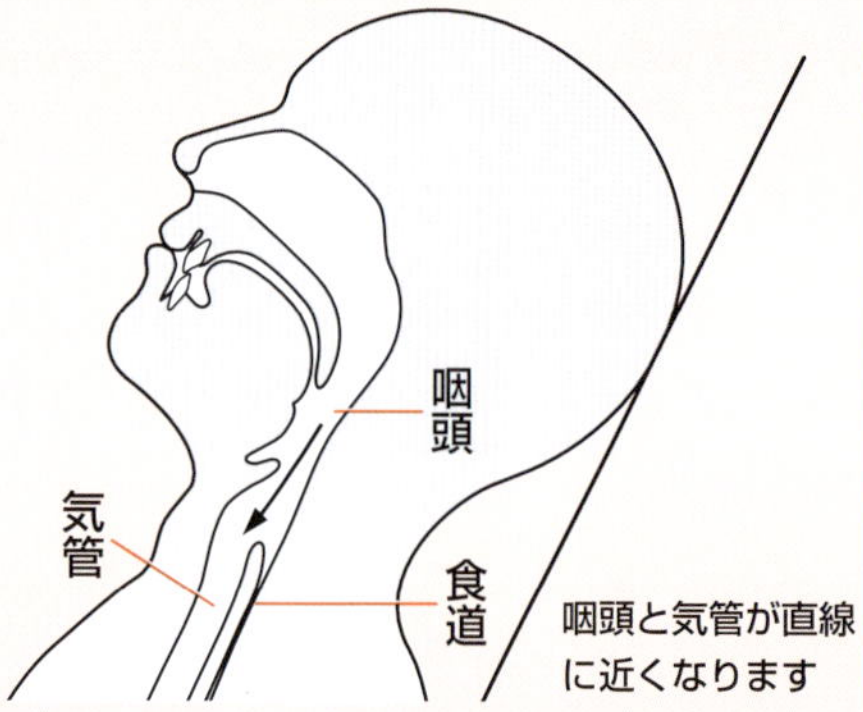
咽頭
気管
食道
咽頭と気管が直線に近くなります

あごを上げると、口腔ケアで使う洗浄剤や唾液を誤嚥しやすくなります

誤嚥性肺炎を防ぐ口腔ケア

口腔ケアを行う際には姿勢にも気をつけたいものです。脳卒中（脳血管障害）後遺症やパーキンソン病など寝たきりの原因になる疾患の多くは口の中にもマヒを生じさせ、口の中に水を溜めていられなかったり、すすぐことが十分にうまくできなかったりすることがあり、このような人では、口腔ケアの刺激によって分泌してきた唾液やケアに用いた洗浄剤を誤嚥《ごえん》してしまう恐れがあります。誤嚥性肺炎防止のための口腔ケアのつもりが、口腔ケアによって誤嚥性肺炎を起こしてしまっては困ったことです。

口の中に水を溜めていることができない人や、嚥下障害の恐れのある人には、少しあごを引き気味で口腔ケアをすると比較

口の中のマヒの見方とその問題点

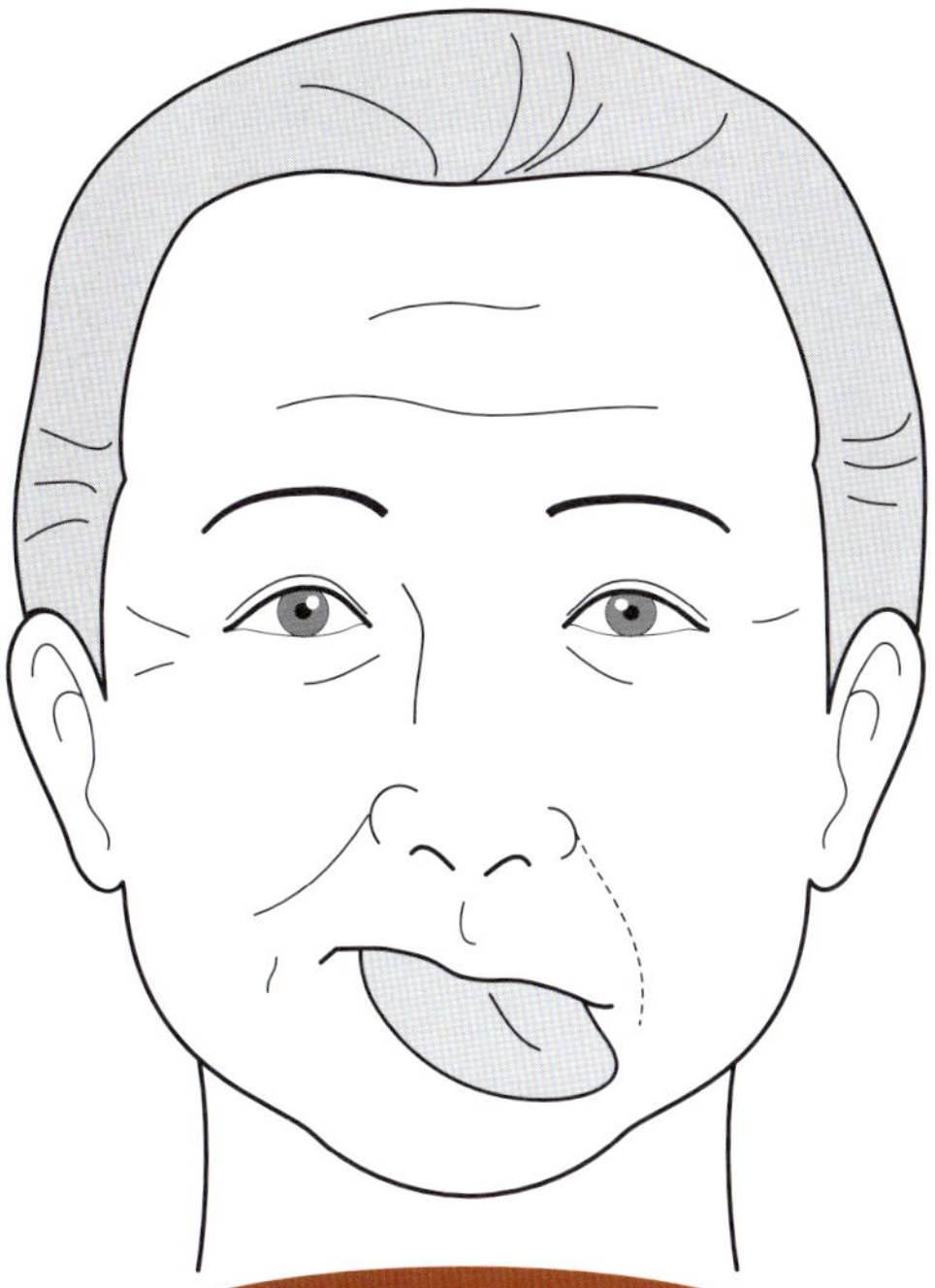

舌を出すとマヒ側に曲がる

舌をまっすぐに出そうとしても、片側に曲がって出ることがあります。舌にマヒがあると舌の先はマヒ側にかたよります

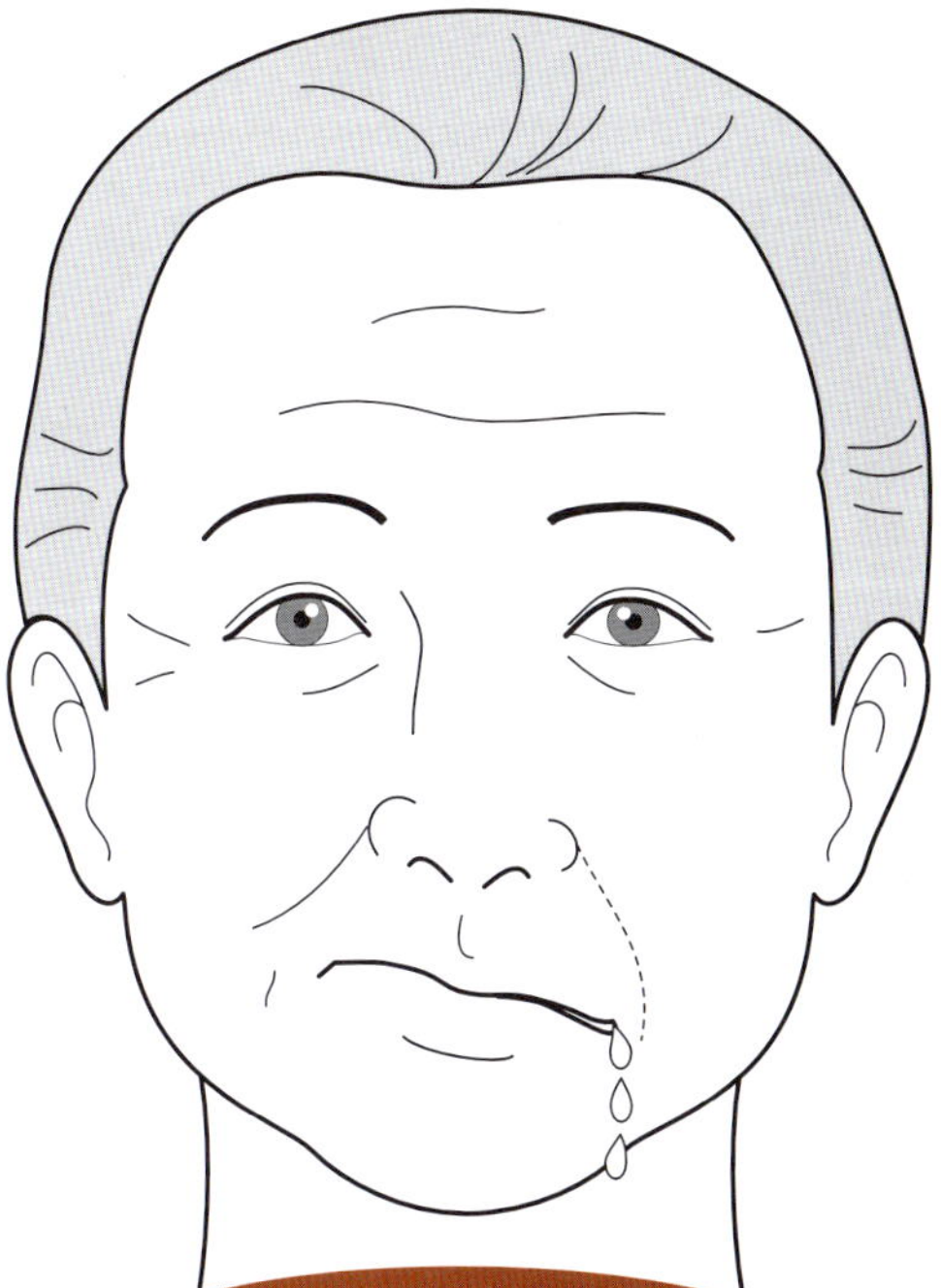

マヒ側にヨダレが出る

うつむきかげんな姿勢になると、口角の一方から唾液がもれていることがあります。また、口角がいつも赤く炎症を起こしているときも、唾液で口角がぬれている証拠です

胃瘻《いろう》やチューブの場合

胃瘻やチューブの場合、口から食事が入らないので口腔ケアはあまり必要がないと思われがちですが、じつは、口の中は、唾液や口の中の粘膜がはがれたもの、たんなどでとても汚れています。また、口の中の汚れを肺に吸いこんでしまい肺炎になることもあります。つまり、口を使っていない人のほうが口腔ケアが重要なのです

自分で磨いている人に注意

日常生活である程度自立している人のほうが口腔内が汚れている場合が多く見られます。「いつも、自分で歯は磨いている」という人でも、口の中をチェックしてください。口腔ケアには非常に細かい手の動きが必要ですし、口の中にマヒがある場合はなかなか自分では十分なケアはできません。「磨いている」と「磨けている」は大きく違います

的安全に行うことができます。頭が後ろに倒れて、のどがつっぱった姿勢だと、誤嚥を起こしてしまう恐れがあります。

口のマヒの見方と問題点

脳卒中の後遺症などで手や脚にマヒが起こるように、口の中にもマヒが起こる場合があります。少し気を抜くと口の片側から食べ物がこぼれたり、ヨダレでいつもぬれていたりする場合はマヒが見られる証拠です。さらに、口を左右に引き「イー」の形をするとマヒ側の動きが悪いのがわかります。口の中にマヒがあると、舌をまっすぐ出そうとしても、マヒ側に出てきてしまいます。

口の中にマヒがあるとマヒ側に食べ物が残っていてもわかりにくかったり、動きが悪いために汚れが停滞したりして、マヒ側が非常に汚れやすくなります。また、自分でケアを行っていても、マヒ側は歯ブラシなどがふれている感じがないために、ケアがうまくいかなくなります。マヒの有無を確認して口腔ケアを行う必要があります。

4-14 口腔ケア（3）

義歯のケア

義歯の清掃もこすり洗いが基本

義歯の手入れのしかた

○ 義歯を歯ブラシでこする

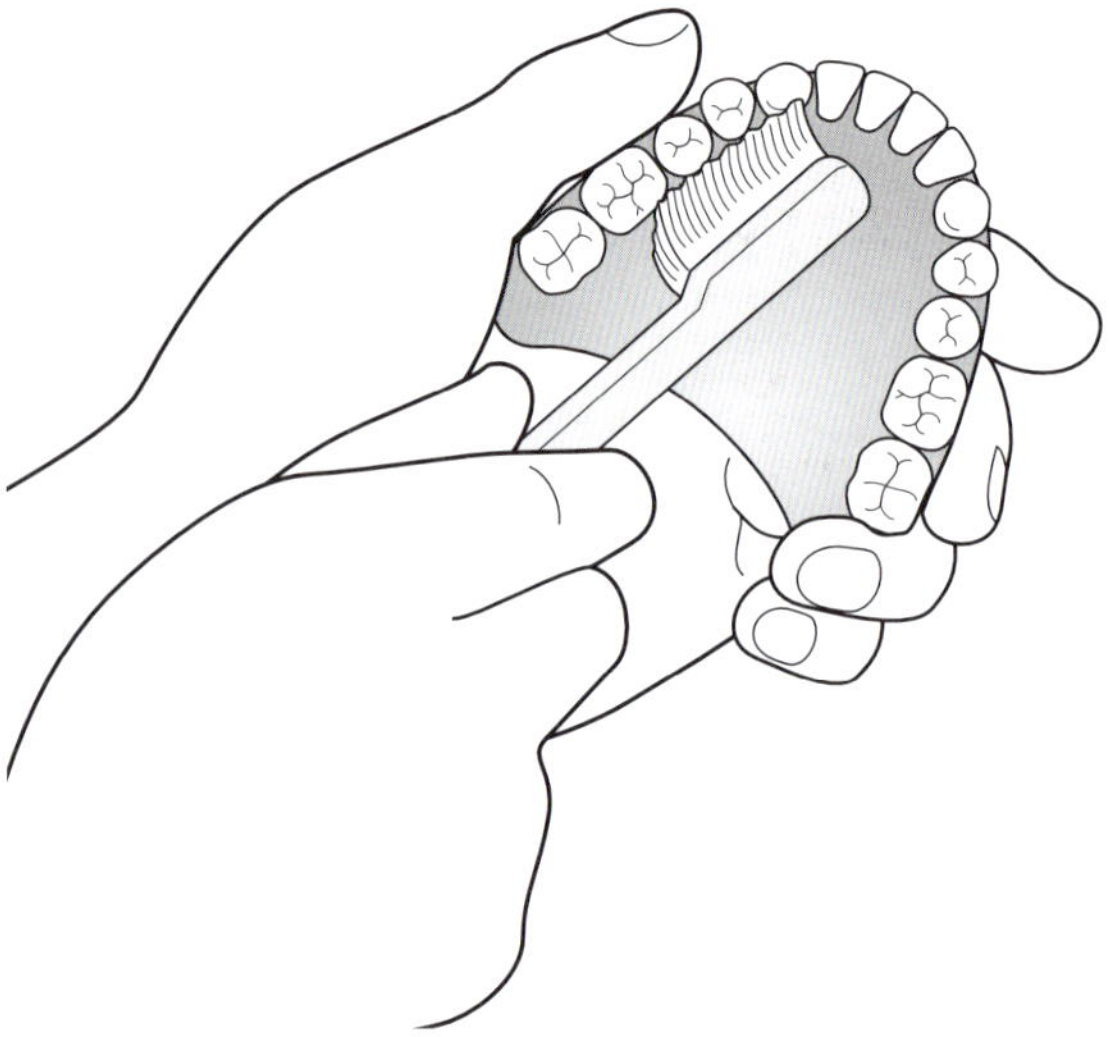

義歯を外して歯ブラシなどでくまなくしっかりこすり洗いしてください。歯磨き粉などは特につける必要はありません

× 義歯洗浄剤を過信してはいけない

コマーシャルなどでよく目にする義歯洗浄剤。その効果は否定しませんが、こすり洗いすることなく、義歯洗浄剤の効果だけに頼るのは禁物です

義歯洗浄剤への過信は禁物

キッチンの隅のヌルヌルや川底の石のヌルヌルを想像してください。このヌルヌルしたものと義歯や歯に付着している汚れはともに「バイオフィルム」とよばれる微生物などの塊《かたまり》です。これはその名の通りネバネバしたフィルムのように歯や義歯にしっかりくっついており、水を流したり薬品をかけただけではなかなか破壊することができません。バイオフィルムを効率よく破壊するには歯ブラシなどでこすり落とすしかありません。

部分入れ歯と総入れ歯

部分入れ歯

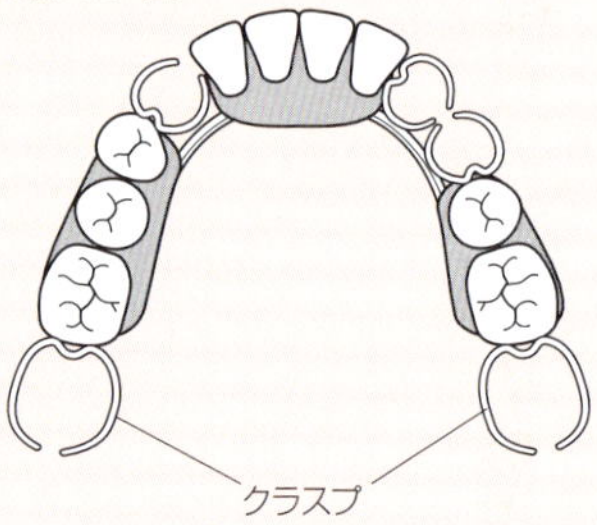

入れ歯は床に相当する歯ぐきの色をしている部分と人工歯とよばれる歯の部分からできています。歯を何本か失ってしまった人が使っている入れ歯は部分入れ歯とよばれ、クラスプとよばれる金属のばねがついています

総入れ歯

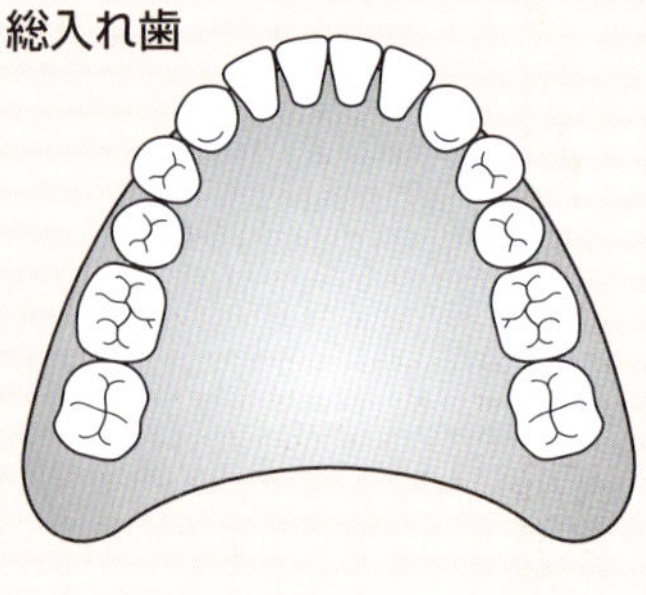

部分入れ歯の入れ方

○ 両手を使って左右平行に入れる

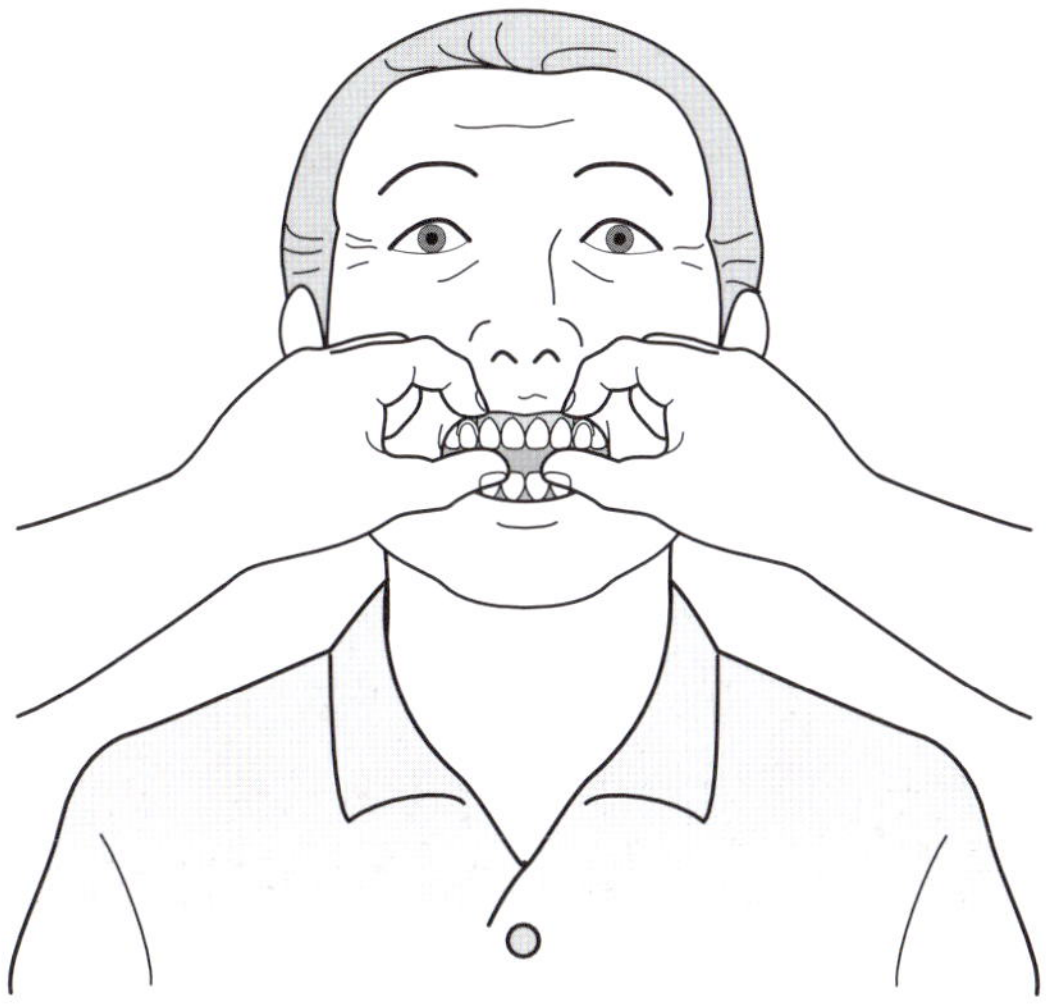

入れ歯を入れるときは、クラスプ（ばね）とクラスプのかかる歯をしっかり見定めて、両手で左右平行に口の中に入れていくのが基本です

× 口の中で無理やりかんで入れてはいけない

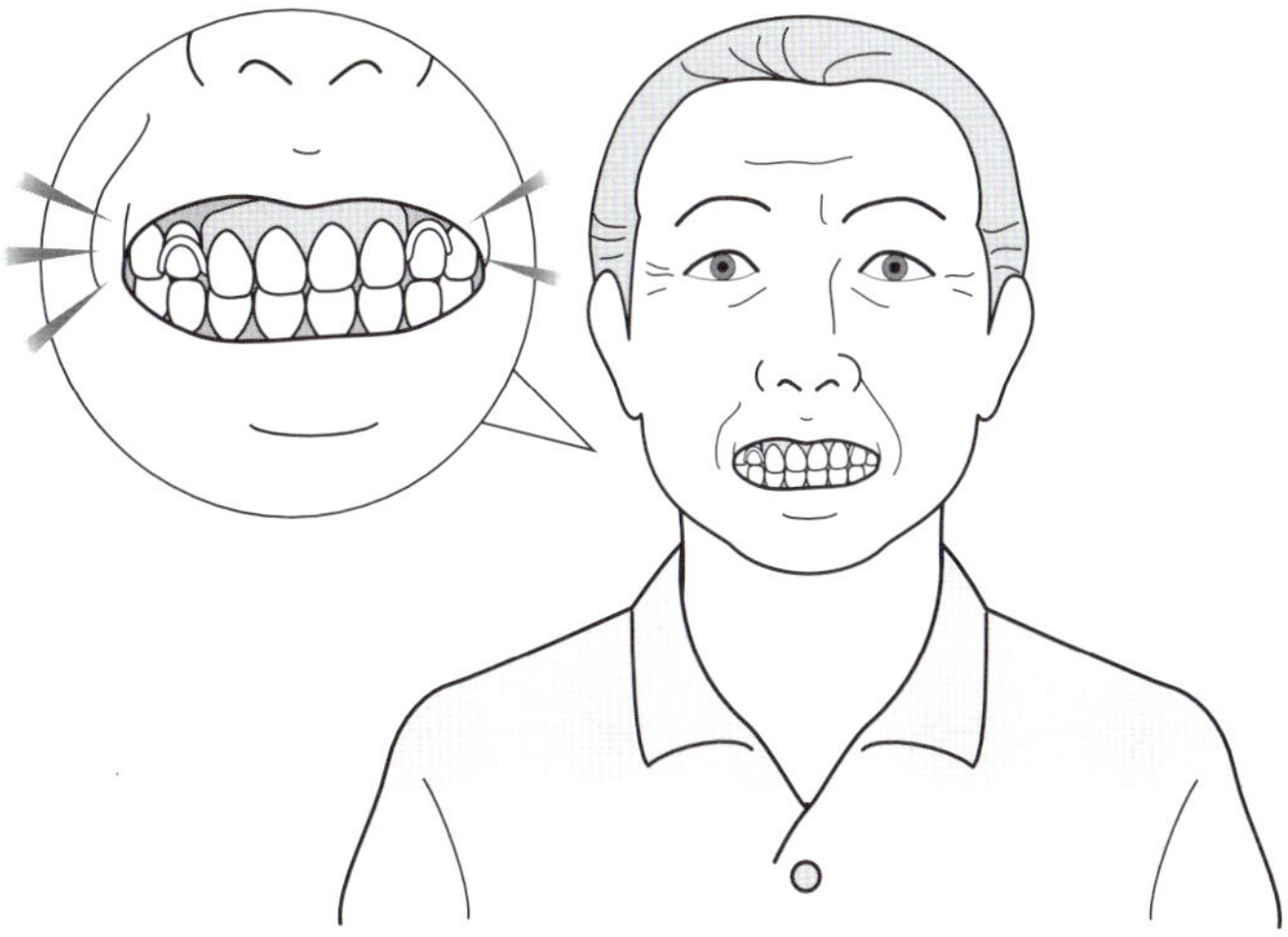

口の中に入れてからかんで入れている人もいますが、自分の歯ばかりでなく、入れ歯を壊してしまう原因にもなりかねません

部分入れ歯の入れ方、外し方

総入れ歯にくらべてクラスプ（ばね）のある部分入れ歯は安定もよい場合が多いのですが、出し入れや清掃はむしろたいへん。口の中をよく見ずに無理やり入れるとクラスプをかける歯をいためたり、頬の粘膜を挟んでしまったりします。部分入れ歯は、両手で平行に入れるのが基本ですが、残っている歯の方向によって、片側ずつ入れなければならない場合もあります。この場合、外すときは反対側のクラスプから外していきます。

夜間、就寝時は入れ歯を外すのが基本です。寝る前に入れ歯を外すことで、入れ歯を洗う習慣ができること、入れ歯と接する粘膜を夜間に休めることがこの目的です。しかし、残っている歯の位置によっては、入れて寝たほうが歯のためにいい場合もあります。かかりつけの先生に相談してください。

歯が凶器になる

歯は上下の歯がかみ合うことで咀嚼《そしゃく》などに役立ちます。入れ歯を外してしまったり、歯が折れてしまったりしてかみ合わせが失われると、かもうとしたときに残った歯が反対側の歯ぐきに突き刺さり凶器のようになることがあります。特に、失語症や痴呆などで痛みなどを訴えられない人で、食が細くなったり、食事の拒否が見られる場合は、この凶器が原因であることがあります。口をあけた状態での歯の観察ばかりでなく、かみ合わせた状態の観察も必要です

口が渇く

年をとると口の中の乾燥を訴える人が増えてきます。加齢とともに唾液の分泌量が少なくなることが原因の一つですが、そのほかの重要な原因として飲んでいる薬の副作用があります。残念ながら、多くの薬に唾液を出にくくする副作用があることが知られています。唾液は口の中の重要な洗浄薬としてはたらき、義歯の安定にも役立っています。口が渇きやすい人は、特に口のケアや義歯の調整が必要になります

食事介助3つのポイント

横にすわり、同じ物を食べ、下から食べ物を口に運ぶ

介護者の位置

△ 向き合うのはすすめられない

間違いとはいえませんが、要介護者を監視されているような気持ちにさせてしまいます

× 立ったままはいけない

高い位置から食べ物がくるので前かがみの姿勢がとれず、飲みこみがうまくできません。また、威圧的な感じを与えます

○ 横に並ぶのがベスト

テーブルの高さや位置がチェックでき、同じ向きからお膳を見るので、要介護者の気持ちを理解しやすくなります。できれば自分も同じものを食べながら介助すると、次は何が食べたいかもわかり、テンポもゆっくりになります

前かがみの姿勢を保つ

片マヒや痴呆などのために自分でうまく食事できない人の場合は、介護者が介助します。その場合も、前かがみの姿勢が大切なことはいうまでもありません。介護者が立ったまま食事を介助しているのをよく見かけますが、上から介助されると要介護者も上を向かざるを得ず、むせたり誤嚥《ごえん》を起こしやすくなります。いちばんいいのは、横にすわり同じ目線になって介助すること。また、自分も同じ物を食べながら介助したほうが食べ物を次々と詰めこむことがなく、要介護者はゆっくりかんでゆっくり飲みこむことができます。さらに、箸やスプーンの運び方も、自分が食事するときと同じように、下から持っていくようにします。

箸やスプーンの扱い方

✕ 上からの動作はいけない

こぼれないように、と上から介助すると要介護者も上を向かざるを得ず、むせる原因になります

片マヒの場合

手足に片マヒがある人の一部では、マヒしている側の口や舌、のどの筋肉が思うように動かないために飲みこみがしにくく、食後に口の中を見ると、マヒ側に食べ物がいっぱい残っているということがあります。こうした場合は、マヒのない側に食べ物を入れるようにしてみてください。飲み物ならマヒのない側を少し下に傾けるようにすると、うまく飲みこめることがあります

パーキンソン病者の場合

パーキンソン病者は舌やのどの筋肉が固くなっているため、飲みこみがしにくくなっています。パーキンソン病の場合、左右どちらの側の筋肉も固くなりますが、どちらか一方の症状が軽いことが多いので、軽い側に食べ物を入れるようにするといいでしょう。飲み物なら片マヒと同じく、症状が軽いほうを少し下に傾けるようにすると、うまく飲みこめることがあります

○ 下から持っていくのがベスト

ふだん自分がどんなやり方で食事しているか考えてみてください。顔は下を向いたままで、箸も下から口に持ってきているはずです。介助する場合も同じようにすることが大切です

介助を要求するほんとうの理由

一人で食べられるはずなのに介助を要求する高齢者は少なくありません。特に、妻に介護されている男性に多いようです。

たとえば、右の手足にマヒがあるものの左手でなら食べられるはずの79歳の男性は、1日3食、毎回妻の介助で食事していました。じつは彼は、食事介助をしてもらうことで、自分がまだ妻から見捨てられていないということを確認しているのでした。

こうした場合に周囲が「一人で食べなきゃダメですよ」といって妻の介助をやめさせたりすると、本人は「見捨てられた」と思い、精神的に不安定になってしまうことがあります。一見、介助を要求しているようで、じつは介助以外の何かを求めている場合もあることを知っておきたいものです。本人は「ほんとうに困ったときに介護してくれるのか」、相手を見ているのです。

チューブと胃瘻《い》《ろう》について

まずは嚥《えん》下《げ》反《はん》射《しゃ》があるか確かめてみよう

口から食べる努力をしよう

カゼをこじらせて入院した片マヒの高齢者が、いきなり「鼻(チューブ)にしますか、胃(瘻)にしますか」と聞かれました。そして、ちゃんと口から食べていたにもかかわらず、「胃のほうが楽ですよ」と胃瘻をつくられたといいます。このようなケースは決して少なくありません。しかしその結果、要介護者は①食べる喜びを奪われ、②口が口として機能しないため舌やのどの機能が弱くなり、③唾液が分泌されないため口の中の抵抗力が弱まり、さらに④チューブを抜かないよう手を縛られるため、生きる気力を奪われることになります。

チューブや胃瘻がほんとうに必要なのは、嚥下反射が消失しているほんの一部の人、すなわち球マヒ（脳卒中で延髄《えんずい》の嚥下中枢が障害されたもの）や仮性球マヒ（脳卒中で前頭葉の両側を障害されたもの。嚥下障害を起こすことがある）の人、それも重度な場合にかぎられます。よく「ベッドを約30度の角度に起こした姿勢が、食事には適している」などといわれますが、それはこうした嚥下反射が消失している例にのみあてはまるのです。

球マヒや仮性球マヒでなければ嚥下反射は残っており、口から食べることができるはず。つまり、チューブは抜けるし、胃瘻も必要ないということです。まずは、嚥下反射があるかどうか確かめてみましょう。嚥下反射があれば、医師に「口から食べさせたい」とはたらきかけてください。立場上、医師は慎重ですから、こちらが熱心にはたらきかけないかぎり、口から食べさせることは実現しません。

嚥下反射の確かめ方

セキをしてもらう

ゴホンゴホンとセキをしてもらいます。ちゃんとセキが出れば、嚥下反射があると判断してよいでしょう。失語症や痴呆などのためにこちらの指示が理解できない場合は、刺激のある臭いをかがせてセキが出るかどうかをみます

つばを飲みこんでもらう

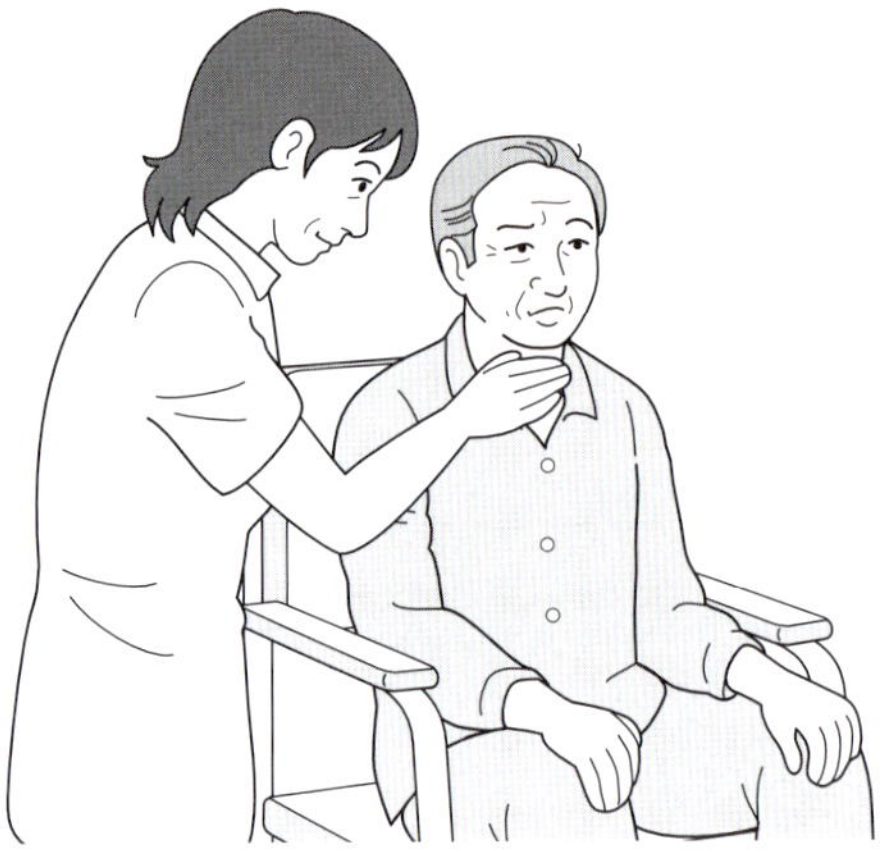

のどに手のひらを軽くあて、ゴックンと唾液を飲みこんでもらいます。のど仏が動けば、嚥下反射があると判断してよいでしょう

チューブ、胃瘻が必要な場合

胃瘻をつくる

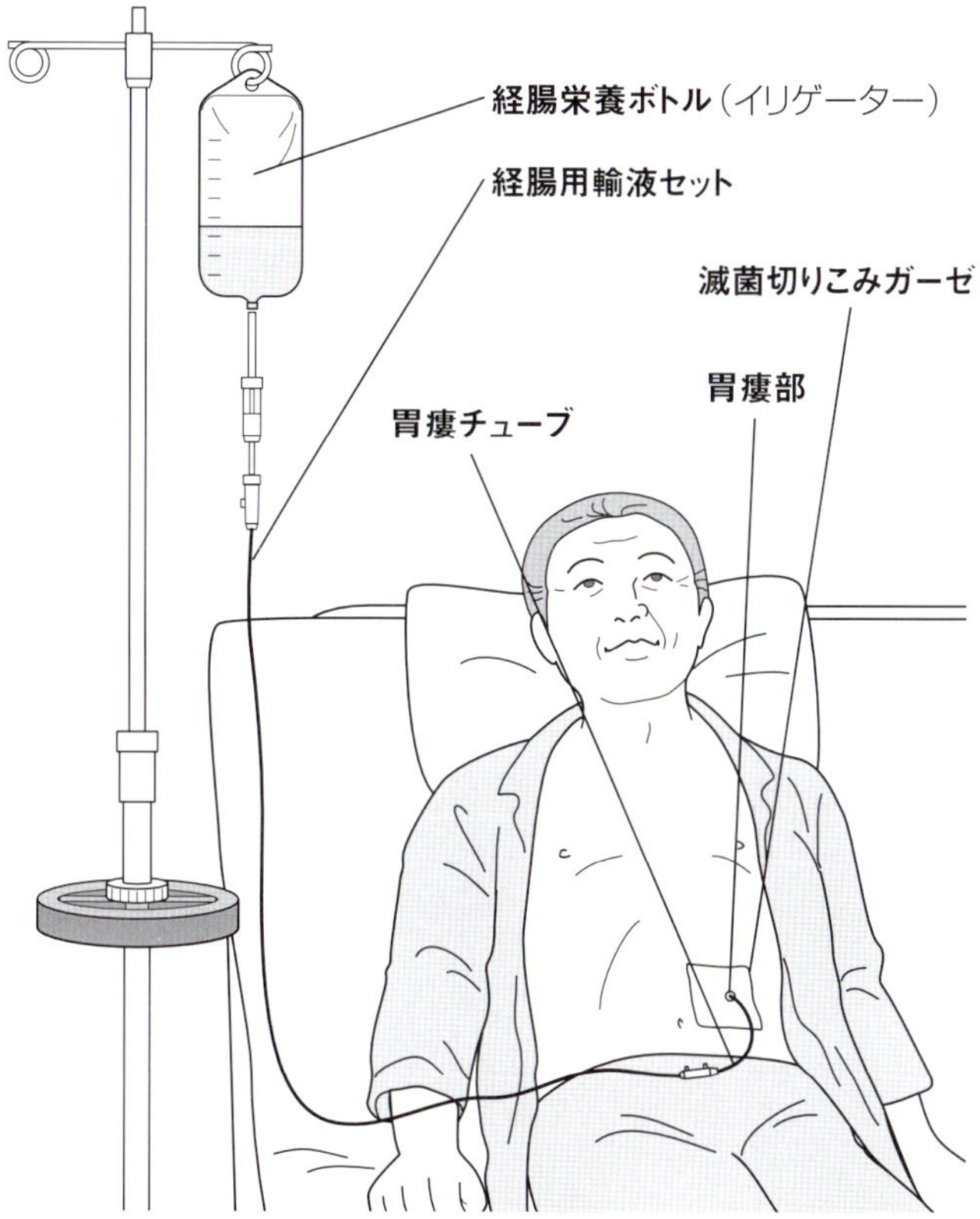
経腸栄養ボトル(イリゲーター)
経腸用輸液セット
滅菌切りこみガーゼ
胃瘻部
胃瘻チューブ

手術でお腹に穴をあけて胃までの通路をつくり、そこから流動食を流しこむという新しい栄養補給の方法です。嚥下反射が失われている人や、大きな手術の直後などで口からの栄養摂取ができない期間にかぎって行われるべき方法ですが、チューブと同様、介護の手間を省くために一足飛びに行われる傾向が強く、問題になっています

チューブを入れる

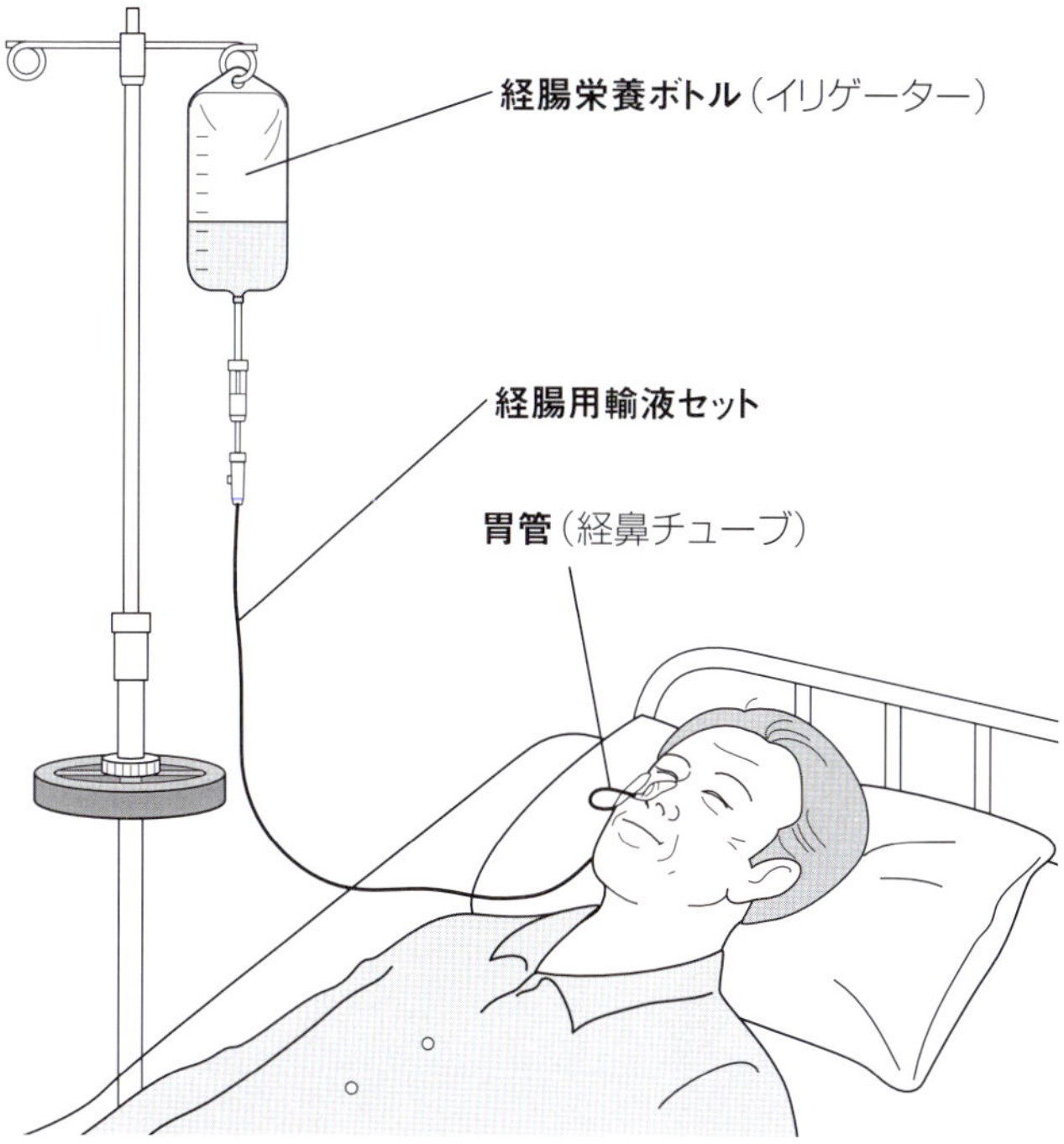
経腸栄養ボトル(イリゲーター)
経腸用輸液セット
胃管(経鼻チューブ)

鼻から差しこんだチューブをのどを通して胃まで入れ、直接流動食を流しこむ方法です。口からどうしても食べられない場合に、栄養不足を防ぐために行われます。ただし実際には、口から食べるための工夫がなされないまま、漫然とチューブを入れるケースが少なくありません

介護者には、①チューブを入れる前にできるだけの工夫をしてみること、②やむなくチューブを入れる場合も、口から食べられる状態に戻す努力をすること、が求められているのです。

食べられないと決めつけない

脳卒中で倒れたAさん(88歳女性)は、病院で「もう一生口からは食べられない」といわれてチューブを入れられ、転院先の病院では胃瘻をつくられて、6ヵ月間流動食を入れていました。しかし退院して家族と同じ食卓についたところ、自分から手を伸ばしておかずを食べはじめ、今では3食ともふつうに一人で食べています。また、チューブを入れたままホームに入園してきたWさん(78歳女性)は、自分でチューブを抜いてしまいました。やむなく職員がバナナを一口食べさせたところ、のど仏が動いたため、食堂につれていきふつうのご飯を出してみると、全部平らげてしまいました。

第5章 排泄のケア

5-1 排泄の基本（1）

トイレにいこう

自力で移動するためのちょっとしたヒント

介助を不要にする条件づくり

特別なやり方をするのではなく、「当たり前の生活」をつくり出すのが介護です。当たり前の排泄とは、トイレにいって用を済ませることです。たとえ老化や障害があっても介助を必要としない、自力でトイレにいけるようにちょっとした工夫をすること、これが排泄ケアの基本です。

①何とか歩けるなら、手すりをとり付けて伝い歩きができるようにするのがいいでしょう。もしとり付けが無理ならば、壁や家具を伝って歩くのでもかまいません。

②歩けなくても立てるなら、手すりなどを使い、車イスに乗り移って（200頁参照）トイレにいく方法を考えます。この場合、トイレを改修する必要があるかもしれません。

③歩けなくても立てなくても、這《は》ったり、ずったりできれば、自力でトイレに通えます。ただし、ベッドではなくて、横移動がしやすいような床に近い状態の寝具であることが前提です。

一人でトイレにいく工夫

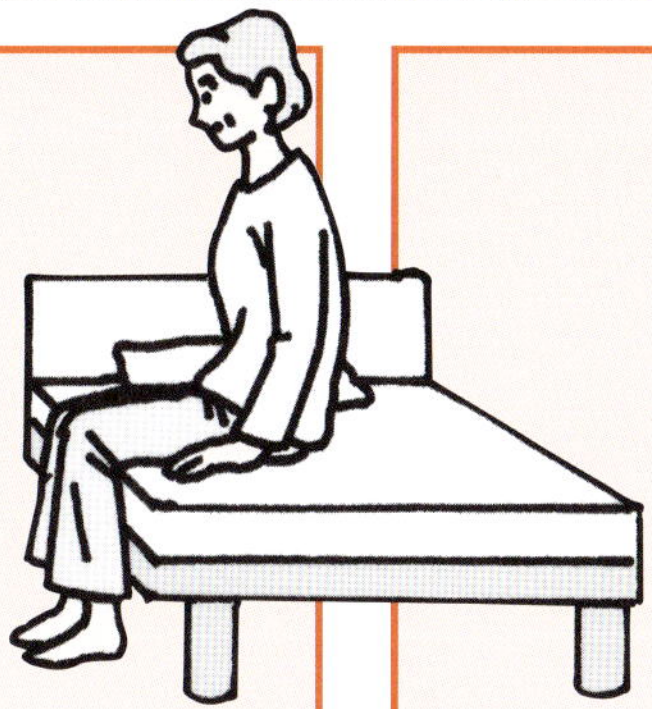

何とか立てるなら

車イスに乗って移動します。トイレが従来の標準サイズであるならば、車イスから便座に移りやすいように若干の改修が必要です（118頁参照）

何とか歩けるなら

手すりをとり付けるのがいちばんですが、無理な場合は壁や家具を使います。ただし、伝い歩きしやすいように、家具などの高さや出っぱりに配慮します

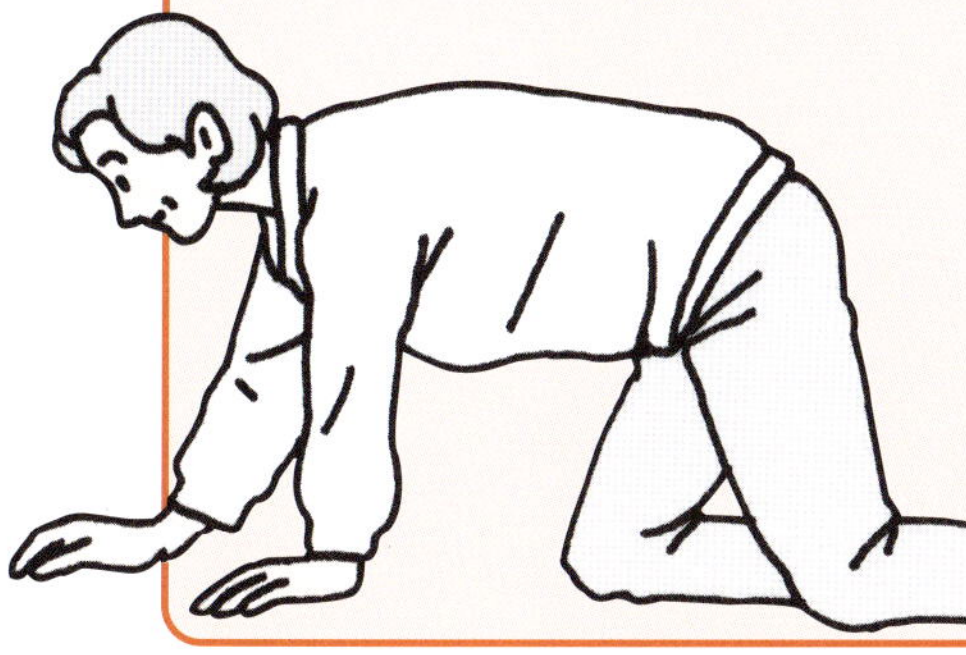

這ったり、ずったりできるなら

寝具と床の段差がないことが条件となります。簡単に横移動ができれば、這ったり、ずったりして、自力でトイレまでいけます

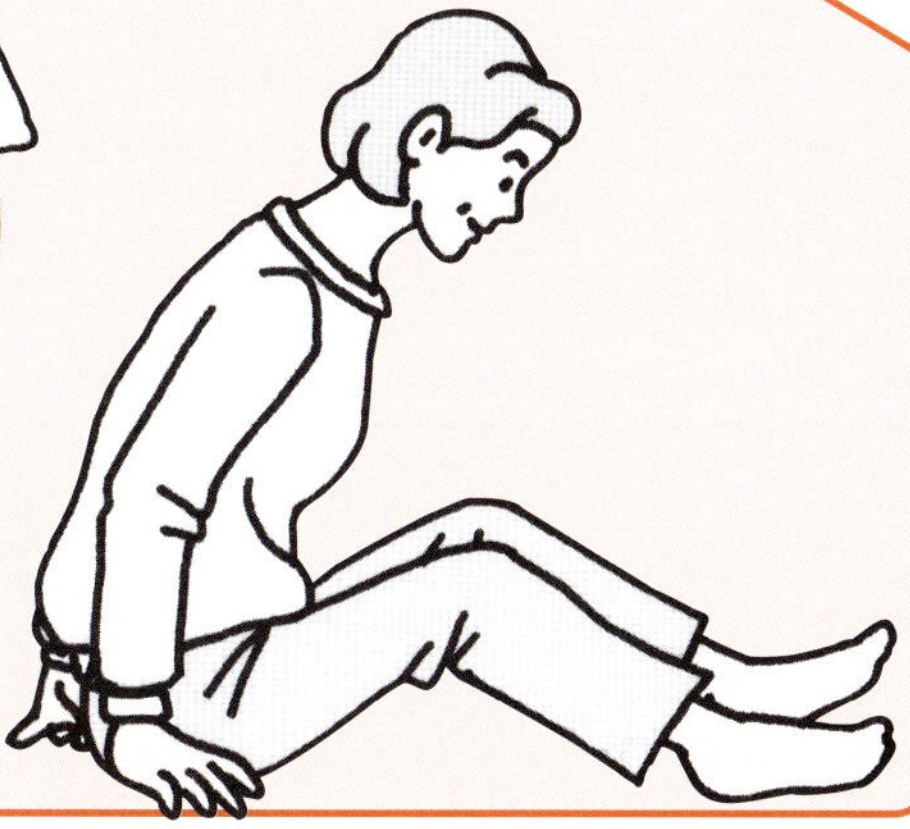

5-2

排泄の基本
（2）

オムツを外すために

ベッドで起き上がれればオムツは不要

オムツを外す3点セット

ポイント❶ 介助バー

手すりを壁にとり付けるのは面倒ですが、ベッドに固定するだけの「介助バー」ならば簡単です。ただし、木製のベッドではとり付けられない物もあるので注意してください。使い方も簡単で、起き上がってベッドにすわり、ベッドからバーのいちばん遠い部分をつかむと、お尻が上がりやすくなります

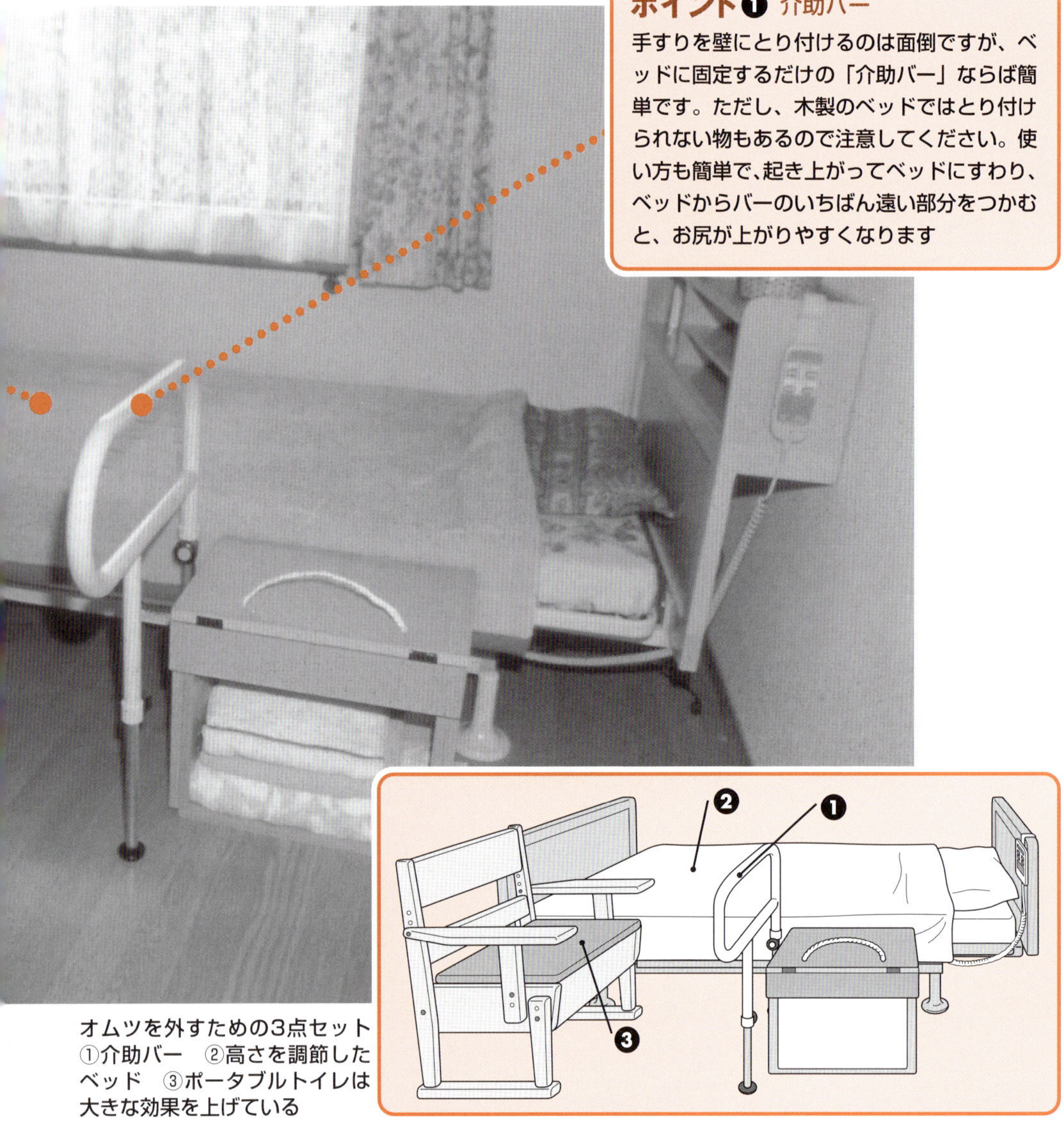

オムツを外すための3点セット　①介助バー　②高さを調節したベッド　③ポータブルトイレは大きな効果を上げている

「3点セット」の必要性

歩いてトイレにいけなければ、オムツを使うという発想は、介護を知らなかった古い時代のことです。歩けなくても立てる人はたくさんいます。

たとえ片マヒであっても、マヒのない側の足を使えば立てるはずです。ただし、バランスがとりにくいので、手すりなどの補助具が必要になります。

ベッドで起き上がれれば、トイレでの排泄は可能です。車イスが使えればいいのですが、家の中での車イス移動は難しいことが多いものです。代わりに、ベッドサイドにポータブルトイレをおいて使用します。

上図は、「オムツを外す3点セット」とよばれ、施設で活用されるや、みるみるオムツが外れていったという優れものです。

ポイント❷ 高さを調節したベッド

ベッドは、高すぎると恐くて足が降ろせませんし、逆に低すぎると足に力が入りにくくて立ち上がれません。まずは、その人の下肢機能レベルとひざ下の長さから、適切な高さをみつけ出し（35頁参照）、いちばん立ち上がりやすい高さに調節します。

また、ベッドの幅も大切です。せめて幅100cmくらいあれば、立ち上がりの前の起き上がりが楽になります

ポイント❸ ポータブルトイレ

いろいろな種類のポータブルトイレがありますが、ポイントとしては、①高さの調節ができる、②背もたれ、ひじ当てがついている、③さらに、そのひじ当てが外せる、④安定したイス型のもの、を目安に選んでください。

使うときは、このポータブルトイレをベッドにくっつけて設置すると移動が楽にできます。立ち上がれない人の場合は、ベッド側のひじ当てを外して使います

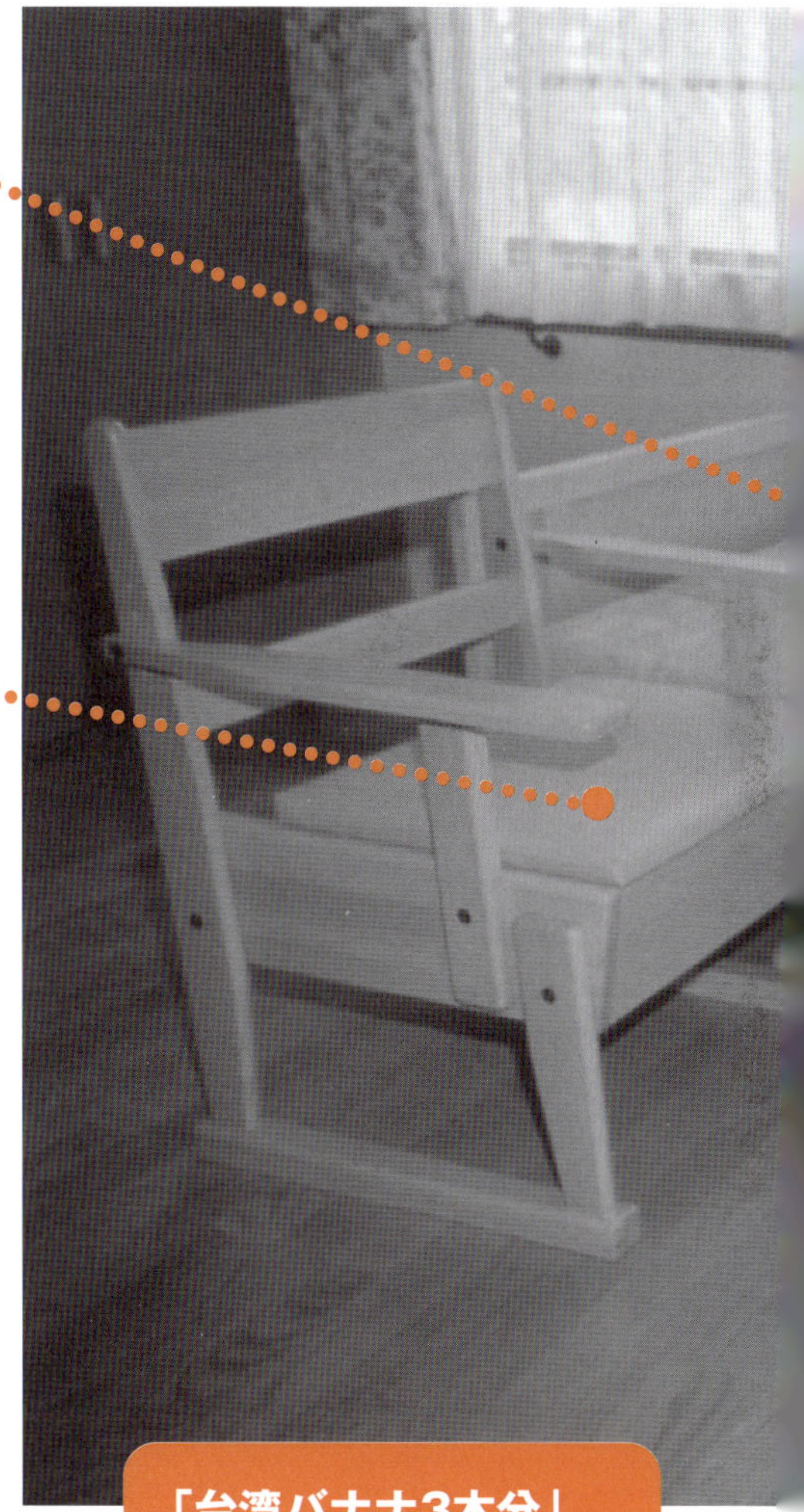

立てない場合

立てなくても心配無用

たとえ、足に立つ力がなくてもちょっとした工夫でポータブルトイレに移ることができます。

まず、①ポータブルトイレのシートとベッドのマットの高さを同じに調節します。次に、②ポータブルトイレをベッドの横につけたら、③ベッド側のポータブルトイレのひじ当てをとり外します（とり外し可能なタイプを選びます）。

準備ができたら、④ベッドの上に起き上がってすわり、両手で自分のからだを支えながら、そのまま横に移動してポータブルトイレに乗り移ります。下半身マヒの人がよく使う方法です。

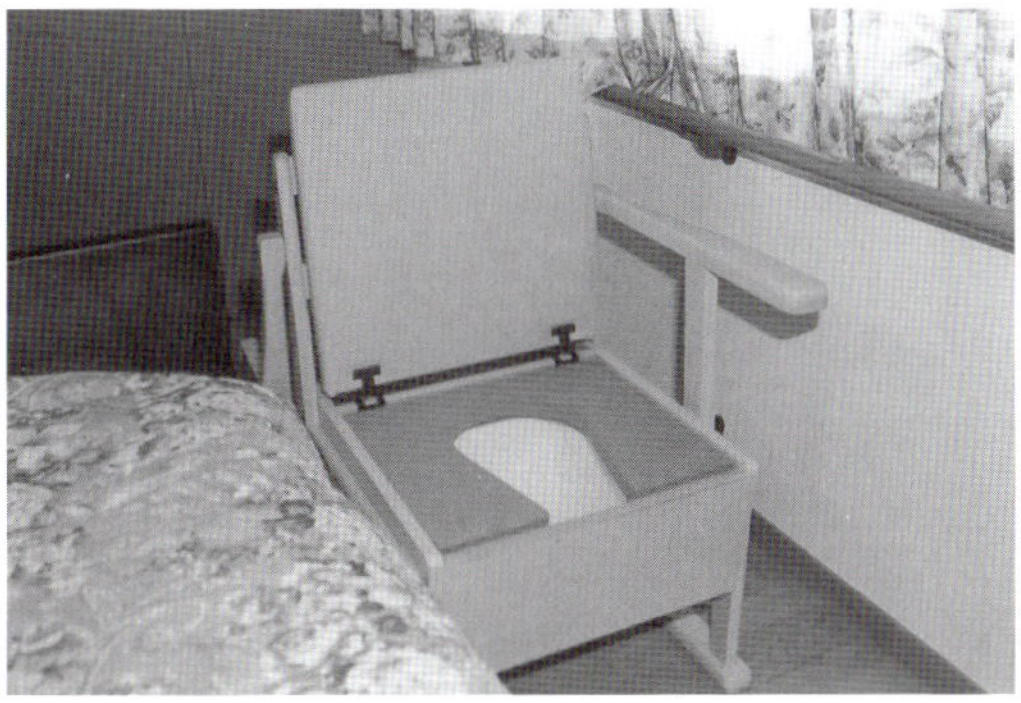

「台湾バナナ3本分」の便が出た

脳卒中で2年間オムツを使っていたUさん（74歳）は、「3点セット」に変えたその日に自分でポータブルトイレに移り、排便してみました。介助していた妻が便器をのぞきこむと「台湾バナナ3本分」の大量の便でした。すわったことで、腹圧と重力がかかったため残っていた便がすべて出たのです。

その後、トイレに通ううちに足に力がついてきて杖で歩けるようになり、2泊3日の旅行ができるまでになったとのことです

それでもオムツにしたくない

寝たまま自力で差しこみ便器を使う

一人で排泄するときのポイント

尿器を枕もとにおく

尿器を立てておくためのホルダーです。尿意をもよおしたとき、すぐに一人でもできるように、常に尿器を枕もとにおいておくと便利です。尿器が立てられるので、こぼれる心配はありません。ベッドにかけるタイプなので、手が届きやすい位置に引っ掛けておくといいでしょう

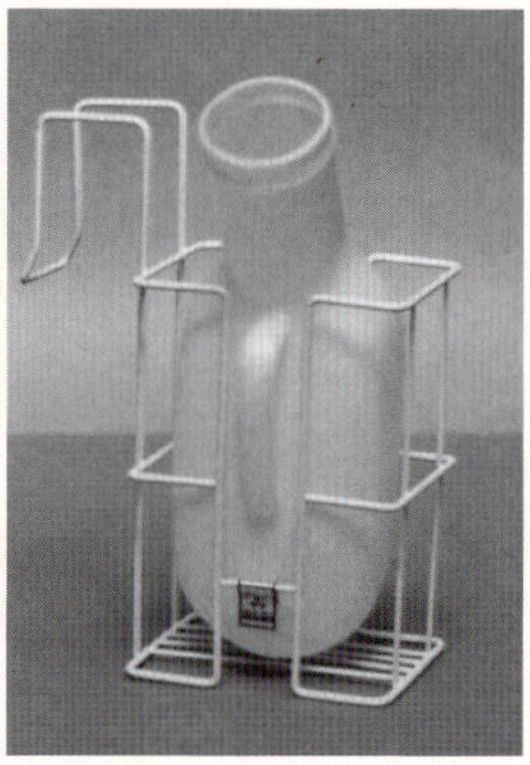

防水シートやタオルを敷く

少しぐらい失敗してもいいように、防水シートなどを敷きます。本人も安心できるし、あとの処理も楽です。また、常にシートを敷いている状態にするなら、その上にタオルなども敷いておくといいでしょう。シートだけでは寝心地は悪いし、失敗した場合も流れ出る心配がありません

オムツにしないために

排泄ケアの基本は、自力または誘導してトイレやポータブルトイレですませることです。

しかし、歩くことも立つこともできない、ベッドから横移動してポータブルトイレに移ることができない、また介護力がない場合など、ベッドの上ですませるのもしかたがないこともあるでしょう。しかしその場合でも、なるべくオムツは使わないで、差しこみタイプの尿器・便器を使って排泄するようにしましょう。

寝たままの姿勢では尿や便が出にくいばかりか、失敗しないためにもかなりの技術が必要です。排尿はともかく排便については、あと始末などの処理も含めて、なるべく介助してもらったほうがいいでしょう。

差しこみ便器

排便・排尿兼用タイプです。取っ手つきで便器の先が薄く、差しこみやすくなっています。
このほかに、ゴム製便器などがあり、容量、安定感、あて心地など、利用者の体格や排泄状態などに応じて選べます

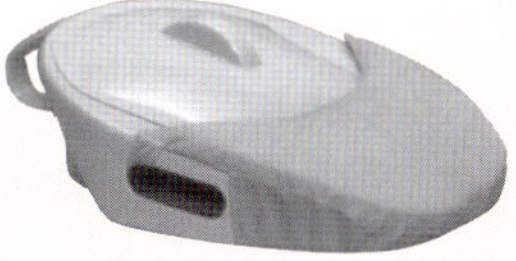

女性用・男性用尿器

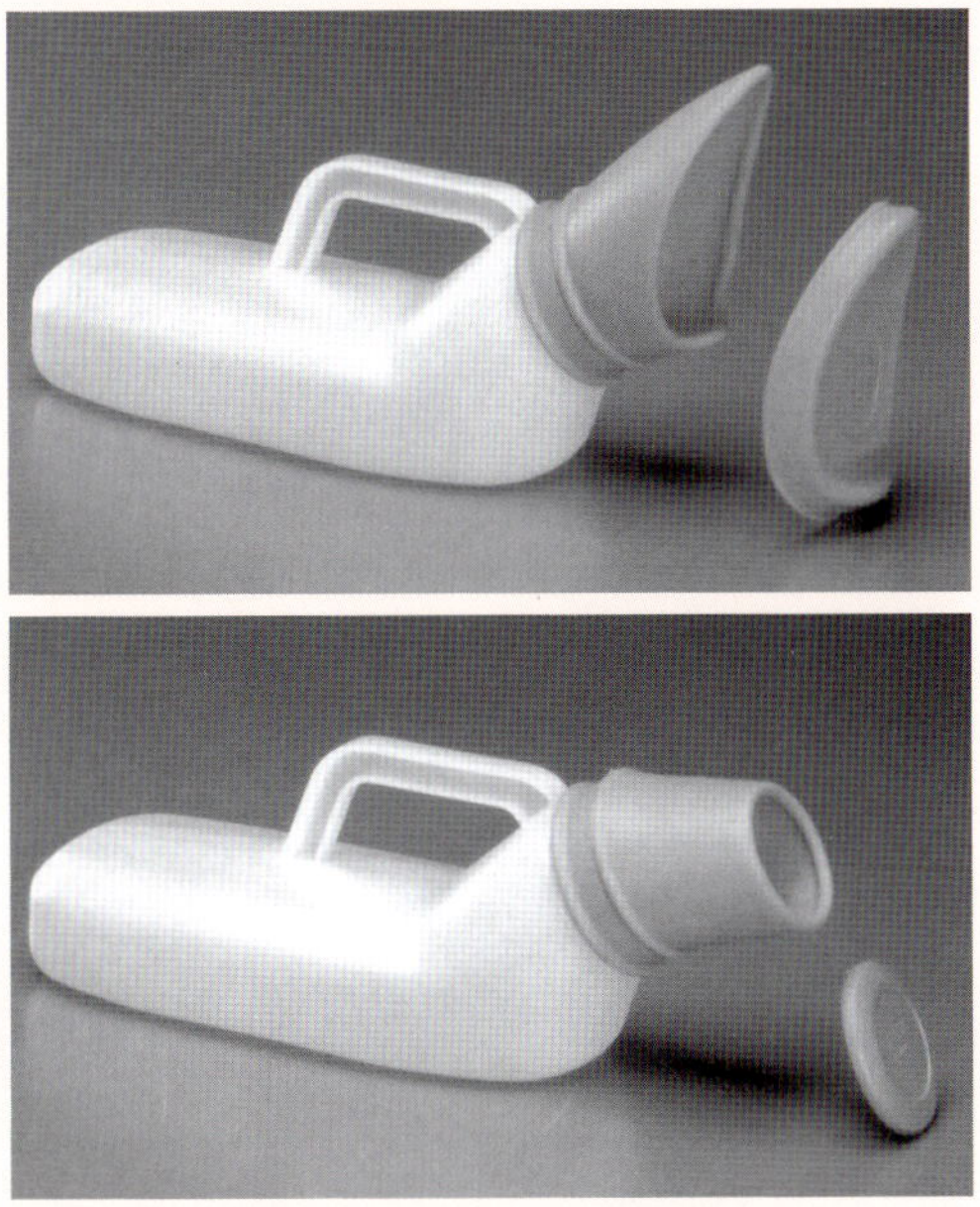

写真上が女性用、下が男性用の尿器です。
女性用は尿がお尻に流れないように密着するようになっています。材質もプラスチック製なので持ちやすく、体位に合わせて受尿口が調節できるのでとても便利です。また、フタつきなので排尿後も安心です

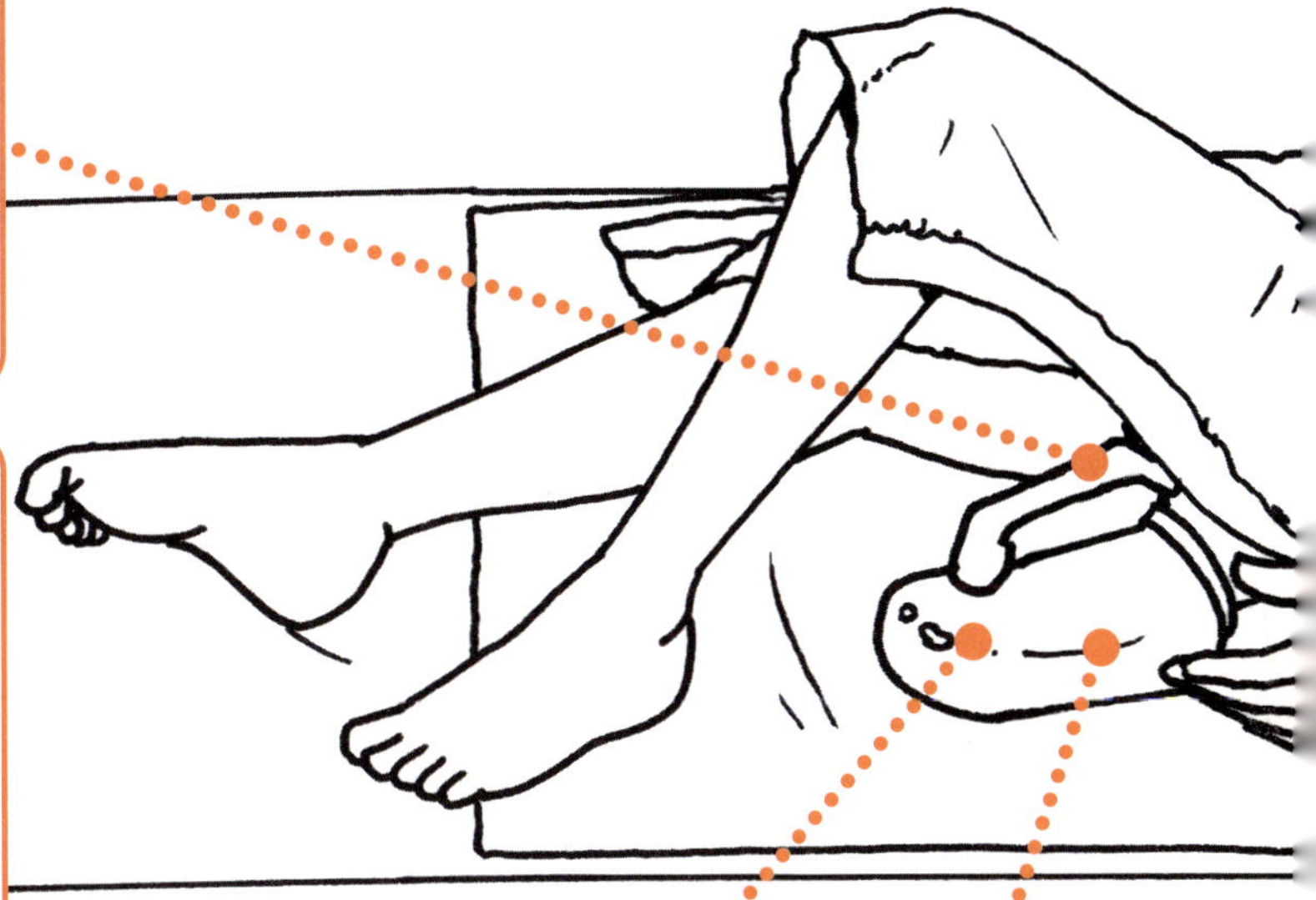

介助する場合

消音や汚染防止のためにも、あらかじめ便器のなかにちり紙など、トイレに流せる紙を敷いておきます。さらに女性の排尿の場合、ちり紙を厚くして股間にあて、尿の飛散をさけます

一人で尿器を差しこむ

片マヒの人が一人で排尿する場合、まずマヒのない脚を上げてお尻を浮かせます。ちょうどいい位置に差しこむのはたいへんですが、慣れてくればコツがつかめます。排尿の場合は、兼用便器よりも専用尿器が失敗も少ないです

排泄する際の注意

まずは、尿器・便器のほかにちり紙や防水シート、タオルなどを用意します。あらかじめ、からだの下に防水シートやタオルを敷いておくと、一人で排泄するとき、少しくらい失敗しても安心です。また便器をすぐに使う場合、直接ふれると冷たいので、お湯に通すなどして温めておくのもいいでしょう。

介助をする場合、まず両ひざを立ててもらい、寝巻きなどを腰までたくし上げます。防水シートやタオルなどをからだの下に敷いたら、下着を脱がせて便器を差しこみます。女性の排尿の場合、あらかじめ股間にちり紙を2～3枚折ったものをあてておくと、横漏れの心配がありません。さらに、プライバシーの保護のためにも、立てたひざの上にタオルや布をかけてゆっくり排泄ができるように、そばを離れる配慮も必要です。

排泄終了後は、すみやかに処理をして、換気にも注意を払ってください。

オムツを外すための 尿意回復ステージ

自然な尿意、便意、皮膚の感覚をとり戻そう

なぜ尿意がなくなるのか

入院中にオムツをあてられていた高齢者の多くは、尿意や便意、さらには尿や便が出たかどうかの皮膚の感覚すらなくなっていることがあります。本来、下半身マヒや四肢マヒなどの障害を除いて、病気そのもので尿意や便意、ましてや皮膚の感覚までもなくなることはありえません。

病院や施設などでは一度オムツにしてしまうと、あとは時間ごとの「オムツ交換」だけで、高齢者の尿意や便意、皮膚の感覚に意識を向けようとはしません。せっかく尿意、便意が起こってもトイレにいく時機をのがしたり、オムツを使い続けたことで、彼らの尿意、便意、皮膚の感覚を喪失させたのです。

急性期や終末期の場合ならともかく、それ以外はトイレで排尿・排便ができるようになるはずです。その人の状態をみきわめて、その人に合った適切な排泄ケアを行ってください。喪失した尿意、便意、皮膚などの感覚がとり戻せます。

尿意がある○、ない×

下半身マヒや四肢マヒといった障害を除くと尿意や便意がなくなることはないはずです。ましてや皮膚の感覚までなくなることはありえません

脳卒中による片マヒ
感覚マヒが起こりますが、その多くは左右どちらかの手足のマヒであって、尿意を伝える膀胱感覚や便意を伝える直腸感覚までがなくなることはまずないはずです

深い痴呆
痴呆になると尿意や便意がなくなると思っている人が多いようですが、実際にはそんなことはありません。尿意・便意を伝える感覚はちゃんと大脳に届いており、その感覚を、「あっ、これはおしっこだな」と識別できないだけです。本人は切迫感を感じてうろうろしているのに、介護者が気づかないために、もらしたりするのです

老　化
老化とともに感覚がにぶくなったり、尿道括約筋のしまりが悪くなるため、「おもらし」することは自然なことですが、いくら年をとっても尿意や便意までなくなることはありません

下半身マヒ、四肢マヒ
脊髄に損傷を受けたりして、下半身にマヒを起こした場合には、尿意や便意はなくなります。しかし、「下腹が張る感じ」とか、「何となく頭が重い」という代償尿意、代償便意があるのでそれでわかるという人もいます

パーキンソン病
パーキンソン病で感覚神経が低下することはありません。尿意は感じているのにもかかわらず、すぐに動けないためにトイレに間に合わないことはあります

アヴェロンの野生児

200年近く前にフランスのアヴェロンの森で、一人の青年が発見・保護されました。彼は人間ではあるが感覚はほとんど動物と同じで、森の生活で必要な感覚だけが鋭敏になり、そのほかの感覚は喪失していました。

まさにこれは、オムツをあてられた高齢者たちに起こっていることと同じです。今の介護状況に適応して尿意、便意、皮膚の感覚までも喪失したのです。

尿意回復ステージ

ステージ	状態	皮膚の感覚	排尿の感覚	尿意	必要な援助	
Ⅰ	オムツがぬれているかどうか、わからない	(－)	(－)	(－)	ぬれているかどうかをその度に聞き、オムツの中の感覚に意識を向けさせていく。わかるようになってきたら、ぬれたらすぐに知らせるよう頼む	
Ⅰ'	聞けば、ぬれているかどうか、ほぼわかる	(±)	(－)	(－)		
Ⅱ	オムツがぬれていることがわかり訴えるが、尿はすでに冷たくなっている	(±) 冷感のみ (＋)	(－)	(－)	ぬれていると訴えたら共によろこび、ぬれたらすぐに知らせてくれるよう頼む	一定の時間が経っているのにオムツがぬれていないときは、排尿を自分でコントロールするチャンス。尿便器をあてるか、トイレに誘導して排泄をうながす（Ⅰ～Ⅲ）
Ⅲ	オムツがぬれていることがわかって訴える。尿は温かい。排尿している最中にそのことがわかることもある	(＋)	(±)	(－)	ぬれていると訴えたら共によろこび、尿が出る前に知らせてくれるよう頼む	
Ⅳ	ときどき、排尿の前に知らせることができる	(＋)	(＋)	(±)	排尿前に訴えたら共によろこび、オムツを外して尿便器で、またはトイレで排尿してもらうようにする。音をたてて排尿してすっきりする感覚を思い出してもらう	昼間の時間、オムツを外し、防水シーツと敷きオムツに、立位歩行のできる人は防水性の失禁パンツにする。少しずつ時間を増やしていく（Ⅳ～Ⅴ）
Ⅴ	ほぼ排尿の前に知らせることができる	(＋)	(＋)	(＋)	排尿前に知らせることができなかった場合、その原因を探し、一つ一つ対応していく	
Ⅵ	いつも排尿の前に知らせることができる	(＋)	(＋)	(＋)	オムツ外し成功	身体機能に応じて排泄形態を選択していく（Ⅴ～Ⅵ） 介助で：尿便器使用／ポータブルトイレ使用／トイレ使用 自力で：尿便器使用 ※1／ポータブルトイレ使用 ※2／トイレ使用

※1　片マヒで片手・片脚が使えなくても、よいほうの脚のひざを立ててお尻を上げ、よいほうの手で尿便器を差しこむことは十分可能である

※2　ベッドの高さを適切にし、市販の介助バーの手すりを使い、ポータブルトイレ用フレームを設置すれば、多くの老人がポータブルトイレの使用が可能となる

5-5

排泄ケアのポイント（1）

排泄最優先の原則

タイミングを外さなければ「自然排便」ができる

便意を訴えたとき

✕ 排泄のチャンスをのがしてはいけない

「老人が便意を訴えたらすぐにトイレに誘導する」ことを「排便最優先の原則」とよんでいます。たとえ、ほかの人の食事介助をしていても、便意を訴えた人を優先します。特に排便はタイミングが大事です。排便だけではなく、排尿もタイミングよく誘導できるようになれば「排泄最優先の原則」となります。介護力はまずこのことに使ってください

トイレにいきたくなった…
もう少しで食事が終わるから待ってね

自然排便のための3つの力

自然排便のためには、①直腸の収縮力、②腹圧、③重力の3つの力が必要です。このうち、②と③は、すわった状態で踏んばることによって最大限に引き出せます。

しかし、①の直腸の収縮は、自力で行うことはできません。直腸は自律神経支配下にあって、反射運動とよばれる左図に示した①～⑥の運動でしか動かないからです。

特に、腹圧の弱い老人が自然排便をするには、直腸の収縮力、つまり反射運動が不可欠になってきます。

では、その反射運動はいつ起こるのか？　S状結腸から直腸にふん便が送りこまれると、内側から直腸を押して信号を出します。さらにその信号は、脊髄を経由して大脳に伝えられます。人が便意を感じるというのは、これらの信号の伝達によって起こります。

便意を感じたとき、つまり、排便したいと思ったときが、直腸が反射によって収縮したがっているときなのです。この排便のチャンスをのがすと反射がおさえられて、ふん便がいっぱい貯まっているにもかかわらず、反射も便意も起こらなくなる悪性便秘になってしまい、下剤や浣腸に頼らざるを得なくなるという結果になります。

反射運動を活用するためにも、いかなる状況でも老人が便意・尿意を訴えたら、すぐに介助してトイレかポータブルトイレに誘導してください。排泄を「当たり前の生活」に近づけるためにも、このタイミングをのがさないことが、最大のポイントといえます。

排便反射のしくみ

便秘は3種類

便秘は大きくわけて、腸の反射機能が低下する「習慣性便秘」、腸の収縮が衰える「弛緩性便秘」、ストレスなどで腸がけいれんを起こし便の通りをじゃまする「けいれん性便秘」の3つがあります。この中でもっとも多いのが習慣性便秘で、改善するには便意を我慢しない、便意がなくてもトイレにすわることを習慣づけるとともに、水分を多めにとったり、軽い運動なども効果があります

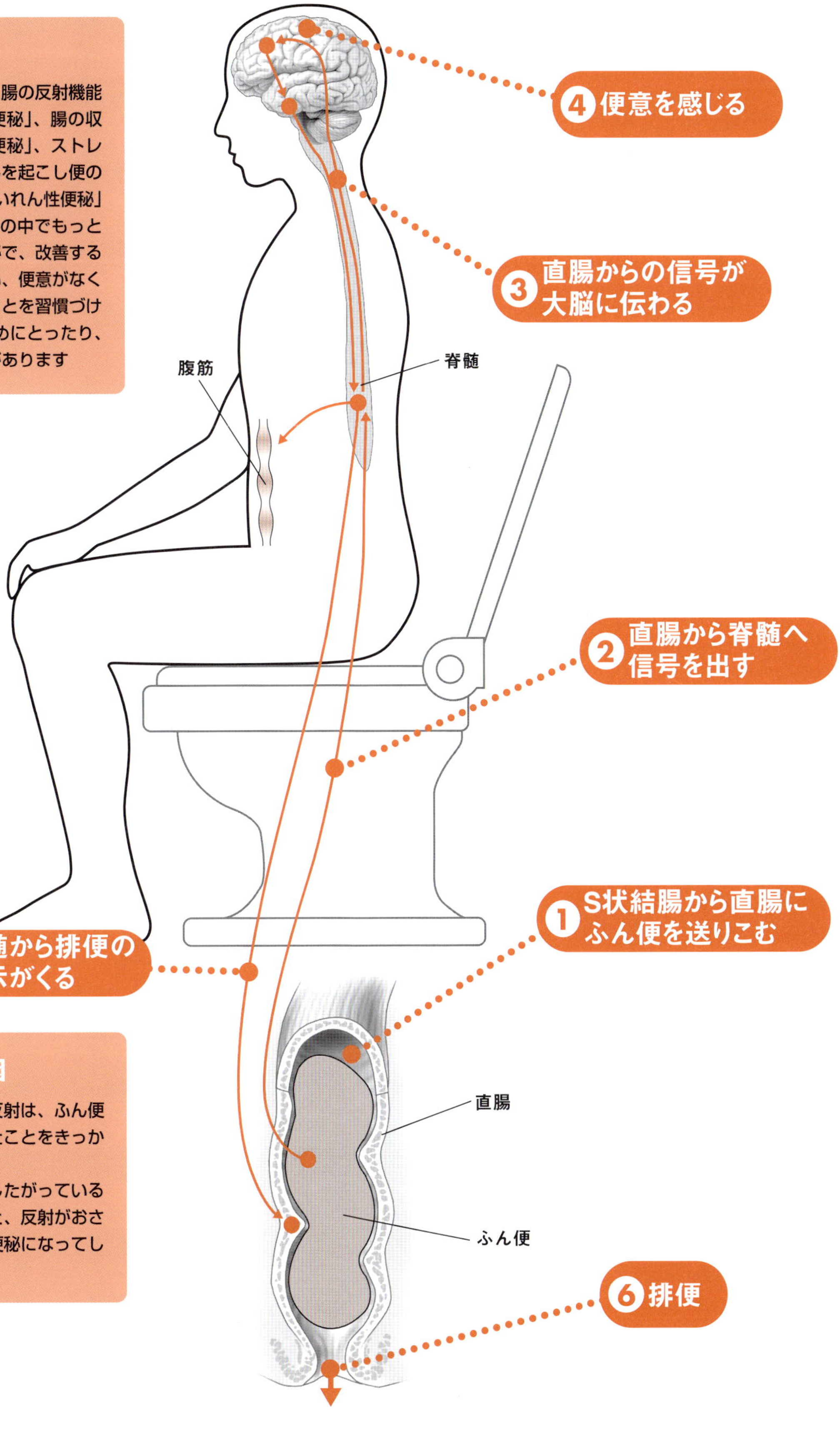
④便意を感じる
③直腸からの信号が大脳に伝わる
腹筋
脊髄
②直腸から脊髄へ信号を出す
①S状結腸から直腸にふん便を送りこむ
⑤脊髄から排便の指示がくる
直腸
ふん便
⑥排便

悪性便秘の原因

直腸が収縮する排便反射は、ふん便が直腸に送りこまれたことをきっかけにして起こります。

直腸が収縮して排便したがっているタイミングをのがすと、反射がおさえられてしまい悪性便秘になってしまいます

いつ便意を感じるか

朝食後、トイレにすわるのを日課にする

便意がなくても

朝食後のトイレ誘導を習慣づける

便意を訴えない場合には、「朝食後にトイレやポータブルトイレに誘導して、すわること」を日課にします。あせらずに、時間も十分にとって、排便をうながすようにします

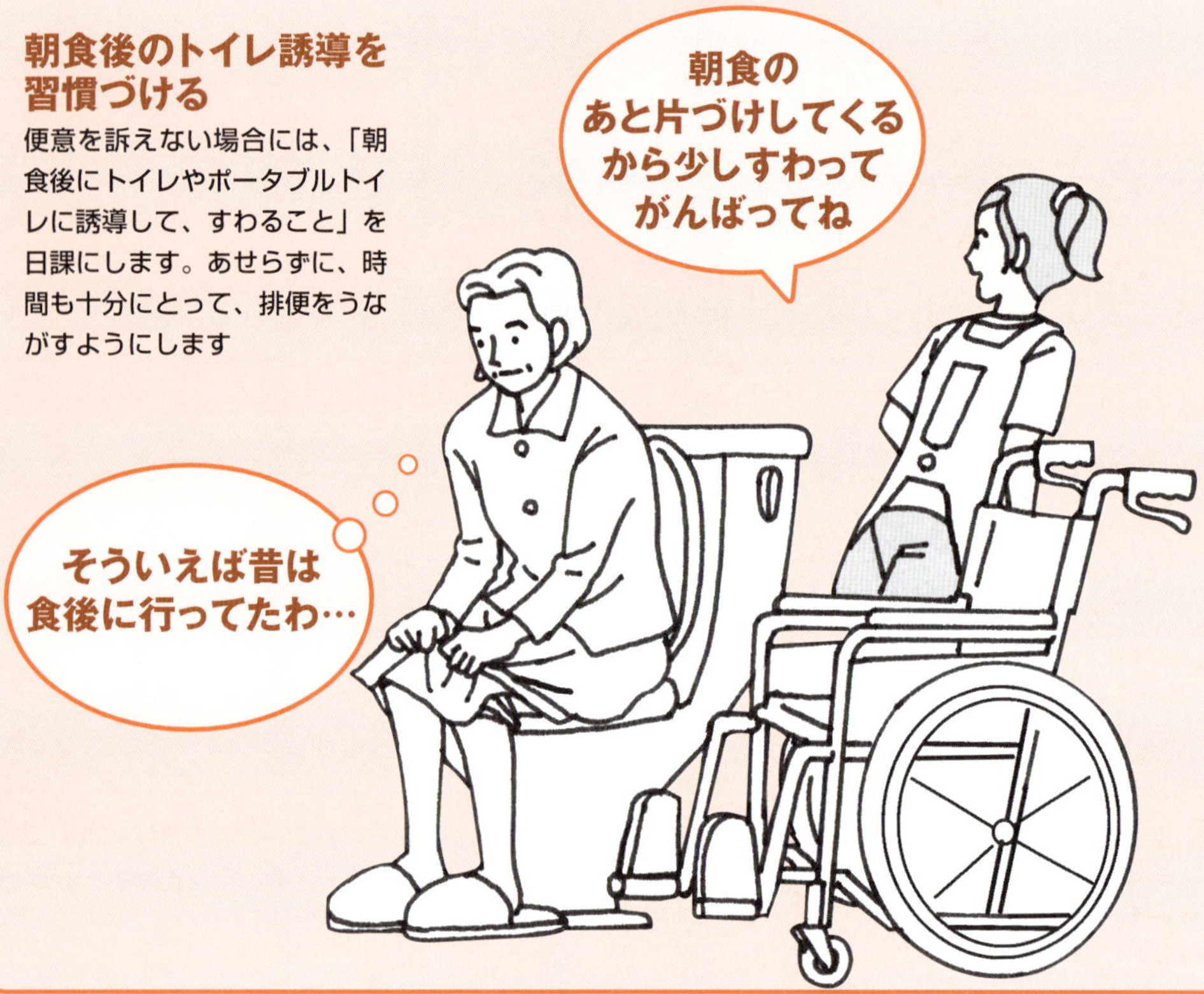
朝食の
あと片づけしてくる
から少しすわって
がんばってね
そういえば昔は
食後に行ってたわ…

排便のメカニズムを知る

要介護者が便意を訴えたときは、何よりも最優先してトイレ、またはポータブルトイレに誘導することを「排便最優先の原則」といい、排泄ケアの基本であることは前項で説明しました。

しかし、便意を感じない人、訴えない人の場合は、どう対処すればいいのかという、新たな問題が出てきます。

生理学的に便意を感じるのは、ふん便が直腸に入ってきたときです。胃に食物や水分が入ってくると「胃・大腸反射」が起こり、大腸が総ぜん動運動をはじめます。その結果、ふん便が直腸に送りこまれます。

反射をコントロールしている自律神経は、交感神経と副交感神経の2つから成り立っています。交感神経は主に緊張・興奮状態のときにはたらき、副交感神経は平常時・心身ともにリラックスしているときにはたらきます。

「胃・大腸反射」や「排便反射」は、この副交感神経で起こりますが、昼間は交感神経が強くはたらくので、副交感神経はおさえられてしまいます。これらのことから、排便のタイミングは、心身がリラックスしている状態で、食事をしたあと、つまり、朝食後がもっとも適しているということになります。

このメカニズムを排泄ケアに応用します。たとえ便意がなくても、「朝食後、誘導してトイレまたはポータブルトイレにすわって、ふんばってもらう」を毎日の習慣にします。

根気よく続けていけば、だんだんと便意を感じるようになり、毎日とはいかなくても2〜3日に1回は、排便をするようになります。

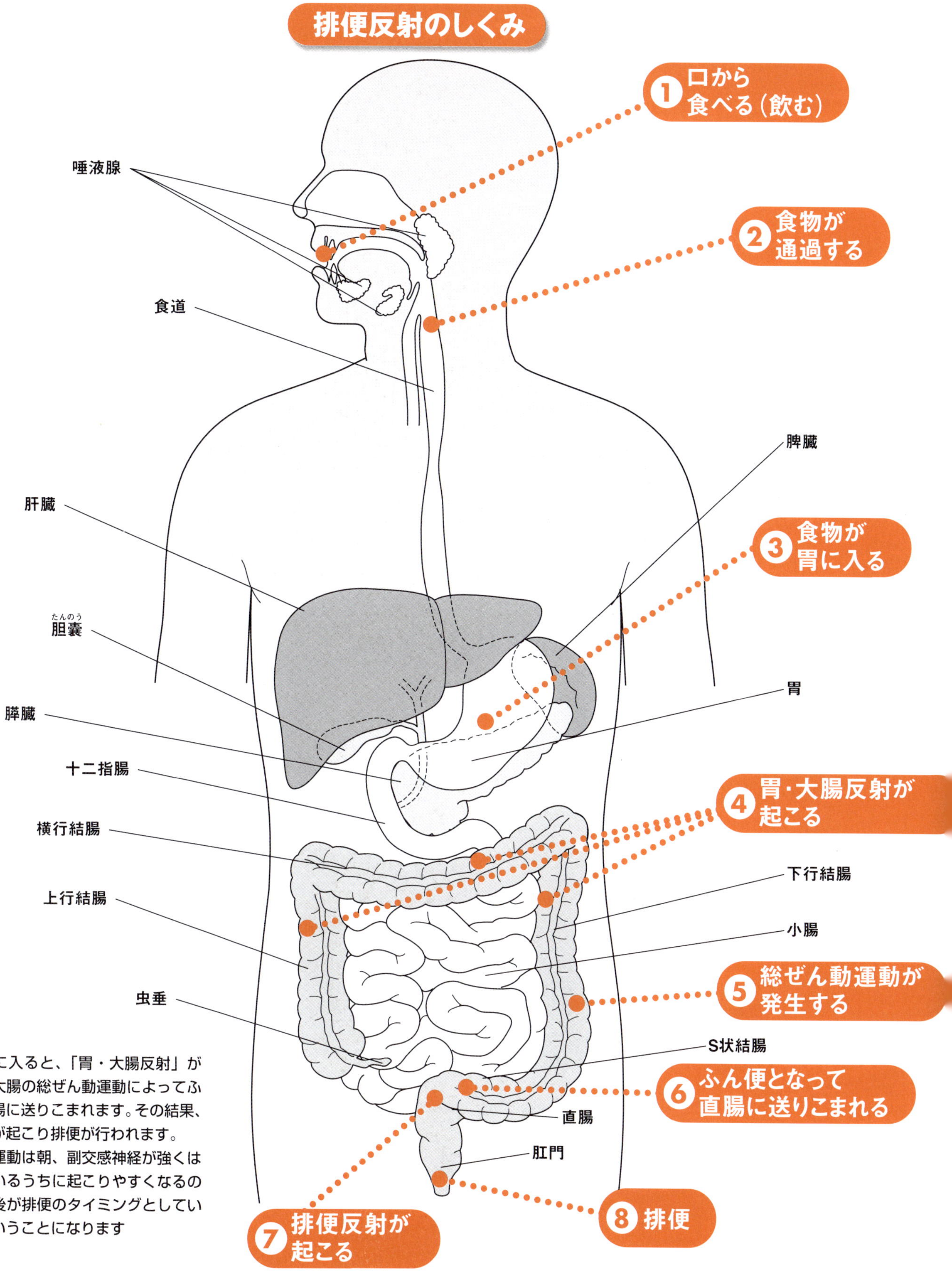
排便反射のしくみ
1 口から食べる（飲む）
2 食物が通過する
3 食物が胃に入る
4 胃・大腸反射が起こる
5 総ぜん動運動が発生する
6 ふん便となって直腸に送りこまれる
7 排便反射が起こる
8 排便
唾液腺
食道
脾臓
肝臓
胆嚢《たんのう》
胃
膵臓
十二指腸
横行結腸
下行結腸
上行結腸
小腸
虫垂
S状結腸
直腸
肛門

食物が胃に入ると、「胃・大腸反射」が起こり、大腸の総ぜん動運動によってふん便が直腸に送りこまれます。その結果、排便反射が起こり排便が行われます。これらの運動は朝、副交感神経が強くはたらいているうちに起こりやすくなるので、朝食後が排便のタイミングとしていちばんということになります

5-7

排泄ケアのポイント（3）

排便の姿勢

排泄の大前提は安心してすわっていられること

自然排便の3つのはたらき

私たちの自然排便には、直腸の収縮力、腹圧、重力の力がはたらいています。この3つはすわった姿勢でいちばんはたらきます。寝たままでは重力はまったく使えず、腹圧も半分しかはたらきません。その結果、腸に便が残ってしまいます。

特に、高齢者になると筋力が弱ってくるので、よけい排便がしにくくなります。排泄ケアは、坐《ざ》位《い》姿勢で行うことをモットーに、トイレまたはポータブルトイレでの排泄を習慣づけます。

腹圧・重力を活用する

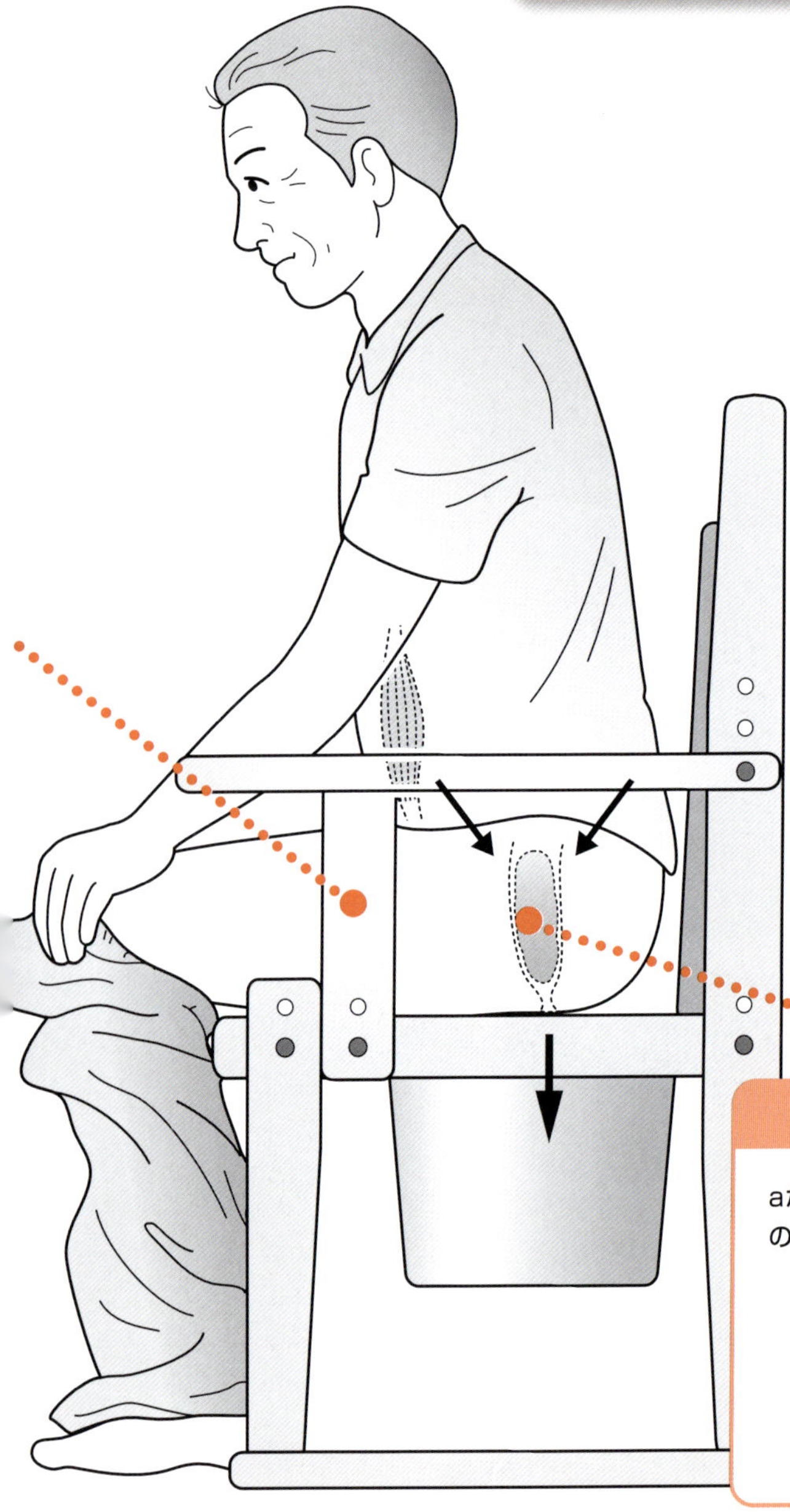

排便時の腹圧と重力(姿勢別)

aがすわった状態、bが寝た状態の腹圧、重力のかかり方です。寝ていると腹圧は低下します

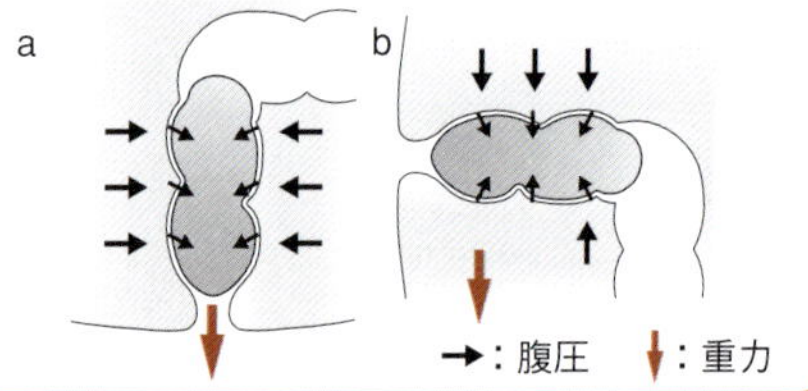

✕ 寝たままではいけない

排便に必要な3つのはたらきのうち、直腸の収縮力は同じものの、腹圧は半分に低下して重力も味方してくれません。便が腸に残ってスッキリ感がありません

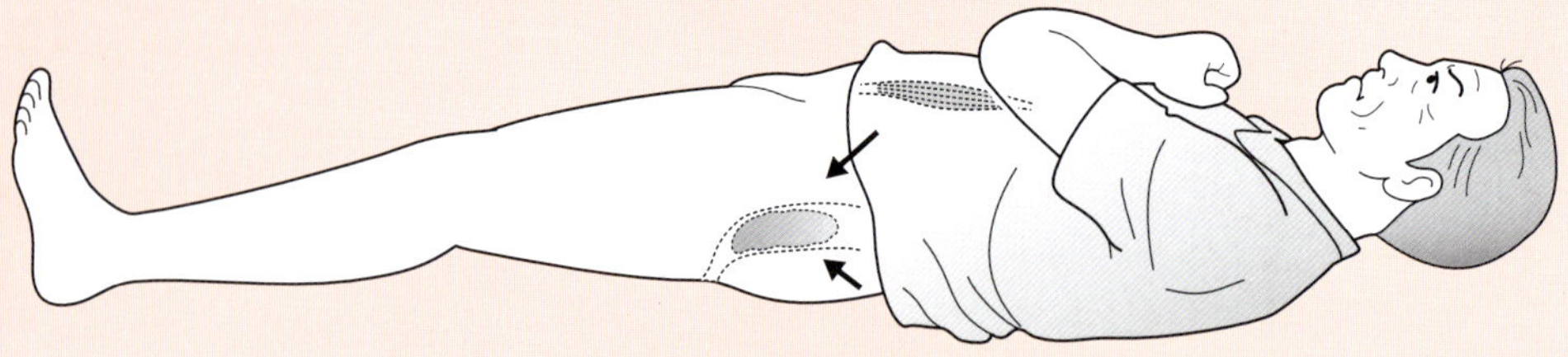

ポータブルトイレの選び方

背もたれ
背もたれがあったほうが安心してすわっていられます。背もたれの材質は、便座シート同様にクッション性が高いものにします

ひじ当て
ひじ当てはとり外しできるもの、高さが調節できるタイプのものを選んでください。脚の力が弱い人でも、すわったままでベッドから横移動ができます

便座シートの材質
長時間すわっていても、お尻に負担のかからない材質であることが条件です。ウレタンフォーム入りであれば、クッション性が高いのですわり心地が快適

脚の高さ
使う人に合わせて、脚の高さが調節できることが必要です。さらに、「人の自然な立ち上がり方」（192頁参照）のために、足が引けることも条件の一つです

理想的なポータブルトイレ
介護用トイレには、構造、材質、安定性など、絶対不可欠な条件があります。きちんとチェックしてから選んでください

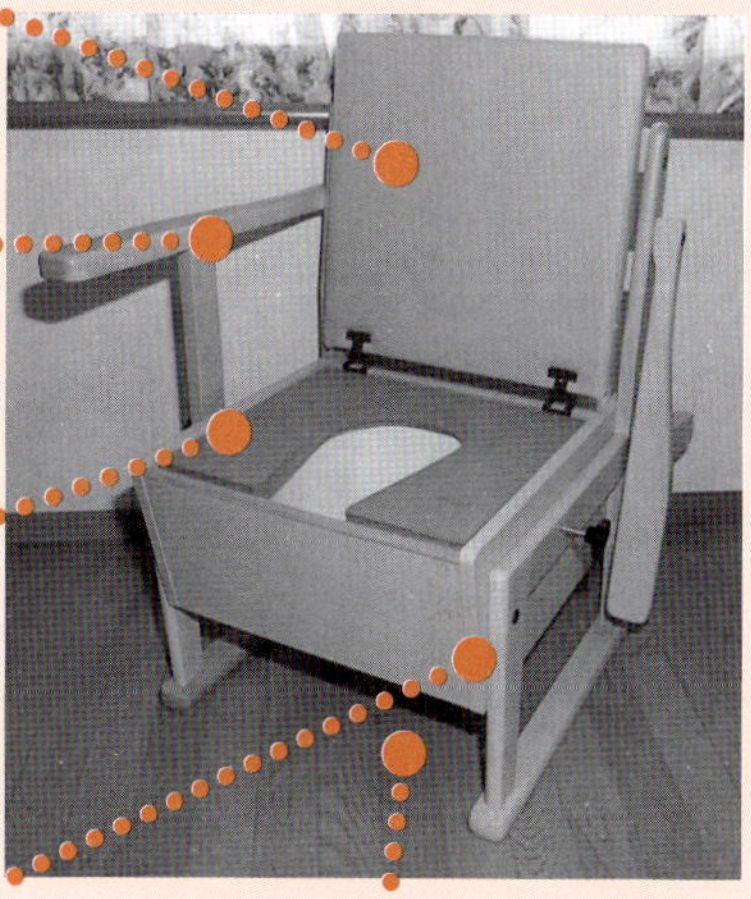

シートの下にスペースがあるもの
イスを安定させるために、脚に添え木のあるタイプはやめてください。足が引けないので、立ち上がり動作の妨げになります

折りたたみ式トイレ

「折りたたみ式ポータブルトイレ」です。下にバケツを入れて使います。コンパクトにたたんで車にのせて持ち運びができるので重宝します。
花見など要介護者の外出にも便利です

コロがついていて持ち運びも便利

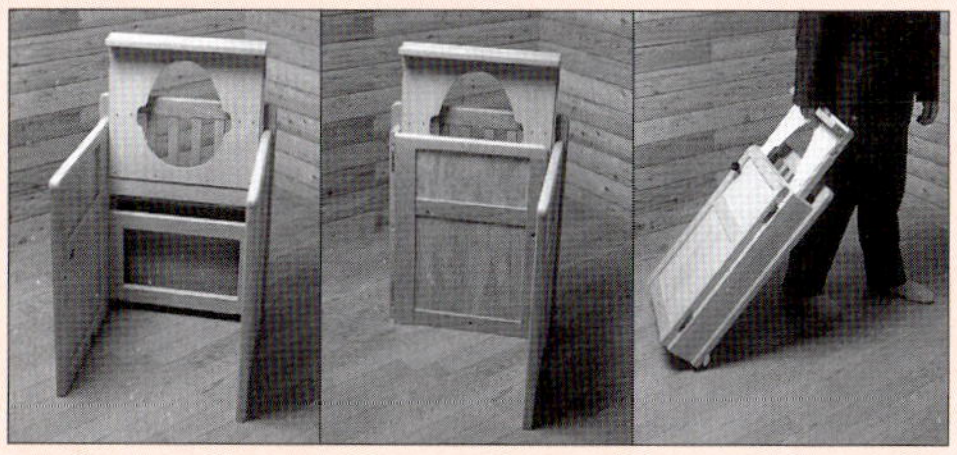

✕ このタイプはいけない
右のようなタイプは足を引くスペースがないので介護用には向きません。力の弱った高齢者にとって、お尻を降ろすのも立ち上がるのも一苦労です。また、軽量なので安定性にも欠けており、転倒する危険性があります

安定性の高いことが条件

介護に使うポータブルトイレは、トイレまでいけない人だけのものではありません。イスにすわったときに、うまくからだのバランスがとれない人にとって、洋式トイレは不安です。

その点、「ひじ当て」や「背もたれ」のついたイス型のポータブルトイレであれば安心です。

さらに、排泄に時間がかかる場合も、便座シートがクッション性の高いものであれば、長時間すわっていられます。

排泄スケジュールをつくろう

介護サービススタッフと連携して排泄リズムをつくる

排泄を中心としたスケジュール（要介護度4の場合）

時間	7	8	9	10	11	12	13	14
介護の場	家		送迎	デイサービスセンター				
介護者	家族		ヘルパー	デイサービススタッフ				
日課	**起床** 洗面、歯みがき、着替えの介助	**朝食** 家族は仕事に出かけ、用意した食事を一人で食べる	朝食の後片づけ **デイサービスセンターへいく準備**	**デイサービスセンター到着** レクリエーションでからだを動かす 夢中になっていると排泄は気にならず排尿間隔は長くなる		**昼食**		週3回は入浴、それ以外の日は、グループで作業や談笑、外出など
排泄ケア	トイレへ誘導（小）	このときの排便の有無をデイサービススタッフに伝える	トイレへ誘導（すわって踏んばらせる）（大）	朝食後の排便がなかったときはデイサービスセンター到着後再度トイレにすわって踏んばらせる	車にゆられたあとは出やすいことが多い（大）	昼食前にトイレにいかないか、声をかける（小）	昼食後もトイレにいかないか、声をかける 昼食前にいってない場合は強く誘う（小）	午後は、午前や昼食前後の排泄状況によって2時間30分ごとに声をかける

（小）＝排尿　（大）＝排便

適切なケアに必要な排泄リズム

人はそれぞれ一定の排泄リズムを持っています。毎日の生活の中でつくり出されたものですが、このリズムが排泄ケアのキーポイントになります。

まず、トイレに誘導する排泄ケア中心のスケジュールを立てます。便意があってもなくても、このスケジュールに沿ってケアしましょう。

ここでは脳卒中による片マヒで、介護保険の要介護度4と認定されたAさん（84歳女性）をモデルとして、保険内で利用できる介護サービスを組みこんだプランを立ててみました。

Aさんは月曜日から金曜日の朝夕2回、1回30分ずつ、訪問ヘルパーの身体介護を受けます。ヘルパーの仕事でいちばん大事なのは朝食後のトイレ誘導で

15	16	17	18	19	20	21	22	23
		送迎	家					
		ヘルパー		家族				
	デイサービスセンター出発	家に到着 ヘルパー退出	家族帰宅	夕食	テレビを見たりして過ごす	ベッドへ 就寝		
	出発前にはかならずトイレに誘う 小	デイサービススタッフ→ヘルパーへ一日の報告 家に到着後もヘルパーがトイレにいかないか、声をかける	一日排便がなかったときはトイレにすわってもらうこともある 小 大	夕食後トイレへ誘導 小	ベッドに向かう前にトイレへ 小			夜、家族が寝る前に声をかけてみる 熟睡していればそのまま 小

要介護度4の場合、介護保険内ではこのようなプランが可能です。ただし、この内容ですとショートステイを使う余裕はほとんどありません

夜中にベッドサイドの尿器を使えるようにしておく
念のため、失禁パンツとパッドをはかせて寝かせることもある

す。ここが1日の排泄ケアの起点となるので、かならず便座にすわる習慣をつけます。

昼間はデイサービスセンターを利用するので、ヘルパーはセンターから迎えがきたら、朝の排泄状況をデイサービススタッフに伝えます。その状況によって、センターでのトイレ誘導が変わってきますので、忘れないようにします。

上記以外の時間帯は、家族がこのパターンに沿ってケアをします。お互いが報告しあって連携することが重要です。しばらくくり返すうちに、排泄リズムができ上がっていきます。

施設のスタッフの方々へ

施設でも朝食後を起点とした個々の排泄パターンを調べ、その人に合ったトイレへの誘導法や排泄ケアをつくり出してください。

そうすることで、その人をトイレに誘導するタイミングがわかってきます。

たとえ重度のボケがあっても、オムツを使わずにトイレで排泄させてください。

5-9 トイレの改造

トイレの設計と工夫

車イスで使いやすい改造のポイント

車イスでいくトイレ

カーテン
いちいちトイレのドアを閉めるのはたいへん。カーテンをつければ安心して用が足せます

手すりの高さ
便座の高さが40cm程度なら、高さ60cmを目安にします

手すりまでの距離
手を伸ばすと頭が前に出るように、40〜60cm位離します

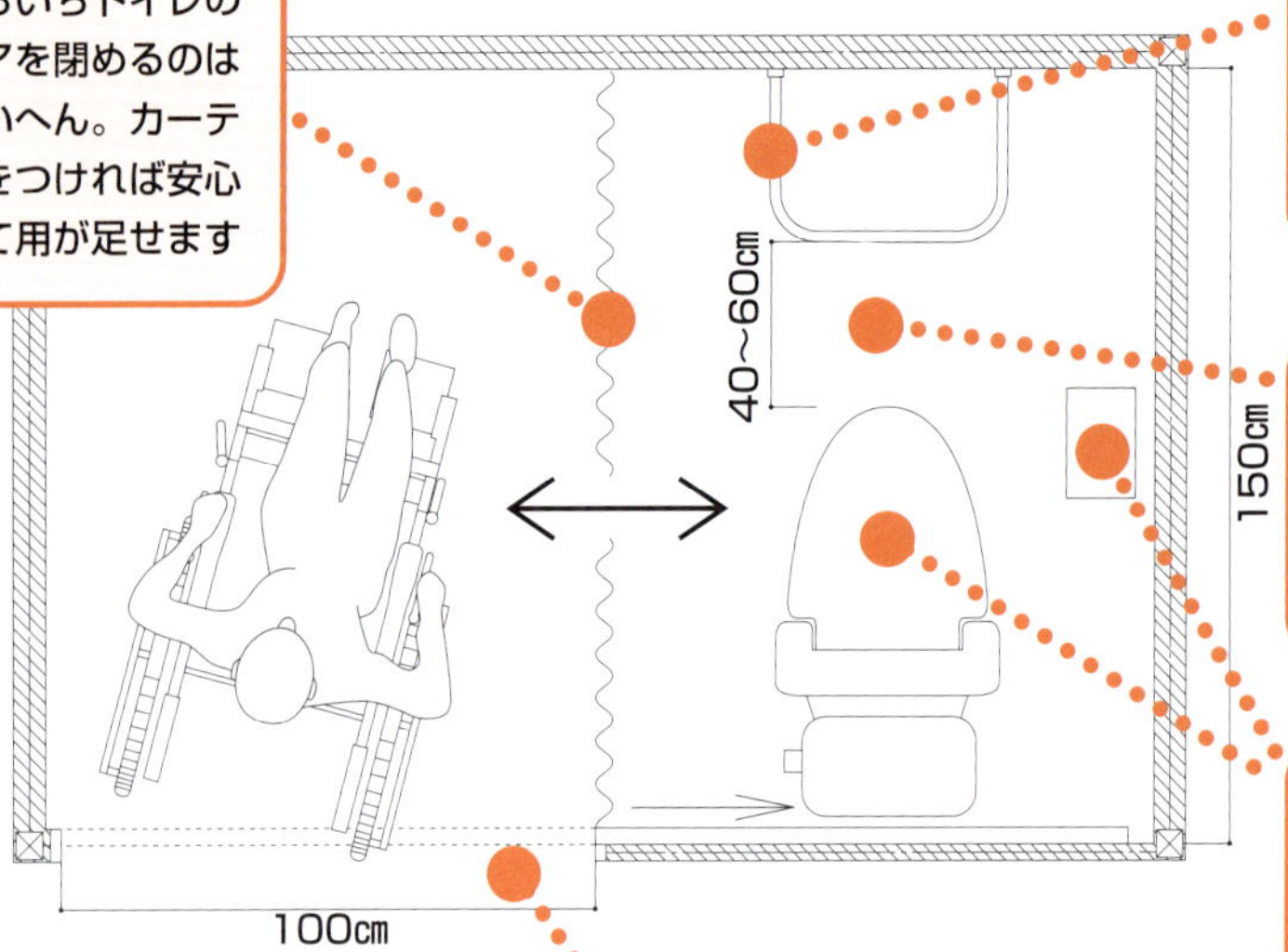

ちり紙
ロールペーパーは手が不自由だと扱いにくいので、「ちり紙」を設置します

便座用クッション
クッションを置くと滑りにくく、すわっても痛くありません

トイレの入り口
間口は最低100cm位とり、段差をなくします。ドアも「引き戸」であれば開閉が楽にできます

トイレに十分スペースがとれる場合は、車イスごと入れるようにします。プライバシーが守れるようにカーテンをつけ、介助なしで便座へ移乗できるように、手すりもつけます

移乗しやすいトイレ

たとえ歩けなくなっても、ベッドや手すり、車イスなどを利用してトイレまで通えるようにしてください。トイレでの排泄が基本です。

家の構造にもよりますが、スペースがあるなら使い勝手がよくなるように、ポイントをおさえて改造します。

十分なスペースがとれるなら、施設のトイレのように車イスごと入れるようにしてください。

特に片マヒの場合、患側への横移動が難しいので、車イスから便座、便座から車イスへと、いずれも健側で横移動できるようにします。そのためには、左右に「引き戸」をつけて、どちらからも出入りができるようにしておくといいでしょう。

また、スペースがとれない場合は、便器の配置が問題になってきます。便器が横向きに設置してあればドアを「引き戸」にして手すりをつけるだけで、大幅な工事は必要ありません。手すりにつかまれば、からだを90度回転させるだけで車イスから便器に移れます。

ところが、便器が縦に配置されていると、からだを180度回転しないと便器への移乗ができません。便器の配置替えも必要になってきます。

また、一人での移乗が難しく介助が必要な場合、目の前に手すりがあるとその手すりがじゃまになります。つけるにしても「跳ね上げ式」にすると、動きやすくて便利です。

なお、和式便器の改造が無理な場合は、かぶせるだけで洋式便器になる「簡易式洋式トイレ」が市販されています。これを利用するのも一策です。

片マヒの人に便利なトイレ

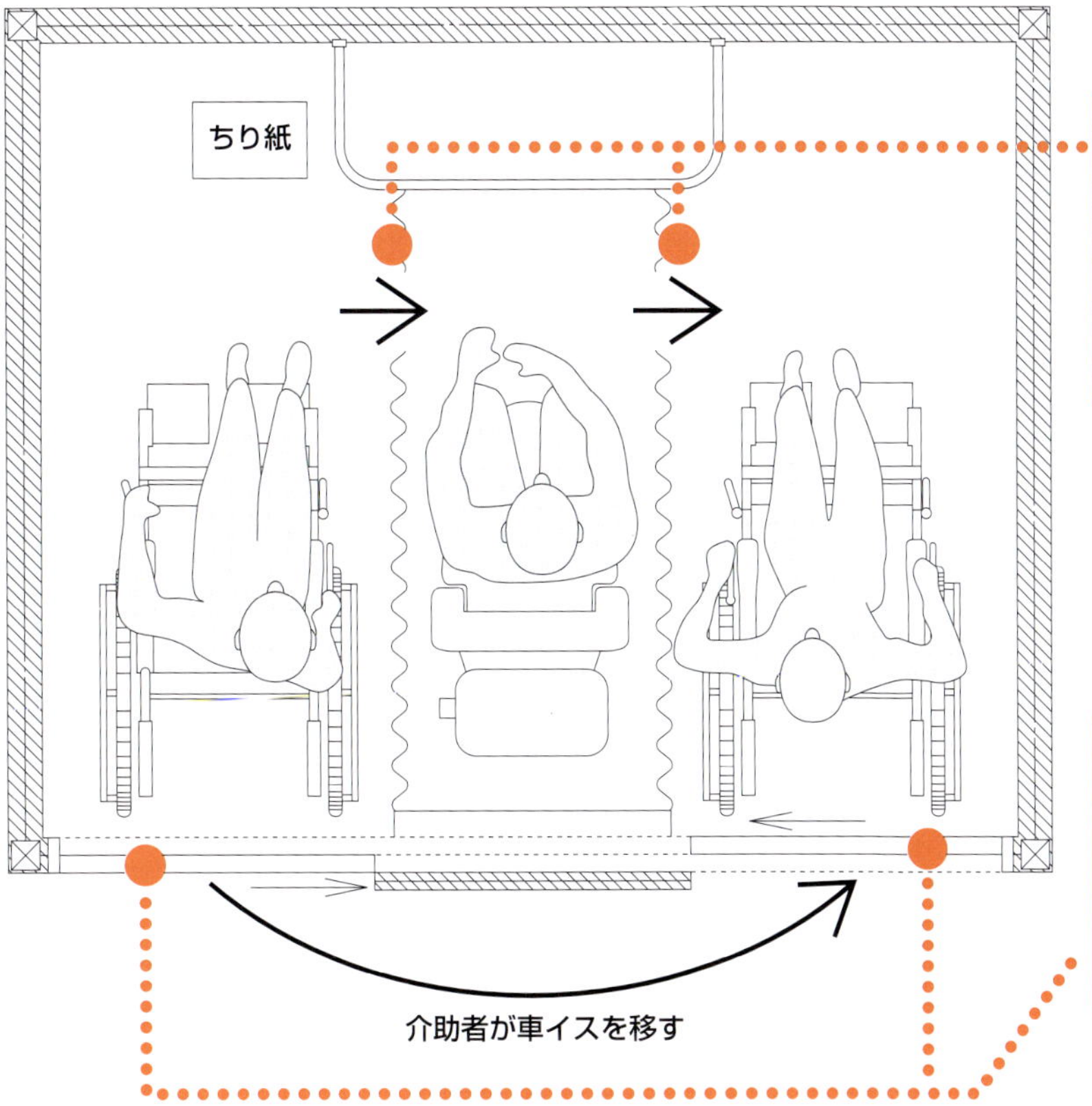

カーテン

トイレのドアを「引き戸」にしても、いちいち閉めるのはたいへんです。便器の左右にカーテンを引いておけば、ある程度プライバシーは守れます。気にすることなく用を足せます

出入り口を左右につける

片マヒの人は健側への移動はできても患側への横移動は難しいもの。移乗後、介助者が車イスを反対側に移しておけば、排泄後に健側へ移動できます。そのためにもドアは引き戸にして左右につけます

和式トイレを洋式に

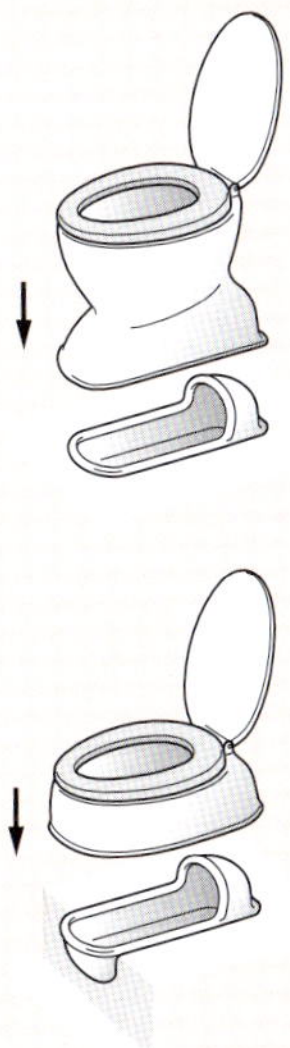

わざわざトイレの改造工事をしなくても、市販の「簡易式洋式トイレ」を上にかぶせれば、和式便器があっという間に洋式便器に変わります。

段差のないトイレ用、段差のあるトイレ用とそれぞれタイプがあるので、トイレタイプに合わせて選べます。

ちなみにトイレを洋式に改造するには20万円近くの費用がかかりますが、この「簡易式洋式トイレ」は2万円前後と値段も手ごろですし、介護保険での購入も可能なので、経済的にも安心です

スペースがなくても

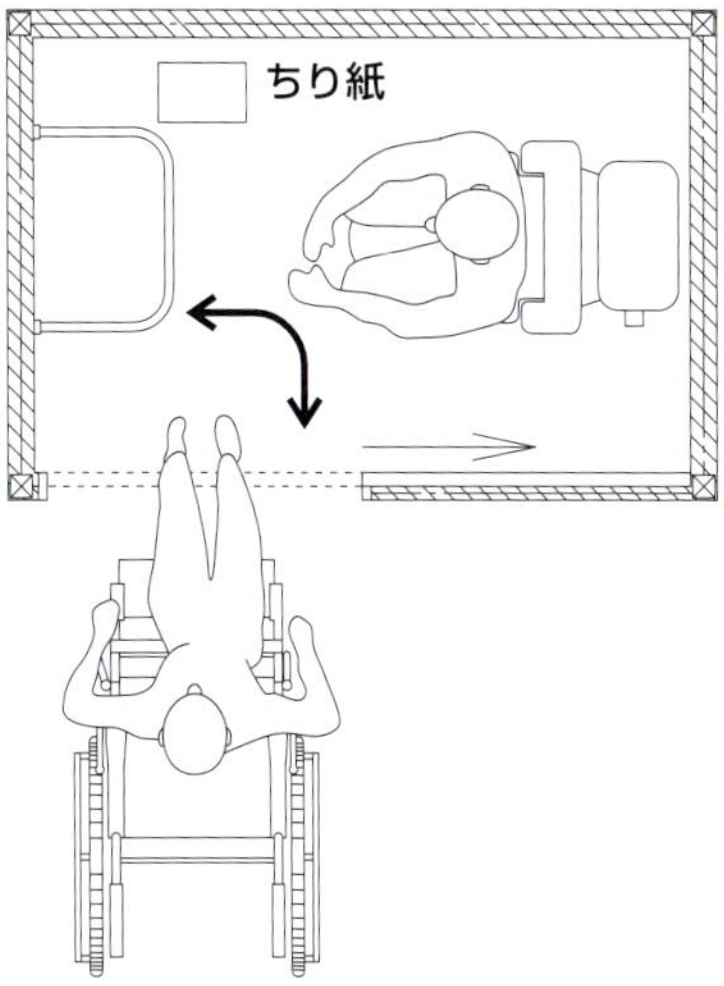

十分にスペースがとれないときは、便器を横向きにし、ドアを引き戸にするだけでも大丈夫です。手すりがついていれば、からだを90度回転するだけで便座に移乗できます

5-10

排泄関連用品

パンツ・オムツの選び方

毎日の安心をもたらす快適下着

からだの状態や目的に合わせて

せきやくしゃみをしたとたんにちょっとだけ漏れる人、意志とは関係なく膀胱収縮が起こって排尿してしまう人など、「おもらし＝尿失禁」の程度は、一人一人違います。

これらの状態をサポートし、毎日を快適に過ごせるようにしてくれるのが、「失禁パンツ」、「防水パンツ」といわれる排泄関連用品です。

下着感覚で使え、股部分の吸水性、防水性が強化されているので、安心して長時間の外出ができます。

種類もパンツタイプ、フラットタイプ、パッドなどと豊富なので、単品で使ったり、または組み合わせたりと、個々の状態、用途、目的に応じて使い分けることができます。

なかでも、パンツタイプの「はくオムツ」は、「リハビリパンツ」、「トレーニングパンツ」という商品名で知られるように、オムツを外す練習用にも使われます。

しっかりフィットするようにギャザーが入っているので、立ち上がってもずり落ちません。

片手で簡単に上げ下げができるので、一人でもトイレやポータブルトイレで用が足せます。

尿量に合わせてパンツ・オムツを選ぶ

尿量

漏れる尿量が少ないなら

少ない～中くらい

漏れる量がほんのちょっとだけという場合は、「失禁パンツ」がおすすめです。トランクス、五分丈などをはじめ、いろいろなタイプがあるので、状態に合わせて選べます。しかし、失禁パンツだけでは心配だという場合には、尿取りパッドとの併用をおすすめします。パッドの種類も豊富で、自分の状態に合わせて使い分けられます。

さらに、吸水性をもっと重視したい場合には、防水パンツがいいでしょう。たっぷりと吸収するので、尿量が多くなっても安心です。また、失禁パンツは使いたくないという方には、手持ちの下着に尿取りパッドを合わせることもできます。

防水性をより強化するには

やや多い

漏れる量が少し多い場合は、たっぷり吸収してくれるパンツタイプの「はくオムツ」がおすすめです。ギャザー入りなのでからだにしっかりフィットして、「漏れ」を防ぎます。ふつうの下着感覚ではけます。

寝ている時間が長い場合などには

多い

尿量が多い場合には、吸収部分に尿を固めるポリマーが内蔵されている「はくオムツ」や「開閉式オムツ」がおすすめです。開閉式オムツは、オムツカバーと紙オムツが一体になったもので、からだに合わせて両サイドをテープで止めるタイプなどがあります。用途に合わせて選べます。

防水パンツ

股の部分の防水をより強化し、多重構造にした失禁パンツの一つです。軽い失禁用から量の多い人用まで種類も豊富です

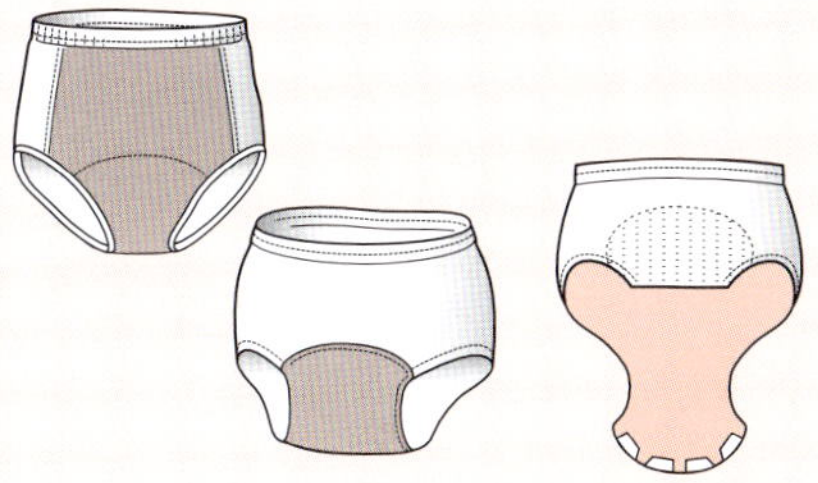

尿取りパッド

パッドには、薄いタイプと尿を吸収して固めるポリマー内蔵タイプがあります。手持ちの下着と組み合わせると便利です

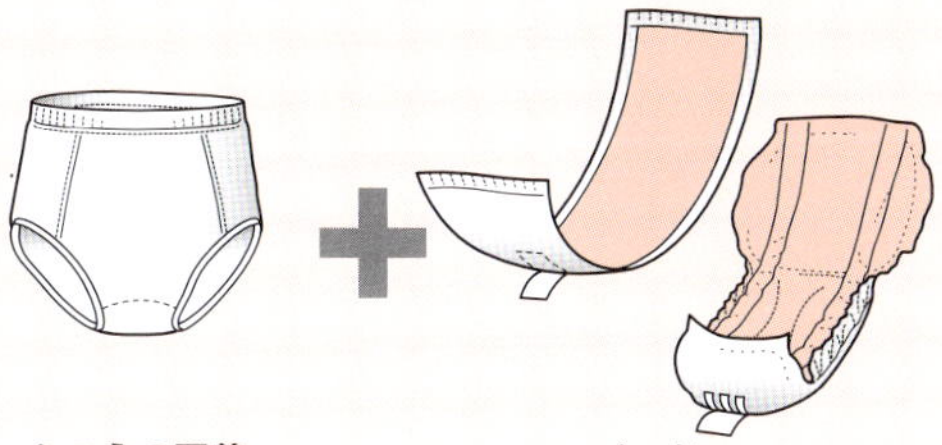

ふつうの下着　パッド

失禁パンツ＋パッド

長時間の外出や旅行先などでの「漏れ」が心配な場合には、失禁パンツにパッドをプラスします。長時間の外出も安心です

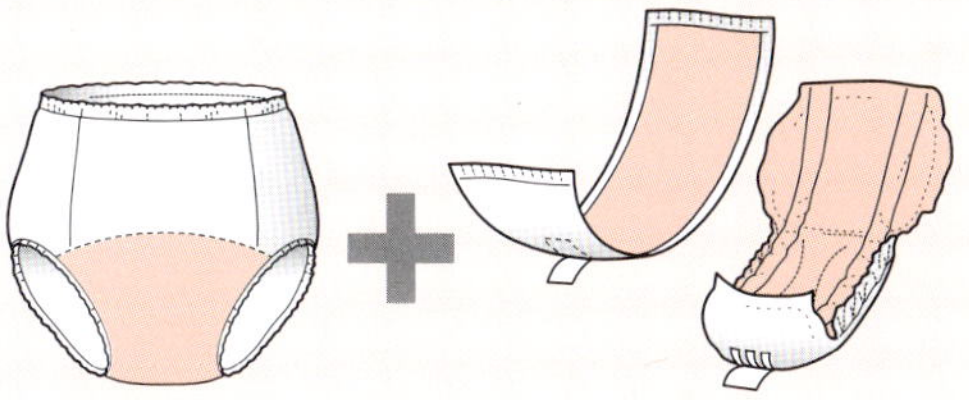

失禁パンツ　パッド

失禁パンツ

パンツの股部分の吸水性が強化されていて、少しくらいの尿ならば吸い取ってくれます。何回もくり返し洗濯ができるので経済的です

スタンダードタイプ

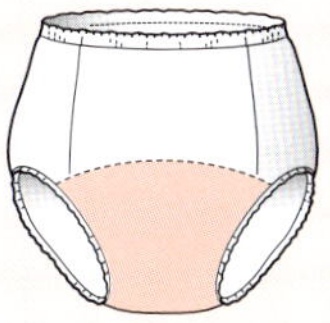

前開きタイプ

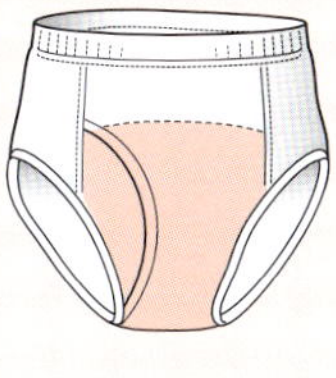

おしゃれタイプ

トランクスタイプ

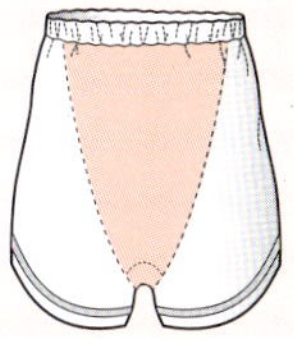

五分丈タイプ

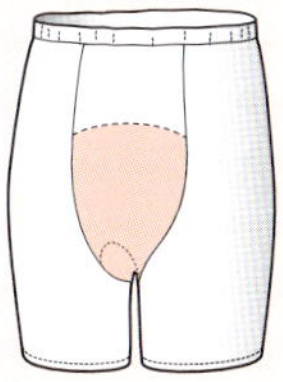

防水部分　吸水部分

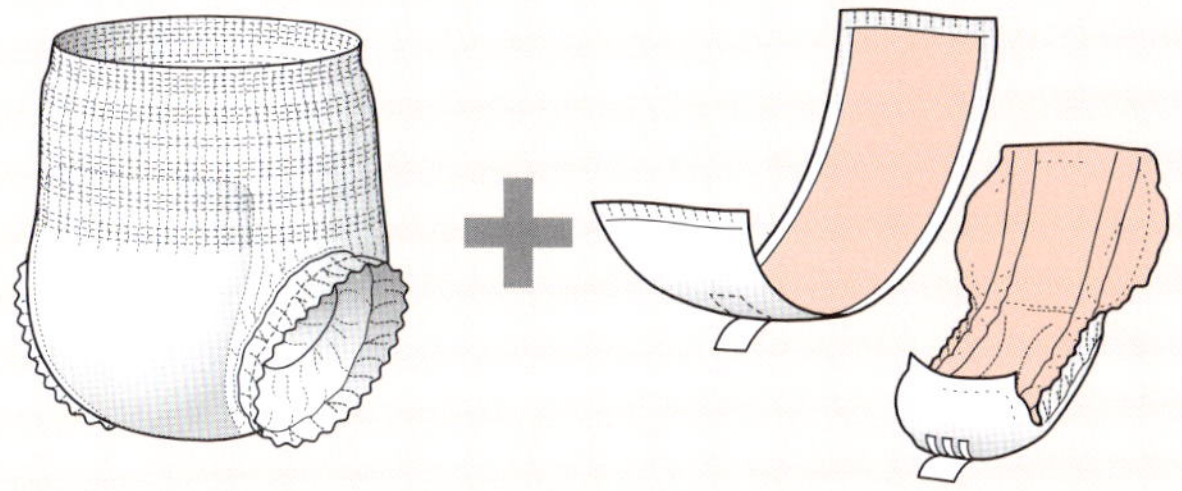

はくオムツ　パッド

ちょっと外出するときに「はくオムツ」だけでは心配だという場合は、尿取りパッドをプラスします。二重のガードなのでより安心が得られます

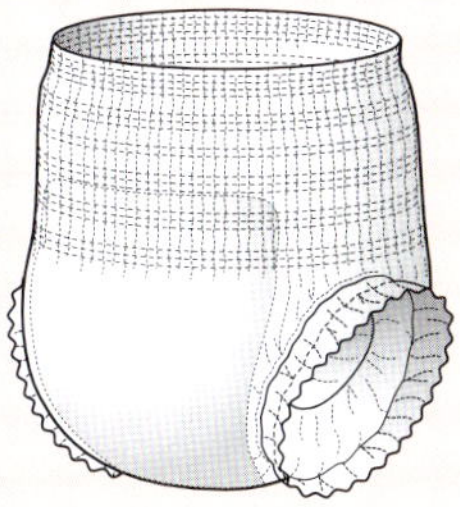

はくオムツ

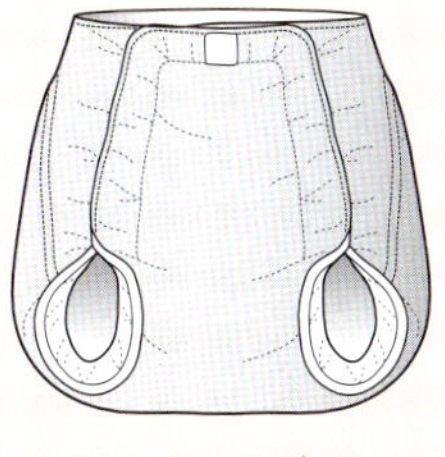

オムツカバー

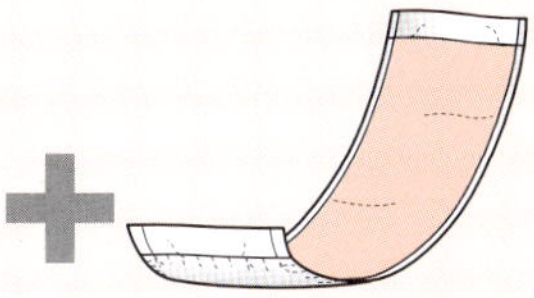

布オムツ

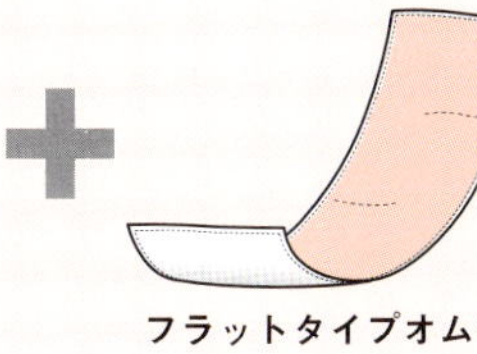

フラットタイプオムツ

オムツカバーと布オムツ、紙オムツを併用します。これを使うのは、病気などで寝ている特別な場合だけです。その状況を脱したら、ふつうの排泄方法に戻します

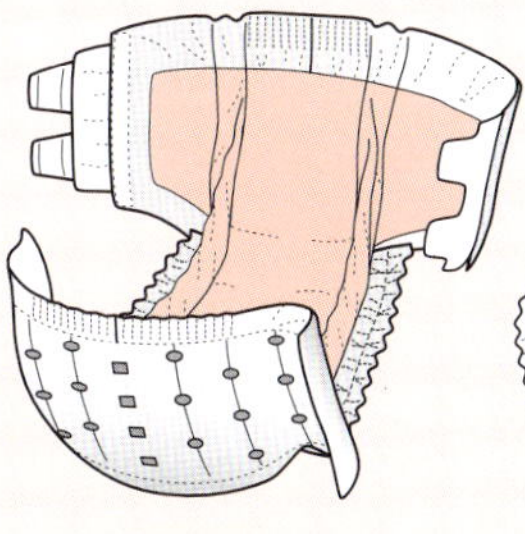

開閉式オムツ

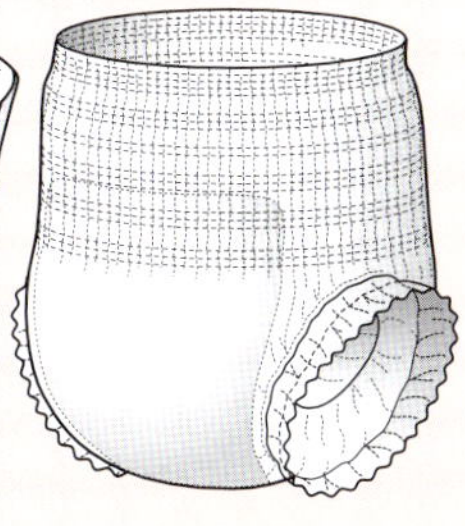

はくオムツ

第6章 入浴のケア

6-1 入浴の環境づくり（1）

入浴のケアとは

入浴は単なる身体洗浄にあらず

少しの工夫で入浴はできる

障害や老化のために歩くのが難しくなってくると、多くの場合、「もう家のお風呂には入れない」と思いがちです。そのため寝たまま入るゴムの簡易式浴槽を使ったり、機械で入浴したりと、特別な方法に頼るようになります。

しかし本来、介護とは「できるだけふつうの生活をすることを助ける」ものであるはずです。日本人にとって入浴という行為は、一日の区切りとなる大切な生活習慣です。これまでのやり方をできるだけ継続してお風呂に入れるよう介助することは、その人の文化を守ることでもあるのです。

その人らしい入浴を介助するには、ちょっとした工夫があれば大丈夫です。特別なやり方は必要ありません。寝たきりの人や自力で立つ力のない人でも、すわることさえできれば家のお風呂に入ることはできます。車イスにすわれる人を、わざわざ寝たままお風呂に入れる必要はありません。

入浴の持つ意味

「家のお風呂」は人それぞれ

ある脳卒中の男性は、自宅の五右衛門風呂に入っています。介助している奥さんにお風呂の改造をすすめたところ、「夫が入りたがっているし、やってみたら何とかなったので」との答え。その人にとってのお風呂を大事にしたケースだといえます

日本人はお風呂好き

入浴は生活の一部

健康なときはほとんど意識していませんが、われわれ日本人にとってお風呂は欠かせない生活習慣の一部。疲れて帰ってきても、慣れ親しんだ家のお風呂にゆっくり入れば、身も心もすっかりリラックスできます

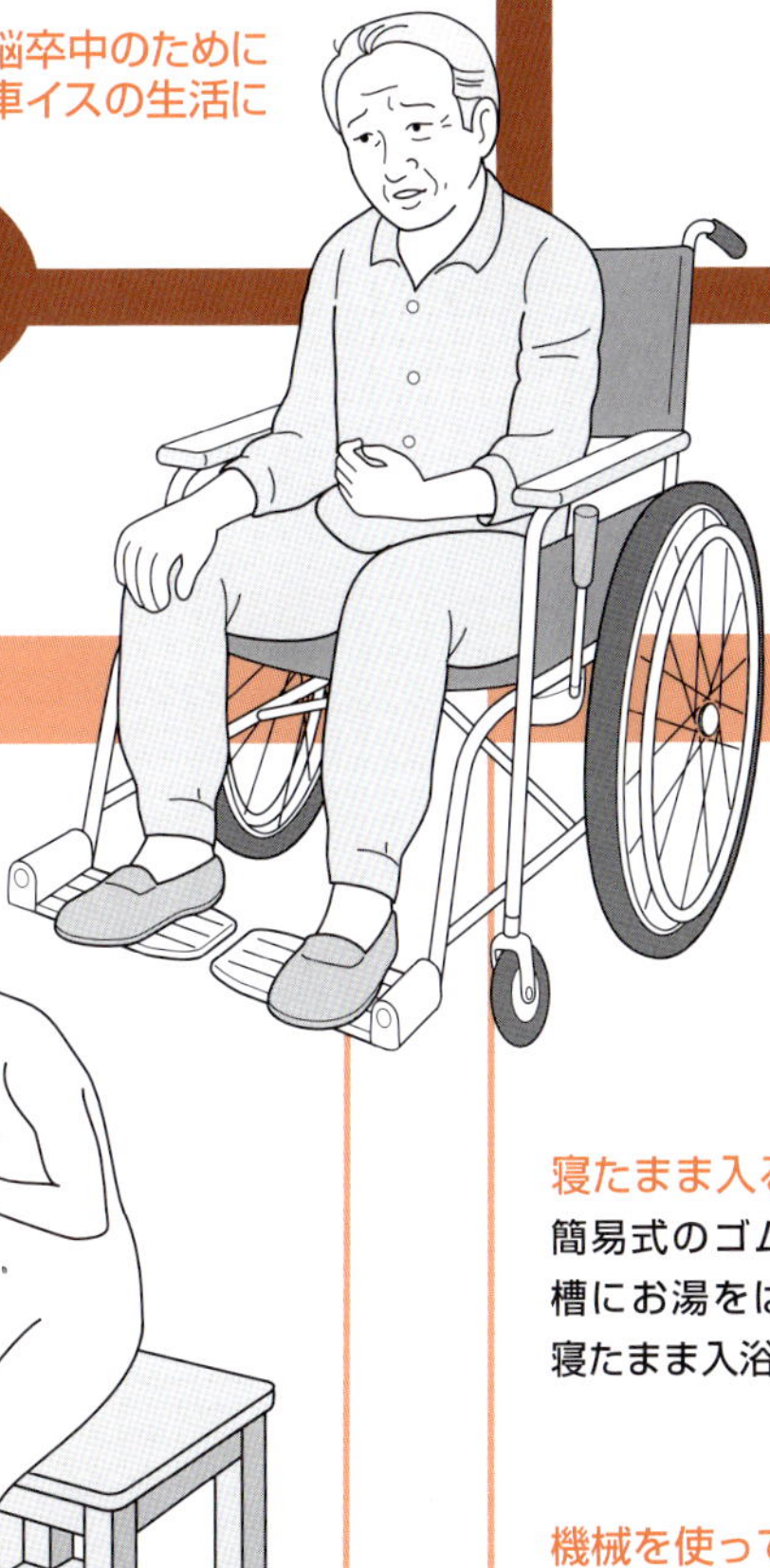

工夫すればできる方法

従来の方法

満足できる入浴

洗い台にすわって入る

浴槽に同じ高さの洗い台をくっつけ、これにすわって浴槽に出入りする方法。これまで通り家のお風呂に入ることができる

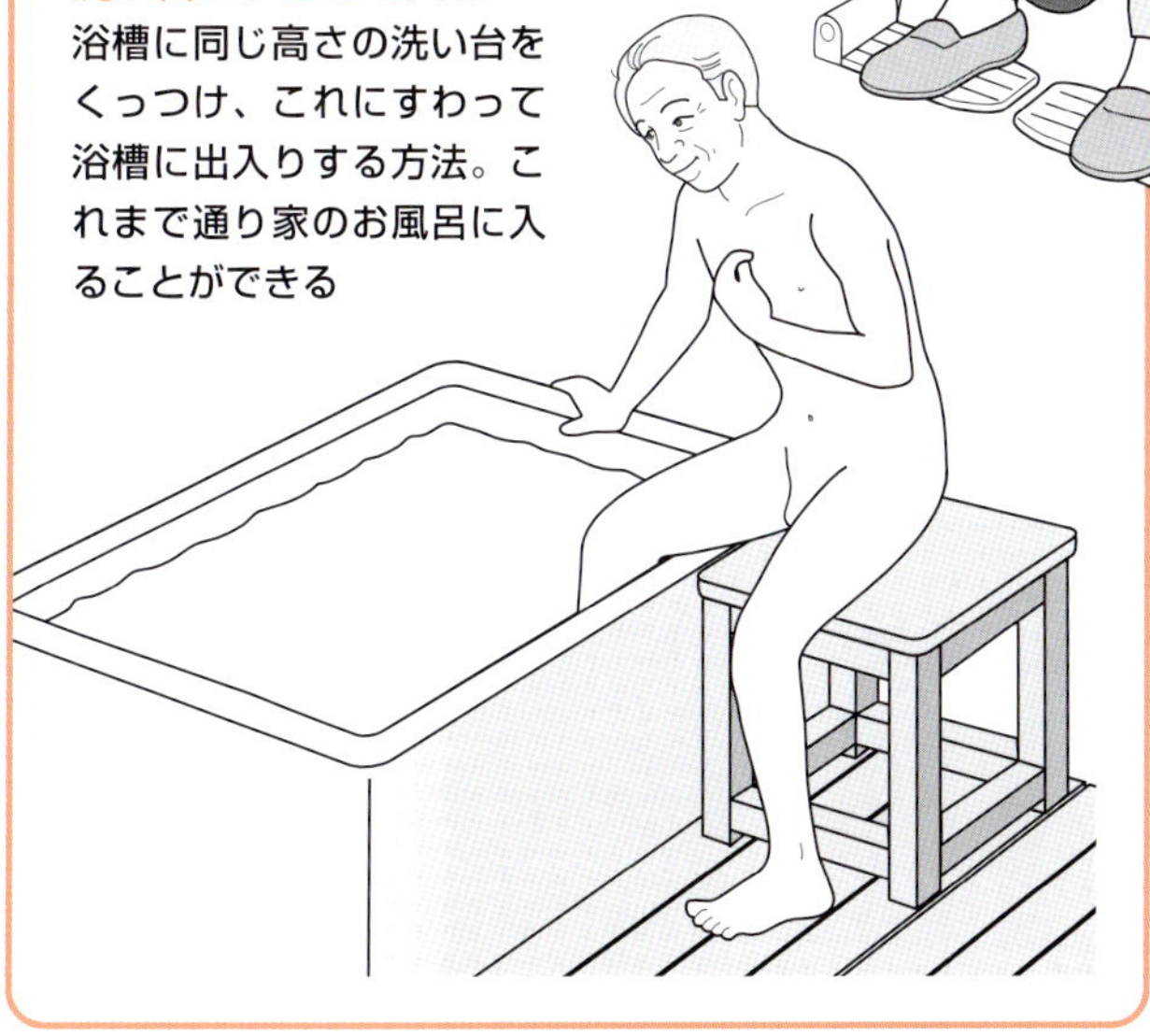

身体洗浄方式

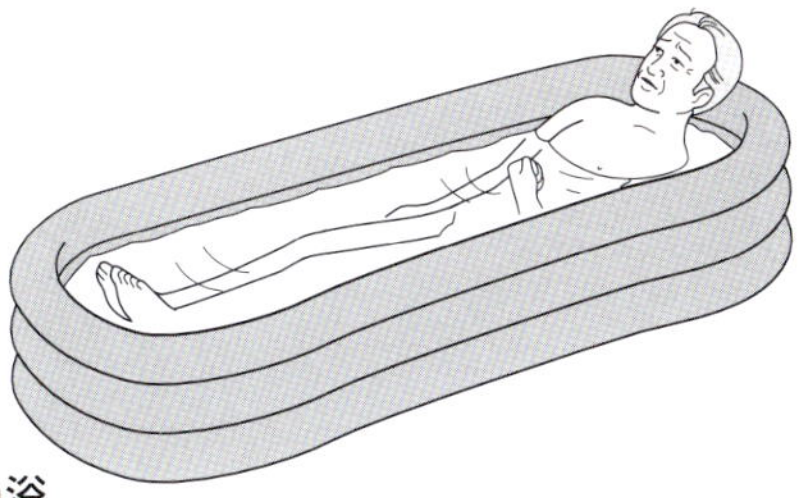

寝たまま入る

簡易式のゴムの浴槽にお湯をはり、寝たまま入浴

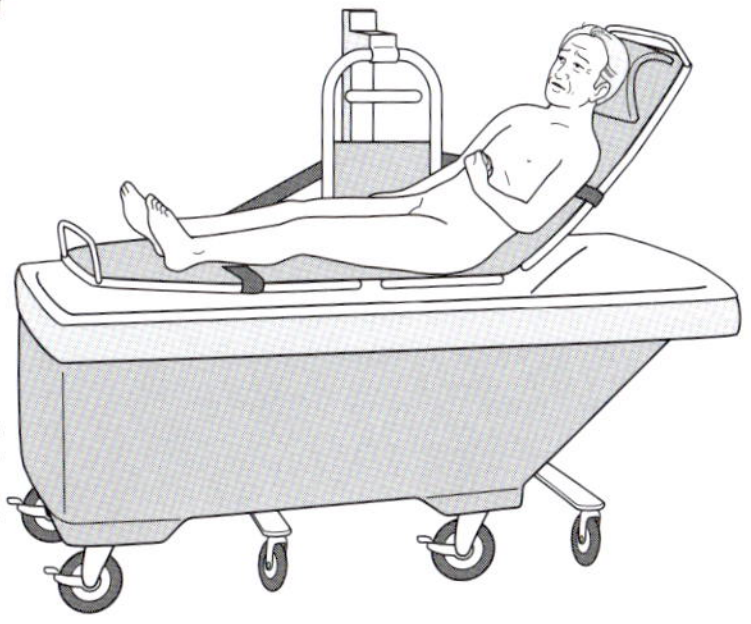

機械を使って入る

ストレッチャーにのせられて寝たまま入浴

大浴場や機械式は問題が多い

「段差がないのがバリアフリー」という誤解

機械式風呂の4つの問題点

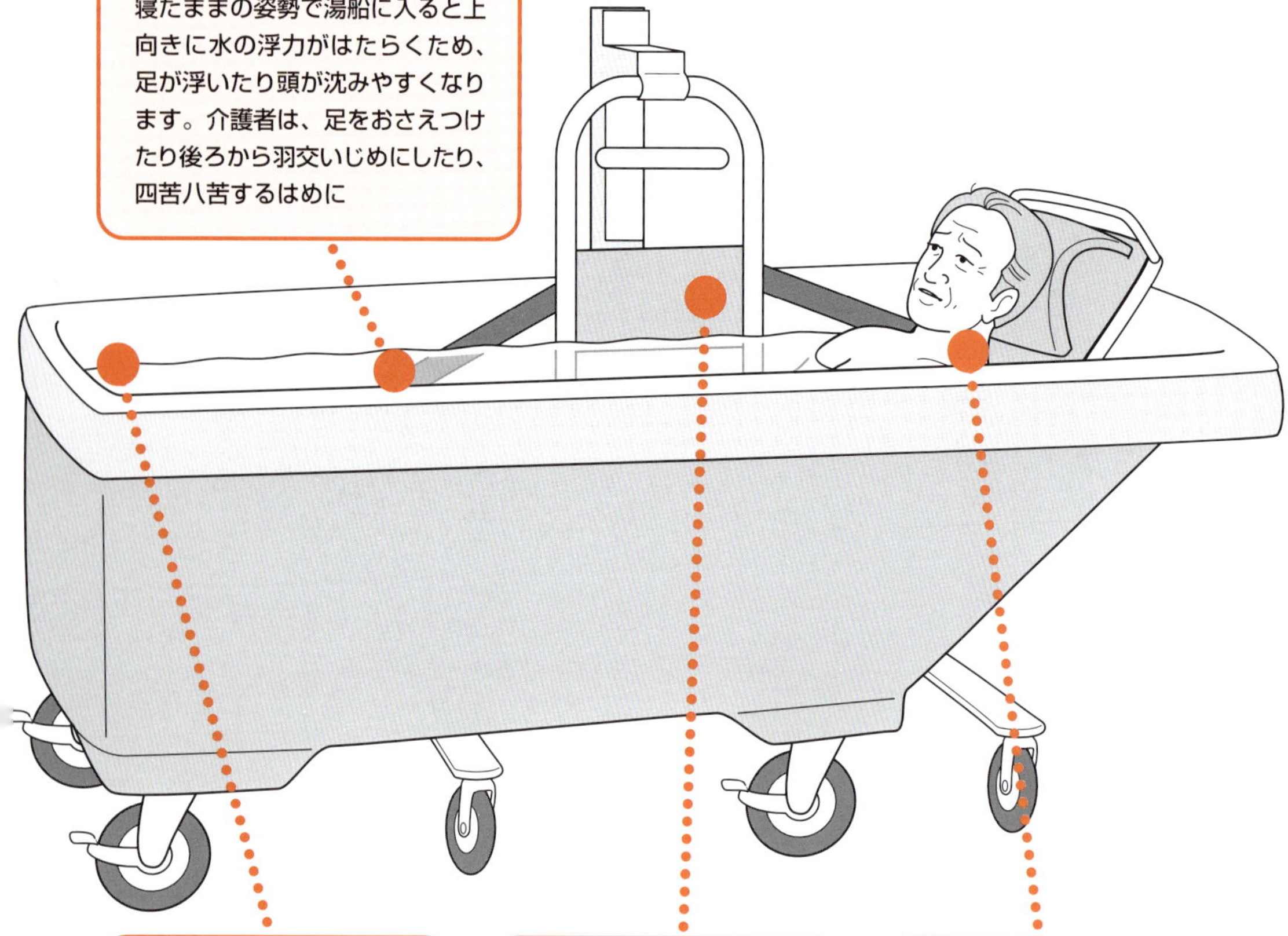

①湯船の中で姿勢が安定しない

寝たままの姿勢で湯船に入ると上向きに水の浮力がはたらくため、足が浮いたり頭が沈みやすくなります。介護者は、足をおさえつけたり後ろから羽交いじめにしたり、四苦八苦するはめに

②はじめから終わりまで受け身的

要介護者は終始ストレッチャーの上であお向けに寝かされたまま。自分で髪やからだを洗うこともありません。入浴したという満足感はほとんどないでしょう

③落ちると危険

ストレッチャーに寝かされた姿勢は不安定で、常に落下の危険が伴います。実際、過去に老人が転落して死亡する〝事故〟が起こっています

④運搬・移動時が恐い

ストレッチャーにのせられて移動するのは、健康な人でも恐いもの。まして、からだの自由が利かない人にとっては、恐怖以外の何ものでもありません

間違った常識を見直そう

老人施設では、機械を使った入浴法がまだまだ当たり前のように行われています。しかし機械浴は本来、両脚がマヒしてまったく力が入らない人や、意識障害のある人、動こうという意志のない人など、特別なケースに対してのみ行われる入浴法なのです。できるだけ機械に頼らず入浴できるよう工夫すること、もし機械浴にする場合は事故に十分注意することが必要です。

また、「段差がないのがバリアフリー」と勘違いして、大浴場式のお風呂にしている施設も少なくありません。浴槽を床に埋めこんで、湯船と洗い場との段差をなくしてしまおう、というものです。しかし、この方式にもさまざまな問題点があるといわざるを得ません。

大浴場の6つの問題点

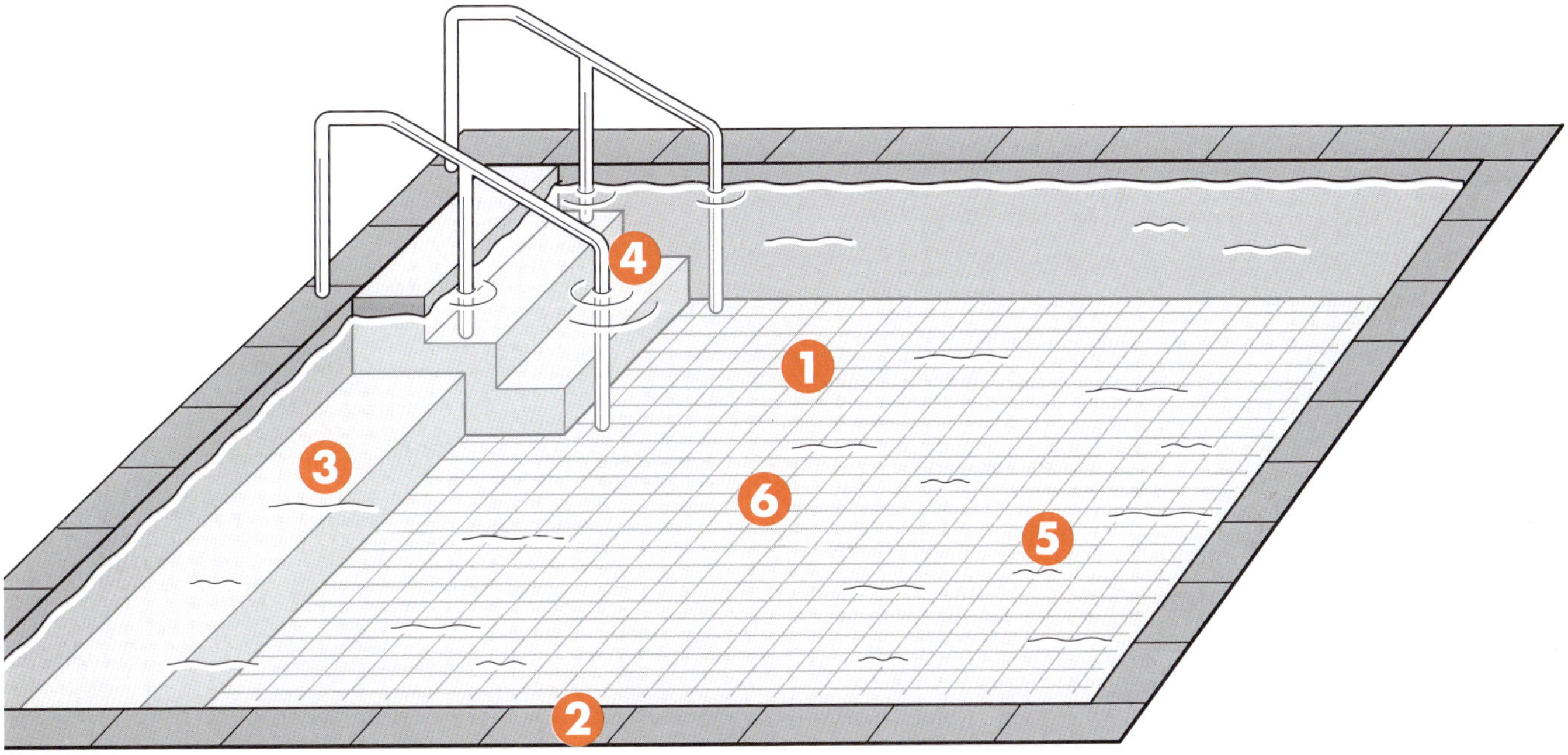

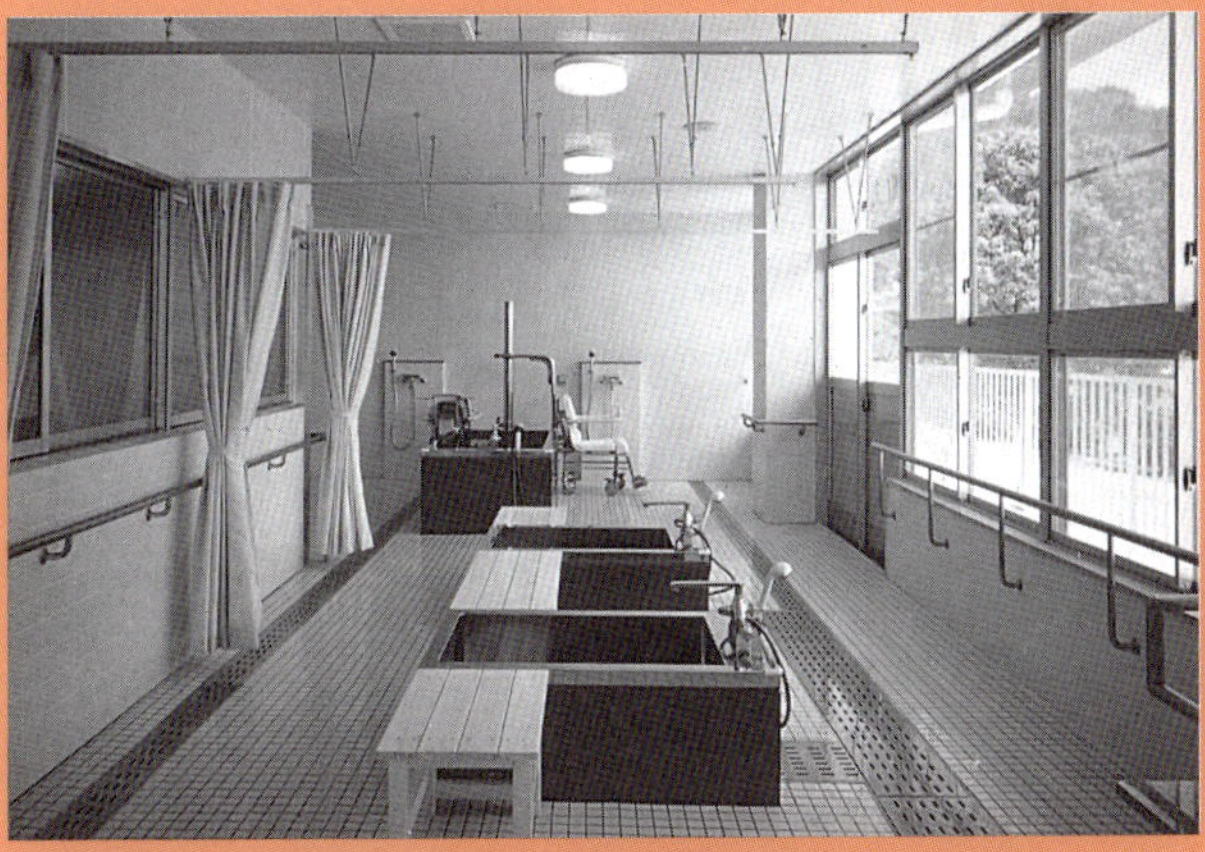

機械浴をやめる施設も増えている

特養ホーム「誠和園」（広島）では、かつては入居者の大半が機械を使って入浴していましたが、現在では寝たままの姿勢で入る機械浴はゼロ、すわった姿勢で入る機械浴が5～6人で、残りはみんなふつうの家庭用浴槽で入浴しています。すわって入れば姿勢は安定し、湯船の中でからだが浮くこともなく、何より足の裏や陰部まで自分の手で洗うことができます。その結果、誠和園では高齢者の自立度が40％も増し、職員の介助量は40％も軽減されたといいます。機械に頼るよりも、本人に残っている力を利用した自然な入浴動作のほうがずっといいことを証明しているといえるでしょう

❶ 埋めこみ式は出入りがたいへん

埋めこみ式の浴槽に出入りするためには、「床にしゃがむ」「床から立つ」という難しい動作が要求されます

❷ 介助するほうもたいへん

広い浴槽の外側から床より低い位置にいる人を介助しなければならず、介護者が腰を痛める原因になります

❸ 段差がじゃま

段差を1段つけたお風呂もありますが、浴槽から出るときに水の浮力が使えず、かえってじゃまになります

❹ 階段やスロープは使えない

障害のある人がはだしで階段を昇り降りできるでしょうか。スロープも足がすべりやすく危険です

❺ 広い浴槽は危険

浴槽が広いと足を壁でブロックできず、背中や左右の支えもないので、水の浮力でからだが浮いてしまい、湯船の中でおぼれかねません

❻ お湯の入れ替えが困難

アカや、万一、排泄物でお湯が汚れたとき、入れ替えが困難。疥癬《かいせん》などの感染の原因にもなります

浴槽の選び方と設置法

〝バリアフリー信仰〟の落とし穴

段差がないと出入りしにくい

家族が脳卒中のため片マヒになった、年老いた親との同居が決まった……今後のことも考えて、浴室への出入りがしやすく介護も楽になるよう、改築することになったとします。あなたならどんなお風呂にしますか？

最も多い浴槽のタイプと設置法の組み合わせの希望の例は、「洋式＋埋めこみ型」という回答。浅くて長い洋式の浴槽を、段差がないように完全に埋めこんで設置するというものです。

実際、「障害者用」「高齢者用」といって売られている浴槽は、洋式や和洋折衷式で内側に手すりをつけたものが多く、また、最近は「バリアフリー」ということがうたわれ、とにかく段差さえなければいいことだと思いこまれているふしがあります。

しかし、この「洋式＋埋めこみ型」ほど障害者や老人に不向きなものはありません。浅くて長い浴槽では入浴したときの姿勢が非常に不安定になるため、介助者がおさえつけていないと沈んでしまいかねません。また、浴槽を埋めこんでしまうと、出入りするためには床にしゃがまなければなりません。これは障害者や老人にとってはたいへんな動作で、介助者が腰を痛める原因ともなります。

また、浴槽を床に完全に埋めこんでしまうと汚水が流れこむからという理由で、床から少し段差をつけた落としこみ型を選ぶ人も少なくないようです。しかし、これもやはり低すぎて、出入りするためには床にしゃがまなければなりません。介護者・要介護者どちらにとっても負担の大きい設置法だといわざるを得ないでしょう。

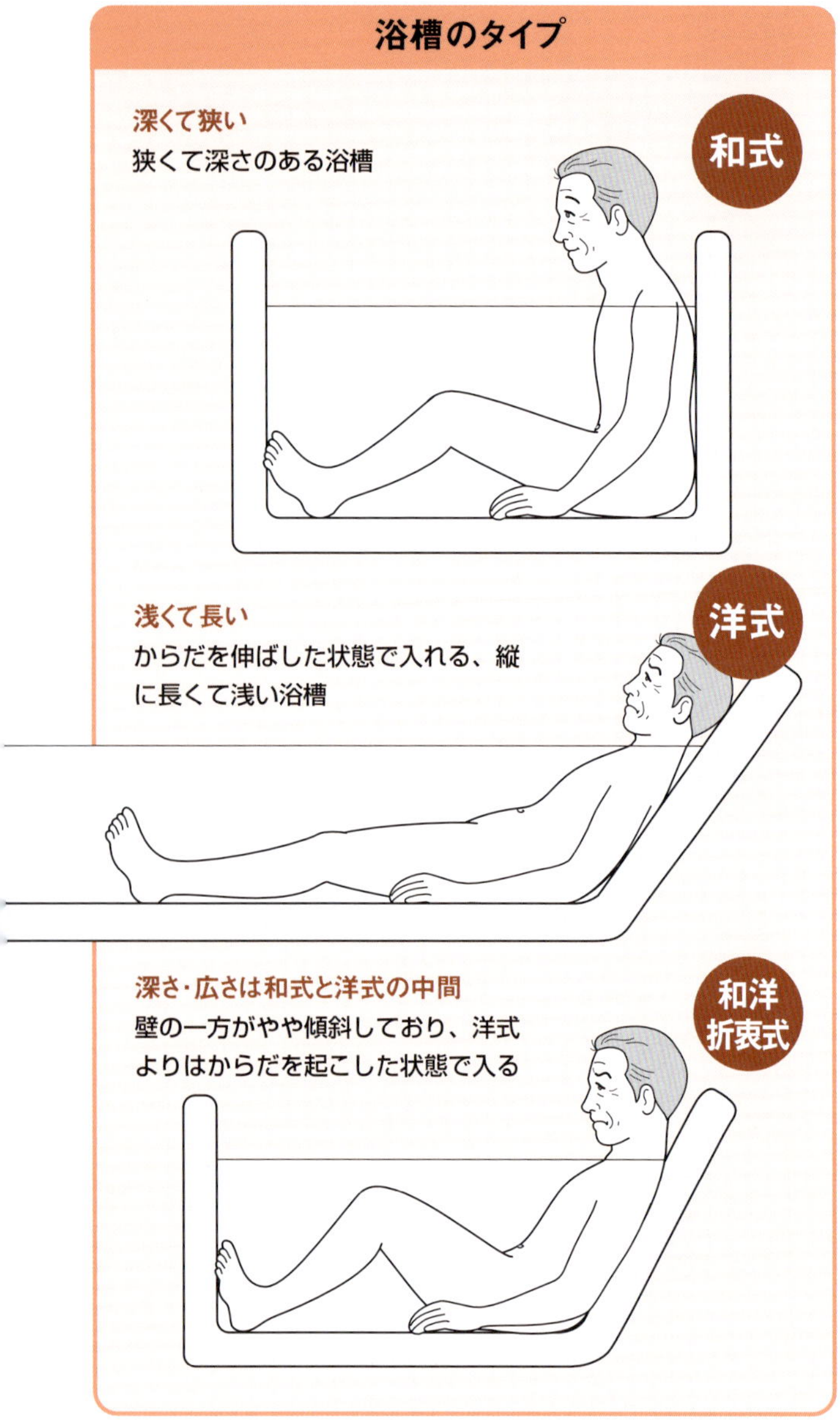
浴槽のタイプ
和式
深くて狭い
狭くて深さのある浴槽
洋式
浅くて長い
からだを伸ばした状態で入れる、縦に長くて浅い浴槽
和洋折衷式
深さ・広さは和式と洋式の中間
壁の一方がやや傾斜しており、洋式よりはからだを起こした状態で入る

浴槽のタイプと設置法はどれがいいか

浴槽の設置法

埋めこみ型

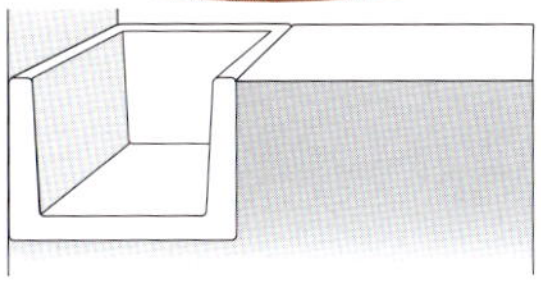

段差がないように、浴槽を浴室の床に完全に埋めこんでしまう方法

落としこみ型

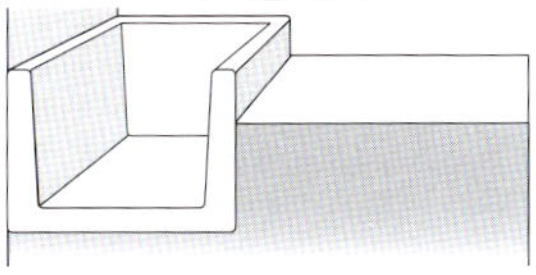

汚水が流れこまないように、浴室の床から少し段差をつけて設置する方法

半埋めこみ型

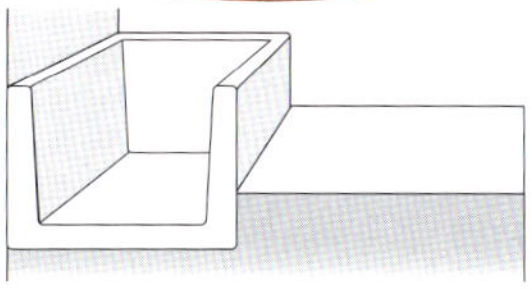

浴槽を浴室の床から20㎝程度埋めこんで設置する方法

据え置き型

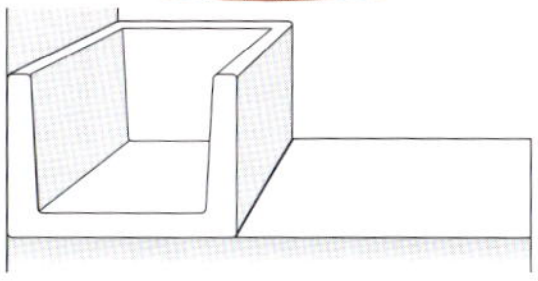

浴槽を浴室の床に据え置く方法。浴槽の深さと床からの高さは同じ

洋式

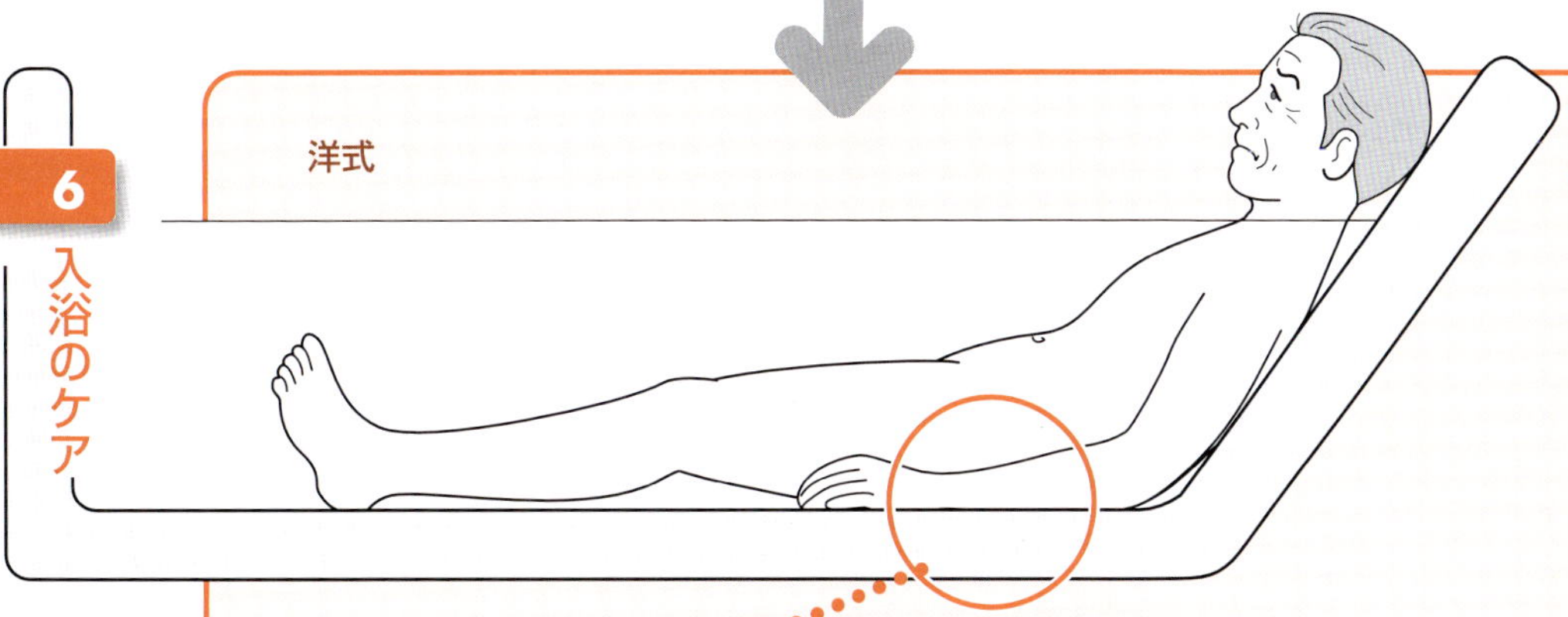

✕ 最悪の組み合わせ

洋式＋埋めこみ型

もっともよく見かける組み合わせですが、介助する側・される側のどちらにも、これほど負担の大きい組み合わせはありません

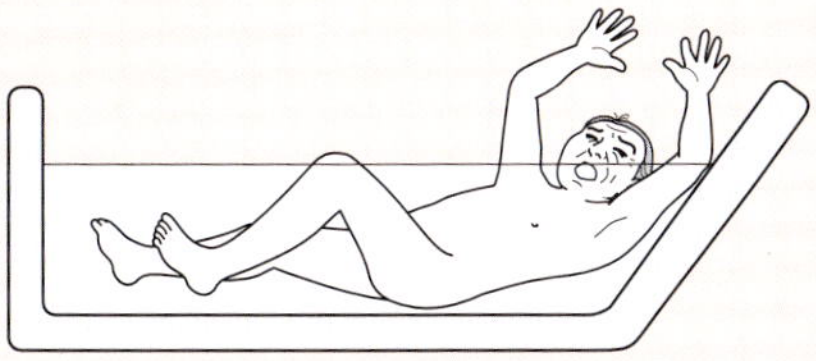

足がつっぱれないので姿勢が不安定

寝た姿勢に近いうえ、からだを支えるところがないため、入浴姿勢が安定しません

＋

埋めこみ型

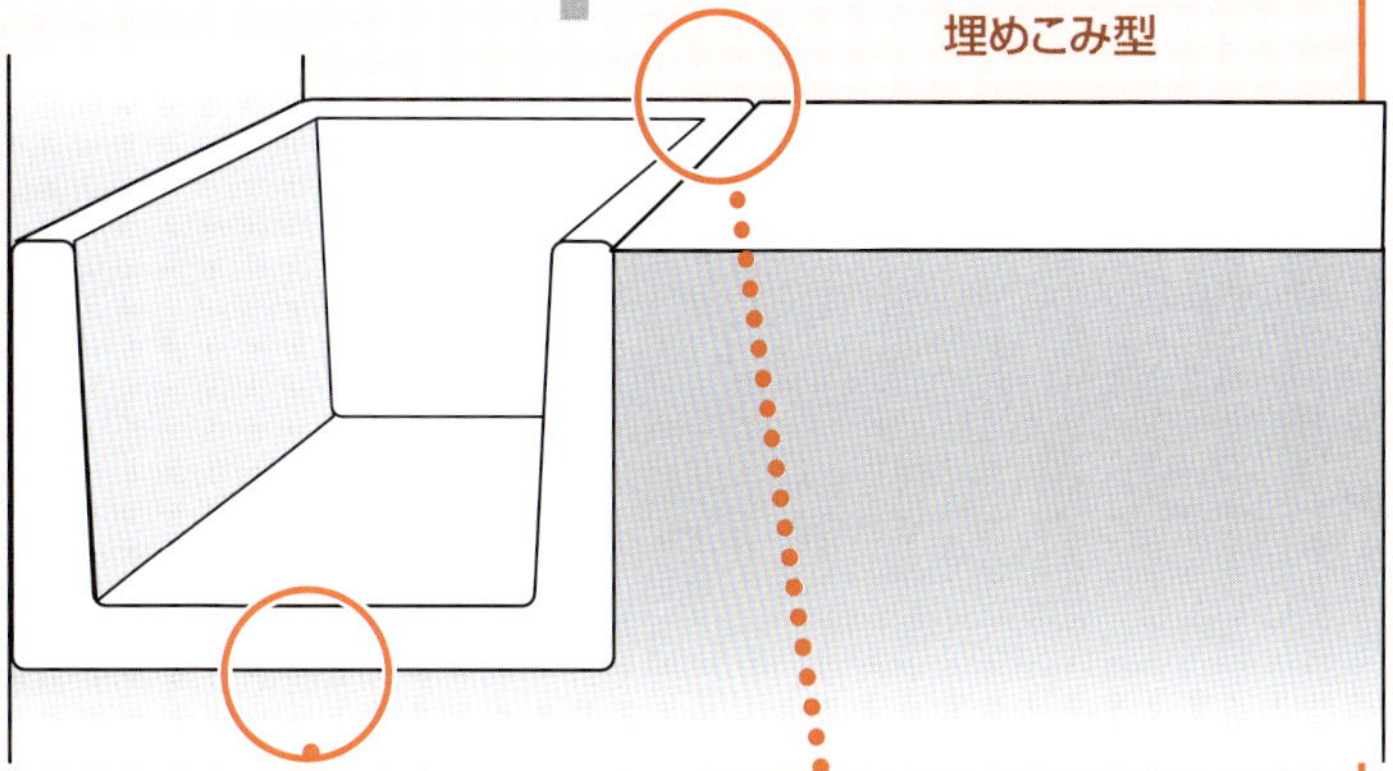

その他の浴槽の問題点

- 和洋折衷式：浴槽が長すぎてからだが浮きやすい、壁が傾斜していてからだを前に倒しにくい
- 据え置き型：高すぎて出入りしにくい
- 落としこみ型：低すぎて出入りしにくい、身体機能の低い人では落ちておぼれる可能性あり

介助するのに腰を痛めやすい

床より低い位置にいる人を介助しなければならないため、腰を痛める原因になります

出入りするのが難しい

浴槽に出入りするために「床にしゃがむ』床から立つ」という動作をしなければなりません

理想のお風呂と工夫例

狭くて深い家庭用の和式浴槽がベスト

理想のお風呂

家庭用の和式浴槽（1.5人用）を、半埋めこみ型（深さ60㎝、床からの高さ40㎝）で設置し、これに床からと同じ高さの洗い台をくっつけて出入りします

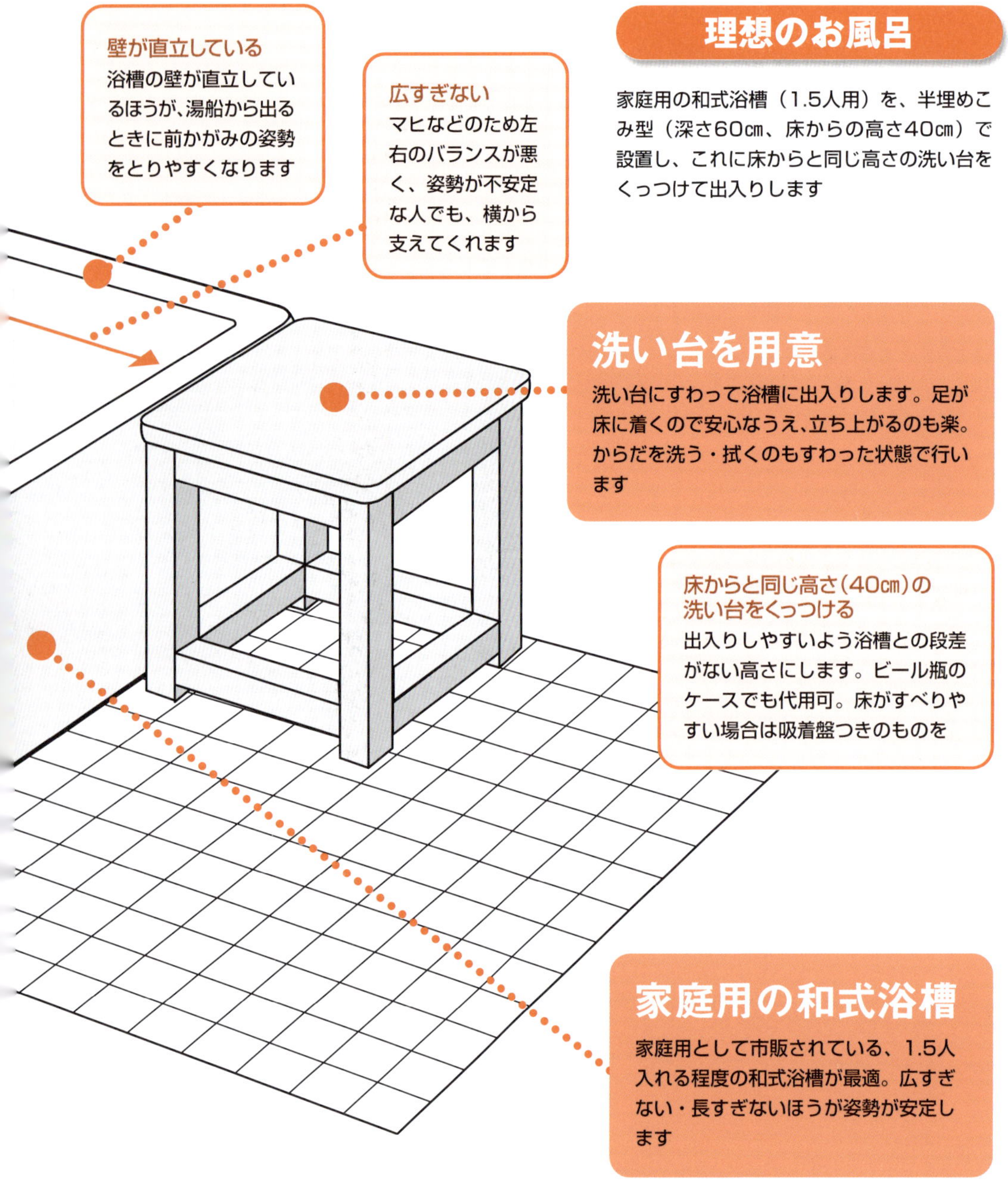
壁が直立している
浴槽の壁が直立しているほうが、湯船から出るときに前かがみの姿勢をとりやすくなります
広すぎない
マヒなどのため左右のバランスが悪く、姿勢が不安定な人でも、横から支えてくれます
洗い台を用意
洗い台にすわって浴槽に出入りします。足が床に着くので安心なうえ、立ち上がるのも楽。からだを洗う・拭くのもすわった状態で行います
床からと同じ高さ（40㎝）の洗い台をくっつける
出入りしやすいよう浴槽との段差がない高さにします。ビール瓶のケースでも代用可。床がすべりやすい場合は吸着盤つきのものを
家庭用の和式浴槽
家庭用として市販されている、1.5人入れる程度の和式浴槽が最適。広すぎない・長すぎないほうが姿勢が安定します

狭いほうがからだは安定

介護用というと、浅くて長い洋式浴槽がよいと思いがち。しかし、じつは身体機能の低下した人ほど、深くて狭い和式浴槽のほうが向いているのです。なぜなら、狭いほうが足がきちんとブロックされるのでからだが浮かず、またマヒなどのために左右のバランスがよくない人でも、幅が狭ければ横に倒れることもなく安定して入れるからです。さらに、深い浴槽にたっぷりお湯を入れたほうが水の浮力を利用できるので、少ない力で介助することができます。

浴槽の役割は、湯船の中で安定した姿勢をとれることにあります。出入りしやすく介助もしやすいお風呂とは、ごくふつうの深くて狭い和式浴槽なのです。

今あるお風呂の工夫のしかた

自宅や施設のお風呂が和式や半埋めこみ型でなくても、工夫すれば入りやすくできます

据え置き型の場合

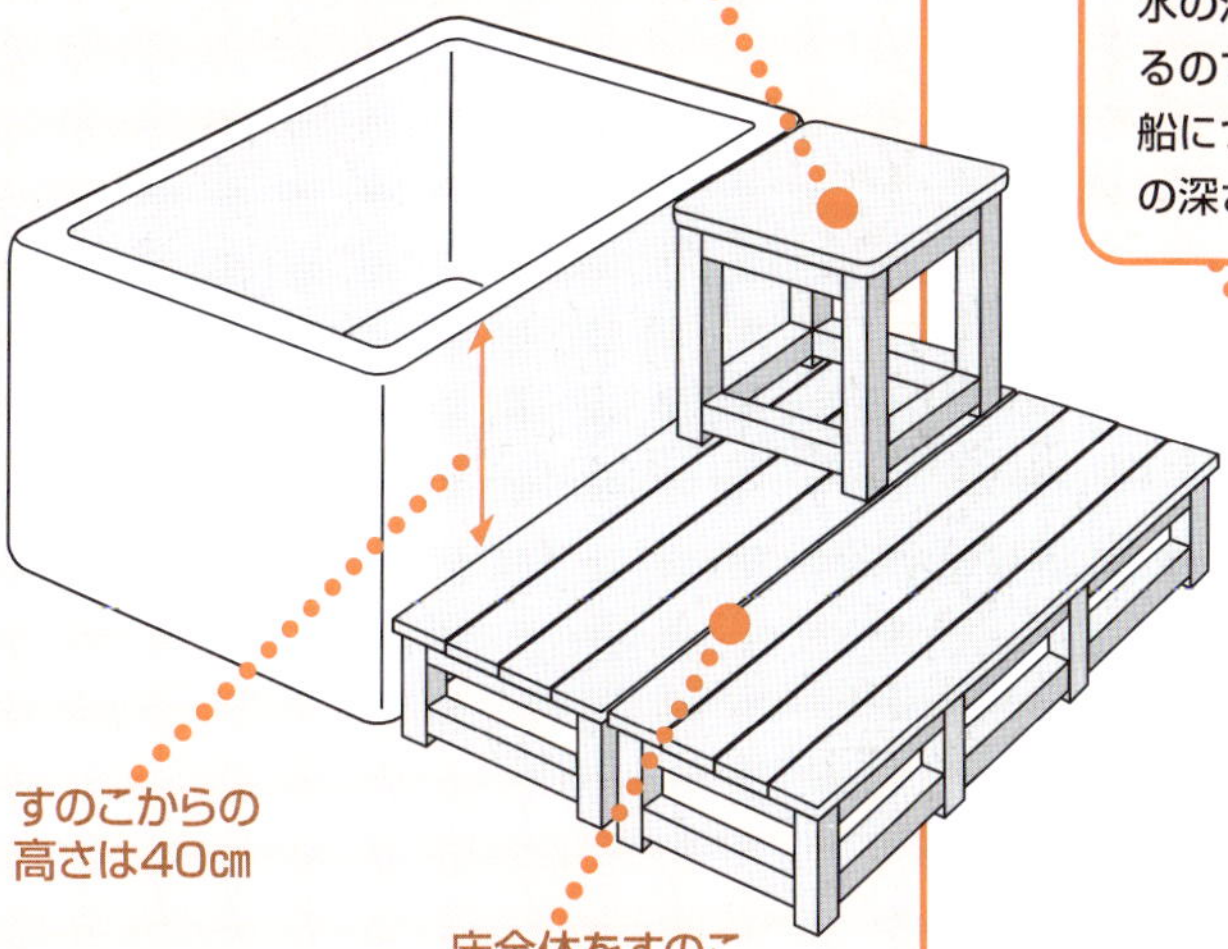
浴槽と段差のない高さの洗い台をくっつける
すのこからの高さは40cm
床全体をすのこで底上げする

落としこみ型の場合　立ち上がる力がある人なら、床からの高さが25cmあれば何とか使いこなせます。同じ高さの洗い台をくっつけます

和洋折衷式の場合　入浴する際は、壁が直立している側に背中がくるよう入ります

長い浴槽の場合　吸着盤つきの洗い台を浴槽に横向きに入れて、奥行きを調節します（141頁参照）

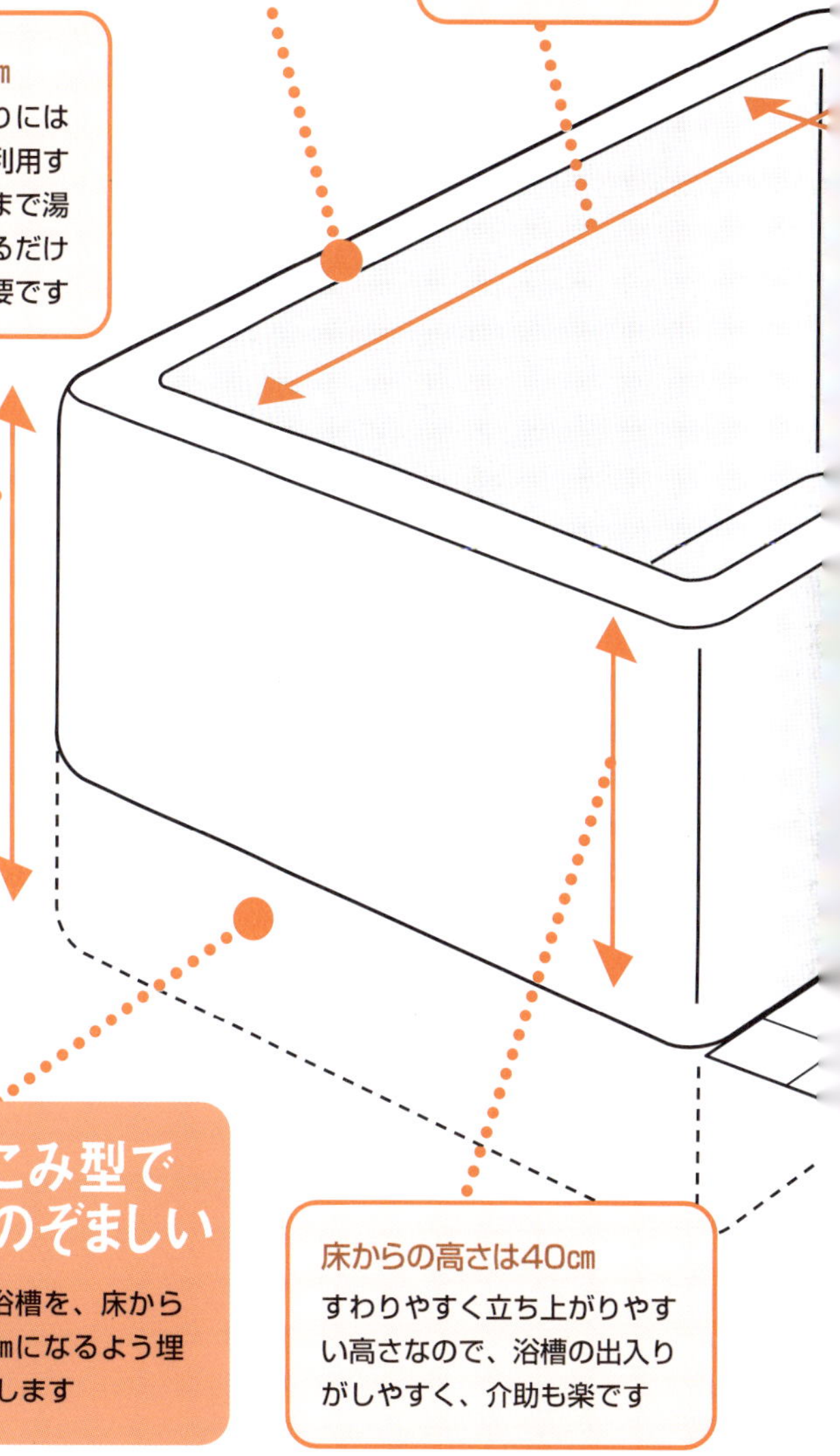

へりの厚さは5cm以内
5cm以内なら手でつかみやすく、手すり代わりに使えます

長すぎない
ひざを軽く曲げて足の裏が向こうの壁に着くぐらいの長さが理想的です

深さは60cm
浴槽の出入りには水の浮力を利用するので、肩まで湯船につかれるだけの深さが必要です

半埋めこみ型で設置がのぞましい

深さ60cmの浴槽を、床からの高さが40cmになるよう埋めこんで設置します

床からの高さは40cm
すわりやすく立ち上がりやすい高さなので、浴槽の出入りがしやすく、介助も楽です

こんなところも工夫したい

おすすめの材質
新しく浴槽を設置するなら、材質はステンレスがおすすめ。水圧に対する強度が高いので、直線的でへりの薄い浴槽にできるほか、メンテナンスも楽です。

浴室のドアが内開き
洗い台を入れるとドアがあかなくなることも。アコーディオンタイプのドアにするなどの対応を。

手すりは特に必要なし
浴槽の中に手すりがついている製品もありますが、出入りの邪魔になり、介助する位置も遠くなってしまいます。もしつけるなら浴槽の外に、それも要介護者の身長や手の長さにあった高さにとり付けましょう。

施設の場合
大きな浴槽を一つ設置するよりも、家庭用浴槽をいくつか並べたほうが、介助はずっと楽になります。浴槽ごとに好みの温度を調節できる、すぐにお湯が沸かせて経済的というメリットも。

6-5

入浴介助の方法（1）

服を脱ぐ

「着患脱健」という介助の方法

「着患脱健」が基本

介護の世界に「着患脱健《ちやつかんだつけん》」という言葉があります。服を脱ぐときはマヒのない側（健側《けんそく》）から、逆に着るときはマヒのある側（患側《かんそく》）から行う、という意味です。衣服の着脱は、この「着患脱健」の原則をふまえるようにすると、うまく行うことができます。

まずは風呂場の脱衣所に、足が床にきちんと着く高さの、安定のいいイスを用意するところからはじめましょう。衣服の着脱は、すべてこのイスにすわって行うようにします。また、衣類は伸縮性のある素材のものを選ぶと、脱ぎ着が楽にできます。

立ち上がれないとき

ズボン・パンツを脱ぐ

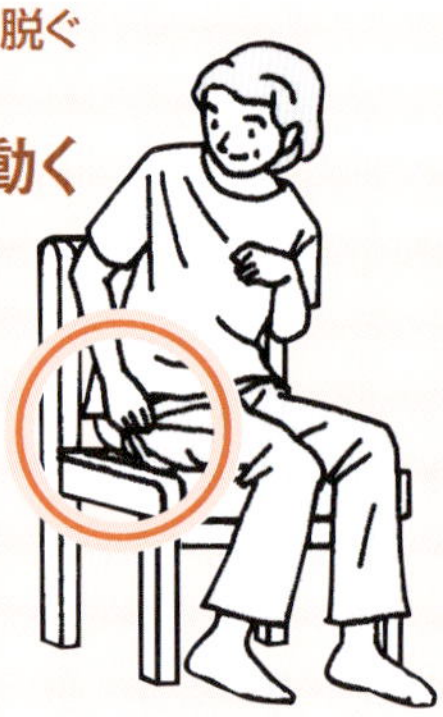

1 左右に動く

すわったままからだを左右に交互に動かします

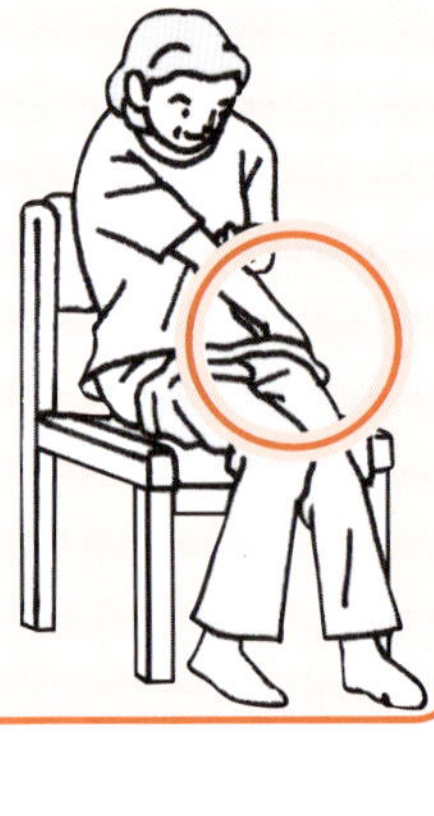

2 衣服をずらす

少しずつ衣服を前にずらしていきます。必要なら介助します

健側から脱ぐ（左片マヒの人の場合）

丸首シャツを脱ぐ

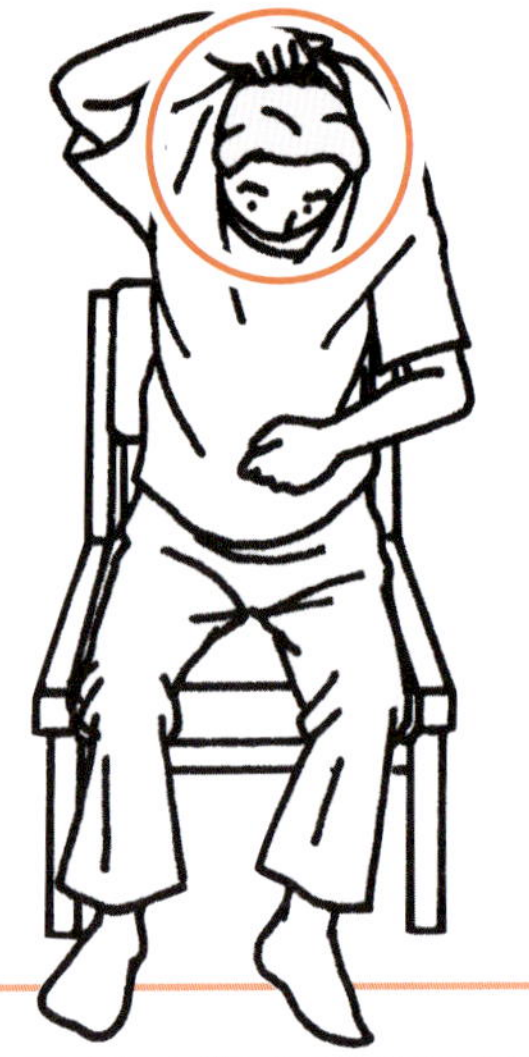

1 シャツの襟元を持つ

健側の手でシャツの襟元を持ち、うつむいた姿勢でシャツを首から引き上げます

前開きのシャツを脱ぐ

1 ボタンを外す

健側の手でシャツのボタンを外します。難しいようなら介助します

ズボン・パンツを脱ぐ

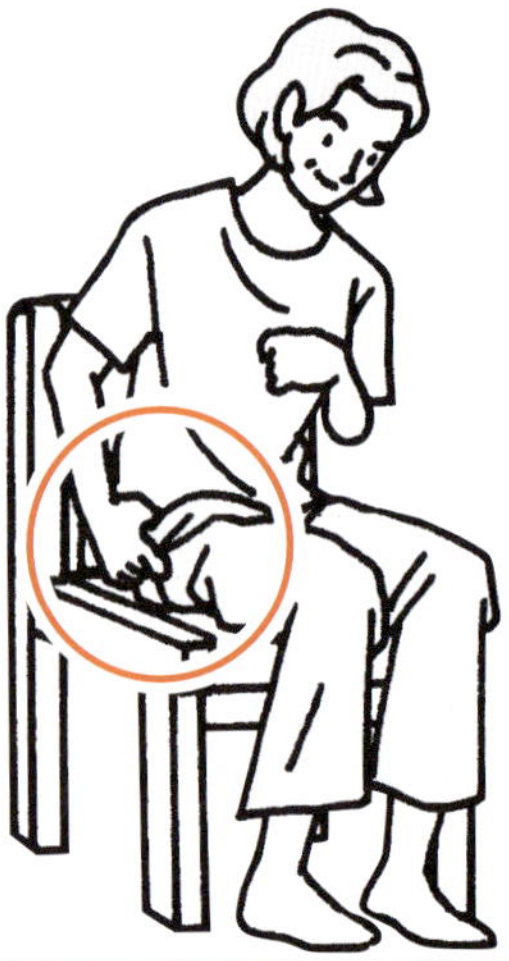

1 ズボンを下げる

ベルトやファスナーを外し、できるだけお尻が出るようにズボンをずり下げます

2 頭をシャツから出す

そのまま健側の手で持ったシャツを、頭から引き抜きます

3 健側の手を抜く

シャツを腕の前のほうにずらしながら、健側の手をシャツから抜きます

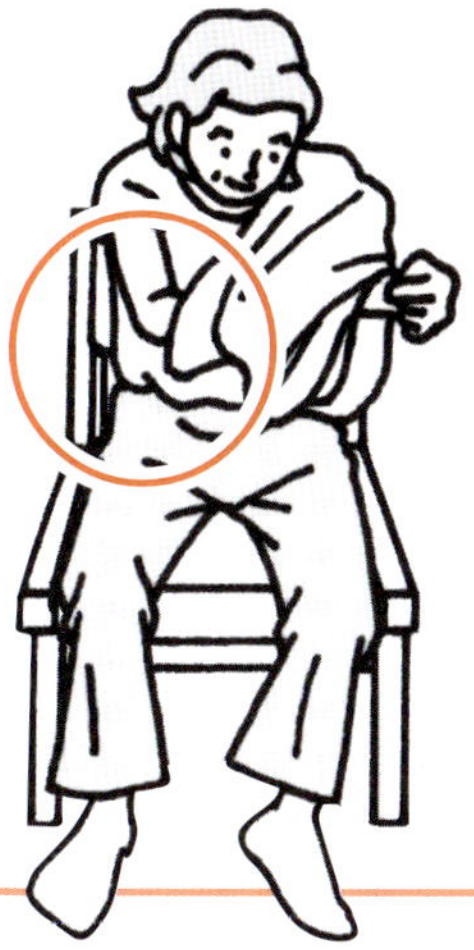

4 患側の手を抜く

健側の手でシャツのそでを持ち、患側の手からシャツを抜きます

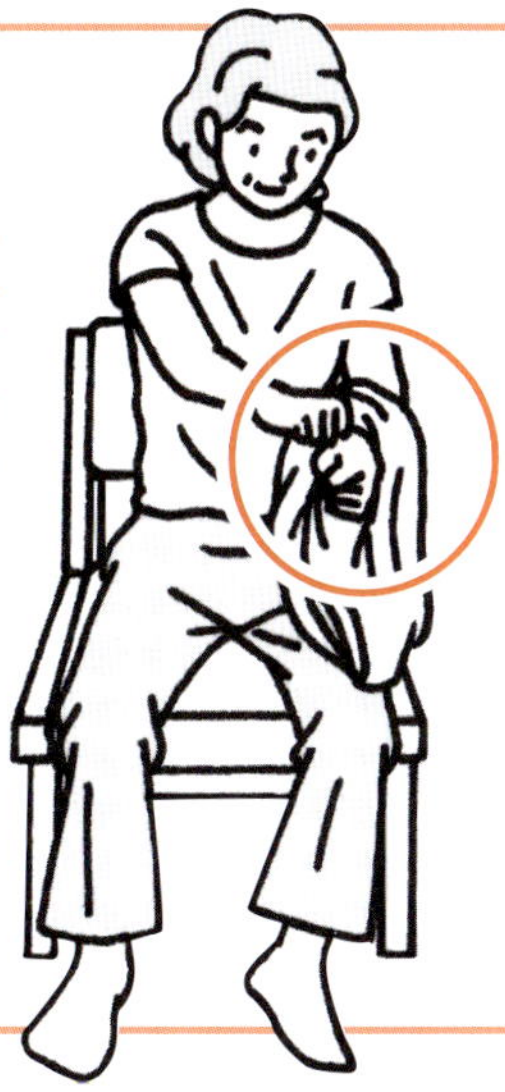

2 シャツをずらす

からだを患側に傾けながら、健側の肩からシャツをずらします

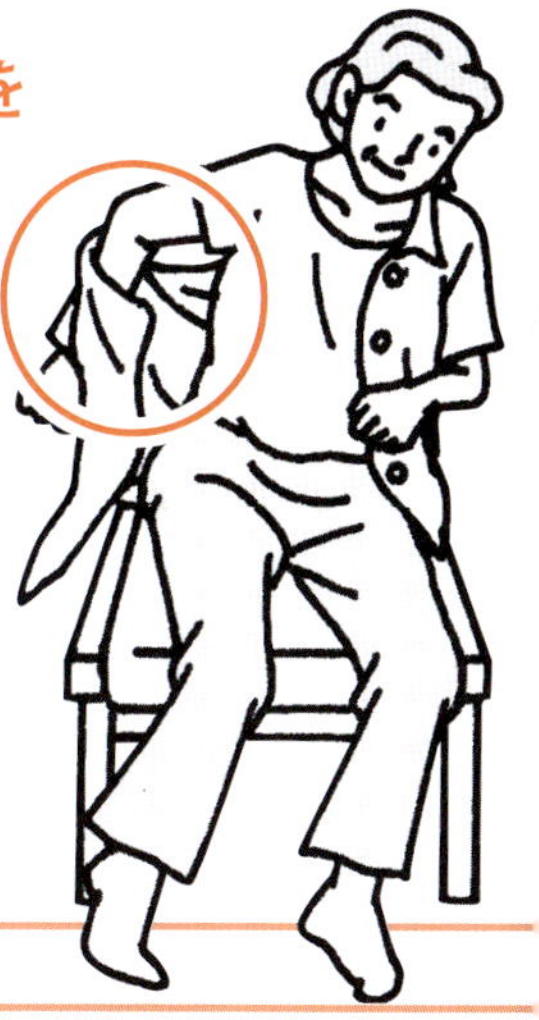

3 健側の手を抜く

そのまま健側の手をシャツから引き抜き、シャツを背中側に落とします

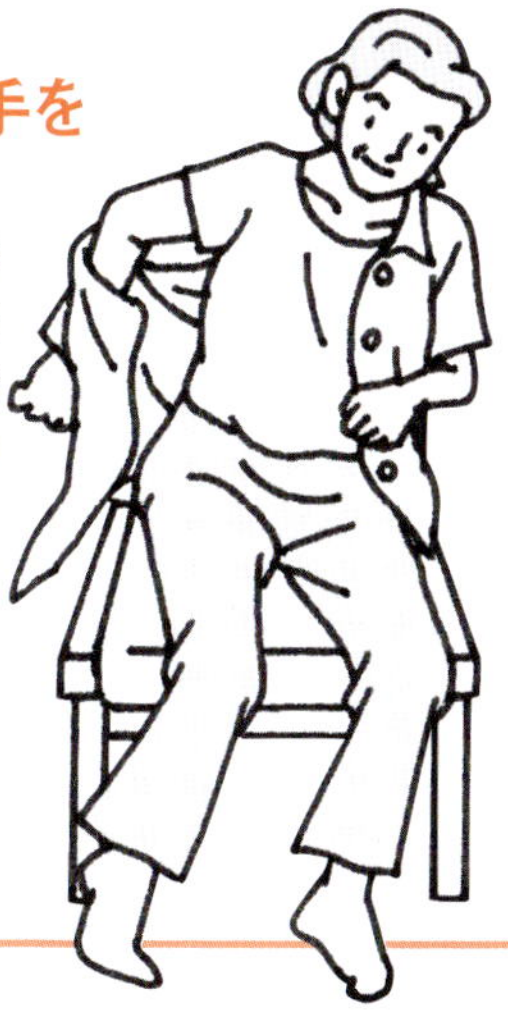

4 患側の手を抜く

健側の手でシャツを持ち、患側の手からシャツを抜きます。ボタンを上2つくらい外して、丸首シャツと同じ方法で脱ぐやり方もあります

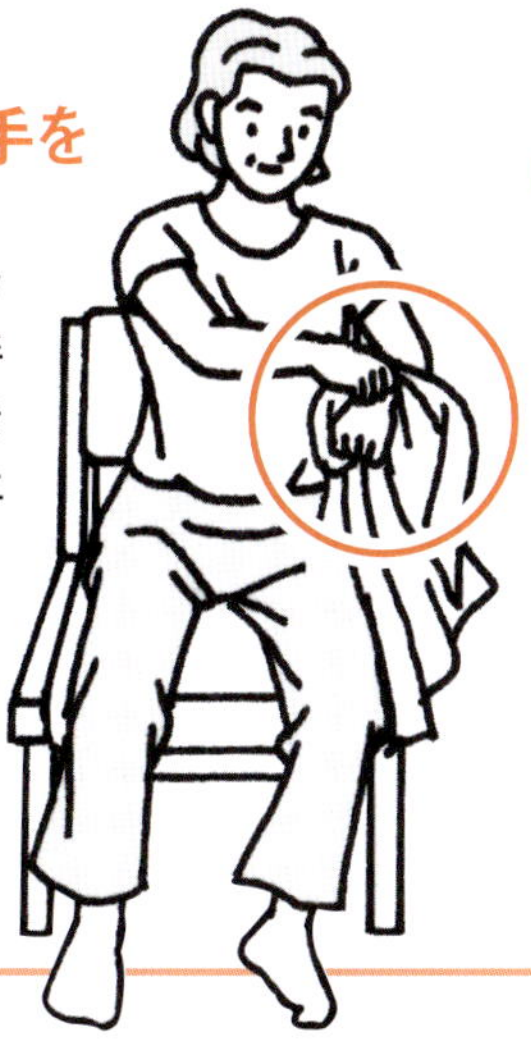

2 ズボンを落とす

斜め前方の台（または手すり）に手を着いて立ち、ズボンを足元に落とします

3 健側の脚を抜く

イスにすわり、健側の脚をズボンから引き抜きます

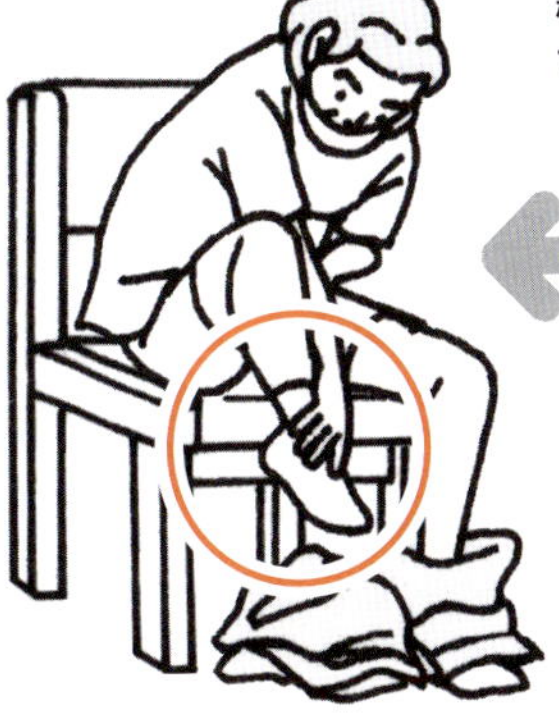

4 患側の脚を抜く

健側の手で患側の脚を引き寄せ、ズボンを足から引き抜きます

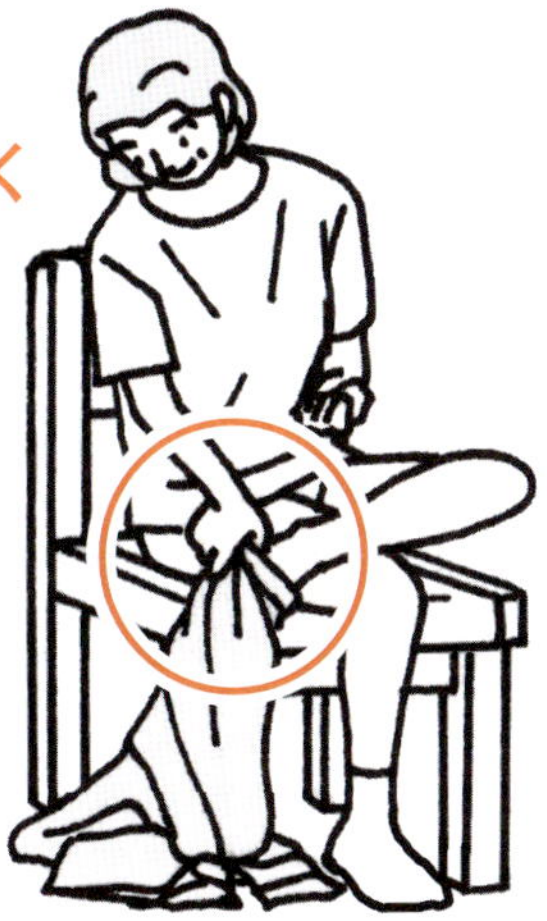

6 入浴のケア

服を着る

着るときもすわったままの姿勢なら楽にできる

すわった姿勢で脱ぎ着する

衣服の着脱というと、ベッドの上で寝たまま行う方法がよく紹介されています。しかしこれは本来、起こしてはいけない病人や重度の障害がある人に対して行われるべき方法です。起き上がることができる人なら、イスにすわった姿勢で衣服の着脱を行うほうが、本人も介助者もずっと楽です。安定のいいイスを用意し、このイスにすわって脱ぎ着を行うようにしましょう。

服を着る場合も、基本は「着《ちゃっ》患《かん》脱《だっ》健《けん》」であることに変わりはありません。つまり、脱ぐ場合とは逆に、マヒのある側（患側《かんそく》）から先に行うようにします。

立ち上がれないとき

ズボン・パンツをはく

1 脚を通す

患側、健側《けんそく》の順に脚を通します

2 お尻を浮かせる

頭を前に出してお尻を浮かせながら、少しずつはいていきます

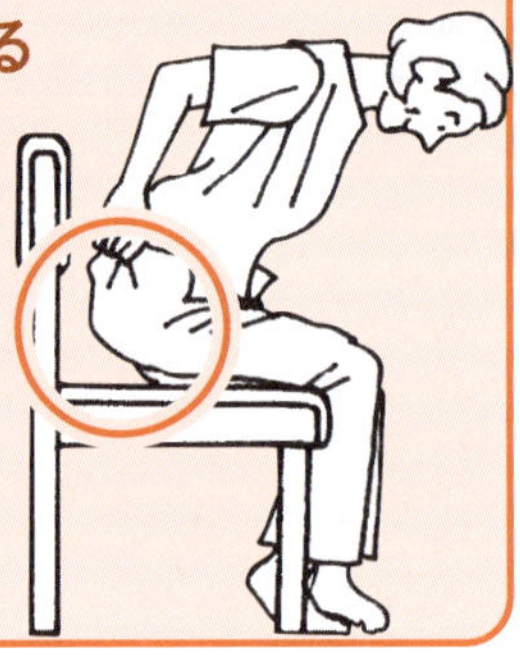

患側から着る（左片マヒの人の場合）

丸首シャツを着る

1 患側の手を通す

健側の手でシャツを持ち、患側の手にシャツのそでを通します

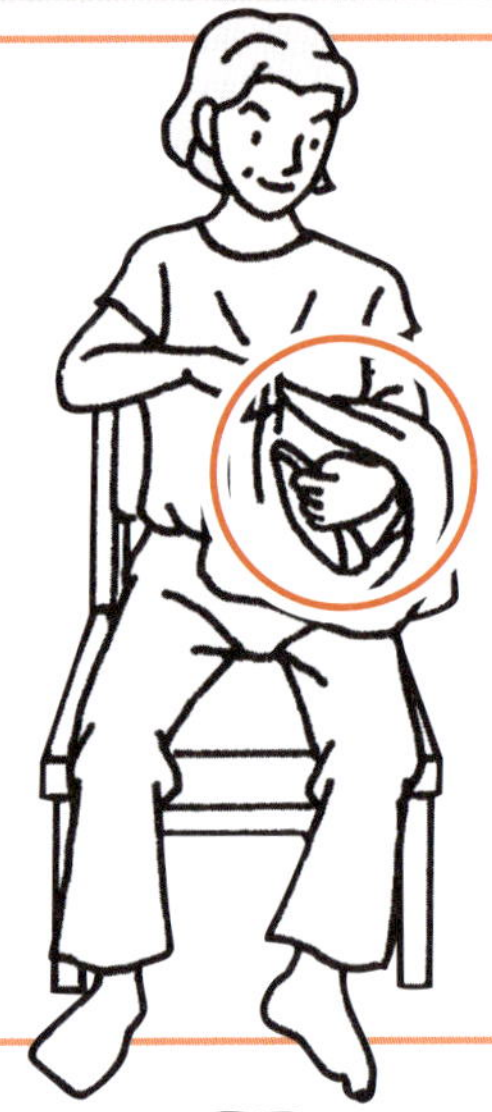

前開きのシャツを着る

1 患側の手を通す

健側の手でシャツを持ち、患側の手にシャツのそでを通します

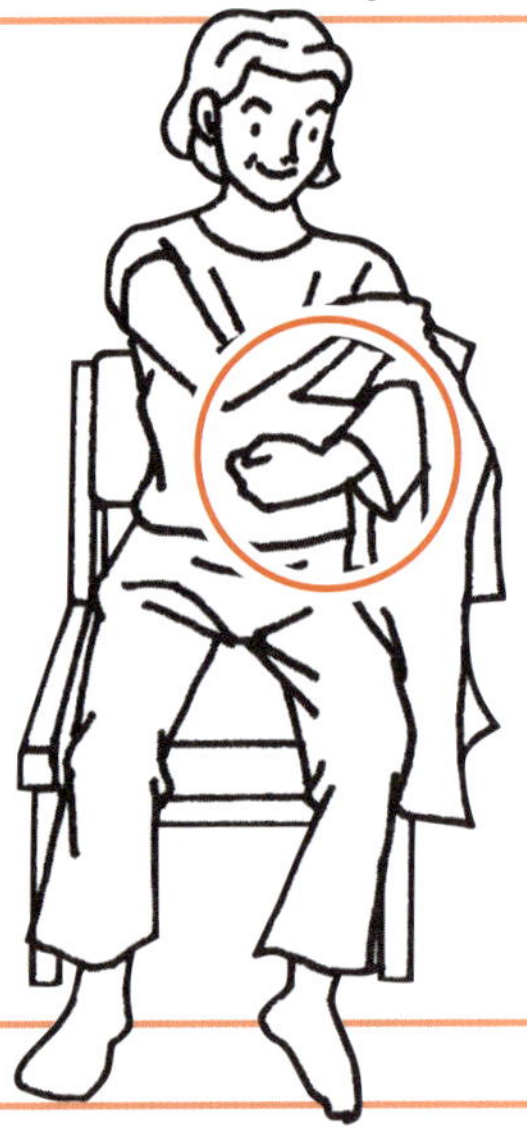

ズボン・パンツをはく

1 患側の脚を通す

健側の手で患側の脚を引き寄せ、ズボンを少しずつ脚に通していきます

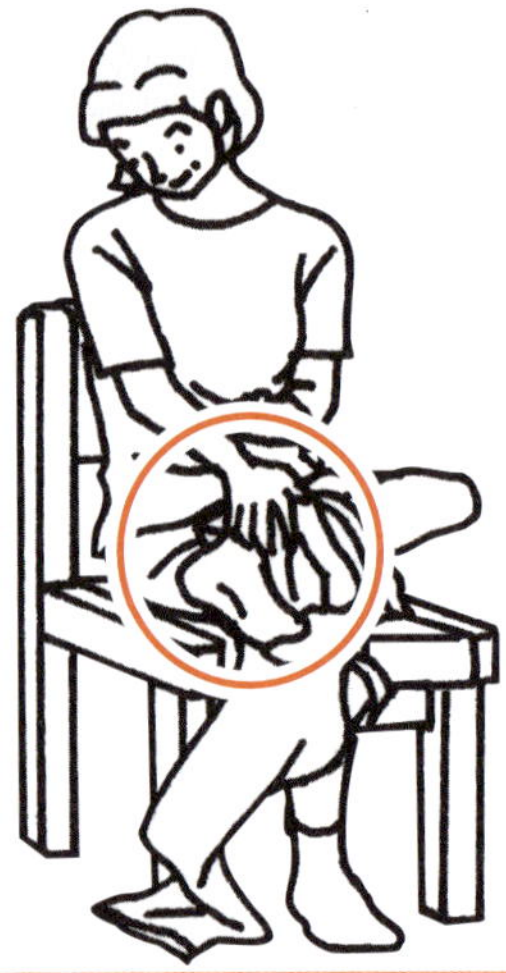

2 シャツをかぶる

健側の手でシャツを引き上げ、頭からシャツをかぶります

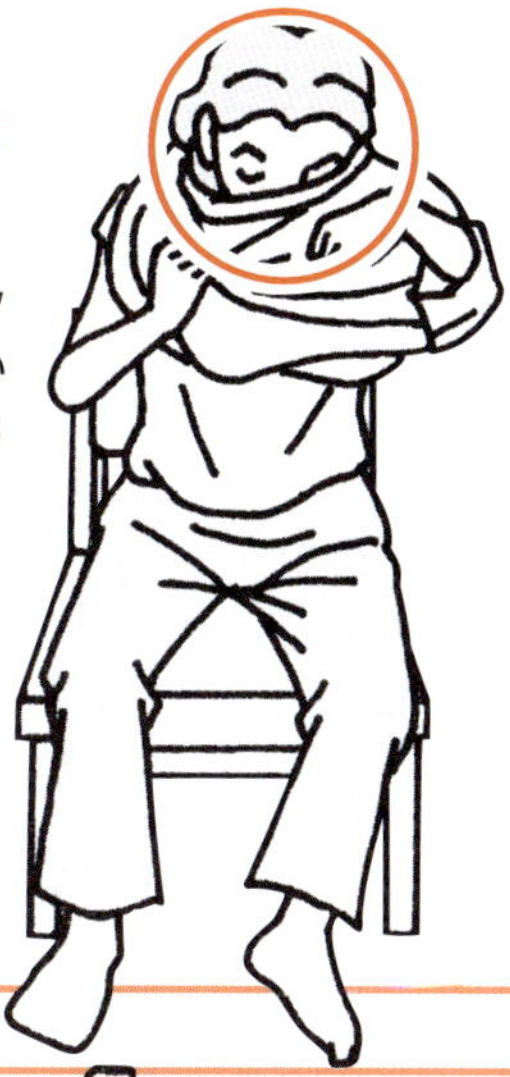

3 健側の手を通す

頭をシャツから出したら、健側の手をシャツに入れ、そでを通します

4 シャツを下ろす

健側の手でシャツを持ち、シャツを下ろして整えます

2 シャツをはおる

健側の手でシャツを持ち、背中側からシャツをはおります

3 健側の手を通す

はおったシャツに健側の手を入れ、そでを通します

4 ボタンをはめる

健側の手でシャツのボタンをはめます。難しいようなら介助します。ボタンを上2つくらい外しておいて、丸首シャツと同じ方法で着るやり方もあります

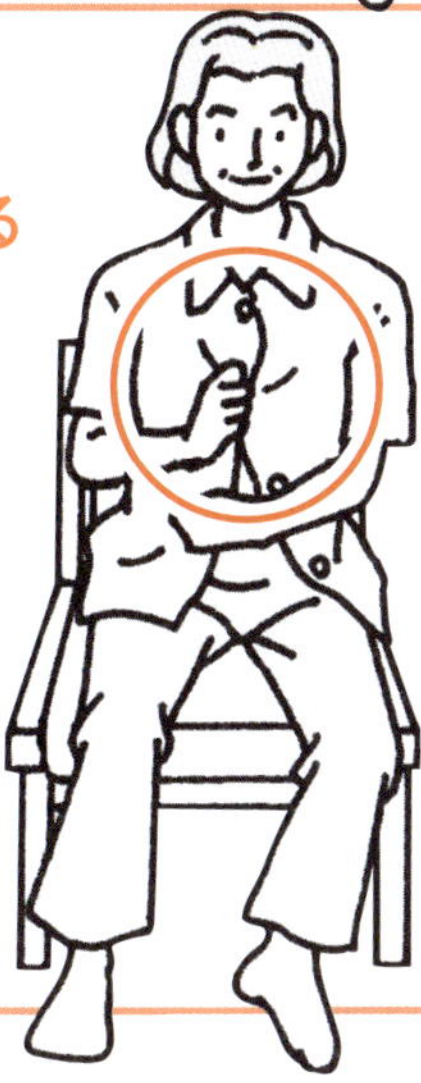

2 健側の脚を通す

健側の脚をズボンに入れ、少しずつ脚に通していきます

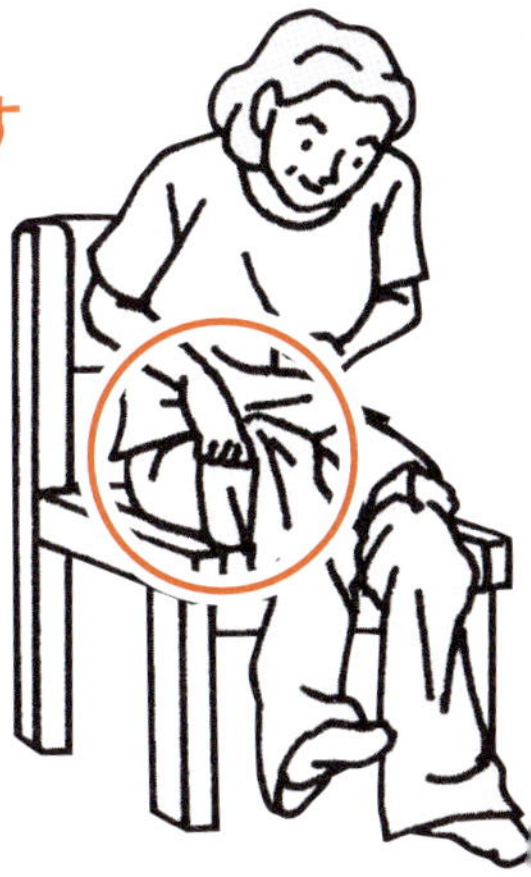

3 ズボンを上げる

台に手を着いて立ち、介助者がズボンを上げます

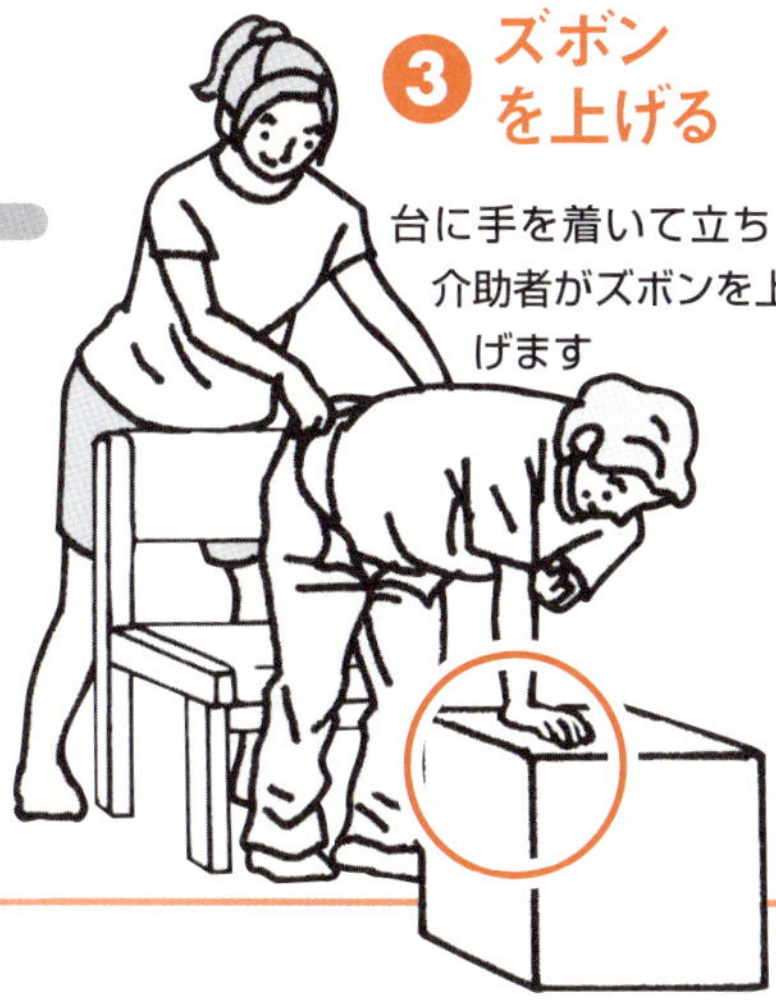

4 ズボンをはく

腰までズボンがはけたら、ベルトやファスナーをしめます

6-7 入浴介助の方法（3）

浴槽に入る前に

すわることさえできれば入浴できる

車イスから洗い台に移動する

自力で移動する場合（左片マヒ）

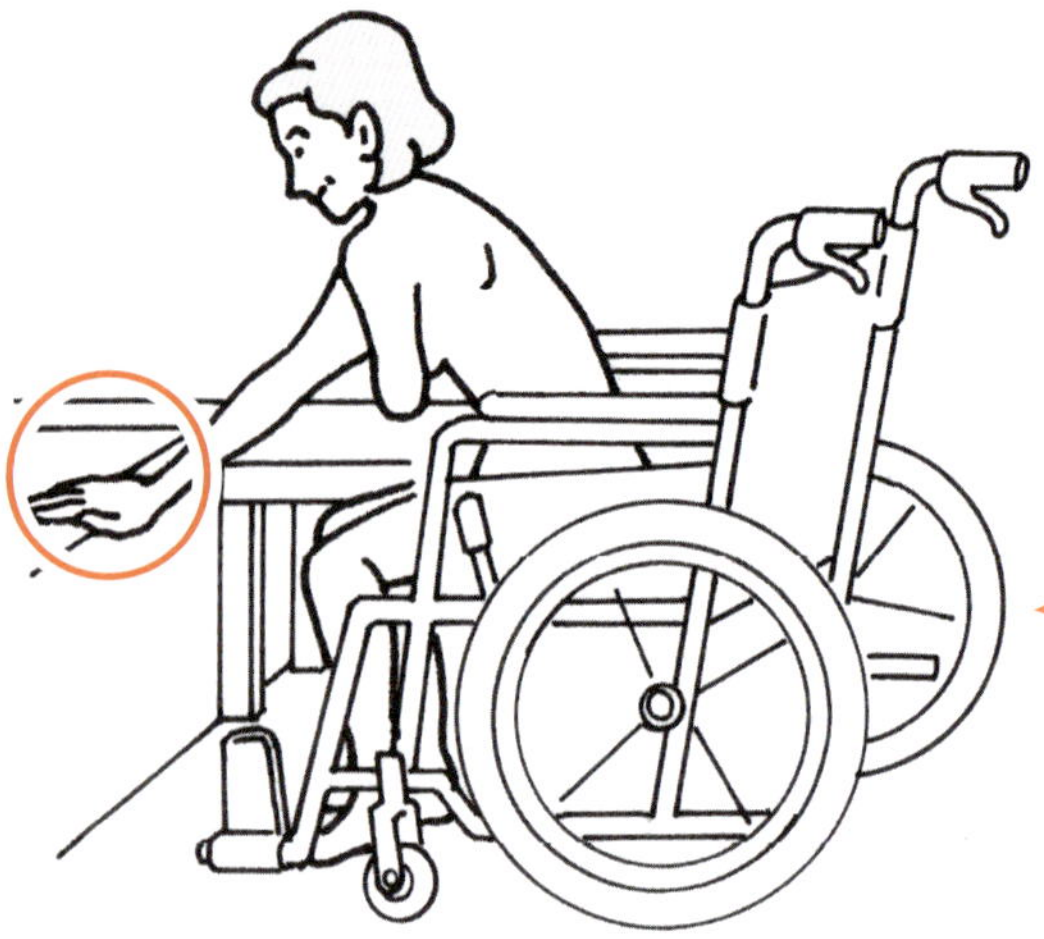

1 浴槽のへりをつかむ

床に足を降ろし、足の位置を決めたら車イスを固定します。動くほうの手で浴槽のへりをつかみます

2 腰を上げる

前かがみになりながら腰を上げます

介助が必要な場合

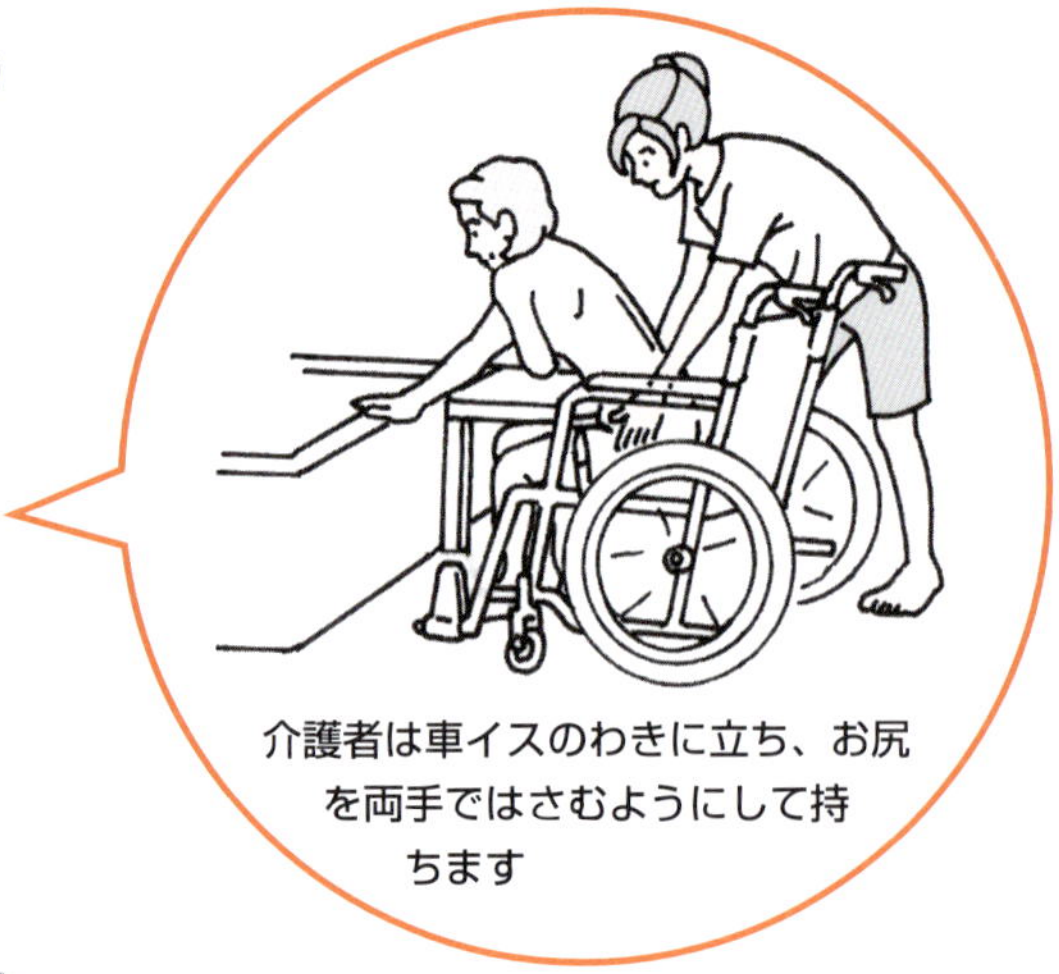
介護者は車イスのわきに立ち、お尻を両手ではさむようにして持ちます

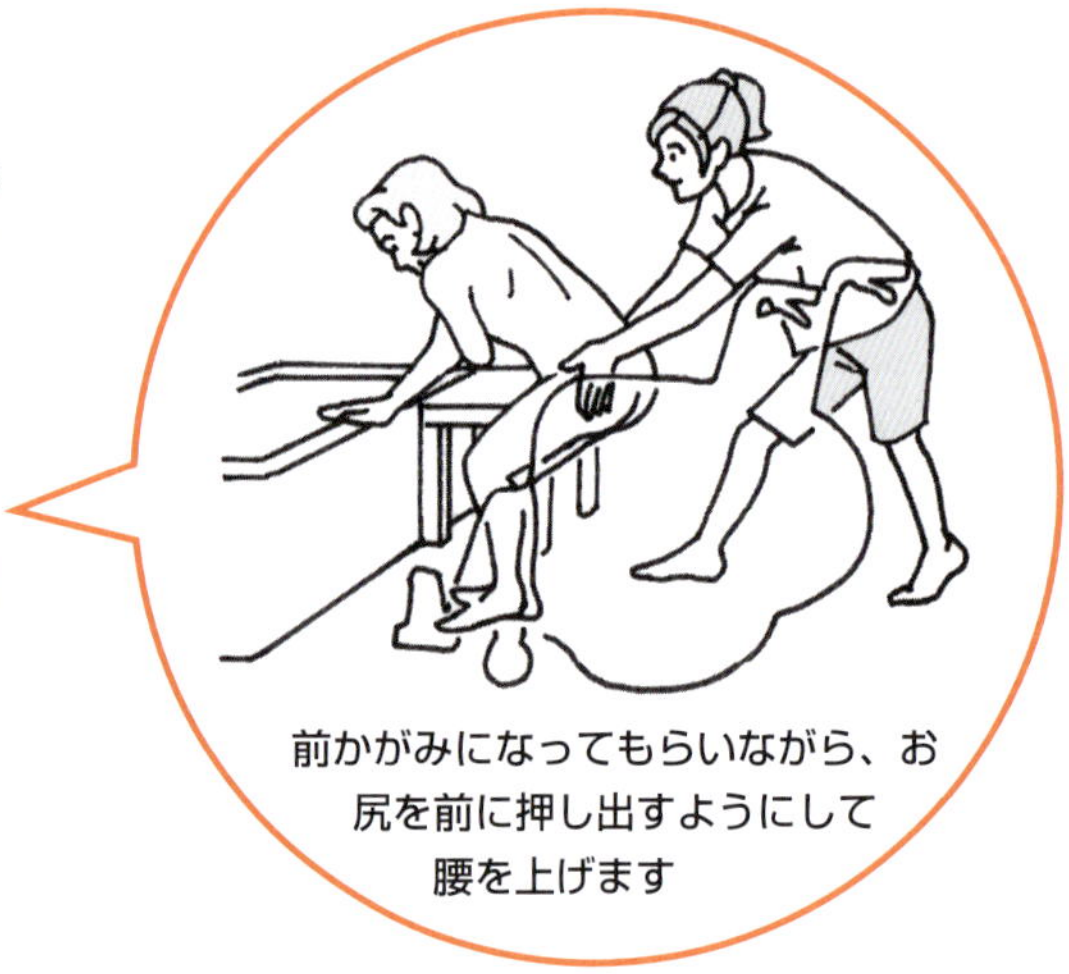
前かがみになってもらいながら、お尻を前に押し出すようにして腰を上げます

立てない人でも移動できる

施設など浴室スペースが十分にあるところなら、浴室の中まで車イスで移動し、洗い台に移るようにすると介助も楽になります。

たとえ立てなくても、ほんの少し足で体重が支えられる人なら、たいていは自力で移動することが可能です。動くほうの手と足を軸にして、洗い台のほうにからだを回転させるようにすればよいのです。

足の力が弱くて立ち上がることができない人では、介護者が後ろからお尻をはさむようにして持ち、洗い台のほうに誘導します。ひじ当てやフットレストが簡単に外せる車イスなら、お尻が少ししか上がらなくても移動できます。

3 からだを回転させる

手で浴槽をおさえて体重の一部を支え、動くほうの足を軸に洗い台側にからだを回転させます

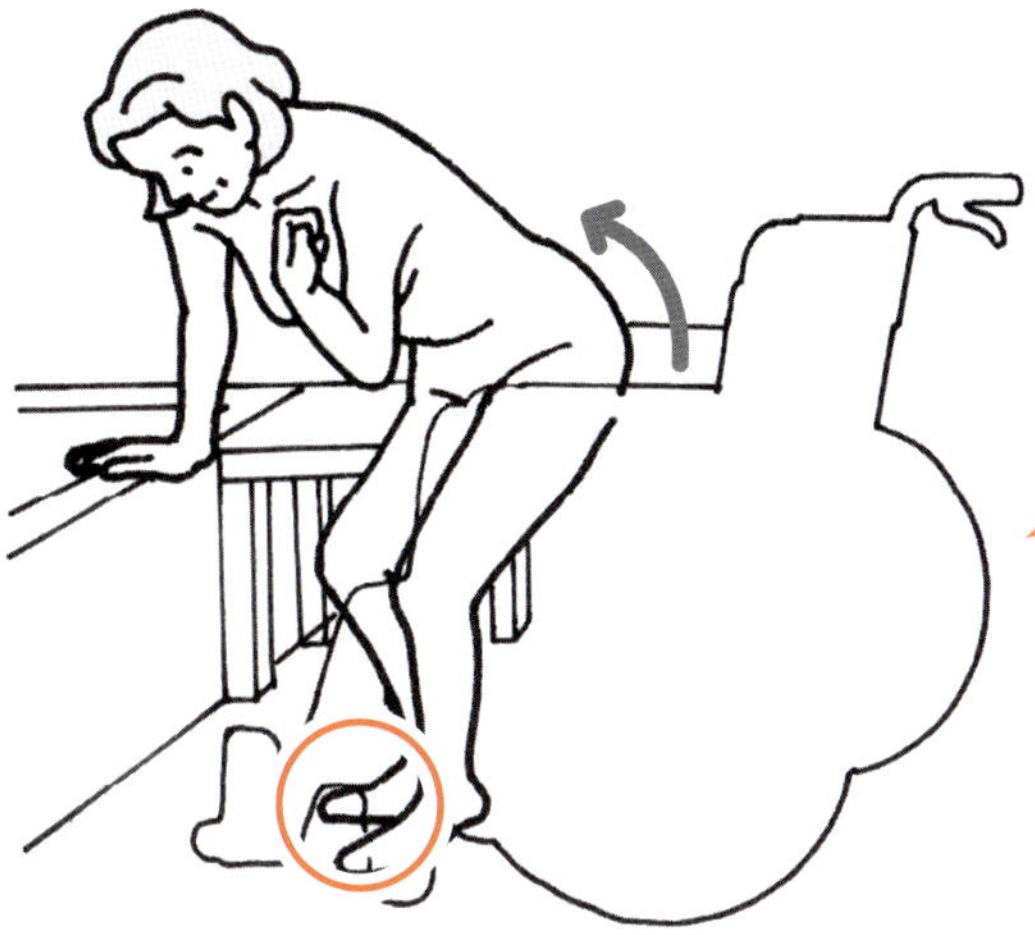

はさんだお尻を洗い台のほうにまわすようにして誘導し、すわらせます

point 体重がある人の場合は、介助者が洗い台にひざを着いて行うこと

4 洗い台にすわる

洗い台までからだがまわりきったら、手足の位置はそのままでゆっくり腰を降ろします

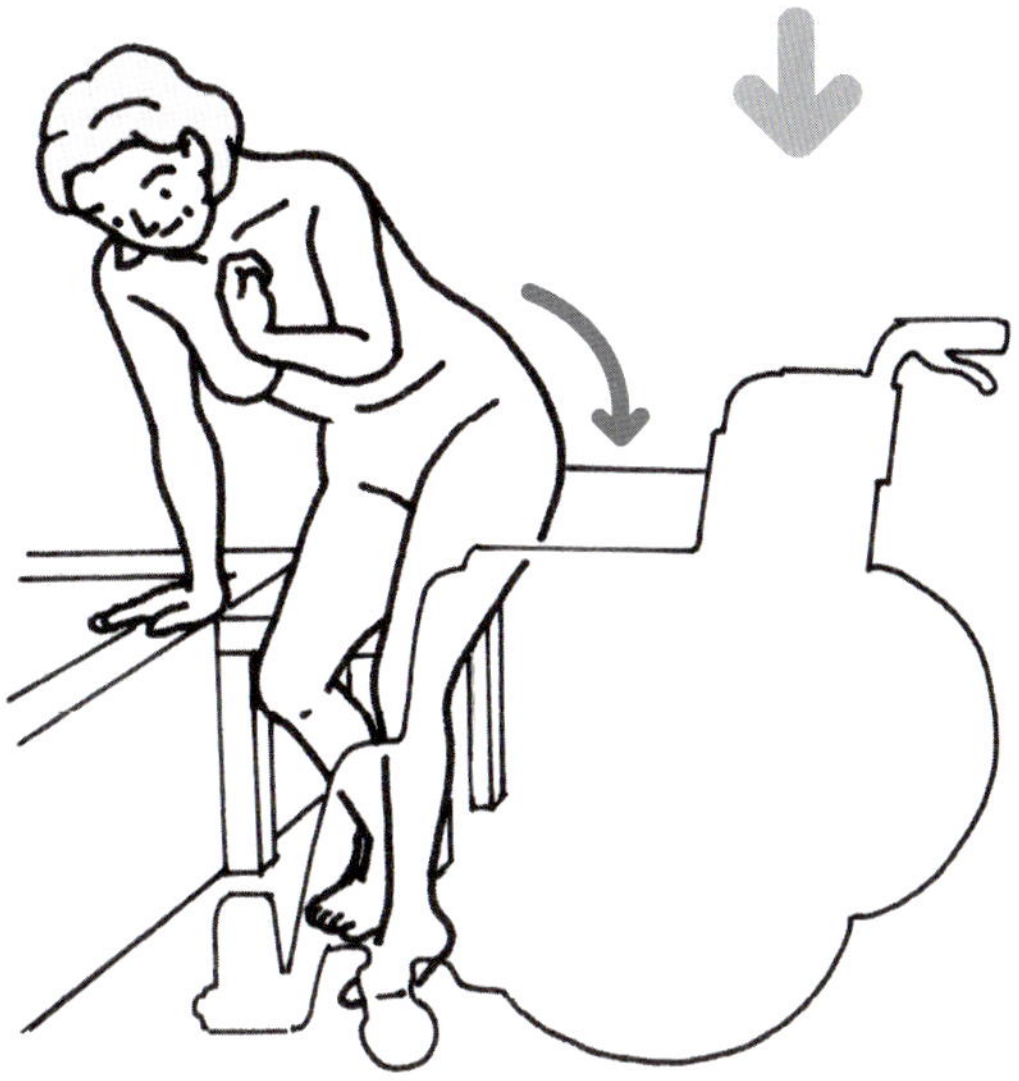

point 床がぬれてすべりやすくなっている場合は、すべり止めマットを敷いておくこと

移動が楽な車イス

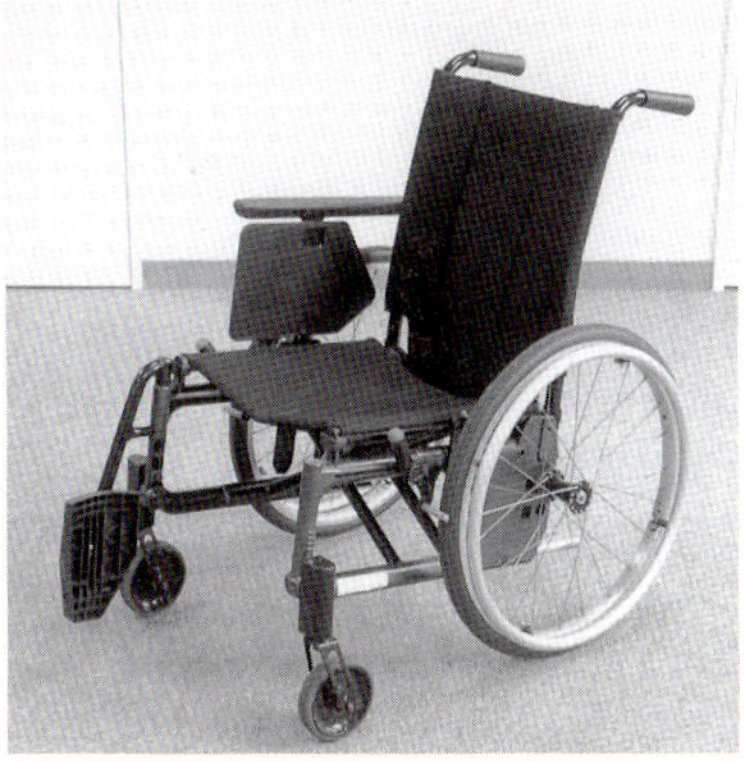

36頁で紹介したようなひじ当てやフットレストが簡単に外せる車イスなら移動はもっと楽です

いやいや入浴するEさん

施設に住むEさん（74歳女性）は大のお風呂嫌い。まともに誘ったのでは、決して入ろうとしません。そこで、

「もう風呂はあきらめたから、着替えだけしてくれんかね。でないと、僕が偉い人から怒られる、頼むわ」

するとEさんは、

「しょうがないのう」

すかさず浴室へ連れ出し、担当の寮母さんに聞こえるように話しかけます。

「着替えだけしようね」

さっそく寮母さんの一人が脱衣を手伝い、もう一人はお湯の入った洗面器を手に後ろから近づきます。

「あっ！　ごめんごめん、お湯がかかっちゃった」

「ねえEさん、これだけぬれたんだから、ついでにお風呂に入っていきなさいよ」

かくして入浴は終了、Eさんは「あーあ、まただまされてしもうた」といいつつ、まんざらでもなさそうに部屋へ戻るのでした。

次頁へ続く

お尻を洗う

台を利用する場合

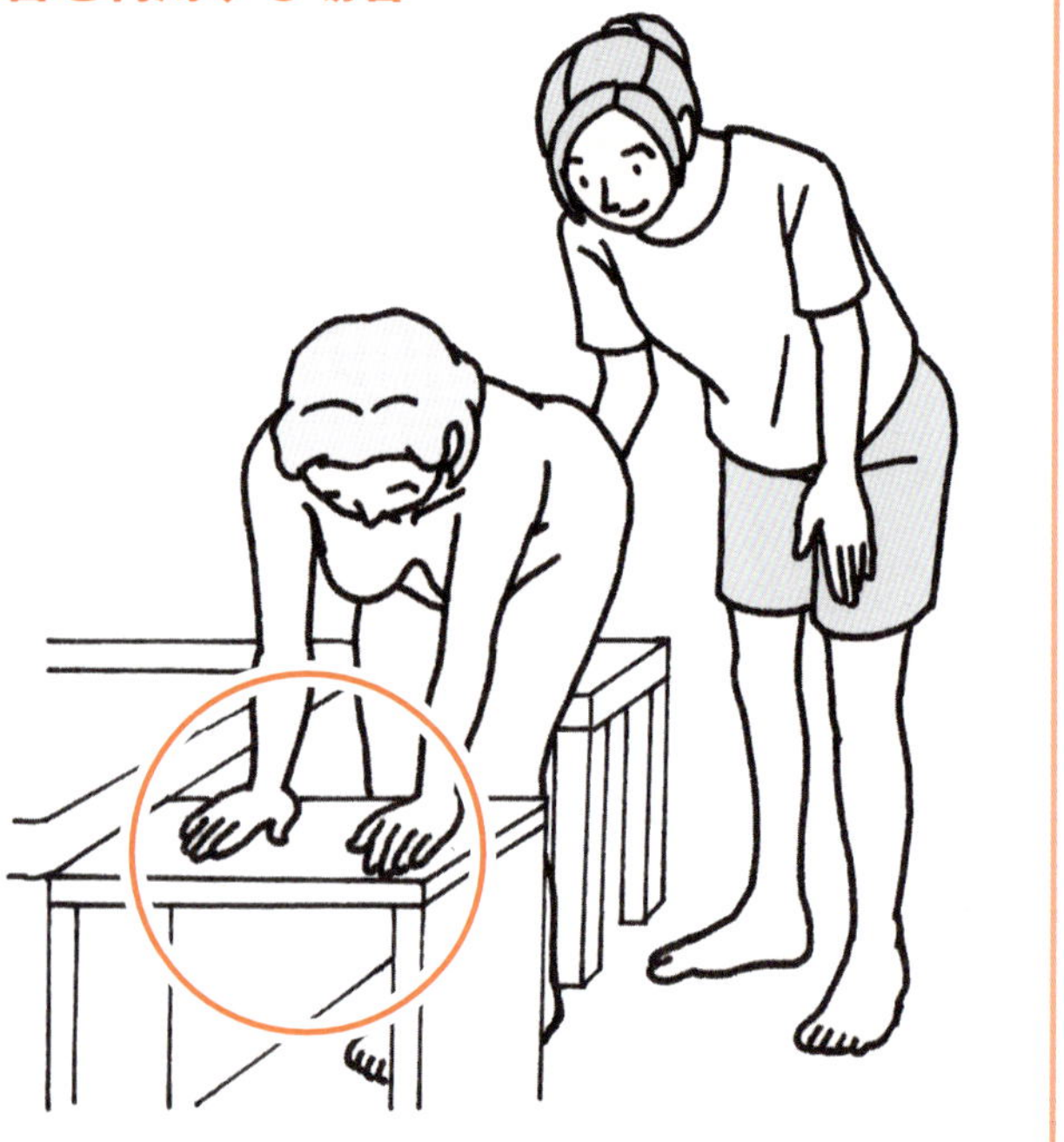

浴槽と同じくらいの高さの台を前に置いて両手を着き、前かがみになりながら腰を浮かせます。介護者がお尻を洗います

自力で立てる人の場合

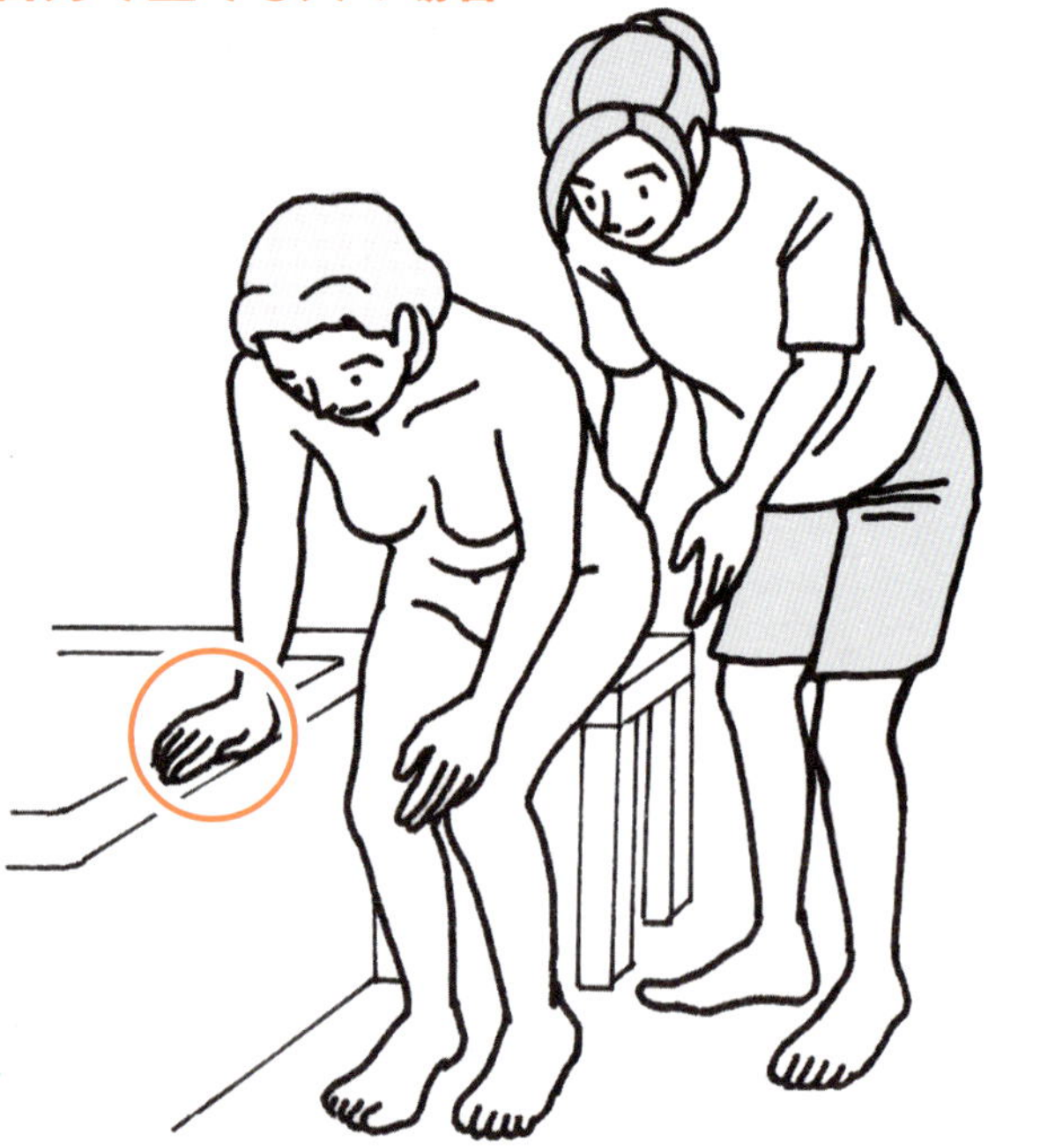

動くほうの手で浴槽の前のほうをつかみ、前かがみになりながら腰を浮かせます。介護者がお尻を洗います

できることはしてもらう

浴槽に入る前にからだを洗いましょう。洗い台にすわったら洗面器でかけ湯をし、石けんをつけたタオルで全身を洗います。

可能なかぎり自分で洗ってもらうようにしますが、お尻だけは自力あるいは介助して腰を浮かせたところを介護者が洗うようにします。からだを洗い終わったら、すべらないように、足元も含めて石けんをよく流しておきます。

浴槽に入るときは、洗い台の浴槽ぎりぎりの位置にすわってからはじめると、そのあとの動作がスムーズにできます。幅の広い洗い台を使っている場合は、まず洗い台を横に移動して、浴槽ぎりぎりの位置にすわるようにしましょう。

手と足の位置を確認したら、前かがみの姿勢をとりながら腰を浮かせ、横にからだをずらします。介助する場合はお尻をはさむように持ち、介護者自身のからだを密着させていっしょに横にずれるようにすると楽にできます。

足のマヒが重い人の場合

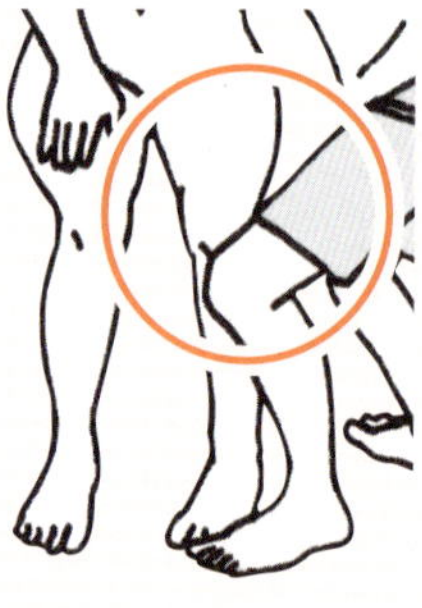

介護者の左足をマヒのある足の前に置き、つま先をブロックしたうえで、ひざとひざをくっつけて、ひざがガクッとならないようブロックします

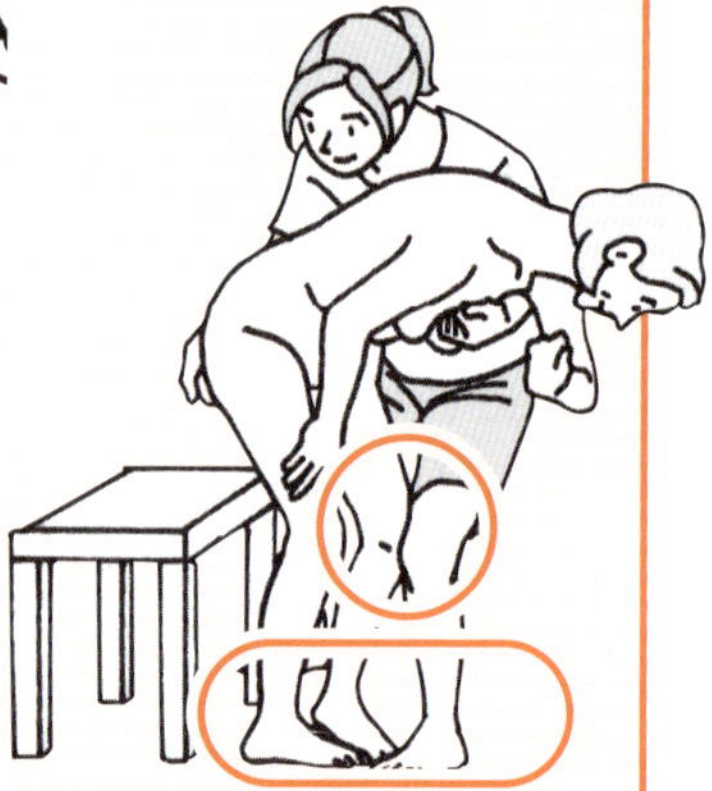

左腕を要介護者のわきの下から差し入れ、腕に寄りかかってもらうようにしてお尻を持ち上げ、洗います。洗い終わったら、ひざを押しながら洗い台に戻します

洗い台を横に移動する

自力で移動する場合（左片マヒ）

1 浴槽のへりをつかむ

足の位置を確認したら、動くほうの手で浴槽の前のほうをつかみます

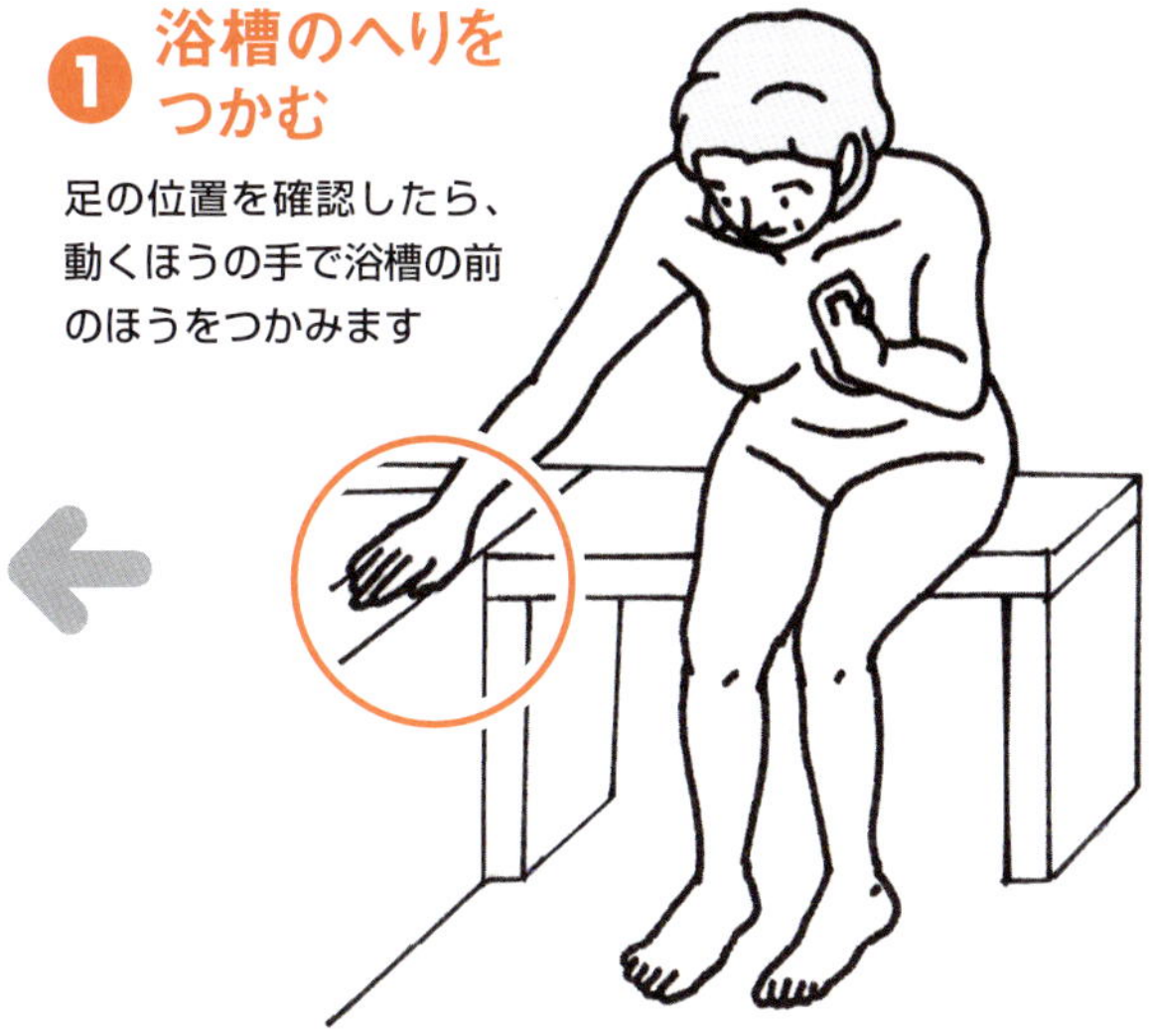

2 腰を浮かせる

前かがみになりながら、お尻の重心を手足に移すような感じで腰を浮かせます

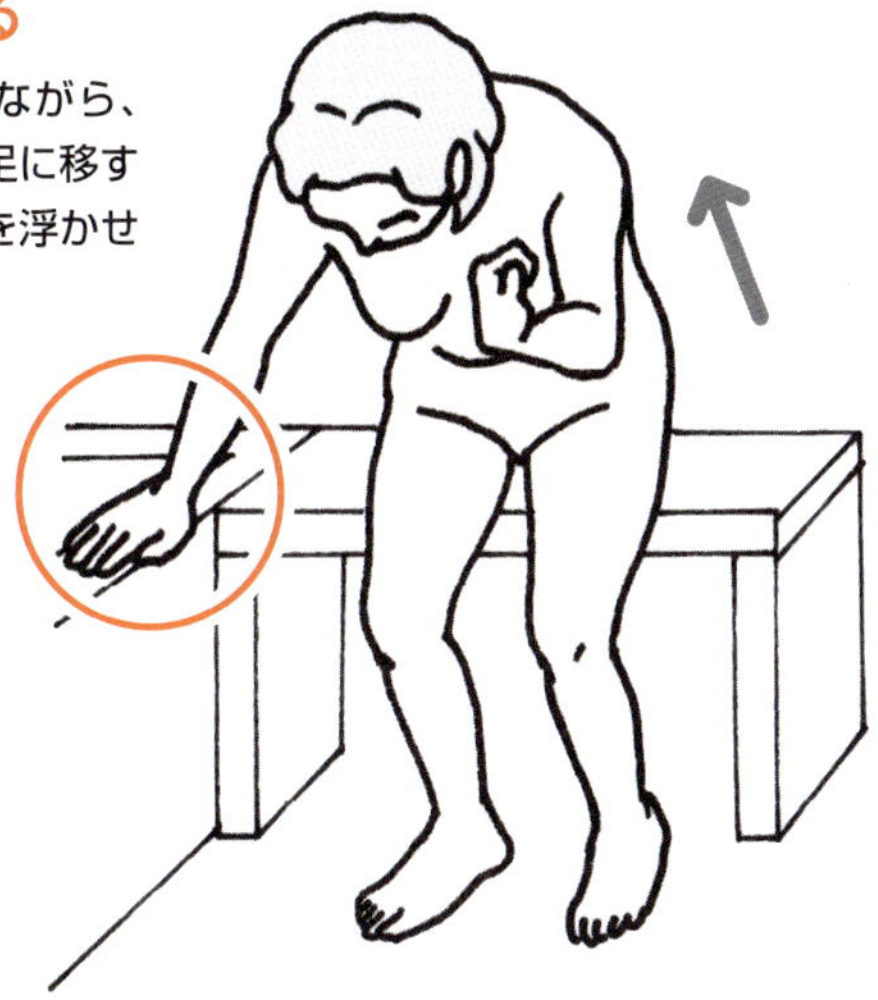

3 からだをずらす

手足はそのままでからだを横にずらし、洗い台ぎりぎりのところで腰を降ろします

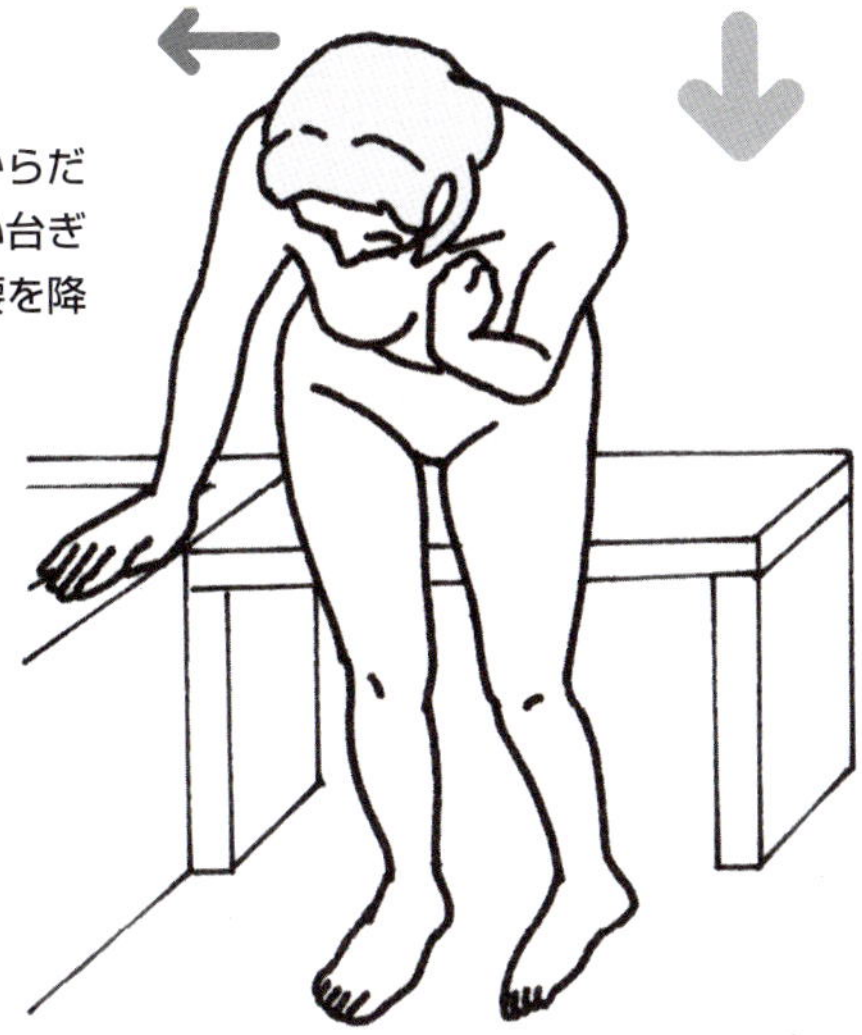

4 足をずらす

手とお尻の位置を確認したら、動くほうの足から順に横にずらします

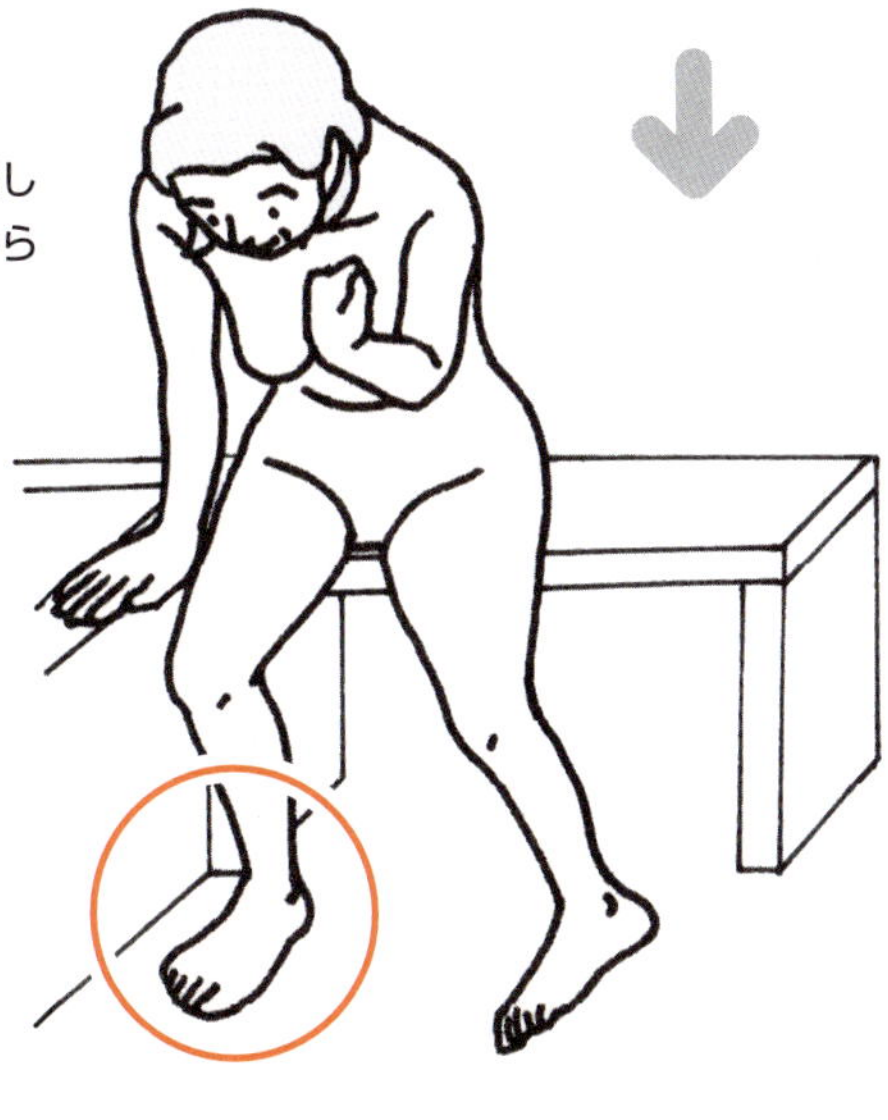

介助が必要な場合

楽に介助するには、介護者がからだを密着させていっしょに動くことがポイント

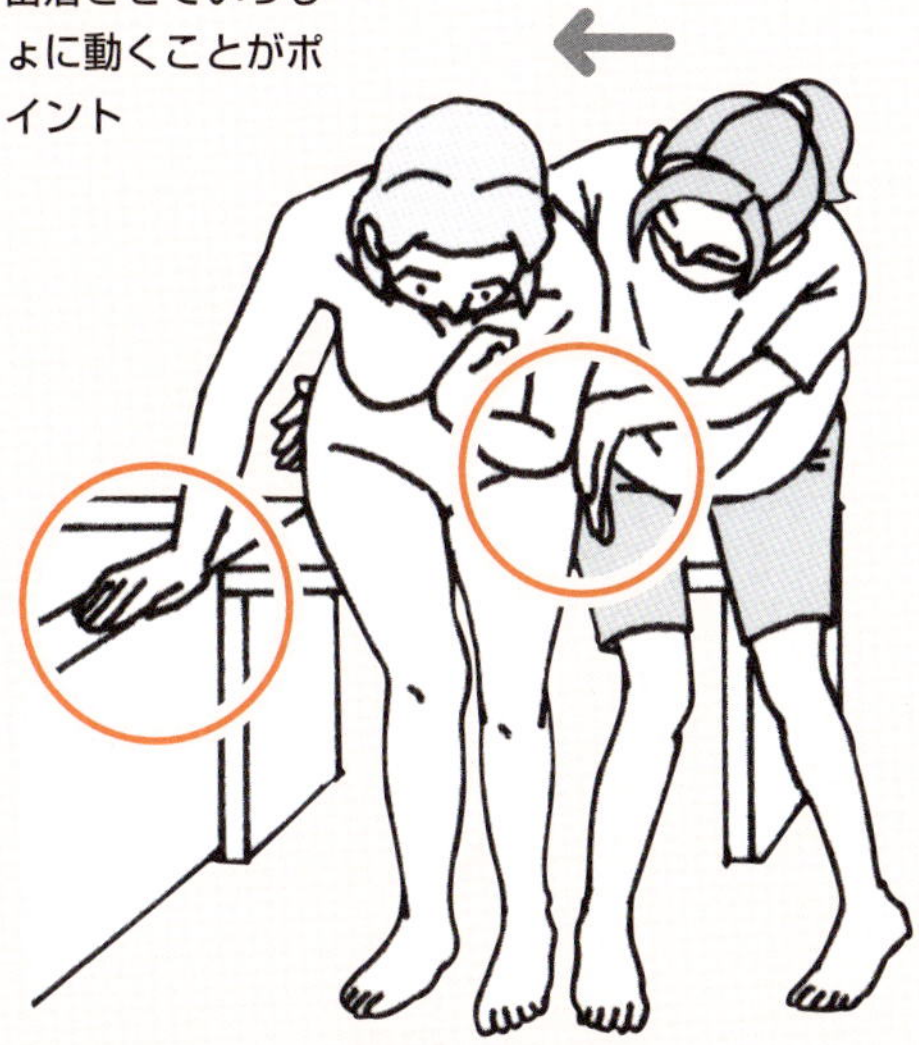

横幅のある洗い台を用意し、介護者は横にすわります。要介護者の足が床に着いていることを確認したら、動くほうの手で浴槽の前のほうをつかんでもらいます。お尻を両手ではさんだら、前かがみの姿勢をとってもらいながら腰を浮かせ、介護者自身のからだを使って押すようにして横にずれます

浴槽に入る

不安感を与えずに浴槽に入る方法

浴槽に入る介助のしかた(左片マヒの人の場合)

① 動くほうの脚を入れる

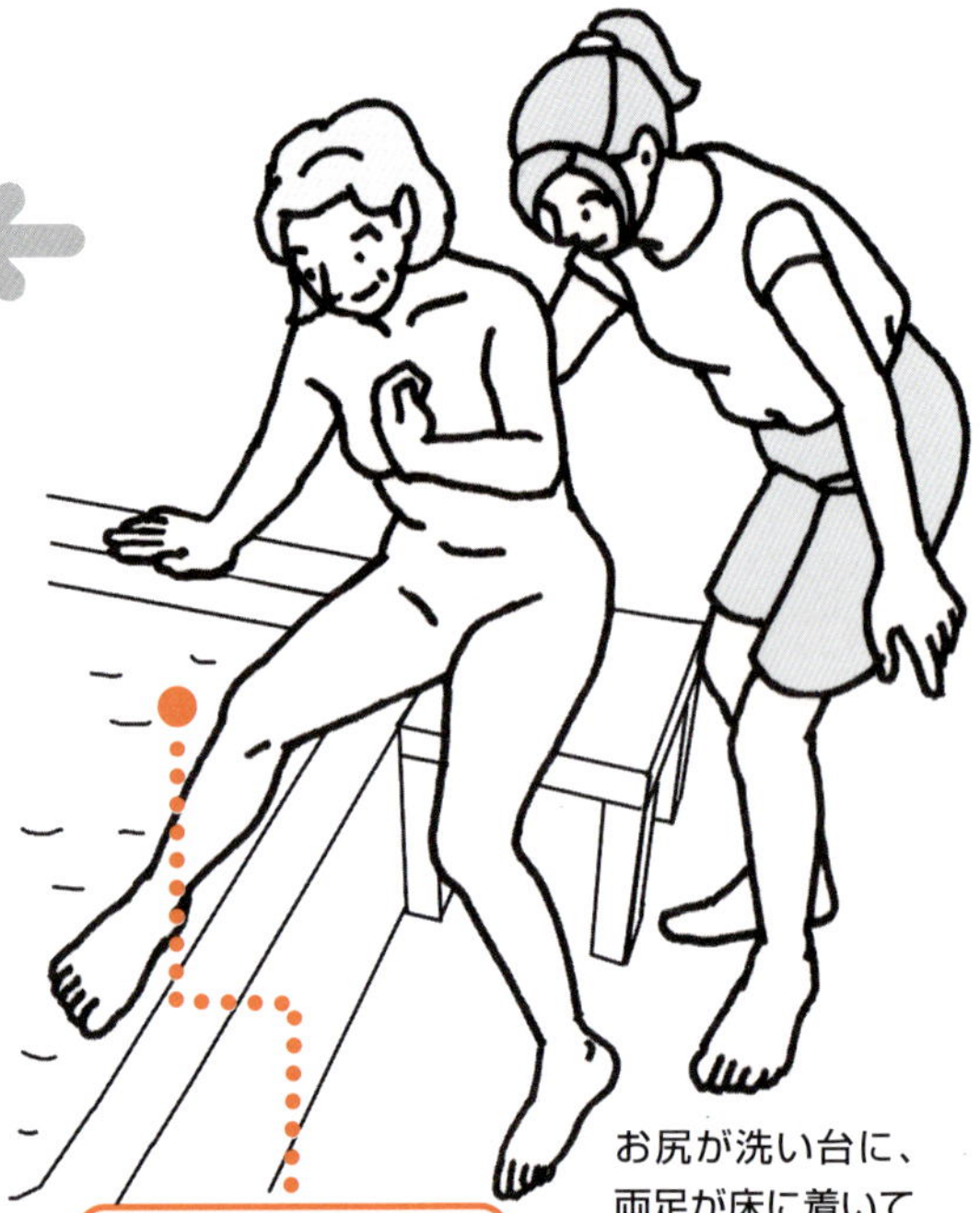

お尻が洗い台に、両足が床に着いていることを確認したら、浴槽を手でつかみ、動くほうの脚を自分で入れてもらいます。後ろに倒れないように、介護者は背中を手で支えます

お湯はたっぷりと
湯量が少ないと水の浮力が生かせません

入浴剤は使わない
底が見えないと、恐がることがあります

② マヒした脚を入れる

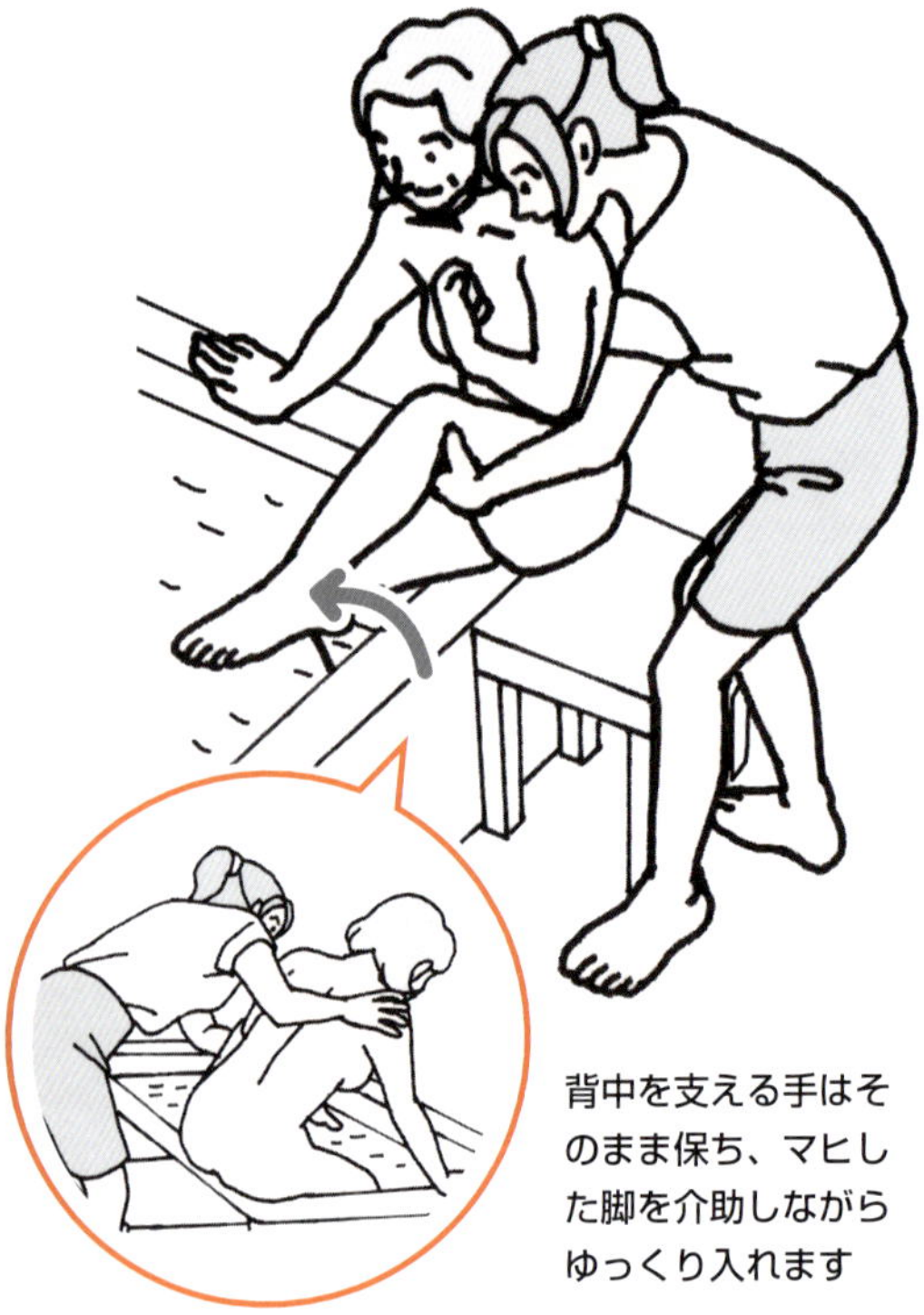

背中を支える手はそのまま保ち、マヒした脚を介助しながらゆっくり入れます

× 浴槽をまたいで入らない

立ったまま、またいで入らないで、かならずすわってください

水の浮力を利用する

入浴介助のうち、浴槽に入る介助はじつはそれほど難しいことではありません。深くて狭い和式浴槽なら、極端な話、ザブンと入れても大丈夫。浴槽が小さいので足もブロックされますし、からだも支えてくれます。

また、お湯の量がたっぷりあれば、水の浮力がからだをフワリと受け止めてくれます。水の浮力と要介護者に残っている力を利用するので、介護者がよぶんな力を使う必要もありません。

浴槽に入るには、洗い台にすわって行うことが基本です。力の弱った高齢者や障害のある人の場合、立った姿勢で入ろうとすると、どうしてもバランスを

3 お尻をはさむように持つ

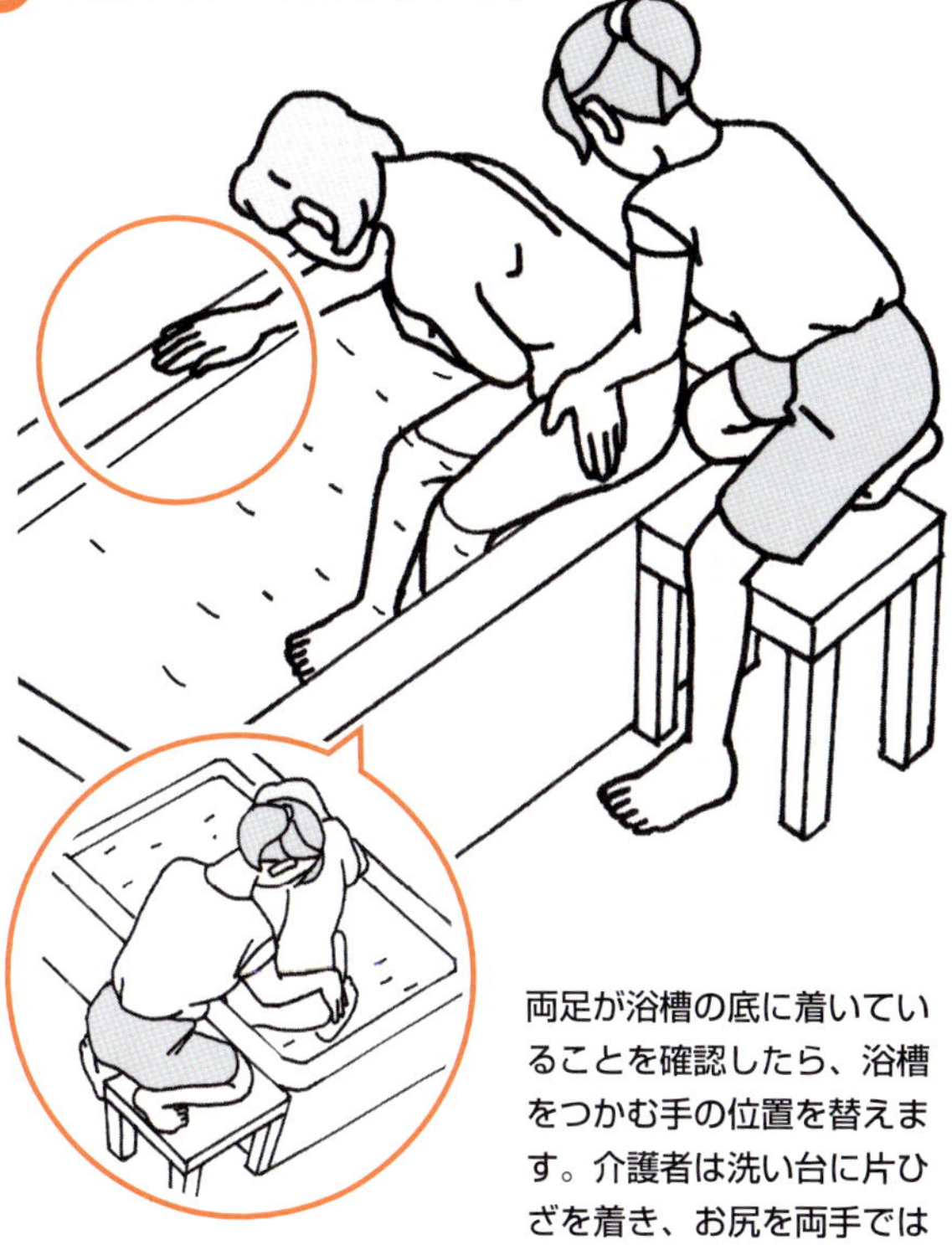

両足が浴槽の底に着いていることを確認したら、浴槽をつかむ手の位置を替えます。介護者は洗い台に片ひざを着き、お尻を両手ではさむように持ちます

4 浴槽に入る

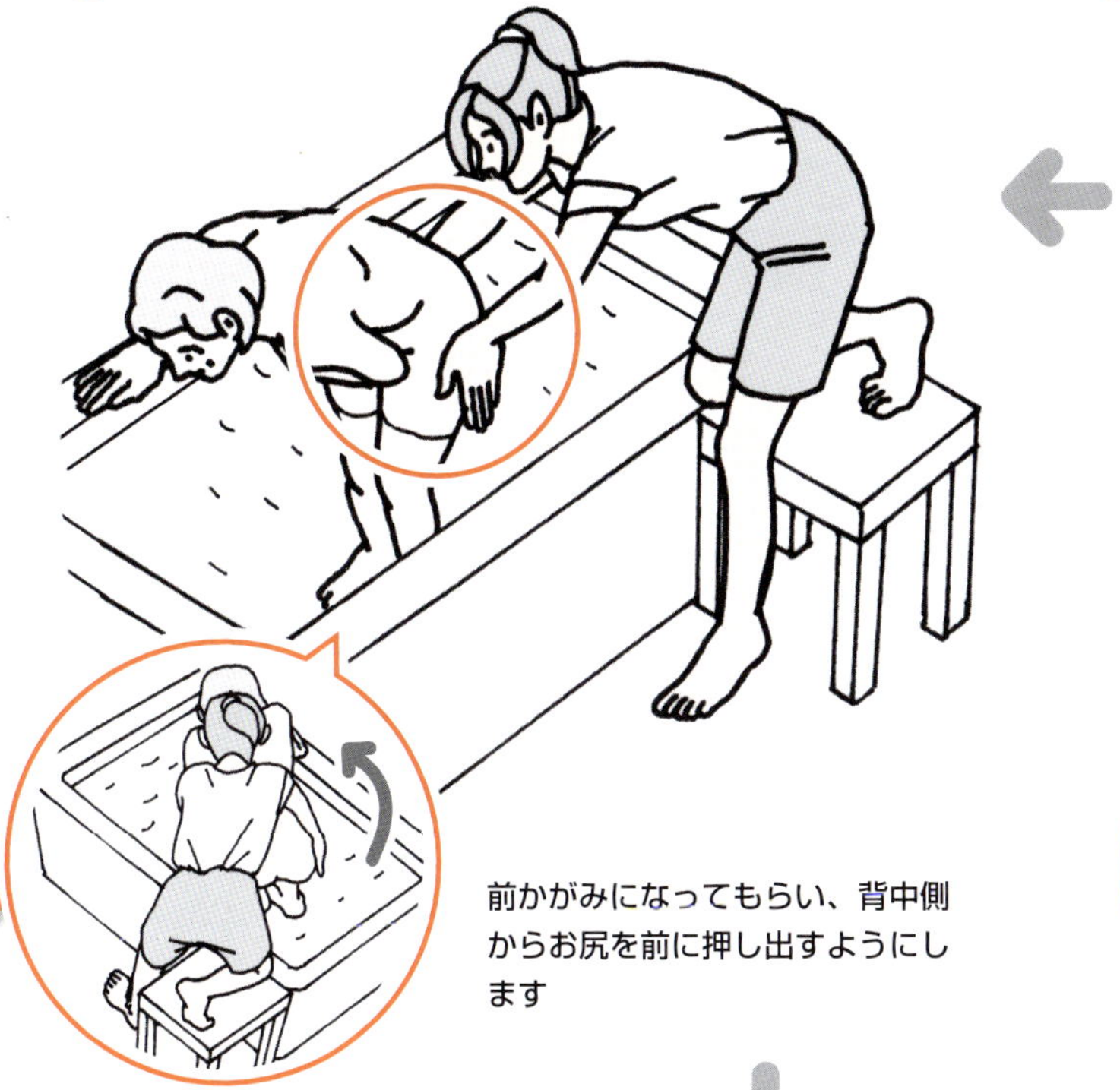

前かがみになってもらい、背中側からお尻を前に押し出すようにします

5 浴槽にお尻を入れる

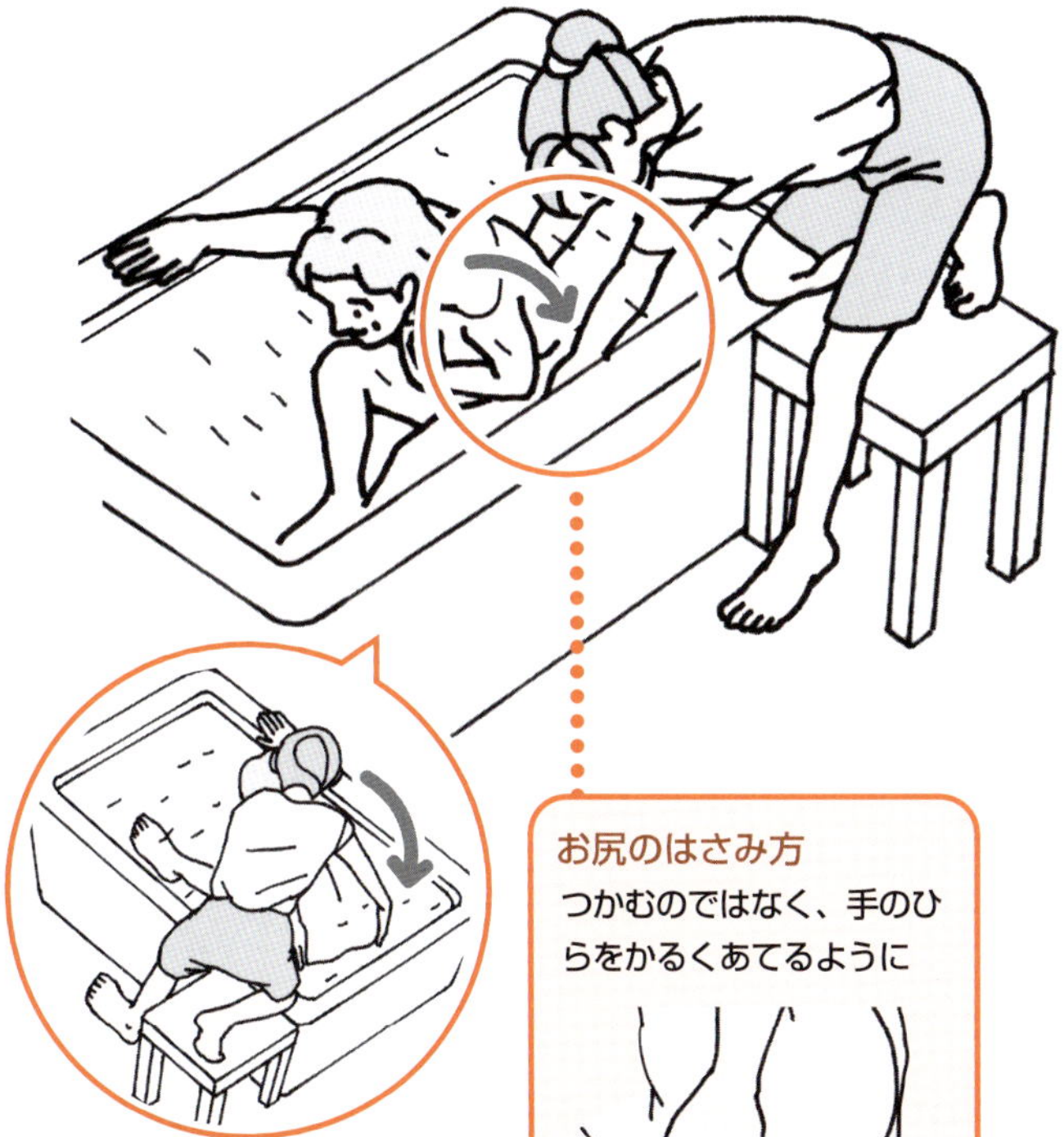

前かがみの姿勢のまま、水の浮力を利用してゆっくり沈むようにします

point 上に持ち上げるのではなく、前に押し出すように

肩までつかろう

「心臓に負担がかかるので、お湯は胸の下まで」などといわれることがありますが、これまで通り肩までつからせてあげたいもの。お湯がたっぷりあったほうが浮力を利用できるので、介助も楽です

お尻のはさみ方

つかむのではなく、手のひらをかるくあてるように

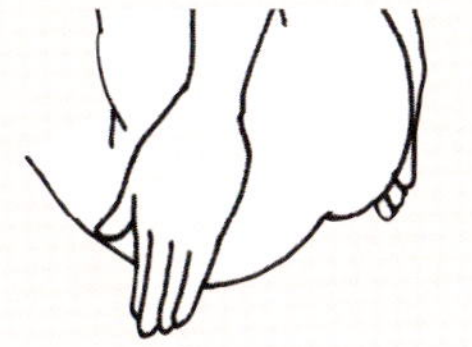

くずしがちです。しかし、すわった姿勢から入れば、その心配もありません。歩けない人や立てない人でも、すわる姿勢さえとれれば入浴することはできるのです。

洗い台の浴槽ぎりぎりのところにすわったら、前かがみになりながら、お尻を浴槽に移動させて、からだをゆっくり沈めるようにします。ポイントは、水の浮力を十分に利用するためにお湯をたっぷりと入れること、介助するときはお尻に両方の手のひらをかるくあてて、前に押し出すようにすることです。

浴槽で姿勢を安定させる

安定するポイントはまず前かがみから

力のかかり方

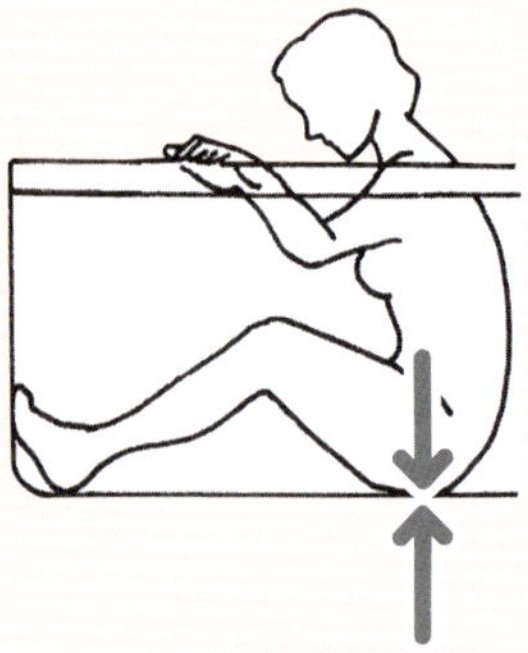

頭の重さは水の浮力がかからないため、上半身や骨盤の重さといっしょになって、坐骨結節部に作用しています。これが床からの反力（床から押し戻す力）とつり合っているので、姿勢が安定するのです。頭が後ろになるとお尻が前へずって不安定になります

基本の安定した入り方

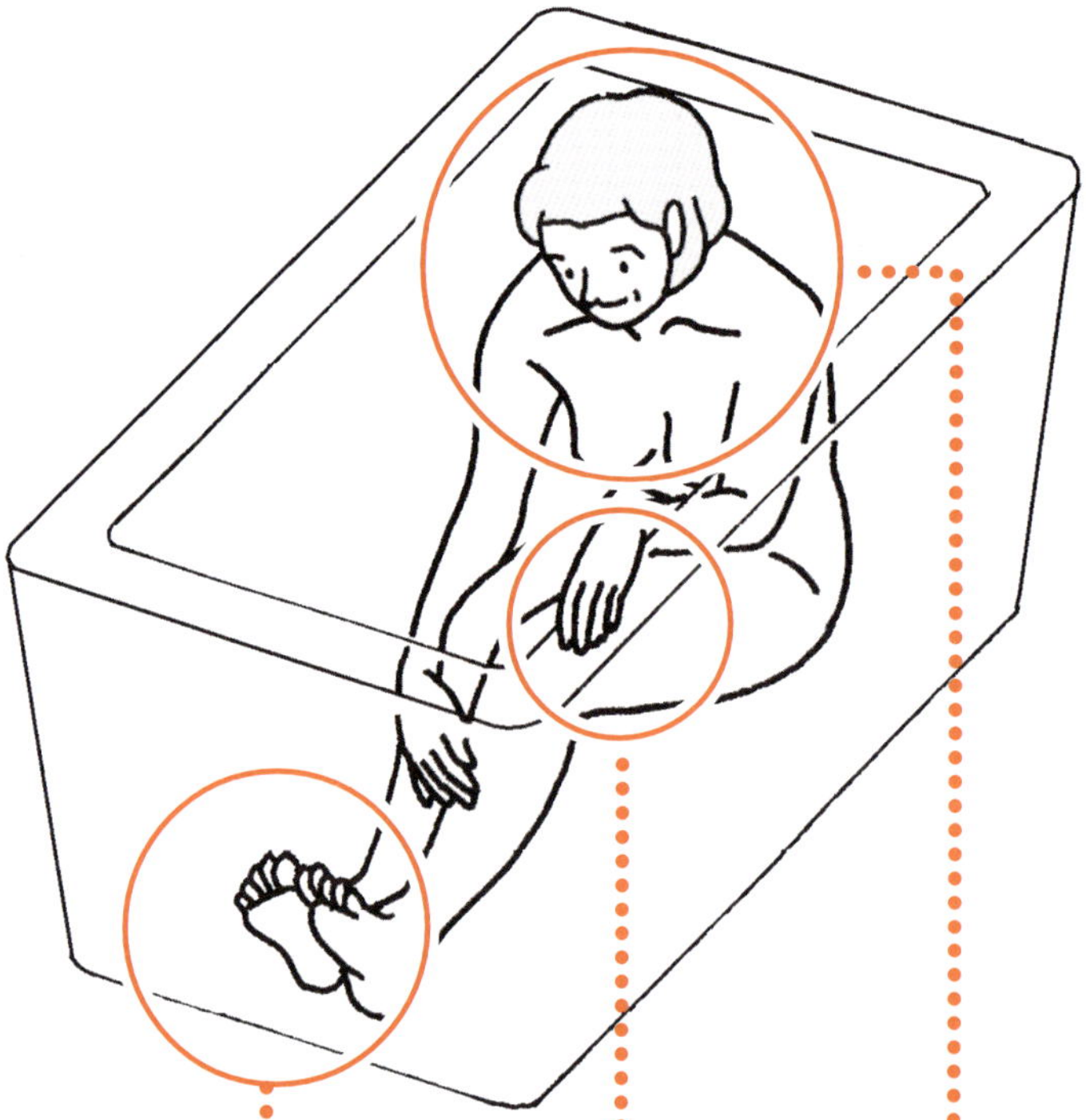

足で壁を押す
ひざを軽く曲げ、足の裏が浴槽の壁に着いて押している状態にします

浴槽をつかむ
手は浴槽の前のほうをつかむようにすると、さらに安定します

前かがみの姿勢
頭が後ろにいかないように、上半身は前かがみ気味の姿勢をとります

後ろに倒れそうなとき

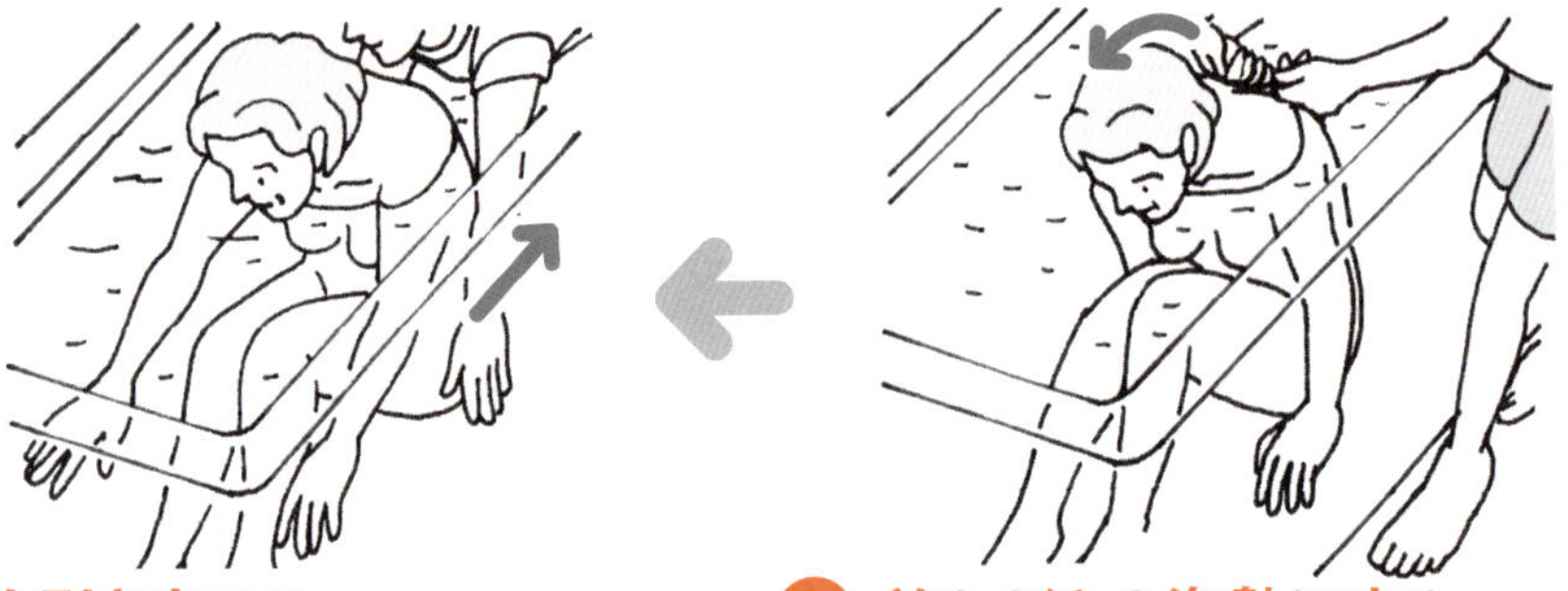

❶ 前かがみの姿勢にする
背中側から上体を起こして、前かがみの姿勢をとるようにします

❷ 腰を引き寄せる
お尻を両手ではさむように持ち、手前に引いてさらに姿勢を安定させます

安定して入る工夫

コーナーを利用する

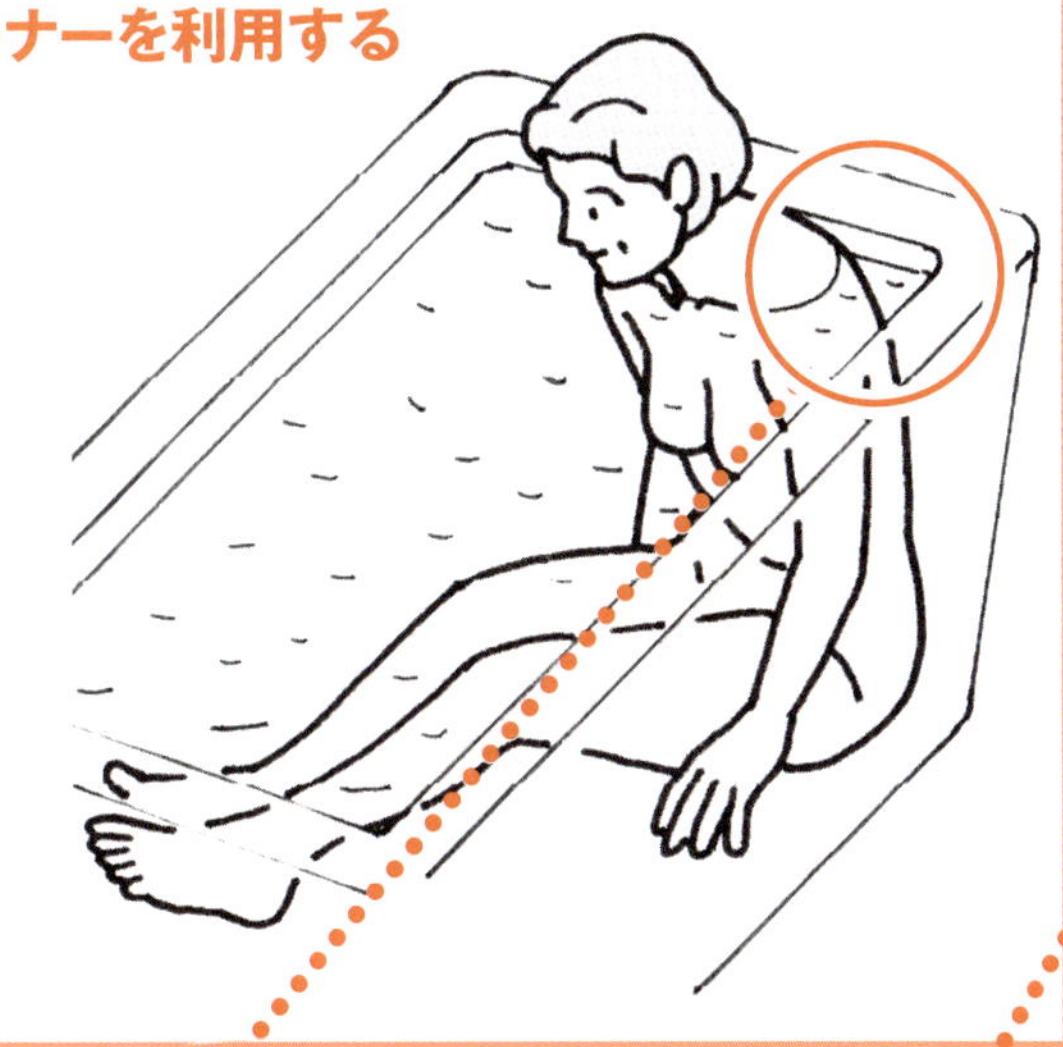

足台で奥行きを狭める

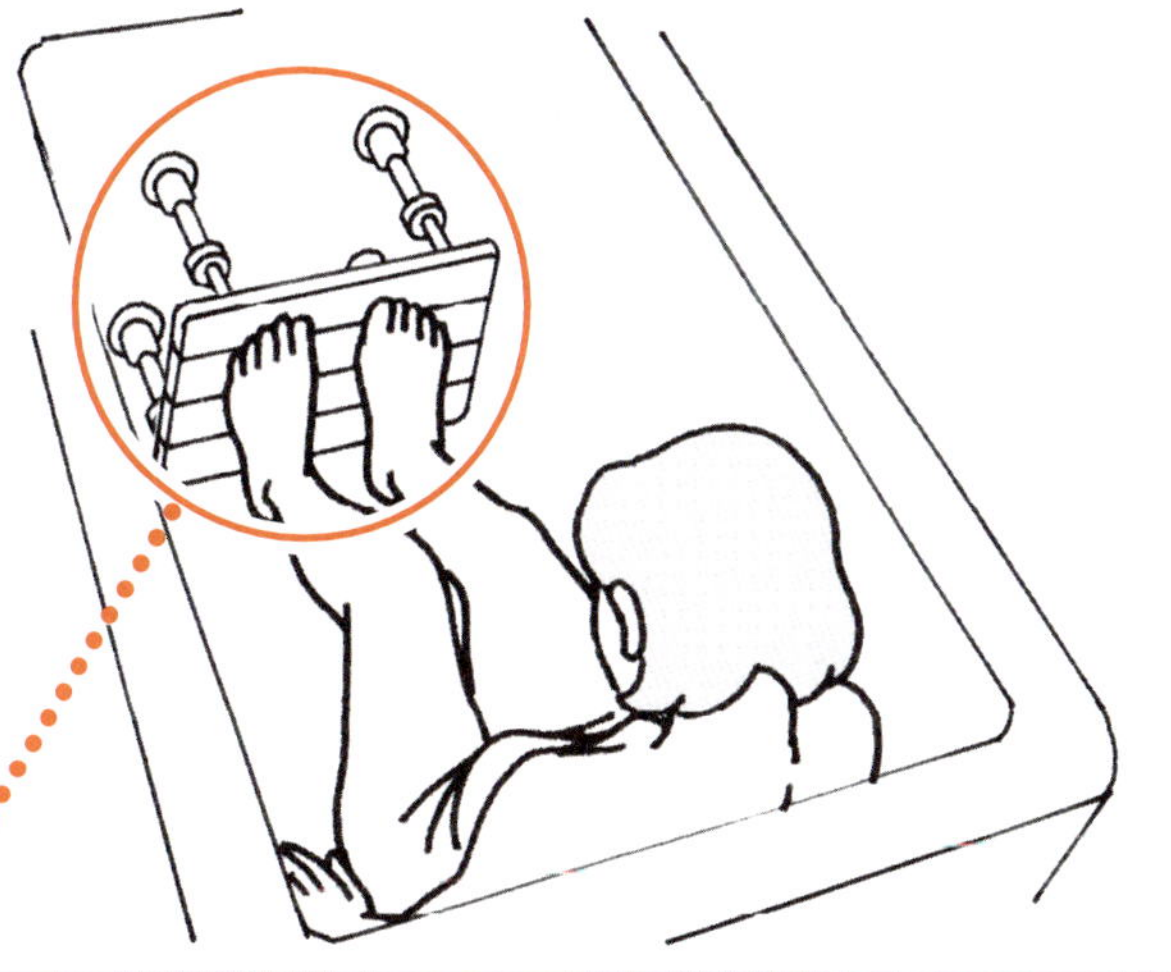

片マヒのためにからだが傾く人、浴槽の幅が広くてからだが横に倒れる人の場合は、少し前かがみの姿勢をとりながら、浴槽のコーナーを利用して両肩を支えるようにします

小柄で足が届かない人は、足台（浴槽台）を横向きに入れて、浴槽の奥行きを狭めます。足台は、高さが調節できて水の中でもぐらつかない、吸盤つきのものがおすすめ

足台にすわる

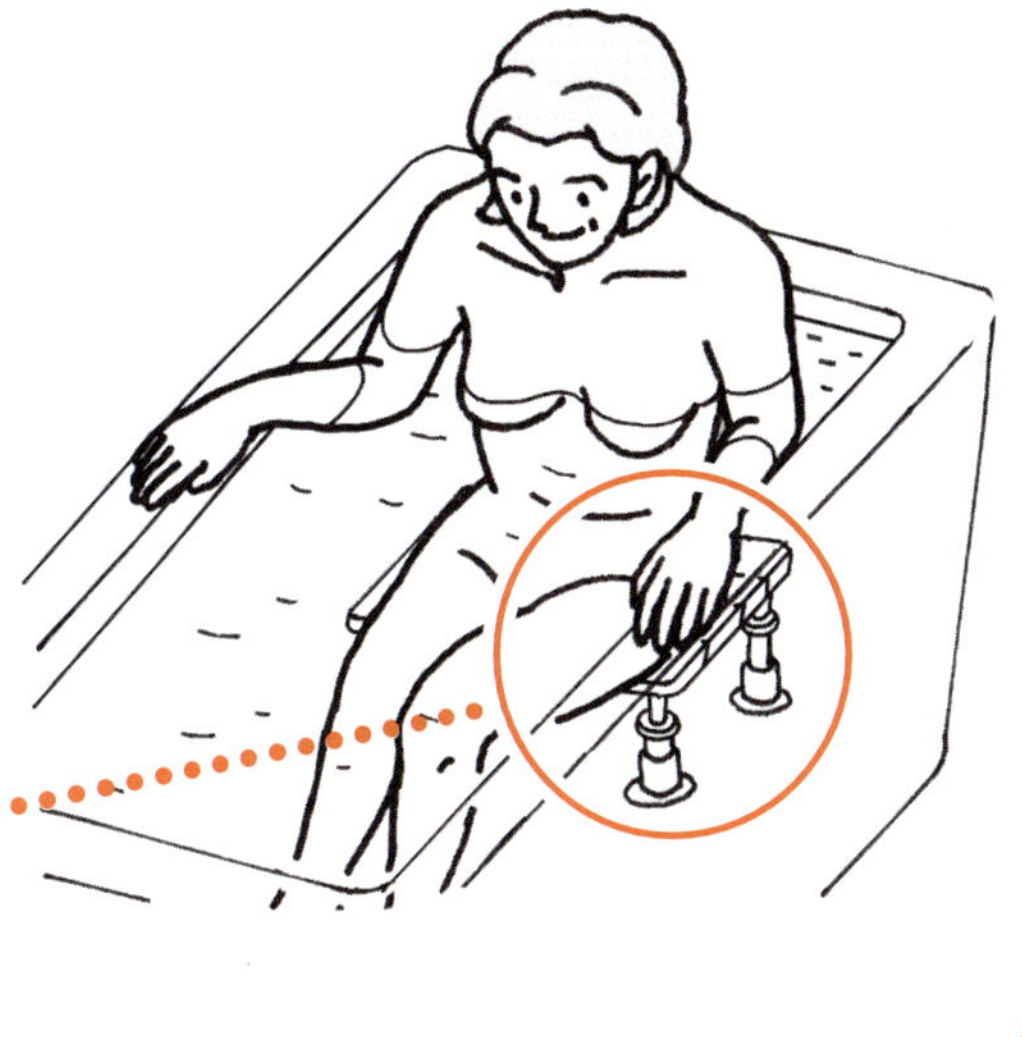

前かがみの姿勢がうまくとれず、からだが浮いてしまう人の場合は、足台を入れてこの上にすわるようにします。肩まで湯に入れないのが難点ですが、からだは安定し、出るときにも楽です

前かがみになり足で押す

水の浮力を利用できるので、浴槽に入るのはそれほど難しいことではありません。むしろ湯《ゆ》船《ぶね》につかってからのほうが、姿勢は不安定になりやすいといえます。

浴槽の中で姿勢を安定させるポイントは、上半身は前かがみ気味の姿勢をとり、下半身は足の裏が壁を押しているようにすることです。そうすれば、からだが浮き上がったり、後ろに倒れるのを防げます。

入浴の最中にからだが沈んだり、後ろに倒れそうになっても、慌てて引っぱり上げたりしないこと。落ち着いて背中側から上体を起こし、前かがみの姿勢に戻すようにします。

小柄な人、前かがみの姿勢がうまくとれない人は、足台（浴槽台）を浴槽の中に入れて、浴槽の長さや深さを調節するとよいでしょう。また、左右のバランスが悪い人は、浴槽のコーナーを使ってからだを支えるようにします。

浴槽から出る

力を入れずにスムーズに浴槽から出る方法

基本の動作

○ ❶足を引いて　❷ 前かがみになれば
❸お尻が自然に浮いてくるので、立ち上がることができます

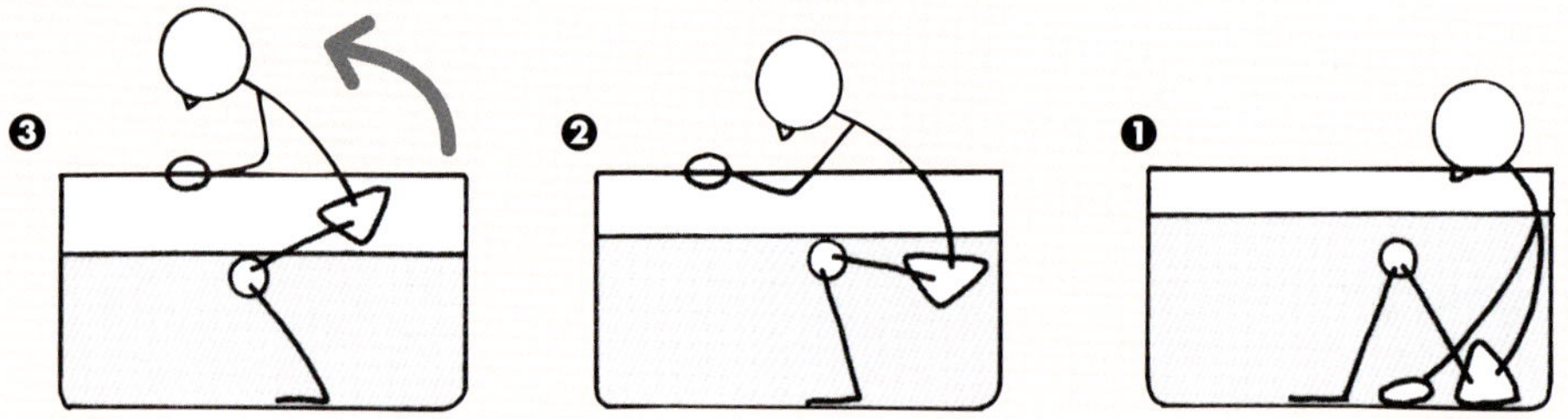

✕ 持ち上げたり引きずり出そうとしない

力まかせに浴槽から持ち上げたり、引きずり出そうとしても疲れるだけです。要介護者の残っている力と水の浮力をうまく利用しましょう。歩けない・立てない人でも、すわる姿勢さえとれれば、力を入れなくても浴槽から出ることができます

✕ 真上に出ようとしても立ち上がれない

❶足を伸ばしたまま
❷手の位置が手前にある状態で
❸真上方向に出ようとしても、
立ち上がることはできません

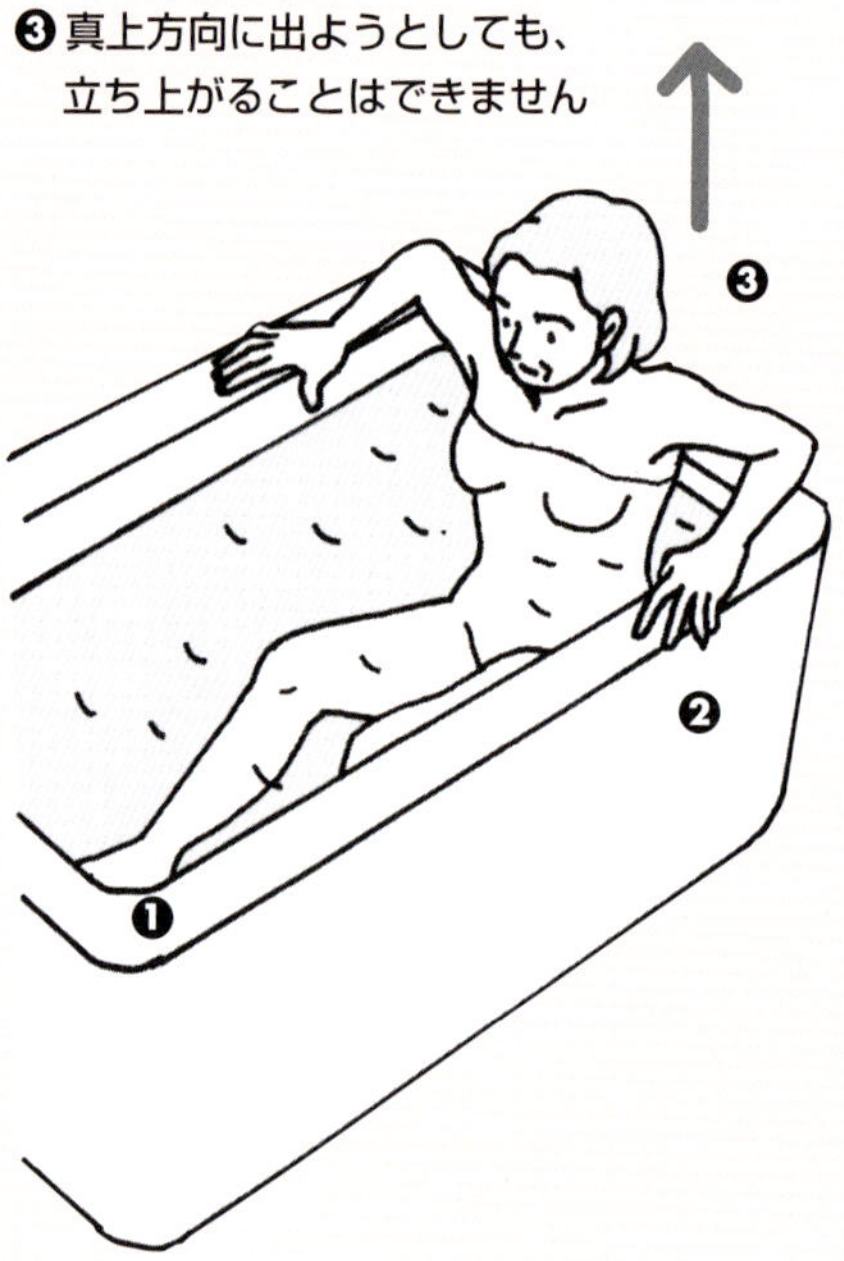

ふだんの動作をなぞらえる

入浴介助の中でも、浴槽から出るときの介助に苦労している人がたくさんいるようです。ともすると浴槽から引きずり出そうとしがちですが、ちょっと工夫するだけで、力を入れなくても浴槽から出ることはできるのです。

ふだん入浴の際に、自分が浴槽からどのように出ているか、考えてみてください。「①足を引く→②前かがみになる→③立ち上がる」という動作を、無意識に行っているはずです。

力の弱った高齢者や障害のある人を介助する場合も、この誰もがやっているやり方を、そのまま応用すればよいのです。水の浮力と要介護者に残っている手足の力をうまく利用しながら、この一連の動作を意識的に、

浴槽の外からの介助
左片マヒの場合

1 足を引く

介護者は洗い台に片ひざを着いた状態で立ち、動くほうの足を引き寄せてもらいます

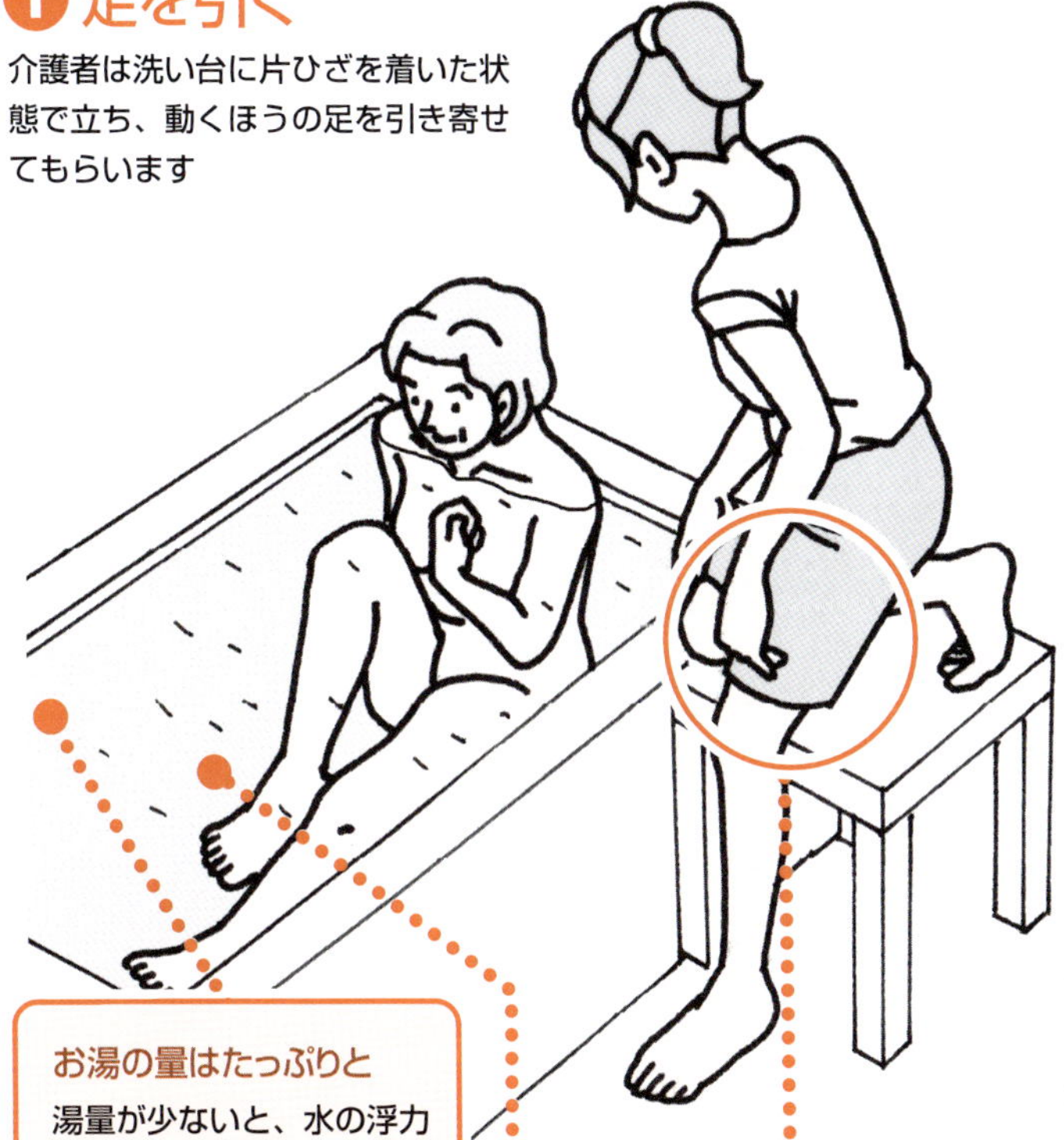

お湯の量はたっぷりと

湯量が少ないと、水の浮力をうまく利用することができません。浴槽の上のほうまでたっぷり入れましょう

入浴剤には注意

入浴剤を入れるとお湯がにごって底が見えなくなるため、要介護者によっては恐がることがあるので注意しましょう

洗い台に片ひざ立ちする

浴槽と同じ高さの洗い台を用意し、介助者は片ひざを着いた状態で立ちます。片ひざを着くことで、腰を痛めるのを防ぐことができます

2 浴槽のへりの前のほうをつかむ

要介護者には動くほうの手でできるだけ浴槽のへりの前のほうをつかんでもらいます。手前のほうを持つと、頭が前に出ないので立てません

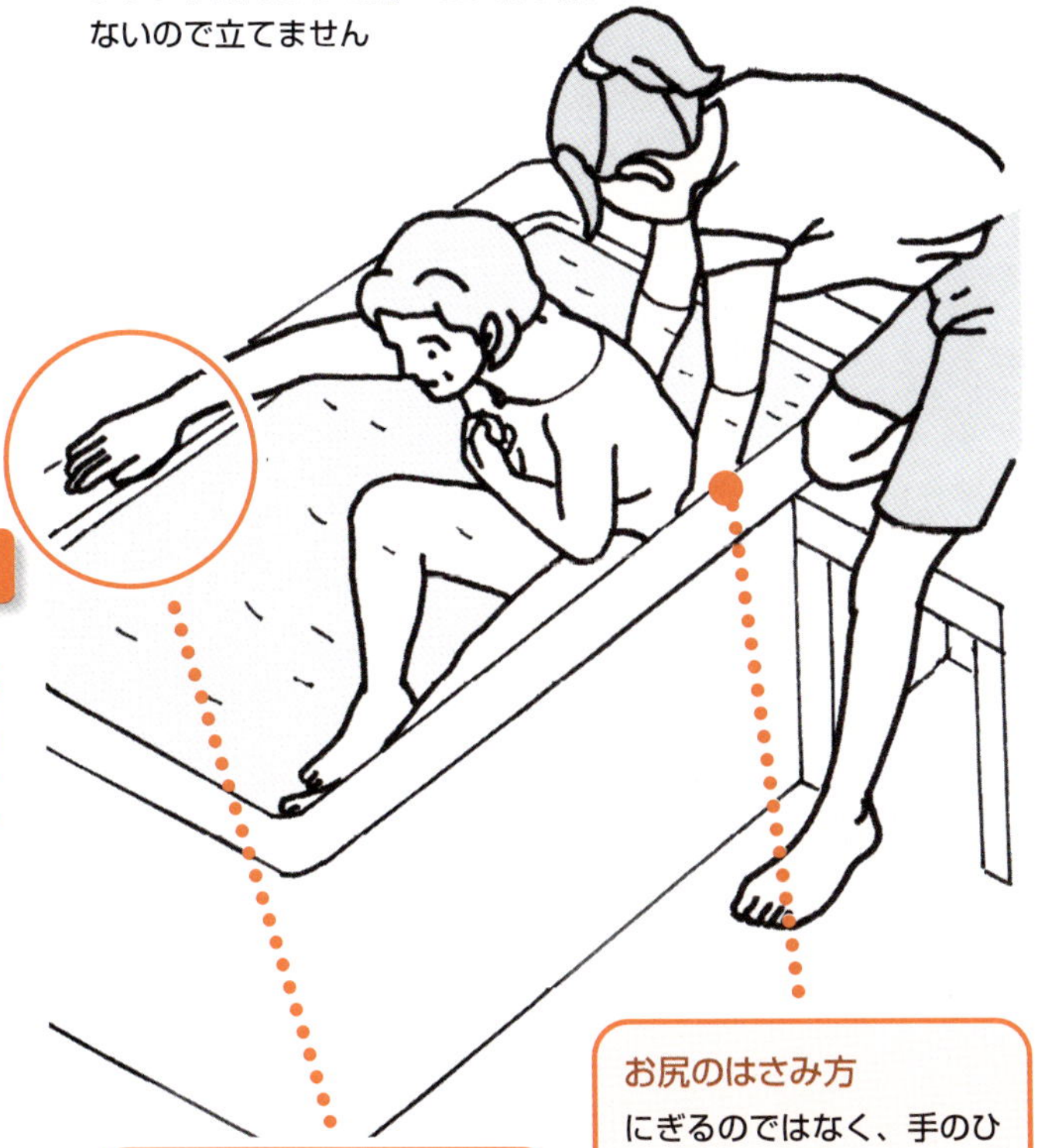

手すりはなくても大丈夫

小さな浴槽なら、浴槽のふちが狭くにぎることができるので、手すりがなくても大丈夫です

お尻のはさみ方

にぎるのではなく、手のひらを軽くあてるように

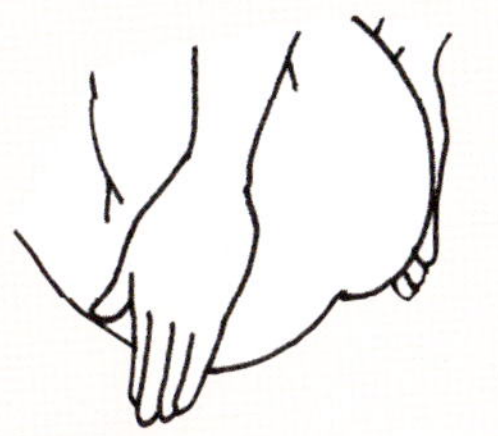

オーバーに行うようにすれば、よぶんな力を使うことなく浴槽から出ることができます。

ポイントは、水の浮力を利用するためにお湯をたっぷりと入れること、要介護者のお尻をはさむようにして持ち、前に押し出すようにしながら立ち上がりを誘導することです。決して、持ち上げようとしてはいけません。

習慣の力は偉大です。信じられないかもしれませんが、すわる姿勢さえとることができれば、歩けない人や立てない人でも、このやり方でスムーズに浴槽から出ることができるのです。

お湯の適温は何度？

「お湯の温度は何度くらいがいいのですか？」という質問をうけることがあります。適温はズバリ「本人の好みの温度」。ぬるめが好きな人もいれば、熱くなければ入った気がしないという人もいます。よく「老人に熱いお湯はよくない」といいますが、すでに十分長生きしている高齢者に「からだに悪い」もありません。好きな温度で入れてあげるのがいちばんです

次頁へ続く

前頁からの続き

3 お尻を押し出す

手と足の位置を確認し、前かがみになってもらいながら、背中側からお尻を前に押し出すようにします

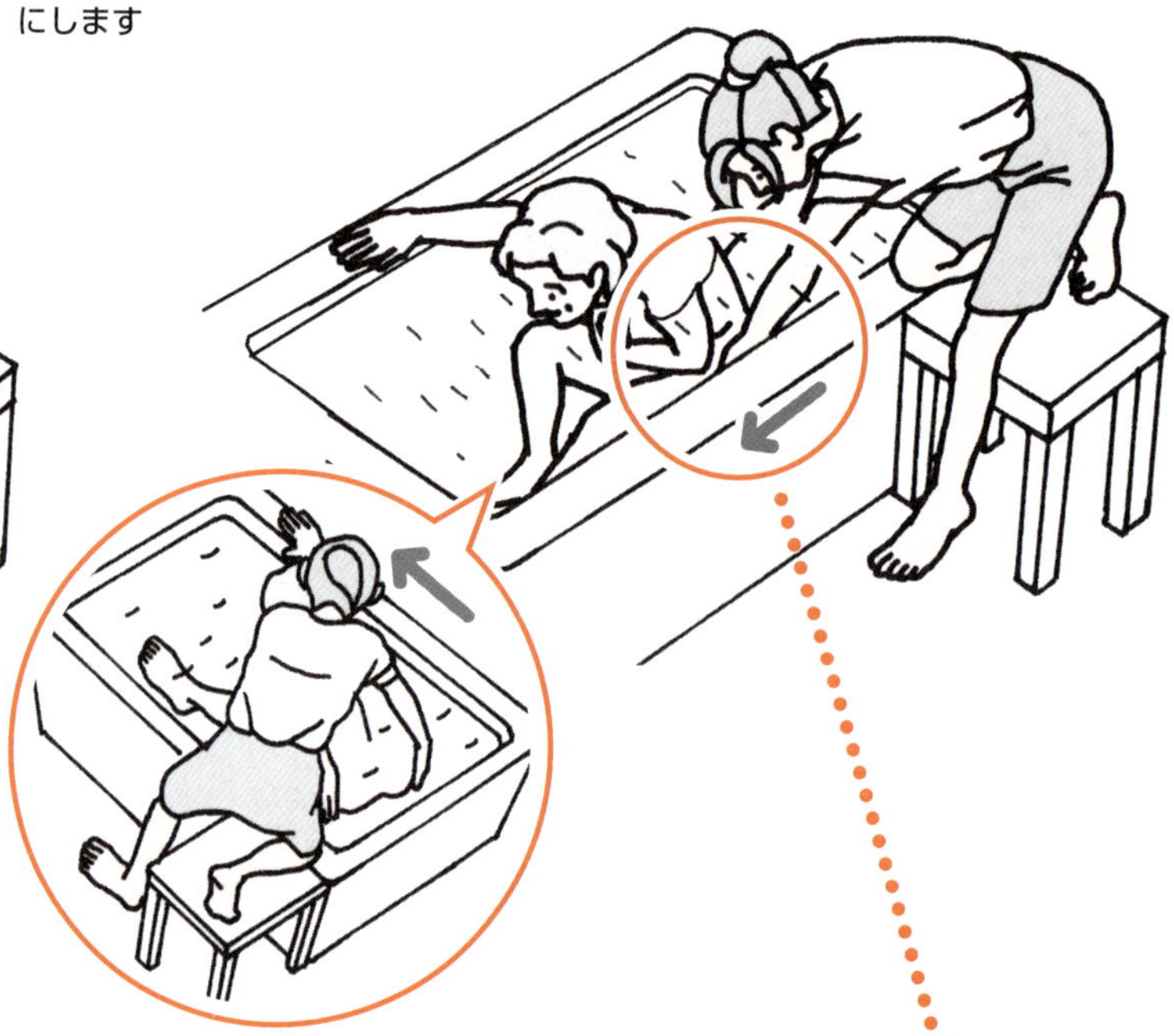

上に引き上げるのではなく、前に押し出すように

お尻を前に押し出す目的は、基本の「②前かがみになる」動作をよりオーバーに行うため。お尻を持ち上げるためではありません

4 お尻が浮いてくる

水の浮力でお尻がふわっと浮いてきます。前かがみの姿勢と浴槽をつかむ手の位置はそのまま保ちます

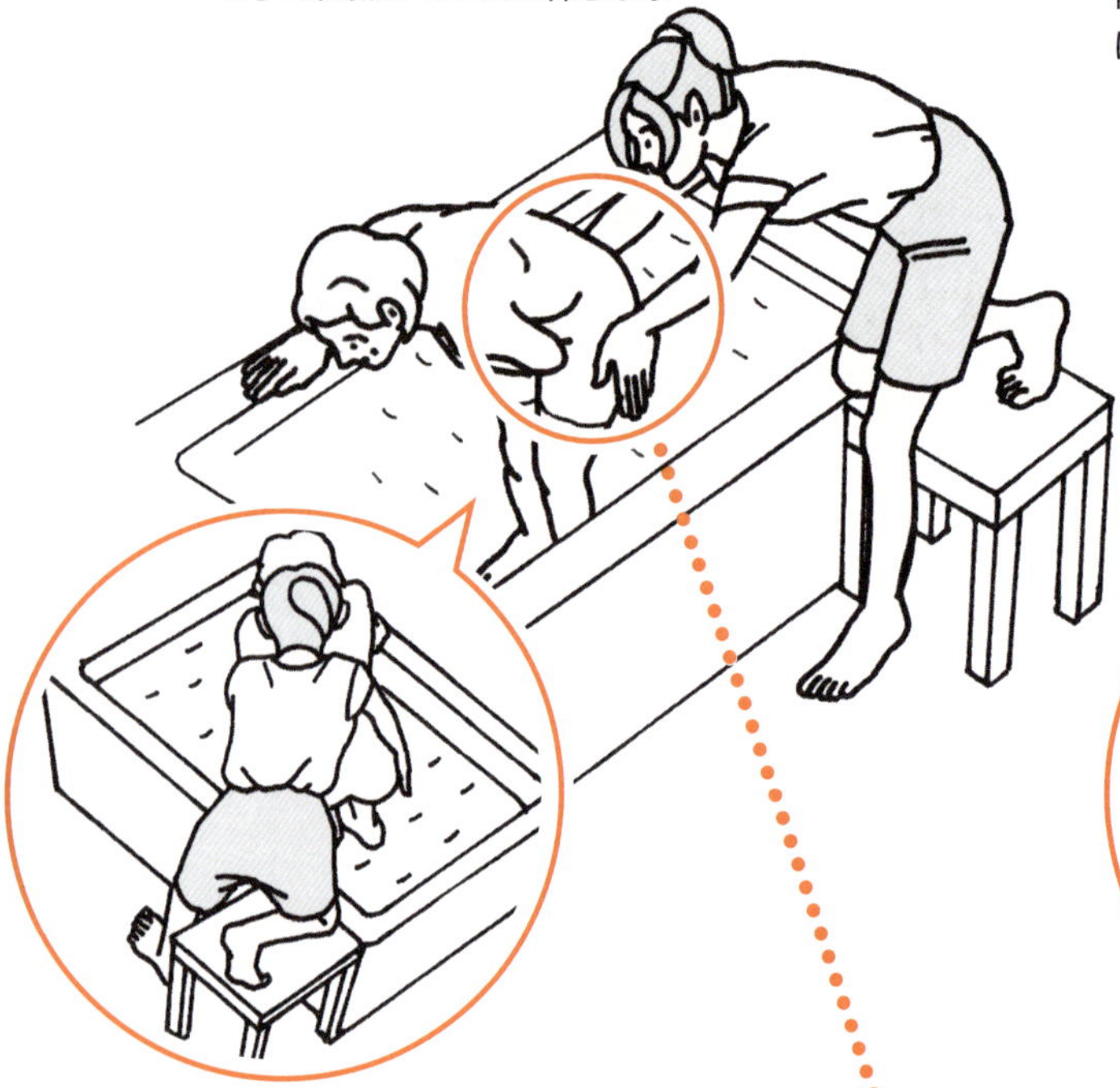

水の浮力を最大限に利用する

お湯の量をたっぷりにしておけば、その分だけ浮力が大きくなり、あまり力を入れなくてもお尻が浮いてきます

習慣の力を大切に

痴呆のある高齢者でも、ふだん通りの入浴法であれば、抵抗感なく受け入れてくれるものです。それまで機械を使って、寝たまま入浴していたある高齢男性は、簡単な介助で自宅のお風呂に入ったとき、「ああ、久しぶりに風呂に入った」とつぶやいたそうです。新しく特別な方法をとり入れるよりも、毎日の生活の中で習慣となったやり方をそのまま続けるほうが、要介護者の満足度も大きく、介助もむしろ楽だといえます。

2点支持を確認しよう

人間の姿勢は両足で立つ2点支持が基本です。しかし、片マヒのある人ではこれが1点支持になってしまうため、入浴するときも姿勢が不安定になりがちです。

そこで、手を動かすときは「お尻と足による2点支持」、お尻を動かすときは「手と足による2点支持」、足を動かすときは「お尻と手による2点支持」の状態になっているかどうか、そのつど確認してから動作を行うようにすると安心です。

5 洗い台に誘導する

お尻が浮いてきたら、両手ではさんだお尻を洗い台に誘導します

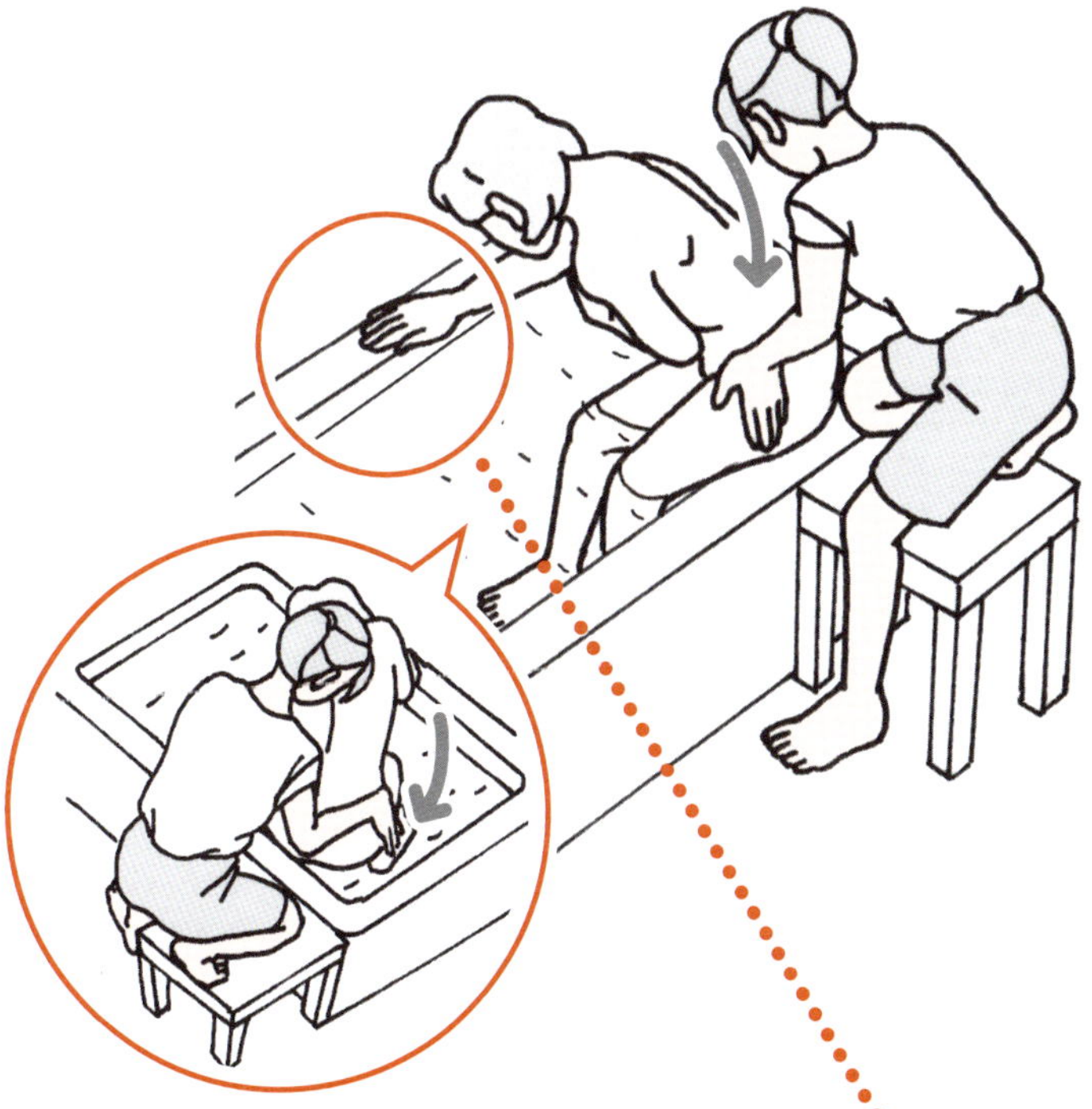

6 洗い台にすわる

洗い台にすわらせます。足が浴槽の床に、お尻が洗い台にきちんと着いていることを確認したら、手の位置を替えます

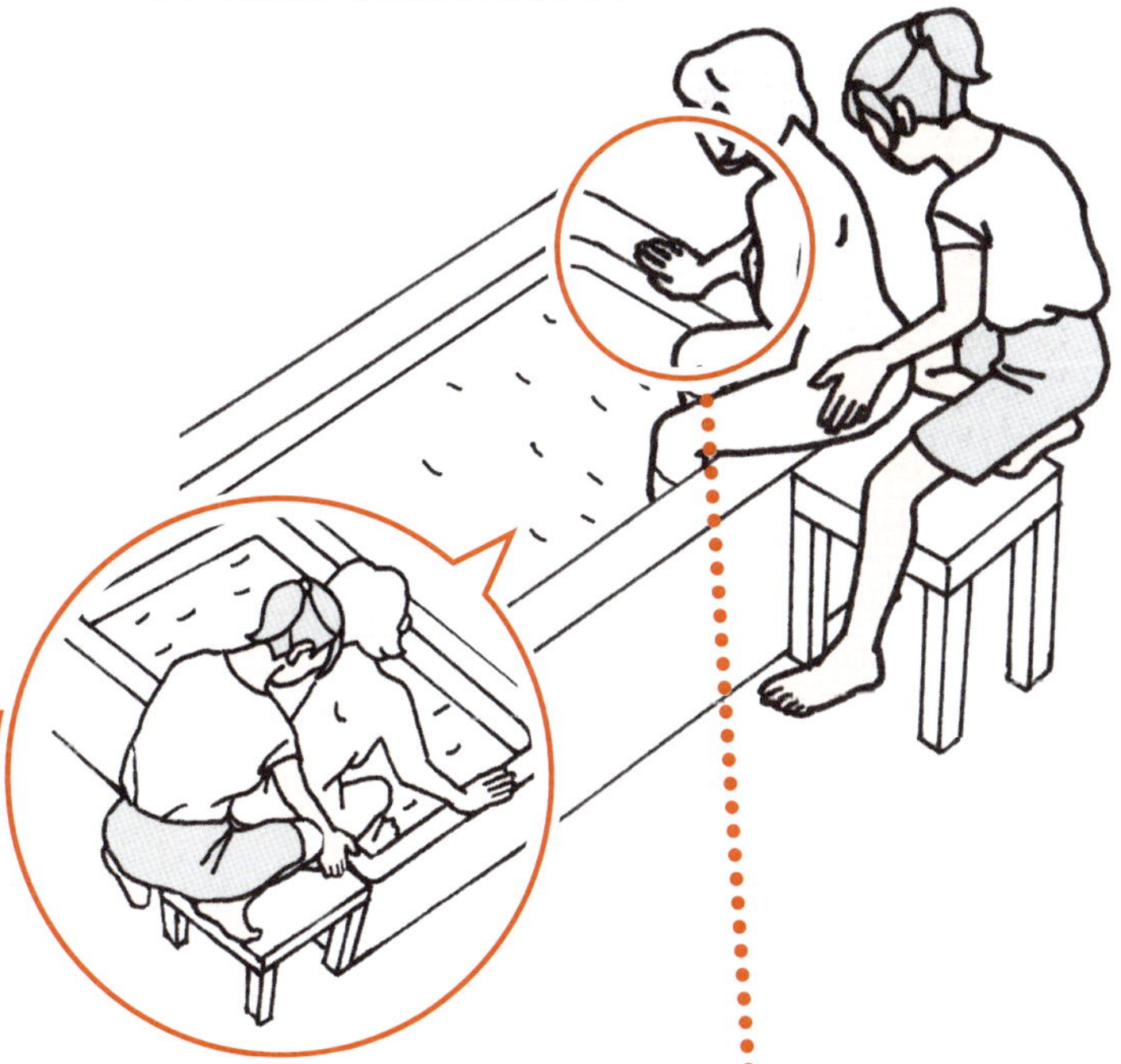

手の位置はそのまま

洗い台にすわるまでは、手の位置はそのまま保ちます。手をはなすと動くほうの脚だけでからだを支えることになり、姿勢が不安定になってしまいます

手の位置を替える

洗い台にしっかりとすわり、足が床に着いて、要介護者の姿勢が安定していることを確認したら、手の位置を替えます

7 マヒした脚を出す

手で浴槽をつかんだまま、脚を手前に引きつけてもらいます。マヒした脚のほうからゆっくり介助して外に出します

point 後ろに倒れないように背中に手を添えて

8 動くほうの脚を出す

動くほうの脚を自分で出してもらいます。浴槽をつかむ手と背中を支える手はそのまま保ちます

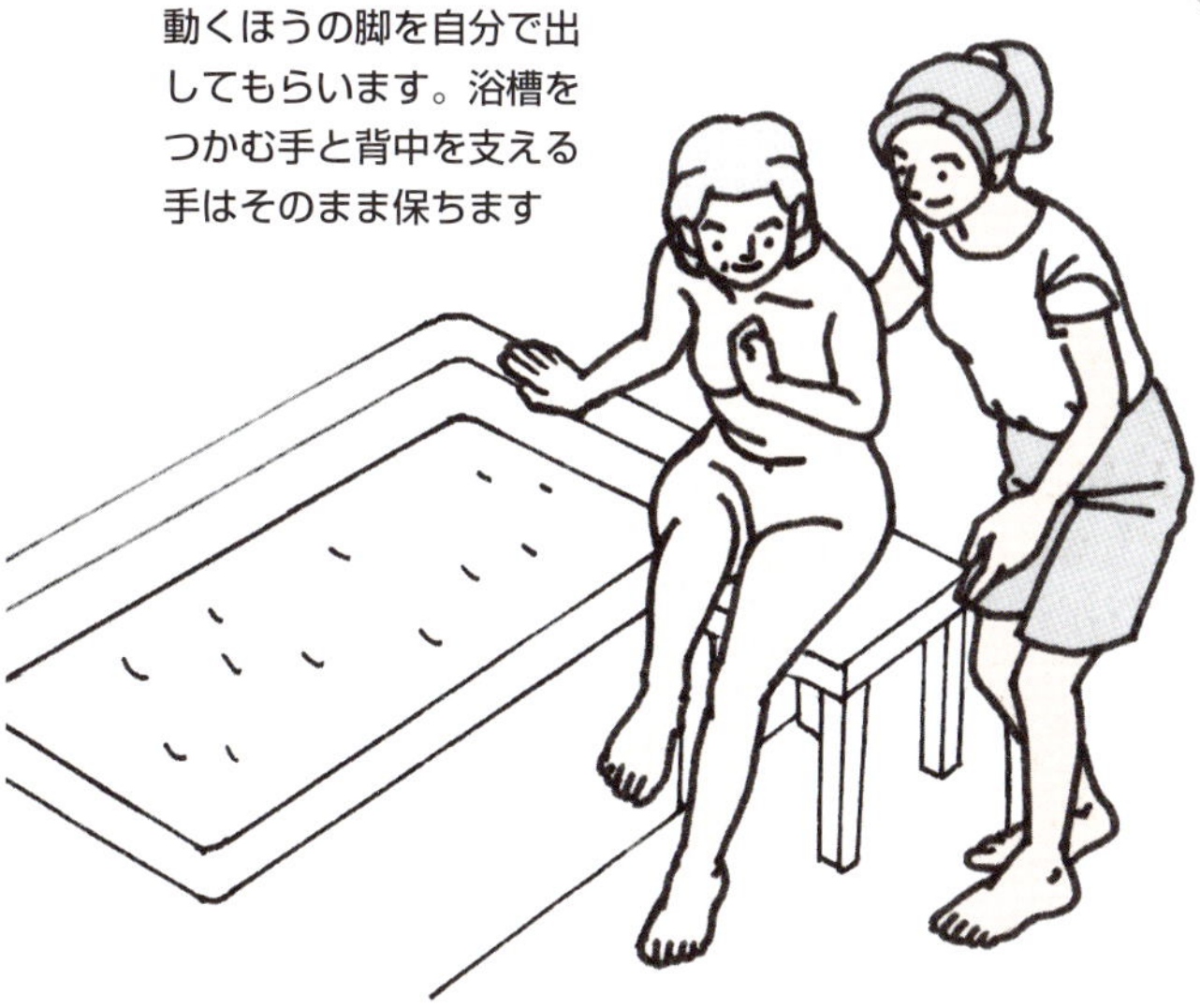

次頁へ続く

前頁からの続き

浴槽の中からの介助
（左片マヒの場合）

❶ 脚を引く

浴槽の前のほうを手でつかみ、動かせるほうの脚を引き寄せてもらいます（可能ならマヒしている足も）

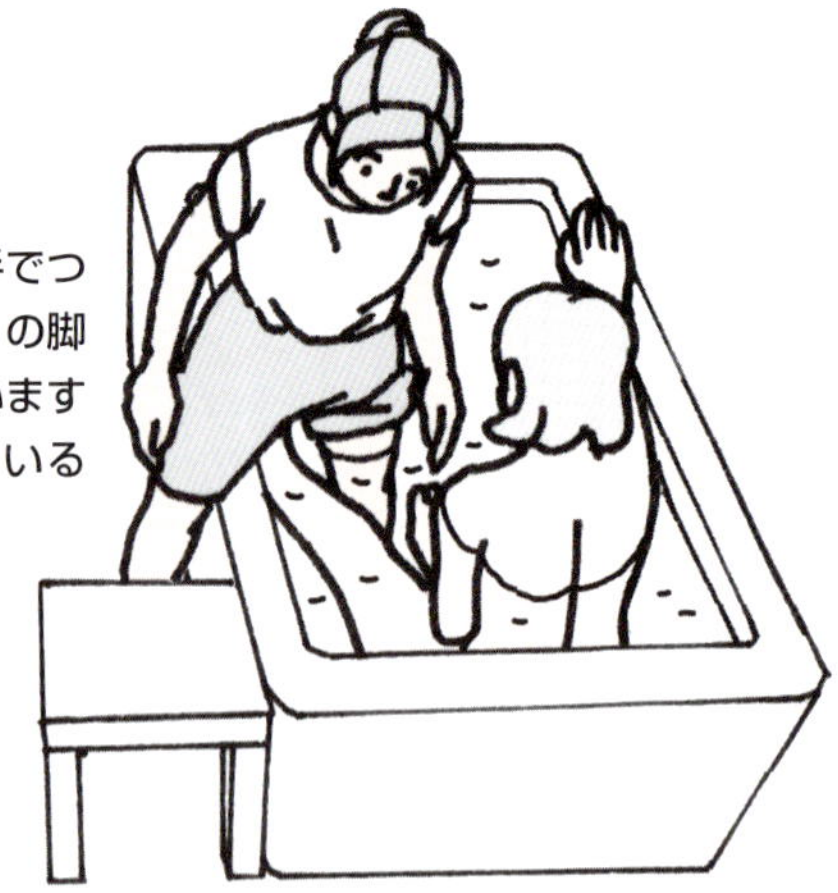

❷ 前かがみになる

前かがみになってもらいながら、背中側から両手でお尻をはさむようにして持ちます

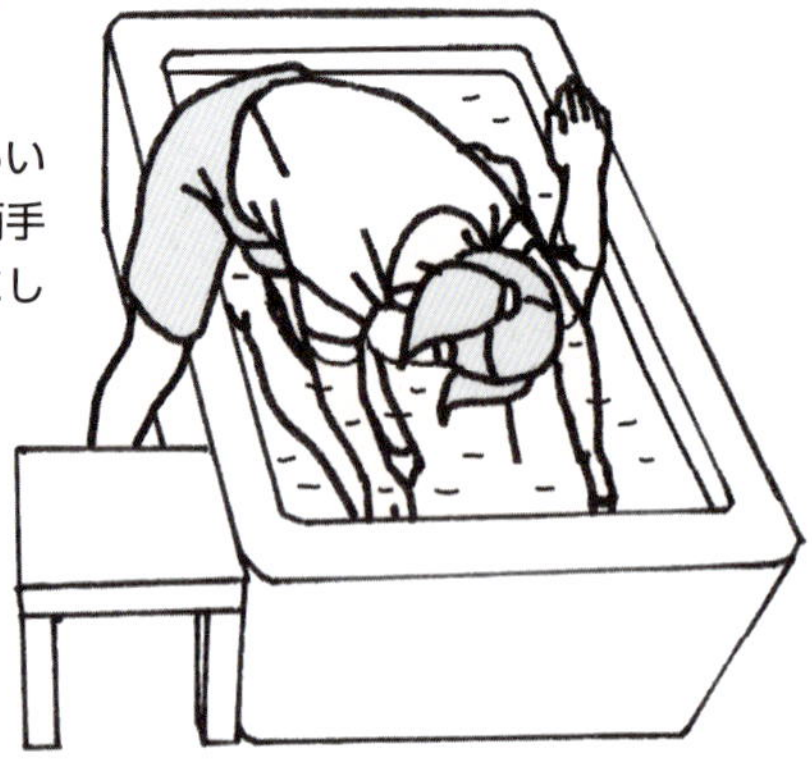

❸ お尻を引きこむ

お尻を手前に引きこむようにすると、水の浮力でお尻がふわっと浮いてきます

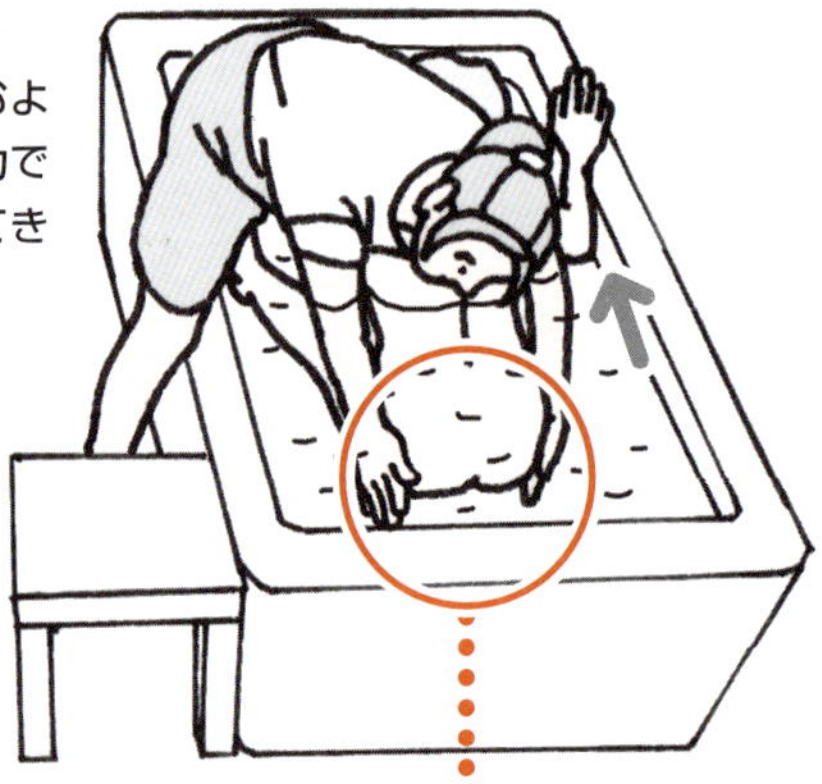

お尻は引きこむように
お尻は上に持ち上げたりせず、引きこむようにします

❹ 洗い台に誘導する

お尻が浮いてきたら、手の位置と前かがみの姿勢はそのままで、両手ではさんだお尻を洗い台に誘導します

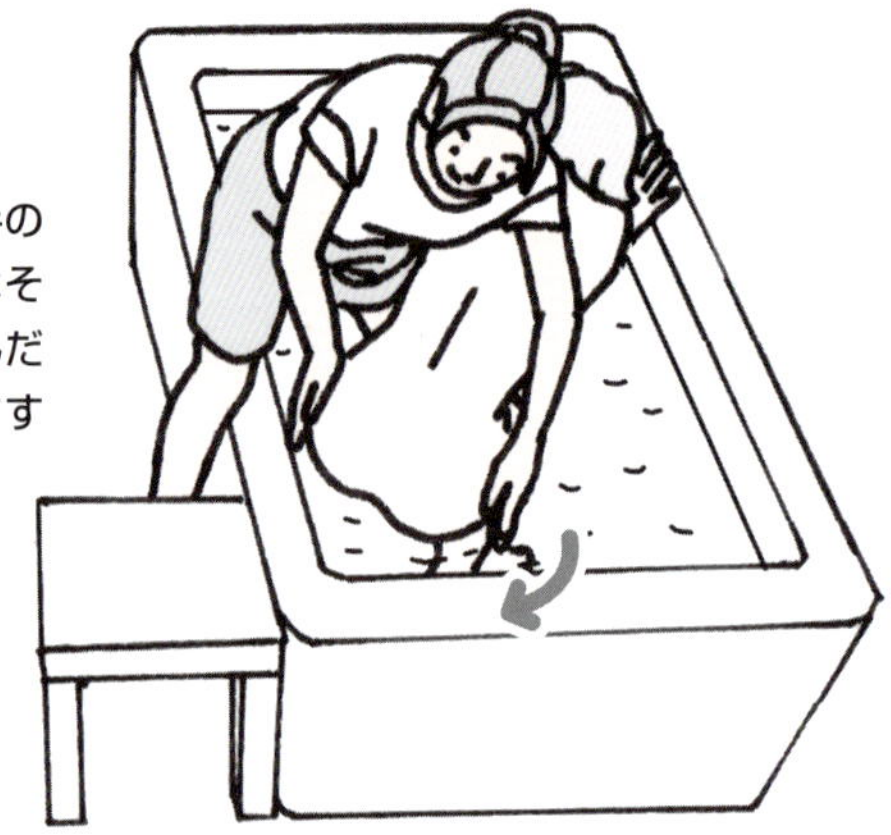

❺ 洗い台にすわる

洗い台にすわらせます。足が浴槽の床に、お尻が洗い台に着いていることを確認したら、手の位置を換えます

❻ 脚を出す

浴槽をつかんだまま脚を手前に引きつけてもらい、マヒしているほうの脚から介助して外に出します。動くほうの脚は自分で出してもらいます

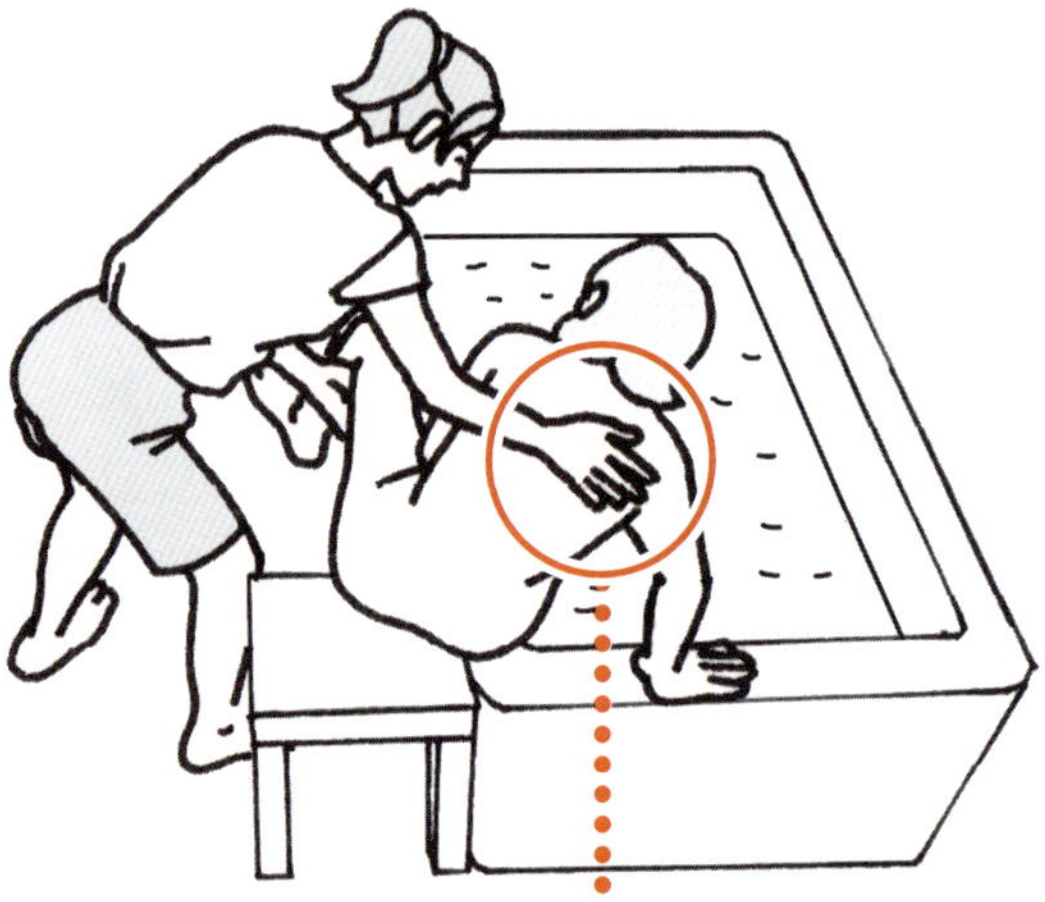

背中に手を添えて
後ろに倒れないように、背中に手を添えましょう

安心して入浴できる施設チェック法

老人ホームやデイセンターなどを利用する際、その施設がほんとうに障害のある人のことを考えてつくられているかどうかは、浴室を見ればよくわかります。昔ながらの大浴場式や埋めこみ式の浴槽しかないところでは、満足のいく入浴ケアを期待することはできないでしょう。ポイントは浴槽の大きさと設置法、それに洗い台がついているかどうかです。一人用の狭くて深い和式浴槽が半埋めこみ式で設置され、これに床からと同じ高さの洗い台がついていれば理想的といえるでしょう(126頁参照)。

● 施設チェックリスト

こんなお風呂は入りにくい!

1 温泉のような広い浴槽 □
2 完全埋めこみ式の浴槽 □
3 スロープや階段で出入り □

こんなお風呂だと機械浴の人が増えてしまいます

出入りしやすくつくられた浴室

ペンションの例

「ペンションひゅっかり」
「高齢者や車イスの人でも気楽に利用できる」ことをめざしてつくられた、天然温泉ペンション。オーナー(ケアマネジャー)は長年にわたり、老人ホームやデイケアセンターでケアに携わってきた
〒413-0235
静岡県伊東市大室高原5-116
TEL 0557(51)8255

檜の一人用浴槽

デイセンターの例

「大喜デイサービスセンター」
施設長が自宅に開設した宅老所が前身となって、2001年にオープン。「お年寄りが喜んでくれるお風呂」に力を入れており、檜の一人用浴槽が2つと、石づくりの3人用浴槽が1つある
〒467-0822
名古屋市瑞穂区大喜町4-15-3
TEL 052(859)2620

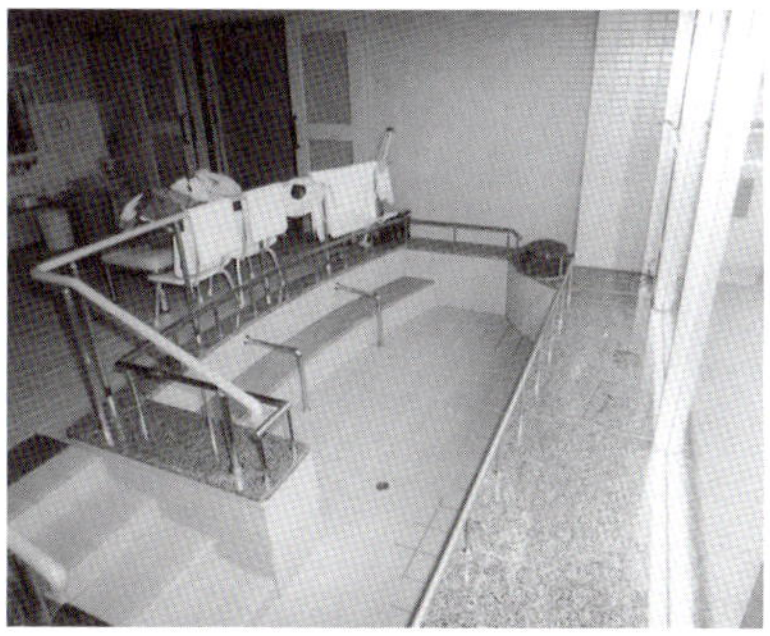

改装前の大浴場

改装後の一人用浴槽

特別養護老人ホームの例

「浜石の郷」
駿河湾を一望できる丘に建つ。もとは埋めこみ式の大浴場だったのを、思い切って檜の一人用浴槽と丸風呂に改装。毎日の生活の中で、一人一人がゆっくりと入浴を楽しめるようになっている
〒421-3107
静岡県庵原郡由比町阿僧189-1
TEL 0543(77)1177

6-11

入浴介助の方法（7）

脚の力がない・恐がる場合

手を持ち替えずに入浴する方法

手を離さずに出入りする

脚の力がほとんどなくてうまく立ち上がれない人や、恐がって浴槽をいったんつかんだら手を離そうとしない人では、洗い台にすわった位置から半回転して出入りするようにします。浴槽から手を離さずにすむうえ、終始足がブロックされているので、姿勢が安定し、本人も安心できるという利点があります。

浴槽に入る介助のしかた

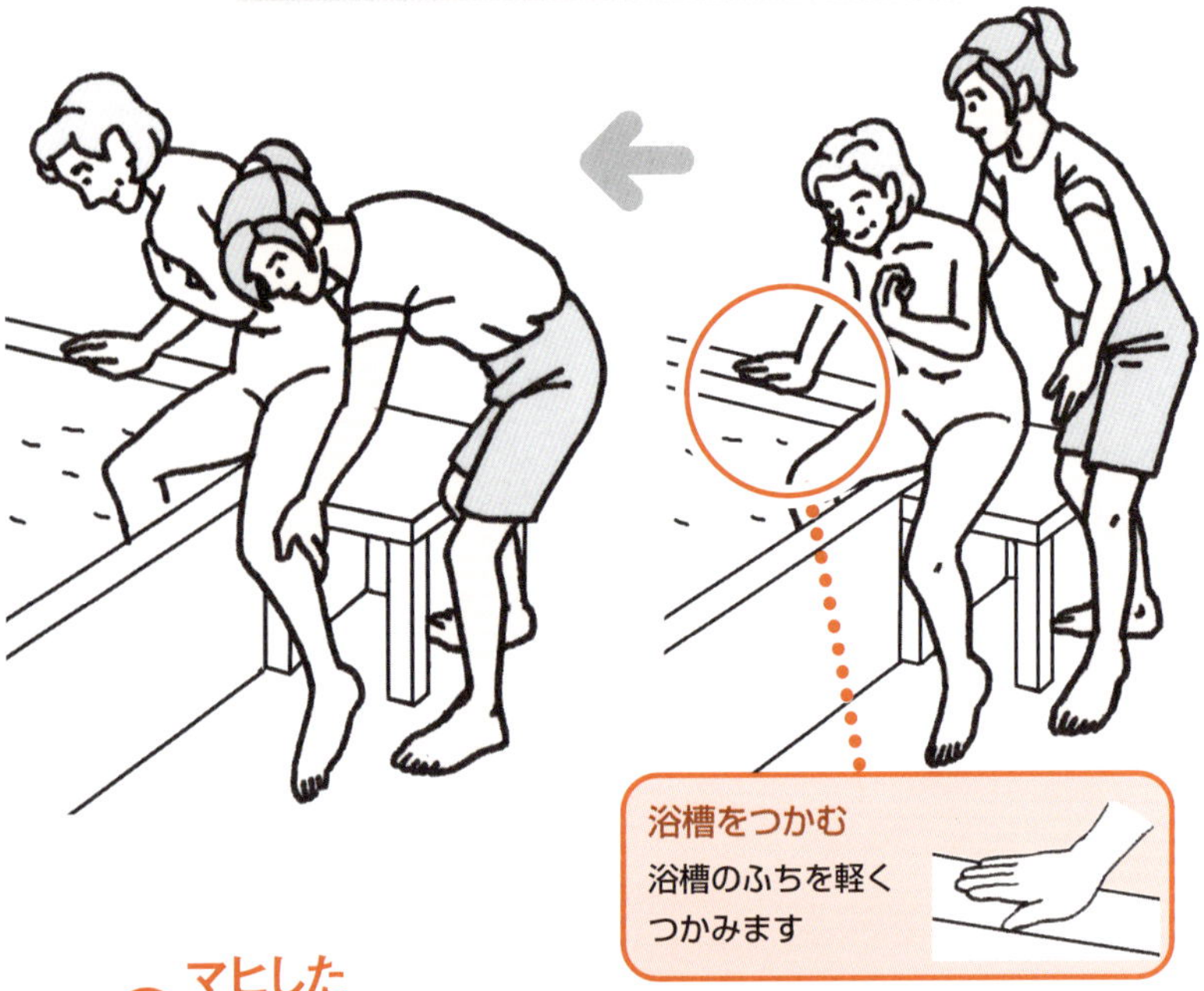

❶ 動くほうの脚を入れる
背中を手で支えながら、動くほうの脚を浴槽に入れてもらいます

❷ マヒした脚を入れる
背中を支える手はそのまま保ち、マヒした脚をゆっくり介助しながら入れます

浴槽から出る介助のしかた

❶ お尻をはさむように持つ
浴槽を手でつかみ前かがみの姿勢をとってもらったら、お尻を両手ではさむように持ちます

❷ お尻を押し出す
前かがみの姿勢のまま、背中側からお尻を前に押し出すようにします

❸ 洗い台に誘導する
お尻が浮いてきたら、手の位置と前かがみの姿勢はそのままで、お尻を洗い台に誘導します

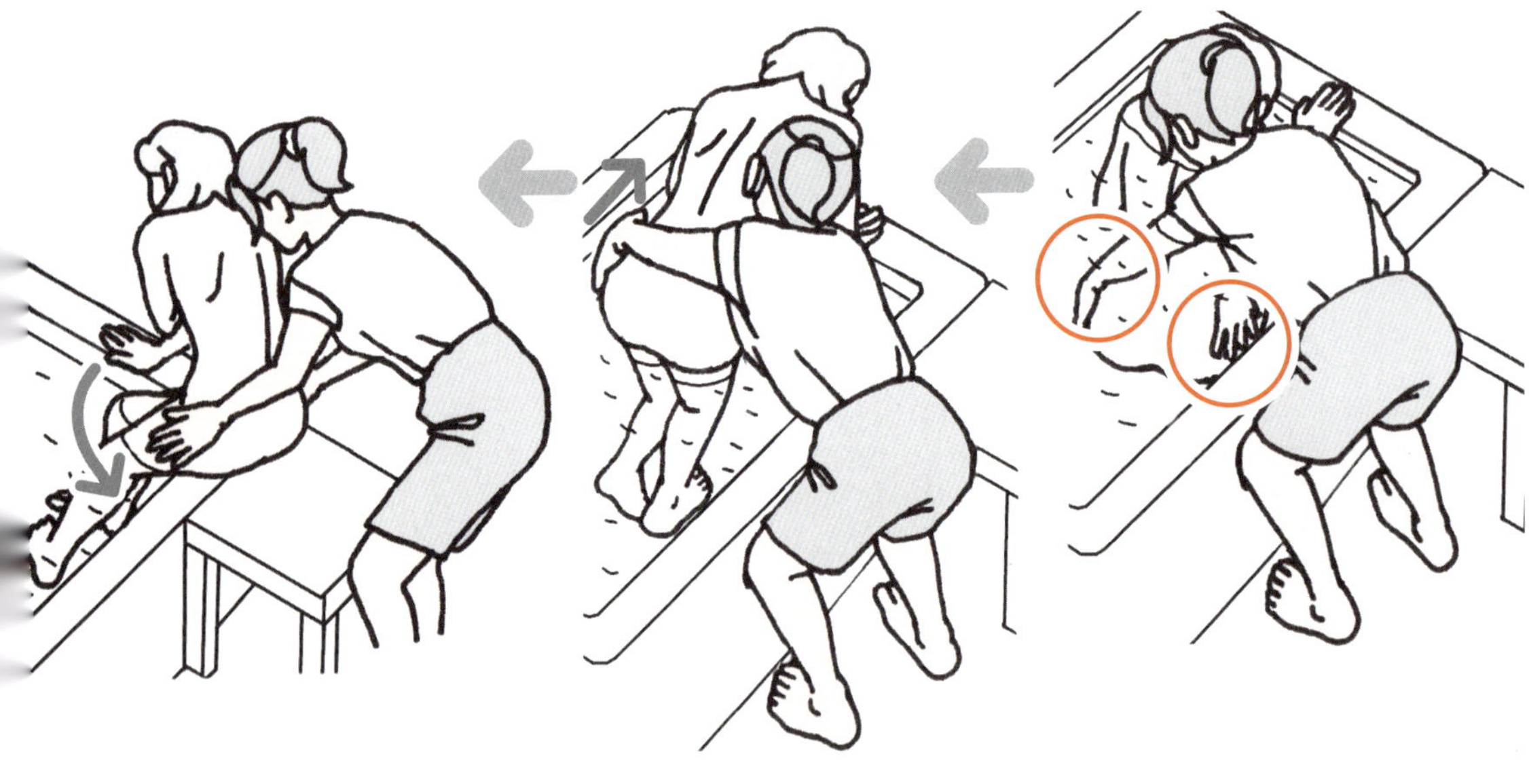

3 お尻をはさむように持つ

両足が浴槽の底に着いていることを確認したら、お尻を両手ではさむようにして持ちます

4 浴槽に誘導する

前かがみになってもらいながら、お尻を前に押し出すようにして、洗い台から浴槽に誘導します

5 浴槽に入る

前かがみの姿勢のまま、水の浮力を利用してゆっくり沈むようにします

足がブロックされるとなぜいいのか

浴槽に入ってから出るまで、足は終始浴槽の壁でブロックされており、水の中でも安定した姿勢を保つことができます

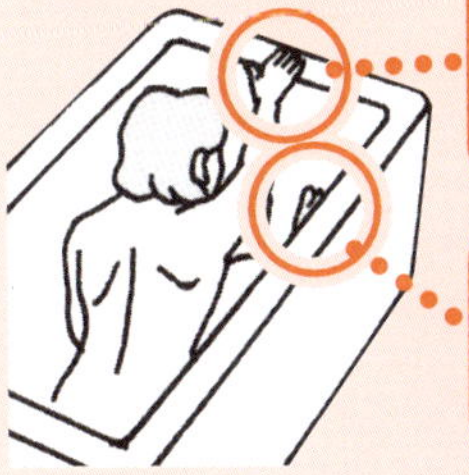

手を離さずにすむ
本人に安心感があります

浴槽から出やすい
ブロックした足を軸にできます

4 洗い台にすわる

前かがみの姿勢のままお尻を引いて、洗い台にきちんとすわらせます

5 マヒした脚を出す

手とお尻の位置を確認したら、マヒした脚から介助してゆっくり外に出します

6 動くほうの脚を出す

背中を手で支えながら、動くほうの脚を自分で出してもらいます

6 入浴のケア

6-12

入浴介助の方法（8）

夫婦で入る

ひざにのせて入浴する方法

いっしょに入る

1 脚を入れる

倒れないように背中を手で支えながら、片方の脚から順に浴槽に入れます

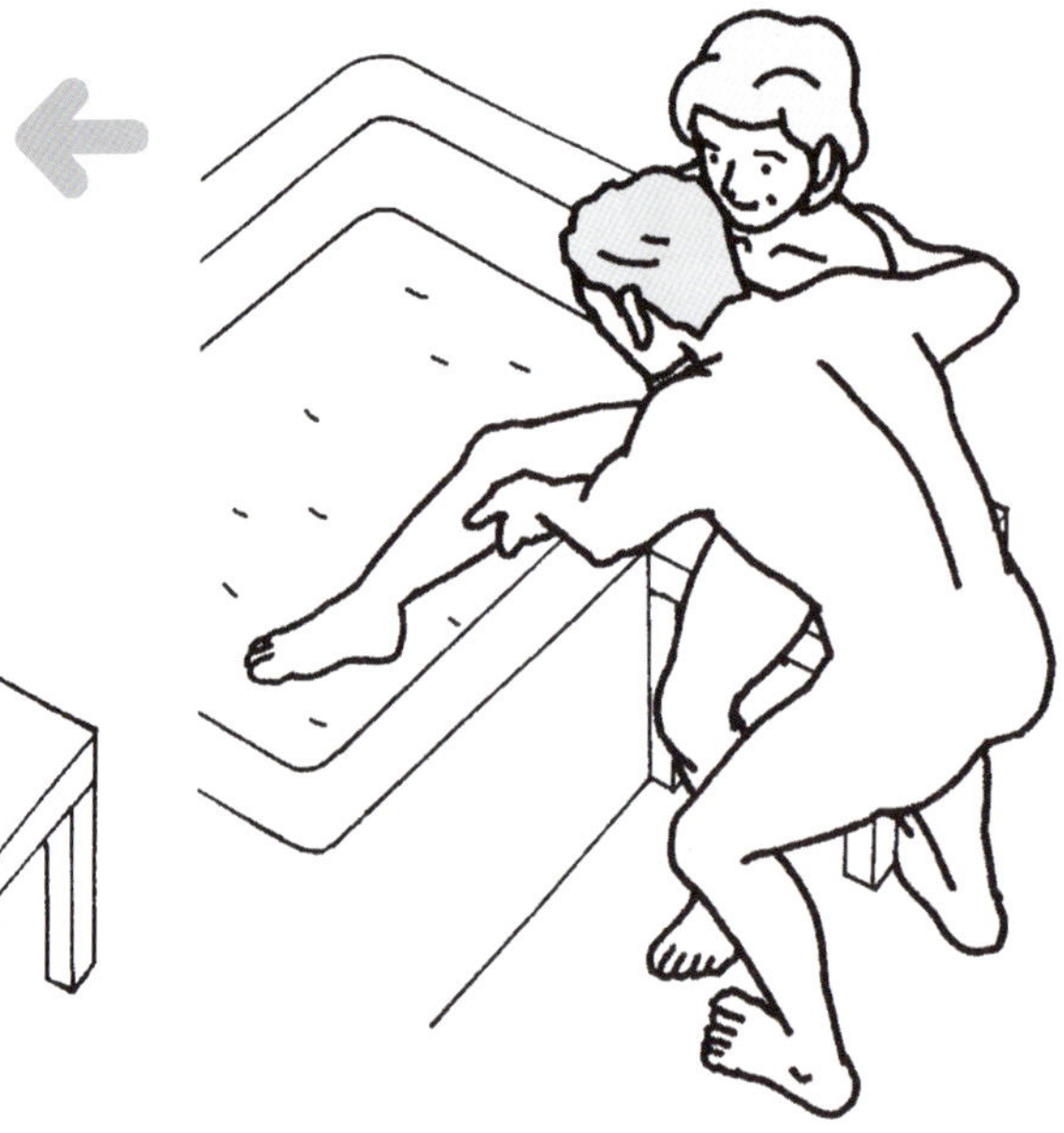

2 夫も浴槽に入る

妻の両足が浴槽の底に着いていることを確認したら、夫も浴槽に入ります

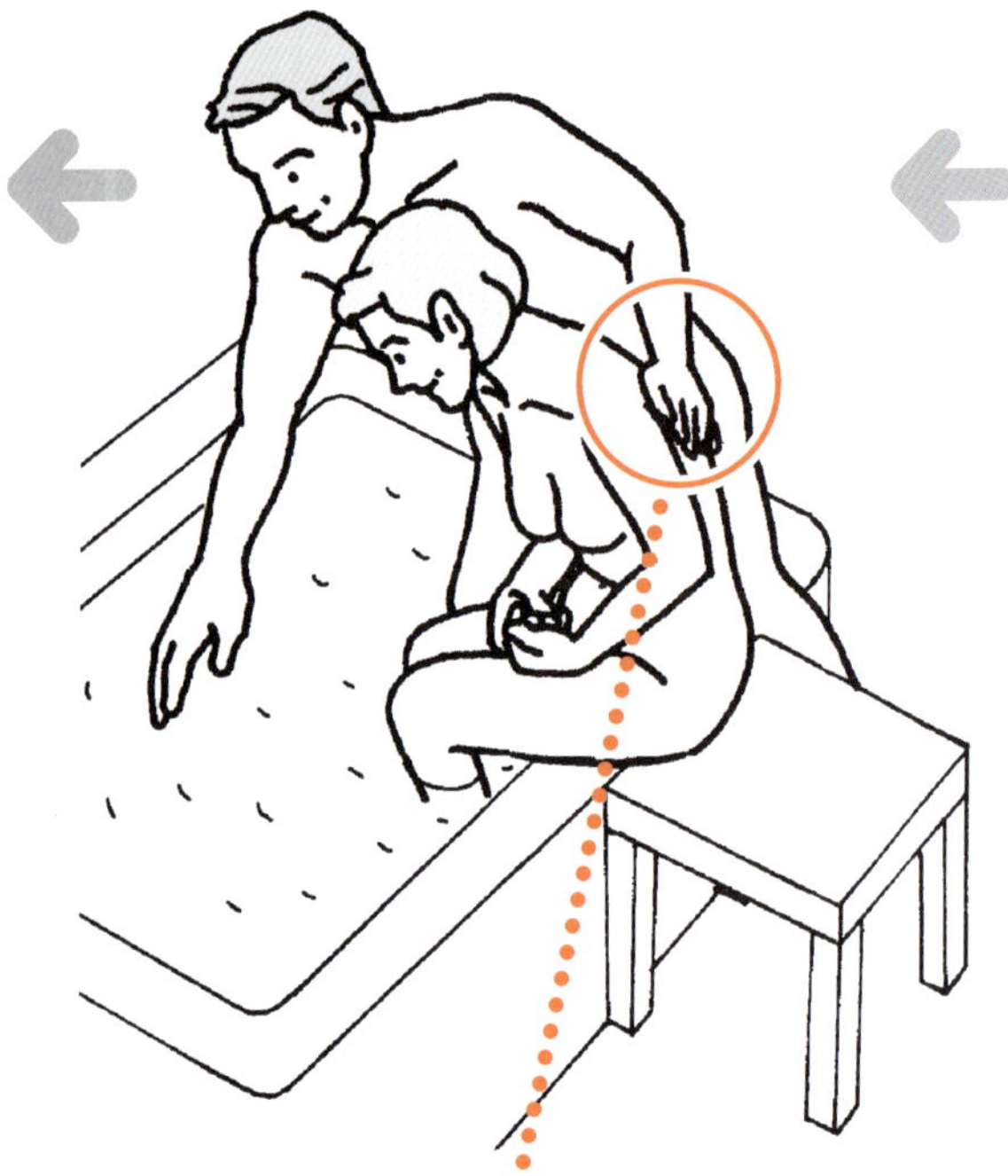

後ろに倒れないよう背中に手を添えて

夫が浴槽に入る間、妻が後ろに倒れないように背中を手で支えておきます。妻には前かがみの姿勢をとらせるようにすると、安定します

ひざごと出入りする

家庭での入浴介助というと、まず本人を入浴させ、介護者はあとから別に入浴するケースが多いのではないでしょうか。しかし介護する側も高齢だったり、毎日のこととなると、時間的にも肉体的にもたいへんです。そこで提案したいのが「いっしょに入る」という方法。

これは、ある2人暮らしの夫婦が実際に毎日行っているやり方です。妻は脳腫瘍《のうしゅよう》手術の後遺症による四肢マヒと知的障害があり、すわることはできるものの、立てない・歩けない状態で、夫が介護しています。

はじめは別々に入浴していたそうですが、夫の負担が大きいため、何とかならないものかと考えたあげく思いついたのが、「いっしょに入る」ということでした。

夫は自分のひざに妻をのせ、ひざごと沈み、ひざごと持ち上げることで、浴槽への出入りを行っています。水の浮力を利用できるので、浴槽に入るときも出るときもほとんど力を入れずにすみます。

この方法で入浴するようになってからは、夫は毎日妻といっしょにお風呂を楽しんでいるそうです。

3 浴槽に誘導する

前かがみの姿勢をとらせながら妻のお尻をはさむように持ち、洗い台から浴槽に誘導します

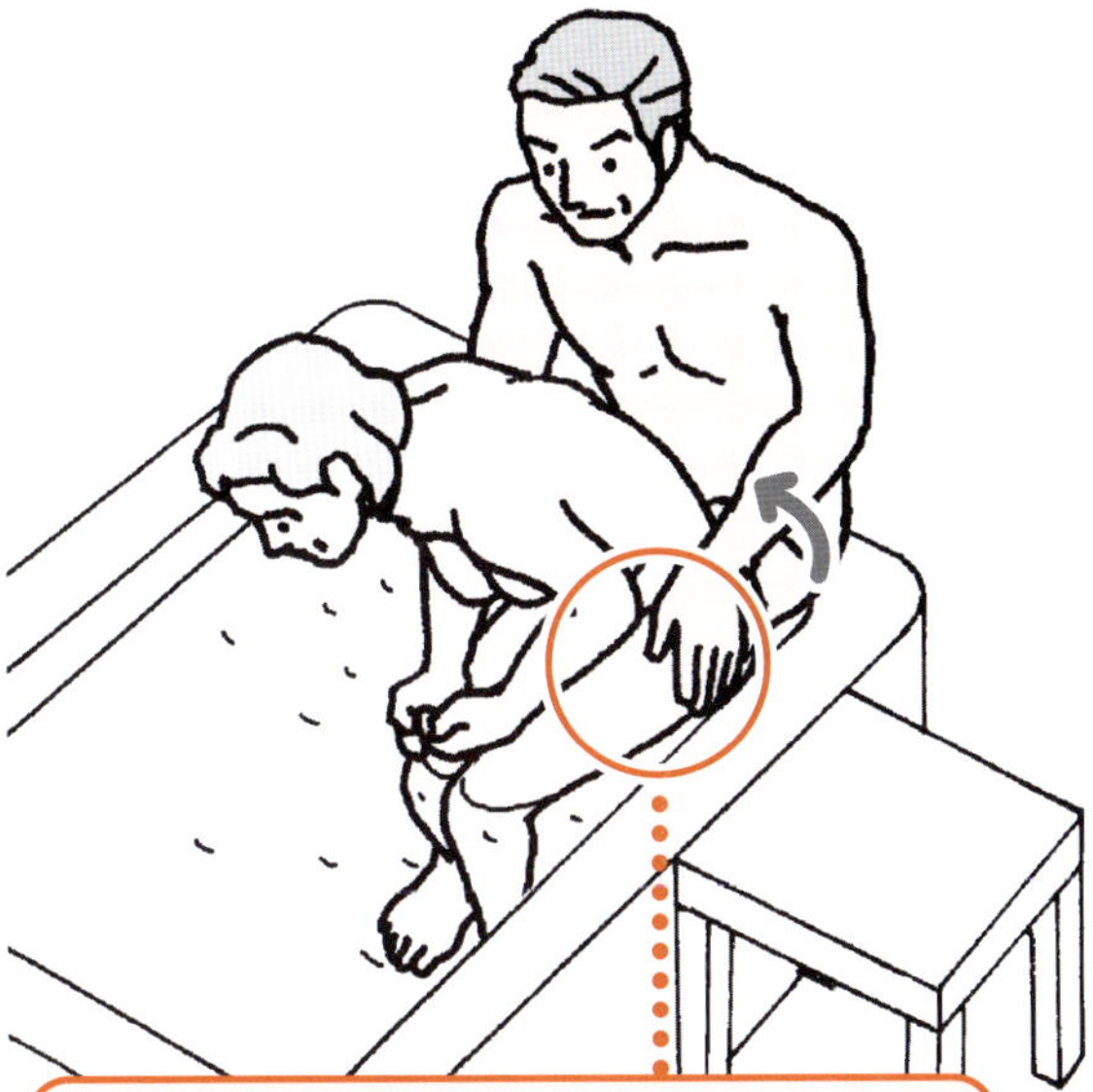

お尻のはさみ方

にぎるのではなく、手のひらを軽くあててはさみこむようにします

4 お尻をひざにのせる

前かがみの姿勢のまま、夫のひざの上に妻のお尻をのせます

夫のひざの位置①

上半身が浴槽から出て中腰になり、ひざは上がっています

5 ひざごと沈む

浴槽の両端に手をつき、妻をひざにのせたまま水の浮力を利用してひざごと沈みます

夫のひざの位置②

浴槽に沈むにつれ、ひざの位置も下がっていきます

6 いっしょに入浴する

沈む途中でひざを外すか、正座してひざにのせたまま湯船につかります

夫のひざの位置③

完全に沈んだ状態。ひざは浴槽の床に着いています

次頁へ続く

いっしょに出る

前頁からの続き

① お尻をひざにのせる

前かがみの姿勢をとりながら、夫のひざの上に妻のお尻をのせます

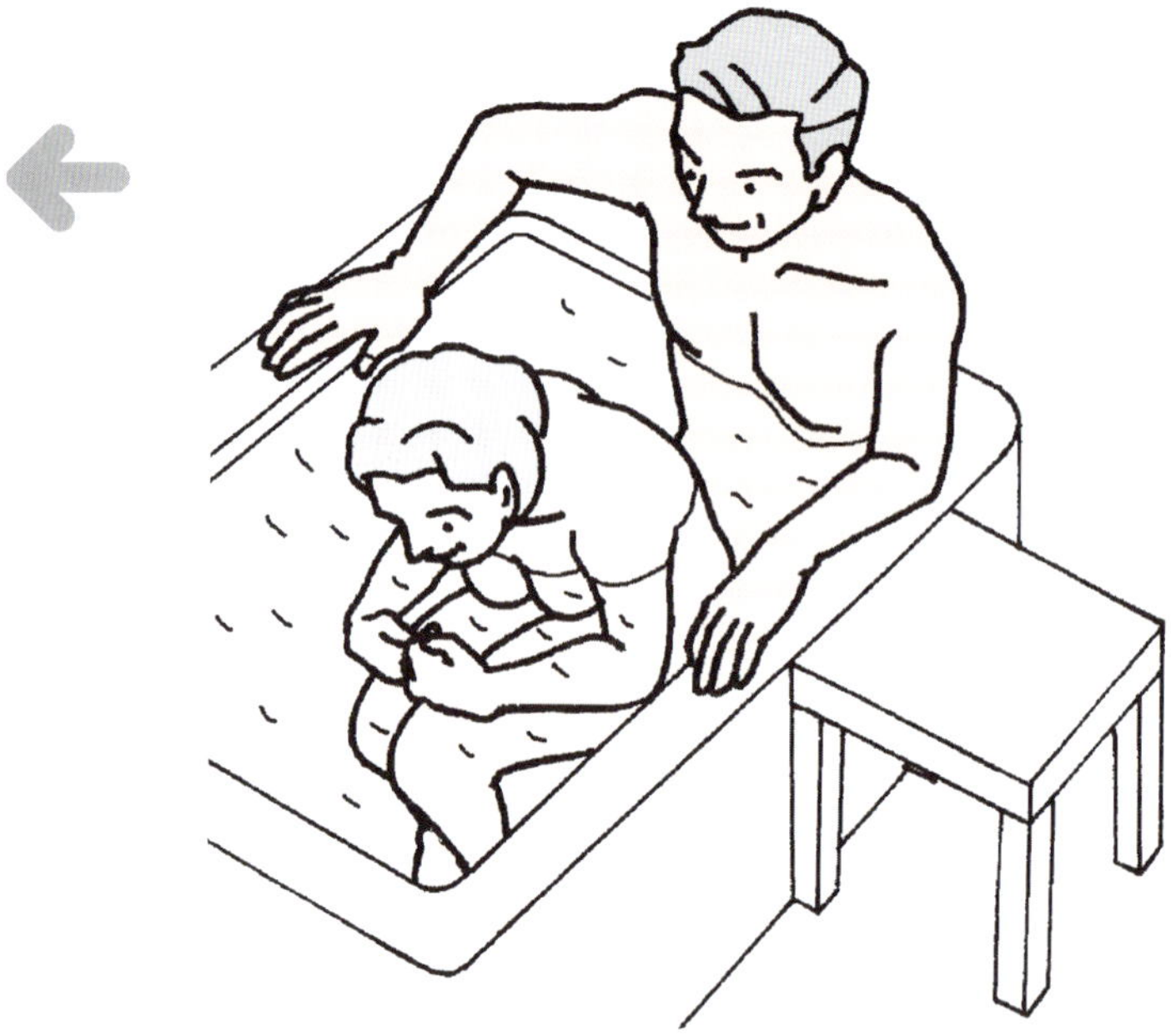

夫のひざの位置①

完全に沈んだ状態。ひざは浴槽の床に着いています

② ひざごと上がる

浴槽の両端に手を着き、妻をひざにのせたまま水の浮力を利用してひざごと上がります

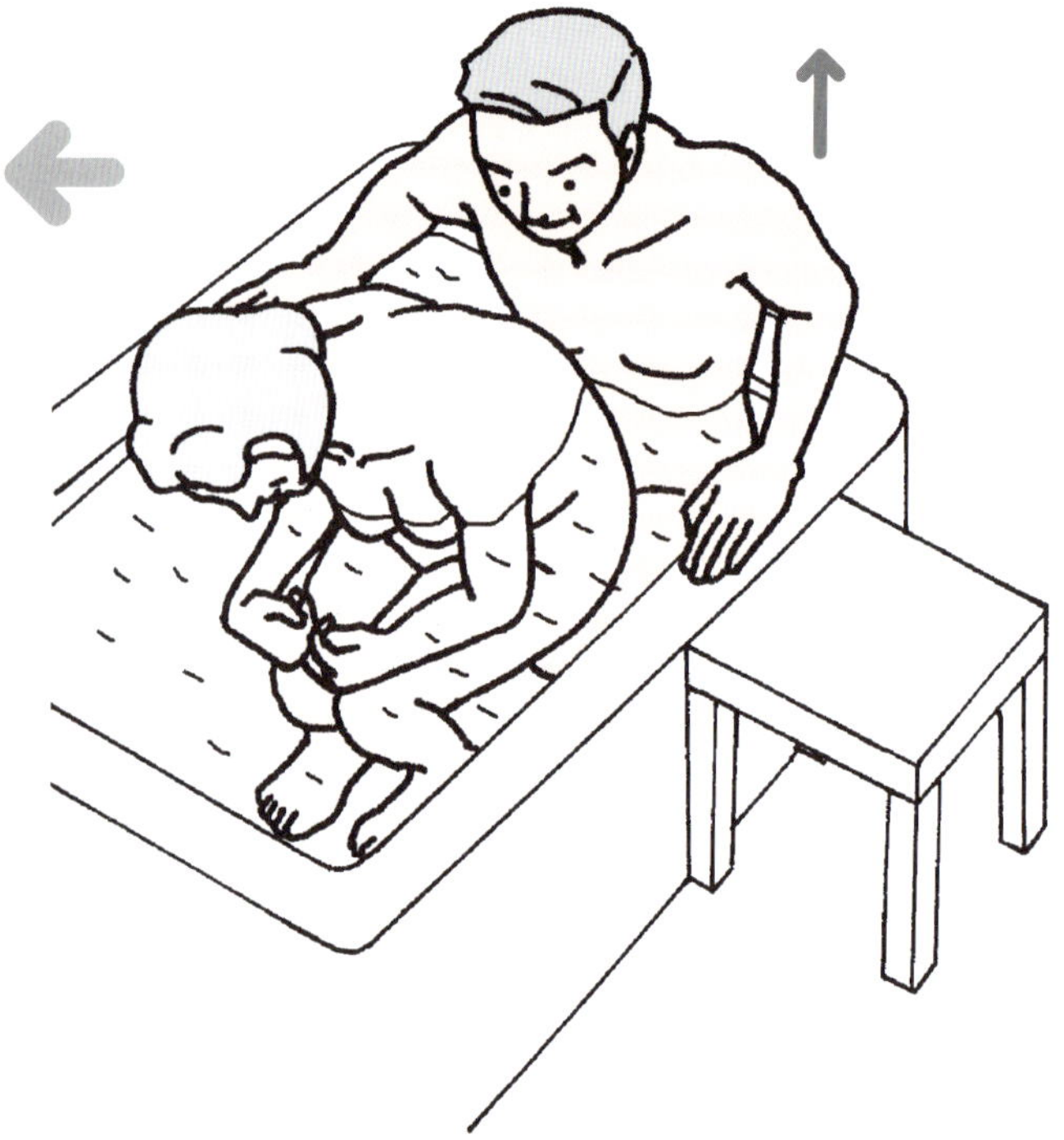

夫のひざの位置②

浴槽から上がるにつれ、ひざの位置も上がっていきます

湯船の中でスキンシップ

2人暮らしで夫が妻を介助しているくだんのご夫婦（150頁参照）の場合、湯船につかりながら夫がその日1日にあったことをあれこれ話しかけては、妻の肩をもんであげたりして、しばしスキンシップをはかっているのだそうです。妻には知的障害があるため、言葉による会話は成立しませんが、いっしょにお風呂に入るようになって、夫婦のコミュニケーションの時間が格段に増えたとのことでした。

家庭で介護する場合、長年いっしょに暮らしてきた者同士ということで、かえってお互いの会話は少なくなりがちです。それがいっしょに入浴することで、コミュニケーションをはかるまたとない時間を持てることになるのです。ただ機械的に入浴をすませるのではなく、ゆっくり湯船につかりながらいろいろ話しかけたり、スキンシップをはかったりしてみてください。たとえ言葉では返ってこなくても、その気持ちは相手に十分伝わっているはずです。

3 洗い台に誘導する

前かがみの姿勢のまま妻のお尻をはさむように持ち、浴槽から洗い台に誘導します

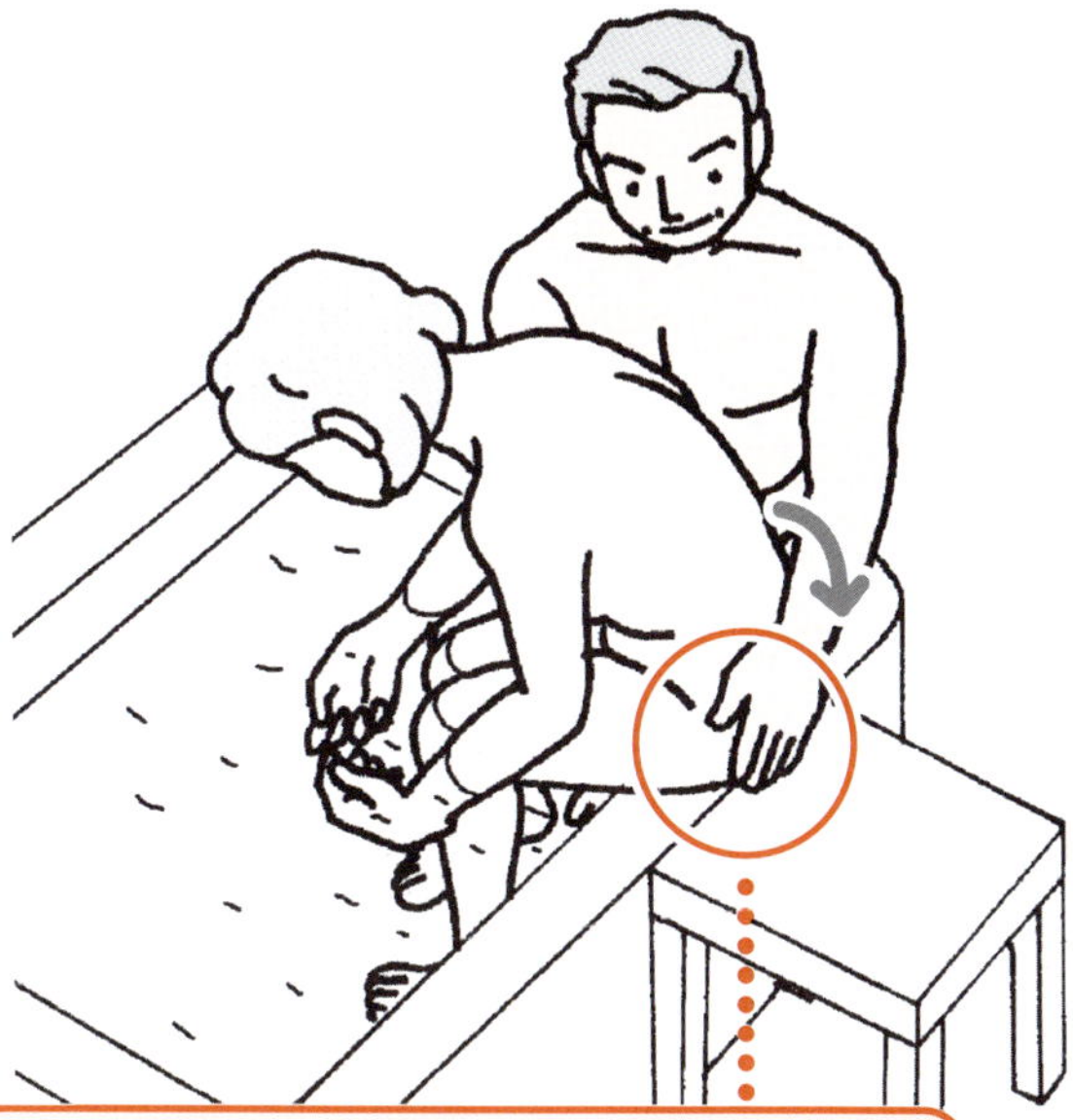

お尻のはさみ方

入るときと同様ににぎるのではなく、手のひらを軽くあてるようにします

4 脚を出す

倒れないように背中を手で支えながら、片方の脚から出します

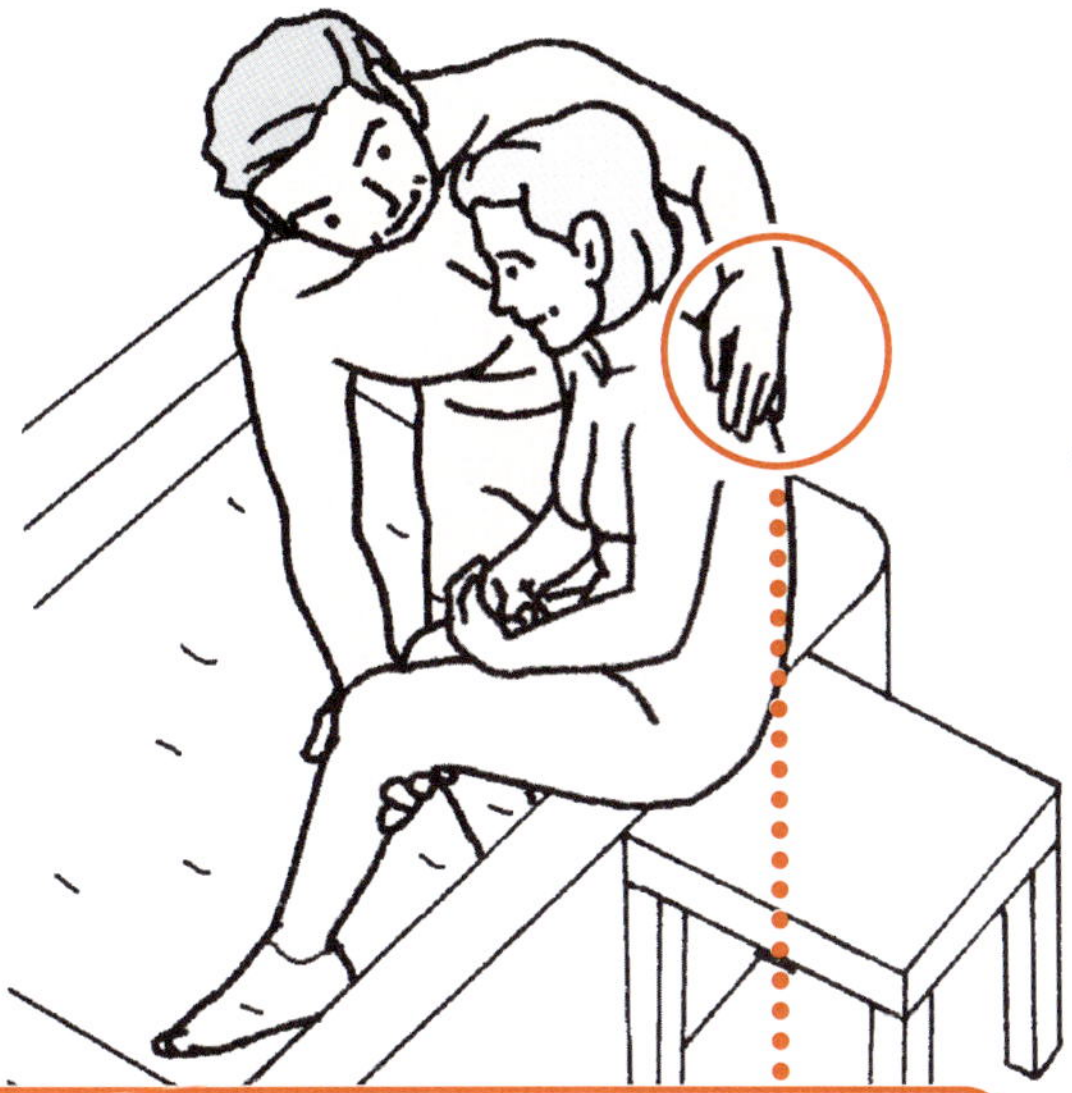

背中に手を添えて

脚を出す間、妻が後ろに倒れないように背中を手で支えておきます

5 もう一方の脚を出す

背中を支える手はそのままで、もう一方の脚も出します

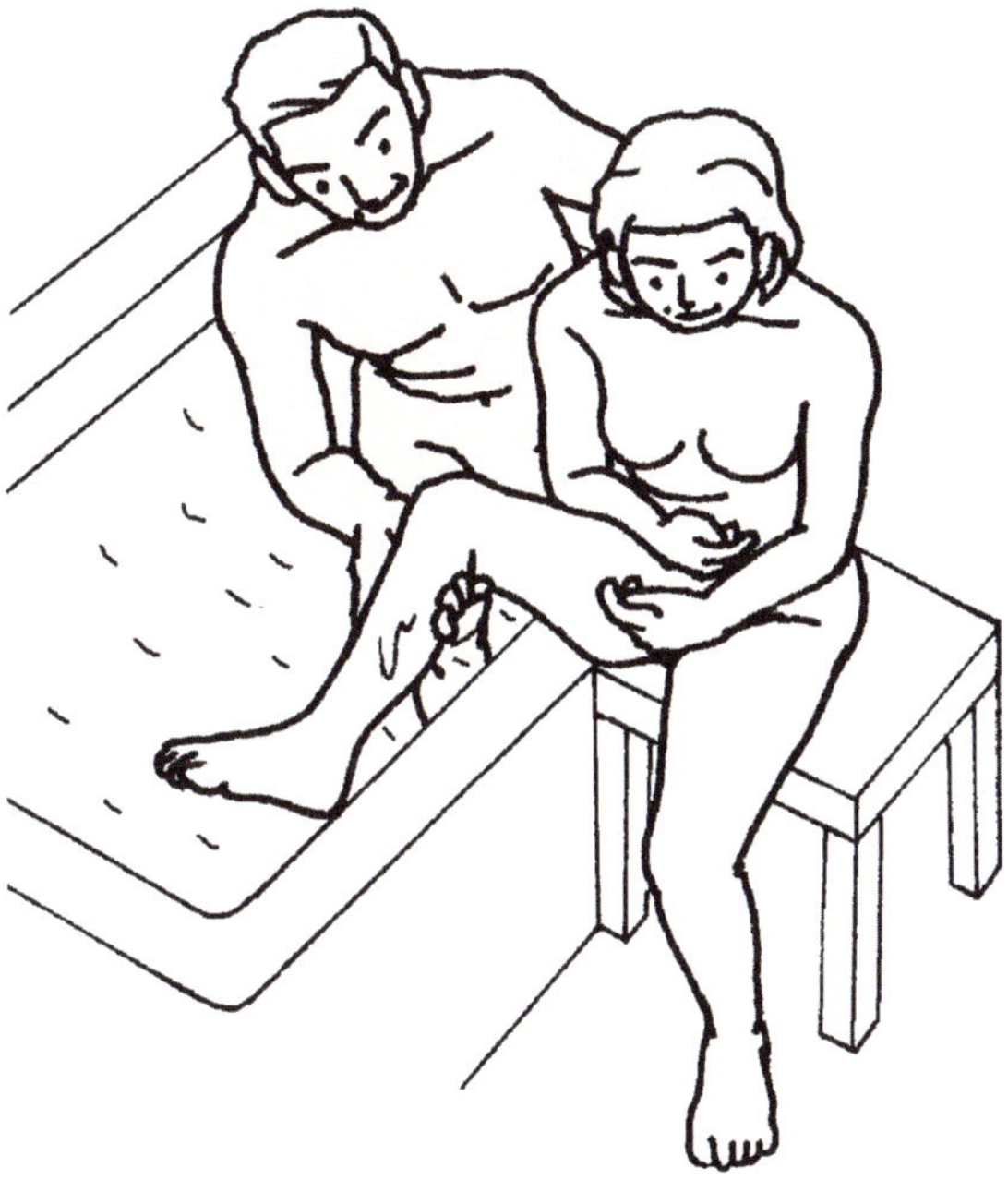

6 夫も浴槽から出る

妻の両足が浴室の床に着いていることを確認したら、夫も浴槽から出ます

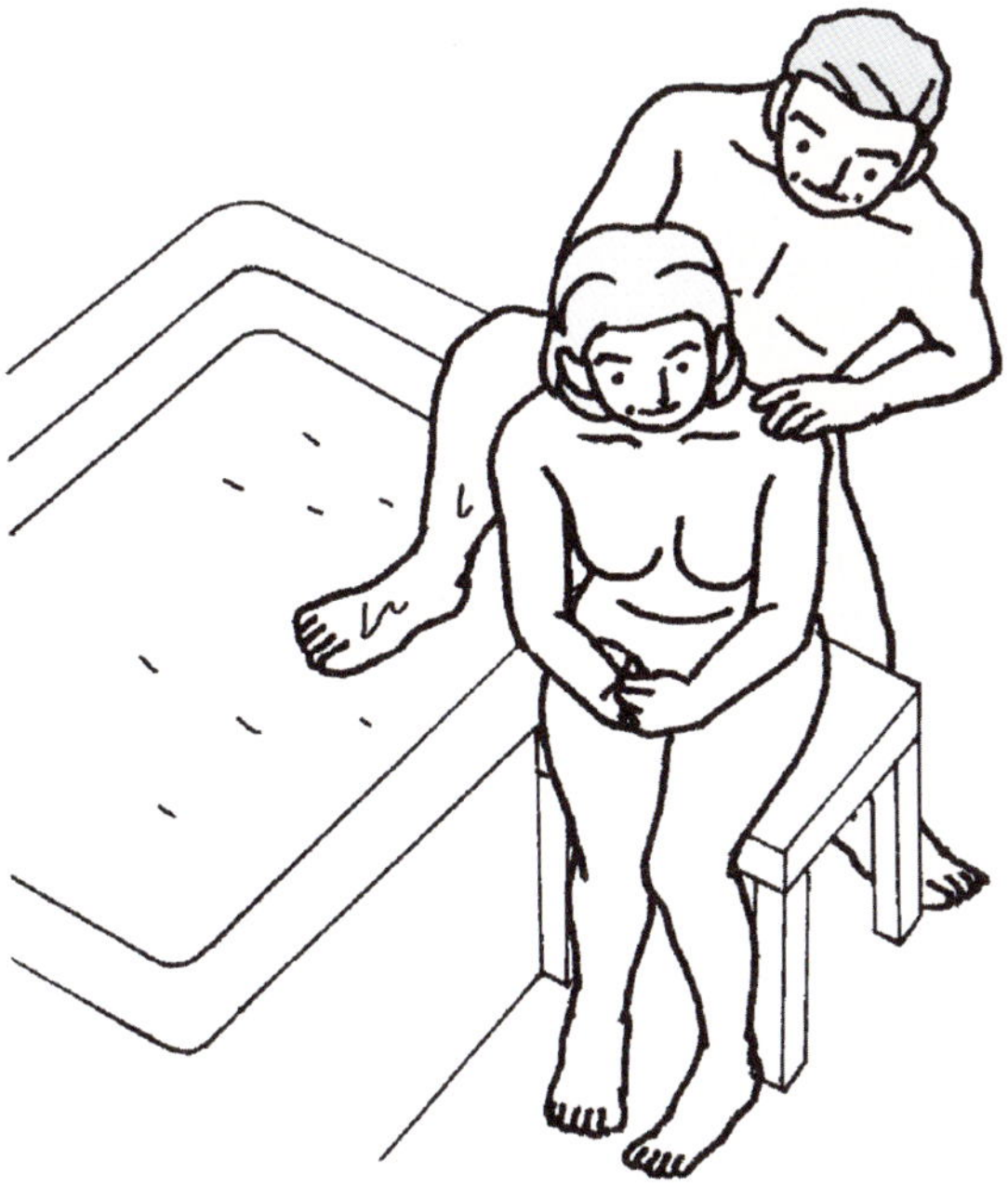

介護関連用語集 ❶

遊びリテーション
「遊び」と「リハビリテーション」を組み合わせた造語で、ゲームや遊びを通して楽しくからだを動かすことでリハビリ効果を得ようとする方法論

アセスメント
ケアプラン作成前に健康状態や家族形態など生活全般において、要介護者や家族の課題を分析し、何を求めているのかを確認する作業

アニマル・セラピー
犬や猫などの動物とふれ合うことで、からだや心を癒す療法。特に心を閉ざした人に対する治療効果には注目が集まっている

アルツハイマー型痴呆
医療サイドでの痴呆の病理学的分類の一つで脳血管型痴呆と区別される。本書の分類での遊離型がこうよばれることが多い

罨法《あんぽう》
痛みを和らげるために、必要に応じてからだの部分を温めたり冷やしたりすること

インフォームド・コンセント
医師が患者に病気の治療などについて、その可能性やリスクについて十分に説明を行って同意を得ること

ウイルス感染症
ウイルスは、細菌より小さい病原体の総称。肝炎やインフルエンザなどの原因はウイルスである

うつ状態
気分がふさぎがちになり意欲がなくなってきて、ときには自殺願望につながることもある

ADL(エーディーエル)
Activities of Daily Livingの略。日常生活動作と訳されることが多く、食事や排泄などの生活するための行動のこと

NPO(エヌピーオー)・NPO法人
もともとは非営利目的のボランティア団体だが、介護保険でサービスを行う業者として指定を受けるために法人格を取得したもの

嚥下困難《えんげこんなん》
食物を飲みこむのが困難になること。食道に入らないで、気管に入ってむせたり、肺炎の原因になることもある

臥位《がい》
寝ている状態の体位のこと。仰臥《ぎょうが》位《い》(あお向け)、側臥位《そくがい》(横向き)、腹臥位《ふくがい》(うつ伏せ)がある

介護福祉士
施設や在宅で食事、排泄、入浴の介助や家事援助を行う介護の専門家

ガイドヘルパー
自宅を訪問し家事援助などをするホームヘルパーに対して、身体障害者の外出時の付き添いを専門に行うヘルパーのこと

喀血《かっけつ》
吐血と同じように口から血を吐くことだが、原因や状態はまったく異なる。呼吸器系からの出血が原因で起こり、せきといっしょに鮮やかな赤色の血が出る

関係障害
本来、相互的で多様である人間関係が、障害や老化をきっかけに、一方的で乏しくなった状態。多くの寝たきりや痴呆の原因であるとされ、関係づくりのケアの必要性がいわれている

管理栄養士
厚生労働大臣の免許を受けて、病院や施設などで給食管理や栄養指導を行う専門家。高度な専門的知識や技術を駆使し、利用者の身体状況や栄養状態に応じて必要な食事メニューを考案したり、食べやすい工夫などを行う

QOL(キューオーエル)
Quality of Lifeの略。生活の質ともいわれ、治療よりも患者本人の快適さ、生きる喜びなどを重視することを総合的にとらえた概念

ケアカンファレンス
介護保険制度における要介護者の家族と各サービス提供事業者の会議。この話し合いによって、ケアプランの見直しなどが行われる

ケアハウス
軽費老人ホームの一種で、家族の援助を受けられない60歳以上の高齢者を対象としている。食事などの日常生活上のサービスを提供し、自立した生活ができるように構造・設備などに工夫がある

220頁へ続く

第3部

介護技術法

第7章 人の動きを知ろう

7-1

人の動き基本編（1）

介護は生理学的動きから

理にかなった人の自然な動きとは何か

「物」と「人」の違い

これまで、立ち上がりや起き上がりなどの介助技術の基本は、物理学に基づくものと考えられてきました。そのため、要介護者を力学の対象、つまり「物」としてとらえていたのです。

車イスに移乗させる介助では、かならずといっていいほど「からだを密着させなさい、そうしないと腰を痛めますよ」と指導されてきました。物理学的発想の介助法では、介助者一人に負担がかかってしまうからです。

たしかに、「物」を運ぶときには、からだに密着させたほうが楽です。また、状態が安定しない赤ちゃんを抱くのなら、からだに密着させたほうが楽ですし安心です。

しかし、介助の対象者は赤ちゃんではありません。ましてや「物」でもありません。意識がないとか、重度のマヒを除けば、多少筋力が弱っているだけで動く力はまだ残っているはずです。その力をもっと生かすことができれば、介助の負担は減ります。

物理学的方法

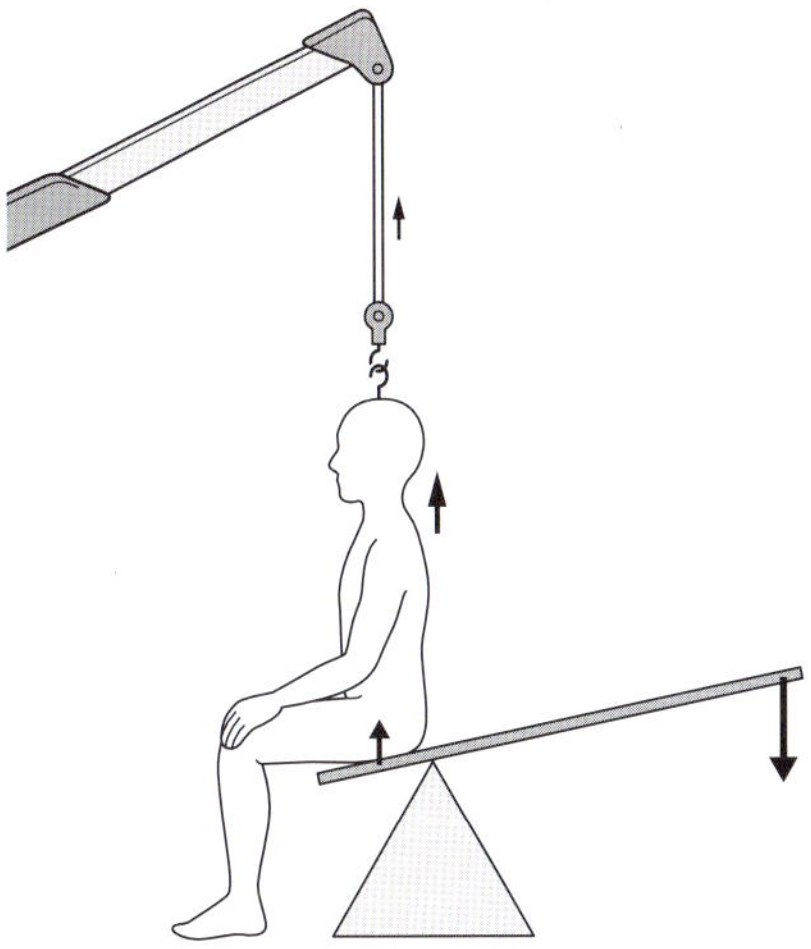

テコで押し上げたりクレーンで引き上げる直線的動きを使っているのです

状態が安定しない赤ちゃんの場合、からだに密着させないとうまく抱けません

「物」を運ぶときには、その形状や重量を考慮して、からだで支えて持ちます

生理学的方法

一人の場合、前方の下に手すりがあれば生理的パターンを引き出せます

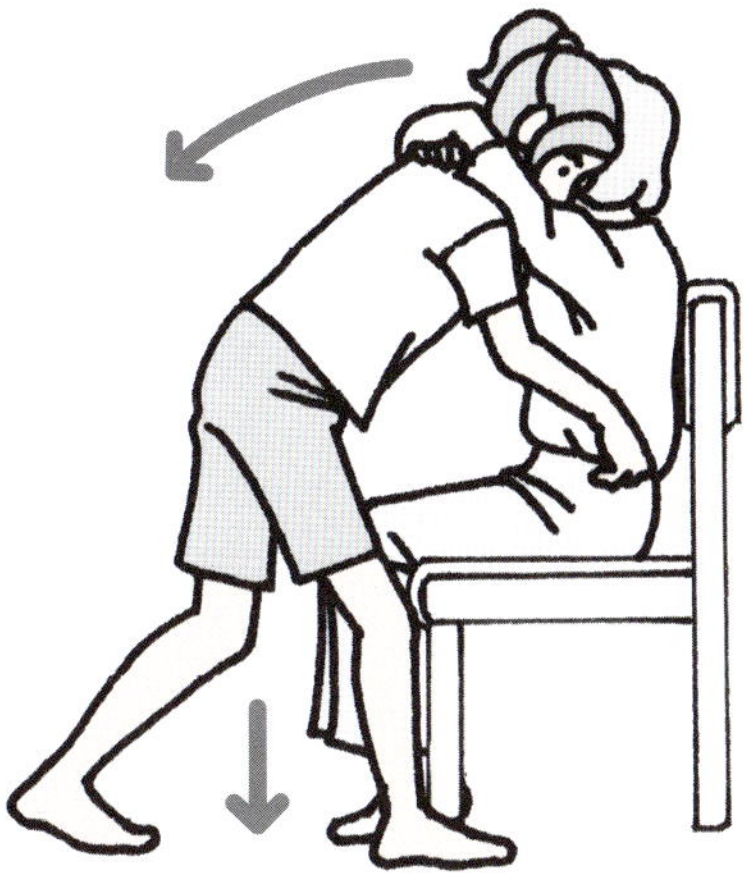

からだを密着させないで前かがみにして、生理的パターンを引き出します

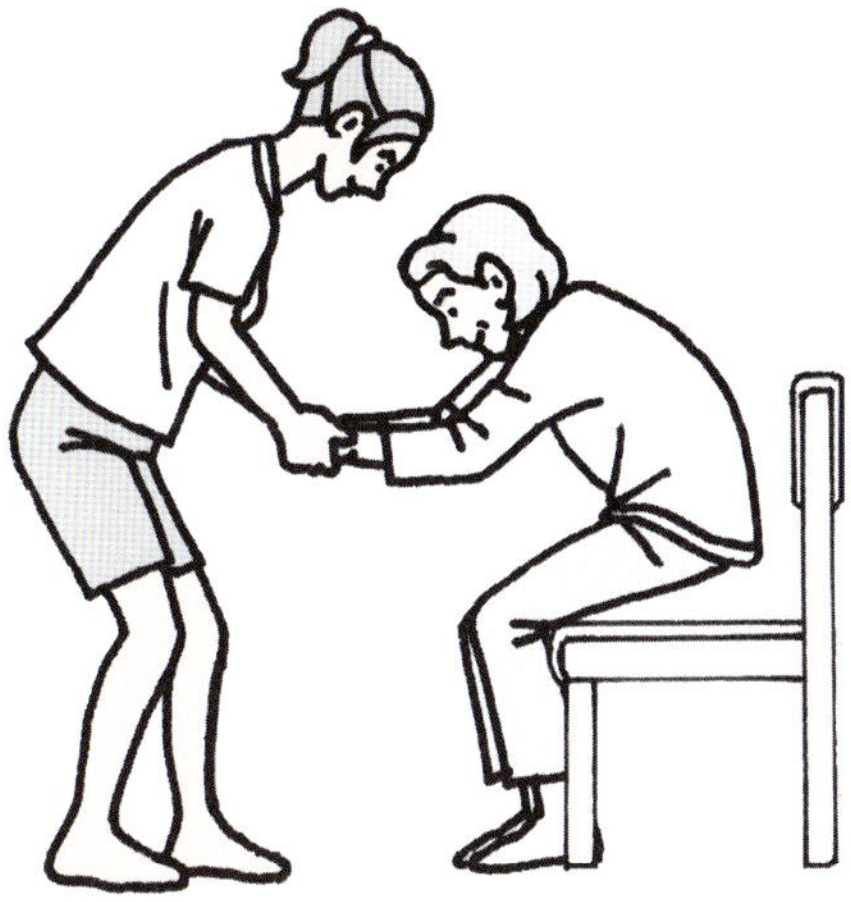

イスから立ち上がるとき、足を少し引いて前かがみにすれば自然にお尻が上がります

「自然なやり方」を見直す

そもそも介護本来の役目は、要介護者の主体性を引き出して自立へと導くことです。しかし、やったこともない動きや複雑な動きでは、身につけるまで時間がかかりすぎて、かえって自立への道を阻《はば》むことになってしまいます。

ここで必要になってくるのが、人の生理学的な動き、すなわち自然な動きということになります。生理学というと難しそうですが、要するに「自然なやり方」ということです。

私たちが日頃何気なくやっている、寝返り、起き上がり、立ち上がりなどの自然に行っている一連の動作が生理学にかなっているのです。

要介護者も介護を受ける前は、自然に寝返り、ふとんから起き上がり、イスから立ち上がっていたのです。

まずは私たち自身の動きを知ることからはじめます。そこから介助法をつくり出していきましょう。

7-2 人の動き基本編（2）

人の動きは力よりバランス

介助に力が必要という考えは誤り

同じ脚を開く動きでも

横向きならできる

横になって寝ている姿勢で脚が開くのは、筋力が脚の重さに抵抗できるかどうかというパワーの問題です

横向きに寝て

お尻の外側にある中殿筋という筋肉を収縮させると、重い脚でも上げることができます。もしこの動きができないなら、筋力が低下していることになり、筋力増強訓練が必要だと判断されます

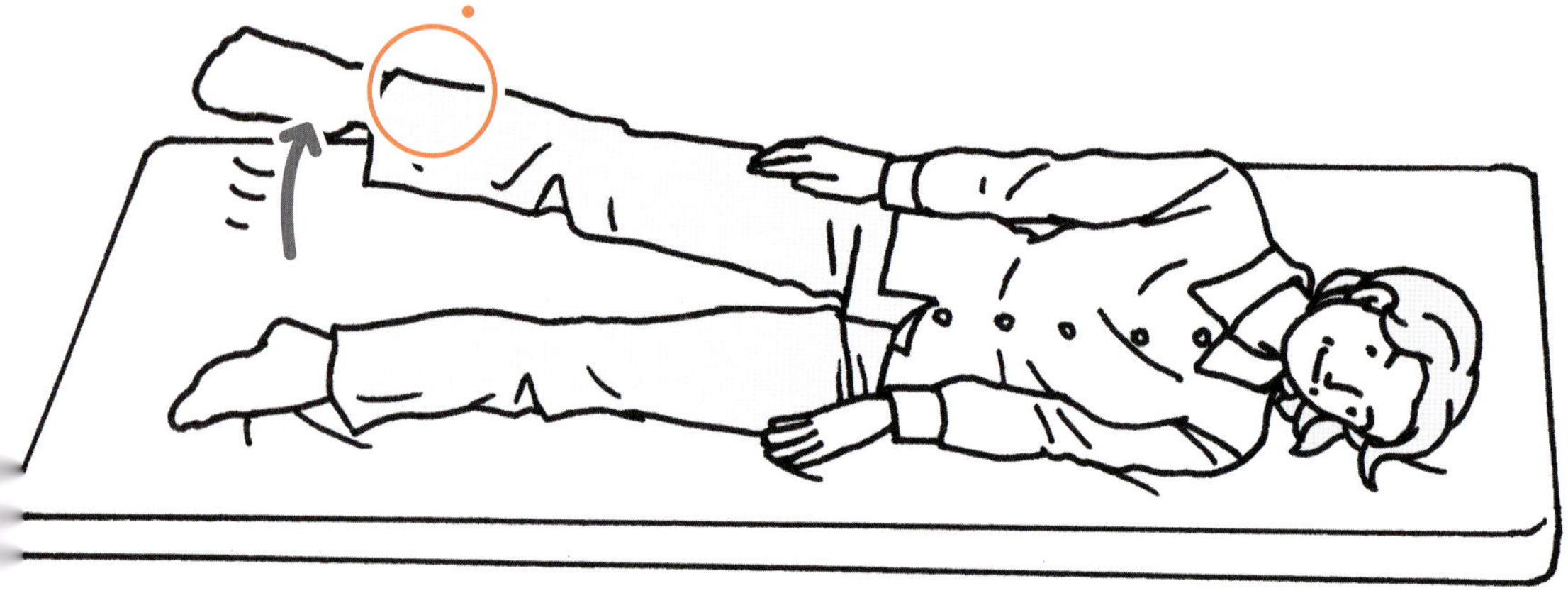

からだのバランステスト

人の動きは、バランスです。うまくバランスがとれて、はじめて安定した姿勢がとれます。

まずは、上図のように左側を下にして横になってみてください。そして、上になった右脚を上げてみましょう。どうですか、すっと上がるでしょう？

マヒがあったり、よほど筋力が弱っていないかぎり、誰でも脚は上がるはずです。

では次に、同じ動きを立った姿勢でやってみましょう。左頁の右図のように、左脚の外側を壁にピタッとくっつけて、右脚を上げてみます。不思議なことに、脚は上がりません。なぜでしょう。

これは「野口体操」で知られる野口三千三氏が、人の動きを説明するために、使ってきたやり方です。

寝ているときも、立っているときも「右脚を開く」動きは、一見同じように見えます。両方とも、関節を開く筋肉の収縮によるもののように思えます。たしかに寝ているときの動きは、筋肉の収縮によるものですが、左頁右図のように立った姿勢ではいくら力を入れてみても脚は開きません。

左頁左図のように、右脚を開くためには、左右のバランスをとって、頭を左へ動かさなければなりません。頭が左へ移動することで、右脚が自然に開いていきます。つまり、力ではなくて左右のバランスをとれば力は最小限でいいのです。

このように人の動きは、バランスさえとれれば、力をほとんど必要としません。逆に、バランスが悪ければ、いくら力を入れても、自分の脚1本、持ち上げることができないのです。

立った姿勢で

バランスをとればできる

壁がなくなると、右脚はスッと開きます。頭や上半身が壁にブロックされないで左側に移行するので、からだの左右のバランスがとれて、右脚が簡単に開くのです。中殿筋はほとんど収縮していません。つまり、人の動き、特にすわったり立ったりした姿勢での動きの本質は、力ではなくてバランスなのです

壁があるとできない

同じ動きでも立った姿勢ではその意味がまったく違ってきます。左脚の外側を壁にぴったりとくっつけて立ってみてください。この状態で右脚を開こうとしても誰一人できないはずです。いったいどうしてでしょう。筋力が低下しているからでしょうか

介助は力よりバランス

今まで、人の動きに必要なのは力だと考えられてきました。同じように介助も力だと考えられ、この考えが、人の生理的動作を無視した誤った介助法につながりました。その結果、多くの介護者の腰痛を引き起こしてきたのです。

自分のからだが思うように動かなければ、人を寝返りさせるのさえ億劫《おっくう》になります。もしかしたら、多くの「寝たきり」をつくってきた可能性もあります。

さきほどのテスト結果からもわかるように、人の動きの本質がバランスである以上、介助の本質もまたバランスということになります。介助法も力ではなく、バランスを重視した方法でなければなりません。

移乗動作のもとになるイスからの立ち上がり動作には、前後バランスが大事です。そして、片マヒの人が安定してすわった状態を保つには、この前後バランスに加えて、左右のバランスも必要になってきます。

これらのバランスを無視した方法では、腰痛を引き起こすばかりか、要介護者を自立から遠ざけてしまいます。この動きのバランスをうまく引き出して活用する介助を行えば、要介護者を自立へと導けます。

野口体操とは

この体操は、故・野口三千三氏が考案したもので、体操とはいってもラジオ体操のような実際にからだを動かすのではなく、「体を操《あやつ》る」という広い意味の概念のことです。

人間のからだを〝水の入った皮袋〟ととらえ、重力に対する床反力をその水を通してからだの各部に伝えることで、からだの動きが成立すると述べています。さらに人の動きにとって、重力は敵ではなく味方である、抵抗するのではなく楽しむものだとも述べています。

7-3

人の動き
基本編
（3）

動作の介助から行為の介助へ

要介護者にやる気を起こさせることが基本

人の行為のしくみ

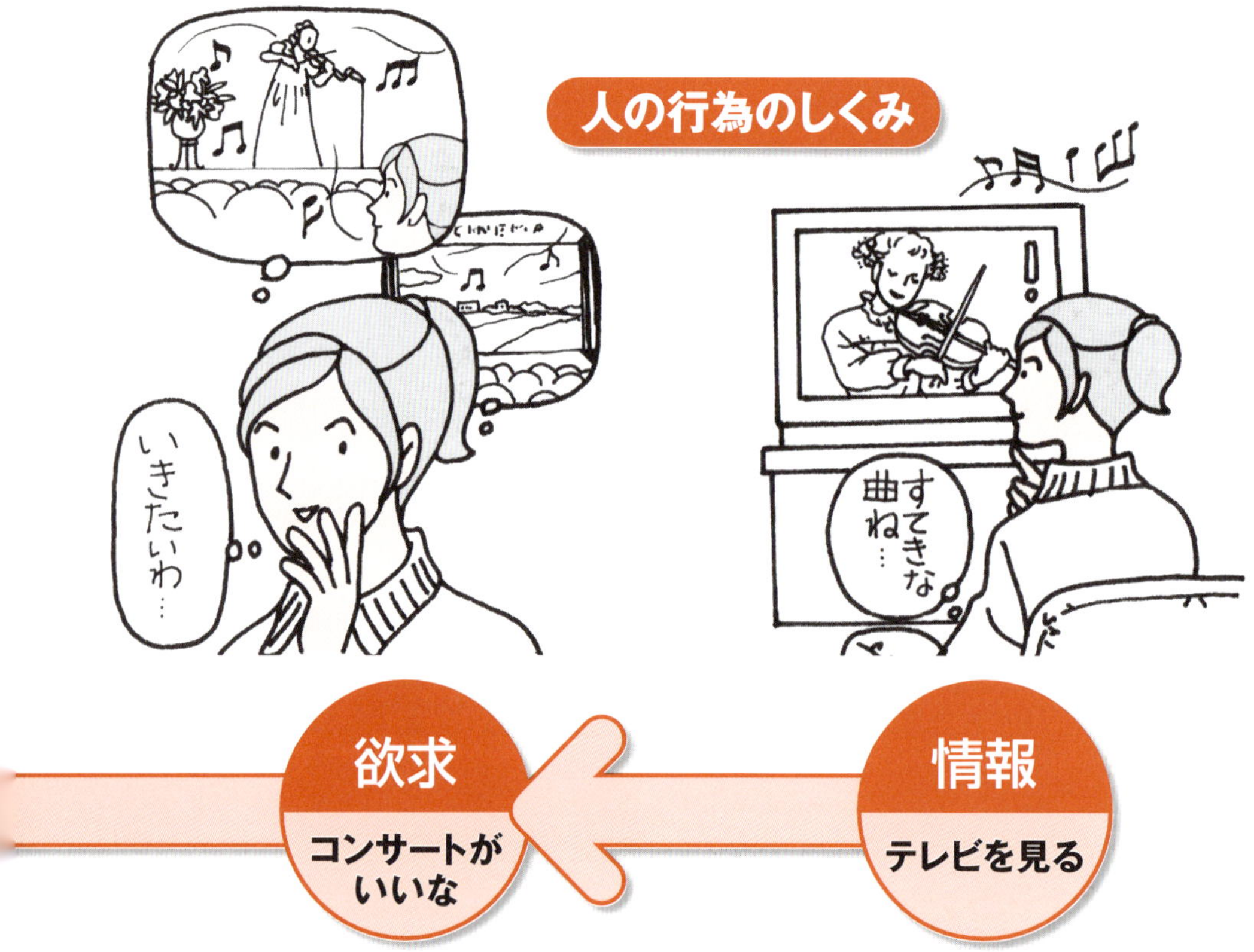
いきたいわ…
すてきな曲ね…

情報
テレビを見る

たくさんある情報の中から、自分の好きなものに興味を持ちます

欲求
コンサートがいいな

たとえば、評判のレストラン、映画、コンサートなど、そこにいってみたい、体験したいという欲求が出てきます

私たちは何を介助するのか

介助とはいったい「何をすることなのか」、ときどき考えさせられます。当然、障害がある人や力の弱った高齢者を介助するのですが、はたしてそれが介助なのか。ここに介助とは何かということを、あらためて教えられたケースがあります。

ある老人ホームにSさんという女性がいました。このホームでは、毎朝全員集まって体操をしたり歌を歌ったりする朝の会があるのですが、彼女は絶対にこのような会に出てきません。

ある日、踊りの訪問を受けたのですが、それには興味がわいたようで、担当者が誘うと出るというのです。担当者は喜んで彼女を車イスに乗せ、集会室に連れていきました。担当者は満足でいっぱいだったのですが、その後「あんなに大勢の人がいるんだったら、ちゃんと着替えていけばよかった。普段着のまま髪もとかずに出されてしまった」と文句をいっているのが耳に入りました。

彼女にとって集会室に出ていくというのは、担当者が思う以上に精神面でたいへんだったようです。今まで避けてきた人間関係の中にはじめて登場するのですから、衣服や髪も晴れ舞台に登場するための装い、おおげさにいえば戦場に向かう戦闘服なのかもしれません。

それなりの心の準備が必要で、その表れが外見を装うことだったのです。ところが、その心がまえができないままに、みんなの前に出されてしまった。それがあの言葉となったのでしょう。担当者は、ただ彼女をA地点からB地点まで移動させただけで、彼女の心情までは読み切れなかったようです。

♪ 音楽
○○ソロコンサート…△県民ホール…
□□コンサート…□区民会館
ピアノ …○○アリ
この日に決めた!
チケットガイド
チケット予約・販売
県民ホール
決断
コンサートに決めよう
準備
チケットを買う
動作
コンサート会場

欲求は出てきたものの、経済的、時間的なことを考えるとすぐには決断できず、少し悩んでからやっと決意します

いくと決めたが、その前に予約の電話を入れたりチケットを入手したり、当日の服装などの準備が必要になります

いろいろと準備をして、やっと当日になりました。会場に到着してから開演までの時間はとても楽しいものです

行為のしくみを踏まえる

Sさんへの介助を見ていると、会場にいくという「動作」だけが見えてしまいがちです。しかし、この動作が起こるまでには、これまでの心理的あるいは具体的背景が存在していたはずです。

まず最初に、Sさんに踊りの訪問がきたという「情報」が入ります。そして次に踊りを見たいという「欲求」が起こって、グッドタイミングで担当者の誘いがあって「決断」をします。そして、車イスで移動して踊りを見るという「動作」に至りました。これらの「行為のしくみ」を考えると、今までやってきた介助は、はたしてこれらのしくみを踏まえていたのでしょうか。本人の欲求を起こさせる介助でなければ、ただの「動作」でしかありません。

介助は、まず情報を提供することからはじめます。ただ情報を提供するといっても、その提供のしかたもいろいろで、それぞれの障害とか知的レベルに合った方法で行います。本人の欲求をうまく引き出す「情報」を提供して、そのうえで「動作」に結びつく介助を行います。

お風呂を例にすると、お風呂に入ると気持ちがいいとか、本人の気持ちをそそる「情報」を提供します。そうして本人に「お風呂に入りたい」という「欲求」が起こってくることが大切です。

もちろん、入るか入らないかは本人に「決断」してもらいます。本人が主体性を持って決定しなければいけません。できれば「着替えは何にしますか」ということも決めてもらうといいでしょう。そして障害がある場合は一人でいくことができないので、介護者が介助して連れていくというふうに、行為全体のしくみの中の一部分に介護者が関わるというのがほんとうの介助です。

介助の「介」という字は、媒介の「介」であって、決して主体性に介入する「介」ではありません。介助という仕事は、単に要介護者の「動作」を介助しているのではなく、もっと広く「生活行為」を介助しているのだということを忘れないようにしてください。

7-4 人の動き 基本編(4)

介助をはじめる前に

自立のための介助法は万全ですか?

段階的介助法

●介助の前提条件

生理学に基づいた自立法を知っていること

寝返りの3要素、イスからの立ち上がり動作など、私たちが日頃、無意識にくり返している生理的な動きから分析した方法を知っていることが大切です。

この方法は、ほとんど力を必要としません。無理のない動きで構成されているので、自立のための介助法としては最適です。

いつもは無意識にやっているので、ちょっとピンとこないかもしれません。ほかの人に説明する前に自分自身で意識的にやってみて、その動きを観察してください。

なるほどと、納得できるはずです

→

●介助のステップ 1

自立できた

自立法を要介護者に教える

頭もしっかりしていて、要介護者に意欲があるならば、まずは、生理学的自立法をきちんと説明します。

安静看護は自立法とはほど遠い方法ですし、訓練をしていても、それが自立につながるとはかぎりません。

片マヒといった障害がある場合の原則は、221頁からはじまる第4部を参照してください

自立できない

自立のための条件を整える

いくら要介護者に意欲があり、生理的自立法を教えても、まわりの条件が整っていなければ、せっかくの自立を妨げてしまいます。

要介護者の状態に合わせて、ベッドの幅・高さ、手すりの位置、イスのシートの高さなどを調整します。介助する前に、かならず一つ一つをチェックしてください。
①意欲、②方法、③条件の3つがそろって、はじめて、自立に向けた介助がスタートします

生理学的介助法

どのような方法で介助するかは、とても重要です。方法いかんによっては、寝たきりになるか、自立できるか、今後の生活が変わってきてしまいます。

ここでいう「生理学的介助法」は、人間の自然な動き、生理学に基づいた介助方法です。

ふだん、私たちが無意識にやっている寝返りや立ち上がりなどの動きを分析して、体系化したものです。

障害の程度にもよりますが、コツさえつかめれば、一人でもできるようになります。

第3部では、順番に①寝返り、②起き上がり、③立ち上がり、④床からの立ち上がりの4つの動き、方法について解説していきます。

介助不要

ここまでくれば、もう大丈夫です。あとは、しっかりと動きのコツがからだに染みこむまで、くり返します。

少しずつ、自由にからだが動かせるようになれば、自信がつくし、さらに意欲もわいてくると思います。

介助者は、ポイントをおさえて見守るだけで十分です

●介助のステップ2
自立法を誘導する

まわりの条件は整っている、動き方はわかっている、動ける力も持っている、にもかかわらず、一人ではできない、というケースが、たまにあります。

これは、手足の使い方や動きのタイミングなど、コツがつかみきれていないのが原因です。

こういう場合、すぐに力を貸すのではなく、その動きのポイントを教えるだけにします。

最初から力を貸すのではなく、からだの一部を支え、正しいパターンを誘導します。動きのコツをからだで覚えてもらって2～3回介助すれば、一人でもできるようになるでしょう

自立できた

自立できない

●介助のステップ3
自立法に沿って足りない力を貸す

ここで、やっと力を貸す介助になります。

全面的に力を貸すのではなく、あくまでも、足りない分の力だけを貸します。

この場合も、基本の自立法に沿って行います。ここから外れると、自立から遠ざかるだけでなく、やり方しだいでは、拘縮を強めることになってしまいます。

まったく力がなくて、全介助が必要な場合であっても、同じです。

できるだけ正しいパターンを心がけます。そうすれば自立に必要な関節可動域も確保できます

段階的介助のすすめ

介助をはじめる前に、まずは、その人の状態、まわりの環境をチェックします。

いくら介助が必要といっても、老化や障害のある人、障害はないけれど意欲のない人、障害はあるけれど意欲のある人など、相手の状態はさまざまです。

最初に、その人の状態、意欲などの身体機能を見きわめることからはじめます。

さらに、ベッドやイスなどの幅や高さ、手すりの有無や位置などが、要介護者に合ったものであるかどうかのチェックをします。

これらの前提条件が整っていないと、自立への意欲はあっても自立に到達することができません。かならず、介助をはじめる前に点検してください。

すべてのチェックが終わったら、介助をスタートします。要介護者の状態に合わせて、動作を確認しながら、ゆっくりとステップアップしていきましょう。

第8章　寝返りの自立法と介助法

8-1
人の自然な寝返り

〝体位変換〟から〝寝返り介助〟へ

赤ちゃんの寝返りに学ぶ

発想を転換する

長い間、看護の世界では、寝返りの介助をすることを〝体位交換〟とよんできました。最近では、〝体位変換〟といいかえられてはいますが、いずれにしても人間を〝物〟のように扱っているような感じがしてしまいます。

一方、介護の世界では、〝寝返り介助〟とよびます。文字通り、要介護者の主体的な寝返りという動作を介助するという意味です。

人が自ら行う「寝返り」という生理的な動作を分析していくと、その自然な動きをベースとした自立法と介助法が導かれてきます。

そうなると、これまですべての人を対象としてきた〝体位変換〟が、じつは意識のない状態の人にだけ行う特殊な方法であるということがわかります。

介護の本質は、介護者主導で行うのではなくて、要介護者の主体性を引き出し、足りない部分をサポートすることです。この発想の転換こそが、これからの介護のキーポイントです。

寝返りのしくみ

寝返りの3要素

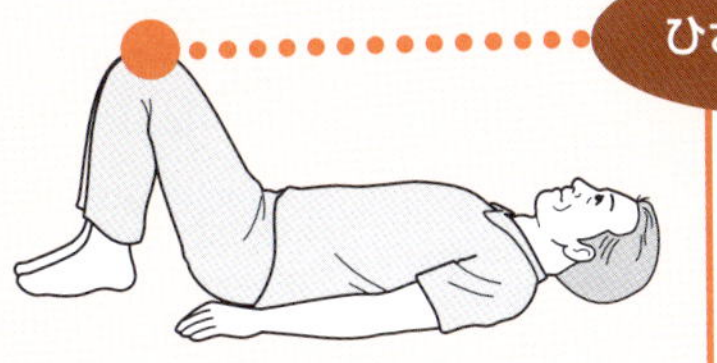

両ひざを立てます。かかとがお尻に着くくらいまで、めいっぱい足を引き寄せます

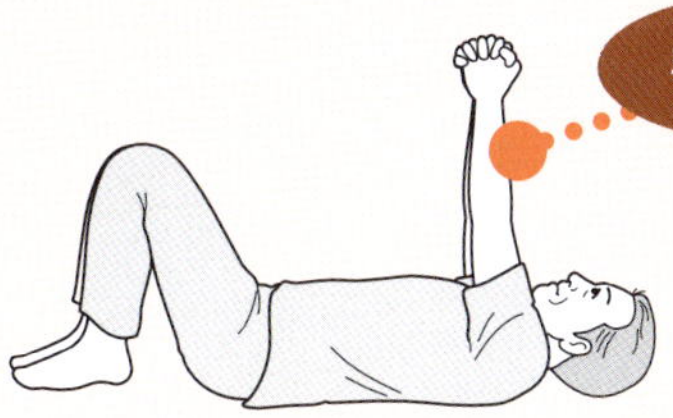

両手をまっすぐ上に上げます。手のひらは組んで（または合わせる）上に向けて伸ばします

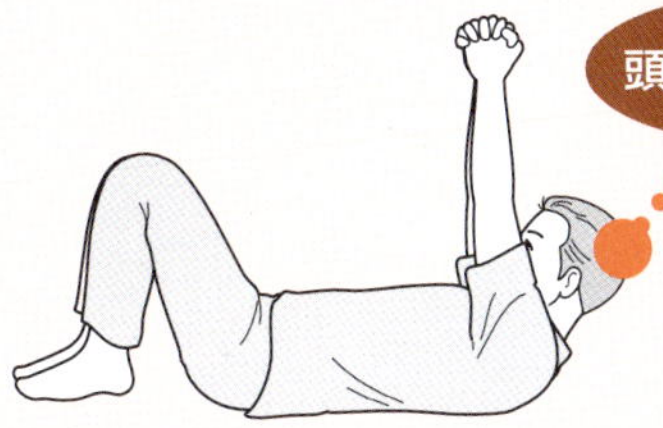

両ひざ・両手を上げたら、おへそをのぞきこむようにして、頭と肩を持ち上げます

大人の寝返り

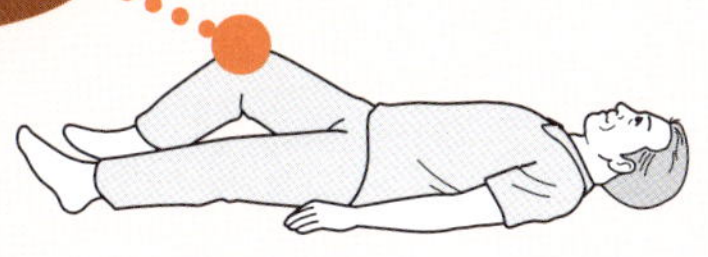

いちばん多いパターンです。寝返りする向きとは反対側のひざが、少しだけ立ちはじめます

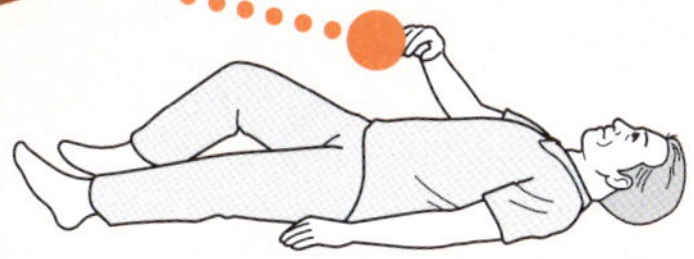

立てたひざと同じ側の手を少し上げ、重心を背中全体から寝返りする側の半身に移しはじめます

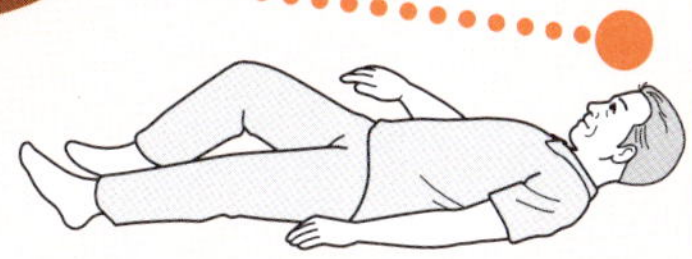

頭と肩を少し上げて、寝返りをはじめます

赤ちゃんの寝返り

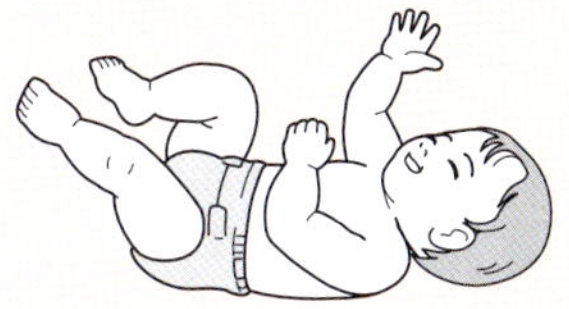

あお向けの状態からからだをゴソゴソさせ、そのうちに両足を宙に浮かせてバタバタします

バタバタしている両足に興味を示して、手でつかんで口に近づけようとします

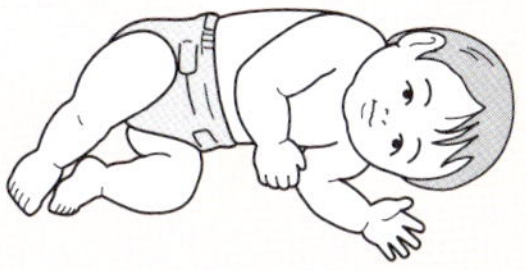

さらに口に近づけようとして頭と肩を浮かすと、状態が不安定になって、横に倒れます

寝返り動作の3要素

①両ひざをいっぱいに立てる
②両手をいっぱいに上げる
③頭、肩を上げる

寝返り動作をとり出す

寝返りの生理学的動作を知るために、赤ちゃんの寝返りを思い出してください。この時期の赤ちゃんは、心理学者のフロイトが口唇期と名づけたように、視野にあるものに何でも興味を示し、手でつかんで口に近づけようとします。その動作の延長上に寝返りがあります。

大人の場合も、無意識に行う動作を分析してみると、赤ちゃんと共通する3つの動きが主体であることがわかります。この共通する動きを「寝返り動作の3要素」と名づけます。

8-2

寝返りの介助
基本編（1）

寝返りの3要素と介助法

自然な寝返りに基づくリハビリにもなる介助法

3つの要素とは

今日から、寝返りの介助をしなければならなくなったら、どうしますか？　ただ力まかせに寝ている人を横向きにしますか？　1回2回ならともかく、長く続けていると介助者の腰に負担がかかりすぎて腰痛の原因にもなりかねません。

従来から行われている入浴や食事などの介助法は、日常的にやっていることが基本となっています。それと同じように寝返りの介助法も、自然にやっている動きの中からヒントを探しましょう。

まずは、ふだん無意識に行っている寝返りを意識的にやってみます。大きな動きではないものの、「ひざが立つ・手が上がる・頭が上がる」という3つの動作（要素）で横向きになっているのがわかります。

寝返りの3つの要素

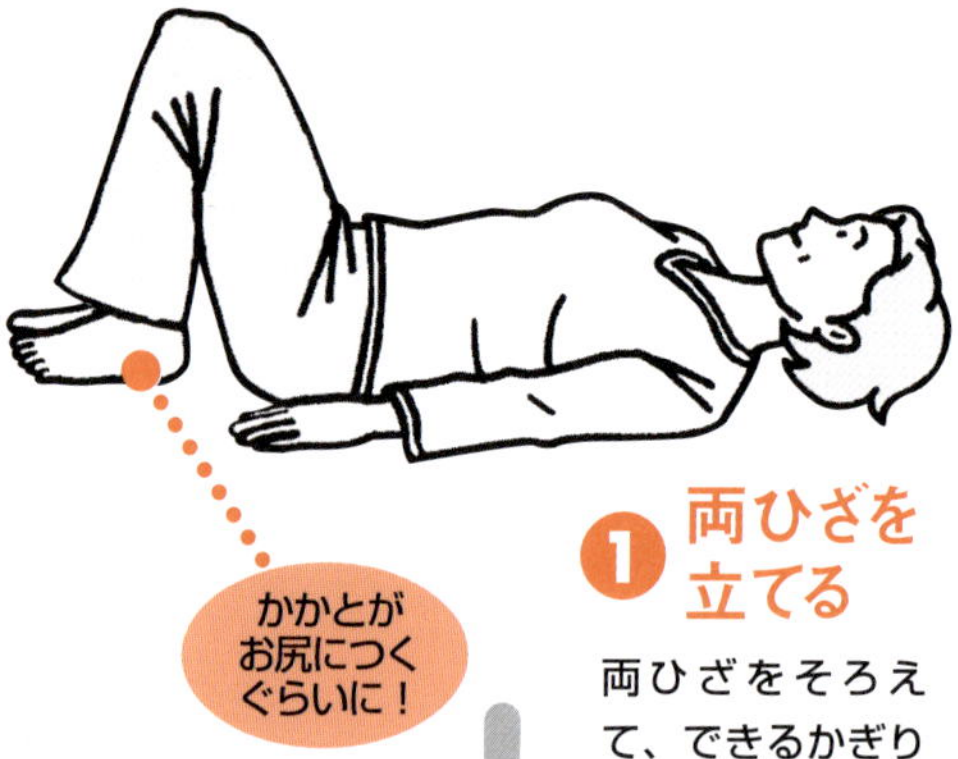

1 両ひざを立てる

両ひざをそろえて、できるかぎりかかとをお尻のほうに引きつけます

2 両手を上げる

両手をいっぱいに上げて、指を組みます

3 頭、肩を上げる

頭といっしょに肩も上げます。これが完成ポーズです

寝返りの介助

✕ 3つの要素を使わない介助

力指数 10

要介護者の全体重がかかり、腰への負担が大きいので腰痛などの原因になりかねません

✕ からだの真ん中に立ってはいけない

腰と肩の真ん中が基本です。図の位置では力がたくさん必要になります

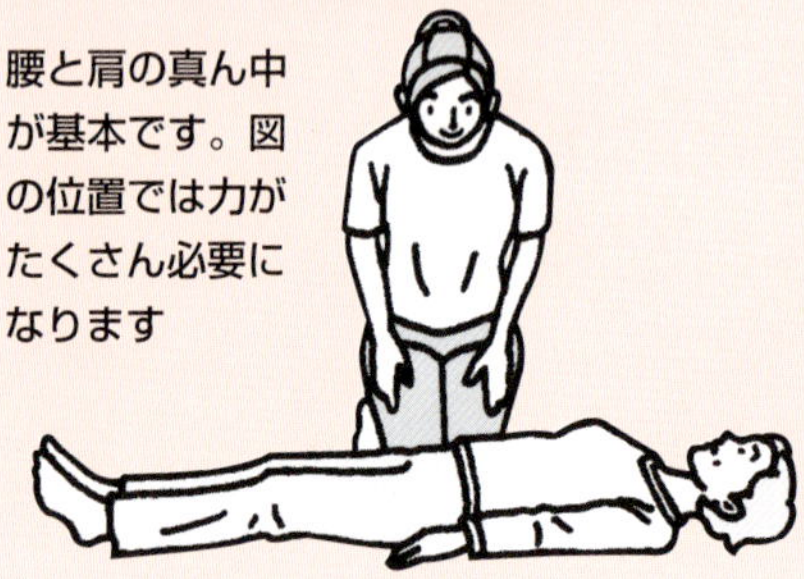

力指数 1 3つの要素を使う介助

手の先かひざ頭のどちらか、または
両方を人差し指で引いて介助します

1 人差し指をひざ頭に

立てたひざ頭の外側に人差し指をそえます

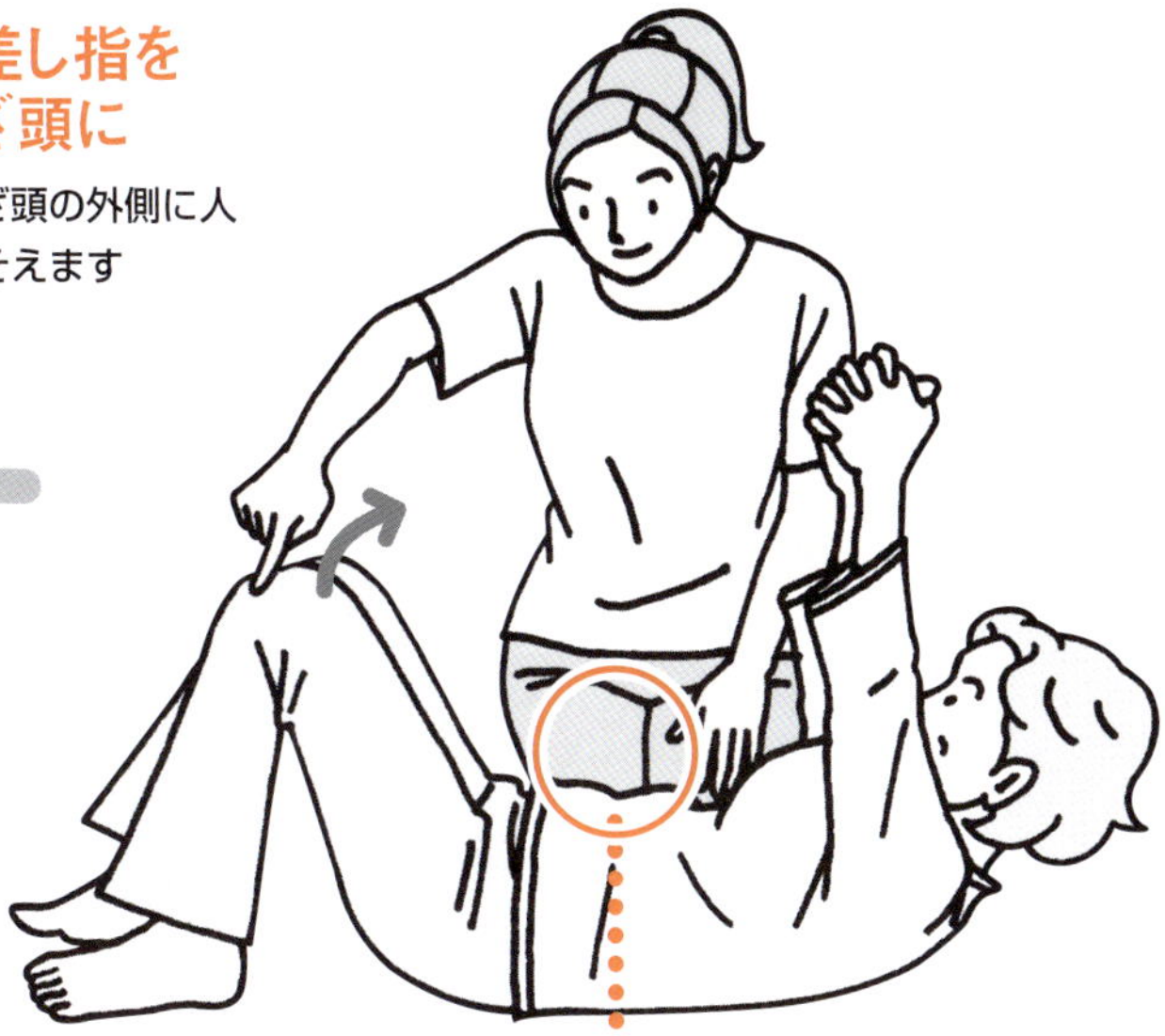

2 手前に引く

人差し指で、ひざ頭を軽く手前に引きます

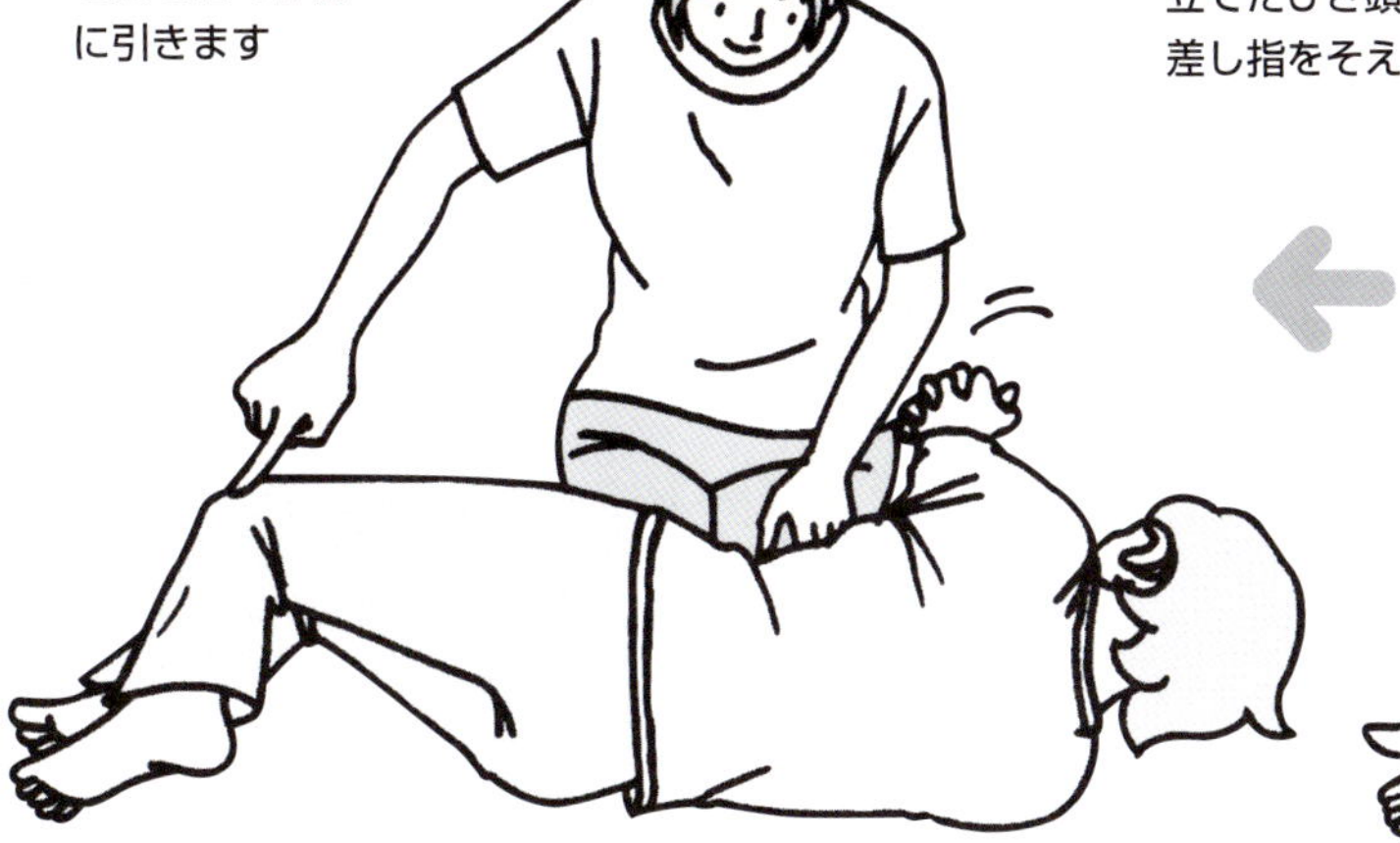

point 介助の基本は「引く」という動作です。
引くことで方向が定まり、力も入ります

肩と腰の真ん中に立つ

この位置であれば、お互いに楽に動けます

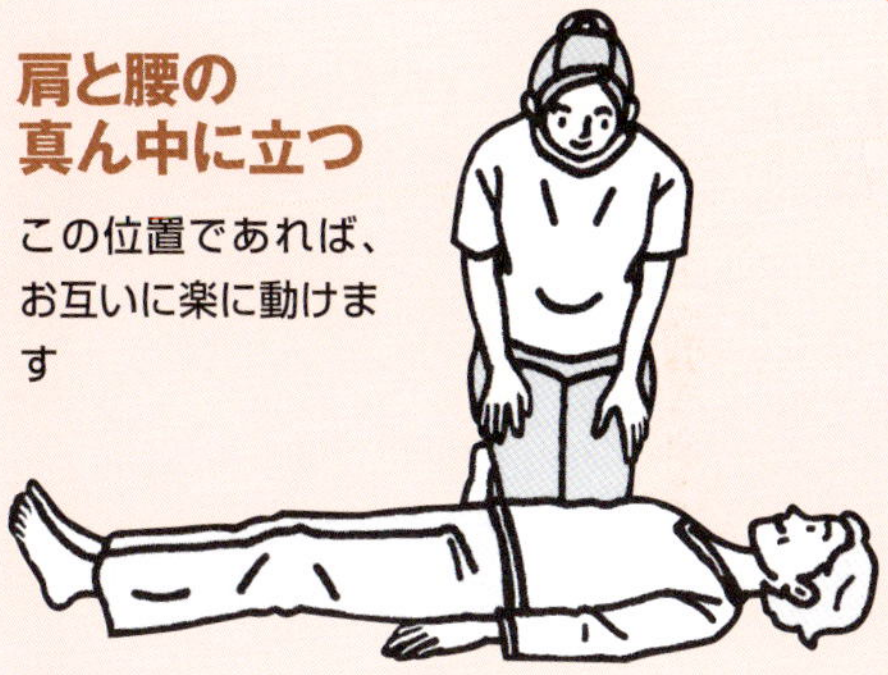

力指数 7 安静看護法による介助

多少力は軽減されますが、まだかなりの介助の力が必要です

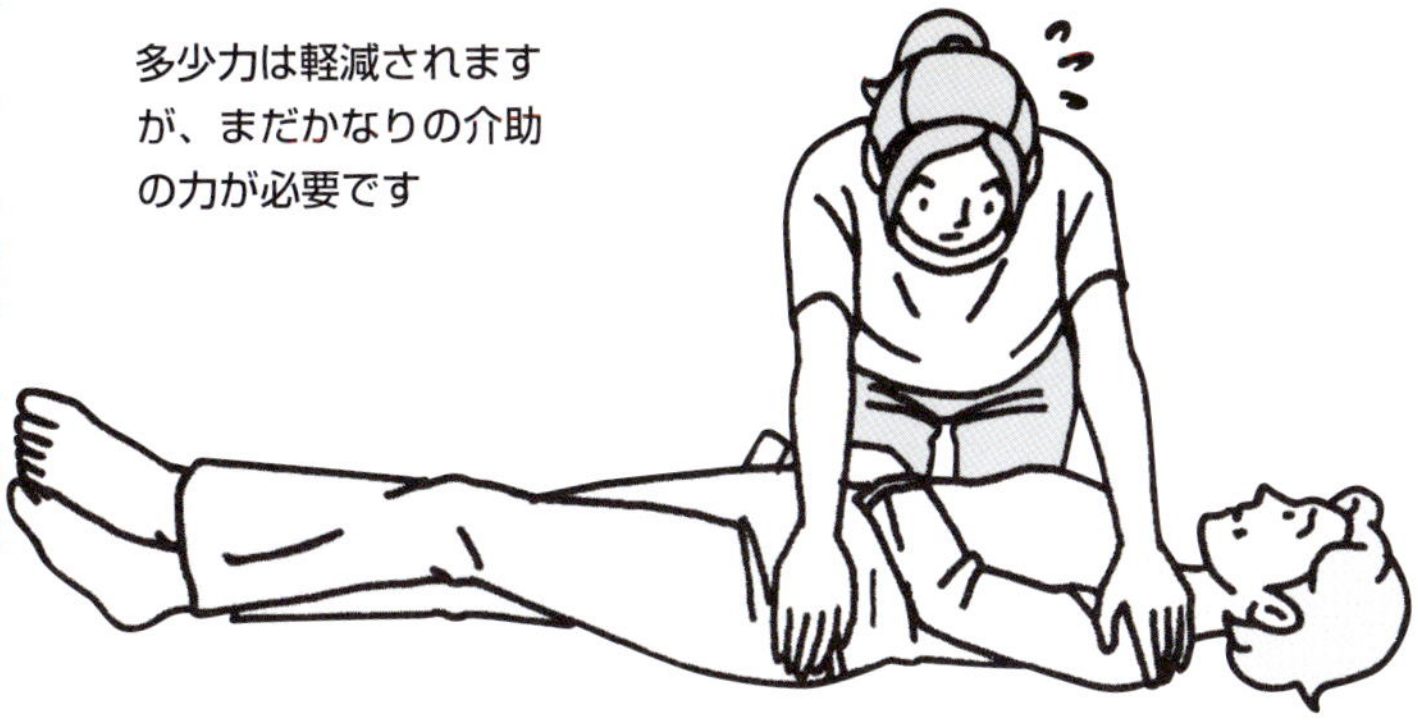

安静看護法は特殊な場合のみ

これは意識がない人や全介助を必要とする人など、特殊な場合に行う方法です

介助をする場合も、無意識にやっているこの一連の動きを最大限に活用します。要介護者のできる範囲でかまいませんので、

①両ひざをいっぱいに立てる
②両手をいっぱいに上げる
③頭、肩を上げる

状態になってもらいましょう。

この基本姿勢ができれば、介助者はよぶんな力を使うことなく寝返りさせられます。力まかせにからだを起こしたり、従来の安静看護法などにくらべ、はるかに少ない力（力指数＝力のかかり具合をもっとも軽いほうから重いほうへ1～10で表示）で介助できるので、介助者の負担はかなり減ります。

寝返りに力はいりません。3つの要素がきちんとできて、コツさえつかめば、要介護者であっても自力で寝返りできるということです。

できないことはあきらめる

〝介護はあきらめからはじまる〟が原則

医療の立場と介護の立場の違い

左片マヒの場合

できないこと

急性期医療 治療・訓練する

医療機関は、“POS:problem oriented system”、つまり、問題となる点、障害のある部分に注目します。もちろん、治療することが目的ですから当然です。マヒなどの障害があったら、治療と併行してなるべく早い時期にリハビリを開始します。たとえ急性期であっても、関節の拘縮を防ぐためにベッドの上でも行います。病院にいる間に日常動作の機能をできるだけ回復させます

介護 あきらめる

病院で障害のある部分を徹底的に治療・訓練を受けて、家庭に戻ってきます。自主的にリハビリは続けても、それ以上の回復を期待してはいけません。障害のある状態をそのまま受け止めて、機能しない部分はあきらめる。医療側とは、その注目する点がまったく違います。介護はそこからスタートします。できないことを無理強いしても、何の効果もありません。動かせる機能をフルに使って、元通りの生活ができることをめざします

● できることをチェックする

両ひざをいっぱいに立てる	右脚 □	左脚 □
両手をいっぱいに上げる	右手 □	左手 □
頭、肩を上げる		□

キーワードは「あきらめる」

ある日突然に、脳卒中を起こしたとします。命に別状はなかったものの、左片マヒが残ってしまいました。

急性期の病院では治療と併行して全身状態をみながら、早い時期にリハビリを開始します。障害のある部分が少しでも動くようになり、日常動作の機能さえ回復すれば、元通りの生活ができると考えます。

退院の日から、家庭での介護がスタートします。リハビリは続けるにしても、マヒの残った部分は、病院で徹底的に治療・訓練したのですから、急に大きく回復することは期待できません。

しかし、筋肉や関節は、使わないと動かなくなります。その結果、臓器の機能低下、床ずれなどを起こしやすくなります。

できること

急性期医療 扱わない

当たり前ですが、障害のない箇所は治療する必要がありません。したがって、その部分に関しては治療の対象外となります。ただし、マヒなどの障害が残れば、その程度に応じ、歩行訓練をはじめとする運動療法、日常生活に直結する、食事、排泄、入浴などの機能回復の訓練は行います

介護 活用する

介護は、使える部分に着目する“GOS:goodness oriented system”です。動かせない部分、使えない機能はさっさとあきらめます。動かせる部分だけを徹底的に使っていきます。障害が残った部分を使わなくても、発症前と同じ生活は送れます。少し不自由は感じても、それなりの方法がいくらでもあります。少しでも元通りの生活に近づけるように工夫・指導します

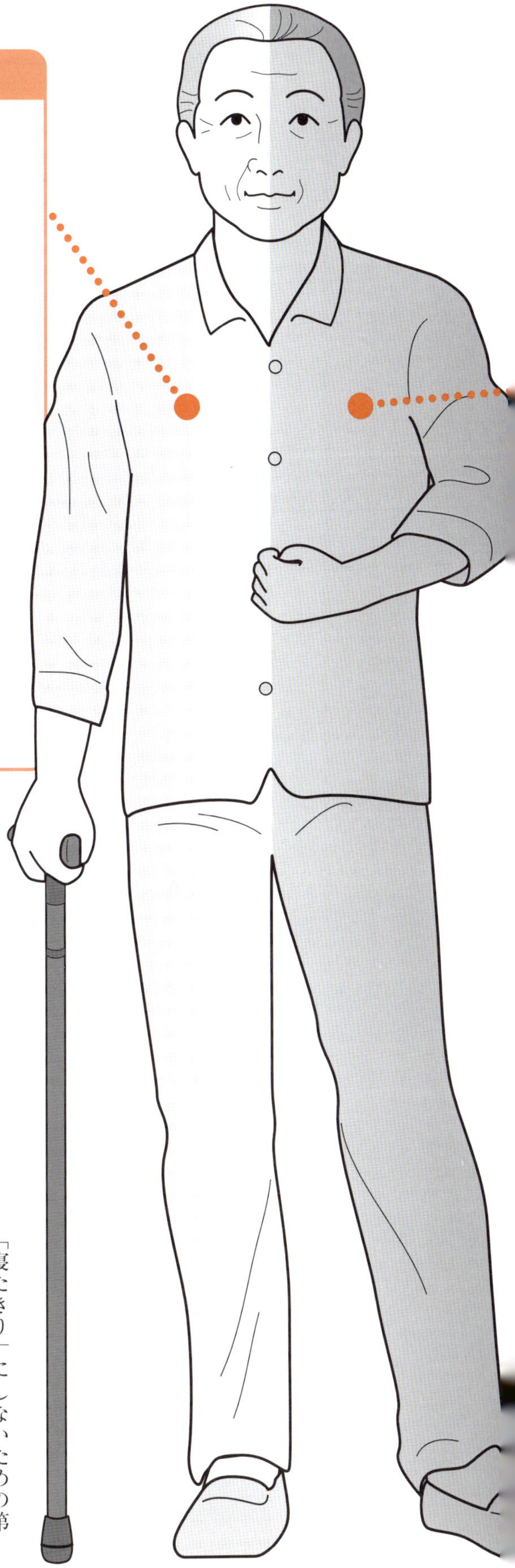

“あきらめる”ということ

“あきらめる”というと消極的なイメージがありますが、この言葉は、“あきらかにする”が語源といわれています。
目の前の現実をかくさないで、あるがままをみせるということです。その意味からすると、むしろ、現実を直視するという、積極的な意味を持った言葉となります。ちなみに「介護はあきらめからはじまる」です

「寝たきり」にしないための第一歩は、寝返りです。

そこで左片マヒの場合、何ができるのか、できないのかをチェックしてみましょう。マヒは、左の手脚だけですから、右の手脚は動きます。頭や肩にマヒはありませんから、問題なく動きます。できる部分を徹底的に使って、発症前と同じ生活、社会とのつながりのある「ふつうの生活」をとり戻していきます。

介護で大事なのは、できないことは、きっぱりとあきらめること。その「いさぎよさ」です。

できない部分を使おうと無理強いしても何の効果もありません。ただの「いじめ」としか映りません。注意してください。

8-4

寝返りの介助
応用編（1）

片マヒの場合

起き上がりにつながる寝返り方法

片マヒの人にできる基本姿勢

できることをチェックする（左片マヒ）

1	両ひざをいっぱいに立てる	右ひざ○	左ひざ×
2	両手をいっぱいに上げる（右手で左手を持ち上げる）	右手○	左手△
3	頭、肩を上げる	○	

マヒのない側に寝返りしよう

寝返りから「片ひじ立ち」「起き上がり」へとつなげるには、からだを支える腕の筋力が不可欠です。マヒのない腕の力を最大限に使えば、起き上がりが可能になります。次のステップに進むためには、マヒのない側への寝返りが条件です

マヒした脚は立てられても、倒れてしまうことが多い

それでも無理に立てようとして、反対の脚ですくい上げようとする人がいます。マヒした脚は鉛のように重いので、腰を痛めてしまいます。無理はやめましょう

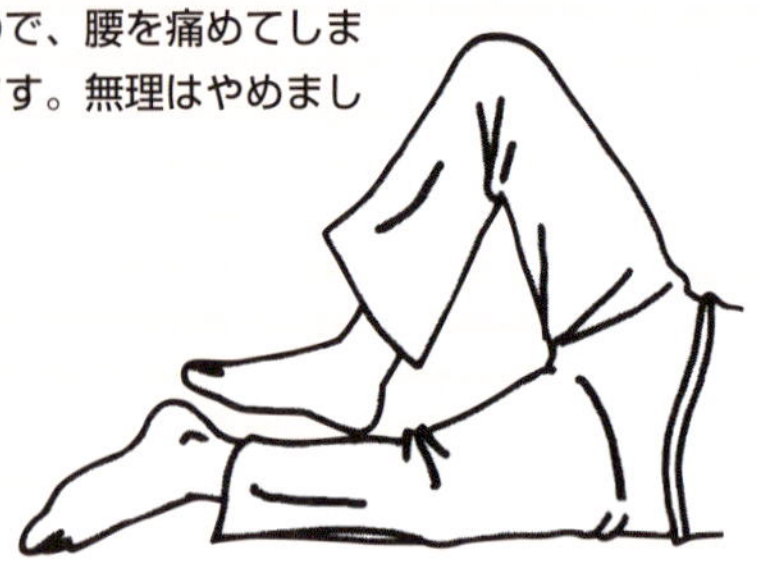

頭、肩は上げられる

例外もありますが、基本的に腹筋、背筋、首などにマヒはありません。一般的な脳卒中なら頭や肩は上がるはずです

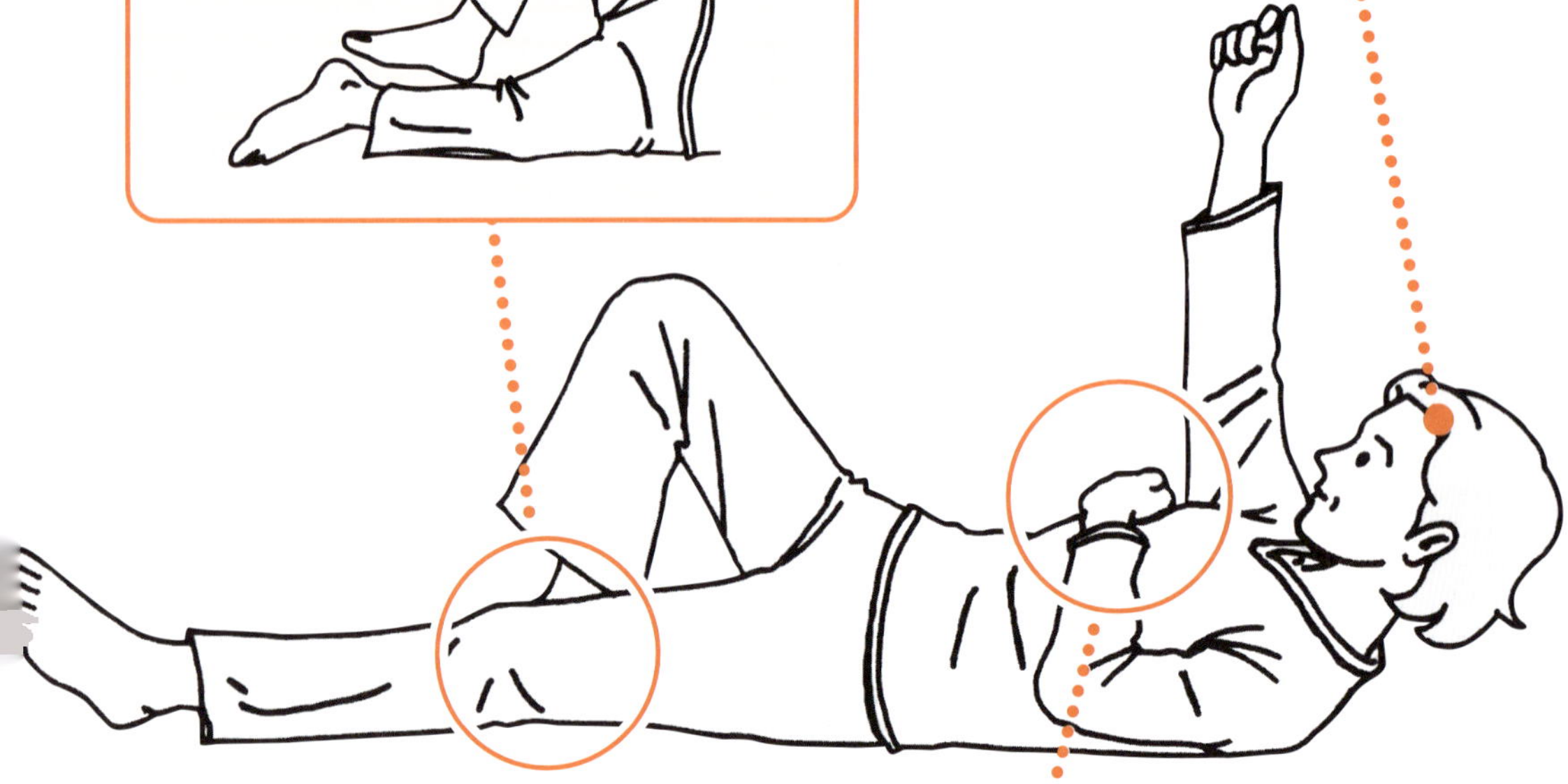

両手は上げられる

マヒした手は上がるか？　90度までなら上がる、まったく上がらない、上がってもひじが曲がってしまう、カチカチで全然動かないなどさまざまです。でも、もう片方の手で持てば無理なく両手は上げられます

マヒがあったら寝たきり？

片マヒだから寝たきりでもしかたがない、と思っている人が多いようです。しかし、そんなことはありません。意識がない

それでもできない場合

ひざが立たない

立たないひざをいくら引いても腰は浮いてきません。その場合、ひざではなく腰を引きます

肩が上がらない

肩が思ったほど上がらなければ、手ではなく肩と立てたひざを引いて介助します

介助のしかた

1 まず基本姿勢を

まず基本姿勢をとってもらいます。次に、上げた手、立てたひざに軽く手を添えます

2 手とひざを引く

体勢が整ったら、ゆっくりと手とひざを手前に引きはじめます

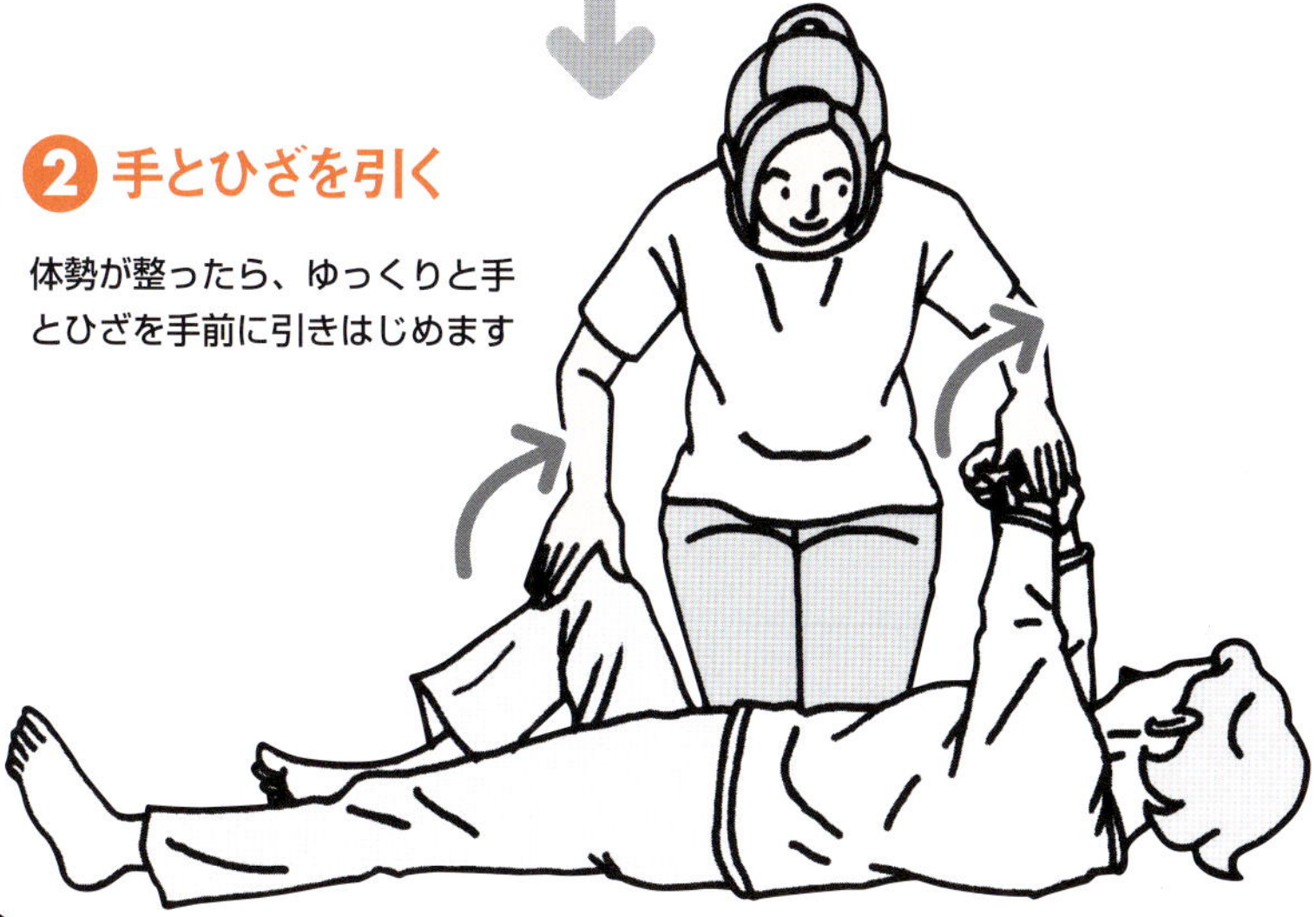

3 最後まで誘導する

要介護者の状態をみながら、からだが完全に横を向くまで手前に引きます。手は最後まで添えておきましょう

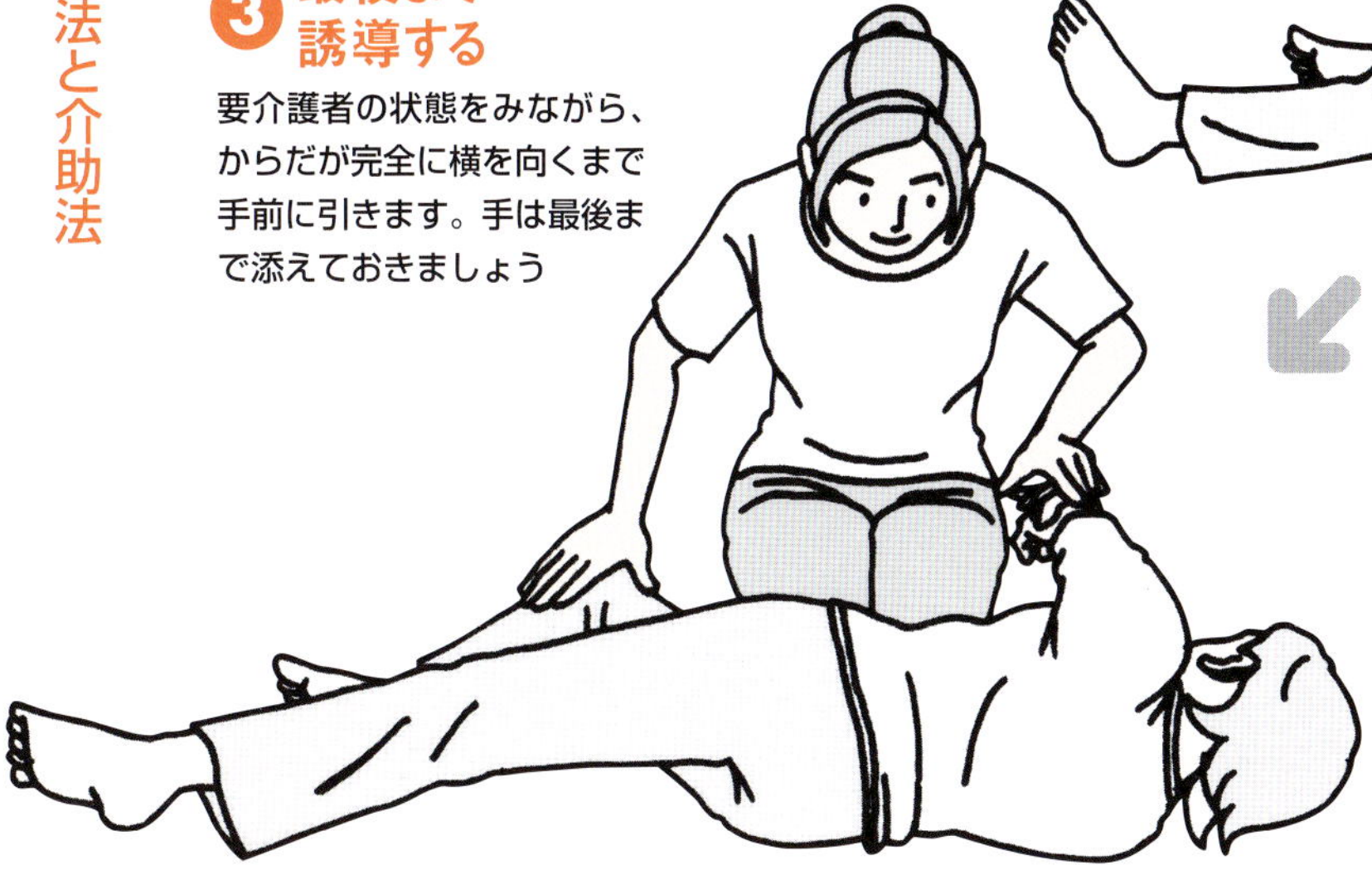

point 十分に基本姿勢がとれない場合は、引く部位を肩や腰などに替えることも必要です

とか、意識があっても脳の広い範囲に障害があり、自発性がなくなっている場合を除けば、手脚のマヒがもっとも重い人でも寝返りができなくなるということはありません。寝返りさえできれば、寝たきりからの脱出は可能です。

まず、寝返りの基本編で行った3つの要素のうち、片マヒの人にできること、できないことをチェックしてみましょう。

下半身マヒの場合

上半身の力を使って自力寝返りも可能

下半身マヒの人にできること

できることをチェックする

1	両ひざをいっぱいに立てる	✕
2	両手をいっぱいに上げる	○
3	頭、肩を上げる	○

頭、肩を上げる

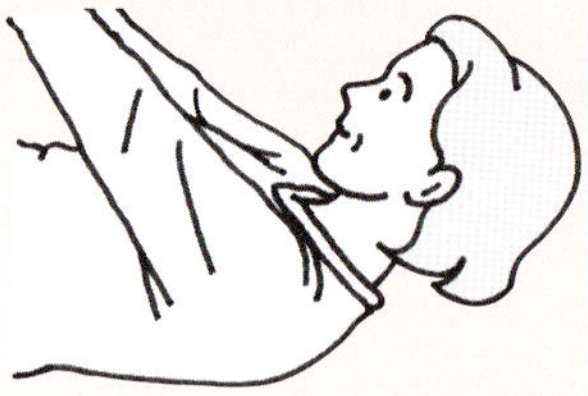

頭、肩を上げてから両手を振り下ろします。からだの回転がよくなり、反動がつきます

✕ 振っている手を引いてはいけない

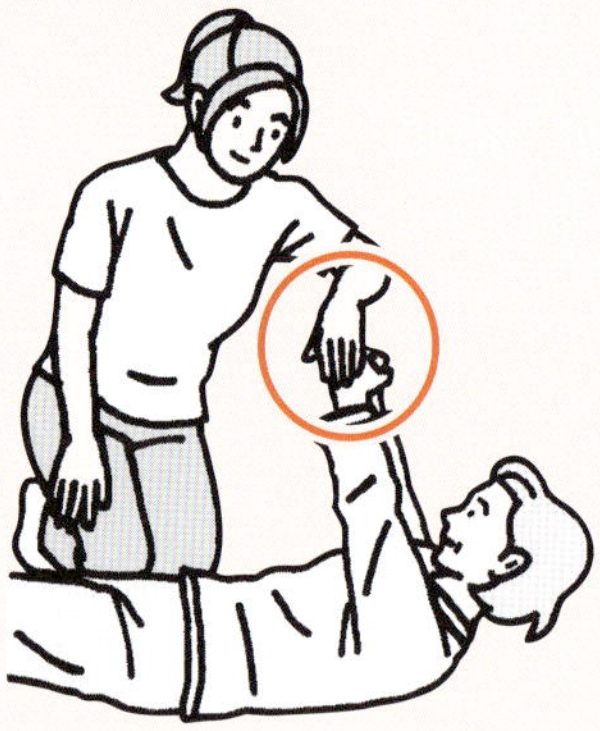

振っている両手を引いたのでは、せっかく反動のついたからだの動きを止めてしまうことになります

自力寝返りの方法

真上から見た連続図

1 両手を斜めに上げる

まず両手を組みます。次にその手を寝返りするのと反対の側の斜め上に上げます

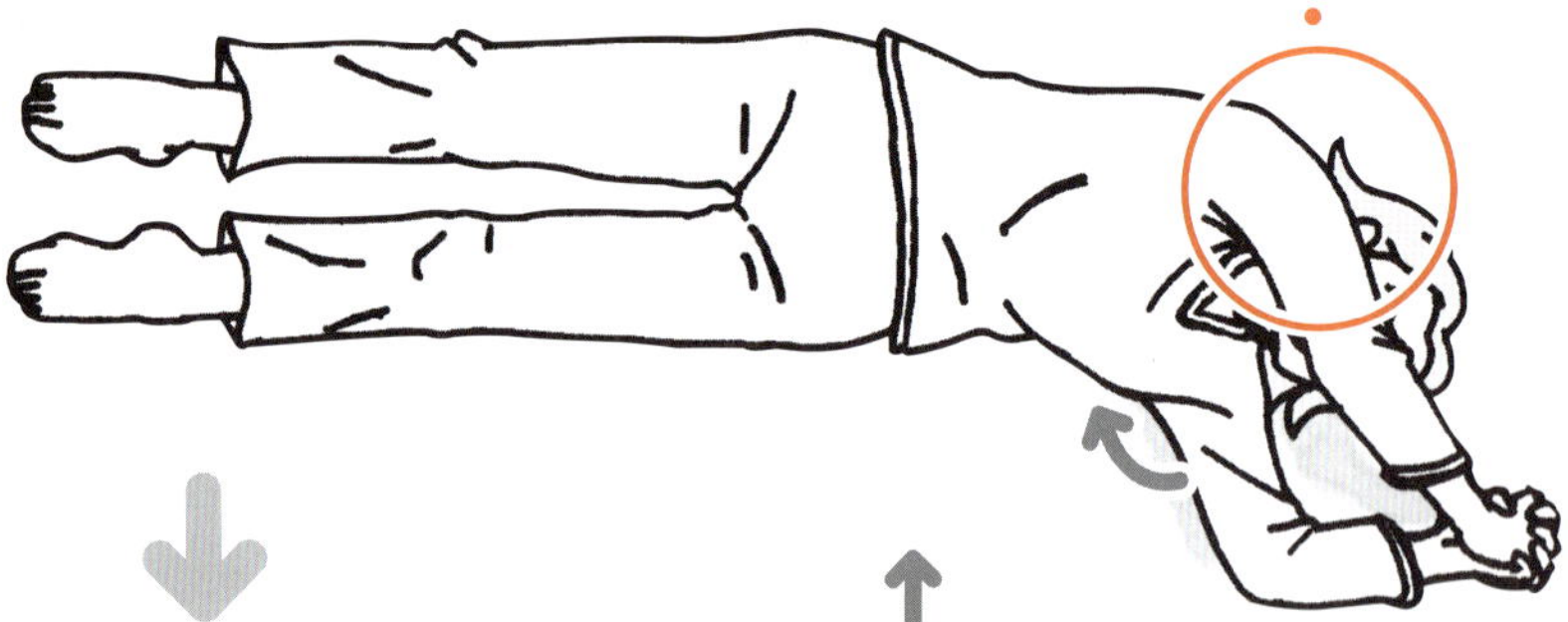

2 斜め下に振り下ろす

斜め上に上げた両手を斜め下に向かって思い切り振り下ろします。このとき頭もいっしょに上げておきます

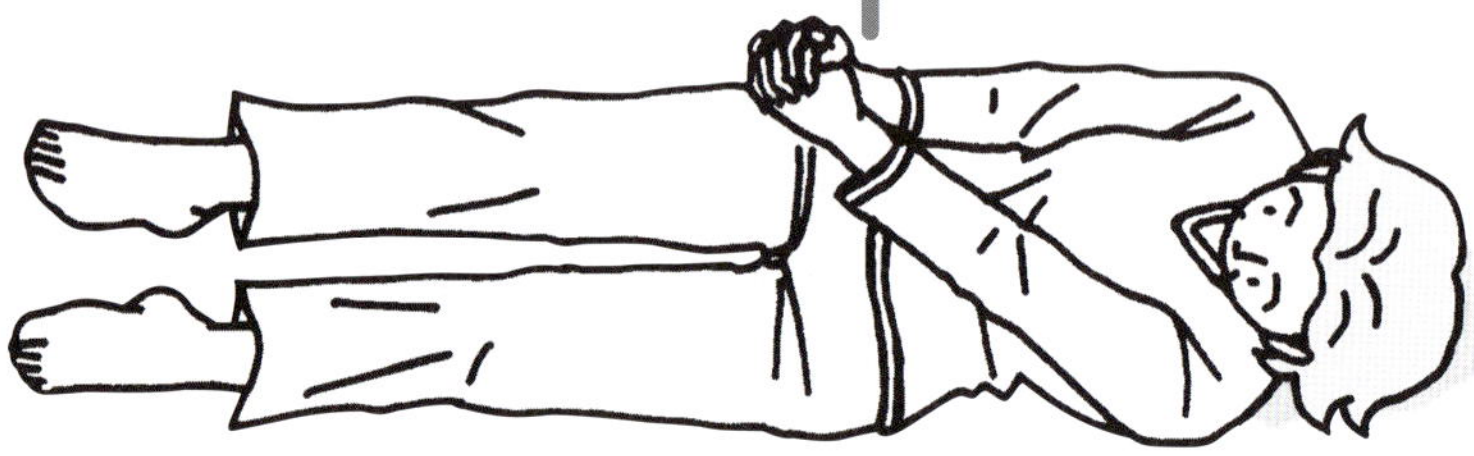

3 右横向きになる

上半身のねじれが下半身に伝わって腰とマヒした両脚が右を向きます

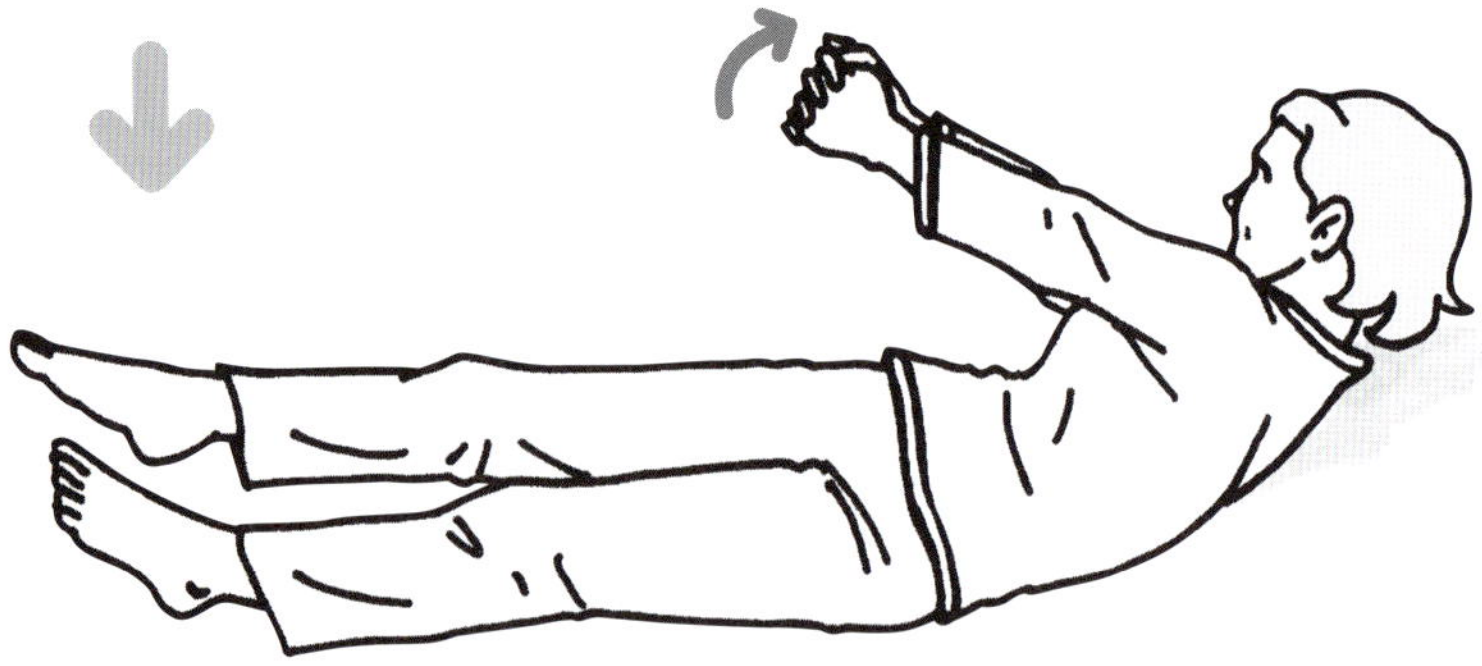

介助のしかた

❶ 足首をのせる

まず、寝返りする側の足の上にもう一方の足首をのせます。次は要介護者に両手を組んでもらい、寝返りするのと反対側の斜め上に上げてもらいます

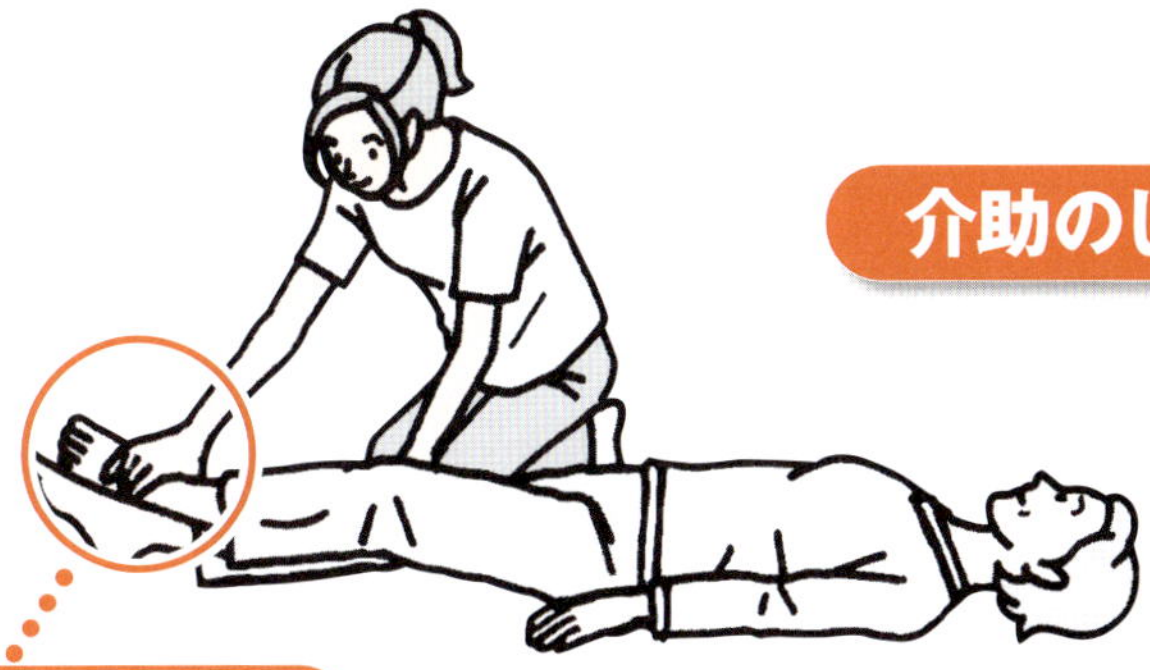

条件づくり①
足をのせて、からだを回転しやすくする

❷ 両手を振りはじめる

組んだ両手を左斜め上から右斜め下に向かって、力いっぱい振ってもらいます

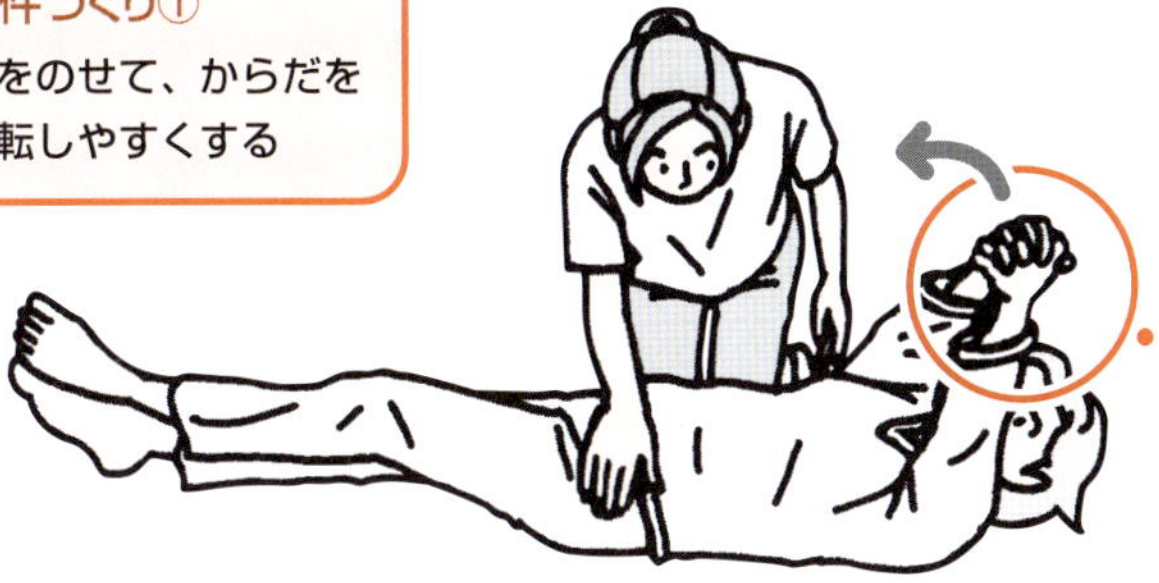

条件づくり②
両手を組んで、斜め上から下へ振り下ろす

❸ タイミングをはかる

上半身のねじれが腰のねじれにつながってくるタイミングを見はからう

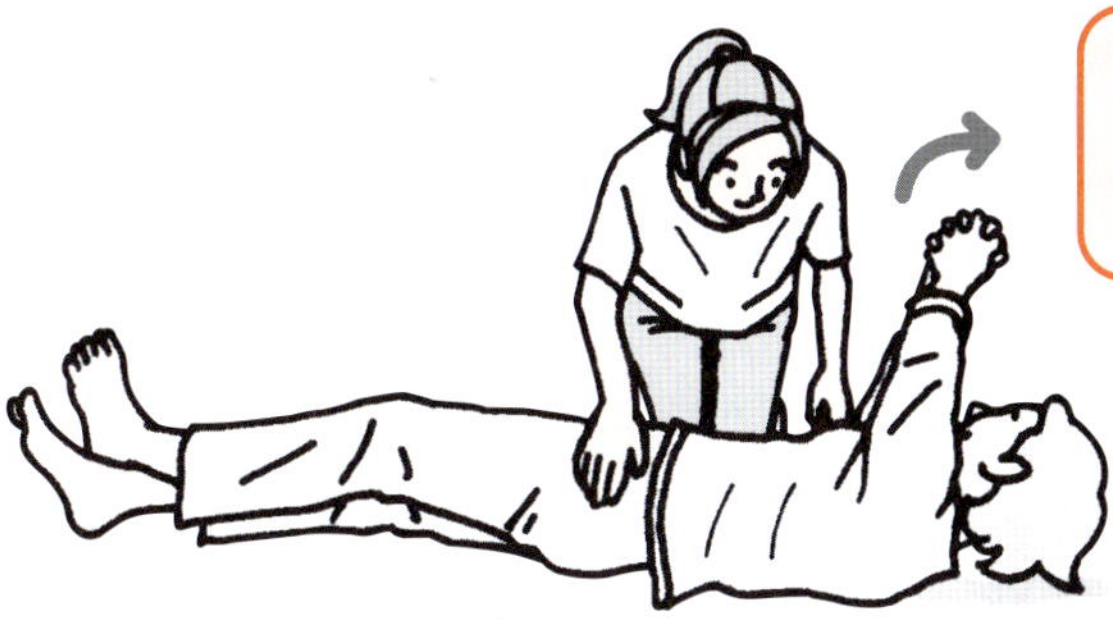

❹ 回転に合わせて引く

力が足りない分だけ腰を引きます

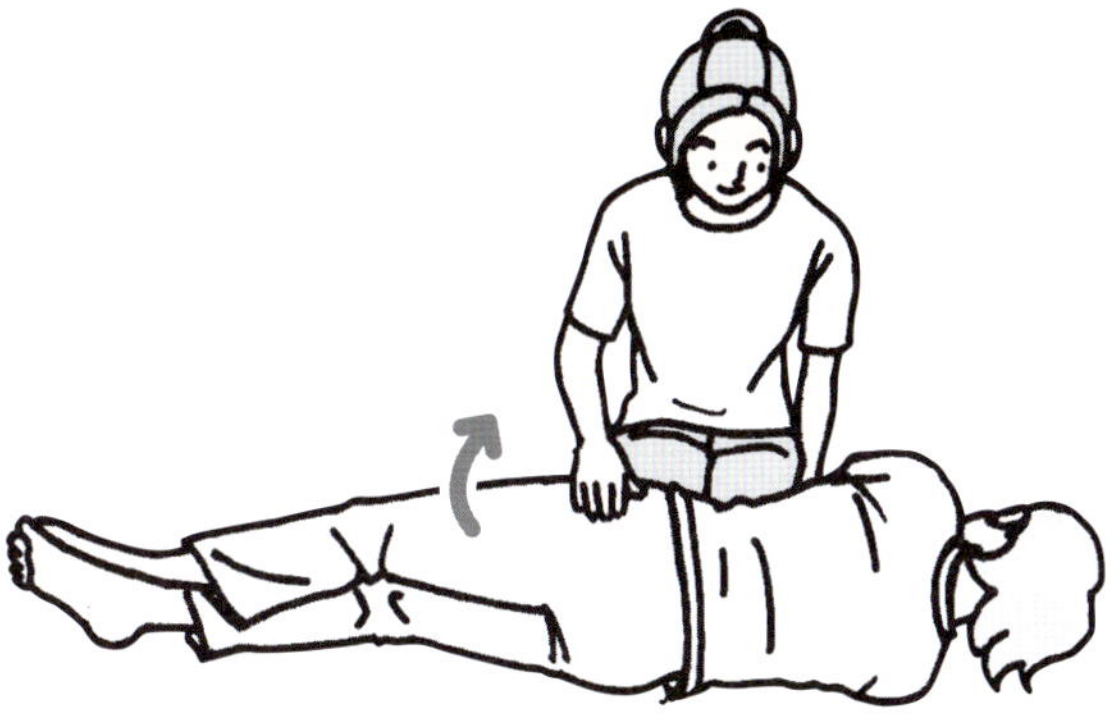

できる形に近づける

ずっと同じ姿勢で寝ているとからだの一部に体重がかかり、神経や血管が圧迫されてしまって、床ずれなどの原因となります。特に下半身マヒの人は、感覚障害があって痛みを感じないため、体位を換えないとすぐに床ずれをつくってしまいます。その予防の第一歩が寝返りです。

下半身マヒの人の場合、寝返りの3つの要素のうち、「両ひざを立てる」ことはできません。でも、できないからといってあきらめてはいけません。両手をいっぱいに上げることはできますし、頭と肩も上がります。できること、使えるところを徹底的に使って、できる形に近づけてあげればいいのです。

あくまでも要介護者主体で動いてもらいます。下半身マヒであっても自力で寝返りすることをめざします。介助者は要介護者の状態を見て、足りない分の力を貸す程度の手助けにとどめるようにします。

8-6

寝返りの介助
応用編（3）

四肢マヒの場合

頭を上げるだけで介助が楽になる

四肢マヒの人を介助する

point
できない条件を補う工夫をする

できることをチェックする

1 両ひざをいっぱいに立てる	×
2 両手をいっぱいに上げる	×
3 頭、肩を上げる	○

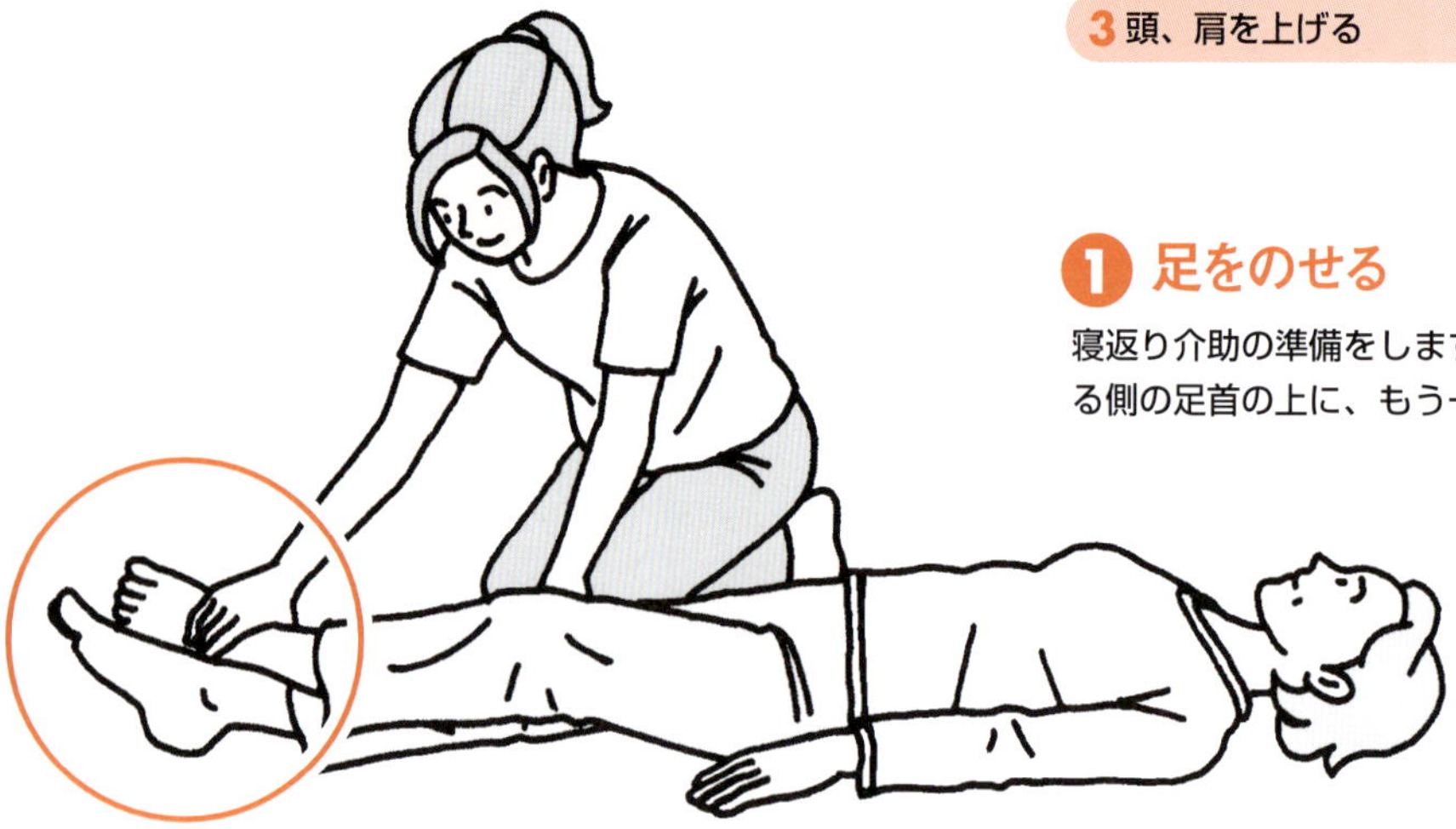

1 足をのせる

寝返り介助の準備をします。まず、寝返りさせる側の足首の上に、もう一方の足をのせます

2 片手を腹の上にのせる

次に、足首にのせた足と同じ側の手を腹の上にのせます

四肢マヒの人にできること

片マヒでも下半身マヒでも、自立をめざした介助方法を解説してきました。しかし四肢マヒの場合、自立をめざすのはとても難しいことです。だからといって、全介助にしてしまってはいけません。3つの要素のうち、「頭、肩を上げる」はできるはずです。これは本人にやってもらわなければなりません。

そして、看護学校などで教えている「片手を腹の上、片足を足首の上にのせる」という「安静看護」の方法をプラスします。これは、四肢マヒや全介助を必要とする人に適しているやり方で、これと四肢マヒの人のできること、「頭、肩を上げる」を合わせれば、介助の負担がかなり軽減されます。

③ 頭、肩を上げてもらって、手前に引く

次に、頭、肩を上げてもらいます。すべての体勢が整ったら、介助者は要介護者の肩と腰の真ん中に立って、ゆっくりと肩と腰を手前に引いて横向きにさせます

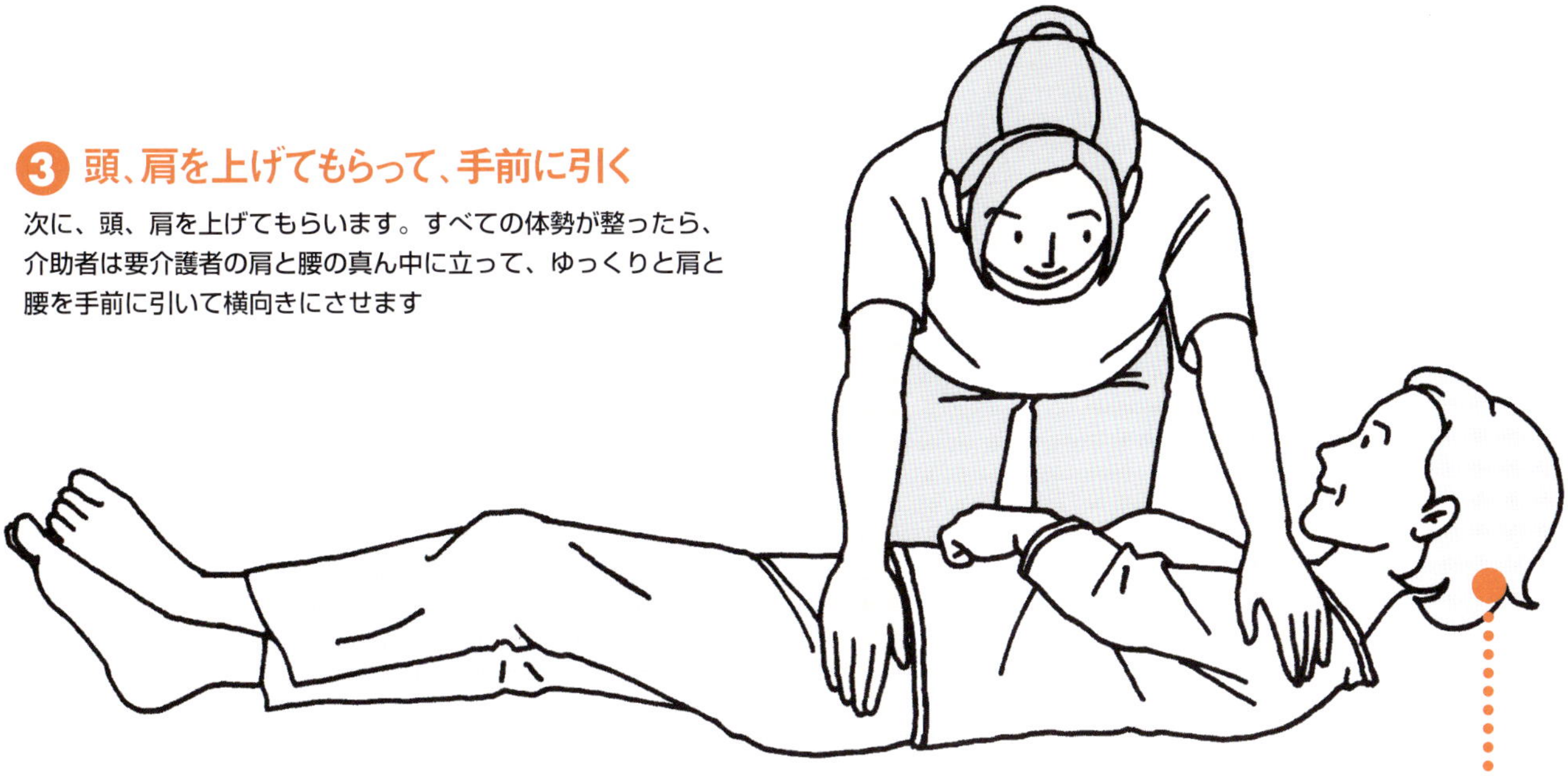

頭、肩は上げられる

いくら両手両脚にマヒがあっても、頭、肩は上がります。できることはなるべく当人に協力してやってもらいましょう

介助にかかる力の比率

力指数 3

できること＋工夫の介助法

少し工夫するだけで介助に必要な力にかなりの差がでます

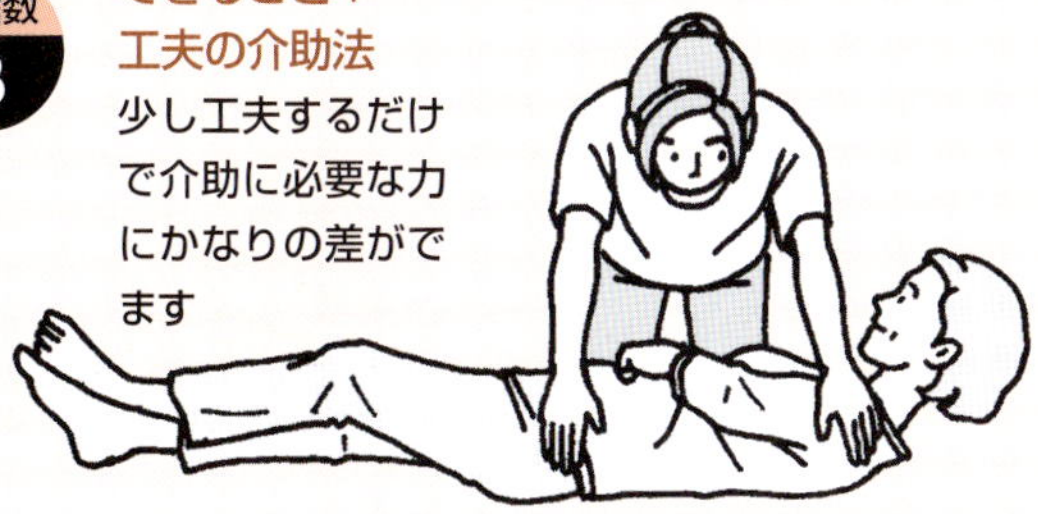

力指数 7

できることを使った介助法

頭、肩を上げてもらうだけで介助者にかかる負担はだいぶ減ります

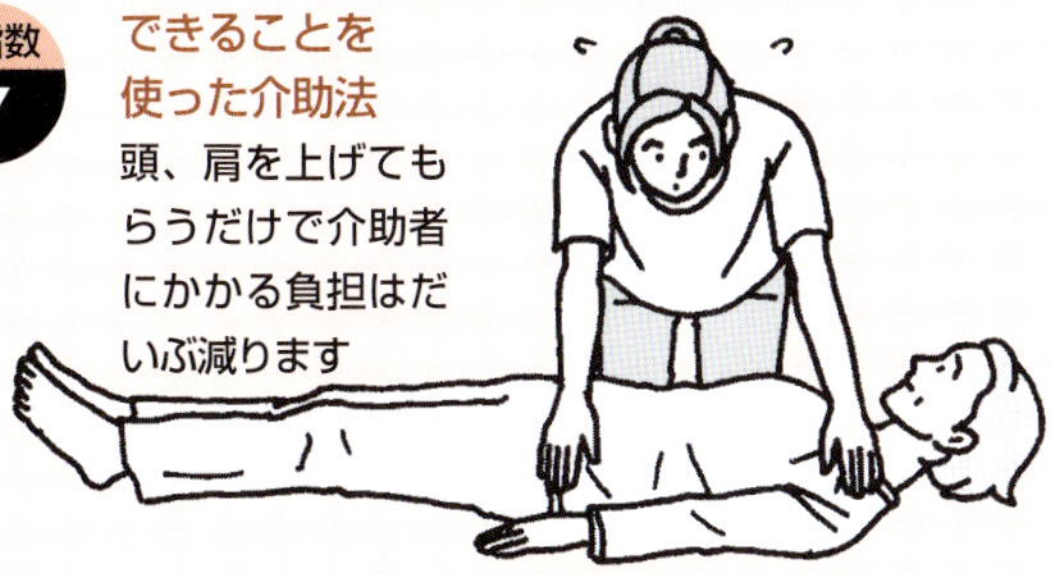

力指数 10

全介助法

介助者に一番負担のかかる方法です。これでは腰を痛めてしまいます

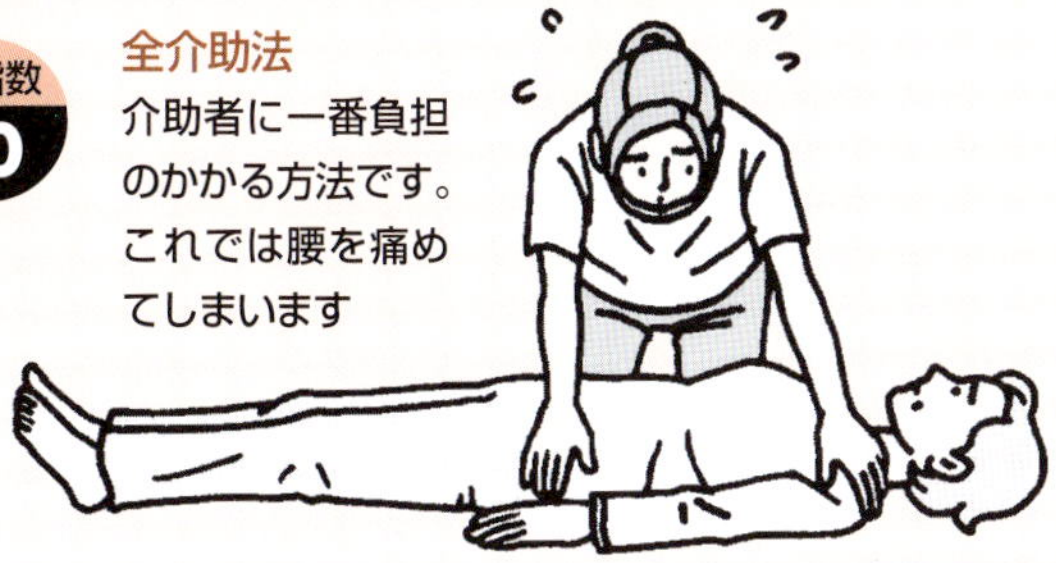

基本はすべて日常の動作から

難しいケースだからこそ、原理原則に戻って考えましょう。そうすれば、「手の動く人はこうしよう」とか「足の動く人はこうしよう」と、工夫ができるはずです。四肢マヒの場合でも、3つの要素のうちの一つである、「頭、肩を上げる」を忘れずに

安静看護法が必要なとき

この方法は、意識のない重病の人や全介助を要する人など、特別な場合だけに使う特殊な方法です。基本ではありません。基本は「寝返りの3要素」です

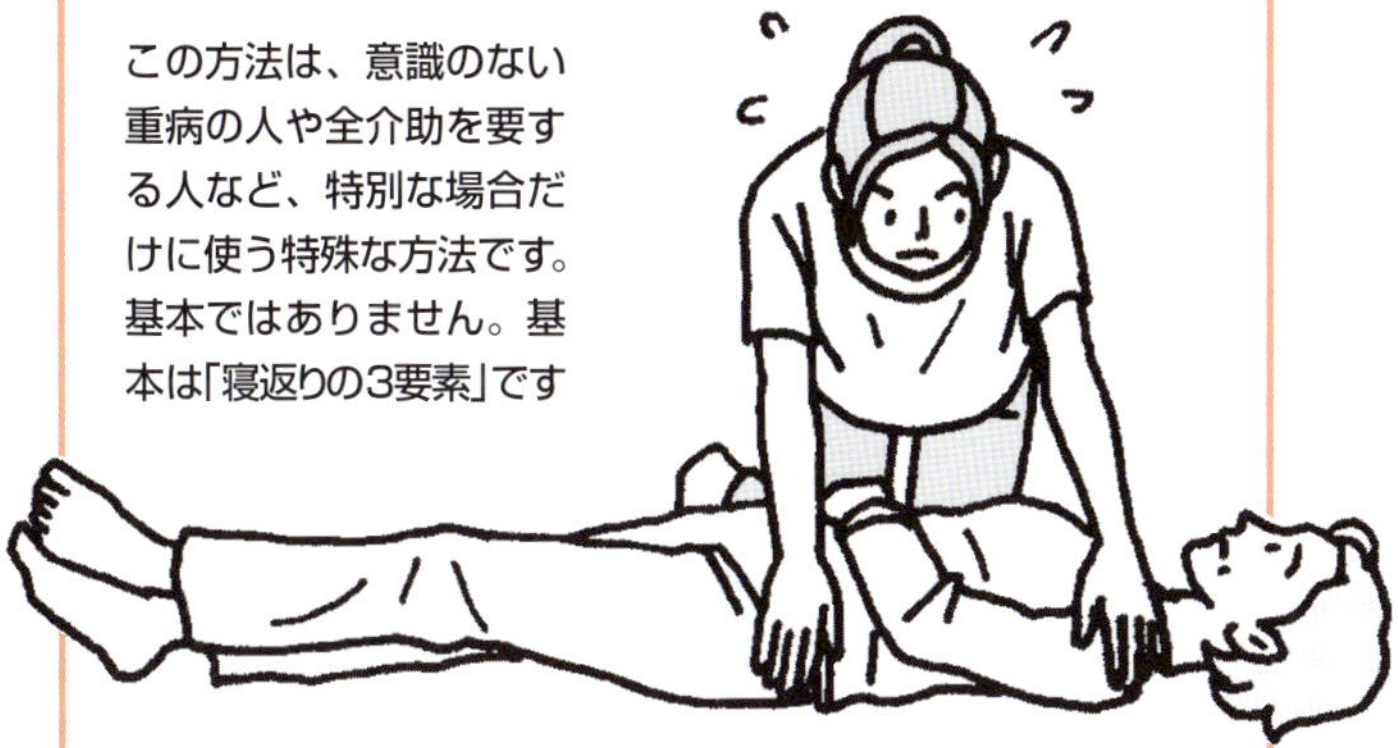

第9章 起き上がりの自立法と介助法

9-1

起き上がりの自立法（1）

人の自然な起き上がり方

若い人のような起き上がり方はいけない

まず握手をしてみる

寝返りができるようになったら、次は起き上がりをめざします。

現在、寝たきりの人の数はたいへん多いのですが、その大半は、〝寝かせきり〟になったケースといわれています。

原因として考えられるのは、①起き上がるための条件が整っていなかった、②その人に適した介助法ではなかったなど、いずれも介助側の不適切な指導、判断による結果だといえます。寝かせきりからの脱出をはかるためには、起き上がるための条件を整え、正しい起き上がりパターンを教える必要があります。

介助をする前にまず、「思いきり強くにぎってください」といって、要介護者と握手をします。起き上がるには、自分のからだ、つまり「体重」を支える腕の筋力が必要です。はじめに握手をして、その人に握力があるかどうかを調べます。このとき、痛いくらい強くにぎり返してくれれば、起き上がるための握力（筋力）が残っていると判

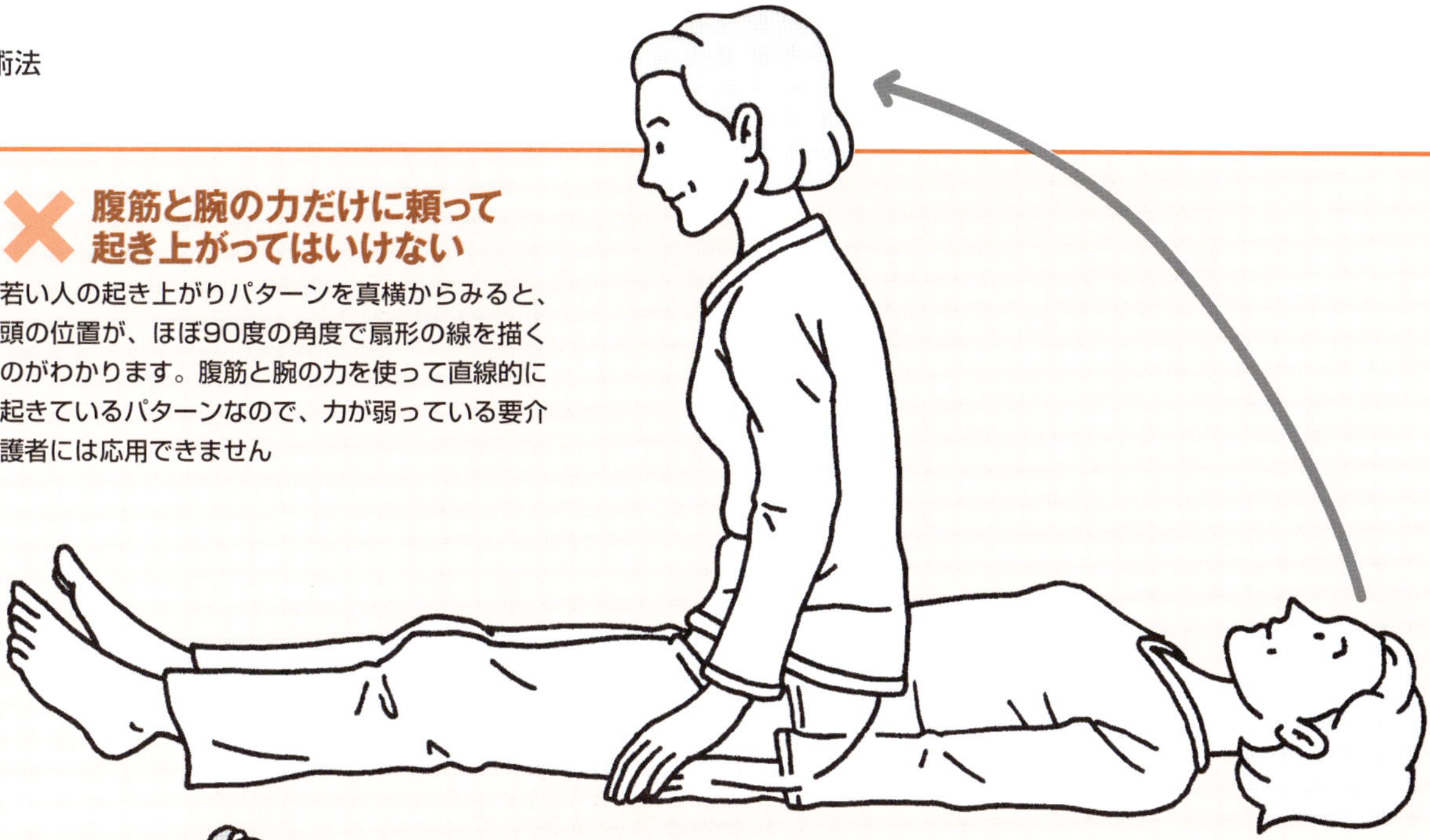

✕ 腹筋と腕の力だけに頼って起き上がってはいけない

若い人の起き上がりパターンを真横からみると、頭の位置が、ほぼ90度の角度で扇形の線を描くのがわかります。腹筋と腕の力を使って直線的に起きているパターンなので、力が弱っている要介護者には応用できません

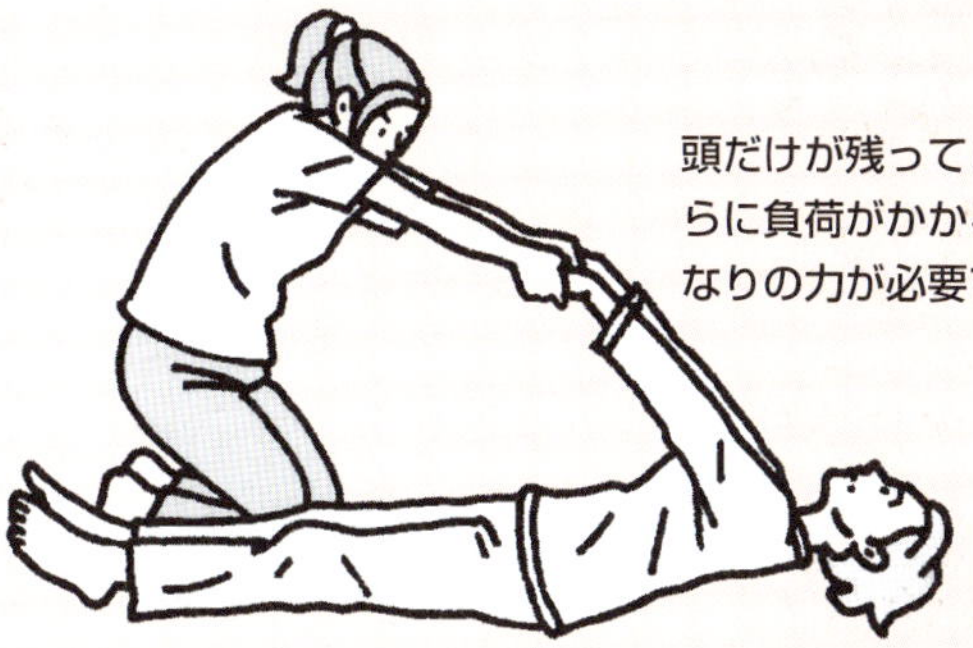

頭だけが残ってしまい、さらに負荷がかかるので、かなりの力が必要です

直線的な動きでは起き上がれない

若い人の起き上がりパターンの動線は、ほぼ直線を描きます。介助のノウハウがない場合も、両手を引っぱったり、頭を持ち上げたりとまっすぐに起こそうとします。ひもを持って引っぱって起き上がる方法も、その原理は若い人のパターンと同じものです。力の弱った要介護者にとって、これらの方法では起き上がることが苦痛になってしまいます

お互いに負担が大きくて、ただ苦しいだけです。これではとても介助とはいえません

握力は寝たきり脱出のバロメーター

長い間寝たきりだから、筋力がないと決めつけてはいませんか? 起き上がるには、からだ（体重）を支える腕の力（筋力）が必要です。まず握手をして、握力の程度を調べます。強く手をにぎりかえしてくれれば、筋力が残っている証拠になります

断できます。握手が、筋力を測るバロメーターになります。

しかし、いくら起き上がるための筋力が備わっていたとしても、その筋力に見合った方法でなければ起き上がることはできません。

若い人の場合、ほとんどが腹筋と腕の力を使って起き上がるパターンです。こういう直線的な動きは、勢いをつけなければできません。要介護者の場合、たとえ筋力が残っていても若い人の筋力とは差があるので参考にはなりません。

要介護者ができる「無理のない起き上がりパターン」を見つけるために、ふだん無意識に行っている起き上がり動作を観察してみる必要があります。

次頁へ続く

前頁からの続き

自然な起き上がり方を理解する

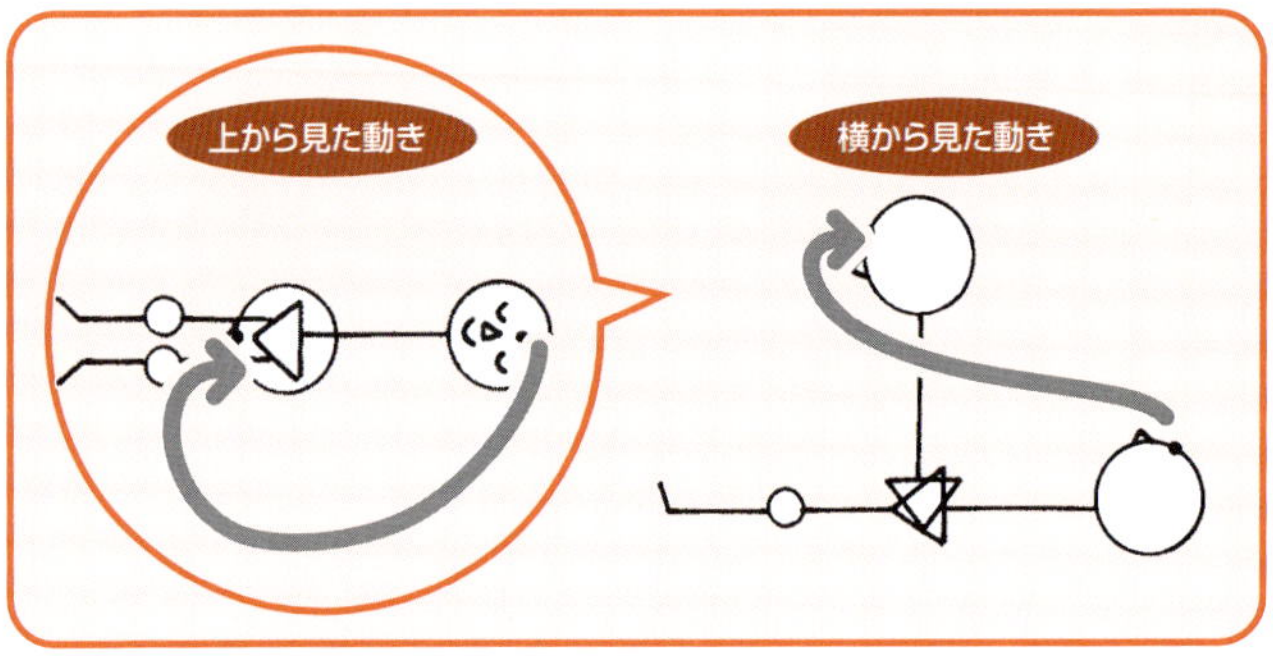
上から見た動き
横から見た動き

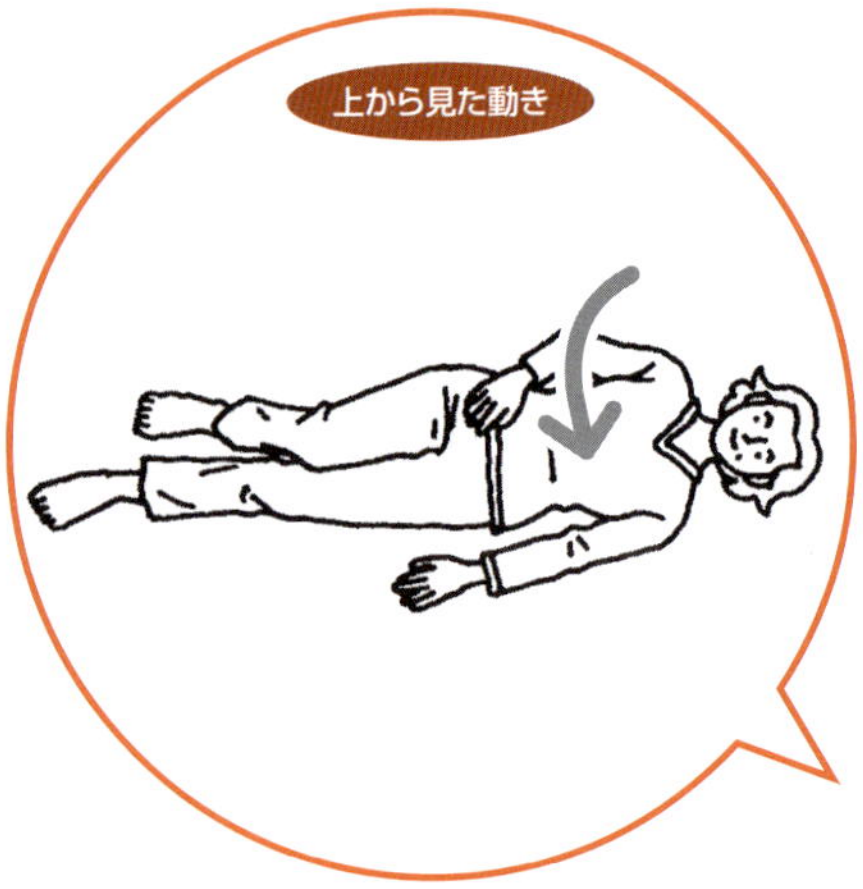
上から見た動き

1 脚を立てる

まず、起きようとする側と反対の脚が、少しずつ立ちはじめる

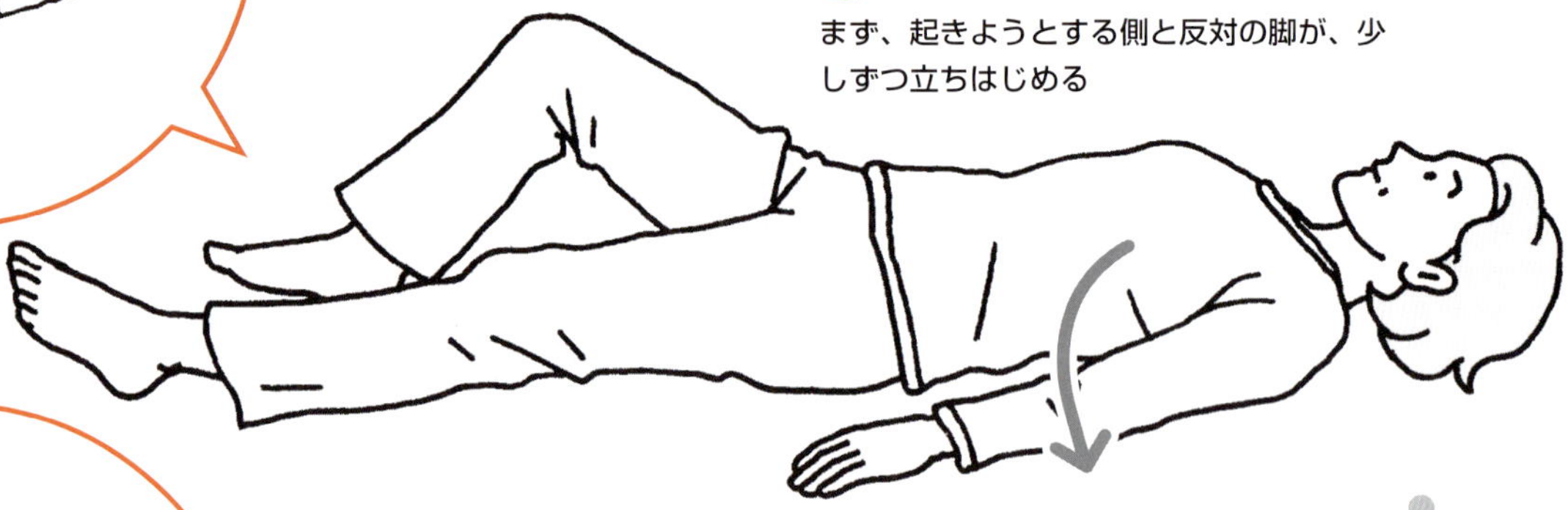

2 横を向く

立てた脚が内側に倒れると同時にからだがねじれ、そのまま横を向く

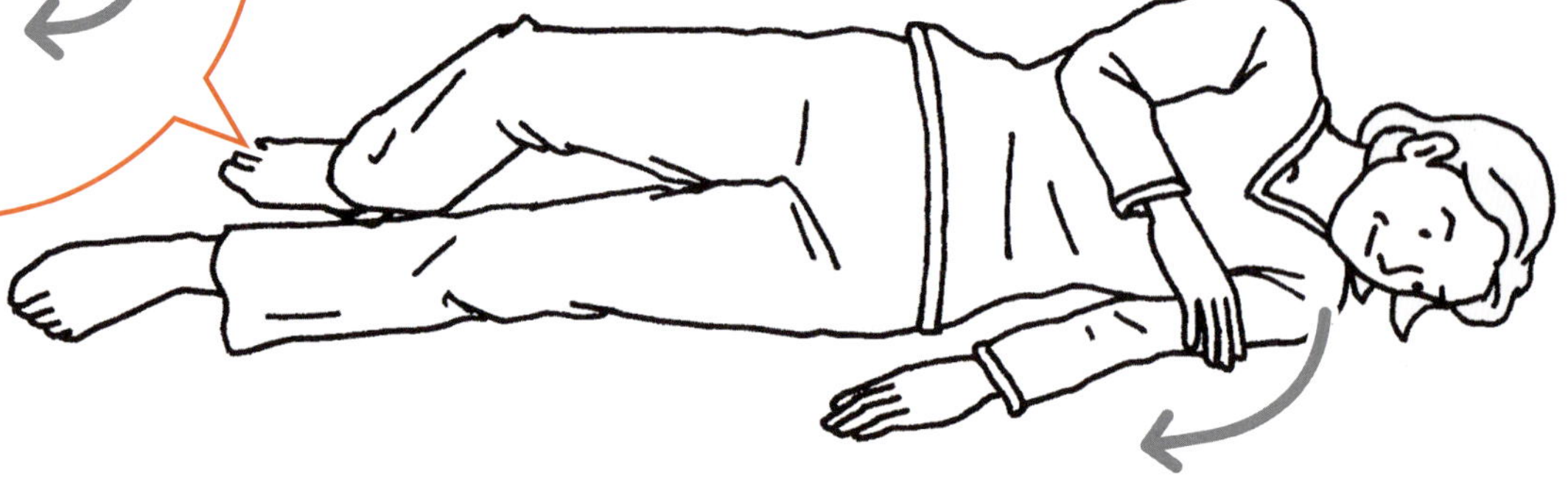

起き上がりパターンを見つける

すべての介助法の基本は、無意識に行っている日常動作からとり出しています。

しかし、いくら自然に行っている日常動作が基本になるとしても、力の弱った人に適しているかどうかを見きわめなければ、介助には応用できません。

たとえば、若くて体力があっても、腰が痛いときや妊娠してお腹が大きい場合はどうでしょうか。起き上がるのに腰やお腹が負担になって力が入れられず、直線的には起き上がれないはずです。

そこで、腰をかばって起き上がる場合、どういう起き上がり方をするのかシミュレーションをしてみます（左向きになる場合）。

①まず、右脚を上げはじめる
②上げた右脚が内側に倒れ、からだがねじれて横向きになる
③両脚を「く」の字に曲げて、左手で片ひじ立ちになり、右手のひじを伸ばして、上体を持ち上げはじめる
④両ひじがほぼ伸びきると、よ

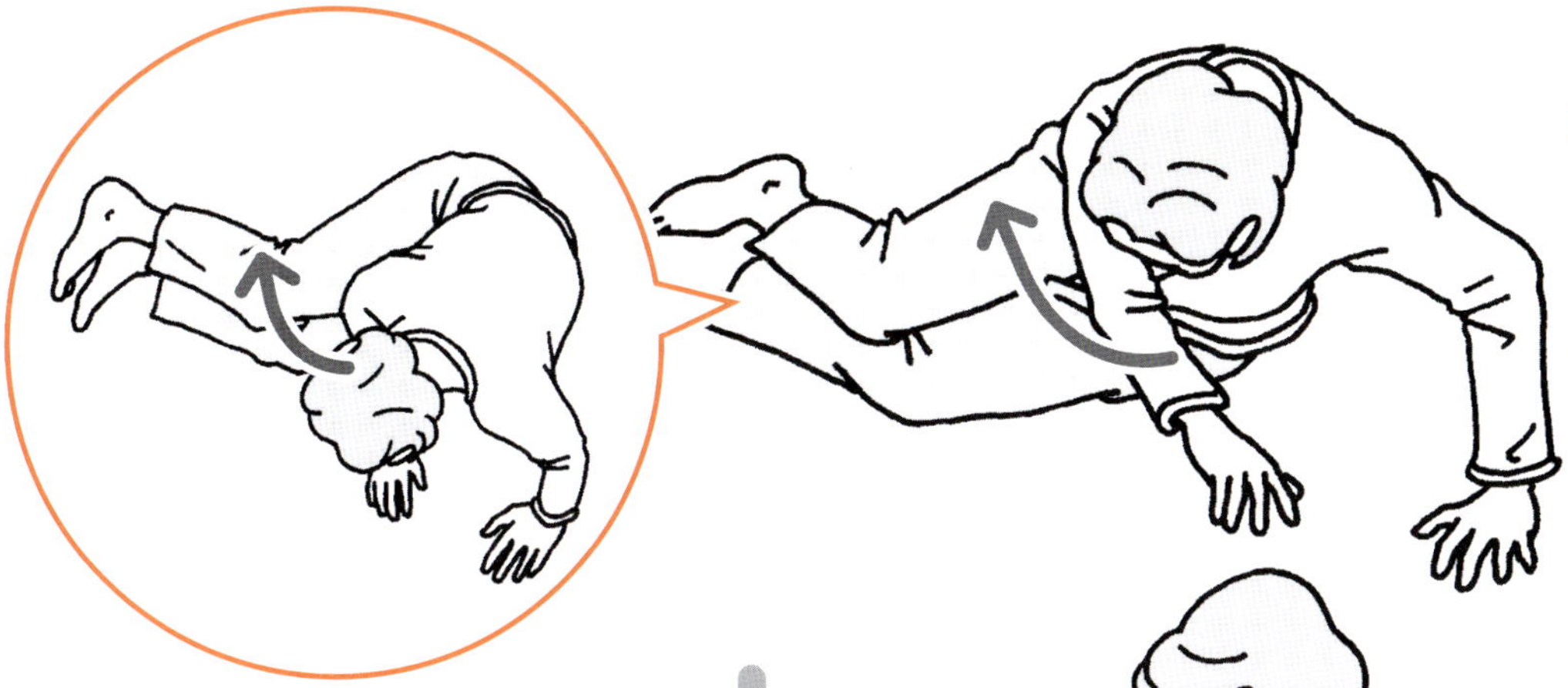

3 からだを持ち上げる

両脚を「く」の字に曲げ、片ひじ立ちから両手でからだを支えて、徐々に上体を起こしはじめる

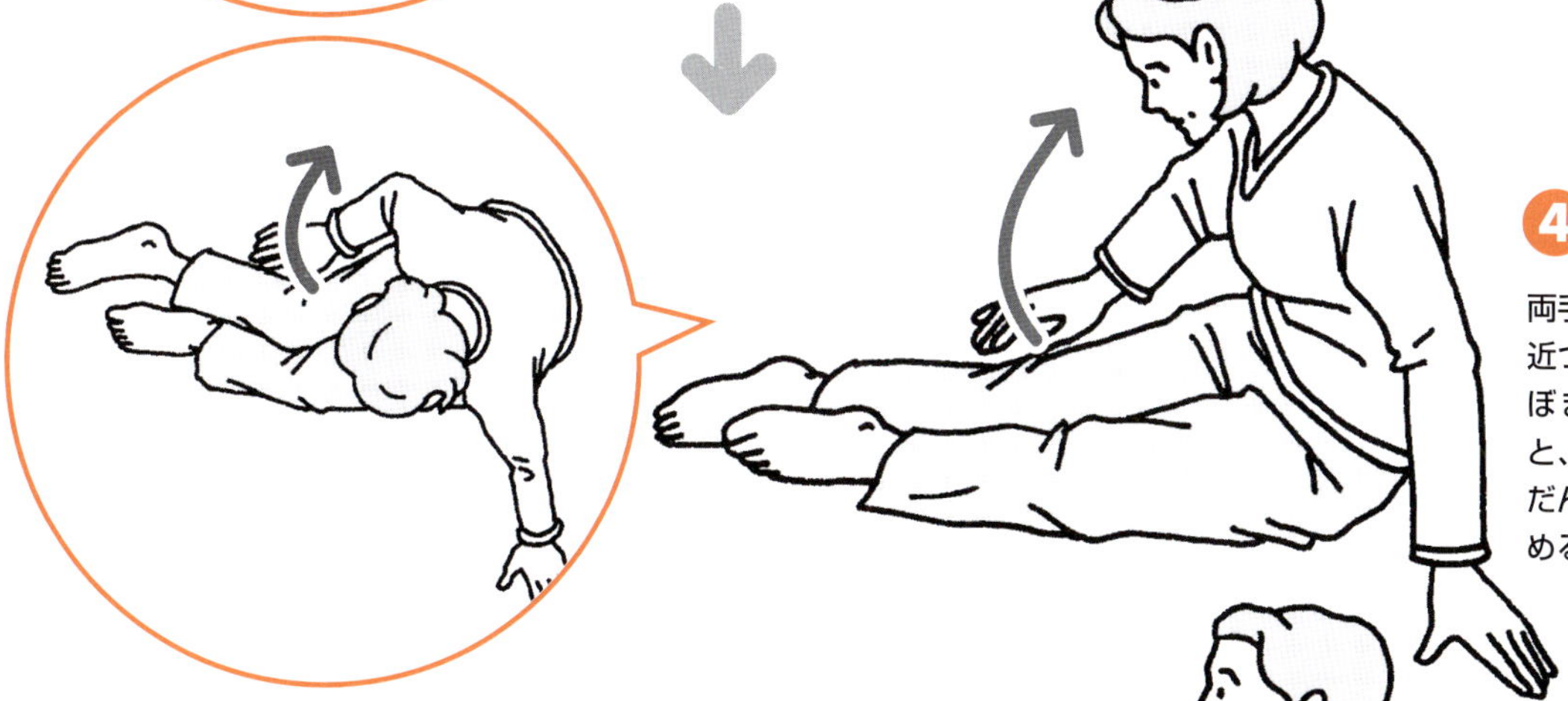

4 上体を起こす

両手をからだに徐々に近づけながら上体をほぼまっすぐに起こすと、曲げていた両脚をだんだんと伸ばしはじめる

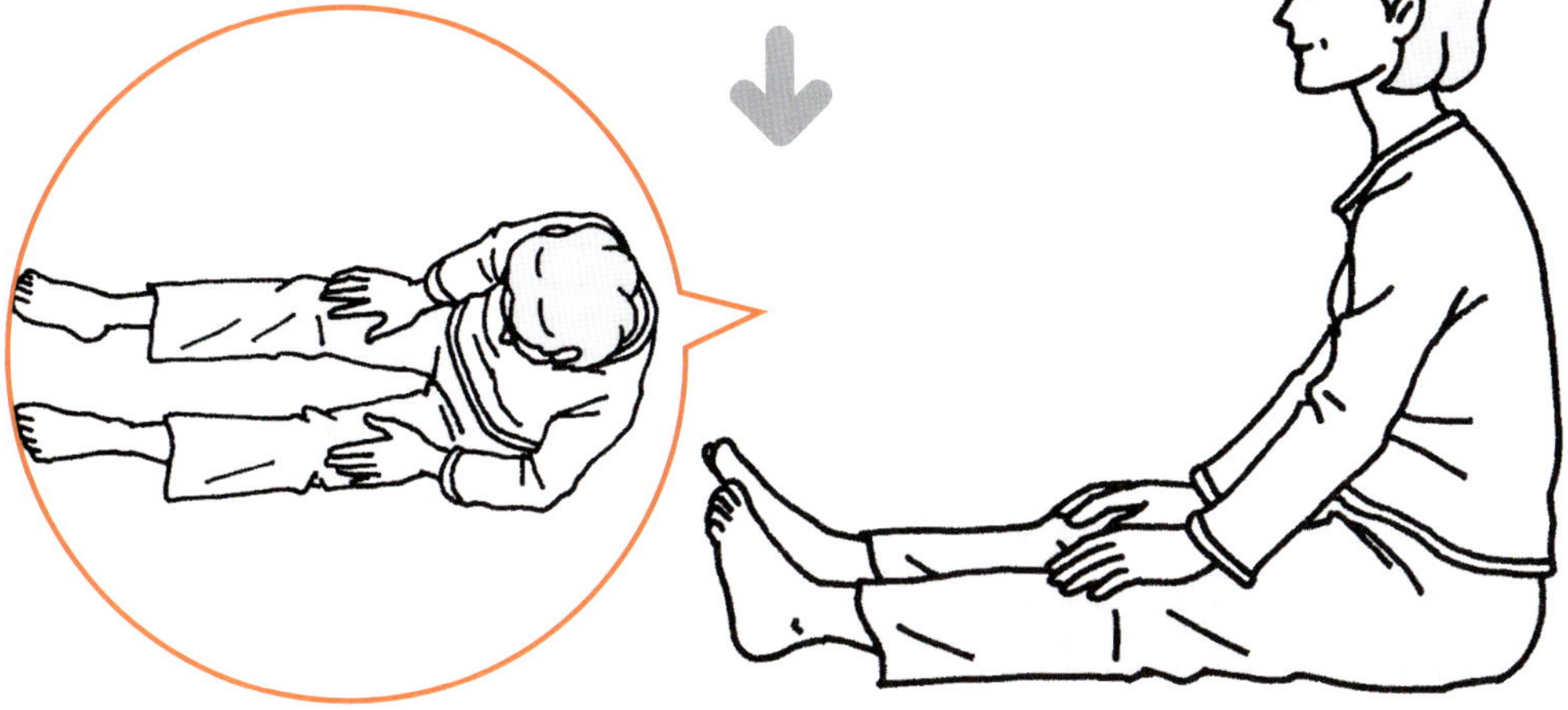

5 起き上がり

上体を完全に起こし、曲げていた脚もまっすぐに伸びる。これで起き上がりです

り上体を起こすために、両手をからだに徐々に近づける

⑤上体が起き上がるとともに両脚も伸びて、完全に起き上がる

この起き上がり方のポイントは、頭の動きです。頭を常に前へ前へと出すようにすれば、バランスがとれて動きがスムーズになります。

スタートから完全に起き上がるまでの体重移動を頭の動きで表すと、大きな曲線を描いているのがわかります。これは山登りとまったく同じです。傾斜のある道をまっすぐに登るのはたいへんですが、ゆるやかなジグザグで登れば、遠回りでも一度に大きな力を使う必要がありません。

これと同様で力の弱った人の場合、直線的な動きよりも、大きく曲がりながら起き上がるほうが楽にできます。このパターンであれば要介護者でも十分に起き上がれます。

介助する際には、要介護者の筋力を見きわめて、その人のペースに合わせた、無理のない方法で行いたいものです。

9-2 起き上がりの自立法（2）

片ひじ立ちをする方法

わきの角度がポイントになる

片ひじ立ちが最大の難関

片ひじ立ちは、横向きから起き上がるための重要なプロセスです。片ひじ立ちをする際にいちばん気をつけなければならないのは、腕の開き方です。つまり、わきを開く角度が、ポイントになります。この角度によって起き上がれるかどうかが決まることもあります。要介護者に適した角度を見つけましょう。

自分に合った角度を見つける

✕ わきの角度が小さくてはいけない

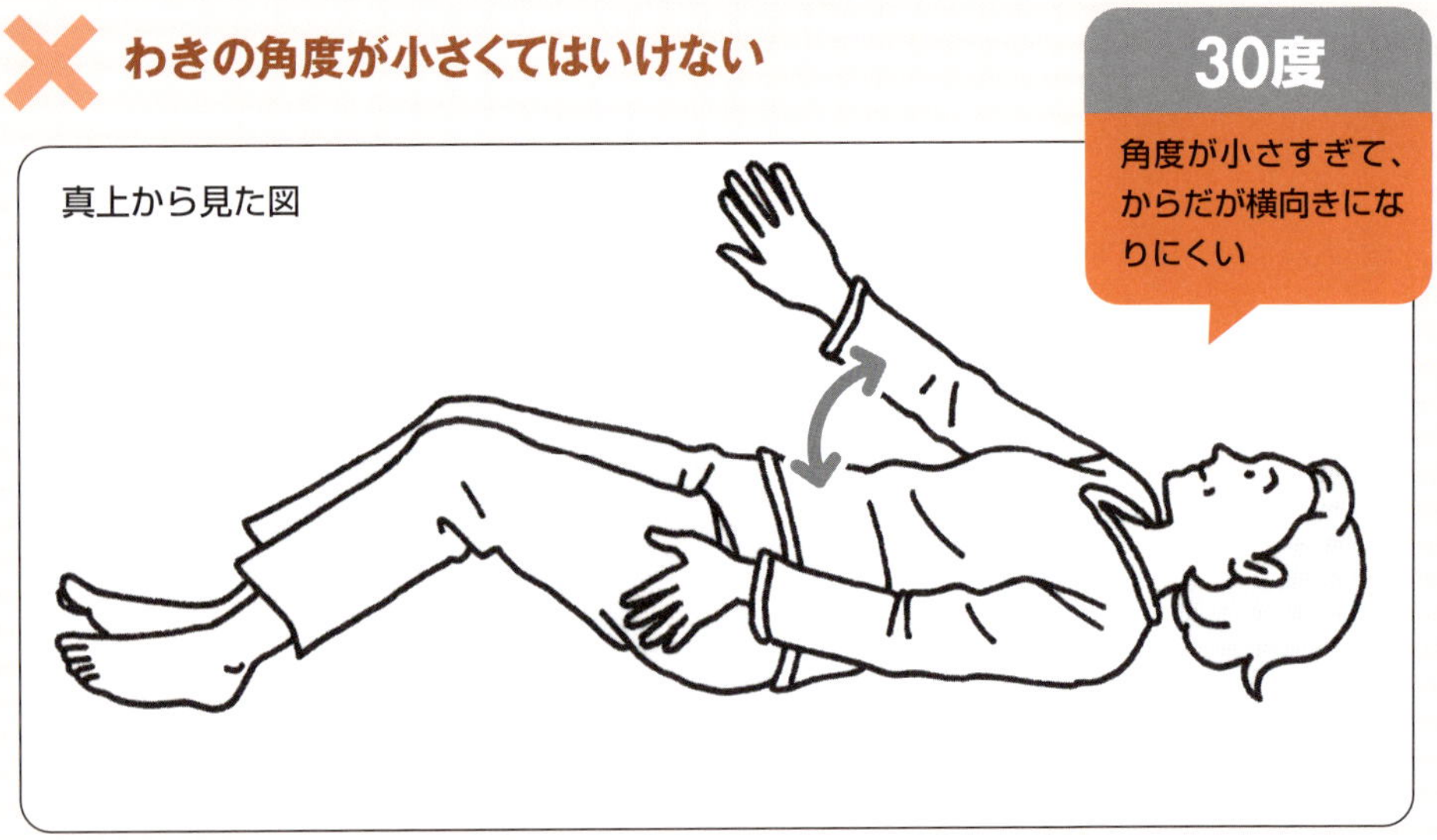

真上から見た図
30度
角度が小さすぎて、からだが横向きになりにくい

上体を起こすためには、わきの角度が小さすぎてはいけません。楽に片ひじ立ちするには、60度がいちばん適しており、ひじを伸ばして上体を起こす動作にもスムーズに移行できます。しかし人によっては、90度に近い角度が適している場合もあります

腹筋の強い人は狭い角度でも起き上がれる

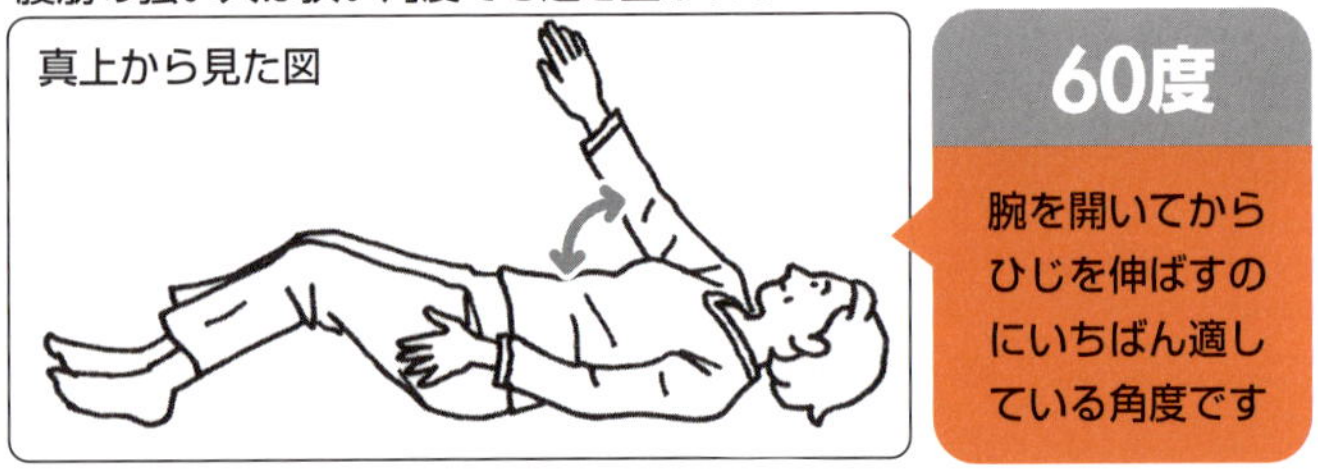

真上から見た図
60度
腕を開いてからひじを伸ばすのにいちばん適している角度です

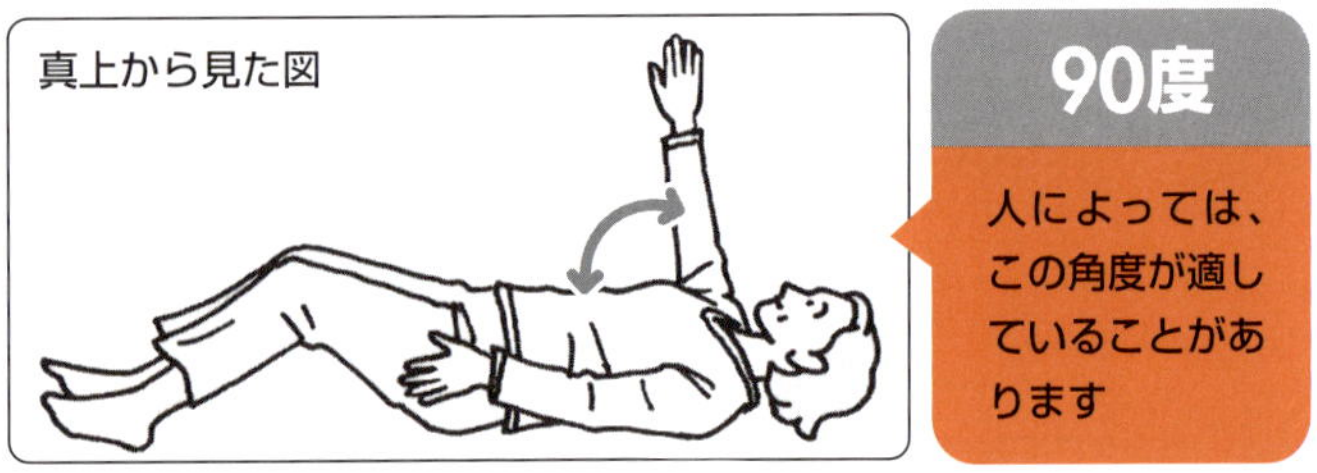

真上から見た図
90度
人によっては、この角度が適していることがあります

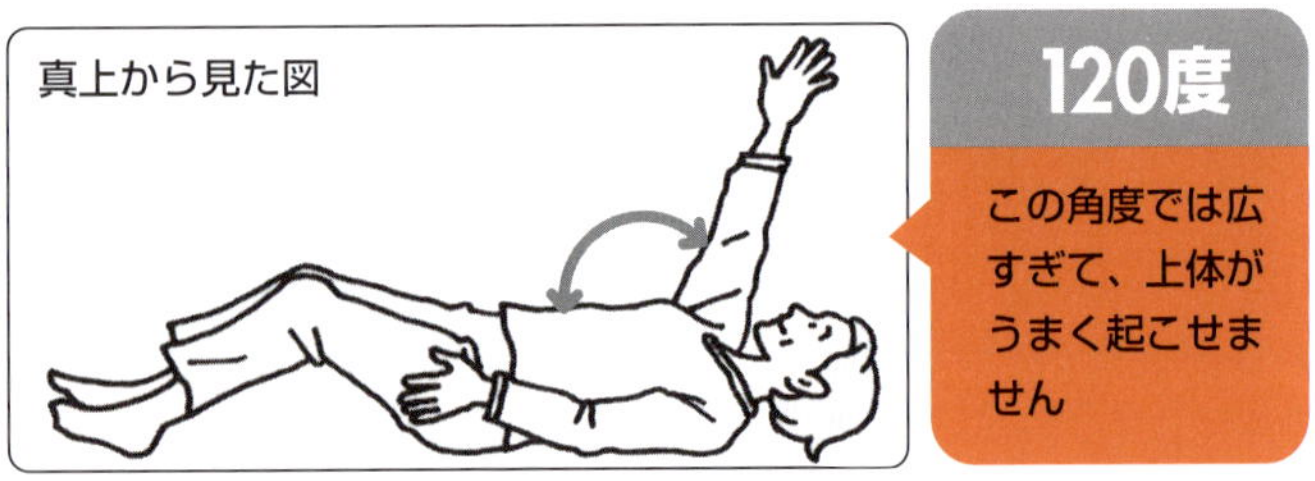

真上から見た図
120度
この角度では広すぎて、上体がうまく起こせません

何かをにぎって片ひじ立ちをする

△ 上からにぎると力が不十分

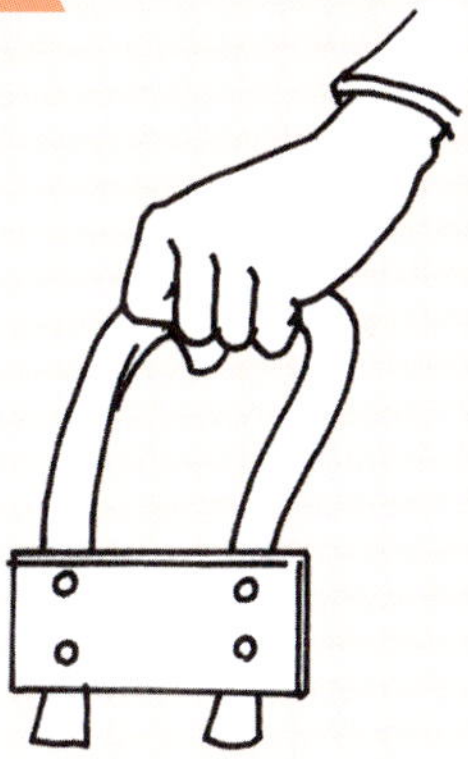

腕の力が少し足りない場合、つかまる補助具があればスムーズに片ひじ立ちできます。
たとえば、ベッドサイドの短いひもをにぎれば楽に起き上がれます。このとき、上からにぎるより、下からのほうが楽にできます

上腕二頭筋

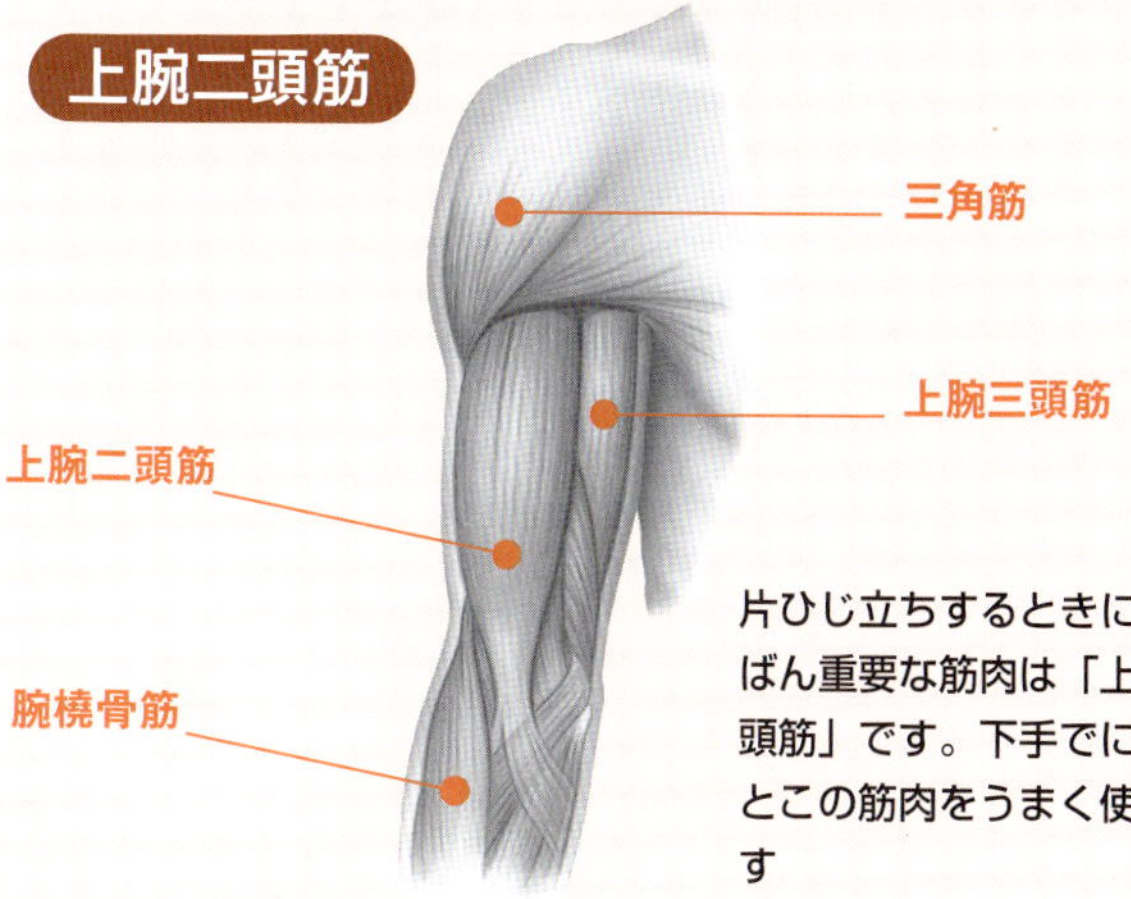
三角筋
上腕三頭筋
上腕二頭筋
腕橈骨筋

片ひじ立ちするときにいちばん重要な筋肉は「上腕二頭筋」です。下手でにぎるとこの筋肉をうまく使えます

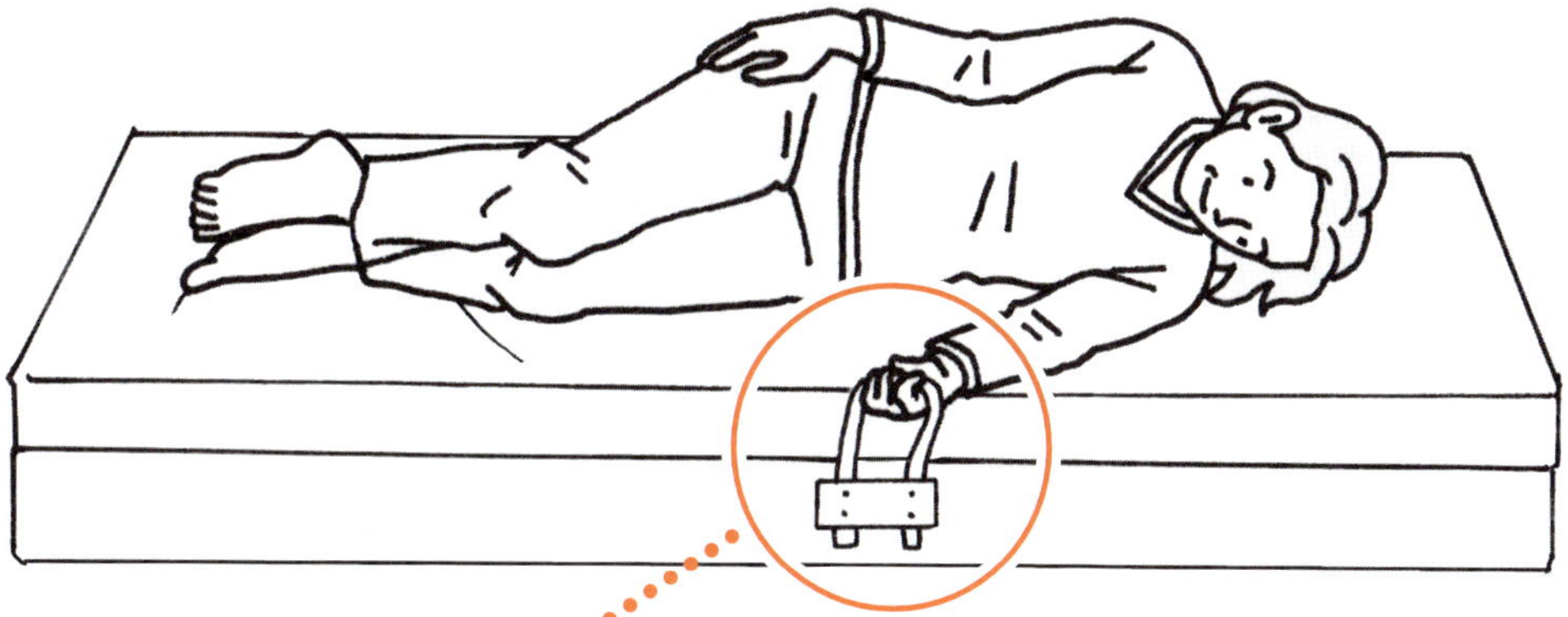

1 下手でにぎる

補助具をにぎるときは、下手でにぎります。上腕二頭筋に力を入れやすくなります

ゴムホースを力ひもの代わりに使用した応用の一例です。これは日常生活から生まれたアイデアです。ゴムホースを板に打ちつけて、ベッドに固定しただけですが、見た目ではわかりづらいのですが、とても力が入れやすいものです

2 上体を起こす

腕を適正な角度で開きます。手のひらは上向きで補助具をしっかりとにぎり、片ひじ立ちになります

9-3 起き上がりの条件（1）

狭いベッドは寝たきりをつくる

ベッドの幅が大きな問題になってくる

ベッドの幅がポイント

✕ 狭いベッドはなぜいけないか

ベッドの幅が狭いと動きが制限されてしまい、起き上がるための動作がきちんとできません。これでは「寝たきり」になってしまいます

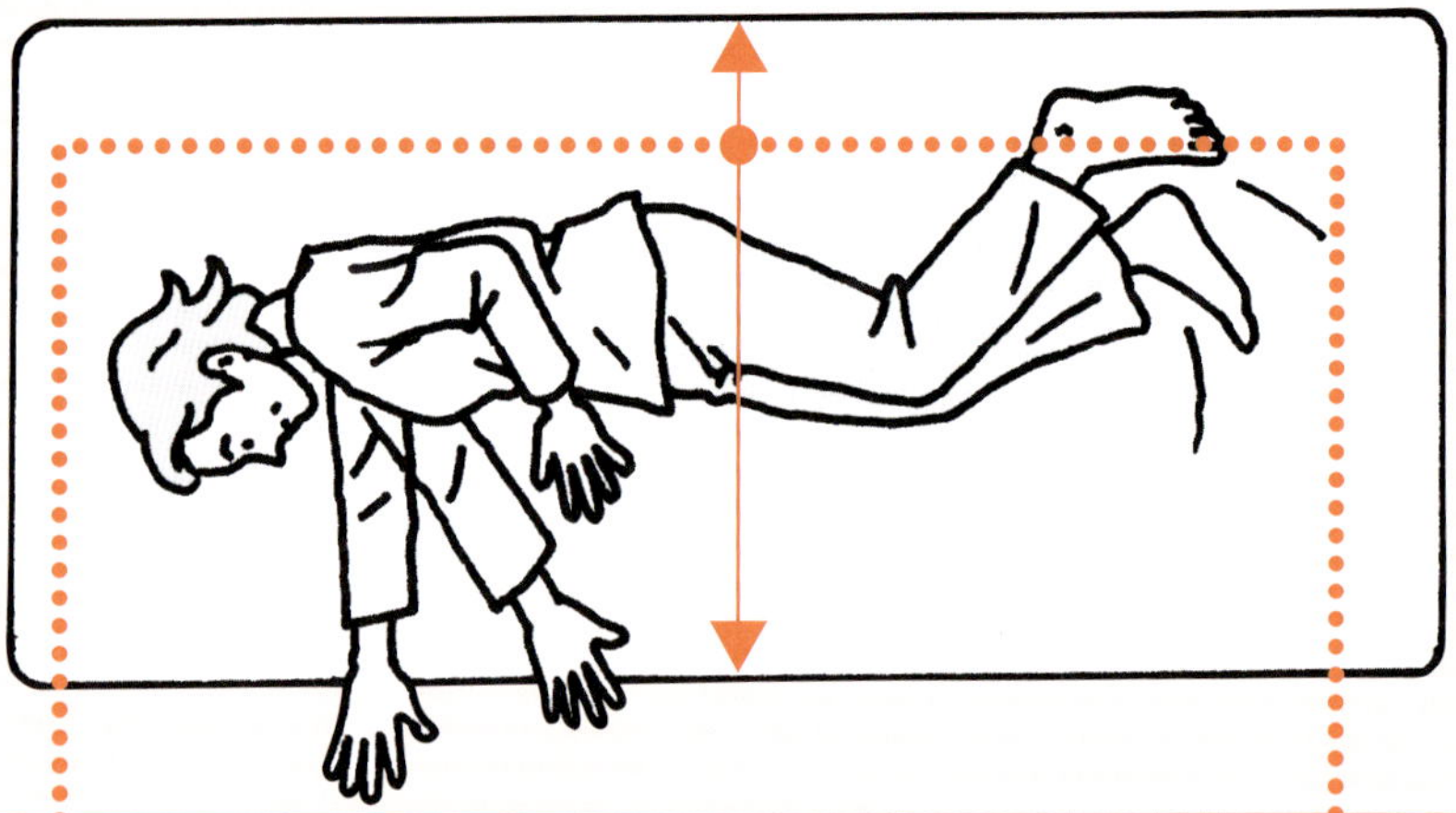

ベッドの幅が狭い場合

1 「寝返り動作の3要素」を使って横向きになっても、落ちそうで恐い
2 腕を大きく開くと、もう片方の手でマットが押せない
3 十分に腕を開けないので、わきの角度が小さくなり片ひじ立ちできない
4 起き上がりができなくて、結果的に「寝たきり」になってしまう

ベッドの幅が適正な場合

ベッドは、最低でも100㎝幅（シングル）、できれば120㎝幅（セミダブル）あれば、安心して、横向き→片ひじ立ち→起き上がりに移行できます

老人保健施設の幅広ベッド

「ライフタウンまび」の例

岡山県にある老人保健施設の幅広ベッドです。敷いてある布団とくらべると幅の広さがわかります。このくらいの幅があれば、横向き→片ひじ立ち→起き上がりの一連の動作がきちんとできます。高さも45㎝前後と、理想的なベッドです

ベッドのスペースをつくる

施設や病院で使っているベッドは、シングルより狭い90㎝くらいの幅のものがほとんどです。さらにほとんどの場合、敷いてあるマットは85㎝幅くらいなので、ベッドのスペースがより狭くなっています。寝ている状態から起き上がるためには、最低100㎝幅のベッドスペースが必要になります。

現在使っているベッドが狭い

ベッドの幅を広げる工夫

❶ イスの脚をひもでベッドにくくりつけ、固定します

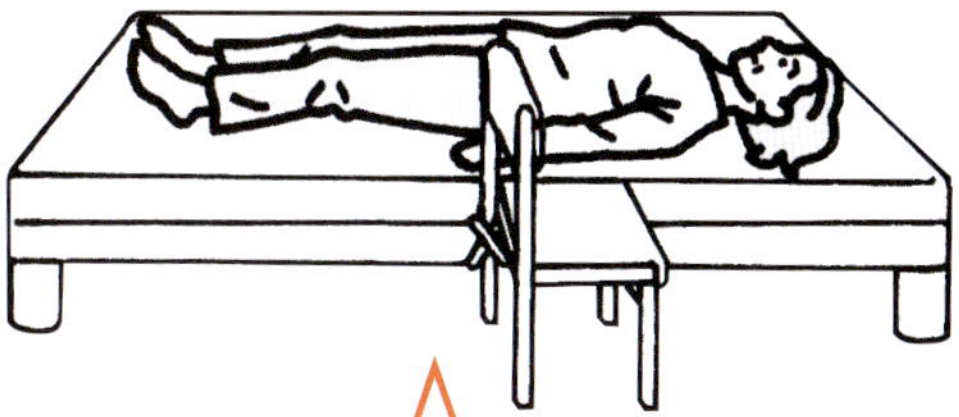

❷ 十分に腕を開きます

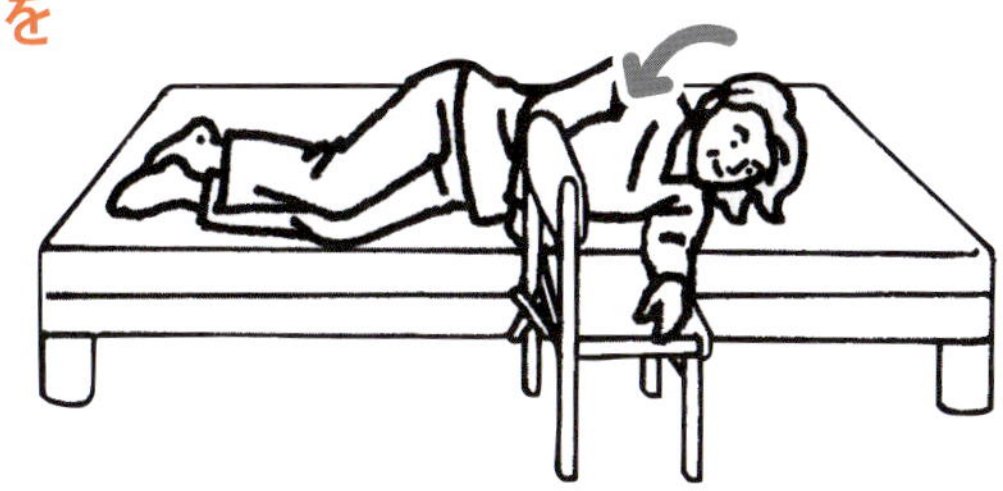

❸ 片ひじ立ちし片方の手でマットを押します

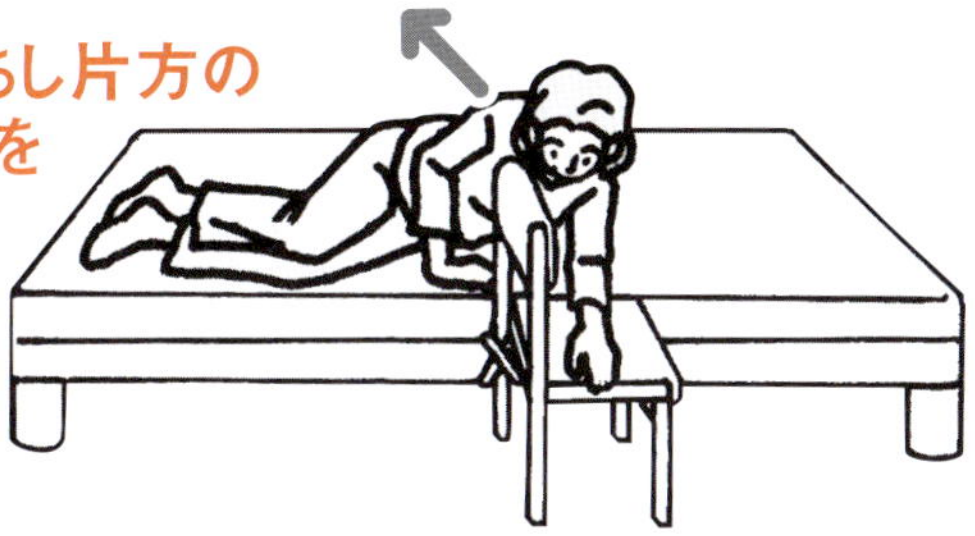

❹ 徐々にからだを起こします

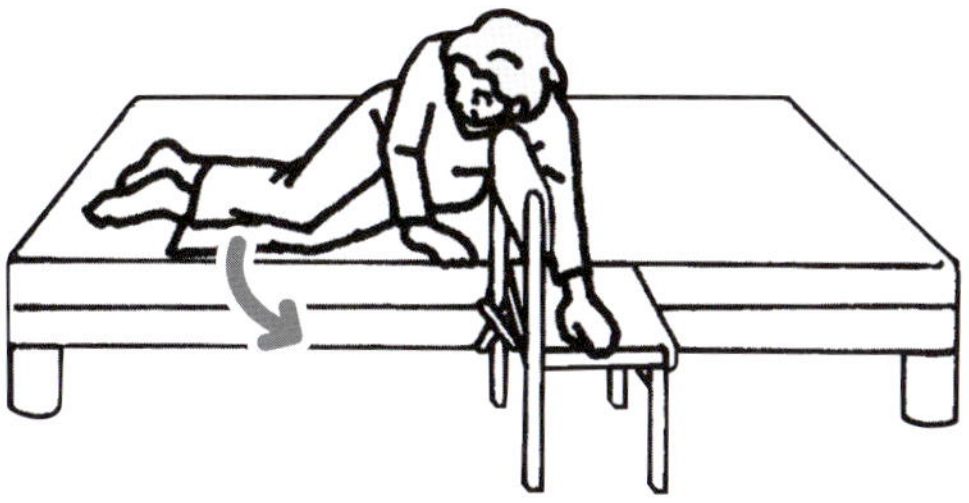

❺ 両脚を降ろし、起き上がります

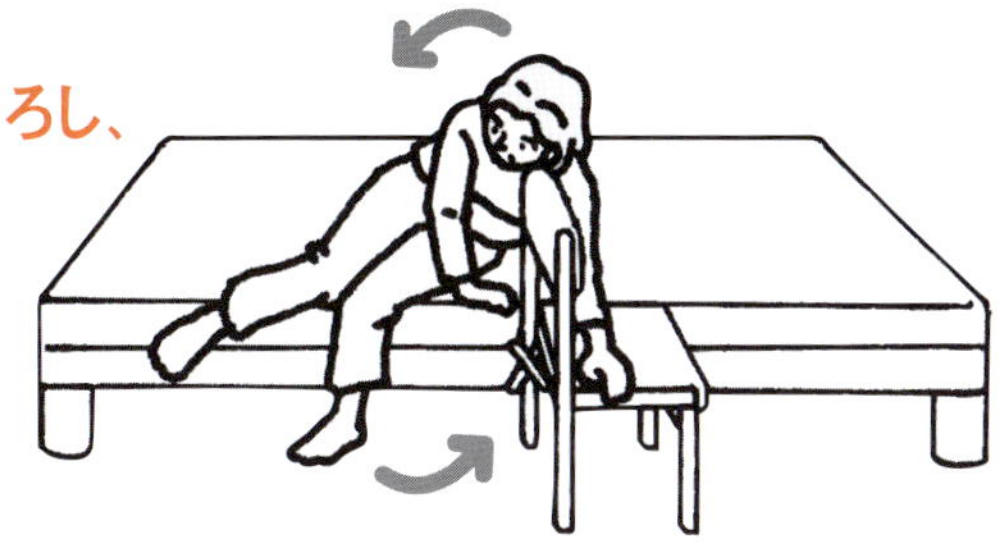

❻ 背もたれにつかまって、すわります

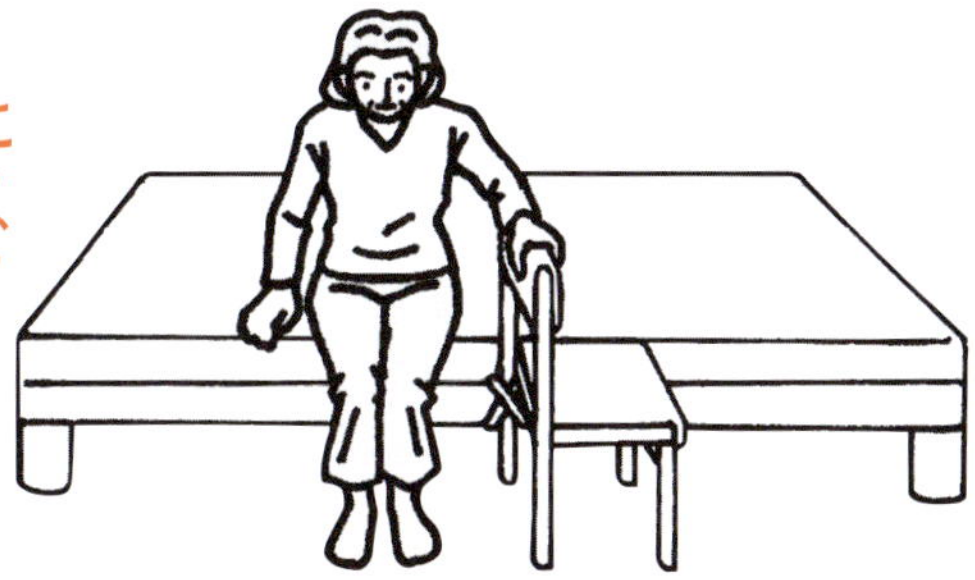

イスはベッドと同じ高さが基本

イスが低い場合、本など固めのものをのせて高さを調節します。その際、本自体もイスにしばりつけて固定します

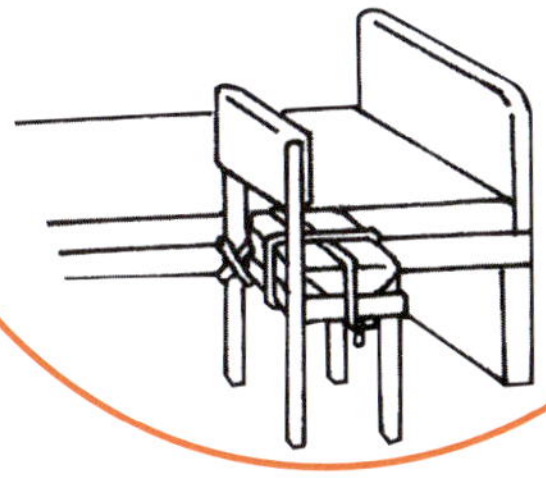

ベッドを広げる工夫

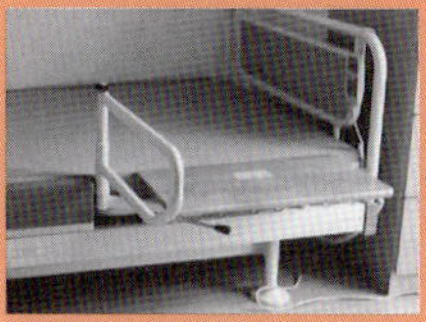

「甍（いらか）」の例

大阪市生野区の特養ホームのベッドは95cm幅のシングルですが、起き上がりを助ける付属品がついています

場合は、ちょっとした工夫をして腕を広げられるスペースを確保するようにします。

まずベッドと同じ高さのイスを用意します。背もたれを要介護者の足方向にして、腕を開くのにちょうどよい位置にイスを置きます。安定させるために、イスの脚はひもなどでしっかりとベッドに固定します。こうすれば、腕を十分に開けるので、片ひじ立ちから起き上がることができます。

日常の介護の中で不都合なことがたくさん出てきます。しかし、困ったときこそが最大のチャンスです。少し発想を変えれば、介護の指導書などにも載っていないアイデアが生まれます。介護に関する情報もいろいろと氾濫していますが、自分なりに消化して介助に役立てるのがいちばんです

狭いベッドで起きる工夫

からだを斜めにしてスペースをつくる

からだを横にずらせない

朝、目が覚めたら腰が痛くて、伸ばすことも曲げることもできなかったとしたら……。

でも、どうしても起きなければ、せめてベッドの端までいくことができれば……、となったらどうしますか？

たぶん、あお向けのまま、足、お尻、上半身、頭の順にからだを横にずらして、徐々にベッドの端まで移動するでしょう。

狭いベッドを広く使うためには、このベッド上での移動動作がとても重要になってきます。

ところが、高齢者になると背骨が曲がっていることが多く、上半身を動かすということができません。特に障害がある場合、からだを「横にずらす」動作はとても難しくなります。他の方法を考えなくてはいけません。

高齢者にはできない動き

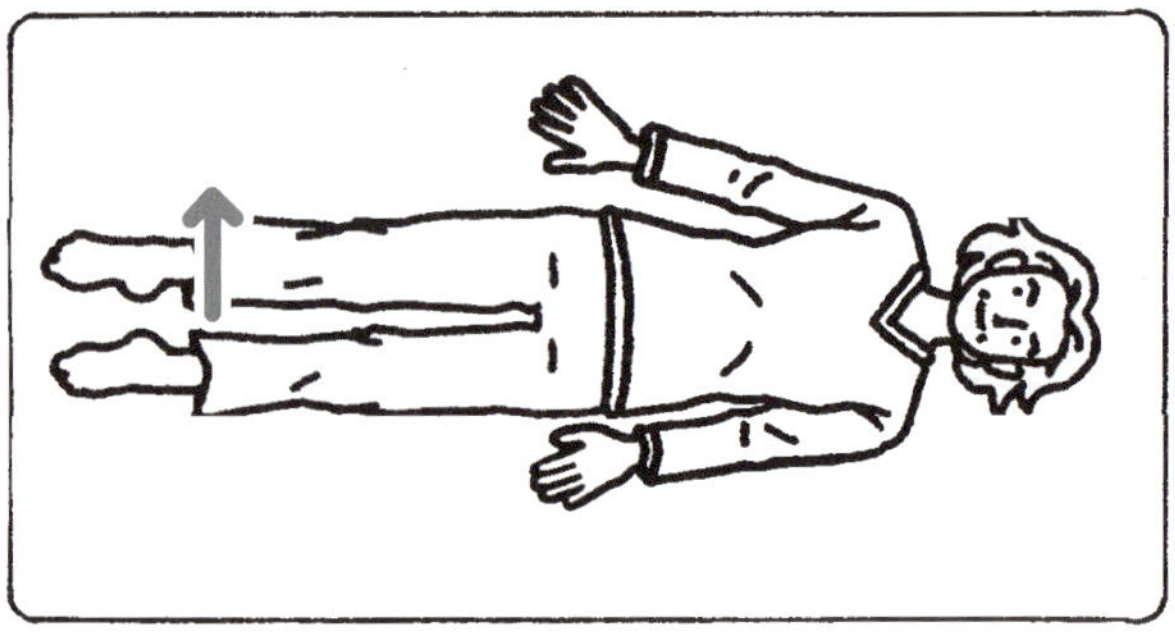

1 両足は動かせる

起き上がりのためのスペースをつくるには、私たちなら、上を向いて寝たまま、からだを横に移動させれば簡単です。まず両足を右に動かします

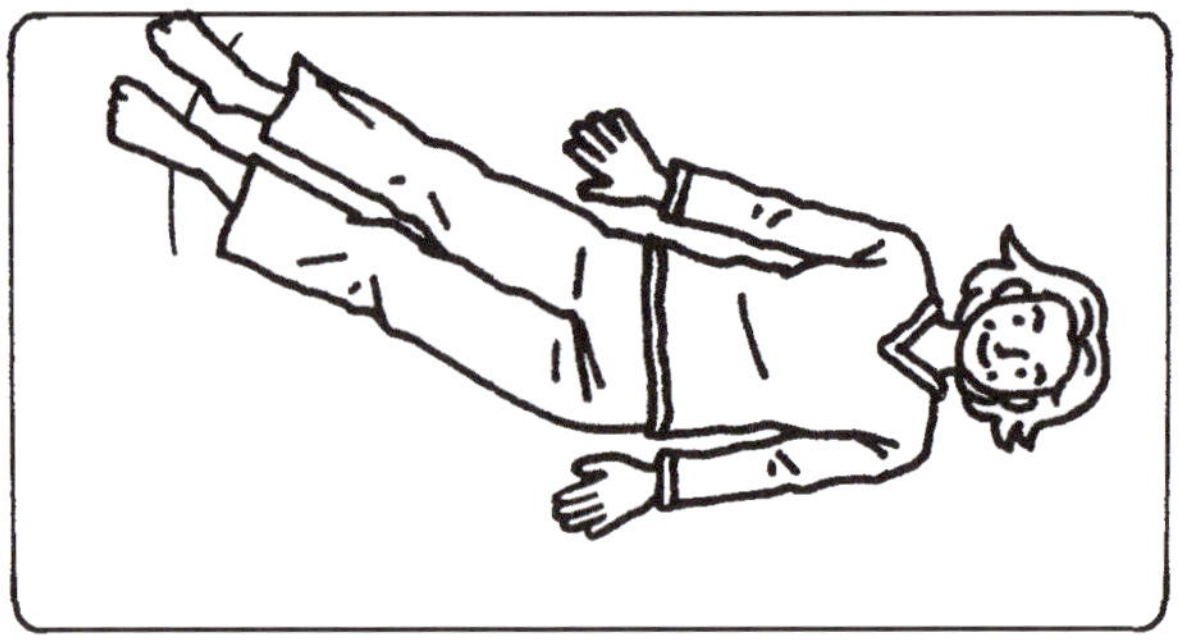

2 上半身が動かない

次にお尻を上げて右へ動かします。さらに上半身も動かさねばならないのですが、高齢者はからだが固く、この動きは困難です

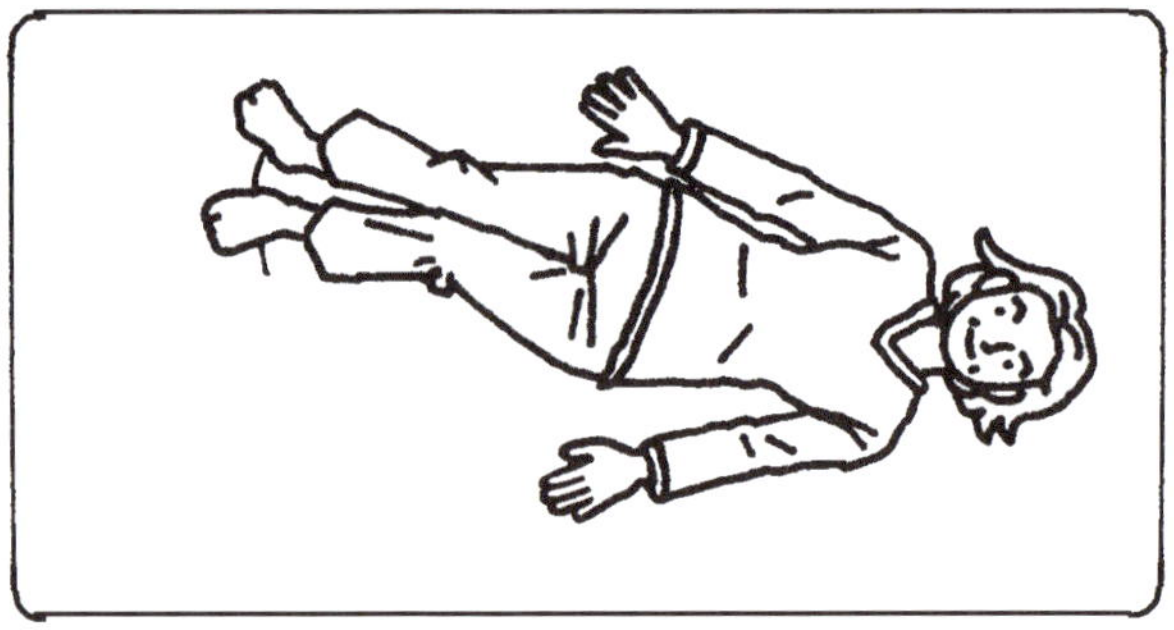

3 スペースができない

私たちなら最後に頭を動かせば、左側にスペースができて、横向きからひじ立ちになって起き上がれるのですが、高齢者や障害のある人にはできません。そこで左頁のような方法を使います

狭いベッドでの起き上がり方

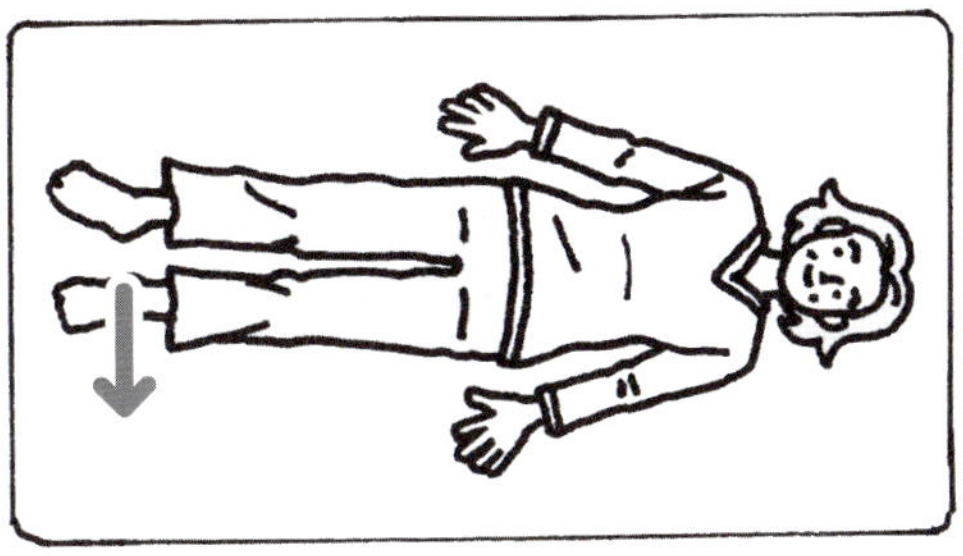

1 両足を端に移動する

起き上がる側に向かって両足をすべらせるように動かします

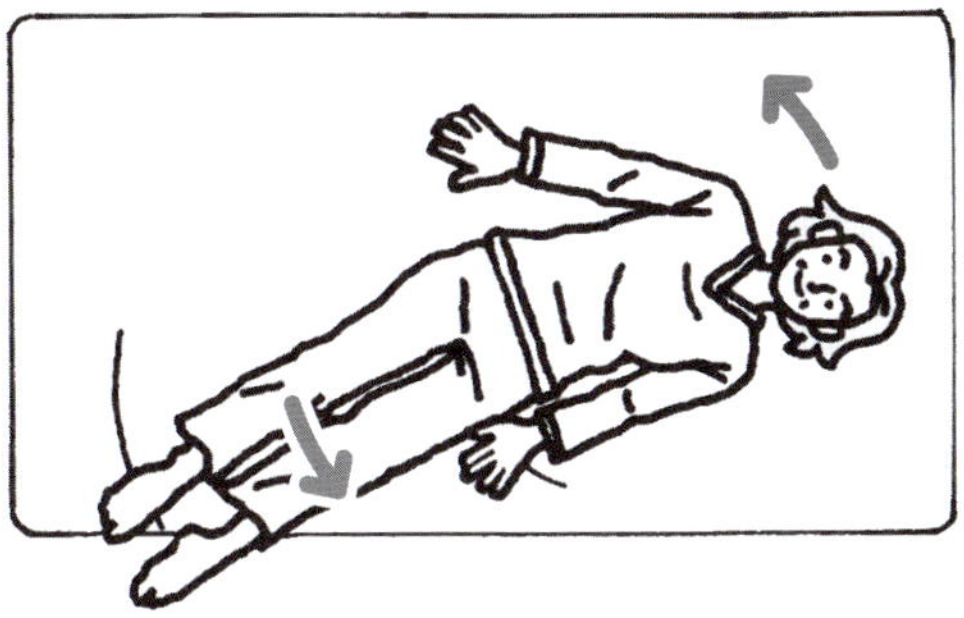

2 からだを斜めにする

次に、上がりにくい肩を中心にして頭を反対側に動かしからだを斜めにします

3 横向きになる

横向きになって、ベッドの左上方にできたスペースに腕を押しつけて片ひじ立ちになります

4 上体を起こす

床に両足を着き、ひじを伸ばして起き上がっていきます

床に足を着ける

床に足が着けば、あと一息です

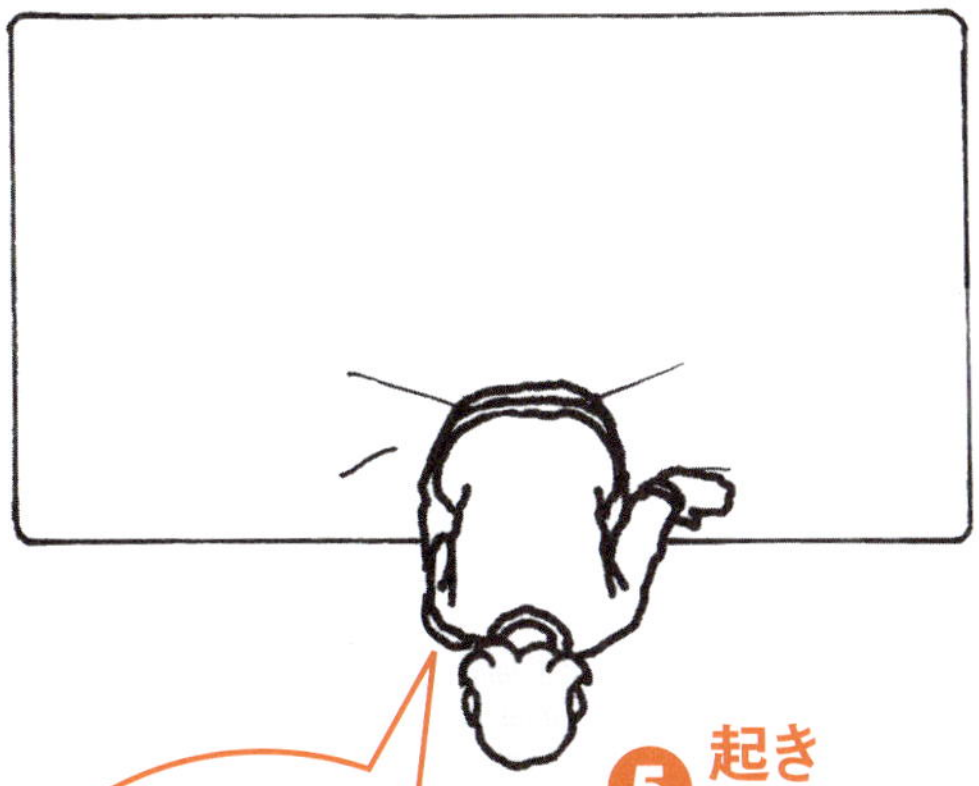

5 起き上がる

両足がそろって床に着いて、上体も完全に起きました。これで起き上がりの完了です

意外と簡単に

狭いベッドでもこれなら起き上がれます

point 斜めになったとき、足がベッドから垂れていると、より起き上がりやすい

狭いベッドを使いきる

「横向き」から「起き上がる」には、腕を開いて押すための十分なベッドのスペースが必要です。今後入れ替える予定があるならばともかく、今使っているベッドの幅が狭くても大丈夫です。ちょっとした工夫でスペースがつくり出せます。

　起き上がる側に足を垂らすように動かし、からだを斜めにすることで、起き上がりに必要なスペースをつくります。

9-5

起き上がりの誘導法

足りない力を補う

人の自然な起き上がりに合わせて誘導する

起き上がりの誘導のしかた

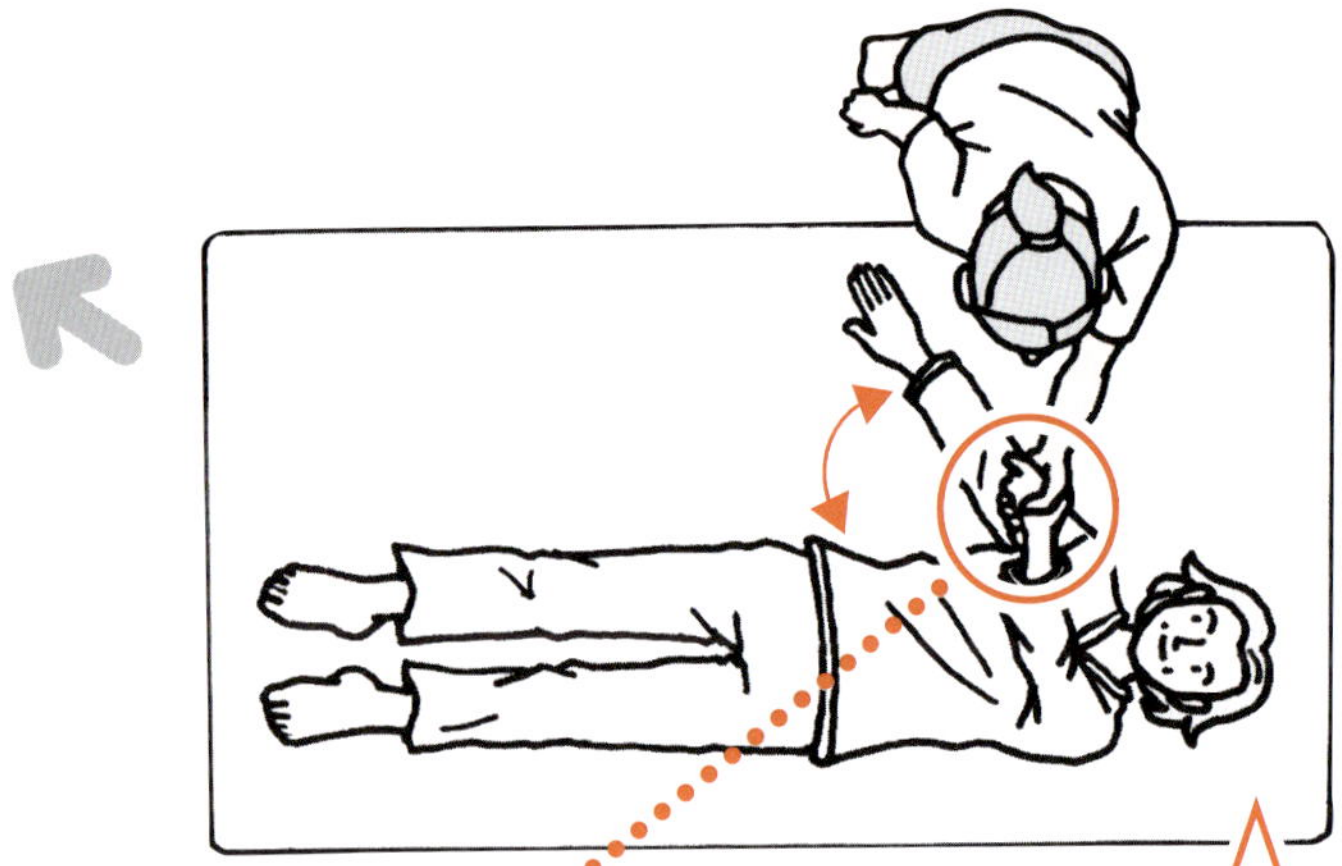

1 握手をする

まずは、誘導していく手と握手をします。からだを支える腕は、起きやすい角度に開いておきます

わきの下は60〜90度の角度で開く

誘導スタート前、上体を支える腕は力が入れやすい角度で開いてもらいます。60〜90度の間であれば、起き上がりがとても楽になります

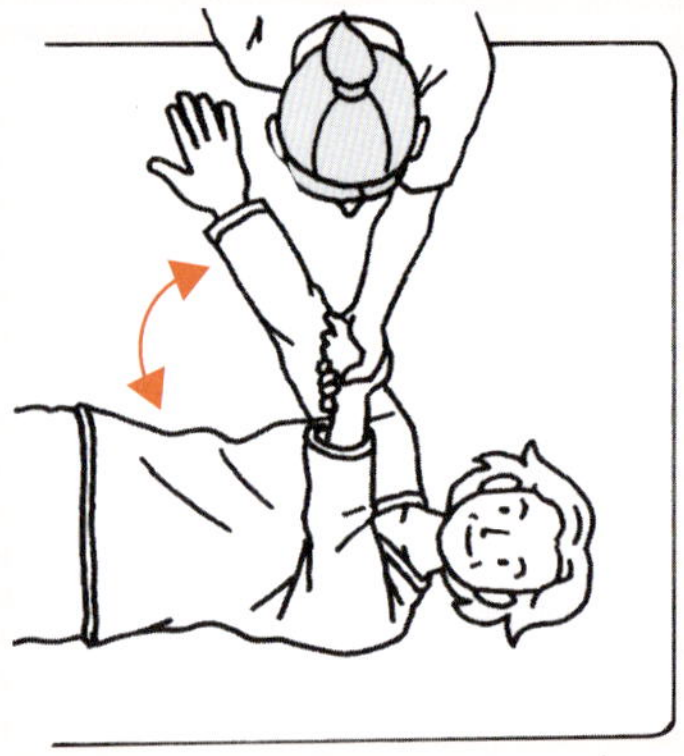

にぎった腕は水平状態に

にぎった要介護者の腕は常に水平状態を保ちながら、ほぼ真横に引いて誘導します。決して引き上げてはいけません

誘導する手はどちら？

誘導する手は、横向きになるときに上になる手です。右側に向くのであれば、左の手をとって誘導します

起き上がりのパターンを教える

起き上がる力を十分に持っているにもかかわらず、「正しい起き上がりのパターン」がなかなか理解できないことが原因で、起き上がれない人が多いようです。

こういう場合、介助者は力を貸すのではなくて「正しい起き上がりのパターン」を誘導します。主体はあくまでも要介護者自身です。

横向き→片ひじ立ち→起き上がりまでの「頭の起こし方」「腕の使い方」などの動きを手を引いて誘導することにより、からだで覚えてもらいます。

ただし、片マヒで手がブラブラしている場合、手を引いて誘導すると肩関節脱臼などを起こす可能性があるので、注意する必要があります。

片マヒで手がブラブラの場合

ブラブラした手を引くと肩関節脱臼を起こします。肩と後頭部を使って誘導します

1 まずは横向きに

はじめに、ひざを立ててもらいます。そのひざと肩を手前に引いて横向きにします

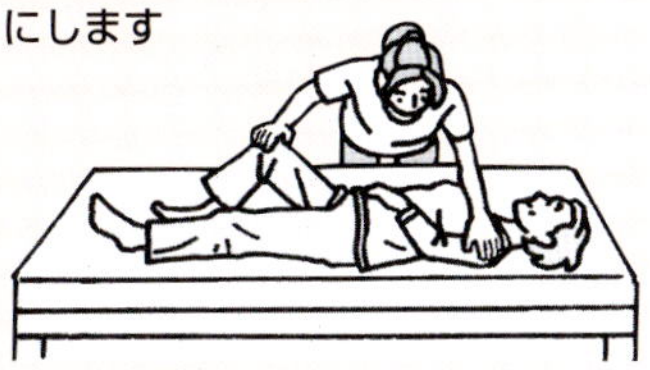

2 後頭部に手を回す

横向きになったら、後頭部の下に手を回しこみます

頭は持ち上げない

頭は持ち上げるのではなく、軽く支える感じで誘導します

3 動きに合わせる

要介護者が片ひじ立ちする動きに合わせて、頭を支え、大きな曲線に合わせて誘導します

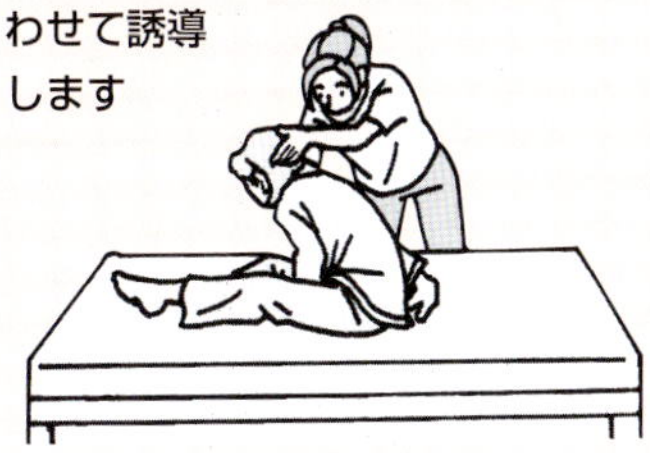

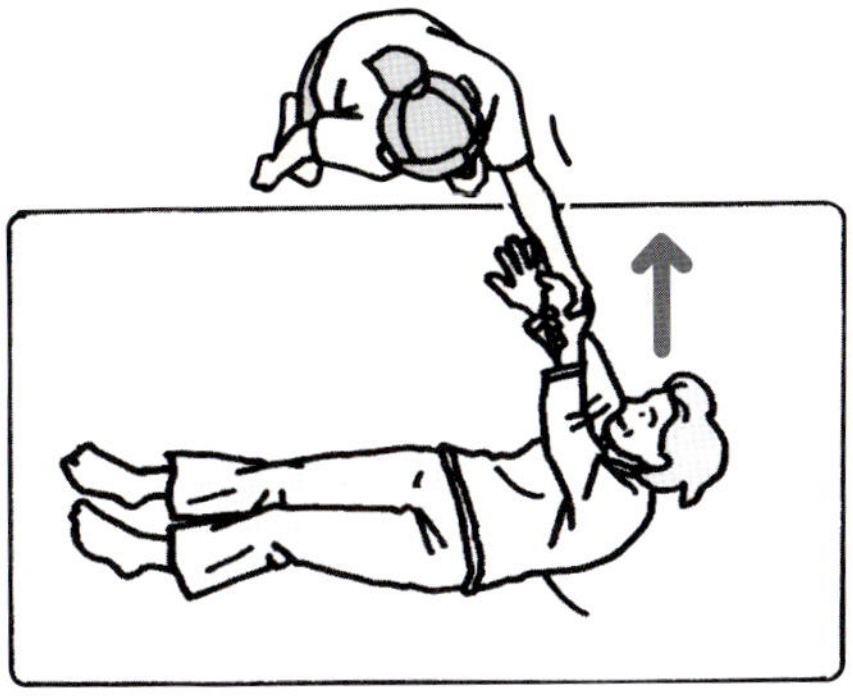

2 水平に誘導する

にぎった腕を水平に保ちながら、ほぼ真横に誘導しはじめます

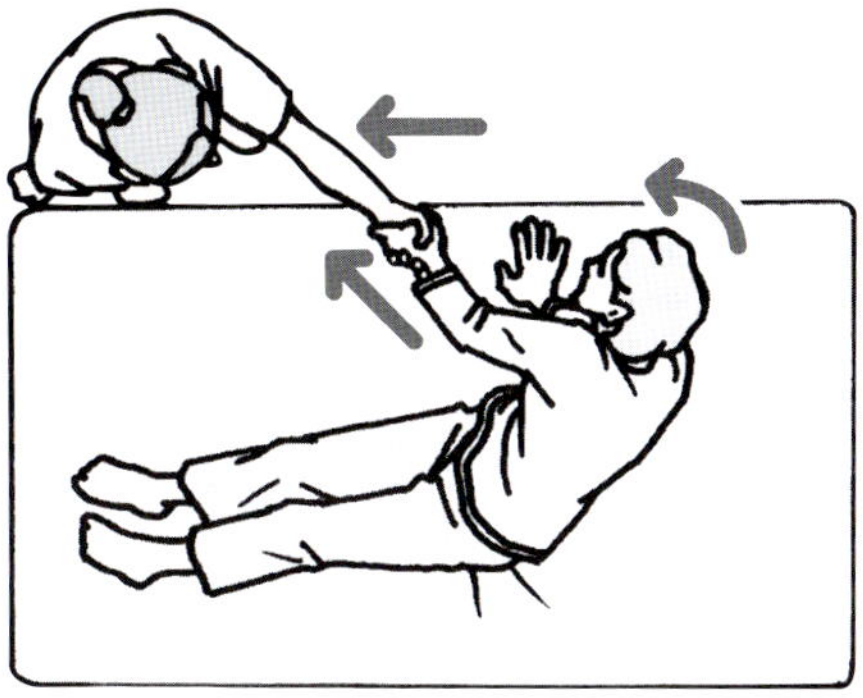

3 わきの下の角度に沿って

ベッドのまわりを移動しながら下の腕の開いた角度（60～90度）に沿って引いて片ひじ立ちにします

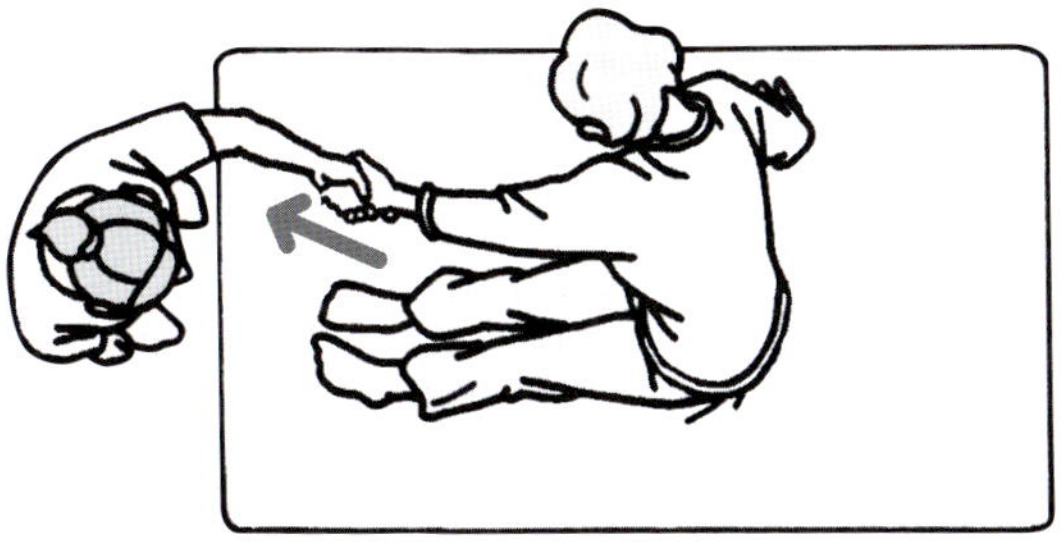

4 要介護者のペースで

要介護者がひじを伸ばすタイミングに合わせて足元の方向へ誘導すると、上体が楽に起き上がります

5 足元にまわりこむ

ほぼからだが起き上がってきても、さらに足元方向にまわりこんで、上体が安定するまで誘導します

6 起き上がり

完全に上体が起き上がり、両手をそろえてきちんと一人ですわれました。これで誘導は完了です

9-6

起き上がりの介助法

力まかせの介助はやめよう

介助するほど自立から遠ざかってしまう

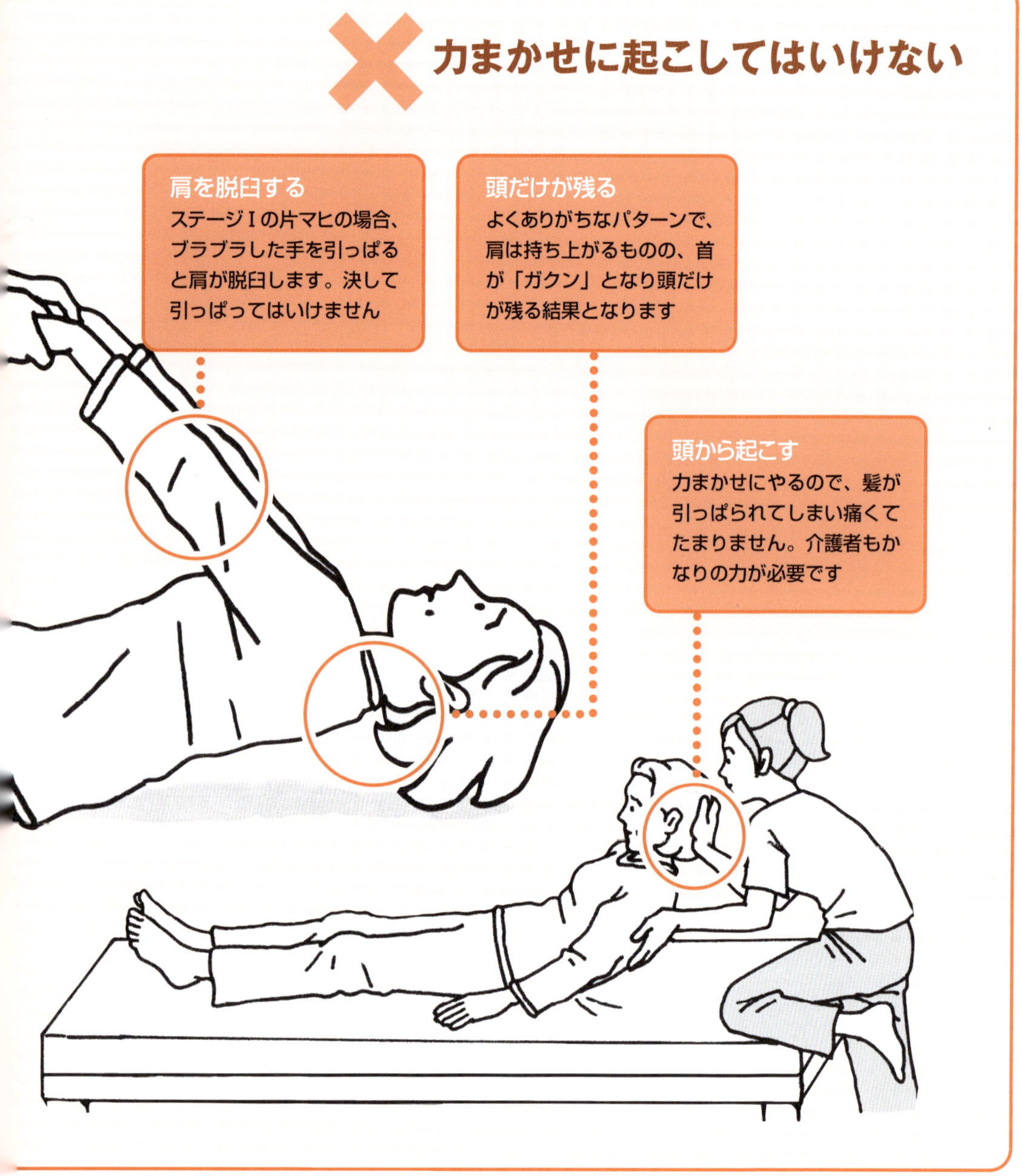

力まかせに起こしてはいけない
肩を脱臼する
ステージⅠの片マヒの場合、ブラブラした手を引っぱると肩が脱臼します。決して引っぱってはいけません
頭だけが残る
よくありがちなパターンで、肩は持ち上がるものの、首が「ガクン」となり頭だけが残る結果となります
頭から起こす
力まかせにやるので、髪が引っぱられてしまい痛くてたまりません。介護者もかなりの力が必要です

負担の多い介助パターン

起き上がりの介助をする場合、ただ力まかせに起こすケースが数多くみられます。よくありがちなパターンは、両手を引っぱって起こす方法です。

力が弱っているからと勢いよく引っぱってしまい、肩は上がったものの頭だけが後ろに残ってしまったということが多々あります。

同じ引っぱるにしてもマヒした手の場合、その状態により注意が異なります。ステージⅠの片マヒで手がブラブラしているケースでは、その手を無理に引っぱると肩を脱臼してしまいます。注意が必要です。

次によくみられるパターンは、頭を支えて起こす方法です。手で引く場合と同じく若い人が腹筋を使って起きるパターンです

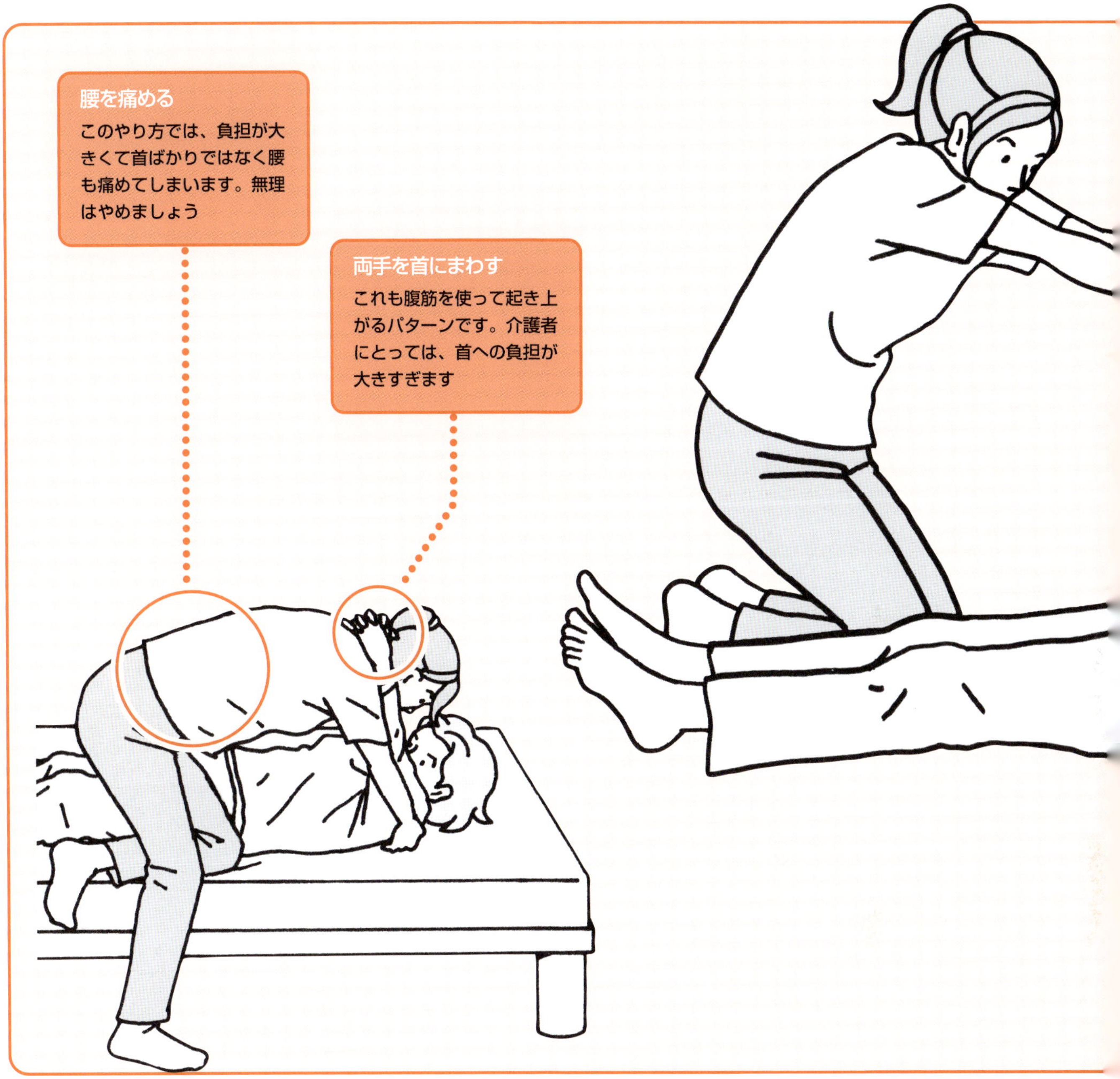
腰を痛める
このやり方では、負担が大きくて首ばかりではなく腰も痛めてしまいます。無理はやめましょう
両手を首にまわす
これも腹筋を使って起き上がるパターンです。介護者にとっては、首への負担が大きすぎます

ので、介助するほうもされるほうもよぶんな力が必要になります。

そしてもう一つは看護学校などで教えている方法です。介助者の首に両手をまわさせて、引き上げて起こすというやり方です。この方法も腹筋を使って起き上がる若い人のパターンの応用ですが、この方法ですと要介護者よりもむしろ介護者自身への負担が大きくなります。さらに要介護者の体重が多ければ多いほど負荷が倍増するので、首や腰を痛めるリスクが高くなります。とてもすすめられる方法ではありません。

以上のような介助パターンはよぶんな力を使うことで負担が大きくなりすぎて、結果的に起き上がりの生理的パターン＝正しい起き上がりパターンから離れることになります。

これではとても要介護者の主体性を引き出す介助とはいえません。まずは正しいパターンを理解する必要があります。

次頁へ続く

前頁からの続き

起き上がりの半介助のしかた

首の後ろに手をまわす

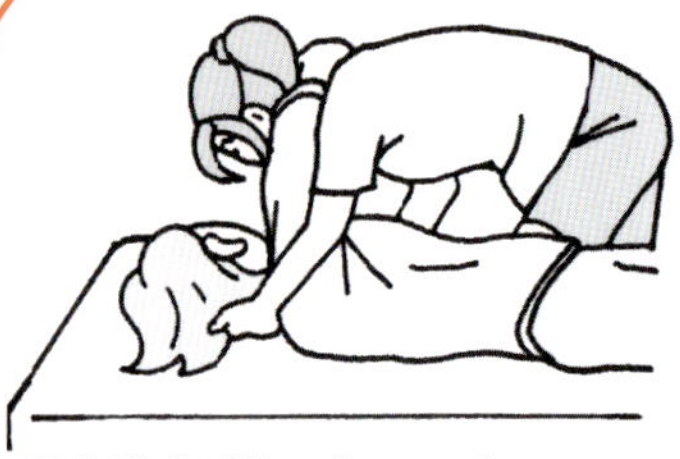

要介護者が首の後ろに手をまわしたら、介護者も同じように首の後ろに手をまわして頭を支えます

❶ 介助の準備

要介護者は左手を適正角度に開き、右手を介護者の首にまわす。介護者は左手を要介護者の首にまわす、右手で左手のひじの下を軽くおさえる

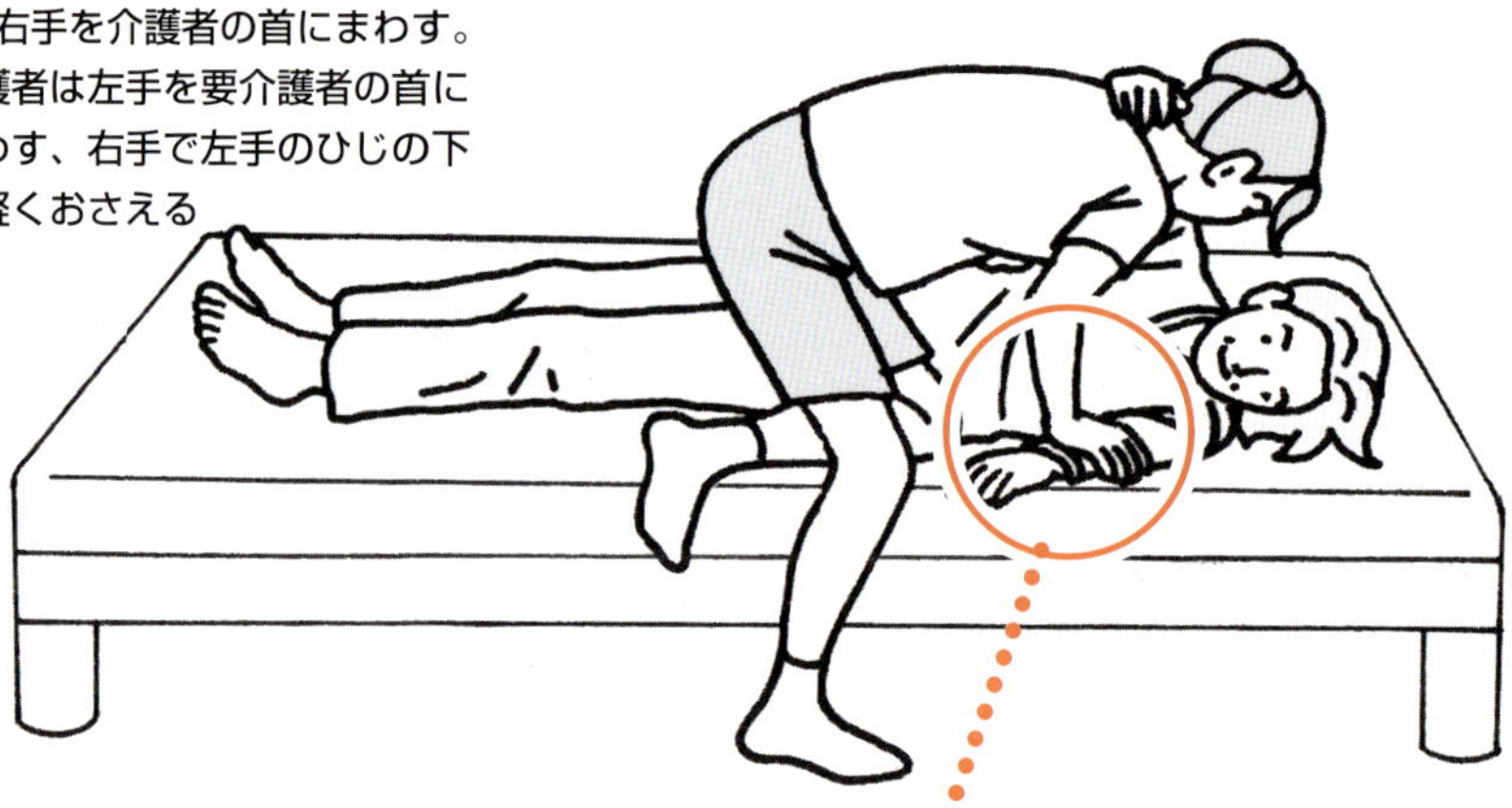

片ひじ立ちする腕を固定する

開いた腕のひじの下をおさえて固定します。固定することで腕に力が入るので、片ひじ立ちがしやすくなります。また片ひじ立ちになったら今度は手の甲をおさえて固定します

❷ 片ひじ立ちに

片ひじ立ちがしやすいように、左手で支えた頭を少しずつ手前に引き寄せます

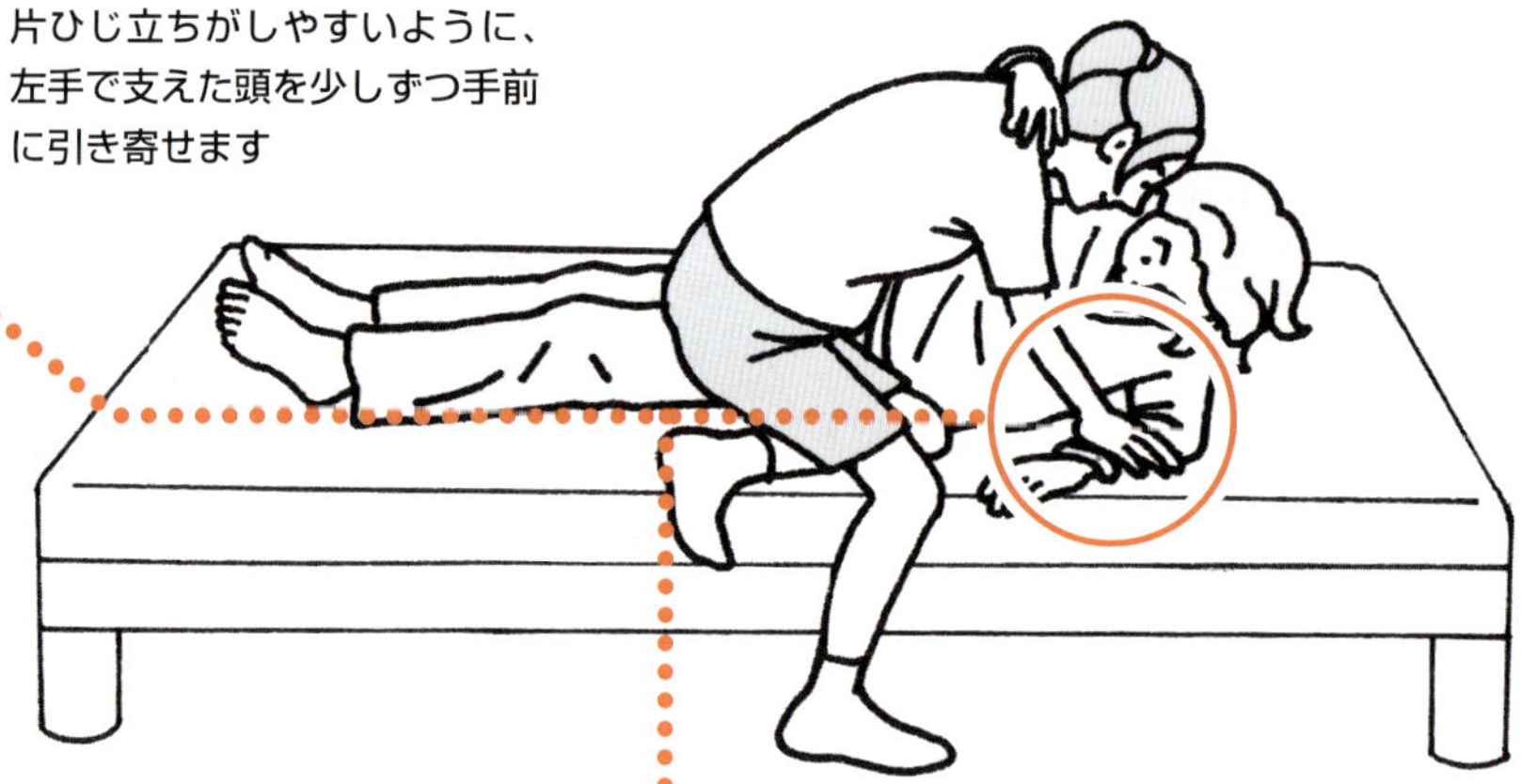

❸ 手の甲を固定する

片ひじ立ちになったら、介護者は右手を要介護者の手の甲に移しておさえます

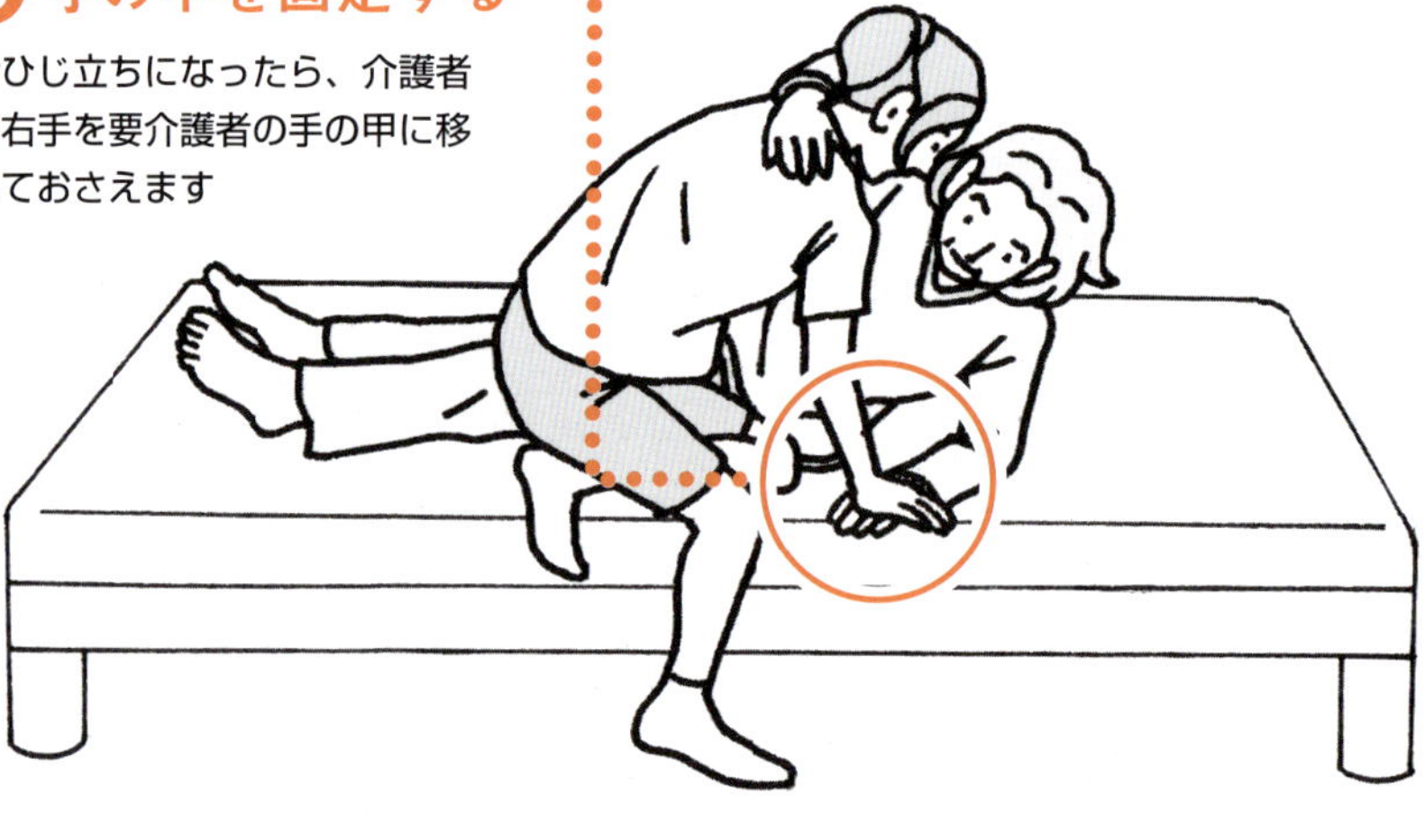

起き上がりの半介助

寝たきり状態であっても腕にある程度の力が残っているならば、ほとんど介助の必要はありません。正しい起き上がりパターンを誘導するだけで、起き上がれます。

その反対に腕の力が弱い人の場合、正しいパターンを誘導するだけでは起き上がれませんので、少し介助をする必要があります。

しかしその場合でも、正しい

4 ひじを伸ばす

「片ひじ立ち」ができたら右手で手の甲をしっかりと固定し、ひじを伸ばしはじめてもらいます

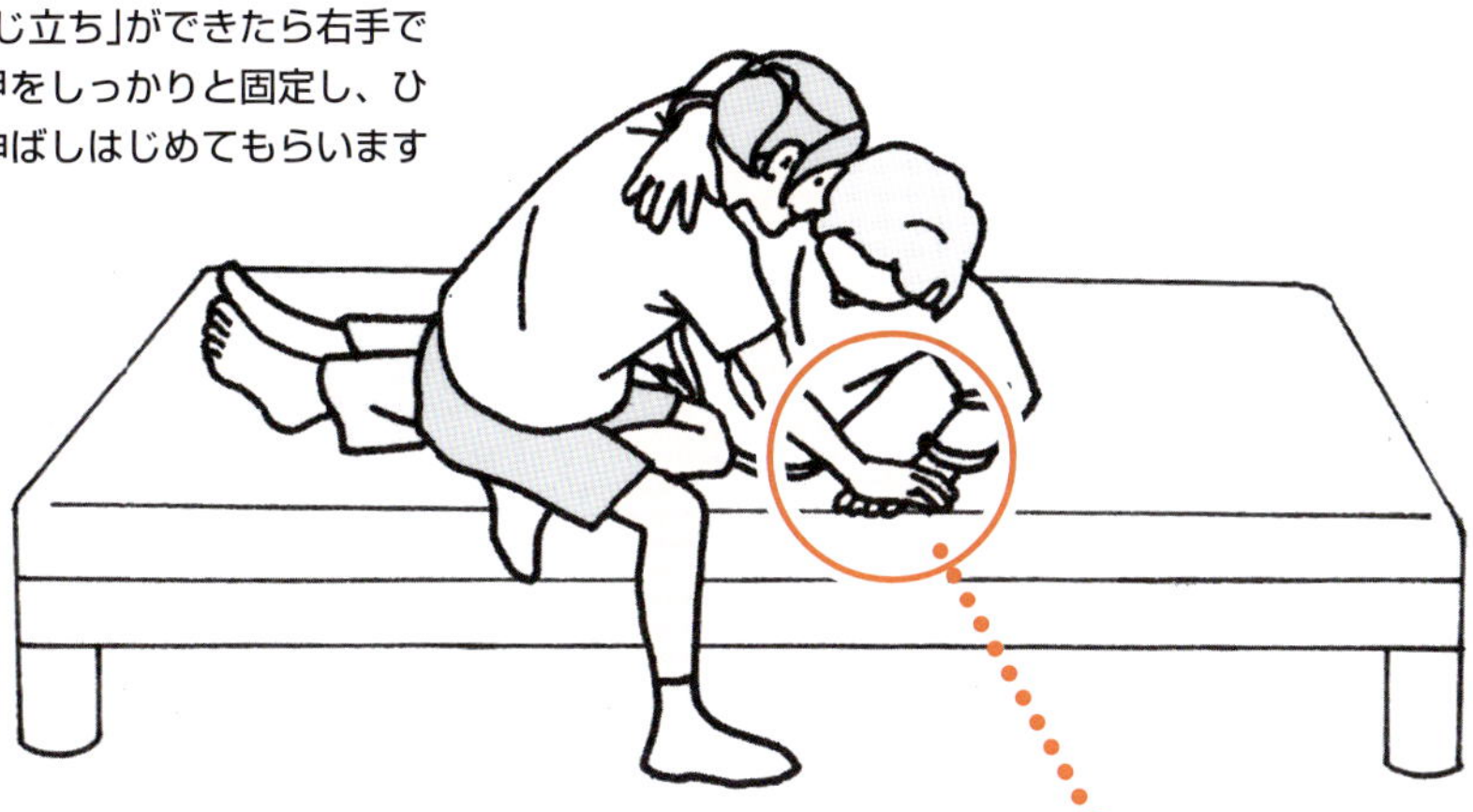

頭は前につき出すのがポイント

頭を上にではなく前につき出すようにしてもらうのがポイントです。重い頭を下になった腕で支えて起きるのです。片ひじ立ちになったら、今度は手の甲を固定します

5 頭を前に出す

ひじを伸ばす際に「頭を前につき出すよう」にアドバイスします。後ろに倒れないためです

6 起き上がる

完全に上体が起き上がるまで、不安にならないように、からだを支えていることも大切です

パターンに沿って要介護者自身に残っている力を生かして、足りない分だけ力を貸しましょう。まずは、起き上がりやすい状況を整えることからはじめます。そのポイントは、

①ひじの下をおさえる→腕に力が入れやすくなる

②頭を支える→頭が持ち上げやすくなる

の2つです。この体勢が整ったら、あとは要介護者の状態に合わせて介助します。

この方法で行うと、要介護者も、介護者もよぶんな力を使う必要がありません。

第10章 立ち上がりの自立法と介助法

10-1

人の自然な立ち上がりの条件（1）

人の立ち上がりのしくみ

前かがみになってバランスをとるのがポイント

生理的パターンを観察する

「寝返り」「起き上がり」の次は、立ち上がりです。無意識に立ち上がっているとき、頭は、まっすぐ上に移動していると思いがちですが、実際は違います。ほとんどの場合、この思い違いのまま介助に応用していることが多いようです。

　これまで説明した介助法と同じように、自然な立ち上がり方から法則性を見つけましょう。まずは、イスに深く腰かけている状態からの立ち上がり動作をみてみます。

　よく観察してみると、①足を引く、②頭を前に出す、③足に重心を移す、④お尻が浮く、⑤ひざを伸ばす、などの順序で立ち上がっているのがわかります。この一連の動き、つまり自然な体重移動を力の弱い人の立ち上がりに応用します。自然な動きであれば無理をすることもないし、ましてやよぶんな力を使う必要もありません。たとえ力が弱っていても正しいパターンさえ理解していれば、一人で立ち上がることが可能になります。

指一本で立ち上がれなくなる

イスから立ち上がる場合、人は自然に前かがみの姿勢をとります。ですから、指一本でひたいをブロックされると、いくら足を引いても立ち上がれません

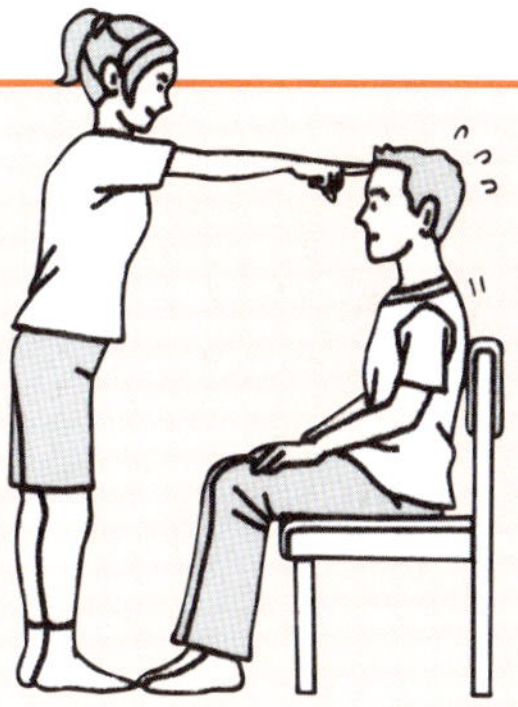

人の自然な立ち上がり方

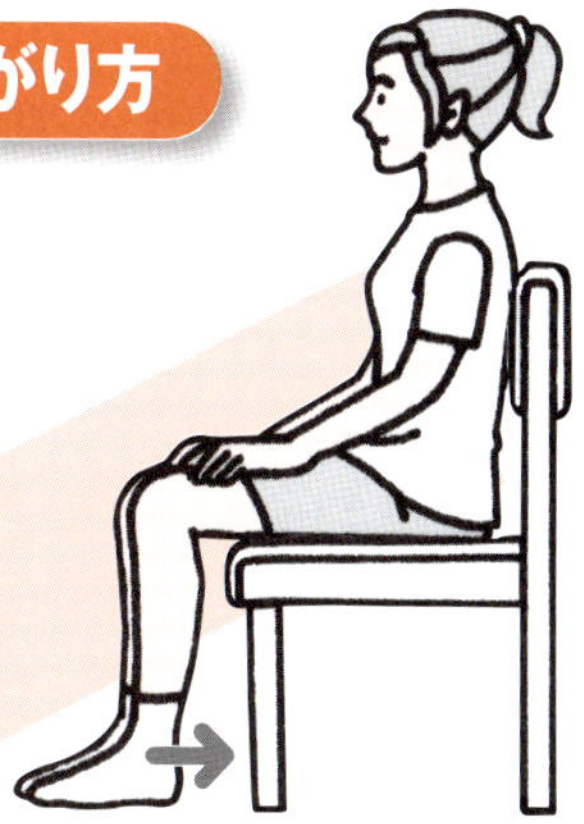

1 足がひざより後ろ

まず、足を手前に引きます

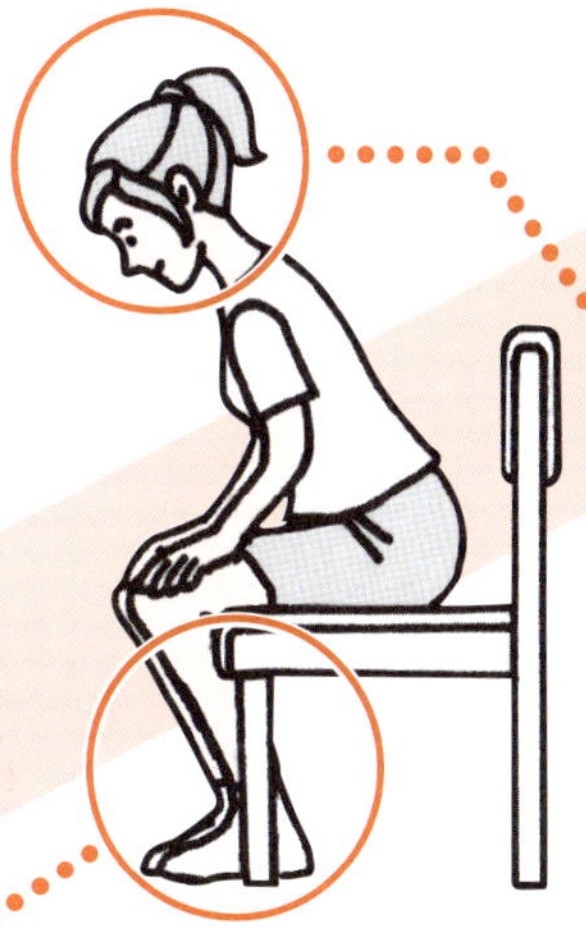

2 頭が前に出てくる

頭を前に倒していきます

頭はひざより前に出ている

立ち上がろうとする場合、頭がひざよりも前に出ます。前かがみになることで、足に重心が移ります

足はひざより後ろに引いている

足はひざより後ろに引いています。この状態であればより前かがみの姿勢になるので、立ち上がりやすくなります

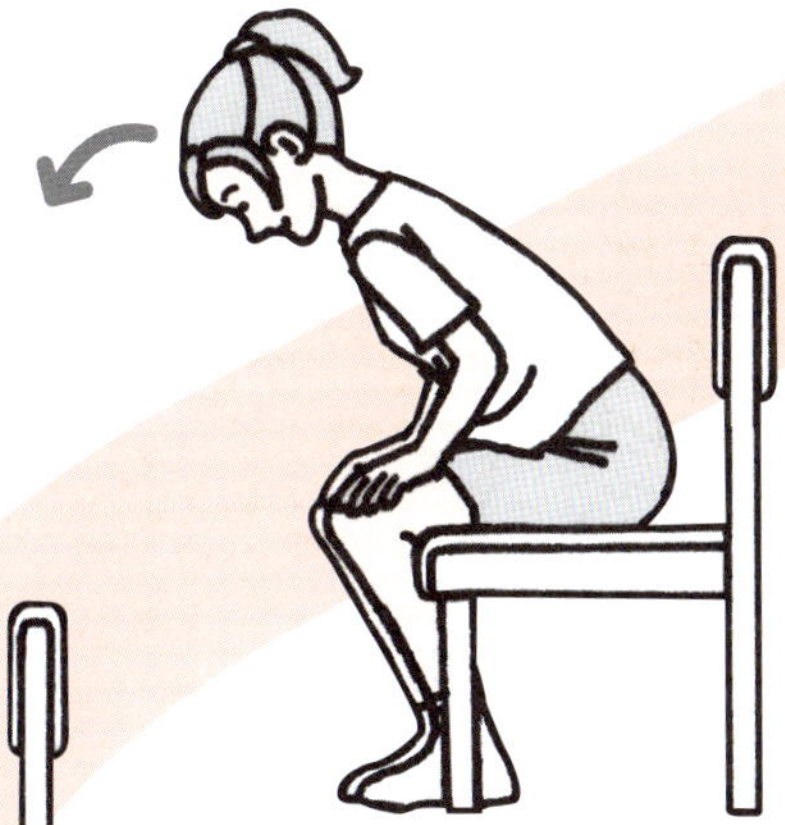

3 より前かがみになる

より前かがみになると、足に重心が移ってきます

4 お尻が浮いてくる

頭がより前に出てくるとお尻が自然に浮いてきます

5 ひざを伸ばしはじめる

完全に足に重心が移ったら、徐々にひざを伸ばします

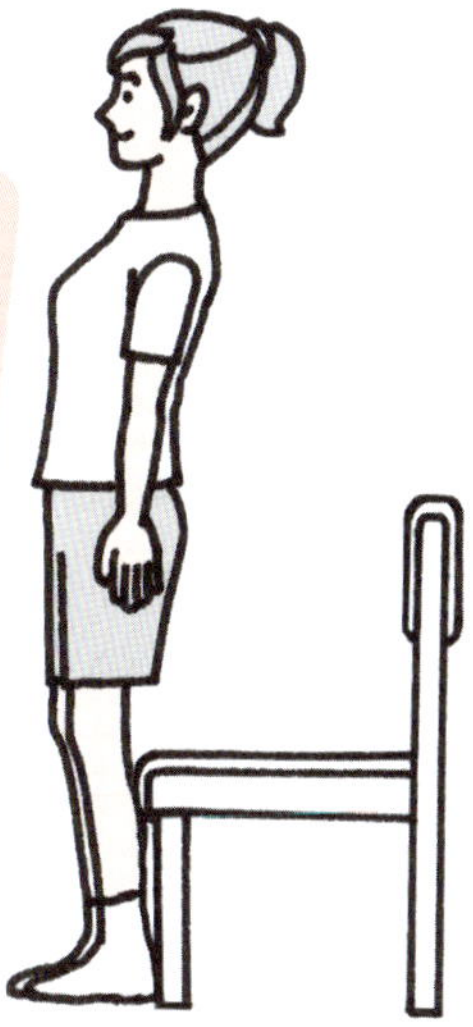

6 立ち上がる

ひざを伸ばすと同時に上体も起こして立ち上がります

✕ 足を出したままでは立てない

足が前に出ている状態でも、前かがみの姿勢はとれます

しかし、前後のバランスがとれないので、立ち上がることはできません

人の立ち上がりの環境づくり

まず、足が引けることがポイントになる

✕ 低すぎても高すぎてもいけない

高齢者が使うイスやベッドは、低すぎても高すぎてもいけません。足が床につかないと恐くて足を床に降ろせませんし、逆に低いと立ち上がるのに力が必要になってしまいます

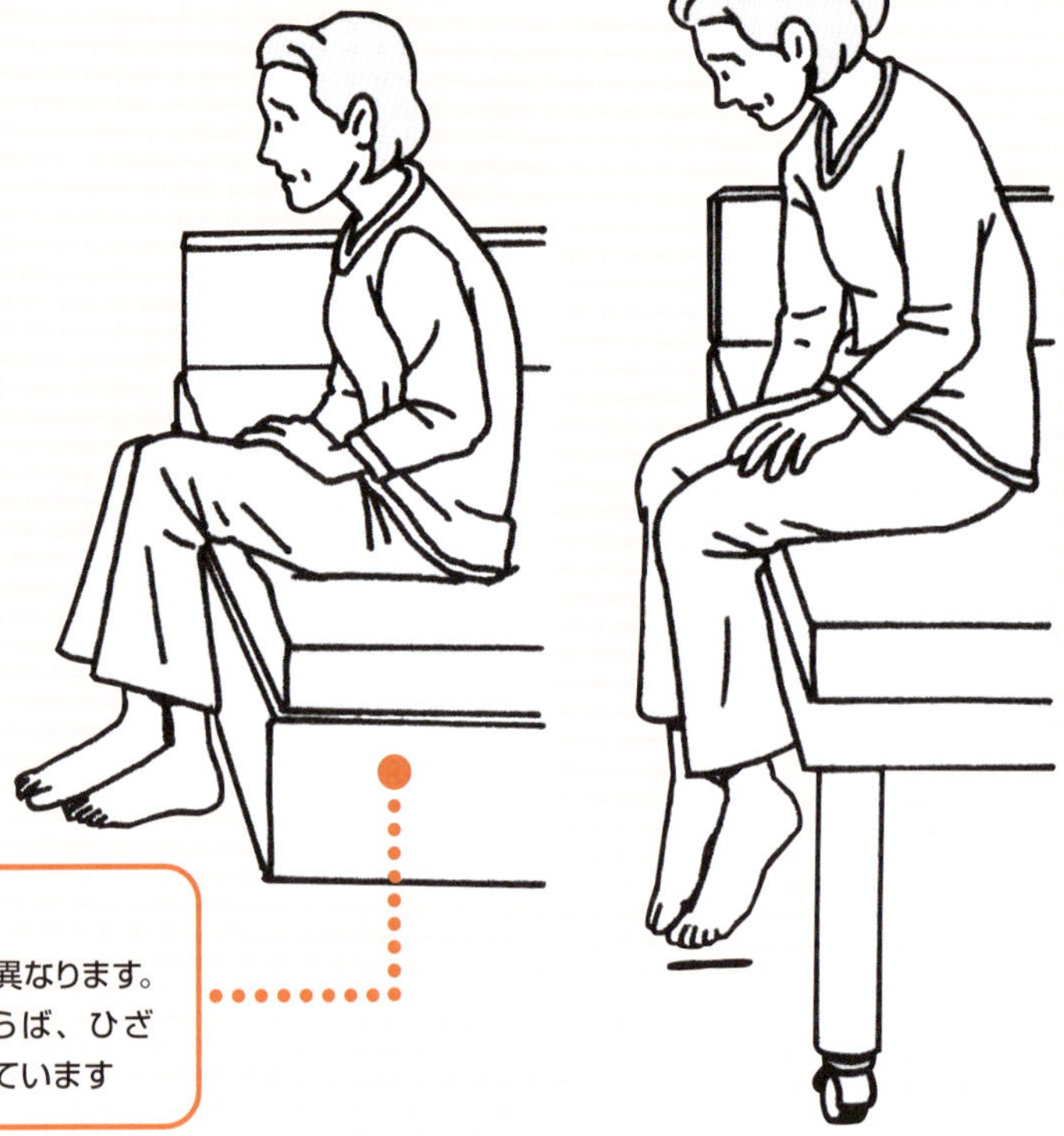

理想的な高さ

個々の下肢機能により異なります。杖歩行ができる人ならば、ひざ下＋7㎝ぐらいが適しています

立ち上がりの3条件

高齢者にとって、ベッドから立ち上がれるかどうかは、とても重要な問題です。特に障害のある高齢者の場合、ベッドから離れられないとなれば、食事や排泄などすべてベッドの上ですませることになり、自立とはかけ離れた生活になってしまいます。

高齢者がなるべくスムーズに立ち上がるためには、①足が引ける、②前かがみになれる、③高さが調節できる、の3つの条件を備えたベッドやイスを使うことが前提となります。介護側は、この条件を満たした環境を整えることでサポートします。

常日頃使うベッドやイスなどはもちろんのこと、車イスやポータブルトイレなどの介護用品を選定する際にも、この3つは絶対条件です。

これらの高さは、使う人のひざ下の長さに合わせます。立つことができても歩けない、杖があれば歩けるなどの下肢機能に

ベッドの高さの意味

ベッドの高さを調節しようとするのは、単に高さの変更ではありません。なるべく離床しやすくして生活空間を広げていこうという、介護者側の介護する姿勢そのものです。
もし立てるなら、たとえ歩けなくても一人でポータブルトイレや車イスに移乗して、日常動作の自立に近づいてもらいたいという願いです。それが結果として、高齢者の機能回復に結びつき、寝たきりの予防にもなります。
介護者側からすれば、寝返り介助や床ずれの処置といった仕事の軽減にもつながります

立ち上がりやすい介護用品

○ 足が引ける ／ 足が引けない ✕

ポータブルトイレ

便座の下に空間がないタイプでは足が引けません。シートも低く、軽量で安定も悪いので、からだのバランスをくずして倒れる恐れがあります。高齢者の立ち上がりには不向きです

車イス

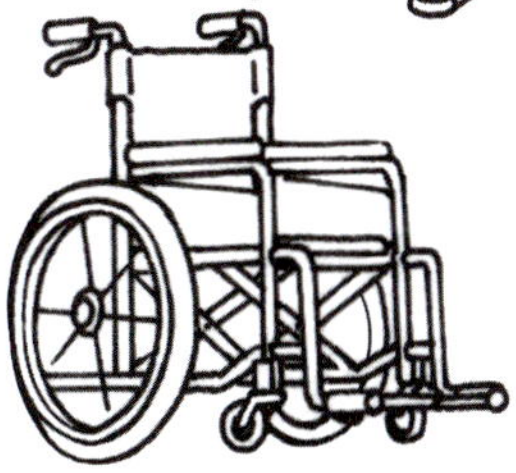

左右の足のせフレームの間にレッグレストという布がついたままでは立ち上がるときにじゃまになります

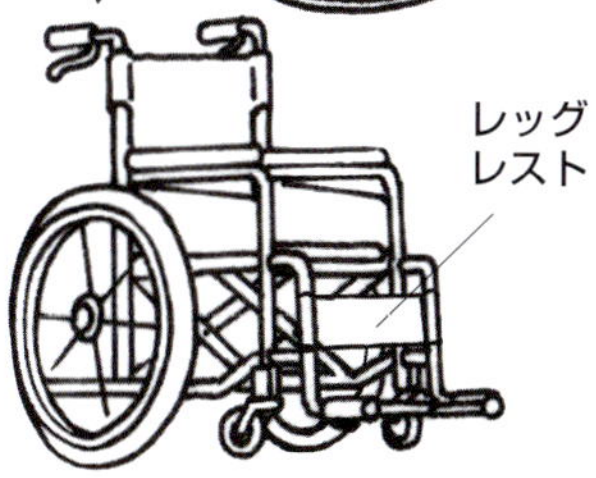

イス

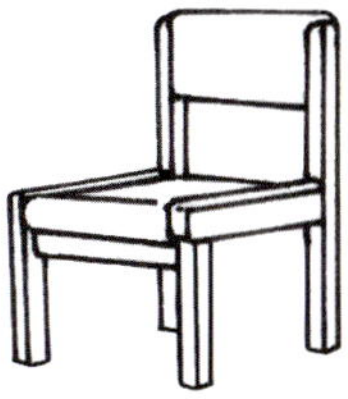

下に物がおけるようになっていたり、脚をバーで固定してあるイスはやめてください。また足が引けるタイプであっても、折りたたみ式などの携帯に便利なイスは不安定なので、使用はさけるべきです

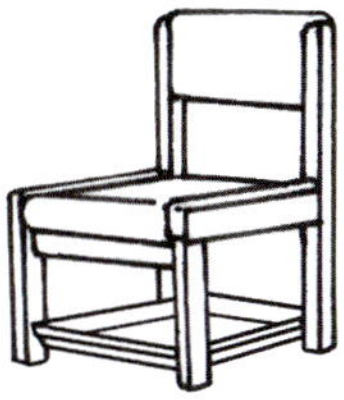

ベッド

ベッドの下に隙間のあるタイプで、使う人に合わせた高さであること。そして、マットがやわらかすぎないことも選ぶ際の条件の一つです。この点さえおさえれば、十分に足を引いて、楽に立ち上がれます

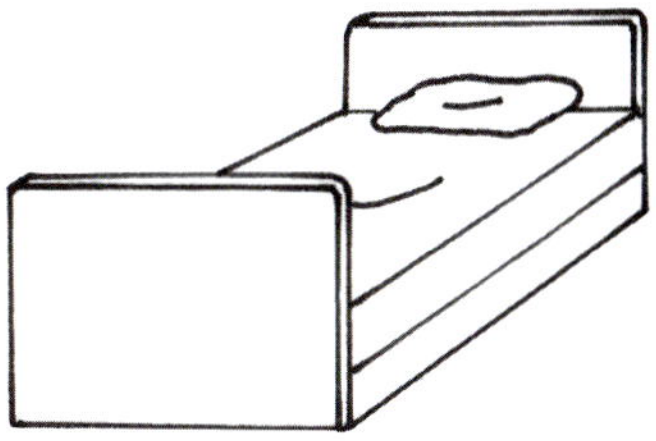

よって違ってきます。

個々の身長にもよりますが、高齢者のひざ下は、平均38㎝くらいです。それから算出すると、使用するイスやベッドなどの高さは、床からシートやマットまでが40～45㎝程度のものがいいようです（35頁参照）。

あくまでも目安なので、実際に購入したり、借りたりする際には、これらのことを再確認してください。

よい施設を選ぶポイント

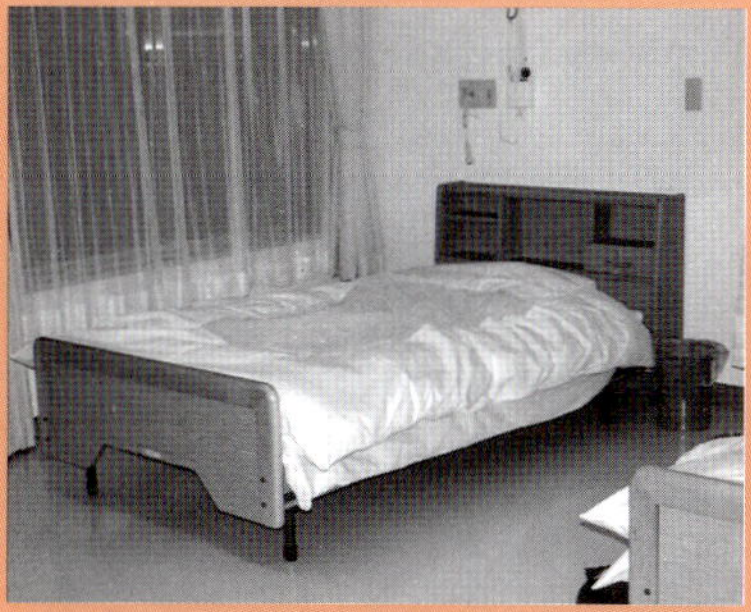

入所施設を決める場合、そこで使用している備品なども重要なポイントになります。写真のベッドは高さ・幅共に申し分なく、高齢者に適しています

特別養護老人ホーム
「生きいきの里」

10-3

人の自然な立ち上がりの条件（3）

立ち上がり介助の方向はどちらか

引き上げないで、斜め下の向きへ

手の持ち方で介助が変わる

立ち上がりの介助は、お互いの手をにぎって行います。要介護者からにぎってもらうか介護者がにぎるか、その手の持ち方一つで、要介護者の精神面に与える影響が大きく異なります。受け身的に介助されるか、積極的に介助に協力するか、その違いが、要介護者の主体性を引き出せる介助になるかどうかのわかれ目です。

　介助全般にいえることですが、いくら人の生理的パターンに沿った方法であっても、介護者ペースで行ったのでは、要介護者の主体性を引き出すことができません。

　立ち上がりの際には、介助者は手すりか杖になったつもりで、要介護者のペースに合わせて誘導していくことが必要です。

力指数 10　**斜めに引き上げる介助法**

✕ よぶんな力を使っている

よくやりがちな介助パターンです。
まず①の状態からみてみると、要介護者は足を後ろに引いていないし、介助者はにぎった手を引き上げようとしています。これでは前かがみになれないので、お尻から足への自然な体重移動ができません。この状態で②から③のようにさらに斜めに引き上げると、要介護者の全体重を持ち上げなければいけないので、かなりの力が必要になってきます。要介護者にとっても、決して楽な介助ではありません。
介助はお互いに負担の少ない方法でなければ、継続が難しくなってしまいます。人の自然な生理的パターンを理解する必要があります

① 両手をにぎる

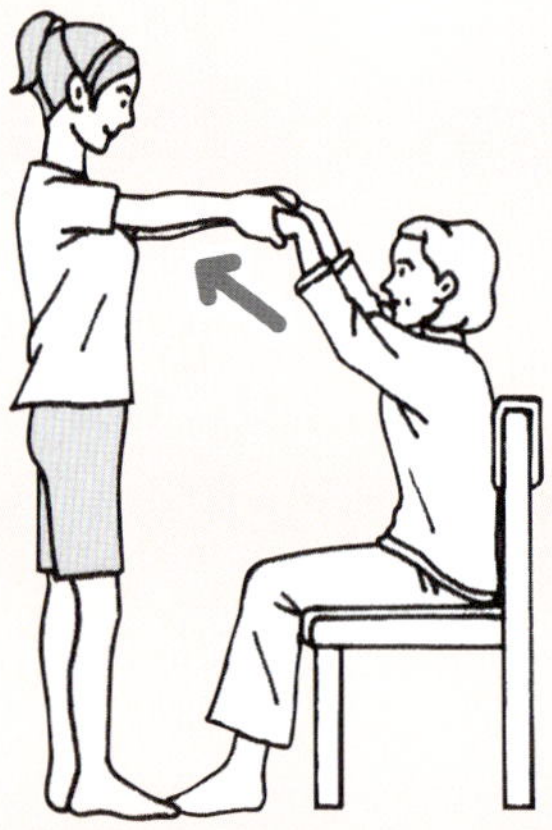

② 斜めに引き上げる

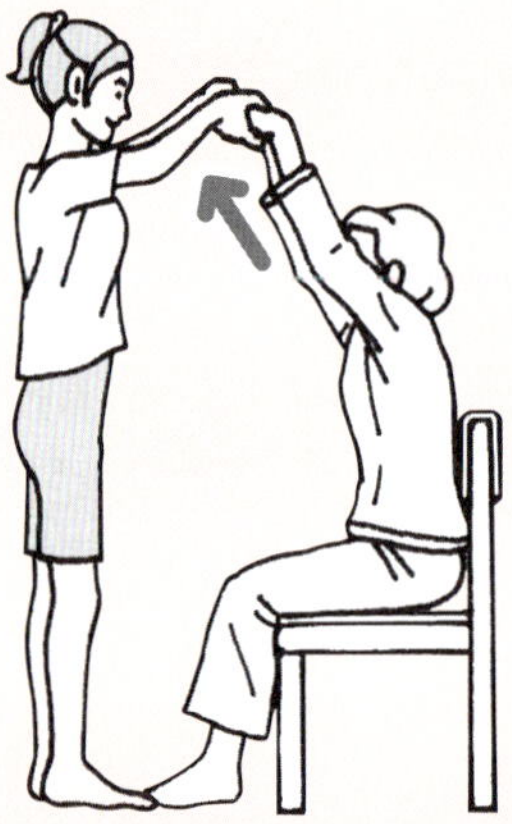

③ さらに引き上げる

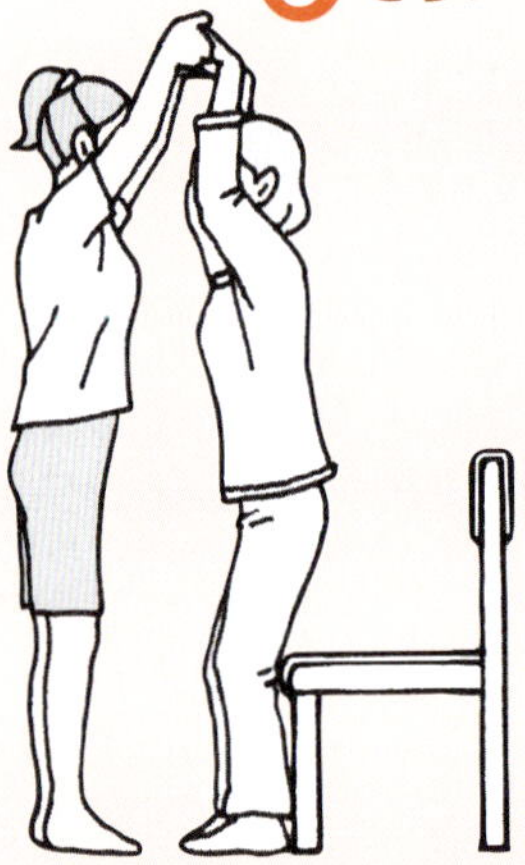

力指数 3

生理的パターンに沿った介護法

① 手をにぎってもらう

両手を差し出して、要介護者にしっかりとにぎってもらいます。介護者は軽くにぎるだけです。次に両足をイスの前脚より後ろに引いてもらいます

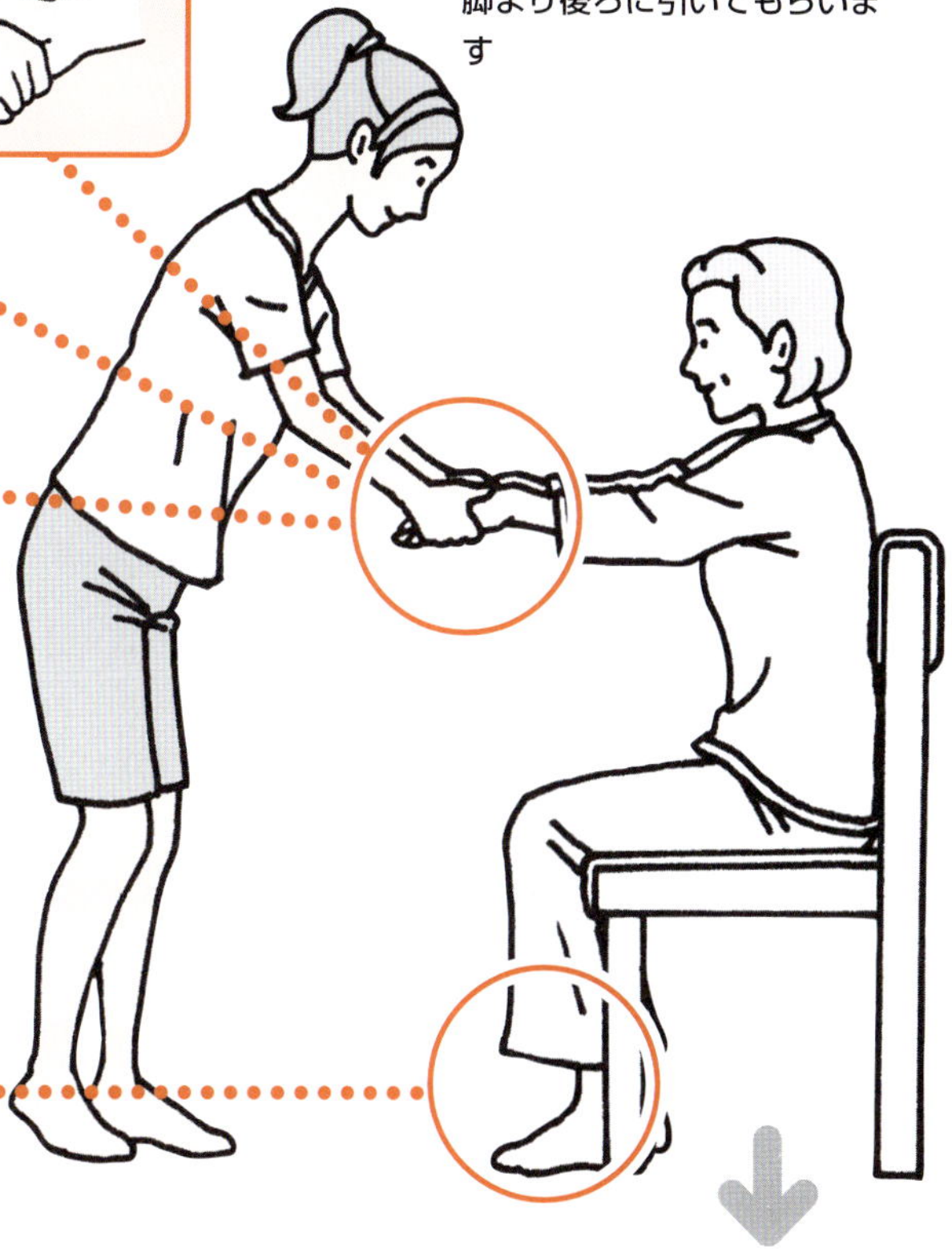

✕ 介護者がにぎってはいけない

要介護者にとっては、「持たれている」という感覚なので不安になります。ましてや、手首をにぎるのでは不安が大きくなります

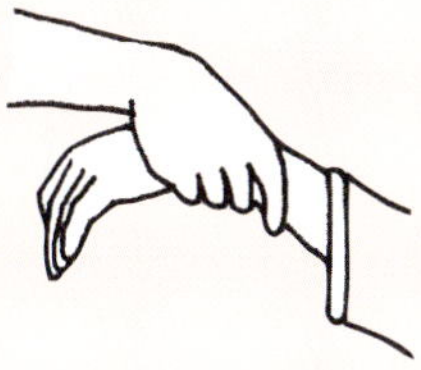

要介護者ににぎってもらう

要介護者が介護者の手をにぎるのが基本です

片手よりも両手のほうが、要介護者にとってはより安心です。この場合、介護者は手のひらを上にして出し、要介護者からしっかりとにぎってもらいます

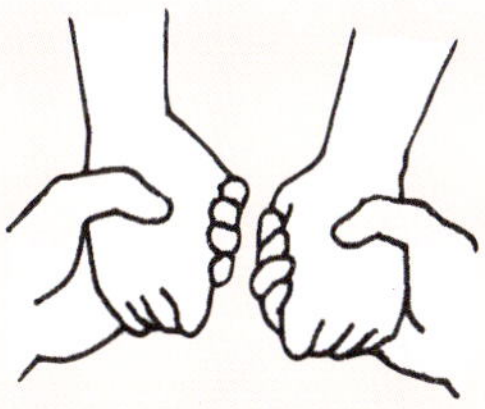

✕ 足先がひざより前ではいけない

これではお尻から足への体重移動ができないので、お尻が浮いてきません。足はイスの前脚より後ろに引きます

② にぎられた手を斜め下に引く

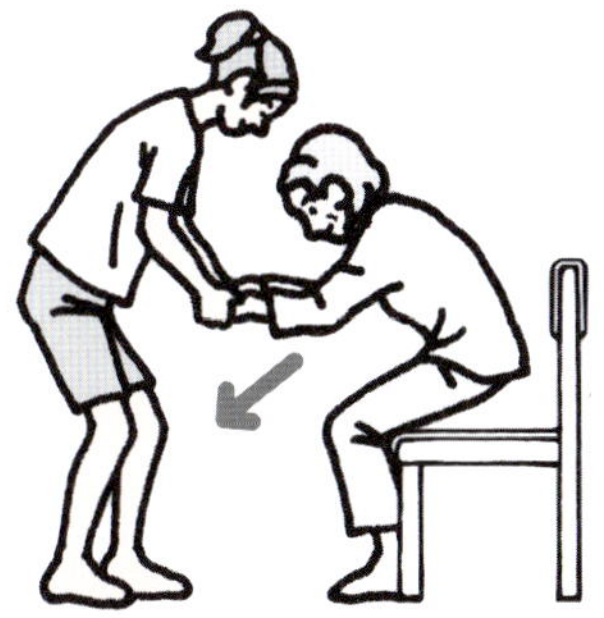

にぎられた両手を斜め下に引き下げ前かがみになるよう誘導します。すると自然にお尻が浮いてきて、重心がお尻から足へと移動します

③ 動きに合わせる

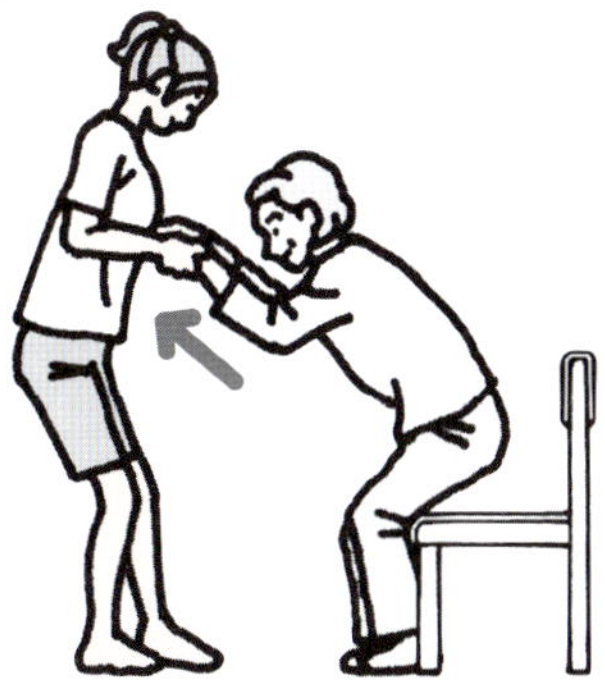

お尻が浮いてきたら、その動きに合わせて上体を徐々に起こすように、にぎられている手を上げていきます。決して引っぱり上げてはいけません

④ 手を離すのは徐々に

曲げていたひざが伸びて、完全に立ち上がっていても、にぎられている手はすぐに離さずに、ようすをみながら徐々に離すようにします

10-4

人の自然な立ち上がりの条件（4）

正しい手すりの位置はどこか

すわったときのおへその高さが一つの目安

✕ 高すぎる、近すぎるはいけない

手すりがこの位置では、腕の力だけでからだを持ち上げなければならないので、かなりの力が必要です。お尻を浮かせるのさえ難しくなるので、かえって介助が必要になってしまいます

1 前かがみになれない

手すりが高くて近いので、前かがみの姿勢になれません。人の生理的パターンをまったく無視しています

2 拘縮を強める

片マヒのある人が手すりを強く引くと、マヒした手が曲がって固まるのを進めてしまいます

3 直線的に立ってしまう

まっすぐ上に立つ動きは、若い人の直線的な動きです。腹筋や腕の力の弱っている高齢者には無理です

前かがみになるように誘導する

一般の宿泊施設やデパートなどのトイレには、縦に一本長い手すりが便座の側面の壁にとり付けられているのが、多くみられます。このつけ方には何の根拠もなく、人はまっすぐに立ち上がるのだという思いこみからきているようです。

力の弱っている高齢者にとっては、手すりがこの位置では役に立ちません。かえって自力での立ち上がりを妨げてしまいます。

手すりをとり付けるのに適しているのは、「高齢者の立ち上がりの3つの条件」のうちの一つである「前かがみになる」を満たす位置です。つまり、手を伸ばして手すりを持ったら頭が足より前に出るような位置ということです。

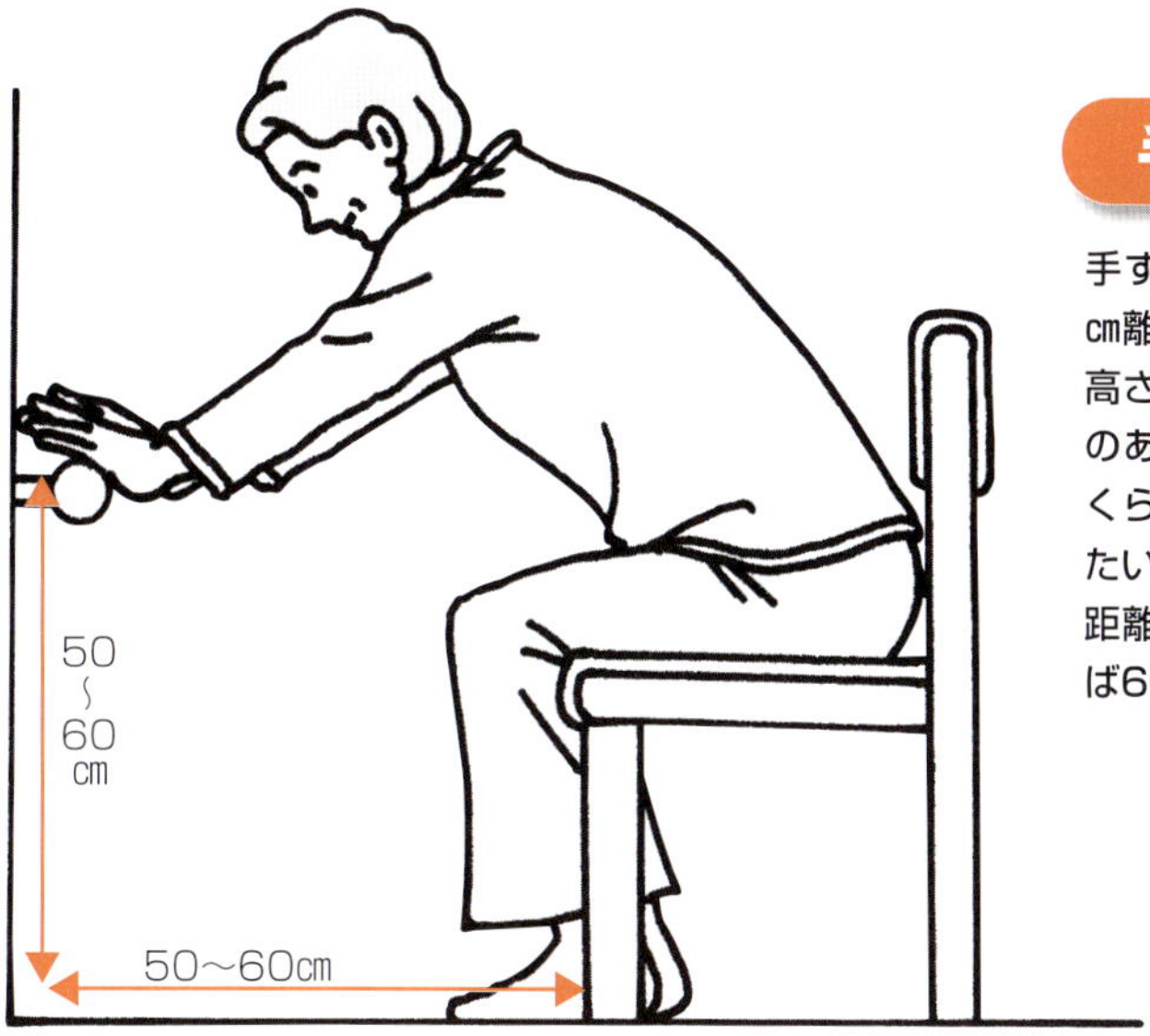

手すりの位置の決め方

手すりまでの距離は、イスの前脚から50〜60㎝離れた位置にします。
高さは、だいたいイスにすわっている人のおへそのあたりが目安です。これも同じく50〜60㎝くらいです。イスのシートの高さと奥行きがだいたい40㎝ですのでそれを目安にしてください。
距離も高さも小柄な人なら50㎝、大柄な人ならば60㎝と考えるといいでしょう

立ち上がり方

1 足を引いて手を伸ばす

足を引いて手すりに手を伸ばします

2 手すりを軽く押す

手すりを軽く押すとお尻がすっと浮いてきます

3 立ち上がる

ひざを伸ばして立ち上がっていきます

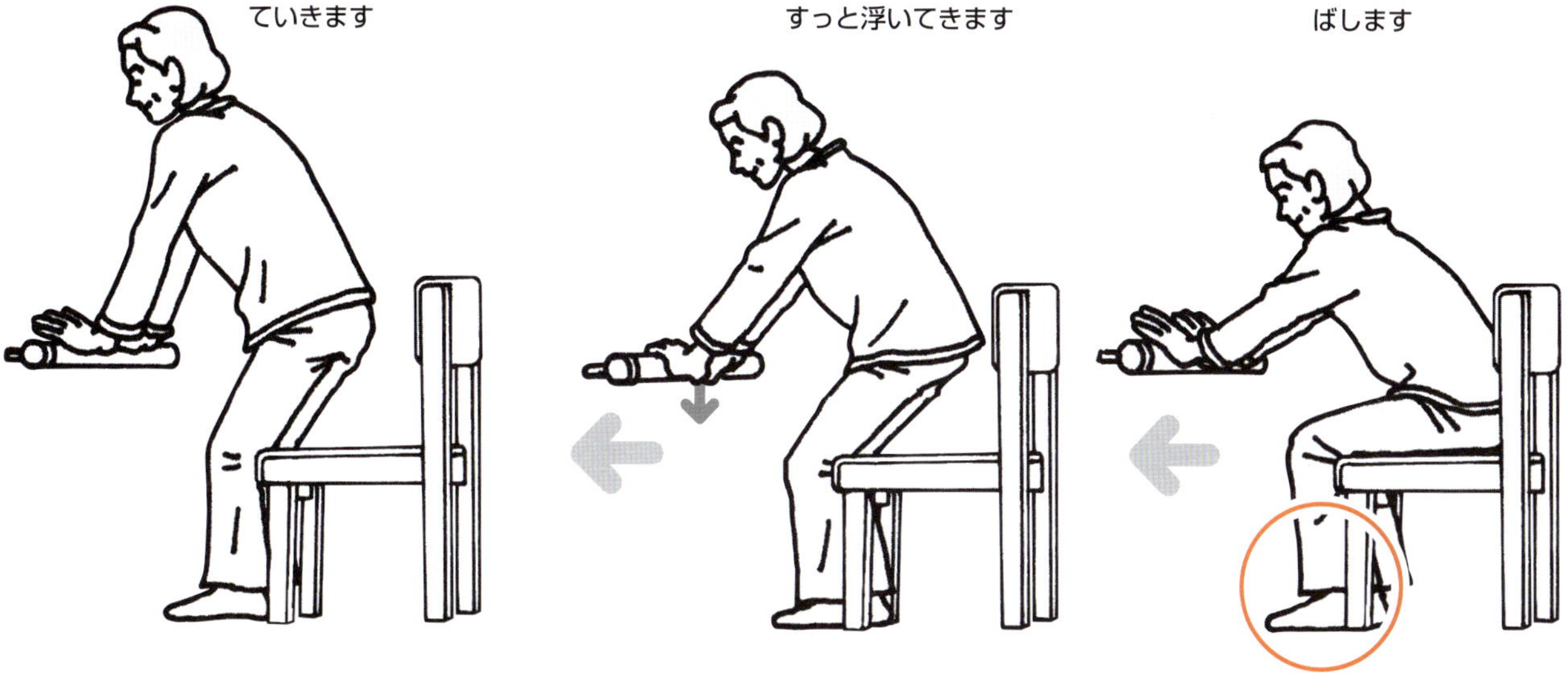

しかし、家庭で手すりをとり付けるにしても、家具などの配置の関係でつけられないことがあります。その場合は、手すりの代わりに50〜60㎝の高さの台やイスを使います。

むしろ、手すりと違って、引っぱるのではなく、軽く押して立つので生理的パターンに近くなります。

そうです。手すりは引っぱって立つものと思われていますが、手を軽く押して前後バランスをとり、お尻が自然に浮いてくるための道具なのです。

前かがみになるのを恐がる人もいますが、くり返して練習すれば、この方法がいちばん力が少なくても立ち上がれることがわかると思います。

台を使う場合

50〜60㎝の台を使うと、軽く押して立つことになり、生理的パターンに近い動きになります

ベッドから一人で車イスにのる

手すりや台を使うのがポイント

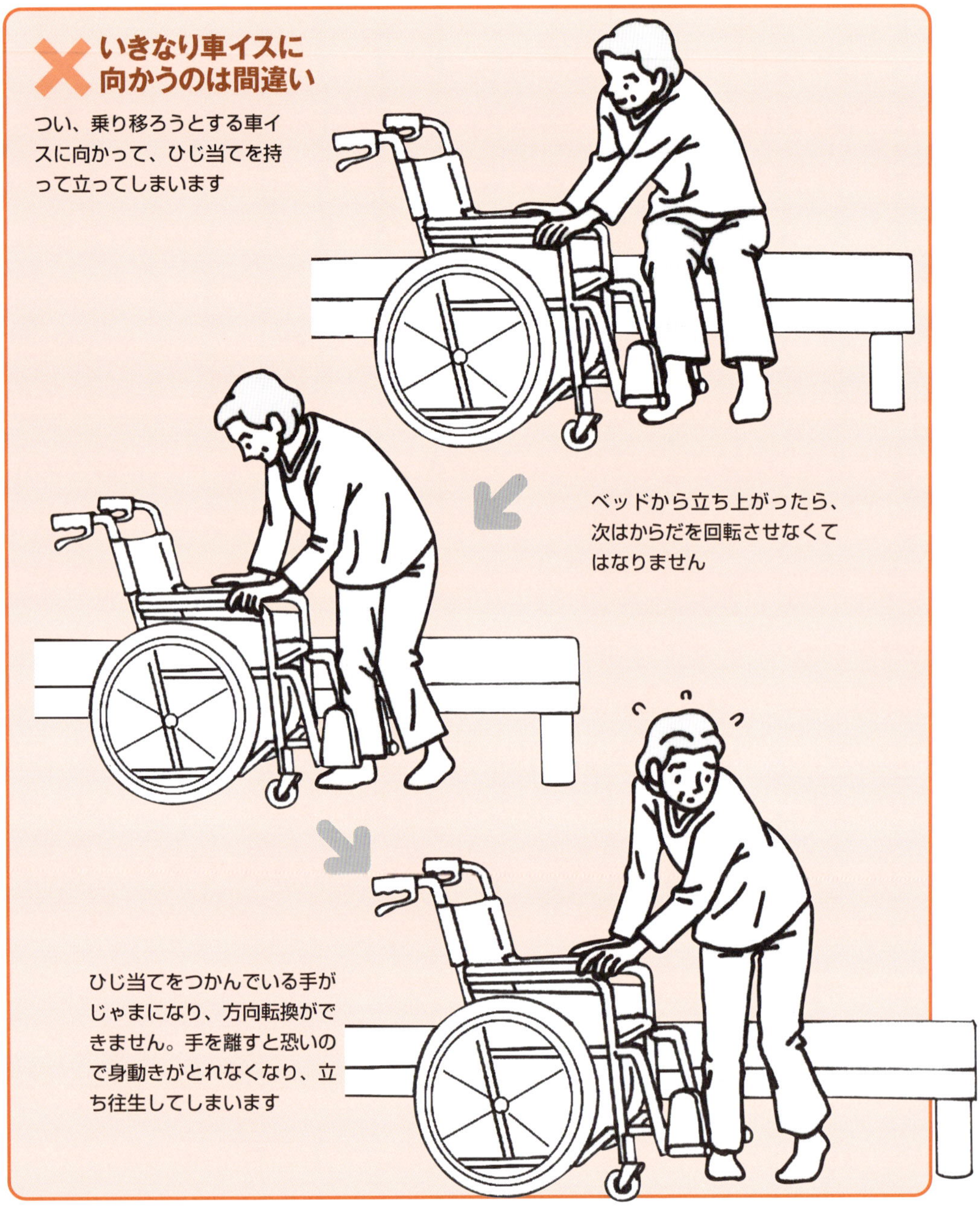
いきなり車イスに向かうのは間違い
つい、乗り移ろうとする車イスに向かって、ひじ当てを持って立ってしまいます
ベッドから立ち上がったら、次はからだを回転させなくてはなりません
ひじ当てをつかんでいる手がじゃまになり、方向転換ができません。手を離すと恐いので身動きがとれなくなり、立ち往生してしまいます

手すりや台を使って

つかまり立ちができる人なら、手すりや台を使ってベッドから車イスへの移乗を行ってみましょう。最初は不安かもしれませんが、手すりや台をきちんとセッティングして移乗動作のコツさえつかんでおけば、比較的楽にできます。

ベッドにとり付ける手すりとしては、「介助バー」または「移動用バー」とよばれるものがあります。主流はスチールパイプ製の幅50～60㎝のもので、ベッドに対して垂直にセッティングし、ベッドからいちばん離れた手すりの下を持って立ち上がります（104頁参照）。

壁面に手すりがつけられるなら、前かがみになったときに手が届く位置にとり付けます。ベッドからの距離、床からの高さ

台を使う場合

❶ 車イスの反対側におく

車イスとの間は50〜60㎝程あけ、台は角を向けて斜めにおきます

反対側がよい理由

手を車イスの反対側に置くと、お尻は車イスのほうに向くからです

❷ 立ち上がる

前かがみになり台に手を着いたら、その台を押して立ち上がります

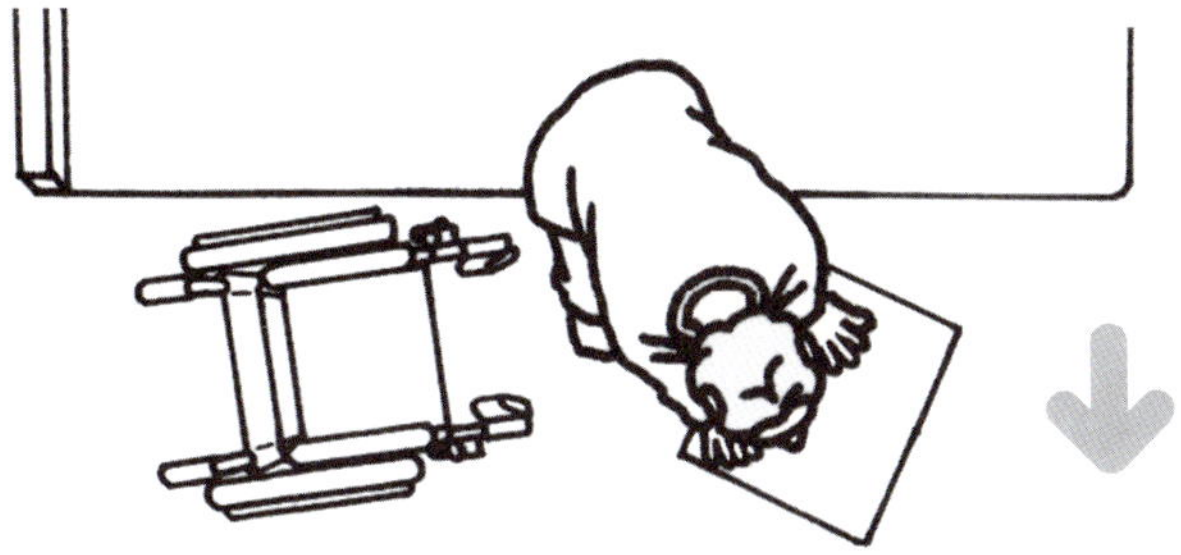

❸ 向きを変える

頭とは反対側にお尻が上がるので車イスにすわりやすくなります

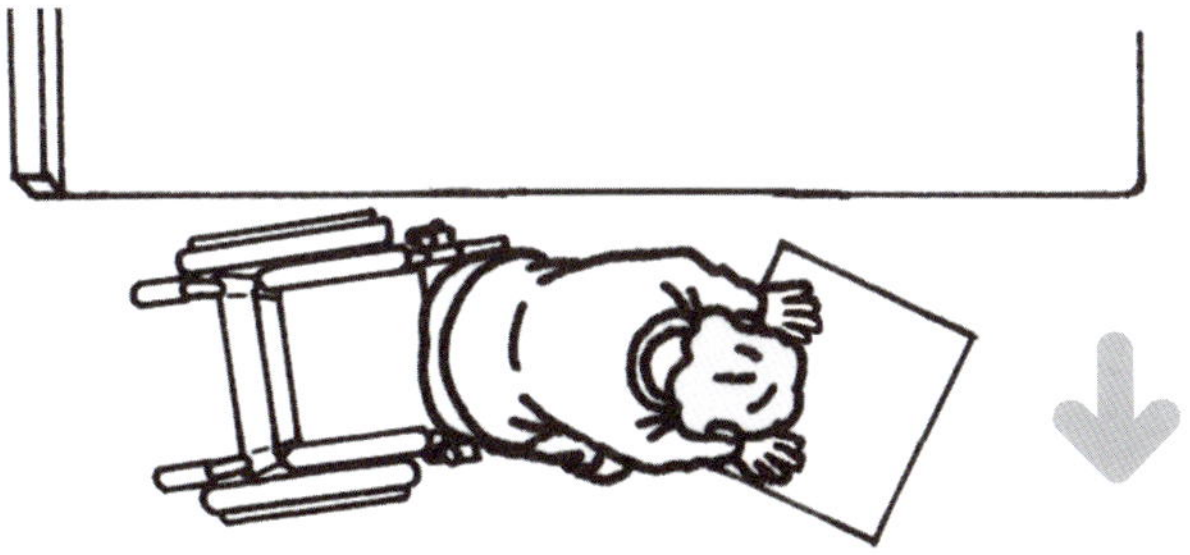

❹ 上体を起こす

車イスに深くすわったら、少しずつ手をずらして上体を起こします

手すりをつけられる場合

足を引き前かがみになって手すりに手が届いたら、手すりを押して立ち上がります。次にからだを半回転させ、お尻から車イスにすわります

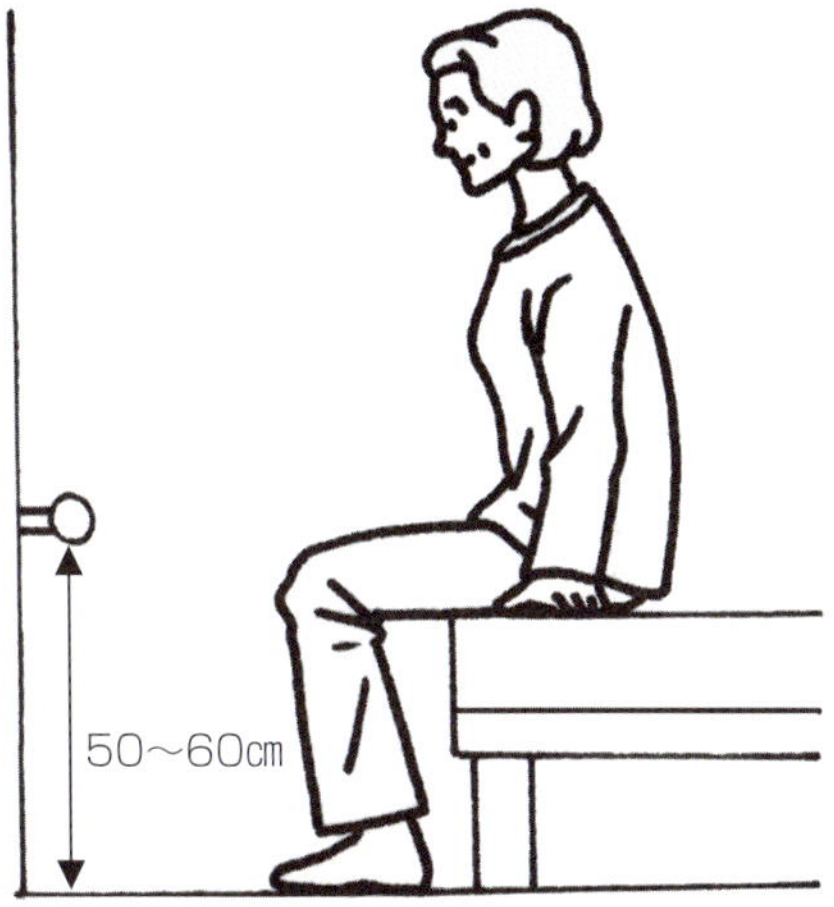

は、使う人に合わせて測る必要はありますが、高さ・距離ともにそれぞれ小柄な人ならば50cm、大柄な人ならば60cmが目安となります（199頁参照）。

壁面にスペースがない場合は、手すりの代わりに台を使います。台の高さ、車イスからの距離は、手すりと同じように50〜60cmを目安にします。固定する手すりにくらべてどこにでも持ち運びができますし、使う人に適した位置を調整しやすいのでとても便利です。

10-6

立ち上がりの介助法

少しでも力が残っているなら

ひざの屈伸を使った自然な立ち上がりの方法

イスからの立ち上がりの介助法

❶ 腰を軽く持つ

要介護者の両腕を首に回してもらい、介助者は腰のあたりを軽く持ちます

❷ 片ひざを曲げる

片ひざを曲げて床に着けるように動きながら、要介護者を前かがみに誘導します

❸ 前かがみの確認

要介護者が足を引いているか、頭が十分に前に出ているかを確認します

おへそは密着させない

肩とひざはクロスしていても、おへそが離れているのがポイントです。決してからだは密着させません

腰ではなくひざを使う

腰ではなく、ひざを曲げて要介護者のからだの下に入りこみます。すると、要介護者は前かがみになってきます

✕ からだを密着しすぎてはいけない

からだを密着しすぎると、立ち上がりの生理的パターン（お尻がイスのシートから浮き上がる瞬間に、頭が足より前に出る）をくずしてしまいます。腕の力だけで引き上げることになるので、負担が大きくなります

●立ち上がるときの頭の位置

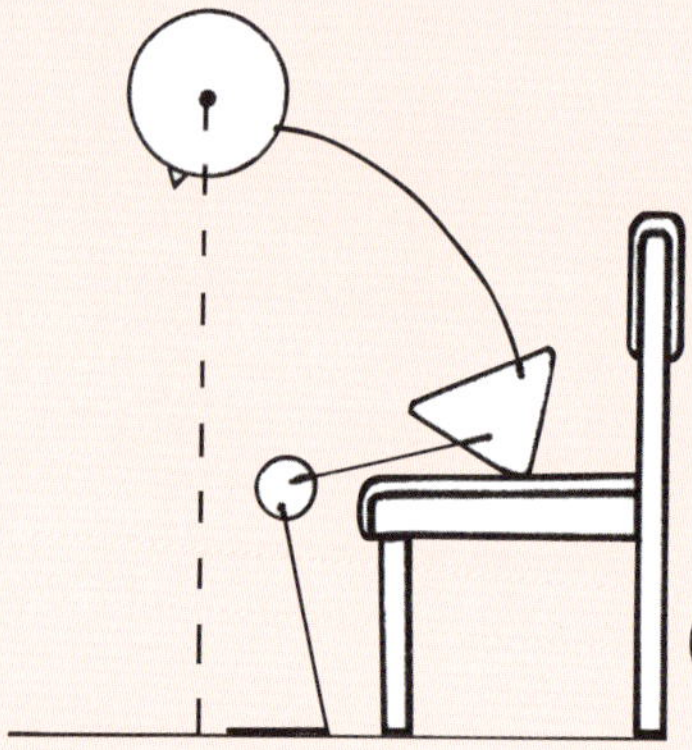

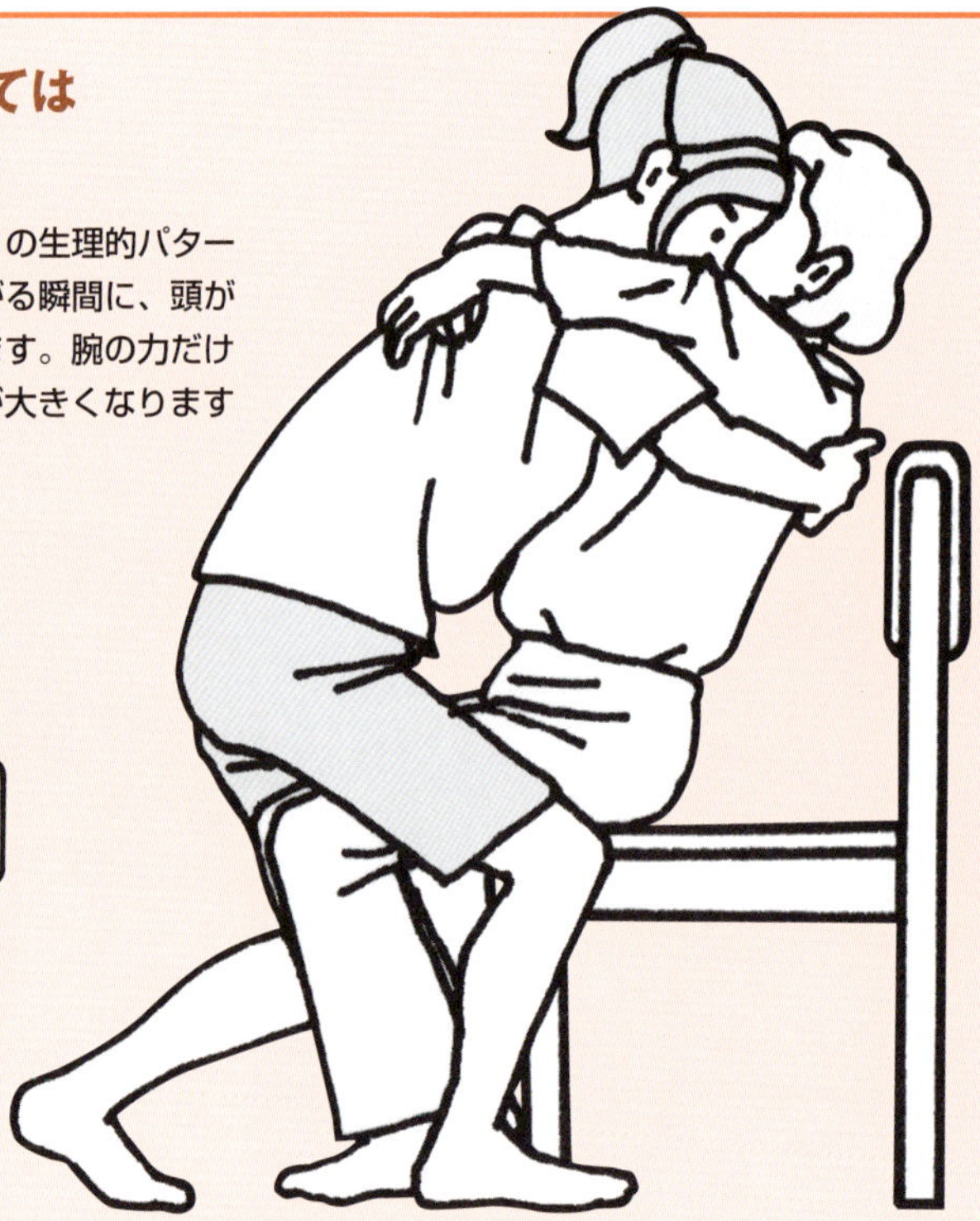

4 ちょっと腰を引く
前かがみになってお尻が浮く瞬間に、介護者はちょっとだけ腰を引きます

5 動きに合わせる
ひざを徐々に伸ばしながら、要介護者に合わせて立ち上がっていきます

6 まっすぐ上に立つ
立ち上がりの方向は斜め上ではなく、まっすぐ上をめざします

7 立ち上がりの確認
しっかりと立ち上がったのを確認してから、支えている手を離します

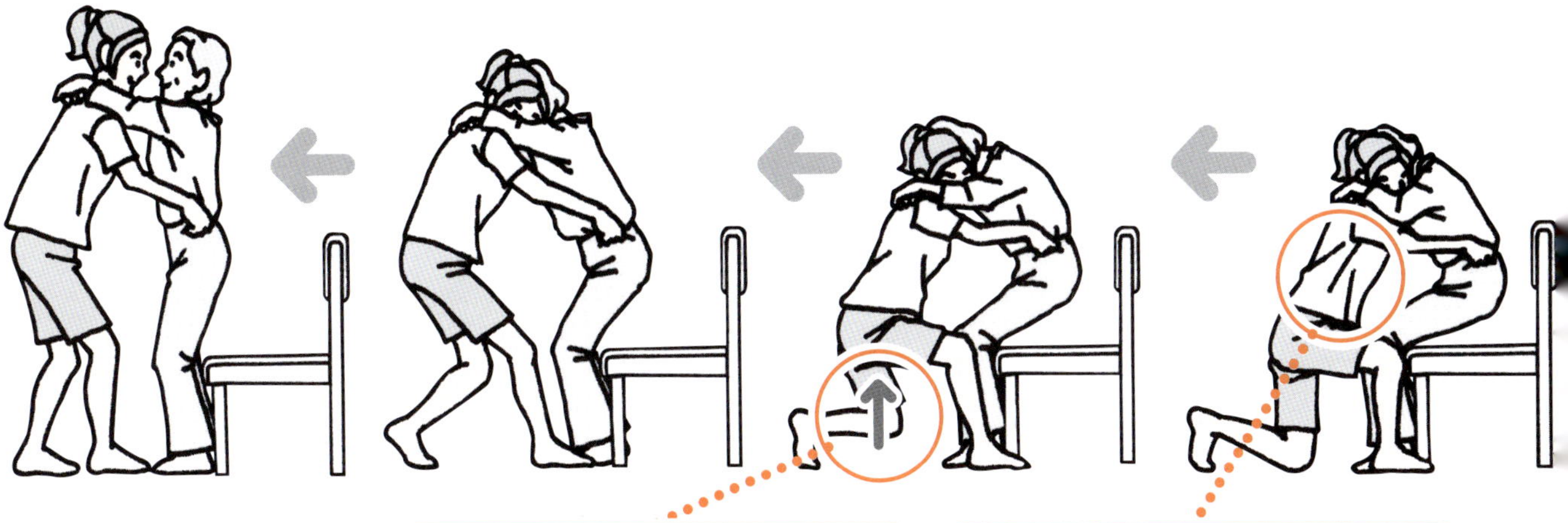

上半身はブラブラに
介助者は腕と上半身に力を入れないで、ブラブラの状態にしておきます。その代わり、おへそから下にはしっかりと力を入れます

ひざの屈伸を使う
立ち上がるとき、腕の力でからだを引き上げてはいけません。腕は腰を支えるだけです。ひざの屈伸を使って立ち上がります

立ち上がりの半介助

一人で立ち上がるのは無理だけれど、若干脚に力が残っている人の場合の介助法です。基本は、人の自然な立ち上がりのパターンです。

高齢者の場合、立ち上がるときに前に何かつかまるものがないと恐がってしまい、そばにあるものを何でもいいから引っぱろうとします。そうなると、正しいパターンの誘導ができなくなり、無駄な力を使うことになります。要介護者を不安にさせないこと、これも介助をするときの大事なポイントです。

介助の体勢が整ったら、要介護者に足を引いてもらい、前かがみの姿勢に誘導します。介助者はそのからだの下に入りこみ、肩と脚をクロスさせて腰を支えます。要介護者が立ち上がりはじめたら、その状態に合わせてひざの屈伸を使いながら、いっしょに立ち上がっていきます。

ただ注意しなければいけないのは、腕の力でからだを引き上げないことです。両腕は要介護者の左右のバランスがくずれないように支えるだけにします。前かがみになってお尻が浮く瞬間にちょっとだけ腰を引く程度で十分です。

〝介護力士〟にならないために

Oさんは立ち上がりの介助にあたって「からだを密着させなければ」と考え、要介護者のAさんに協力を頼みました。足を引かず前かがみにもならない状態で、Aさんは頑張って脚に力を入れます。けれど脚に力を入れれば入れるほど、からだは後ろに倒れていきます。Oさんはそのからだを何とか引き上げようとさらに力を入れます。上半身はピタッと密着していてお互いの力は反対方向に作用するのですから、一向に立ち上がれません。最後はどちらかの瞬発力の差で勝敗が決まったという、あたかも力士同士の「取組」状態になってしまいました。

これでは「介護福祉士」ではなくて〝介護力士〟になってしまいます。

10-7

立ち上がりの応用
（すわる）

イスにすわる介助法

すわらせるときもひざを曲げるのがポイント

×　すわるとき介護者が棒立ちのままではいけない

よくやりがちなパターンです。要介護者を上から下への直線的な動きで、イスにすわらせようとしています

ひざが伸びているので、要介護者ではなくて介助者自身が前かがみになっています

2人分の体重が介護者にかかってくる無理な姿勢です

立ち上がりの逆パターン

人をイスから立ち上がらせるには力が必要だが、すわらせるのは簡単にできる、と考える方は多いと思います。

介護者は立ったまま上から下へと直線的な動きで、すわらせる方法をよくやりがちです。健康な人にとっては何でもないこの動きも、力の弱った高齢者、障害のある人にとっては、とても負担の多い方法といえます。

イスにすわらせる介助も、立ち上がりの介助同様に人の生理的パターンを活用します。ここでは、2つのパターンを比較検討してみました。

どちらもポイントとなるのは、ひざです。ひざをうまく使えるかどうかで、その介護者の負担に大きな差が出ます。

ひざを曲げると楽にできる

○　「私に寄りかかって」と声をかけます

① 足はそろえないで前後させる

10

立ち上がりの自立法と介助法

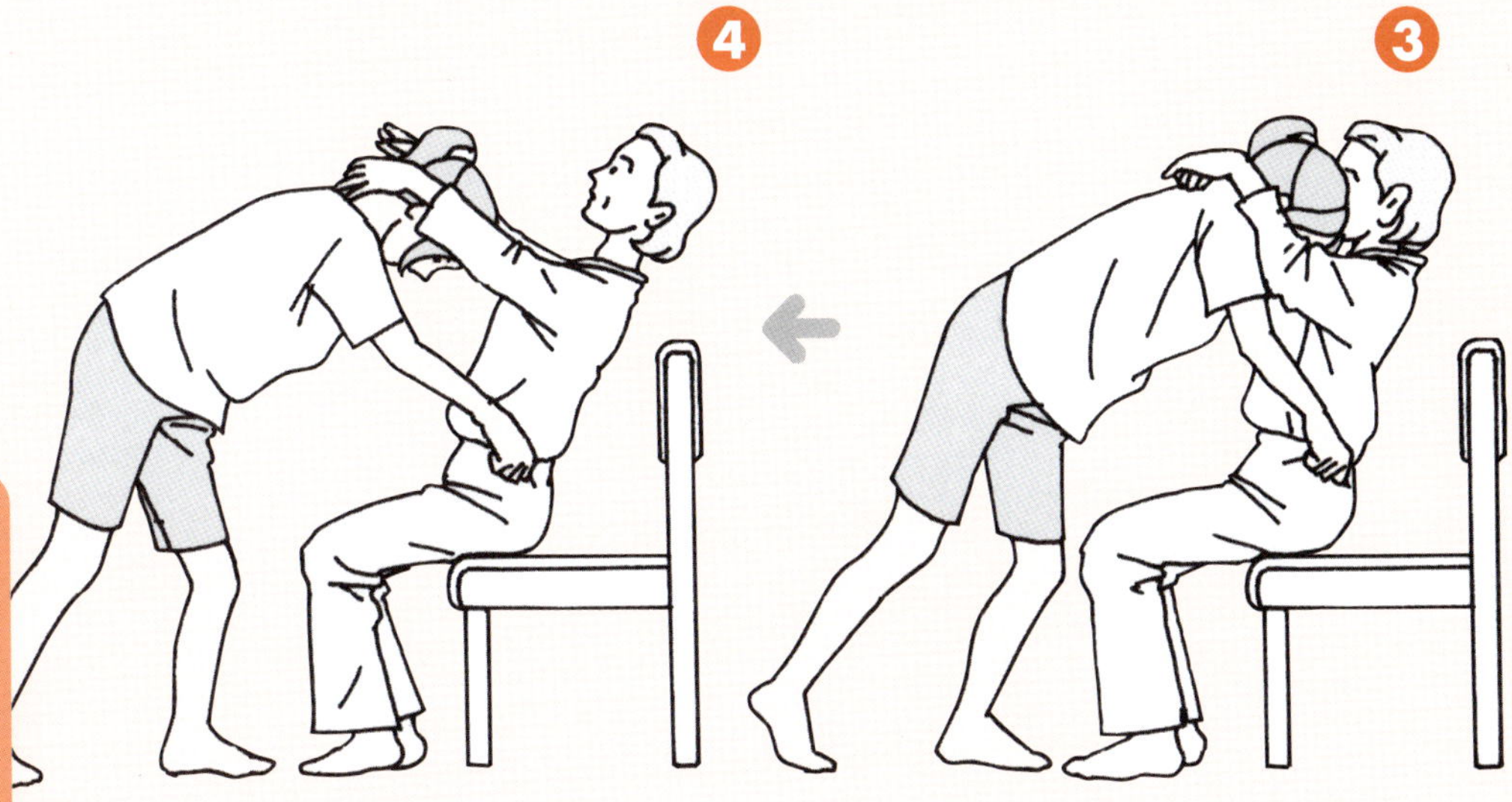

③ からだが後ろに傾いた状態ですわったので、イスに深く腰かけることができません

④ やっとイスにすわったものの、浅く腰かけているのでイスの背もたれに寄りかかろうとすると、からだが反ってしまいます

後ろから引っぱることになってしまう

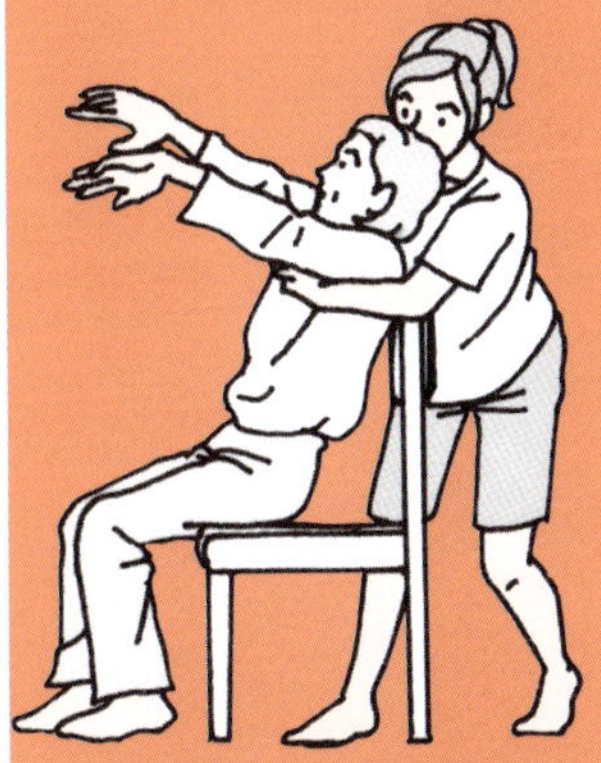

イスに深くすわらせようと、後ろにまわって要介護者を引っぱろうとしています。要介護者を恐がらせるだけです

立ち上がりのときの頭の動きとちょうど逆のパターンで帰っていくのがポイントです。要介護者が前かがみになっていれば力は不要です

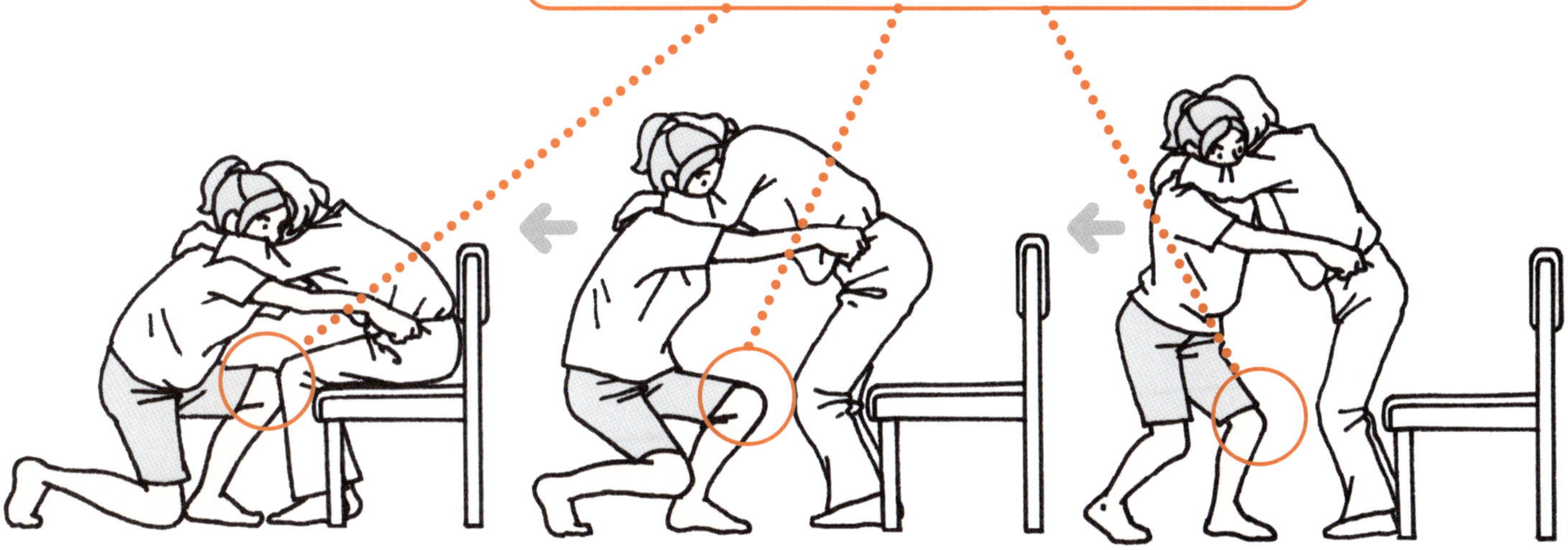

② 自分のひざを曲げていく

③ さらに曲げて要介護者を前かがみに誘導する

④ 要介護者の頭が前に出ているので深く腰かけられる

全介助の移乗動作

一人でしないことが原則

2人で行う全介助の移乗動作

1 全介助をする前の準備

車イスはひじ当てとフットレストをとり外して、ベッド側に寄せます。高さ調節機能つきベッドであれば、高さを車イスより高くしておきます

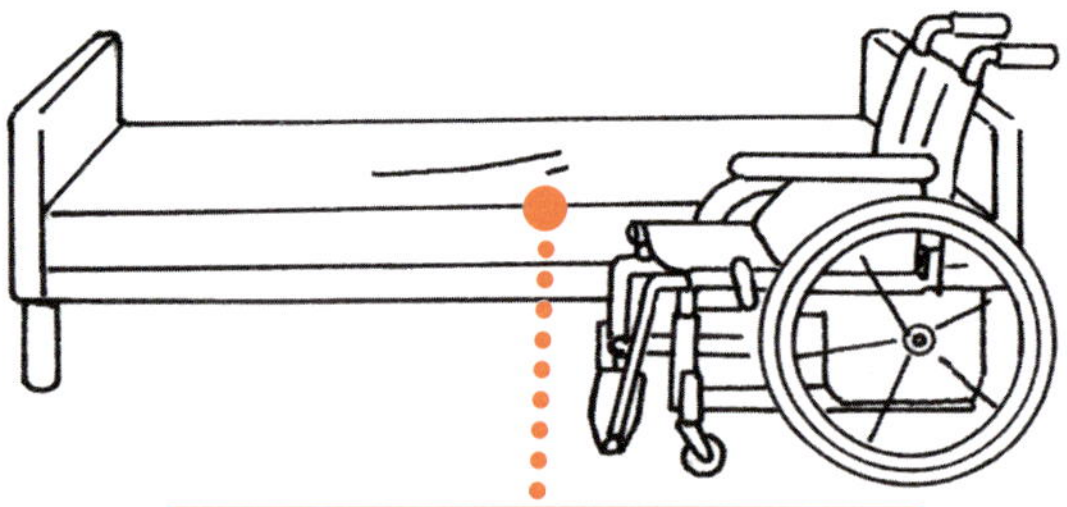

ベッドの高さを調節する

高さが調節できるタイプであれば移乗がより楽になります。車イスに移るときは高め、ベッドに戻るときは低めにします

2 組んだ腕を固定する

要介護者に腕を組んでもらいます。からだを密着させてわきの下から手をまわし、組んだ両腕をしっかりとつかんで固定します

両腕をしっかりと組む

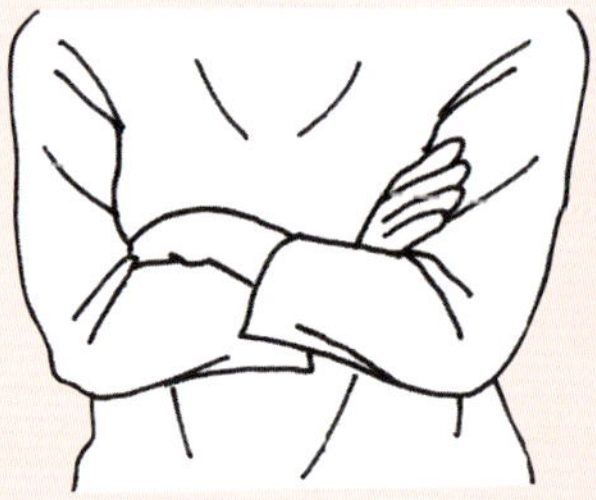

要介護者に両腕を組んでもらいます。マヒがある場合には、よいほうの腕で支えるようにしてもらってください。肩が固まっていて痛がる場合は無理をしない

前かがみがポイント

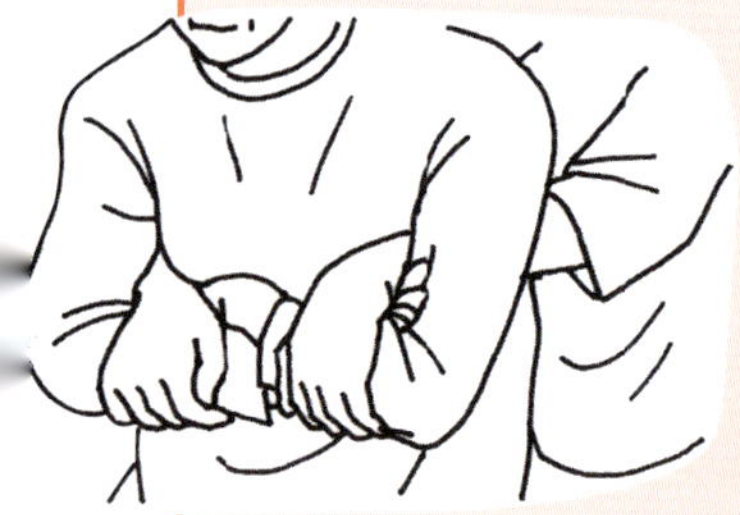

後ろから腕をくぐらせて組んでいる腕をつかみます。介助者はからだをしっかりと密着させ、上からおさえこむようにして前かがみになります。そのほうが、からだを持ち上げやすくなります

全介助の3条件

全介助が必要なケースは、本来、意識のない人や重度の障害の場合以外ほとんどありません。老化が進んでも両脚で自分のからだを支えることは可能ですし、片マヒでも片脚で立てないことはありません。まずベッドや手すりなど、まわりの条件づくりをして、半介助、一部介助を試みてください。

しかし、どうしても全介助が必要な場合、3つの条件を守ってください。まずは、一人では行わないこと。大人一人の全体重を支えるのですから介助者が腰を痛める可能性がありますし、要介護者自身も恐がります。2人介助を心がけましょう。

2番目は、移乗に適した車イスを選んでください。ひじ当てとフットレストがとり外せるタ

3 密着させて前かがみに

要介護者が恐がらないようにしっかりとからだを密着させて前かがみ状態になってから、からだをゆっくりと持ち上げるようにします

4 呼吸を合わせて移す

前にいる人はひざの上あたりを持ち、二人で抱えて車イスへ移します。ベッドより車イスのシートが低ければ、力は一瞬しか必要ありません

5 姿勢を安定させる

横移動で車イスに乗り移らせても、姿勢が安定するまで手は離しません。要介護者が恐がってしまいます

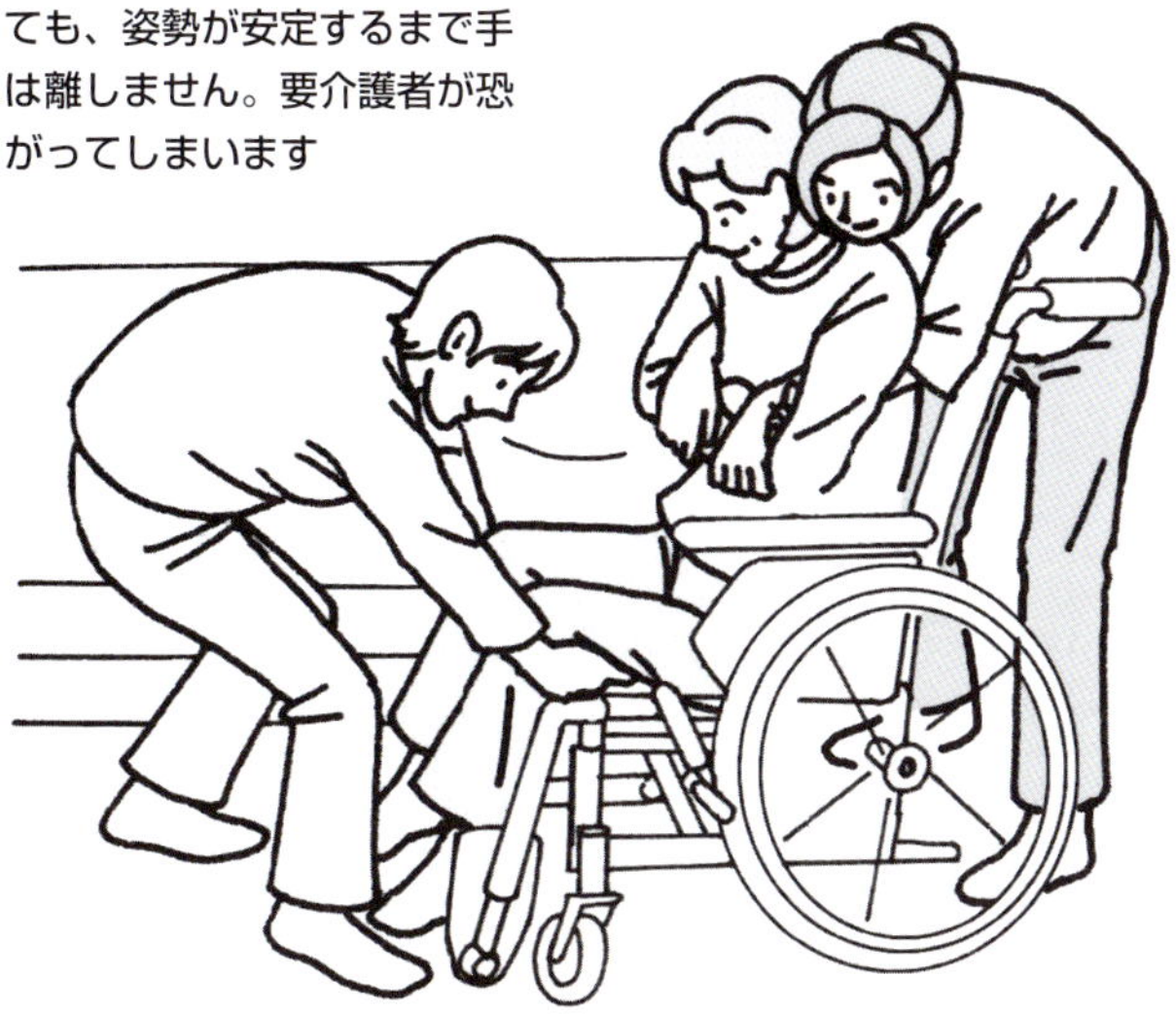

片脚をベッドにのせる

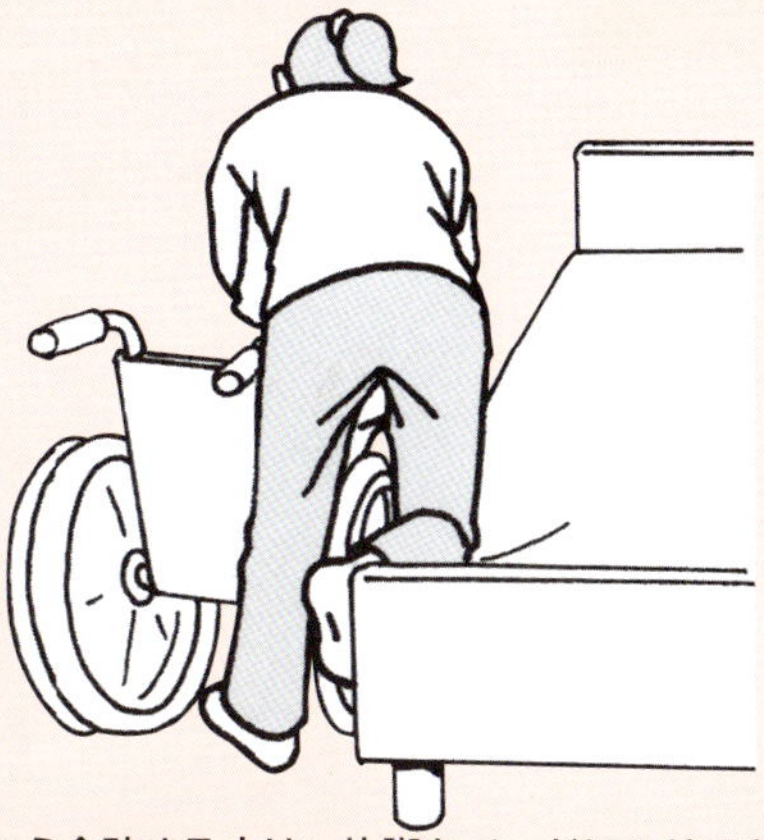

後ろから介助する人は、片脚をベッドにのせておくと前かがみになっても力が入れやすく、安定した状態で要介護者のからだを持ち上げられます

イプのものがおすすめです。

3番目はベッドの高さです。ベッドの高さを車イスのシートに合わせます。からだを上に持ち上げる必要がなくなり、横移動が楽になります。

装飾品は外す

全介助は、からだを密着させることが多いものです。要介護者の皮膚を傷つけないために、シャツの胸ポケットに何も入れないのはもちろんのこと、名札やその他の装飾品も、あらかじめ外しておきます。

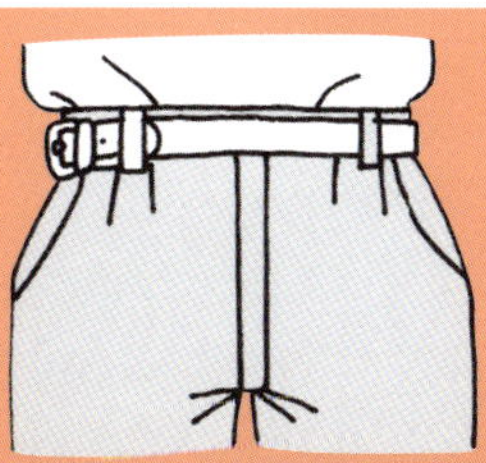

ベルトのバックルなども注意が必要です。横にずらしておくといいでしょう

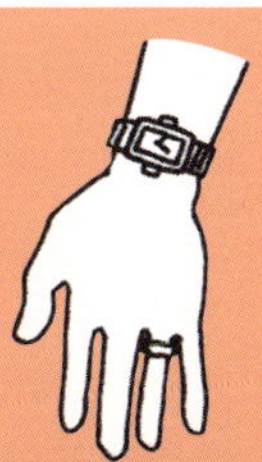

からだにふれることの多い手に指輪や時計があると、傷つける危険性が大きくなります

第11章 床からの立ち上がりの自立法と介助法

11-1 床からの立ち上がり

床から立てさえすれば……
なぜ、床から立ち上がるのが難しいのか

床から立ち上がる

日常生活動作が自立していて歩くのに何の支障もない高齢者でも、一度床にすわってしまうと立ち上がるのが難しくなります。力の弱った人や障害のある人であればなおさらのこと、床から立ち上がるのが非常に困難になります。その原因の一つは、病院や施設をはじめとする、イスやベッドを使った生活様式に慣れてしまったためです。

ある施設でこんなエピソードがありました。朝早い時間に80歳代の女性が洗面所で足をすべらせ床にすわりこんでしまいました。事態に気がついた夜勤明けの寮母さんが飛んできて、両脇を後ろから引き上げて立ち上がらせようとしましたが、力およばずついには日勤者がくるまで、そのままの状態で待っていたということです。

高齢者に合ったパターンさえわかっていれば、こういう事態は起こりません。この章では、高齢者に適した床からの立ち上がりパターンを見つけていきます。

床から立つのは難しい

✕ これでは立てません

後ろから引き上げる

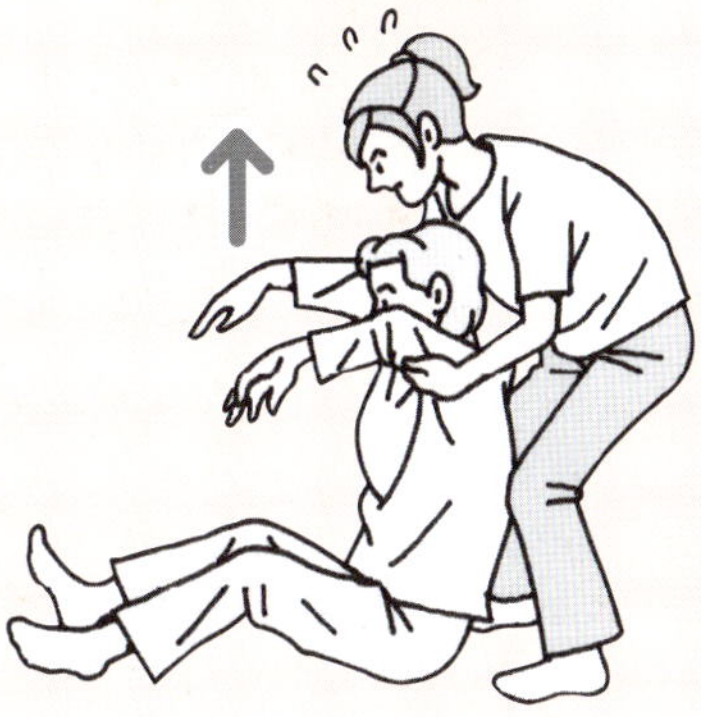

前から引っぱる

手すりを持つ

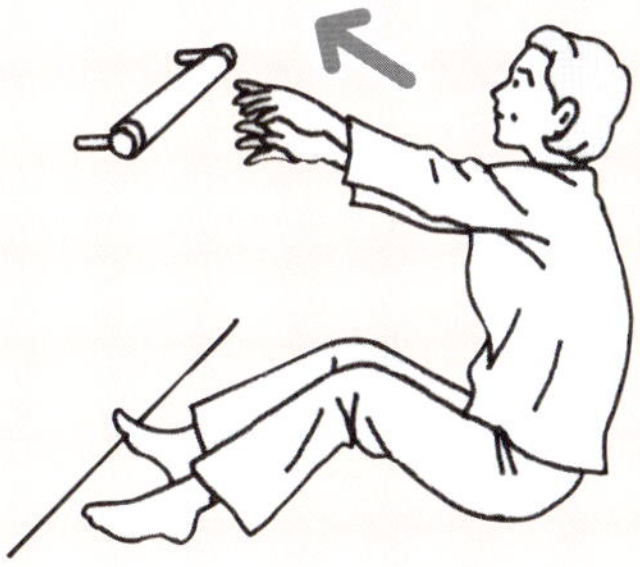

コタツに入ってお鍋を囲む家族の団らん

冬の家庭の一コマです。床から立ち上がることさえできれば……

下に降りられたらなあ。でも降りたら立てないし……
おばあさんといっしょに食べたいけれどベッドに上げるのはたいへんだからなあ…

11-2

床から立つ（1）

横ずわりは難しい

高齢者の立ち上がりを難しくしている理由

老人になったつもりでやってみる

1 体重を2倍にする

ひざを伸ばした状態で床にすわります。背中に同じくらいの体重の人を背負い、立ち上がる準備をします

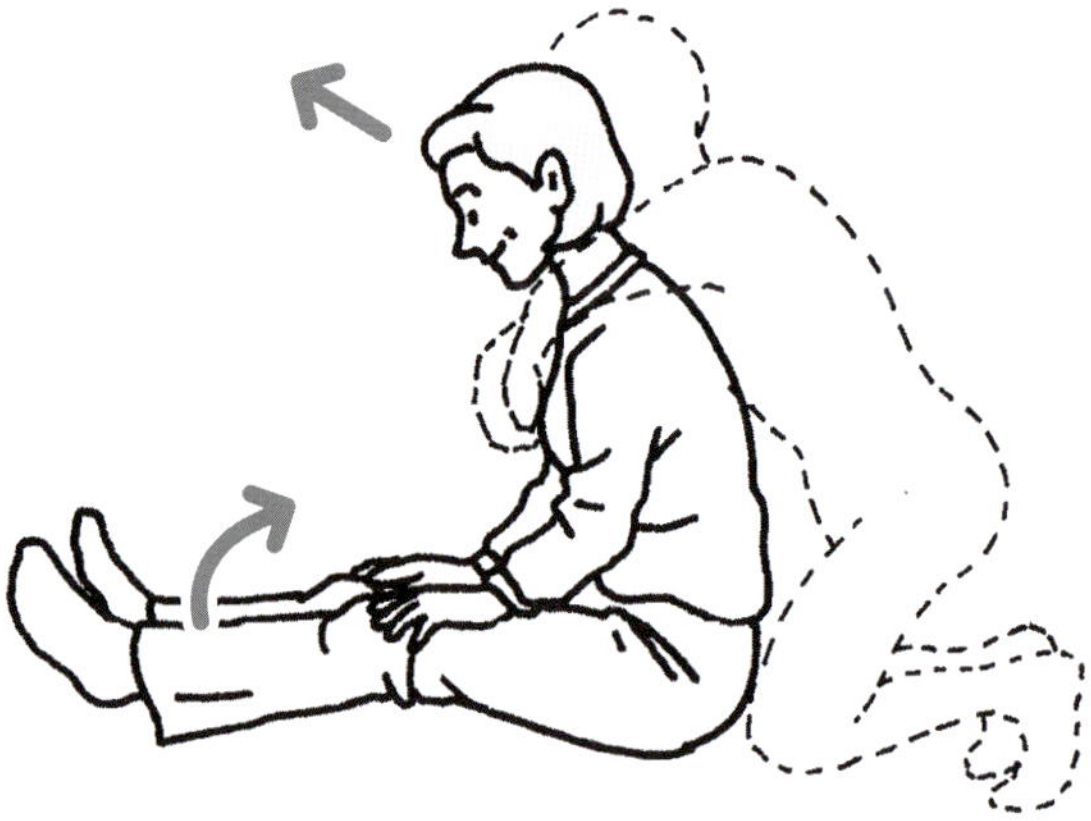

2 足を横に曲げる

まず前かがみになって手は床を押しています。次に足を横に曲げて、斜め上方向に立ち上がろうとします

老人は横ずわりがしづらい

簡単にみえますが、老人には難しい姿勢です

若い人の立ち上がり方

ひざを伸ばした状態からの立ち上がりです

ひざを曲げて手で床を押し、からだを支える

上体を前に倒しながらお尻を持ち上げる

ひざを伸ばし立ち上がる

高齢者のパターンを体験する

高齢者に適した床からの立ち上がりのパターンを見つけるには、日頃、高齢者が行っている立ち上がり動作を知ることが必要です。まずは力が弱った高齢者の床からの立ち上がりを実際に体験してみましょう。

方法としては、体重が同じくらいの人を背負って、力を半減させることで再現します。ふだん何げなく行っている立ち上がりが、負荷をかけることでたいへんな重労働になります。

上図の②から⑧の動きを見てみると、立ち上がるのにてこずってはいても、若い人は直線的な立ち上がりになっています。これでは高齢者に適したパターンに応用はできません。もうひと工夫する必要があります。

3 這《は》う姿勢になる

背中の人の体重がかなりの負荷になって、すぐには立ち上がれないので、這う姿勢になります

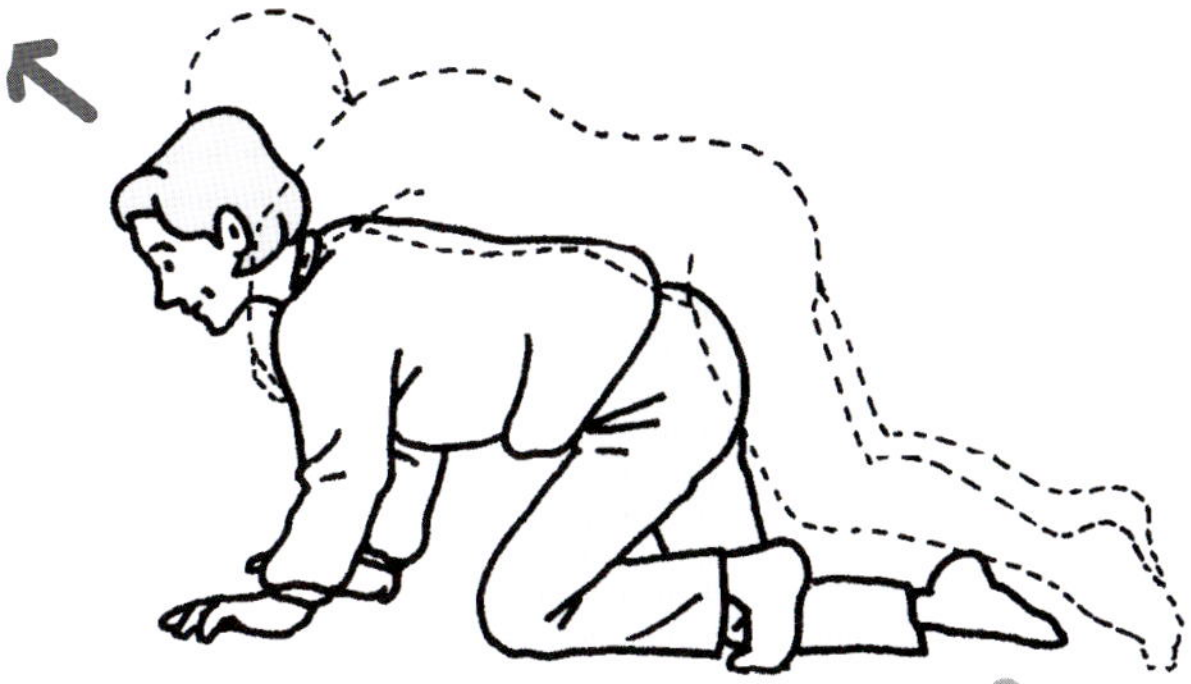

4 片ひざを立てる

両手をついて頭を前につき出し、片ひざを立てます。両手に体重をかけて腰を浮かせはじめます

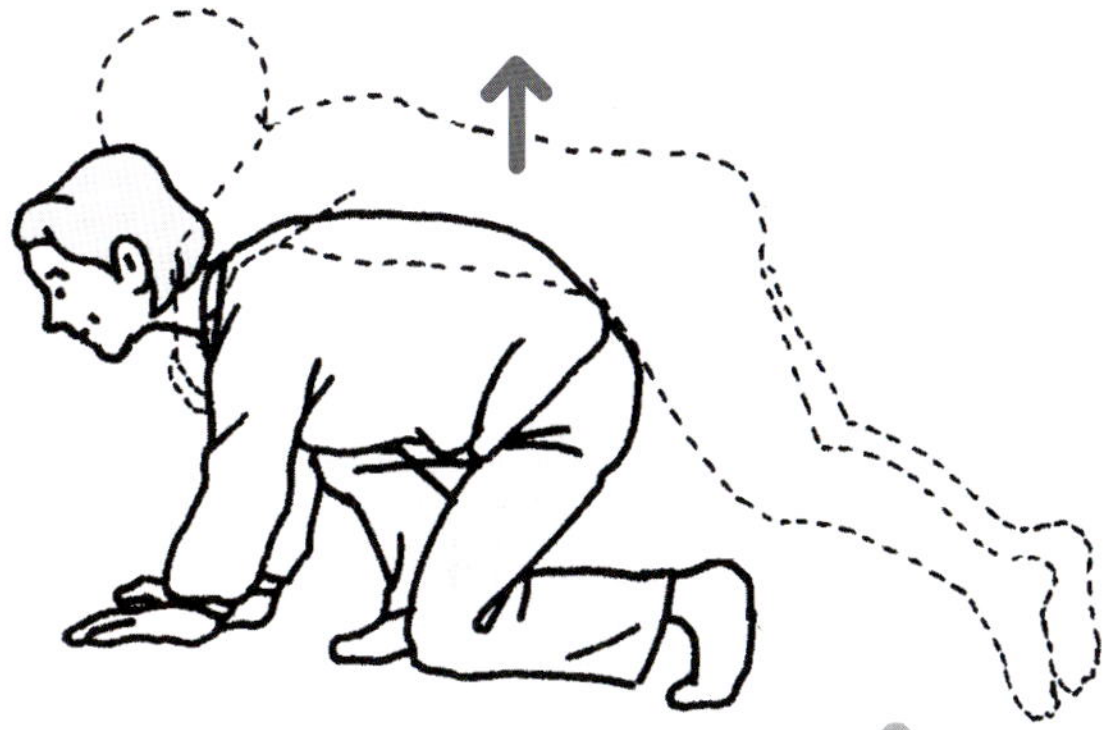

5 高《たか》這《ば》い位《い》になる

両手両脚を伸ばしはじめます。腰はほぼ上がりましたが、両手両脚で背中の体重を支えている状態です

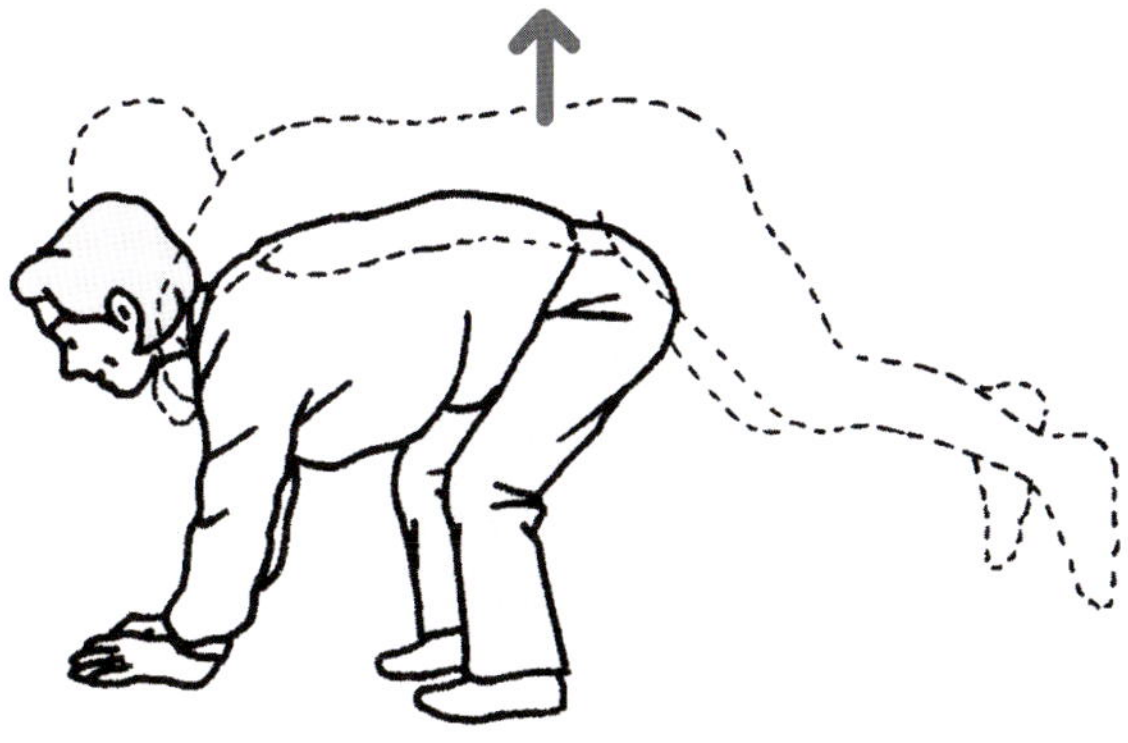

6 重心を移動する

両手にかかっていた体重を脚のほうに移動させて、片手を床から離してひざにおいています

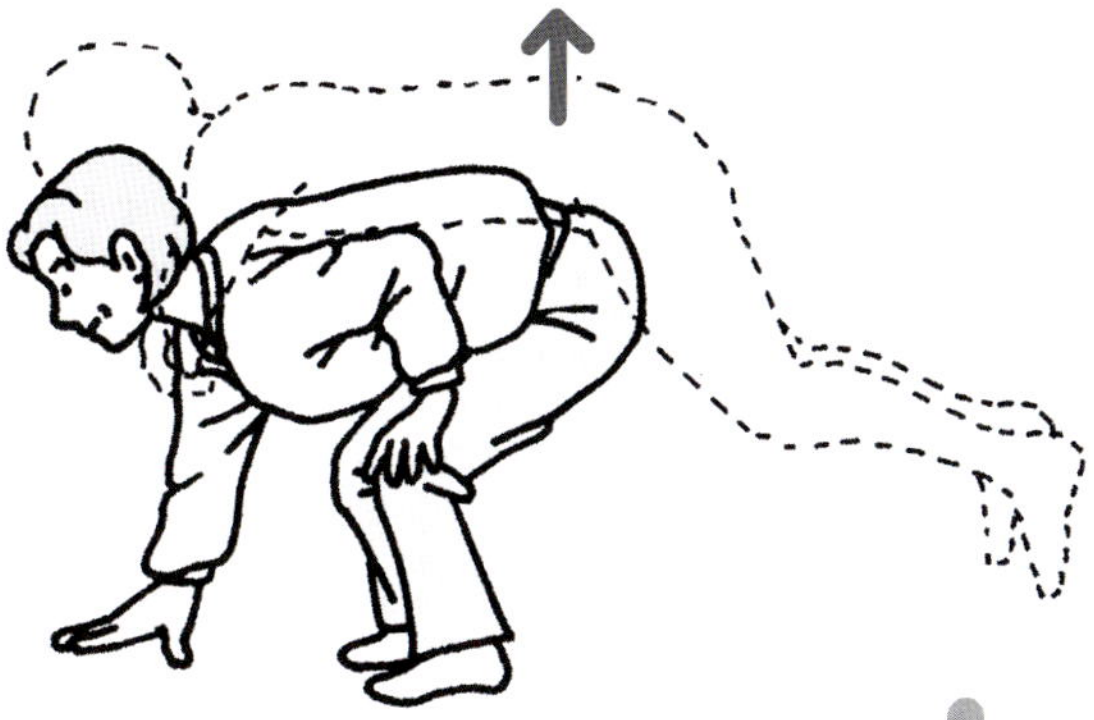

7 脚と手で上体を支える

両手を完全に床から離し、その手をひざにおいて、脚といっしょに上体を支えている状態になります

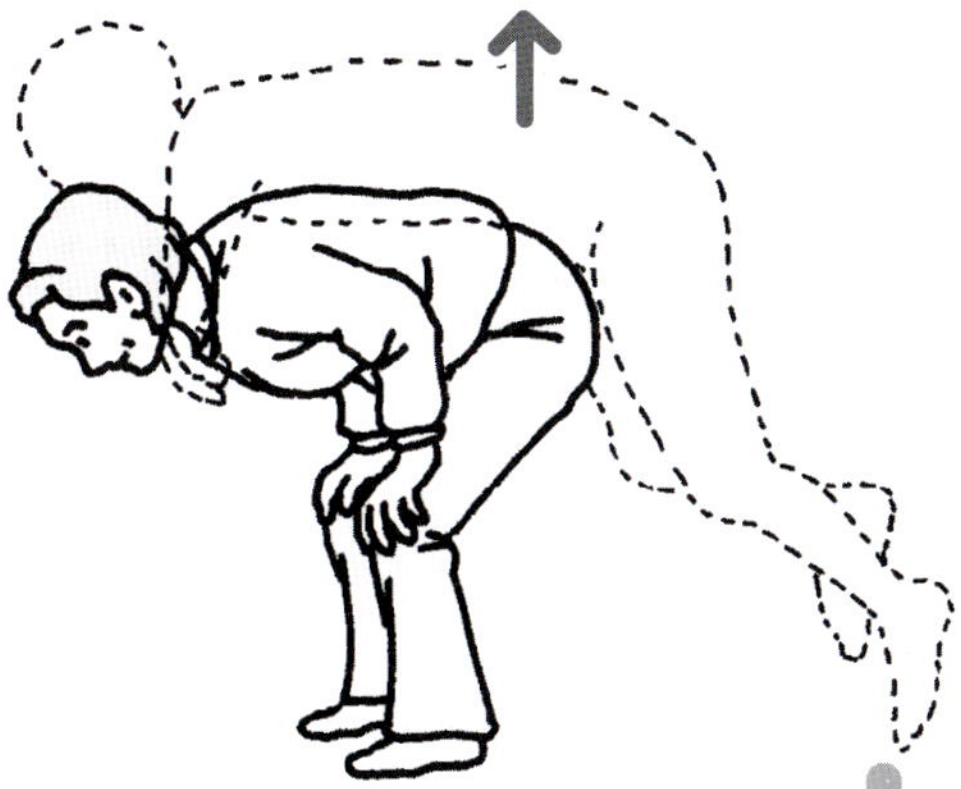

8 これで立ち上がり

曲げている両ひざ両ひじを伸ばし、全身を使って、上体を徐々に起こします。これでやっと立ち上がりです

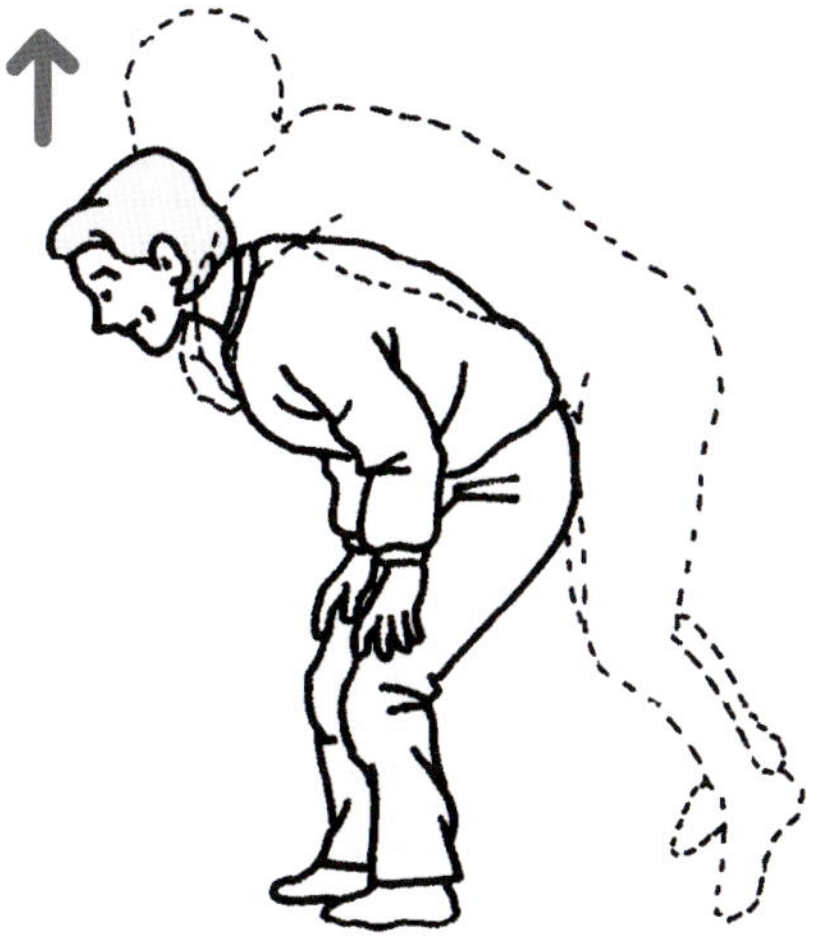

11-3

床から立つ（2）

これなら立てる

ひざを伸ばしたままからだをねじるのがポイント

楽な立ち上がり方

❶ はじめは長坐位の姿勢

まずは準備体勢です。両脚をまっすぐ前に伸ばして長坐位の姿勢をとります

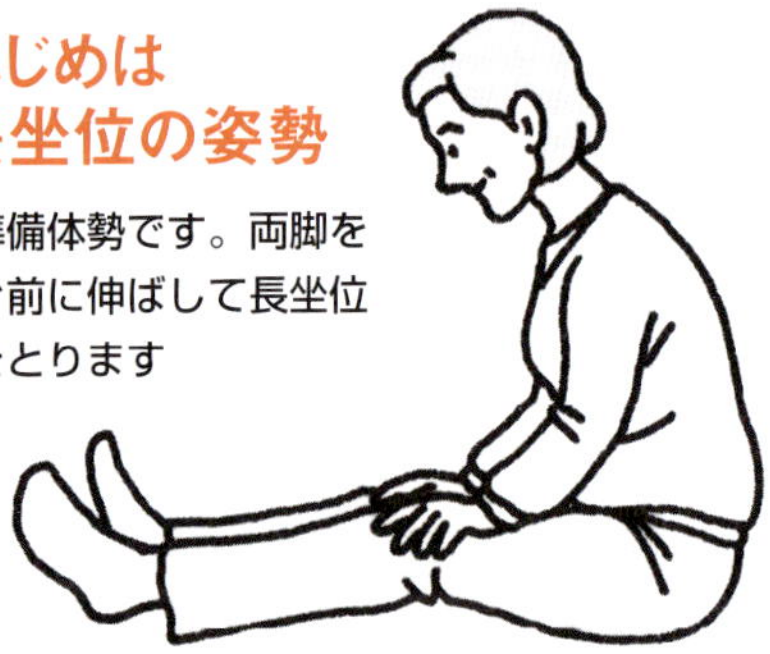

❷ からだをねじって斜め後ろへ

からだをねじり両手を床に着けます。斜め後ろ向きになっていきます

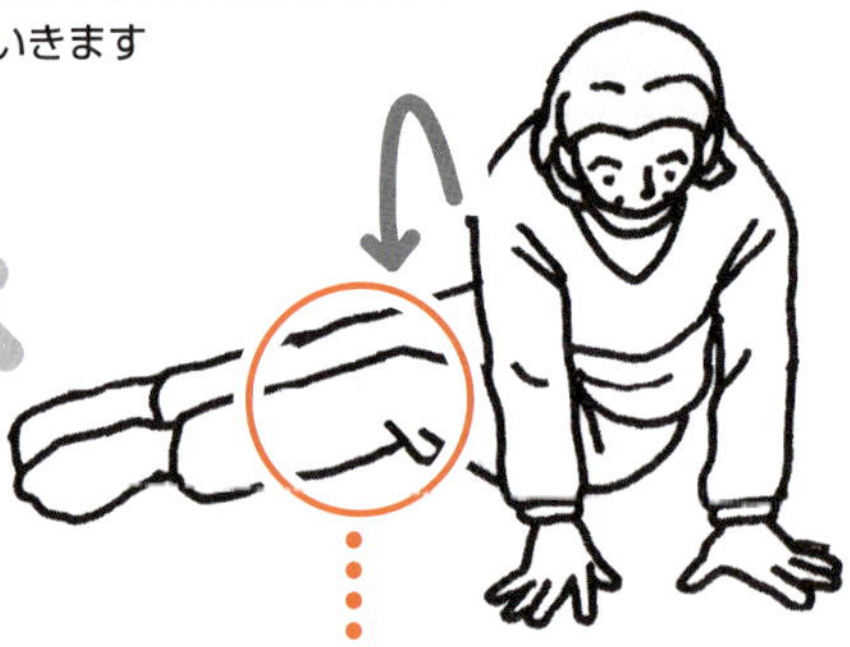

若い人なら両ひざを曲げて「横ずわり」になりますが、高齢者の場合はひざを軽く曲げるだけで、からだを回転させて這う姿勢になります

❸ 這う姿勢に

腰を完全にねじりきり、両手・両ひざを床に着いて、からだを這う姿勢にします

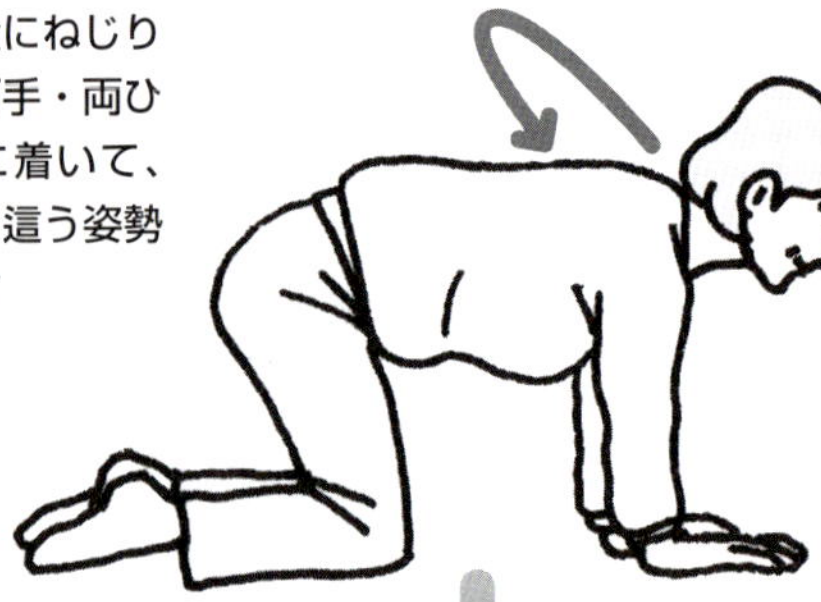

❹ ひざを立てる

からだを少し前に突き出し、重心を両手に移して、片ひざずつ立ち上がっていきます

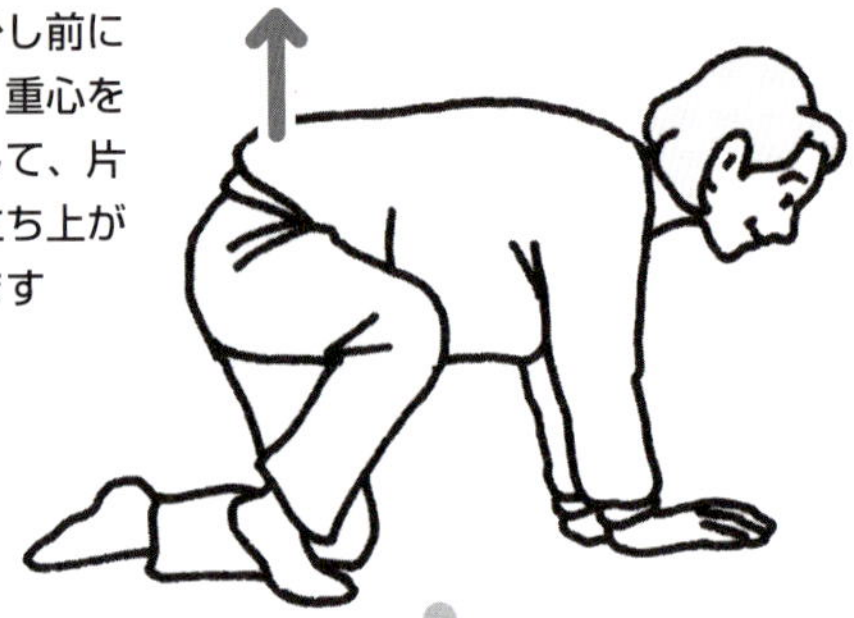

❺ 高這い位の姿勢に

両ひざを床から完全に立ち上げて高這い位の姿勢になります。両手は床に着けたままです

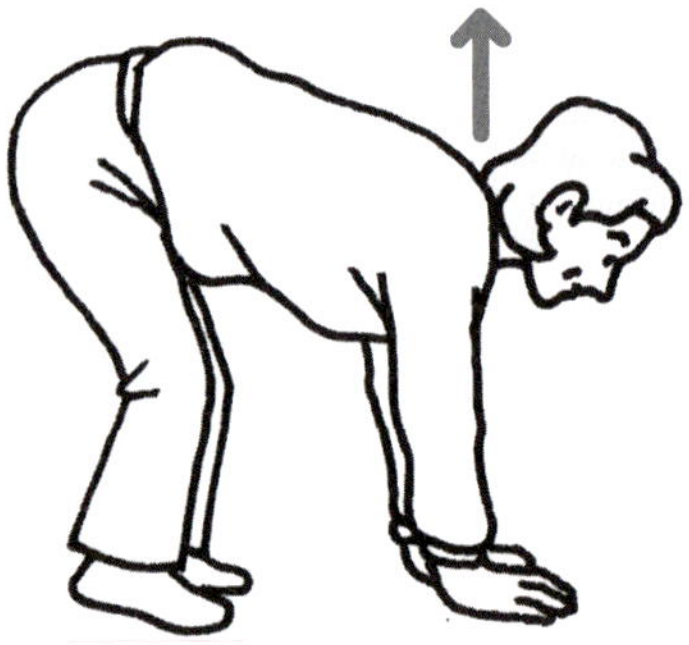

床から立ち上がる

前項では、高齢者になったつもりでの「床からの立ち上がり」を解説しました。この項では、その一連の動きをもとにして、あらためて高齢者のための「立ち上がり」を説明します。

まずスタートはいっしょです。脚を投げ出して長坐位《ちょうざい》の姿勢になります。次に「横ずわり」でしたが、これは高齢者にとって非常に難しい坐位《ざい》なので、その代わりに腰をねじりながら、からだを横に向けて這《は》う姿勢になっていきます。この「ねじり」が、高齢者の立ち上がりを助けてくれます。

そして、そのあとの動作は前項と同じで、這う姿勢から両手を伸ばして、高這《たかば》い位《い》になり、片手ずつ床から離して、立ち上がっていきます。

片マヒの人の場合

1 長坐位の姿勢をとる

まずは両脚を前に伸ばして、長坐位の姿勢になります。特に両脚をそろえておく必要はありません

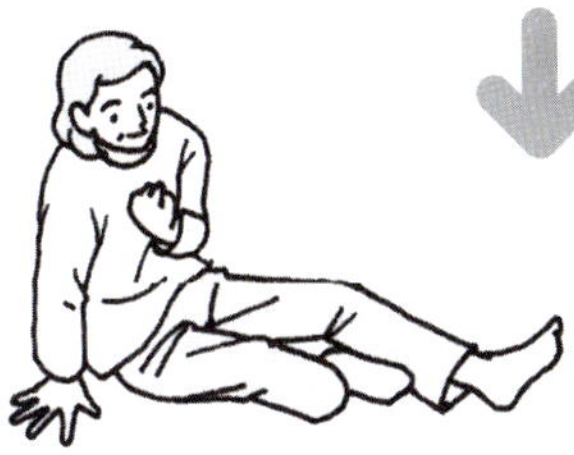

2 あぐらを組むように

マヒのない手を床に着けてからだを支え、マヒのない脚はあぐらを組むようにして曲げていきます

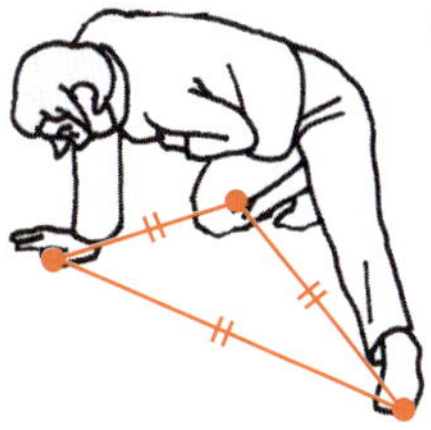

3 3点で支える姿勢に

マヒのない手を斜め前に出しながら勢いをつけてお尻を上げて、手、ひざ、足の3点で支えます

4 ひざを離して高這い位に

マヒした脚でからだを支え、マヒのない脚を立て高這い位になります

5 上体を起こしはじめる

床に着いた手をからだに徐々に引き寄せて、上体を起こしはじめます

6 脚を引き寄せる

完全に上体を起こし、マヒした脚をマヒのない脚に引き寄せます

6 上体を起こしたら

両手を徐々に手前に引き寄せて上体を起こしたら、手は床から離してひざにおきます

7 床から立ち上がる

曲げていた腰、ひざを徐々に伸ばしながら、完全に上体を起こして立ち上がります

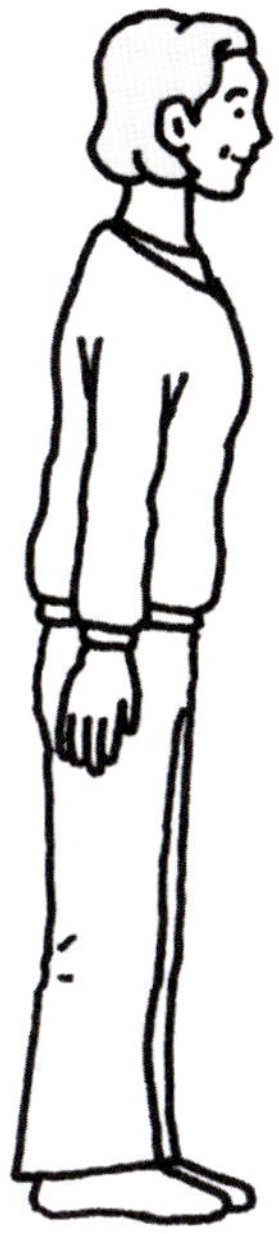

高齢者の苦手な坐位

「横ずわり」は男女ともに苦手ですが、「あぐら」は女性が苦手です。逆に男性がだめなのが、脚を左右に開く「とんびすわり」です

point からだをねじる動作は、コタツから這い出すときの動きと同じです

3点で支えるのがポイント

片マヒの人の場合でも、基本動作は「楽な立ち上がり方」と同じですが、マヒした手は使えないので、這う姿勢はとりません。その代わり、マヒのない手、ひざ、足の3つのポイントをつなぐ線が正三角形に近くなるようにして、からだを3点で支える姿勢になります。

からだの向きを変えるときは、腰をあまりねじらないようにして、手は斜め前方のなるべく遠いところに着きます。マヒのない脚はあぐらを組むようにして、頭を下げてお尻を上げて、手、ひざ、足の3点で支えます。

次にその状態から、床に着いた手とマヒした脚でからだを支えて、ひざを着いているほうの脚を立たせ、高這い位になります。この動作は、からだを支えきれないことがあるのですばやく行ってください。マヒした脚がずれてしまうこともあるので、あらかじめ、脚が動かないようにタンスや壁などでブロックしておくといいでしょう。

11-4

床から立つ（3）

力が足りない場合

効果的な補助のポイント

介助のしかた

1. 両手を前に出してもらいます
2. 両手を横に着いてもらいます
3. 力を入れる方向を指示します
4. お尻を上げます

腰をちょっと持つ
腰をちょっと持って、力を入れる方向（斜め上）に少し押し出します

頭は下向きにする
頭を下向きにすると、お尻が浮き上がりやすくなります

台を使って

1. からだの後ろ（手を着きやすい位置）に台をおきます
2. 両手を横に着いてからだをねじり、向きを徐々に変えます
3. お尻を上げて、這う姿勢になります
4. まずは片手を床から離し、台の上にのせます

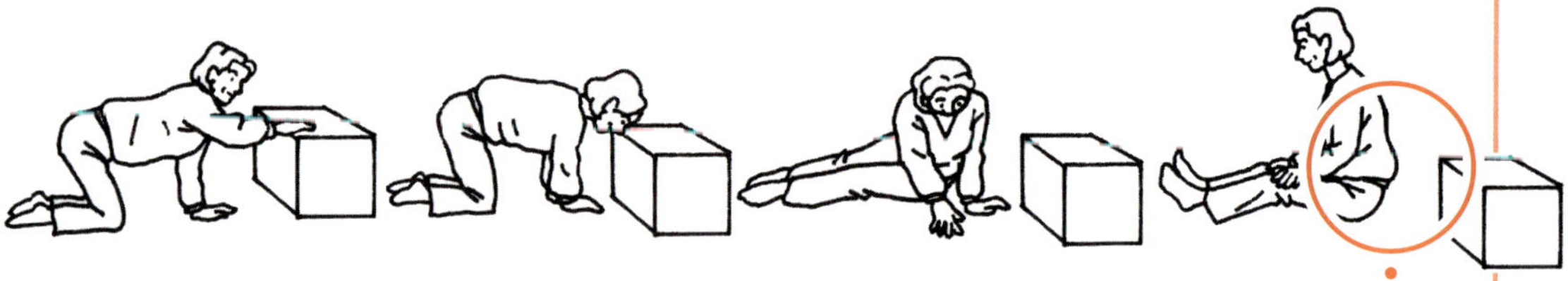

台の位置とからだの間隔
後ろ向きになったとき、手が着きやすい位置に台をおきます。近すぎて頭をぶつけたり、遠くて手が届かなかったりしては困ります

✕ 台を前や横におい てはいけない

床から立ち上がるときのポイントはからだのねじれです。台が横ではまっすぐに立たなければいけなくなり、立ち上がりが困難になります。前にあっては、からだをねじって這う姿勢になるパターンを壊してしまいます

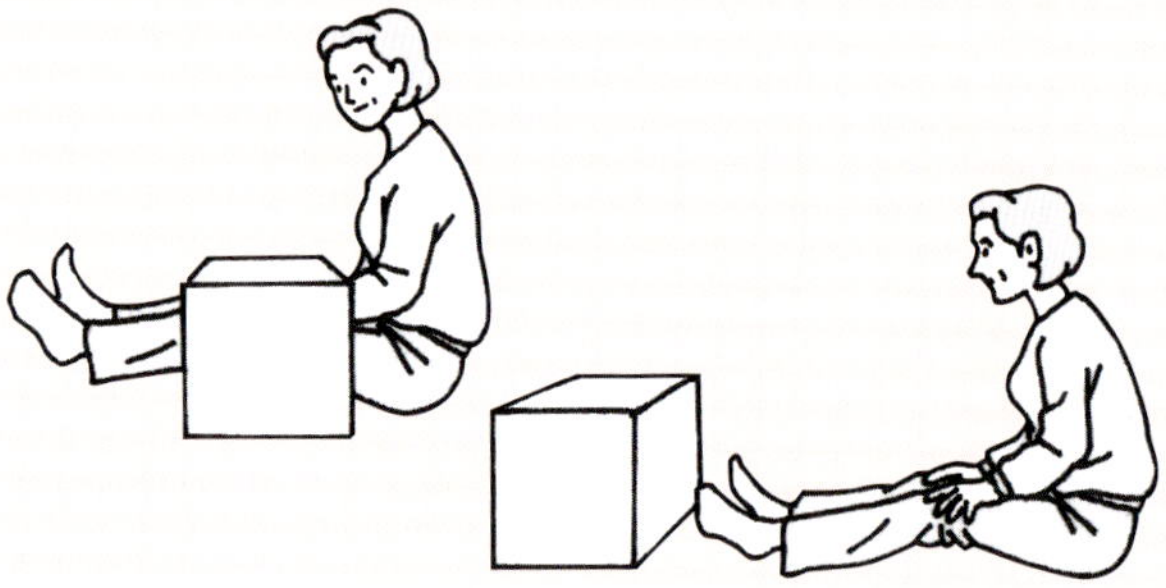

5 這う姿勢になります

6 まず片ひざを立てます

7 もう片脚も立てて高這い位に

8 床から片手ずつ離してもらいます

9 立ち上がります

腰は支えるだけ

腰は手で持って支えるだけにします。絶対に引っぱり上げてはいけません

腰を引っぱり上げない

介助するとき、決して腰を引っぱり上げないでください。状態が不安定になります。いざというときのために、支えているだけで十分です

離した手はひざに

床から手を片方ずつ離してひざの上におき、徐々に背すじを伸ばします

5 もう片方の手も台の上にのせます

6 両手を着いたら、片ひざずつ立てていきます

7 両手でからだを支えて、両ひざを徐々に伸ばします

8 立ち上がります

一歩踏み出す

片ひざ立ちする際、一歩前に踏み出して行うと立ちやすくなります

台に足を近づける

ひざを伸ばしながら徐々に台に近づければ、台から手を離しやすくなります

point 台は真後ろではなく横向きになる側の後方150度あたりに

ポイントをおさえて介助する

調理や車の運転など、しばらくしていないと感覚がにぶってきます。床から立ち上がれない人も単に力が弱っているだけではなく、からだの向き、力を入れる方向などの感覚自体を忘れていることが多いようです。力はあるのですから、その感覚をとり戻せるように少し力を貸してあげれば、立ち上がりもそれほど難しくはありません。

介助する場合、からだが感覚を思い出すように、腰を持って要所、要所で指示を与えながら誘導していきます。ただし、絶対に腰は引っぱり上げないでください。状態が不安定になり、動きがとれなくなります。軽く添える程度で十分です。

また、介助の必要はないが、這《は》う姿勢から上体を起こすのにちょっと不安定になる場合は、高さ40cmほどの台を使って立ち上がります。台に手を着けば状態が安定して、無理なく立ち上がれます。

11-5

床にすわる

立った姿勢から床にすわる

すわるときには最初に手を着くのがポイント

立ち上がりの逆パターンで

立ち上がるときには正しいパターンでできているのに、その逆である床にすわる場合、お尻から床に着けようとする人が多いようです。立った姿勢から、いきなりお尻を着く動作は直線的な動きになるので、高齢者には向きません。勢いがついてひっくり返る可能性があり、とても危険です。

「立ち上がり」と「すわる」は、同じパターンの逆の動きでなければなりません。からだを床に着けるのは、①手→②ひざ→③お尻の順です。もし最初に手を着くのが恐いようなら、40㎝ほどの高さの台を使うと、かなり楽にできます。

楽なすわり方

1 足と足の間をあける

足と足の間を少しあけた姿勢から、徐々にひざと腰を曲げていきます

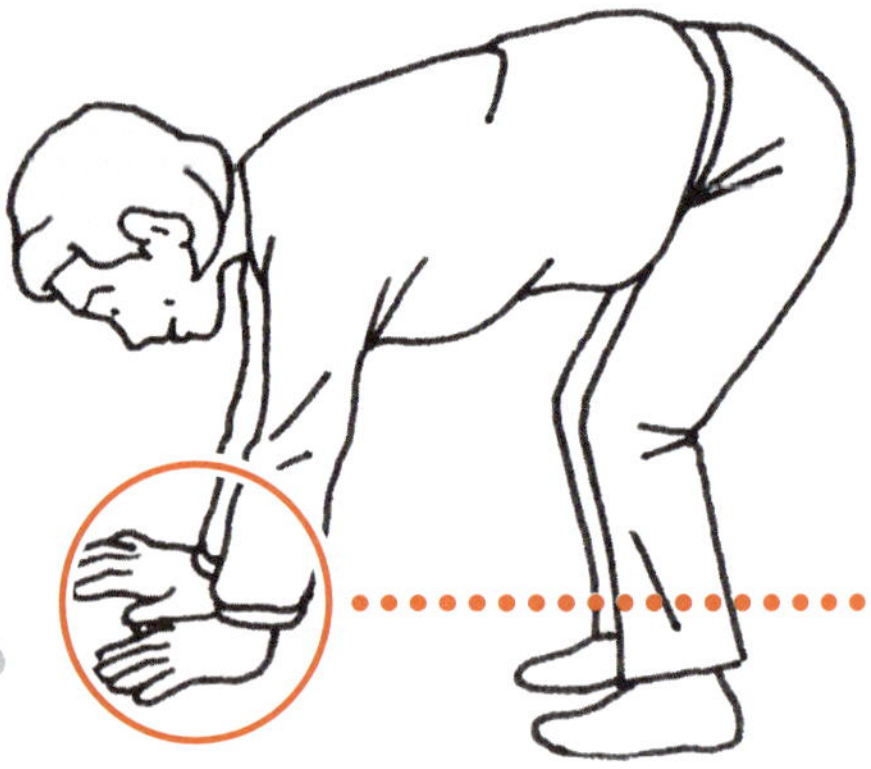

2 両手を床に着ける

ひざと腰を曲げて低い姿勢になったら、思いきって両手を床に着けます

3 片脚ずつひざを着く

しっかりと両手を床に着けたら、その手でからだを支えて片脚ずつひざを床に着けていきます

台を使った場合

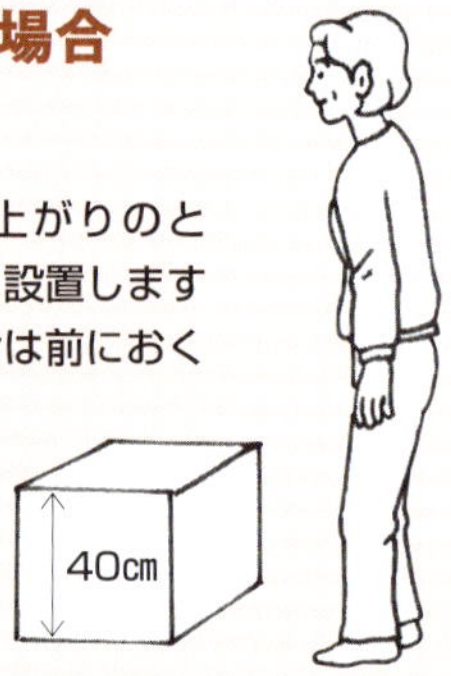

床からの立ち上がりのとき、台は後ろに設置しますが、すわる場合は前におくようにします

手を着いたらひざを曲げて片脚ずつ床に着き、両ひざが床に着くまで手は着いたままにします

4 這《は》う姿勢になる

這う姿勢になったら上体を手で支え、徐々にからだをねじってお尻を床に着けます

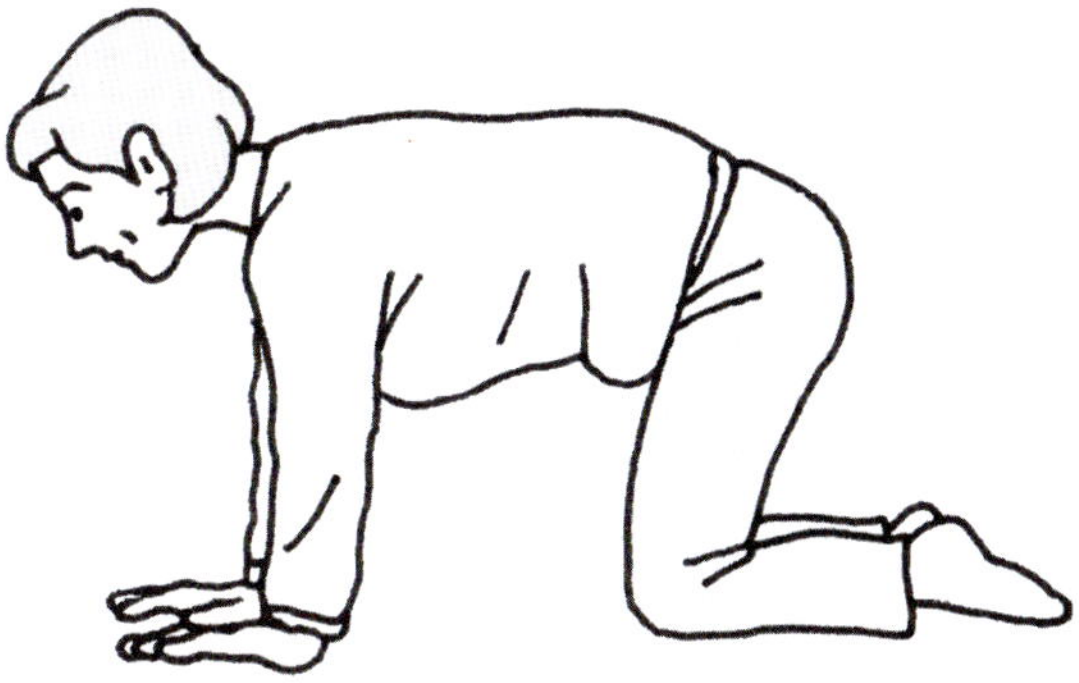

5' 正座になるのなら

④の体勢から手を徐々に手前に引き寄せ、お尻を落としていきます

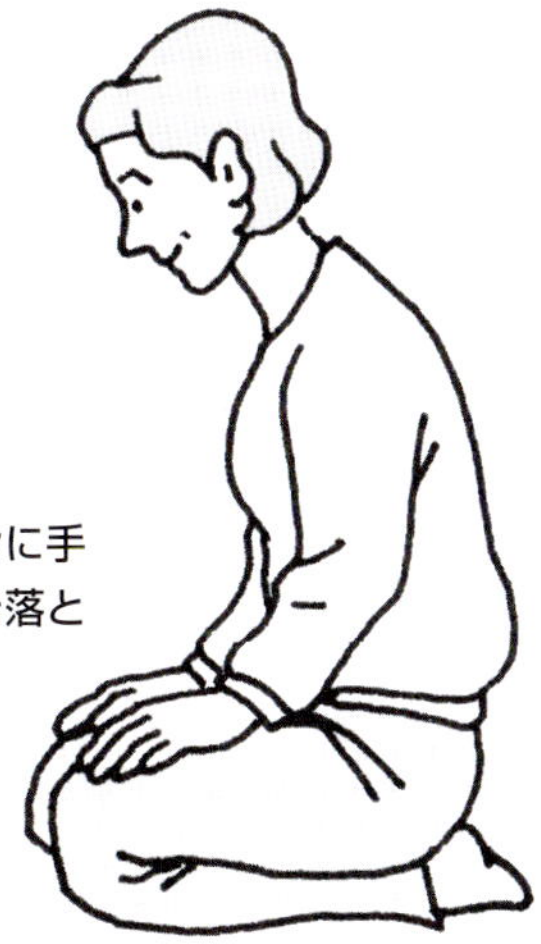

5 ねじったからだを戻す

お尻がしっかりと床に着いたら、ねじれているからだを正面に向けていきます

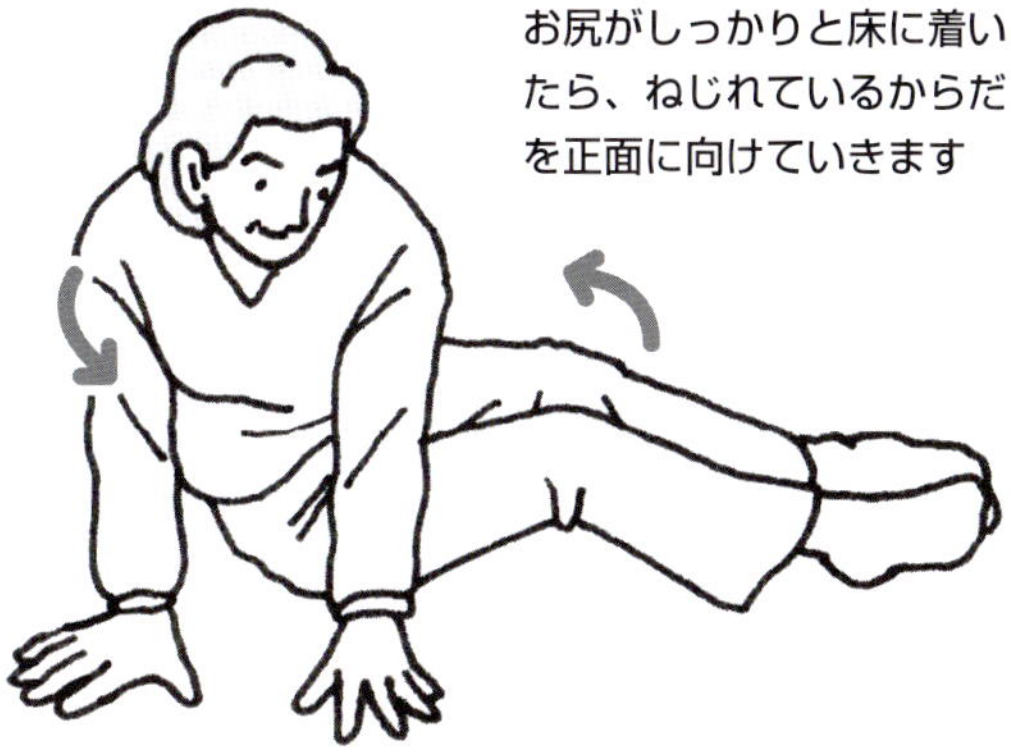

6 床にすわる

手をひざの上において、脚もまっすぐに伸ばして、長《ちょう》坐《ざ》位《い》の姿勢になりました

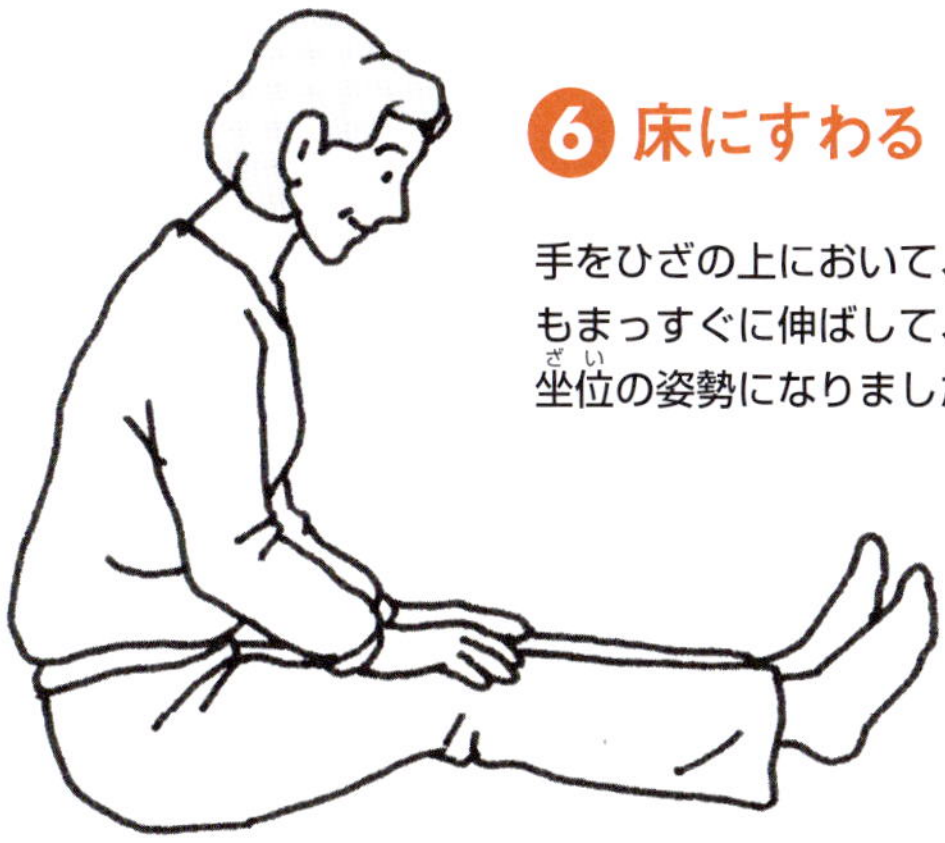

✕ お尻からすわってはいけない

1 立った姿勢から

上から下への直線的な動きなので、勢いをつけてすわろうとしてしまいがちです

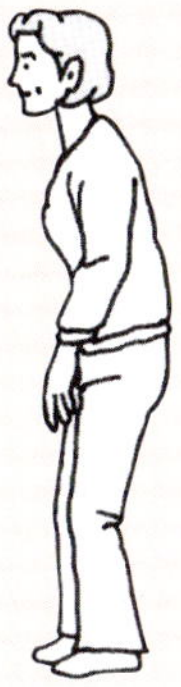

2 ひざを曲げる

徐々にひざを曲げはじめます。ここまでは勢いもあるので、比較的楽にできます

3 しゃがみこむ

しゃがんだ状態になりました。ここからお尻を床に着けるのが意外と難しいです

4 お尻を着ける

注意してお尻を床に着けないと、バランスをくずしてひっくり返ることがあります

人の姿勢と動作のまとめ

寝返りから歩行までの基本の流れ

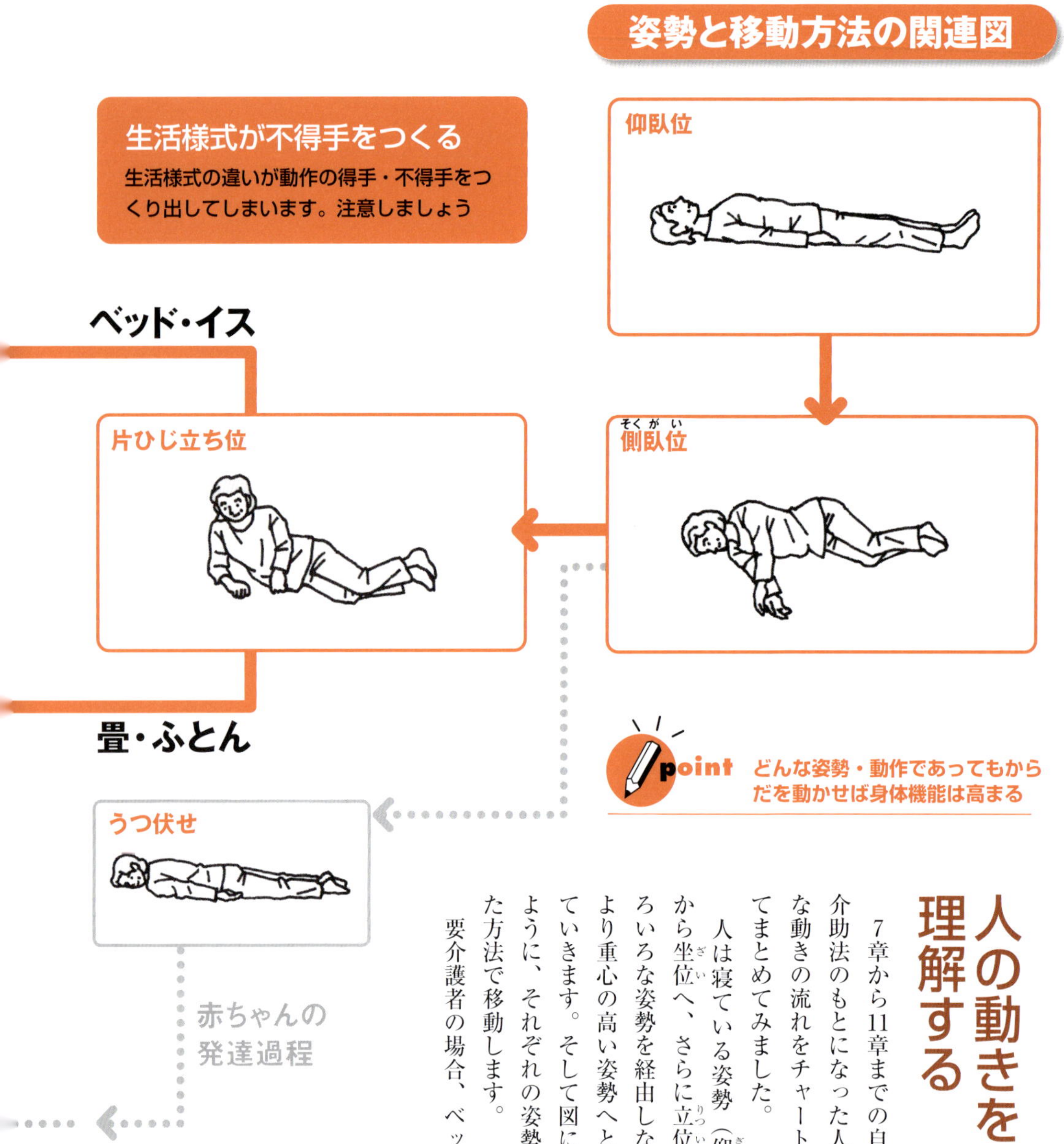
姿勢と移動方法の関連図
生活様式が不得手をつくる
生活様式の違いが動作の得手・不得手をつくり出してしまいます。注意しましょう
仰臥位
側臥位《そくがい》
片ひじ立ち位
ベッド・イス
畳・ふとん
うつ伏せ
赤ちゃんの発達過程

point どんな姿勢・動作であってもからだを動かせば身体機能は高まる

人の動きを理解する

7章から11章までの自立法と介助法のもとになった人の自然な動きの流れをチャート図にしてまとめてみました。

人は寝ている姿勢（仰臥位《ぎょうがい》）から坐位《ざい》へ、さらに立位《りつい》へといろいろな姿勢を経由しながら、より重心の高い姿勢へと移行していきます。そして図に示したように、それぞれの姿勢に応じた方法で移動します。

要介護者の場合、ベッドを使っているか、ふとんを使っているか、その生活様式の違いがこれらの動作に影響します。

ベッドやイスを使う環境に長くいると「床から立つ」「床にすわる」機会が少なくなり、その動作自体を忘れてしまうことが多いようです。

逆に畳やふとんを使う、床に密着した生活では、「ずったり」や「這《は》ったり」といった移動が活発になってきます。しかしこれらの動作は、場所によっては誤解を招きます。ベッドやイスを使う病院や施設などでは、この一連の移動方法が「徘徊《はいかい》」と映ってしまうようです。

しかし、「坐位移動」「這う」「ひざ歩き」は、要介護者にとって重要な訓練になります。身体機能を高めると同時に、いつまでも歩行するための最良で安全な方法です。要介護者ばかりではなく、赤ちゃんもそんな過程を経て成長していきます。

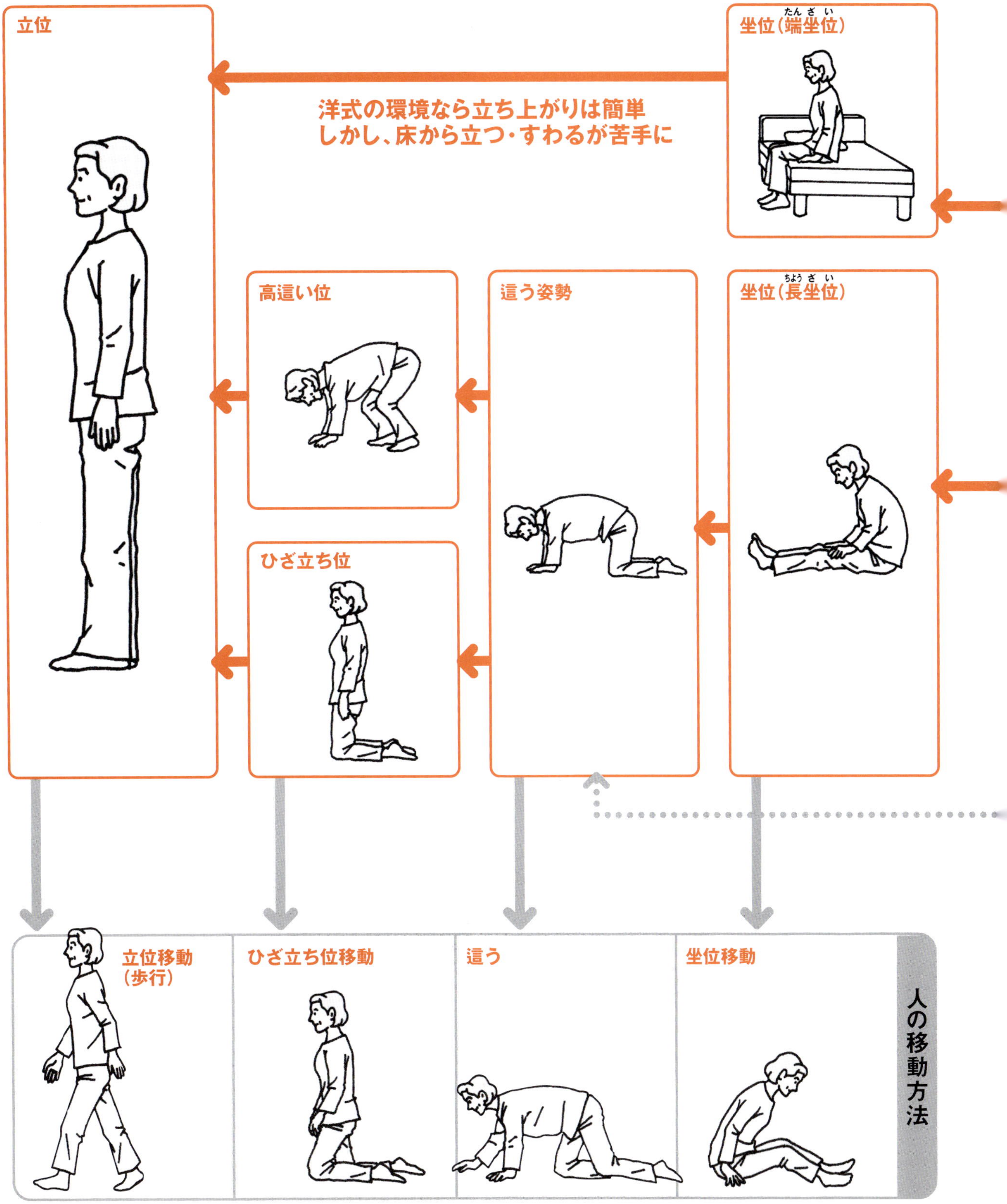
立位
坐位（端坐位《たんざい》）
洋式の環境なら立ち上がりは簡単
しかし、床から立つ・すわるが苦手に
高這い位
這う姿勢
坐位（長坐位《ちょうざい》）
ひざ立ち位
立位移動
（歩行）
ひざ立ち位移動
這う
坐位移動
人の移動方法

154頁より続く

介護関連用語集 ❷

ケアマネジメント
ケアマネジャーが介護保険で要介護と認定された人に対して、適切な介護サービスを組み合わせてケアプランをつくり、そのケアプランに基づいた介護サービス業者との連絡・調整をすること

経管栄養《けいかんえいよう》
口から食物がとれなくなった人への栄養補給の方法。鼻から細いチューブを入れて、直接消化器官に栄養を注入する

ケースワーカー
社会生活を営むうえで問題などを抱える人たちのために、個々人の事情に応じて社会福祉の立場から助言や支援をする人のこと

健側《けんそく》・患側《かんそく》
脳血管障害などによりマヒが生じた場合、からだのマヒのある側（患側）とマヒのない側（健側）のこと

見当識《けんとうしき》
今いる場所や時間などの認識。痴呆の場合、この認識に障害が出ることがある

拘縮《こうしゅく》
長い間、寝たきりなどによってからだを動かさずにいたために、筋肉や関節が固まってしまって動かなくなること

骨粗鬆症《こつそしょうしょう》
骨の密度が低下するため骨がもろくなって骨折しやすくなる。閉経後の女性に多く見られる

細菌感染症
細菌による感染症のこと。代表的なものとして、結核、コレラ、腸チフスなどがある

在宅介護支援センター
在宅で介護をしている家族がわざわざ市町村の窓口を訪れなくても、気軽に専門家に相談ができ、必要な福祉サービスが受けられるように調整などをすることを目的とした24時間態勢のセンター

在宅3本柱
居宅サービスのうち、ホームヘルプサービス、ショートステイ、デイサービスの3つをいう

支援費制度
障害福祉サービスにおいて導入された障害者支援の制度。従来は行政側に決定権があったが、今後は利用者がサービスを選択できる

作業療法士(OT)
病気やけがなどで身体や精神に障害を負った人の生活動作回復と機能低下予防の訓練をサポートする専門家

自助具《じじょぐ》
障害があっても自力で行動できるようにするための補助具。車イスや歩行器などをはじめとして、生活全般にわたるいろいろな道具がある

社会福祉士
身体上、精神上、環境上の理由により日常生活を営むのに支障がある人の福祉に関する相談、助言、指導などの援助を行う専門家

褥瘡《じょくそう》
床ずれのこと。ずっと同じ姿勢で寝ているとからだの一部に圧迫や摩擦、血行不良のために炎症が起こる

シルバーマーク制度
厳正な審査を行い、介護サービス業者の質の確保と利用者への情報公開を目的とした民間の評価・認証制度

生活習慣病
いわゆる「成人病」のこと。食事、運動、喫煙などの生活習慣が関与している病気。代表的なものとして高血圧、糖尿病などがある

生活障害
本来、自発的に行われるはずの生活が、障害や老化をきっかけに受け身的になった状態のこと。要介護者が主体になる生活づくりのケアの必要性がいわれている

生活リハビリ
従来の治療的リハビリテーションではなく、老人や障害者が生活の主体として登場するための新しい方法論の総称。本書監修者の三好は「生活の中に専門的リハビリを解体していく方向性」と定義している。つまり、リハビリが不要な活動的な生活をつくること

清拭《せいしき》
清潔を保つために蒸したタオルや布を使って、からだをきれいに拭くこと

288頁へ続く

第4部

障害・症状を理解する

第12章 片マヒという障害を理解する

12-1

片マヒとは（1）

片マヒに伴う障害
手足の障害だけとはかぎらない

右マヒか左マヒか

脳卒中による片マヒとは、基本的にはどちらか一方の手足の運動機能がマヒすることをいいますが、それだけとはかぎりません。手足の感覚のマヒや構音障害（しゃべりにくくなる）などが起こっていることも多いのです。

また、右マヒと左マヒでは、障害の種類に違いが見られます。たとえば右マヒの人の場合、失語症という障害を伴うことがあります。一方、左マヒの人の中には、性格変容といって、以前からは考えられないほど人格・性格が変わってしまうケースが見られます。

このように、右マヒと左マヒでは現れてくる障害にも大きな違いがあるので、介護者の関わり方も当然違ってきます。そのため、右マヒ特有の障害にはどのようなものがあるのか、左マヒ特有の障害にはどのようなものがあるのか、そして両方に共通の障害にはどのようなものがあるのかについて、まずは知っておく必要があります。

片マヒに伴う障害の種類

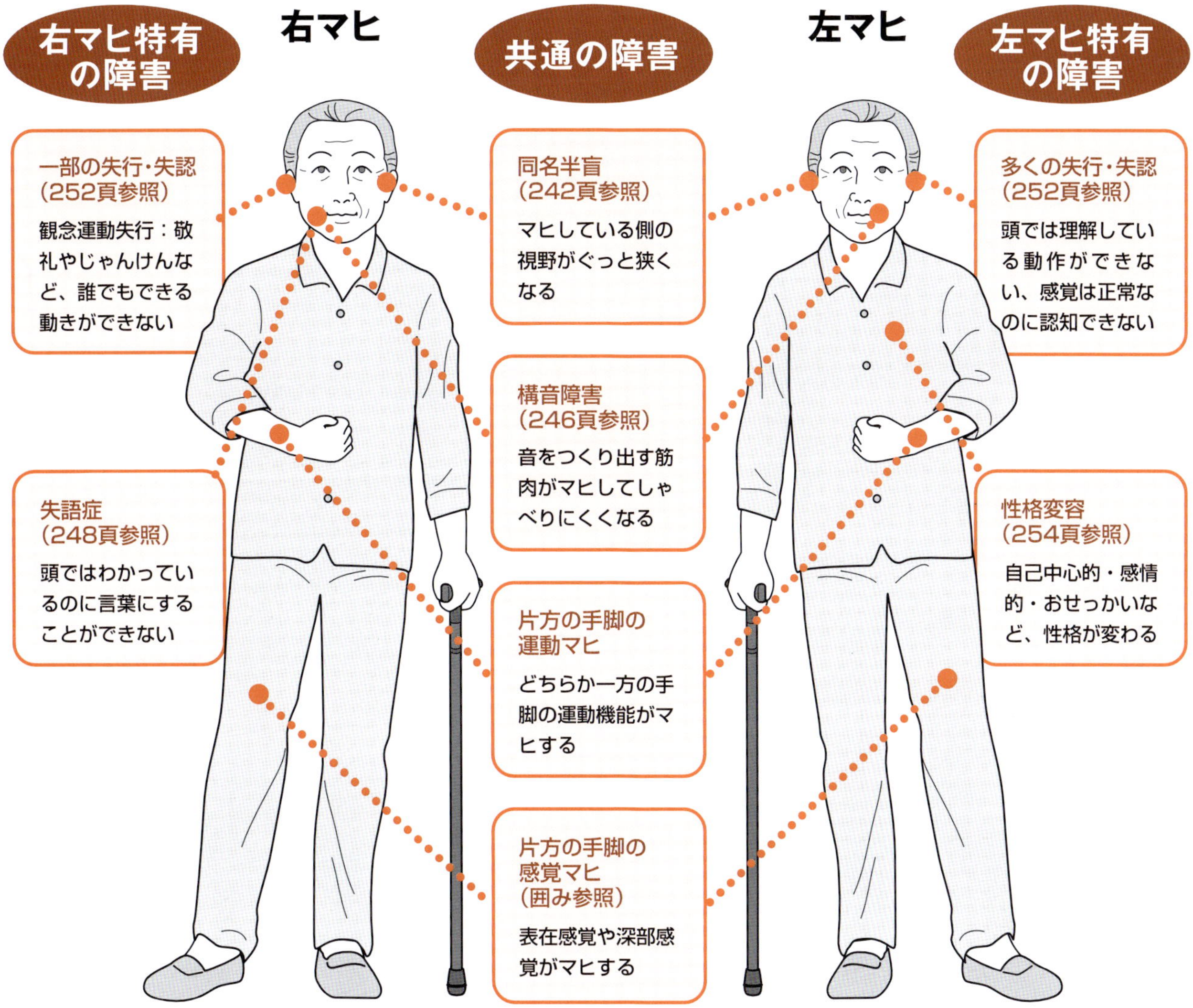
右マヒ
左マヒ
右マヒ特有の障害
一部の失行・失認（252頁参照）
観念運動失行：敬礼やじゃんけんなど、誰でもできる動きができない
失語症（248頁参照）
頭ではわかっているのに言葉にすることができない
共通の障害
同名半盲（242頁参照）
マヒしている側の視野がぐっと狭くなる
構音障害（246頁参照）
音をつくり出す筋肉がマヒしてしゃべりにくくなる
片方の手脚の運動マヒ
どちらか一方の手脚の運動機能がマヒする
片方の手脚の感覚マヒ（囲み参照）
表在感覚や深部感覚がマヒする
左マヒ特有の障害
多くの失行・失認（252頁参照）
頭では理解している動作ができない、感覚は正常なのに認知できない
性格変容（254頁参照）
自己中心的・感情的・おせっかいなど、性格が変わる

ここでいう「右マヒ」「左マヒ」とは、右利きであることを前提とした便宜上のよび方です。正確には「利き手側のマヒ」「非利き手側のマヒ」と表現します

感覚マヒ

感覚マヒには表在感覚（圧覚・触覚・冷覚・痛覚）のマヒ、深部感覚（位置感覚・運動感覚）のマヒがあります。

深部感覚が障害されるとからだのバランスがとりにくく、マヒの程度は軽いのに歩けないということも起こります。本人は怠けているわけではないことを理解してあげましょう。

両片マヒ

脳卒中によるマヒはほとんどが片マヒですが、心臓に病気のある人などでは左右両方にマヒが起こることもあり、「両片マヒ」とよばれます。

マヒは手足だけでなく体幹部にもおよび、嚥下困難と構音障害を伴います。この場合、マヒの程度は軽くても障害は重度で歩行は困難になります。

12-2 片マヒとは（2）

運動マヒのステージ

ステージを知ることで、適切な介助法がわかる

ブルンストロームの運動マヒのステージ

ステージⅠ

ブラブラでまったく動かない（弛緩期）

筋肉が弛緩し、ブラブラでまったく動かせない段階をいい、もっとも重度のマヒです。専門的には弛緩《しかん》期とよばれています

ステージⅡ

何かの拍子で勝手に動く（痙性期）

くしゃみをしたとたん、動かなかった指はにぎる、腕が曲がる、脚がピンと伸びるなど、何かの拍子で勝手に動いてしまう段階をいいます。ステージⅡ以上では筋肉がつっぱっていくので、専門的には痙性《けいせい》期とよばれています

ステージⅢ

共同運動なら自分で動かせる ①屈筋共同運動

自分で動かせるものの、一定のパターンでしか動かせず、全部の筋肉がつられていっしょに動いてしまう（共同運動）段階をいいます。上肢を曲げるときは、上図のようになってしまいます（上肢の屈筋共同運動）

マヒのステージは人それぞれ

手脚のマヒについての理解は右か左の手脚が不自由だという程度に止まっているのが現状です。マヒがどの程度で、どのくらいのことができる（できない）のか、日常生活でどんなことに気をつければいいのかなどについては、ほとんど注意が払われていません。しかし、手脚に残ったマヒの程度は一人一人で違います。そして、マヒの程度をきちんと知っておかないと、適切な介助をすることはできないのです。

手脚のマヒの段階をⅠ～Ⅵの6つにわけて評価する検査法を、ブルンストロームのステージといいます。同じ人でも、手と脚でマヒの程度は異なります。そこで、上肢・手指・下肢のマヒの程度を、それぞれ6段階にわけて評価します。

脳卒中の回復過程は特殊

脳卒中によるマヒの回復過程は特殊です。骨折などで寝こみ手脚を使わなくなると、力が入らなくなります。これを廃用性萎縮といいますが、回復するためにはリハビリなどで動かせばよく、いわば直線的な回復過程をとります。しかし脳卒中の場合は、まったく動かない状態から、共同運動とよばれる運動であればできる状態になり、その後正常な動きができる状態に近づいていくという、曲線的な回復過程をとります。

共同運動とは、個々の関節だけを動かそうとしても、付随するほかの関節までいっしょに動いてしまう、しかもその動き方に一定のパターンがある場合をいいます。たとえば、マヒした

ステージⅥ

正常に近い動作ができる

共同運動にほとんど支配されず、正常に近い動作ができる段階をいい、もっとも軽いマヒです。上肢・手指のステージがそれぞれ「Ⅴ・Ⅴ」以上（「Ⅴ・Ⅵ」「Ⅵ・Ⅴ」「Ⅵ・Ⅵ」）あれば、マヒした側の手で食事をしたり、字を書いたりすることも可能です

ステージⅤ

共同運動からかなり分離した動作ができる

共同運動からかなり分離した動作ができる段階が、ステージⅤです。上肢なら腕を頭上まで上げられる段階、下肢なら足首を一人で動かすことができる段階をいいます

ステージⅣ

共同運動から少しは分離した動作ができる

一つ一つの関節が分離して動く動きのことを、分離動作といいます。共同運動から少し分離した動作ができる段階です。上肢なら腕を前に上げられる段階、下肢ならひざの動きだけ自分でコントロールできる段階をいいます

②伸筋共同運動

伸ばす動きもできるようにな りますが、やはり一定のパターンでしか動かせず、上肢を伸ばすときは、イラストのような形でしか伸ばせません（上肢の伸筋共同運動）。なお、上肢では屈筋共同運動が、下肢では伸筋共同運動が強く出ます

脳卒中による運動マヒの回復過程

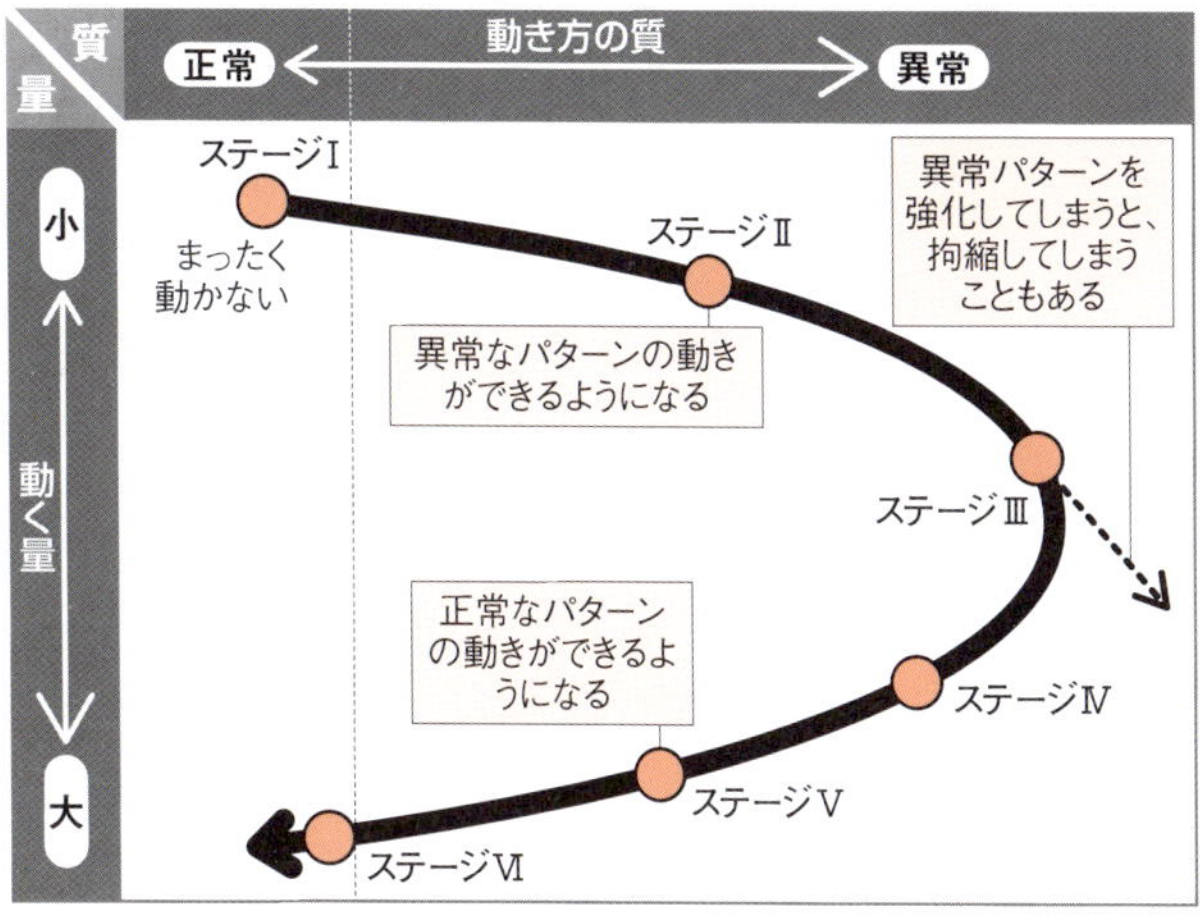
質
量
動き方の質
正常
異常
小
動く量
大
ステージⅠ
まったく動かない
ステージⅡ
異常なパターンの動きができるようになる
ステージⅢ
異常パターンを強化してしまうと、拘縮してしまうこともある
正常なパターンの動きができるようになる
ステージⅣ
ステージⅤ
ステージⅥ

手を前からまっすぐ上に上げようとすると、「指はにぎる・手のひらは上を向く・ひじは曲がる・わきの下は開く」という具合で、手首だけ、指だけ動かそうとしても、全部つられて動いてしまうのです。共同運動には、曲げる動き（屈筋共同運動）と伸ばす動き（伸筋共同運動）があります。

共同運動に対して、個々の関節が分離して動く場合を分離運動（分離動作）といい、ステージⅣ以上がこれにあたります。

今の手脚でどう生活するか

一般的に、手脚のマヒが回復する可能性があるのは、脳卒中の急性期にあたる発症後4～6ヵ月くらいまでで、この間はROM（関節可動域）訓練をする意味もあります。しかし、これ以降の生活期ではステージはほぼ固定しており、訓練をしてもまず効果は望めません。ですから、6ヵ月経ったら訓練よりも、今の手脚でどう生活していくかを考える必要があるといえます。

介助をする側も、マヒした手脚を無理に訓練したり、できない動作を要求したりせず、マヒのない側の手脚をうまく生かして、その人のステージに合った生活スタイルをつくりあげるようにしたいものです。

上肢と手指のマヒの簡易検査法

ブルンストロームのステージを簡単に知る方法

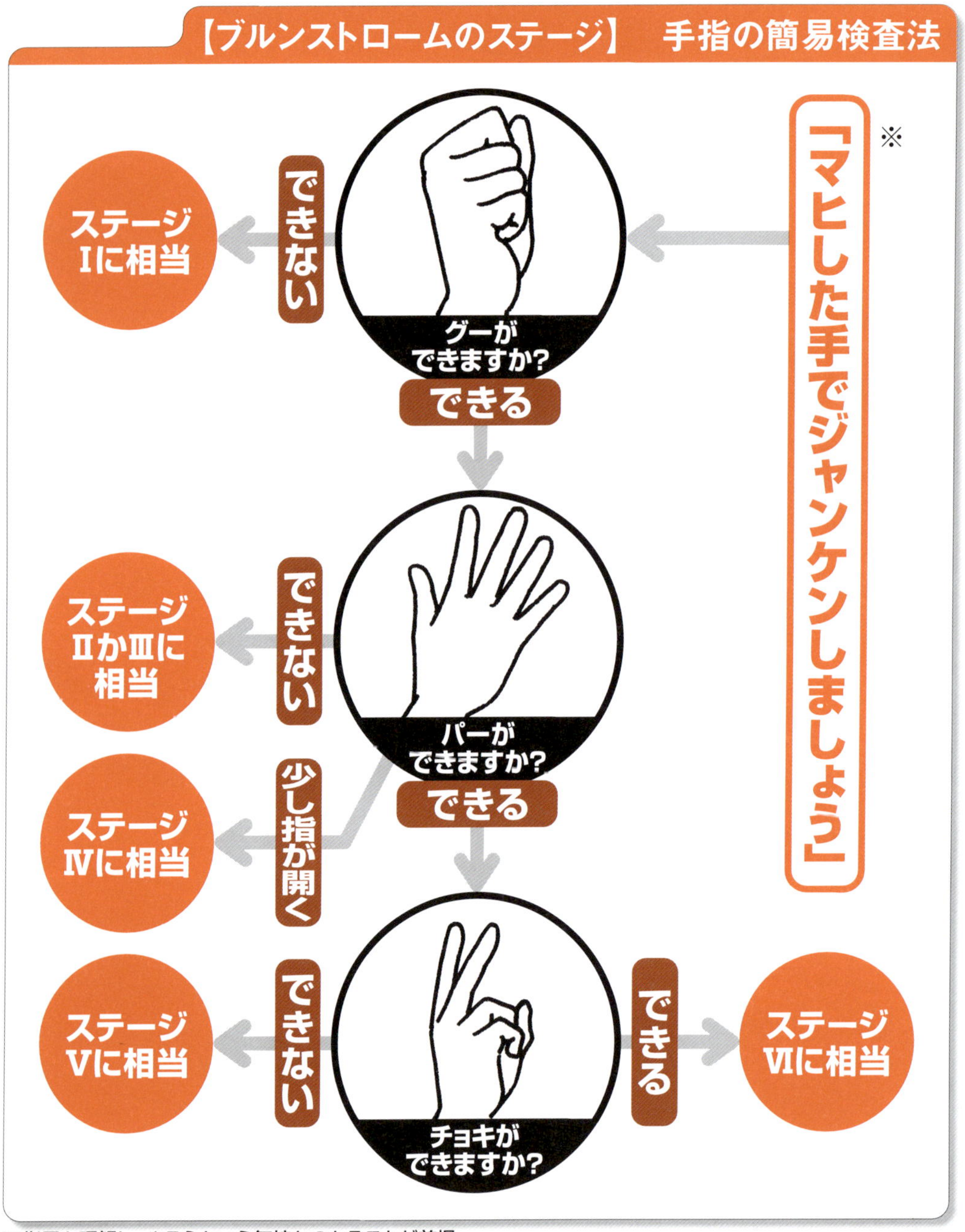
【ブルンストロームのステージ】 手指の簡易検査法
「マヒした手でジャンケンしましょう」※
グーができますか?
できない
ステージⅠに相当
できる
パーができますか?
できない
ステージⅡかⅢに相当
少し指が開く
ステージⅣに相当
できる
チョキができますか?
できない
ステージⅤに相当
できる
ステージⅥに相当

※指示を理解し、やろうという気持ちのあることが前提

ステージが大よそわかれば十分

ブルンストロームのステージには、専門的な検査法もあります。マヒの急性期では、治療や訓練の方針を決めるためにこの専門的な検査法でステージを厳密に知る必要がありますが、生活期ではその人に合ったケアを行うことが目的となるので、簡易検査法で大よそわかればそれで十分です。

手指のステージは、マヒした手でグー→パー→チョキの順にジャンケンをしてもらい、どこまでできるかで判断します。また上肢のステージは、バンザイ（両手を前から頭の上まで上げる）してもらい、できるかできないか、できるとしたらどこまで上がるかで判断します。

なお、日常生活で手が行う動きは、食事にせよ着替えにせよ、

【ブルンストロームのステージ】 上肢の簡易検査法（右片マヒの場合）

「バンザイ※してください」
マヒした腕も動く
マヒした腕がまったく動かない
健側と同じ高さまで上げられる
マヒした腕も水平くらいまで上げられる
マヒした腕も上がるが上がり方が不十分でわきは開き、ひじが大きく曲がっている
カチカチで固い
ブラブラでやわらかい
ステージⅤかⅥに相当
ステージⅣに相当
ステージⅢに相当
ステージⅡに相当
ステージⅠに相当

※指示を理解し、やろうという気持ちのあることが前提

非常に細かい動きを必要とします。そのため、上肢・手指ともステージⅤ以上はないと、生活動作を一人ですることは難しいといわざるを得ません。たとえば上肢がⅥであっても手指がⅣなら、無理してマヒした手を使わせるのは酷というものです。若い人であれば手指がⅣでも使っている人はいますが、高齢者の場合、現状で精一杯がんばっていると思ってください。

「熱心な介護」の落とし穴

自宅介護のケースで、熱心な娘さんがお母さんに訓練をしている場面を見かけることがあります。食事のときも「お母さんダメでしょう、マヒした手で食べなきゃ」などと言うのですが、実際に手指のステージを調べてみると、Ⅳしかないことが少なくありません。できないことを無理強いすれば、本人には苦痛でしかありません。むしろ、残っている機能を生活の中で生かすことを考えましょう。

ステージⅠの生活ケア 肩関節が外れないために

ブラブラ・感覚マヒからくるトラブルの対処法

肩関節の脱臼《だっきゅう》・亜脱臼に要注意

ブラブラでまったく動かないのがステージⅠ。この場合、マヒした手が固まる（拘縮《こうしゅく》）恐れはほとんどありませんが、その代わり気をつけなくてはならないのが、肩関節の脱臼・亜脱臼です。

人が四足歩行から二足歩行に進化したとき、肩関節のまわりの筋肉が重力を感じると抵抗して収縮する（抗重力筋）ように発達し、関節が外れてしまうことを防いでいます。しかし、片マヒの人ではこの筋肉がマヒしているため重力に抵抗しなくなり、肩の関節が非常に外れやすくなっているのです。

肩関節の脱臼を防ぐにはウエストバッグがおすすめです。マヒした手を上にのせるようにすれば、肩に負担がかかりません。

ウエストバッグで脱臼を防ぐ

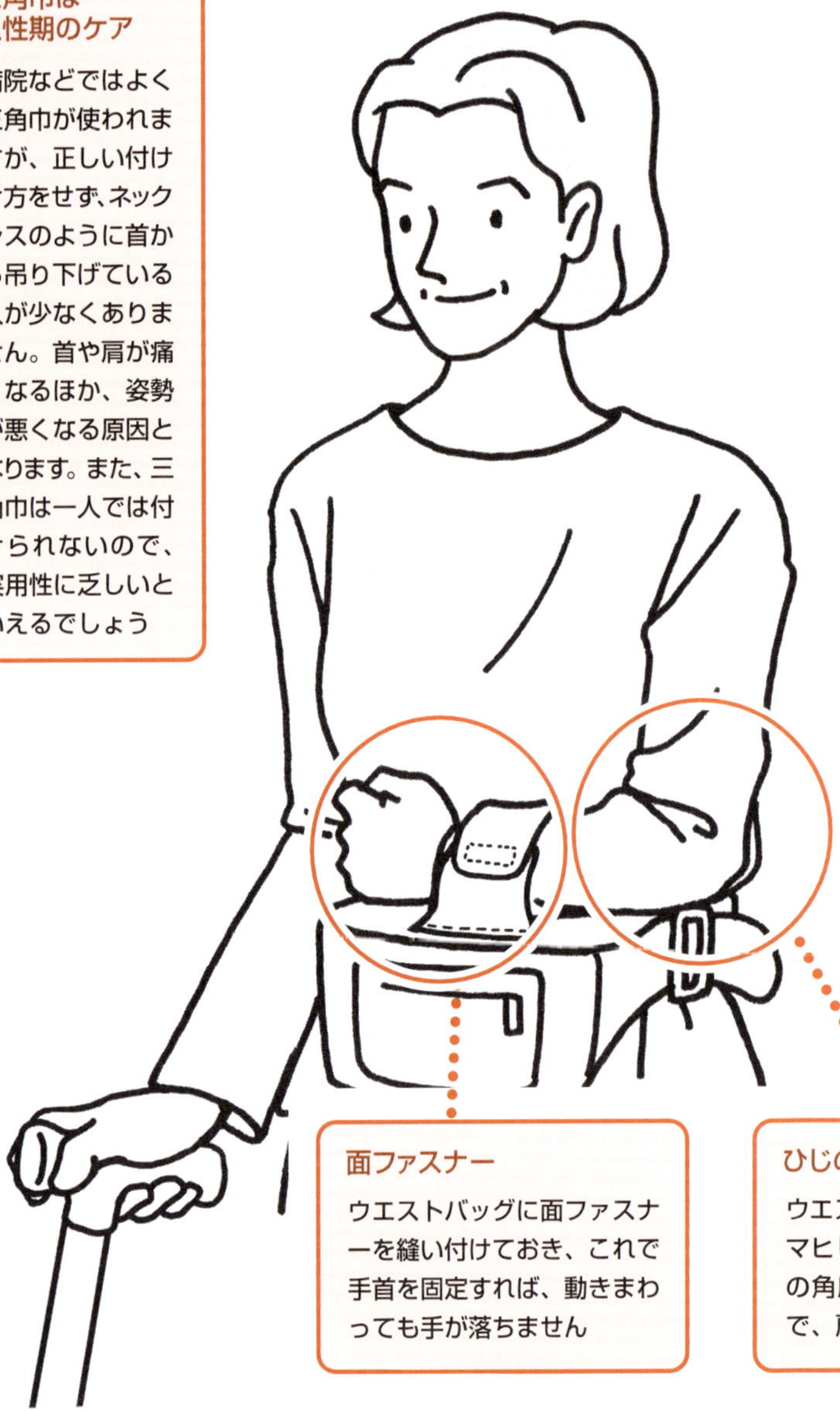

三角巾は急性期のケア

病院などではよく三角巾が使われますが、正しい付け方をせず、ネックレスのように首から吊り下げている人が少なくありません。首や肩が痛くなるほか、姿勢が悪くなる原因となります。また、三角巾は一人では付けられないので、実用性に乏しいといえるでしょう

原因は2つある

ステージⅠの人が肩関節の脱臼・亜脱臼を起こしやすい原因には2つあります

その1　重力（腕の重み）

腕そのものの重みで関節が外れてしまうことがあります

その2　間違った介助

「入浴時にわきの下を洗う」「ベッドからはみ出した手を戻す」など、介護者がマヒした手を動かす機会はたくさんあります。その際、無意識にやるとどうしても手を引っぱりがちですが、ステージⅠの人では抗重力筋がマヒしているため、脱臼や亜脱臼を起こしやすいのです

面ファスナー

ウエストバッグに面ファスナーを縫い付けておき、これで手首を固定すれば、動きまわっても手が落ちません

ひじの角度

ウエストバッグを腰に付けて、マヒした手をのせます。ひじの角度が90度に保たれるので、肩に負担がかかりません

脱臼を防ぐ介助のしかた

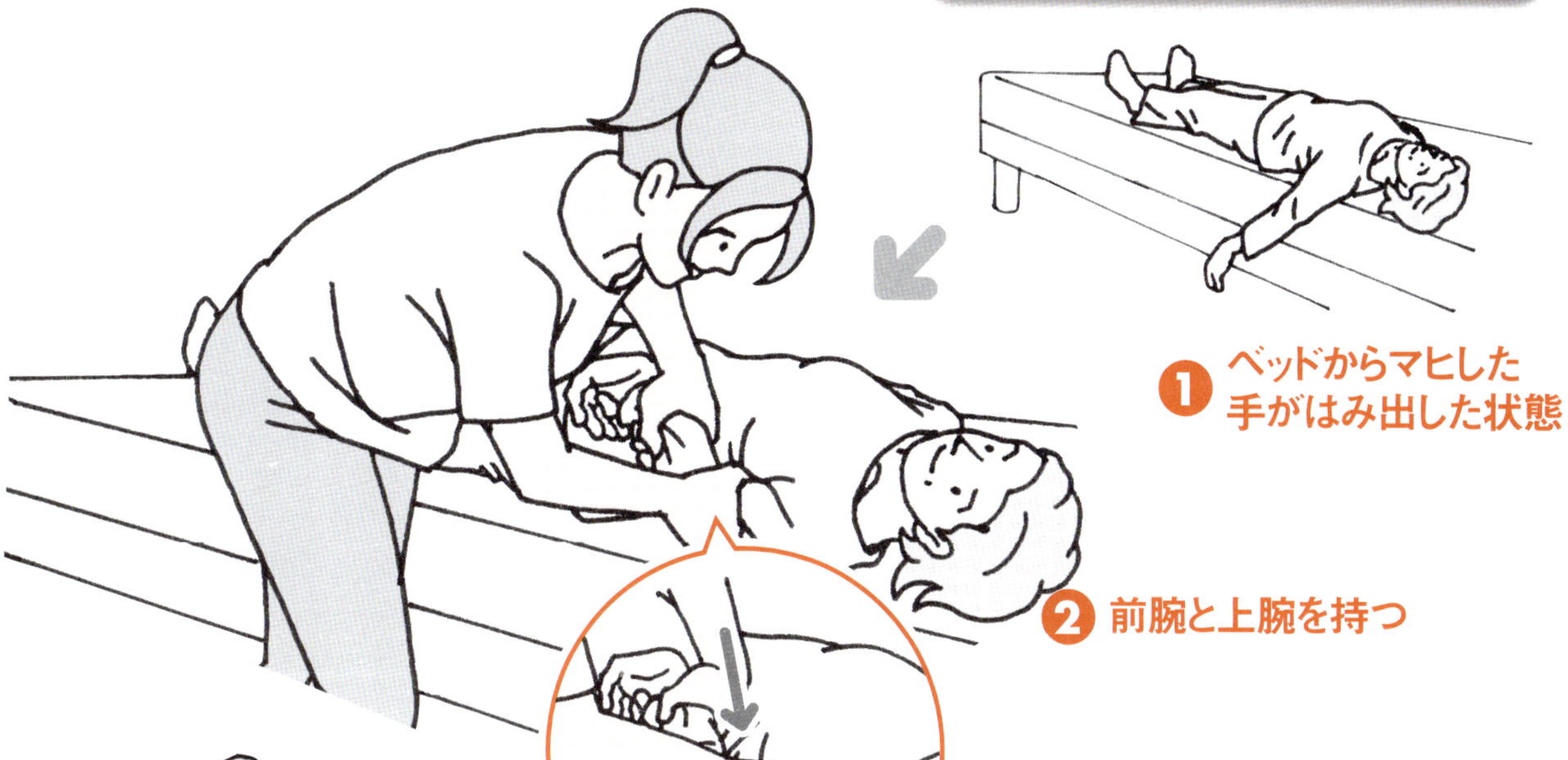

❶ ベッドからマヒした手がはみ出した状態
❷ 前腕と上腕を持つ

❸ 腕を関節に押しつけて動かす

ステージⅠの人の腕を動かすときは、無意識にマヒした手を引っぱらないよう、意識しながら動かすようにします。まず、前腕（ひじから下）と上腕（ひじから上）を両方持ちます。そして前腕はひじの関節に、上腕は肩の関節に、それぞれ押しつけるようにしながら手を動かし、お腹の上にのせてあげます

片マヒ者のグループをつくろう

マヒがあるからと家に閉じこもっていると、気分はますます落ちこみ、人間関係も失われていきます。からだを動かさないために、廃用症候群になる可能性も。同じ障害を持つ仲間でグループをつくりましょう。仲間が集まれば、そこに「からだを動かす場」「コミュニケーションの場」「笑いの場」、そして「心理的な支えとなる場」が生まれます。

患者同士の交流を目的とした脳卒中友の会には、地域や病院単位による小規模な団体のほか、連合会もあります

全国脳卒中者友の会連合会
〒064-0804
札幌市中央区南4条西14丁目2-14
TEL&FAX 011(551)6011

そのほかに注意すること

ステージⅠではマヒした側に感覚マヒ、それもまったく感じない感覚脱失を伴っている人が非常に多く、日常生活では以下のような点に気をつける必要があります

感覚マヒに伴うトラブル

やけど・切り傷

- 熱いみそ汁が手にこぼれても熱さを感じないために、ひどいやけどになる
- 手の指が車イスの車輪に入りこんでいながら、気がつかずに車イスを押して血だらけになる　など

不自然な姿勢

- 手を一晩中背中の下に敷いたまま寝ている
- 手が変な方向にねじれたまま寝ている　など

対処法

ほかの感覚で代行する

- 本人の視野の中にマヒした手足が常に入るような習慣をつける
  例：手の位置　すわるとき→ひざの上
  寝ているとき→お腹の上
  食事のとき→テーブルの上
- 動くほうの手でマヒした手足をさわり、異常がないか確認する習慣をつける

- 不自然な姿勢になっていないかまわりが気をつける
  （血行が悪くなるほか、ねじれによって神経が損傷を受けてしつこい痛みの原因になることもある）

12-5

上肢と手指のマヒ（3）

ステージⅡ・Ⅲの生活ケア（1）

拘縮《こうしゅく》を防ぐために

重力を利用したいちばん簡単な方法

すわることで拘縮は防げる

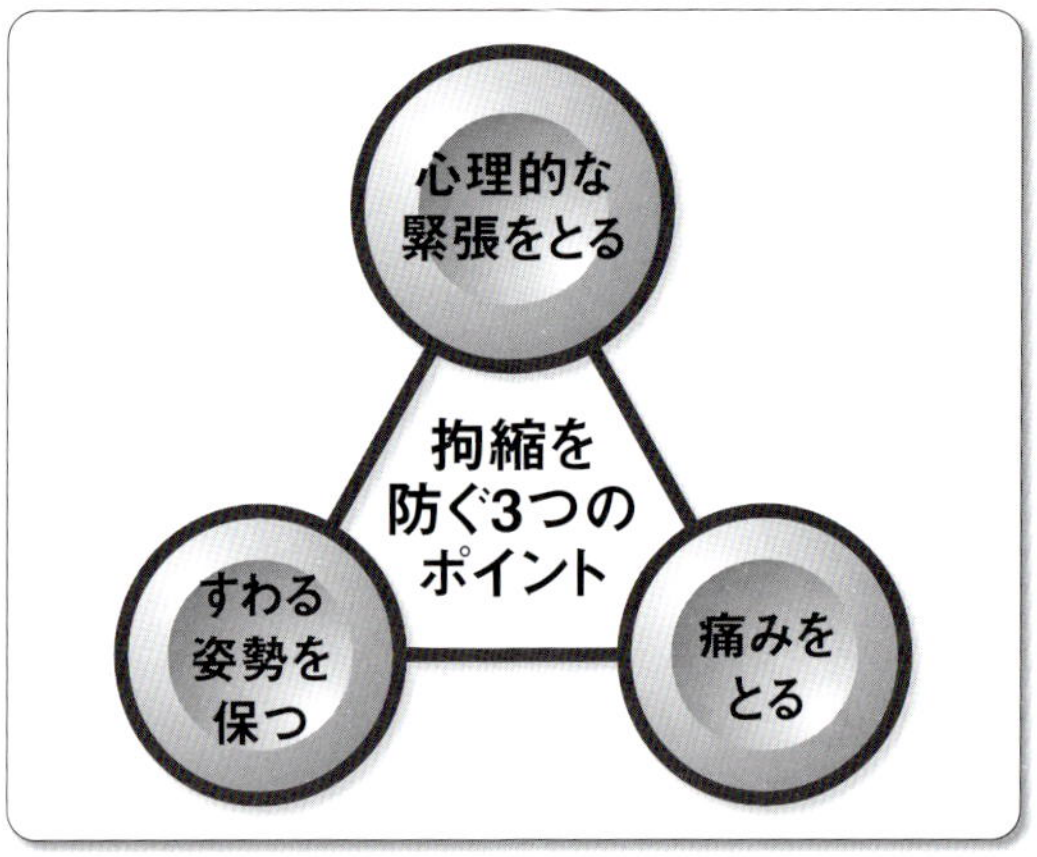

心理的な緊張をとる
拘縮を防ぐ3つのポイント
すわる姿勢を保つ
痛みをとる

心理的に緊張すると手も固くなりがち。施設の部屋替えがきっかけで拘縮が改善したケースもあります。また、持病や床ずれなどで痛みがあると、やはり固まります。治療やケアで痛みの原因をとり除きましょう

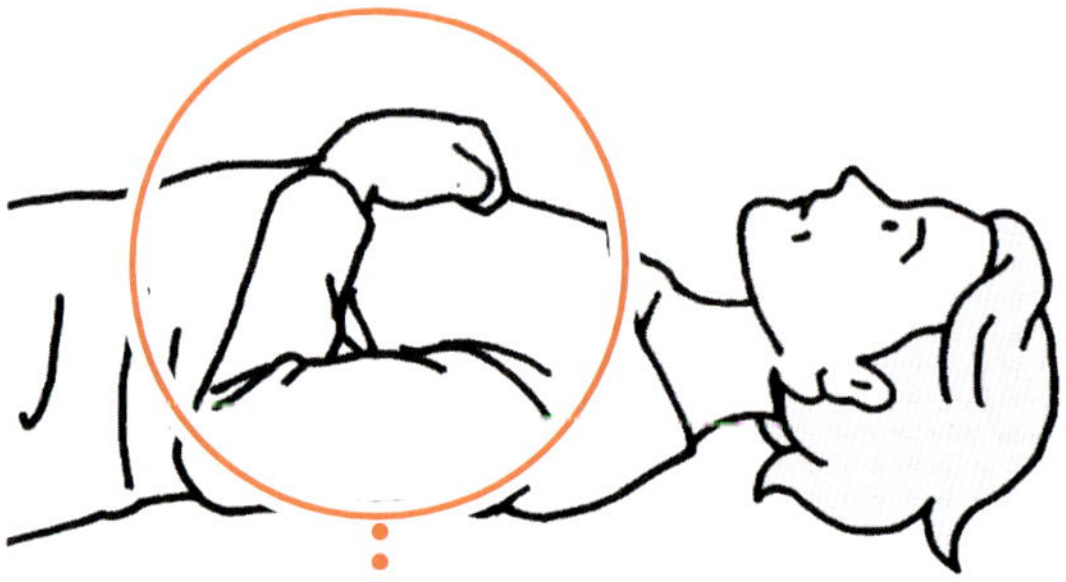

すわれば重力がはたらく

すわる姿勢をとるだけで、肩・ひじ・手首・指に拘縮とは反対の方向に重力がはたらくので、放っておいても拘縮を予防してくれます

寝ていると重力ははたらかない

ベッドに寝たままの姿勢では、拘縮を防ぐ方向に重力がはたらきません。拘縮したまま胸にくいこんでいきます

拘縮の予防は生活の中で

ステージⅡ・Ⅲでは、曲がった手が固まってしまう（拘縮）恐れが大きくなります。だからといって、ROM（関節可動域）訓練をしても、痛いだけでほとんど効果はありません。

片マヒの人はわきの下が開き、ひじは曲がり、手のひらは上向き、手首が上に曲がって指をにぎっています。つまり、すべて重力に抵抗した動きをしています。ということは、すわる姿勢をとるだけで重力が拘縮とは反対の方向にはたらき、自然に拘縮を予防してくれるのです。

介護者がROM訓練をするのはたいへんですが、すわっている時間を増やすだけで重力が拘縮の治療と予防をしてくれます。寝かせきりにしないことの大切さがここでもわかります。

拘縮はなぜ起きるのか

●小指側から見た手のつくり

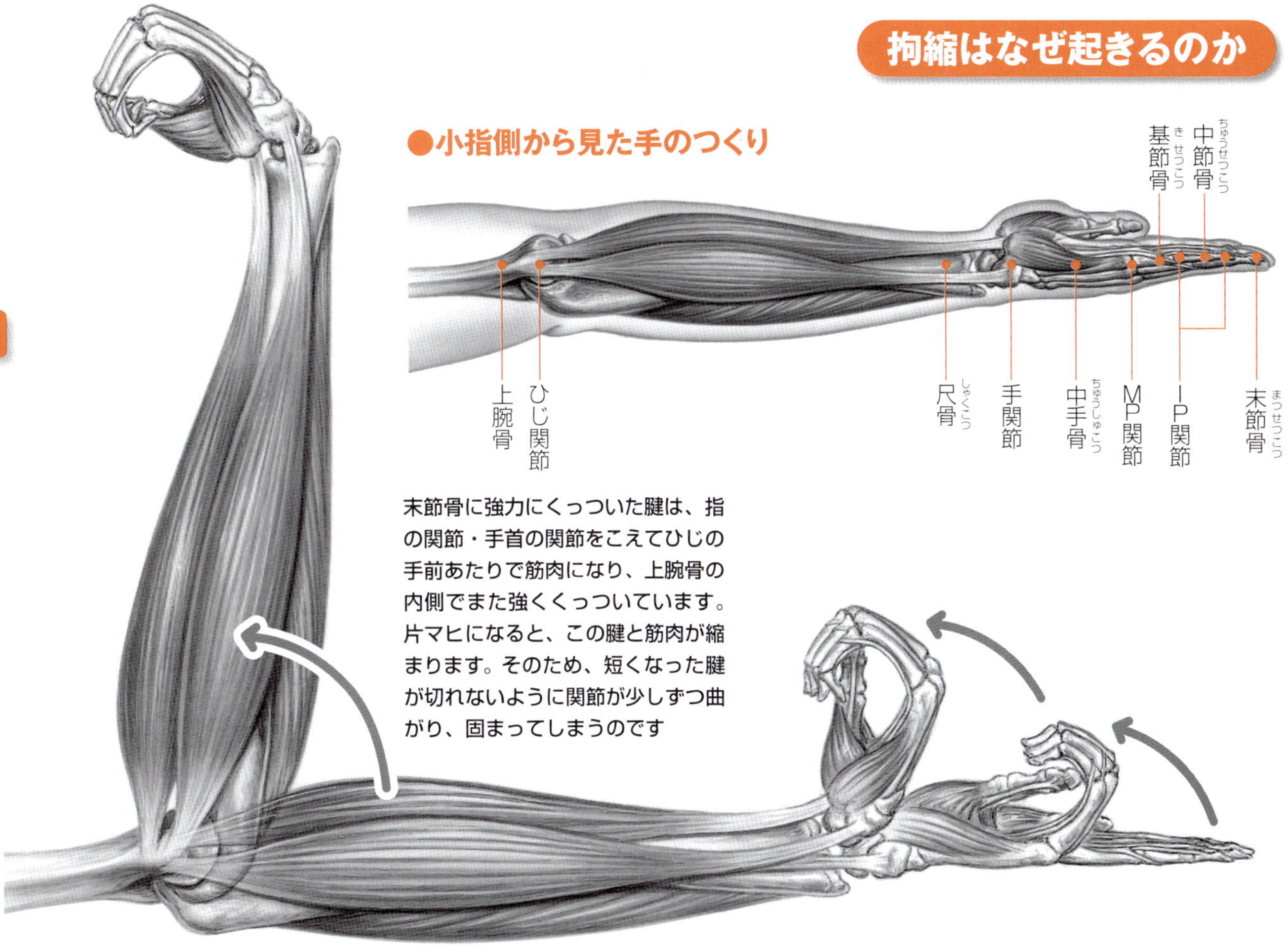
中節骨《ちゅうせつこつ》
基節骨《きせつこつ》
上腕骨
ひじ関節
尺骨《しゃくこつ》
手関節
中手骨《ちゅうしゅこつ》
MP関節
IP関節
末節骨《まっせつこつ》

末節骨に強力にくっついた腱は、指の関節・手首の関節をこえてひじの手前あたりで筋肉になり、上腕骨の内側でまた強くくっついています。片マヒになると、この腱と筋肉が縮まります。そのため、短くなった腱が切れないように関節が少しずつ曲がり、固まってしまうのです

1日1回指を開いて清潔にする

入浴時・起床時など → 指を開く → 指と指の間を開く → ひじを開く → 洗う・清拭《せいしき》 → 乾かす 「シッカロール」や抗菌性のパウダーをふるとよい

固まった手指の中は不潔になりやすく、ただれたり爪が食いこんだりしがち。1日1回は指を開いて中をきれいにしましょう。毎日ケアすることで、結果的に拘縮の進行も防げます

原因をふまえた介助を

片マヒの人の手を無理やり開こうとしても、痛みを与えるだけでうまく開くことはできません。なぜなら、脳卒中で倒れてすぐの急性期と時間が経ってからの生活期では、拘縮の原因が違うからです。急性期の拘縮は筋肉の痙性《けいせい》（つっぱり）が原因ですが、生活期では筋肉の短縮が原因です。原因の違いをふまえ、無理のない介助を行いましょう。

詰め物は逆効果のことも

拘縮予防のために手の中に詰め物をして握らせている人がいますが、逆効果のことが少なくありません。

1日1回清潔にしても拘縮が進み、中が湿ったり爪が食いこむ場合だけ、軽く入れるようにします。落ちないぎりぎりの大きさで、そばがらなど吸湿性のある素材を選びましょう。

12-6

上肢と手指のマヒ（4）

ステージⅡ・Ⅲの生活ケア(2)

指を開く

拘縮《こうしゅく》の原因に基づいた指の開き方

関節で余裕をつくる

片マヒのステージⅡ・Ⅲの人は、腕や手指が曲がった状態（拘縮）になっているため、手の中が不潔になって臭ったり、爪がくいこんでただれやすくなっています。しかし、手を洗うためにひじを引っぱったり、いきなり指を開こうとするのは禁物。要介護者は痛い思いをするだけで、緊張してさらに固くなってしまいます。拘縮は、筋肉が短くなっているために起こっているからです（230頁参照）。筋肉が縮もうとしている方向にさらに曲げるようにすれば、ひじや手指の関節で少しずつ余裕ができるので、痛みを与えずに指を開くことができます。

基本の開き方

✕ 腕を引っぱらない 指をこじあけない

拘縮の原因を考えずに腕を手前に引っぱったり、指を無理やりこじあけようとしても、痛い思いをさせるだけです

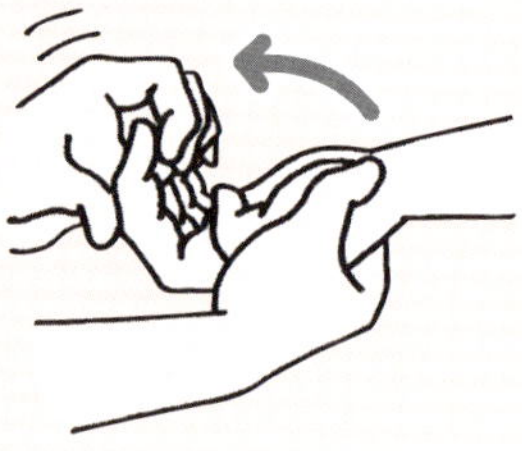

❶ ひじを十分に曲げる

筋肉が縮もうとしている方向に、ひじを十分に曲げるようにします。ひじの関節に余裕ができます

❷ 手首を十分に曲げる（掌屈）

ひじを曲げた状態を保ったまま、手首を手のひらの方向にさらに曲げます。手首の関節に余裕ができます

❸ 指を開く

手首を曲げた状態を保ったまま、ゆっくりと指を開きます。そのまま下から手を入れて、開いた手指を洗います

point 指を開くときに手首を引っぱらないこと

① ひじと手首を曲げておく

基本の開き方を参考に、あらかじめひじと手首を十分に曲げておきます

安心感を与えよう

要介護者に恐怖心があると、緊張して手も固くなりがち。「あの人は痛いことはしない」という安心感を与えることが大切

それでも開かない場合

ひじと手首に加え、こぶしの関節（MP関節）と指の関節（IP関節）も、それぞれ曲がろうとしている方向に曲げて、さらに余裕をつくるようにします。まずこぶしの関節を曲げておいて指の関節を開きます。次に指の関節を曲げておいてこぶしの関節を開きます

point 右手で手首を確保し、親指で甲をおさえて、手首が開かないようにしておくこと

指の関節を曲げてこぶしの関節を開く

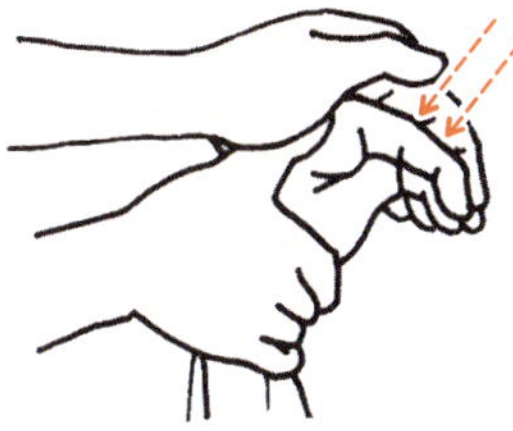

② 指の関節を重ねる

介護者の2つの指の関節を、要介護者の指の関節の上にそれぞれ重ねます。手首はおさえて開かないようにします

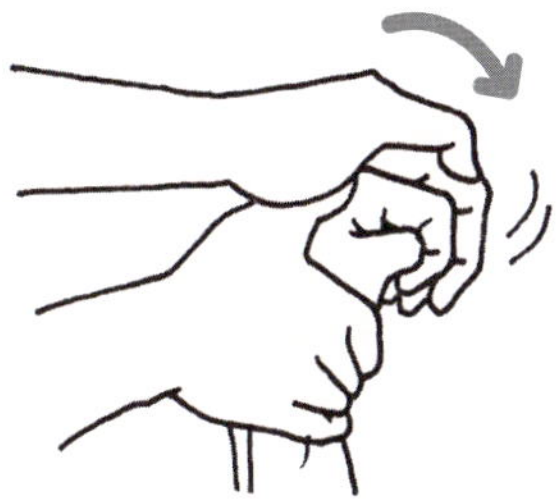

③ 指の関節を十分に曲げる

重ねた手で、要介護者の2つの指の関節を十分に曲げるようにします。こぶしの関節に余裕ができます

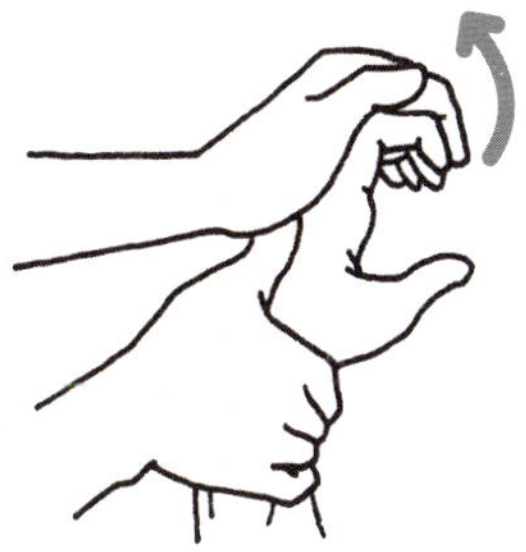

④ こぶしの関節を開く

指の関節を曲げた状態で、こぶしの関節を開きます。下から手を入れて、こぶしの関節を洗います。手首は開かないこと

こぶしの関節を曲げて指の関節を開く

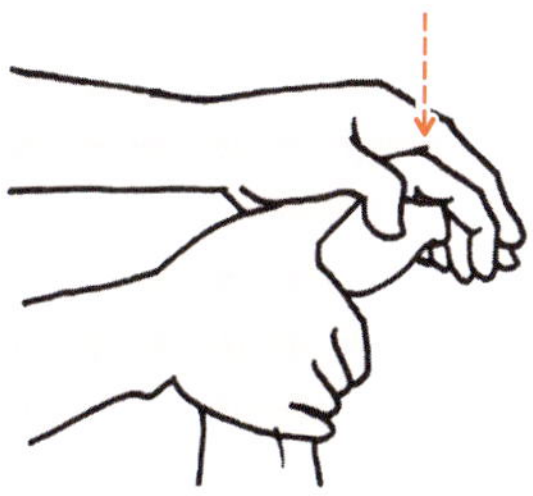

② こぶしの関節を重ねる

介護者のこぶしの関節を、要介護者のこぶしの関節の上に重ねます。手首はおさえたまま開かないようにします

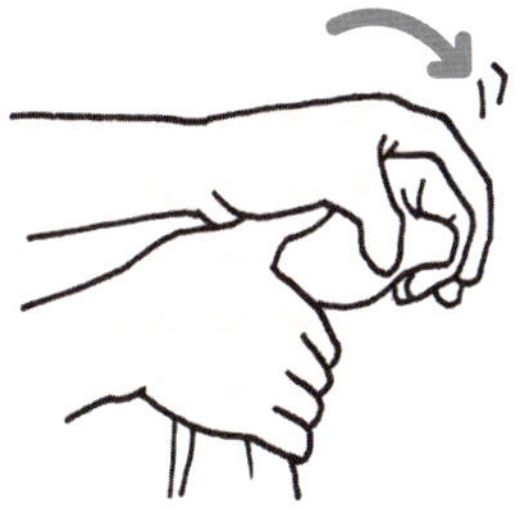

③ こぶしの関節を十分に曲げる

重ねた手で、要介護者のこぶしの関節を十分に曲げるようにします。指の関節に余裕ができます

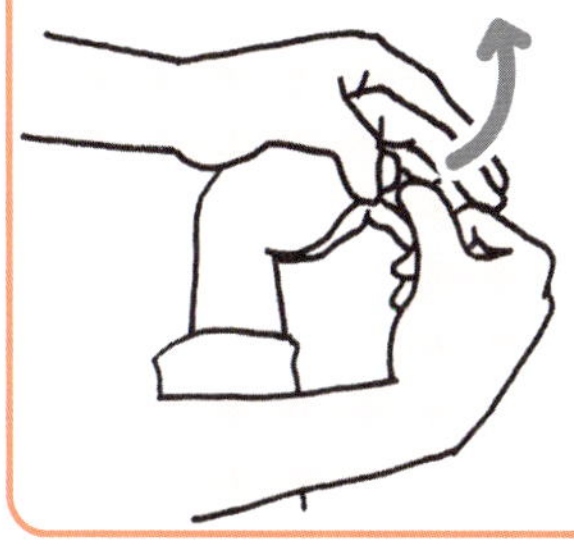

④ 指の関節を開く

こぶしの関節を曲げた状態で、指の関節を開きます。下から手を入れて、開いた2つの指の関節を洗います

12-7

上肢と手指のマヒ（5）

ステージⅡ・Ⅲの生活ケア(3)

指と指の間・ひじを開く

指と指の間とひじを清潔にする方法

関節を曲げて余裕をつくる

マヒのために手が固まっている状態では、指と指の間やひじの内側も不潔になっています。指は1本ずつ広げ、ひじも開いて、きれいにしてあげましょう。

それぞれの開き方は、指を開く場合と同じように考えてください。生活期の拘縮は、筋肉が短くなって関節が曲がっていくために起こっています。ですから、指やひじ以外の手の関節を十分に曲げて、余裕をつくってあげればよいことになります。

指と指の間を開くには、それ以外の関節、すなわちひじと手首の関節を十分に曲げて、あらかじめ指を伸ばしておくようにします。そして、中指を中心にしてほかの指を1本ずつ開いていきます。

ひじを開くには、ひじ以外の関節、すなわち指と手首の関節を十分に曲げて余裕をつくり、この状態を保ったままひじをゆっくり伸ばしていくようにします。このとき、手首までいっしょに伸ばしてしまわないよう注意してください。

指やひじを開くのは、あくまでも手やひじの内側を清潔に保つためです。短くなった筋肉や腱を引っぱって、元の位置まで戻す訓練のためではありません。

よく痛がっているのを無理やり開いている人がいますが、何のためにやっているのか、あらためて考えてみてください。ここで求められているのは治療や訓練ではなく、生活ケアなのです。

指と指の間を開く

中指は動かさない

指を曲げたまま開くのは、マヒのない人でも難しいもの。あらかじめ指を伸ばしておいてから、中指を中心にほかの指を1本ずつ外に開くようにします

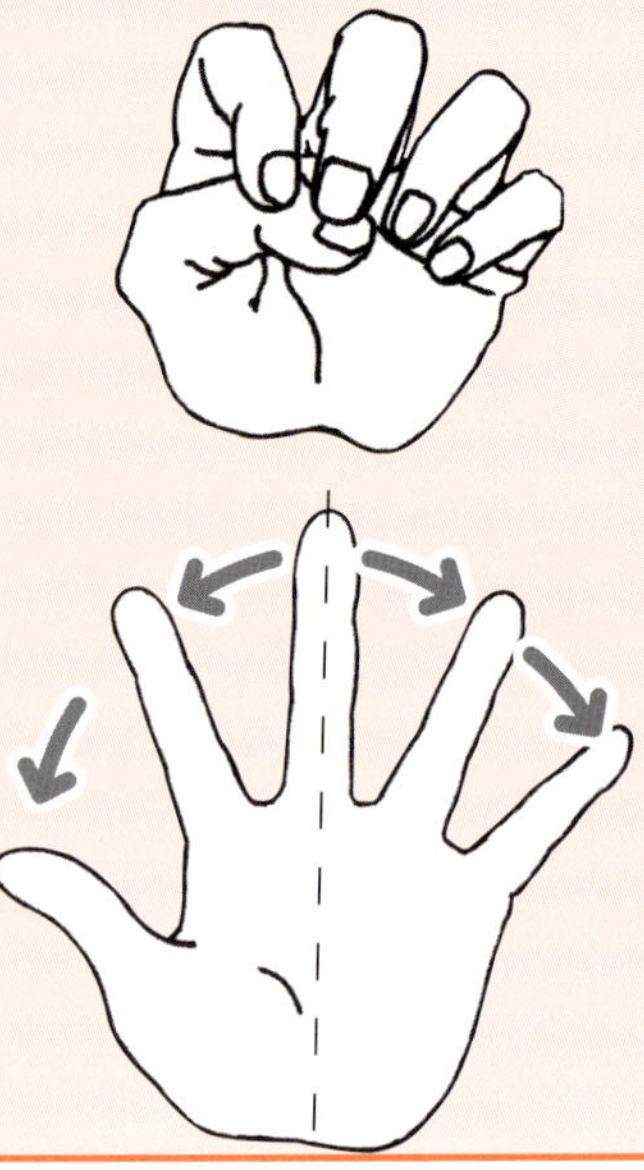

ひじを開く

✕ 手首を伸ばしてはいけない

ひじを開こうとして手首を引き、反らせてしまいがち。手首は曲げた状態を保ちましょう

1 指を伸ばしておく

ひじと手首を十分曲げておいて、指が伸びた状態にしておきます

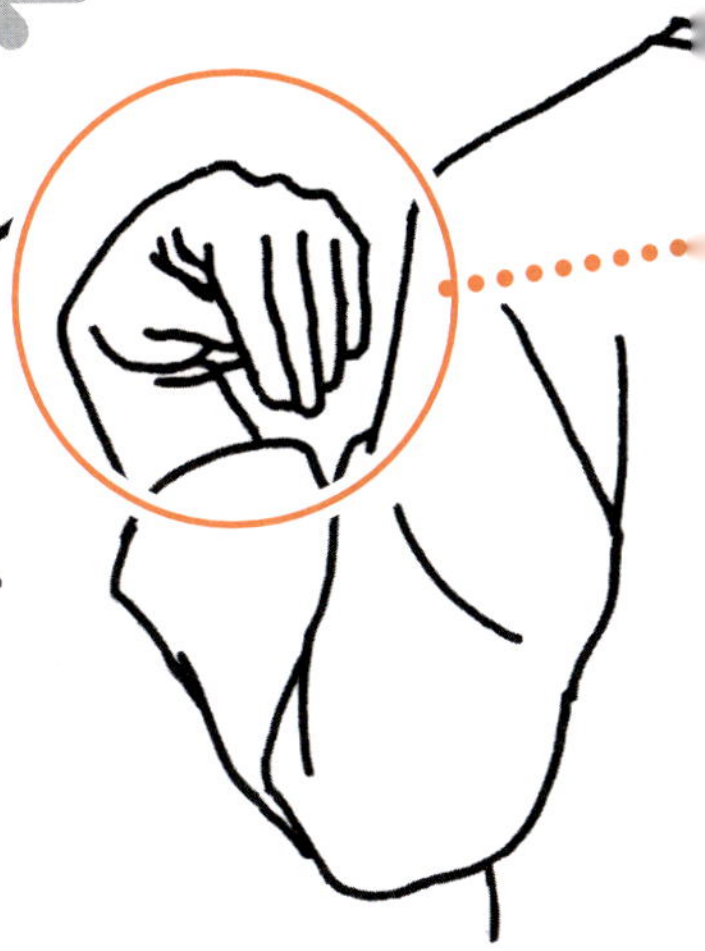

2 中指と人指し指の間を開く

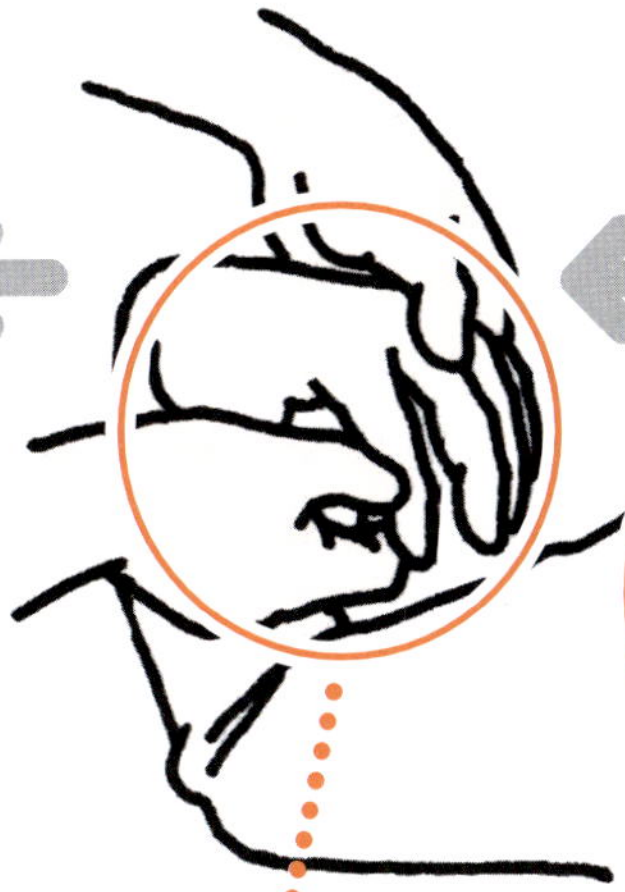

人指し指を遠ざける

手首を曲げた状態は保ったまま、中指から人指し指を遠ざけるようにして開きます

3 中指と薬指の間を開く

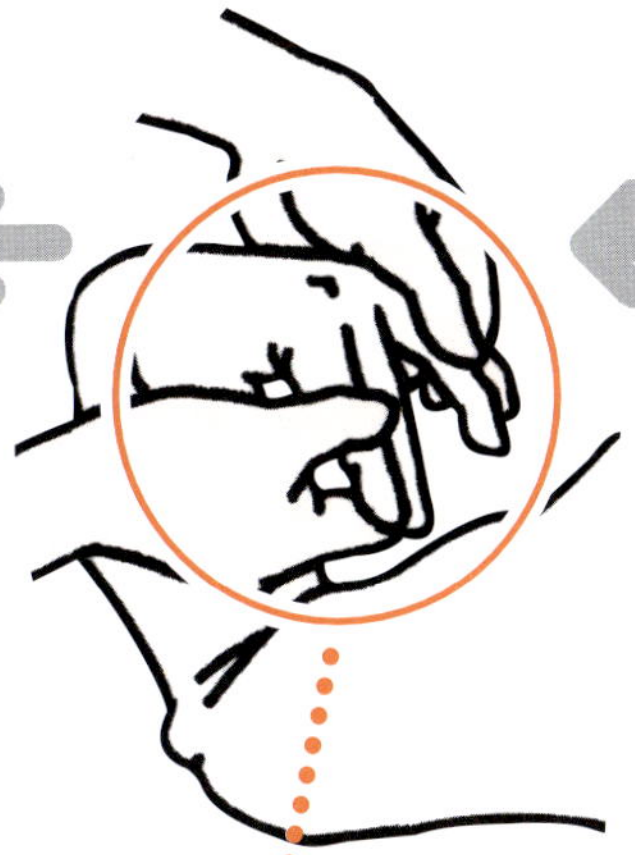

薬指を遠ざける

手首を曲げた状態は保ったまま、中指から薬指を遠ざけるようにして開きます

4 薬指と小指の間を開く

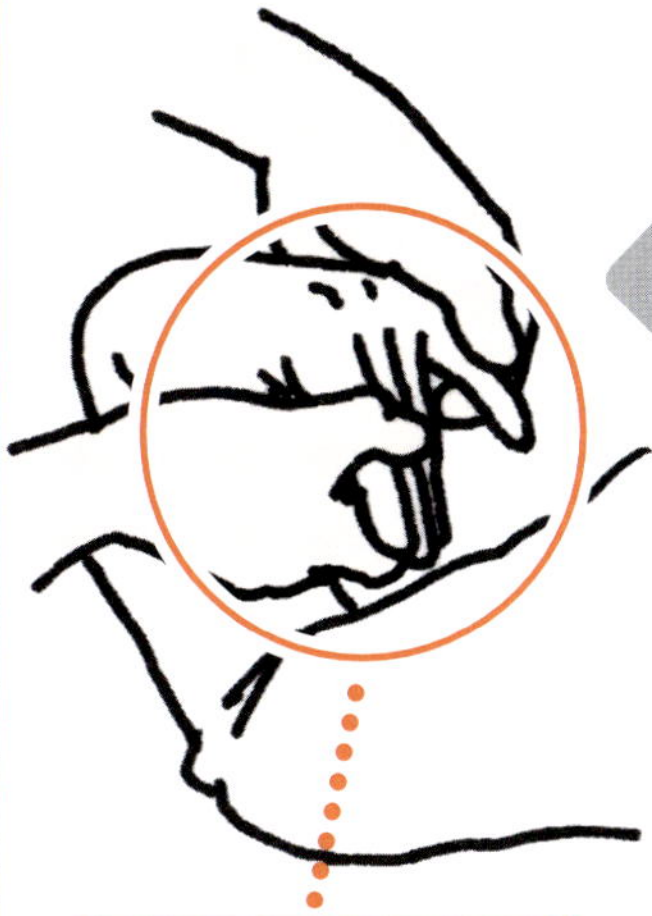

小指を遠ざける

手首を曲げた状態は保ったまま、薬指から小指を遠ざけるようにして開きます

1 指を十分に曲げる

上から包みこむように

介助者の手で上から包みこむように要介護者の指をにぎり、指の関節を十分に曲げるようにします

2 手首を十分に曲げる

親指で手首をブロック

手首を手のひら側に十分曲げます。その際、手首が開かないように、親指で手首をブロックしておきます

3 ゆっくりひじを開く

指と手首は曲げたまま

指と手首を曲げた状態を保ったまま、ひじをゆっくり伸ばしていき、開いたところできれいにします

ステージⅣ～Ⅵの生活ケア

日常動作をとり入れる

食事からレクリエーションまで

日常生活の工夫

生活の中で使う（右マヒの場合）

食事

食事は1日3回、毎日くり返される生活行為です。介護用の箸やフォークなど（82頁参照）も利用して、右手を使いましょう

書字

手紙や日記など、字を書くという生活行為の中で右手をできるだけ使うようにします

ボタンかけ

毎日行う着替え、特にボタンかけは右手を使うよい機会になります

ただし高齢者の場合、上肢と手指のステージがそれぞれⅤ以上はないと、これらの日常生活動作を一人で行うのは難しいといえます。たとえば、上肢がⅥでも手指がⅣならば、無理してマヒした右手を使わせてはいけません

できるだけ分離動作を使う

ブルンストロームのステージⅣ以上の人は、共同運動ではなく分離動作（手の個々の関節が別々に動く）ができるようになります。しかし、分離動作を使わないでいると、生理学的にはステージⅣ以上あっても、共同運動しかできなくなるということも起こってきます。したがって、この分離動作をできるだけ使うようにすることがもっとも重要だといえます。

いちばんいいのは生活の中で使うこと。「生活行為にまさる訓練なし」といわれるように、食事や入浴・排泄など、毎日くり返される生活行為の中で分離動作を使うことが大切です。たとえば右利きで右マヒの人であれば、食事・着替え（ボタンかけ）・書字といった行為をでき

レクリエーションなど

料理

材料を切るときのおさえとして、マヒした手を使うようにします。そのほか、洗濯や編み物、陶芸なども両手を使うのでおすすめです

ボール送り

大きめのボールを使ったボール送りは、夢中になるうち無意識に両手を使うのでおすすめです

体操で工夫する（左マヒの人が両手を上げる場合）

ステージⅠ～Ⅲの場合

マヒがないほうの手でマヒした手を持ち、上に上げるようにします

ステージⅣの場合

マヒがないほうの手は使わず、マヒした手の力で肩の高さまで上げるようにします

ステージⅤ・Ⅵの場合

マヒがないほうの手は使わず、マヒした手の力で頭の上まで上げるようにします

るだけ右手で行うようにしたいものです。ただし、これらの動作は上肢・手指のステージがどちらもⅤ以上ないと難しいといえます。できない場合は無理しないように注意する必要があります。

左マヒの場合、マヒのない右手を使えばほとんどのことができてしまうため、左手を使わなくなってしまうことがよくあります。そこで、生活の中で使う以外に、まわりが意識的に手の分離動作を引き出すようにする必要があります。みんなで体操をしたり、より楽しくできるレクリエーションに参加してもらい、本人が思わず分離動作をしてしまうような場面を設定するとよいでしょう。また、料理や洗濯、陶芸や編み物など、本人がそれまでやり慣れていたことをしてもらい、意識的に両手の動作を引き出すような場面をつくるのも効果的です。

はじめは意識的に行っていた動作が、生活の中で無意識に行われるようになればしめたもの。そのうえで、ときどき意識的な体操などをみんなで楽しくやれれば、理想的です。

下肢のマヒの簡易検査法

寝たままでできる簡単なチェック法

【ブルンストロームのステージ】 下肢の簡易検査法

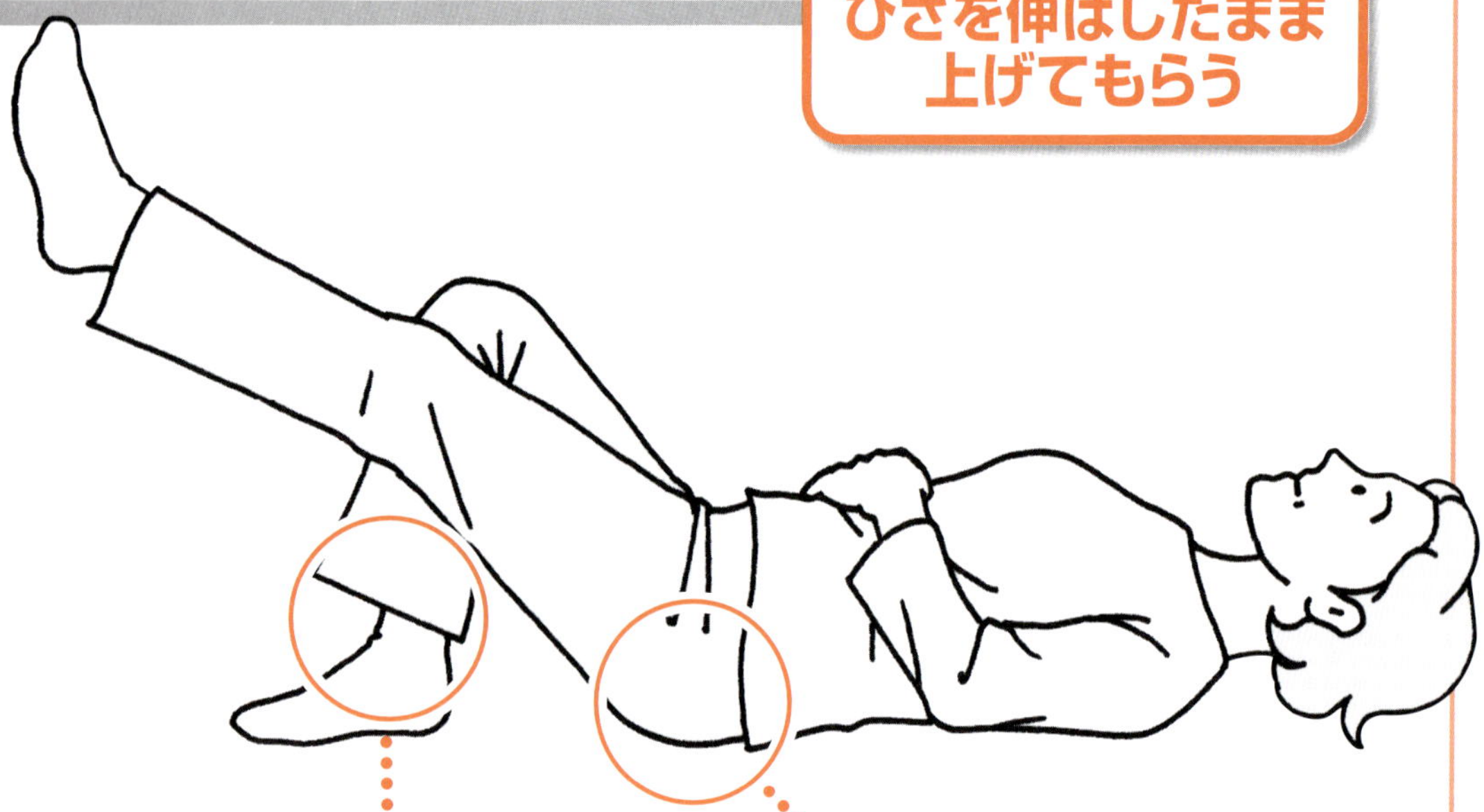
テスト①
マヒした脚を、ひざを伸ばしたまま上げてもらう
※
健側の脚のひざは立てておく
正式の検査では健側の脚のひざは立てませんが、高齢者では腰痛予防のためひざを立てておきます
お尻が上がっていないか確認
「脚が上がった！　ステージⅣだ」と思ったらお尻も上がっていた、というケースも。検査で求めているのは、お尻は着いたままでマヒ脚を上げる動きです

ステージⅣ以上なら歩ける

下肢のマヒがステージⅣ以上であれば、寝ていてはいけない、歩けるはずの人だといえます。それなのにもし歩いていないとすれば、本来持っている機能が生活の中に生かされていないことになります。その場合、今度はどこに問題があったかを考えなくてはなりません。空間失認や深部感覚のマヒなどの障害があるために歩けないケースもありますが、多くの場合、歩く機能が生かされていない原因は生活のあり方に問題があるようです。4～5年寝たきりになっていても、訓練をすれば歩けるようになる可能性はあります。こういう人たちを見のがしてしまわないためにも、まず簡易検査法を行って、その人のステージを調べてみましょう。

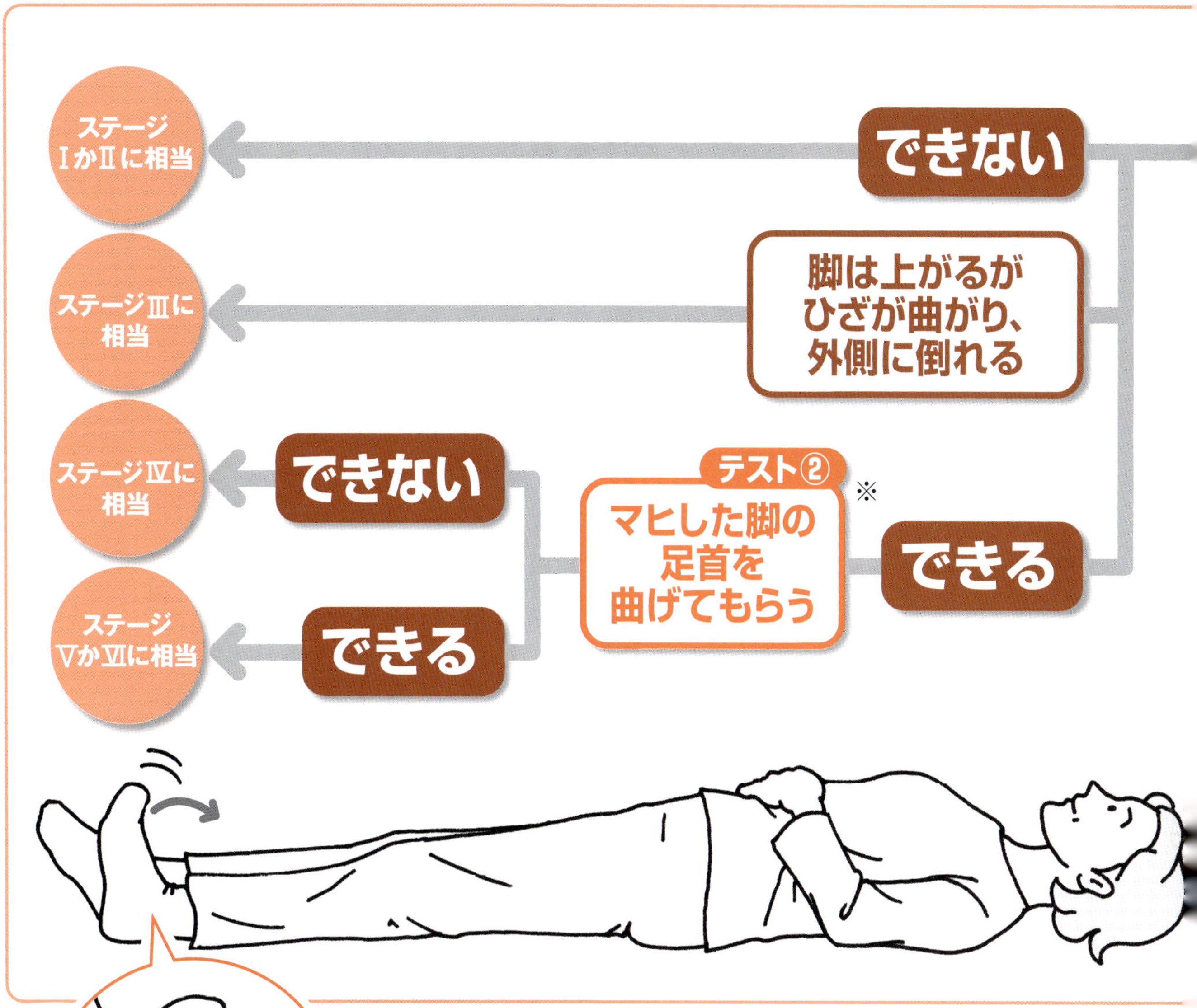
ステージⅠかⅡに相当
できない
ステージⅢに相当
脚は上がるがひざが曲がり、外側に倒れる
ステージⅣに相当
できない
テスト②
マヒした脚の足首を曲げてもらう
※
できる
ステージⅤかⅥに相当
できる

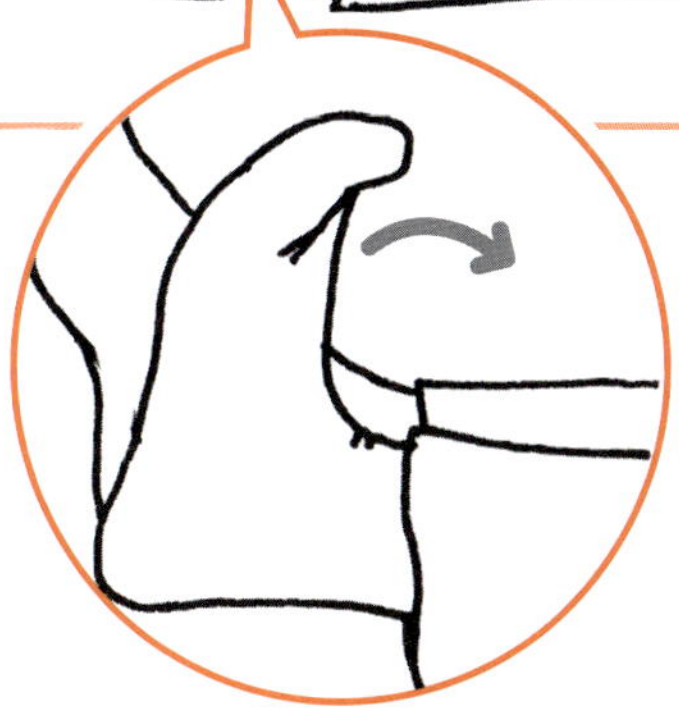

※指示を理解し、やろうという気持ちのあることが前提

足先を手前に動かす

両脚を床に着けた状態でマヒした脚の足先を手前に引けるかどうかを見ます

じつは歩けたTさん

Tさん（75歳男性）は脳卒中で倒れ病院に運びこまれましたが、特にリハビリを受けることもなく退院しました。ここ数年は自宅で寝たきりの状態にありました。

しかし、ブルンストロームの下肢のステージを調べてみるとステージⅤであることがわかり、ほかにはこれといった障害もありませんでした。そこで、起き上がってすわる姿勢をとるところからはじめ、徐々に歩く訓練をとり入れていきました。現在、Tさんは短下肢装具と杖を使って、自分で歩くことができるまでになっています。

下肢のマヒのステージ別生活ケア

マヒが重くてもできることはいろいろある

ブルンストロームの下肢のマヒのステージ

ステージⅠ･Ⅱ･Ⅲの一部

（体重を支えられない）

◎ 起き上がり

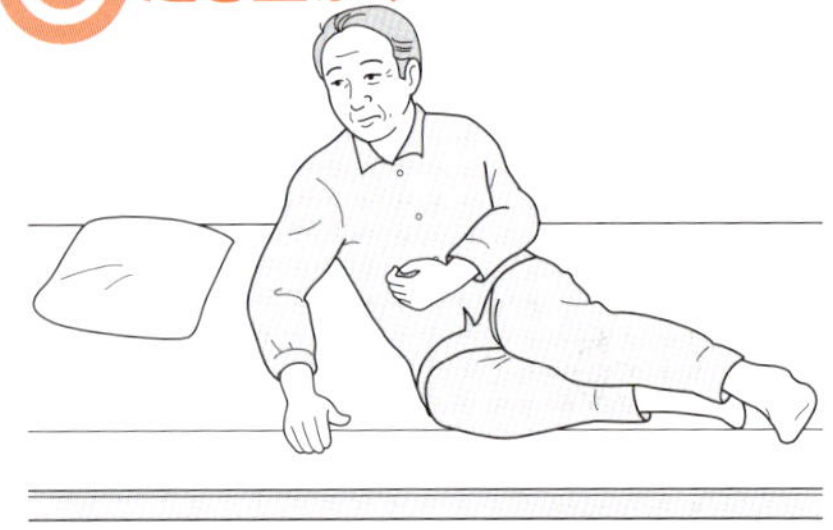

片ひじ立ちをする方法（180頁参照）を使います。ステージⅡ・Ⅲでは何かの拍子で足がピンと伸びてしまうことがあるので、①健側《けんそく》のひざを十分立てる、②横向きになり背中を曲げるの2点に注意

◎ 寝返り

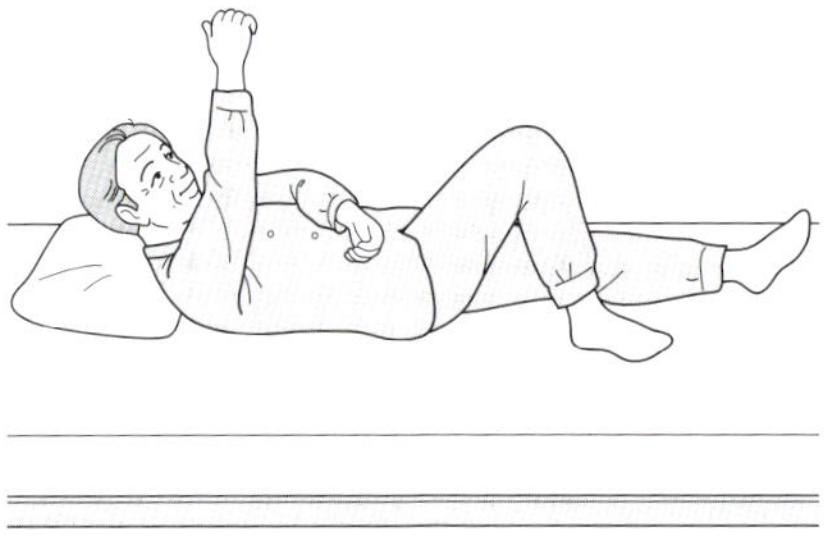

寝返りの3要素（ひざを立てる・手を上げる・頭と肩を上げる、166頁参照）を使えば、自分で寝返りをうつことができます

○ 立ち上がり

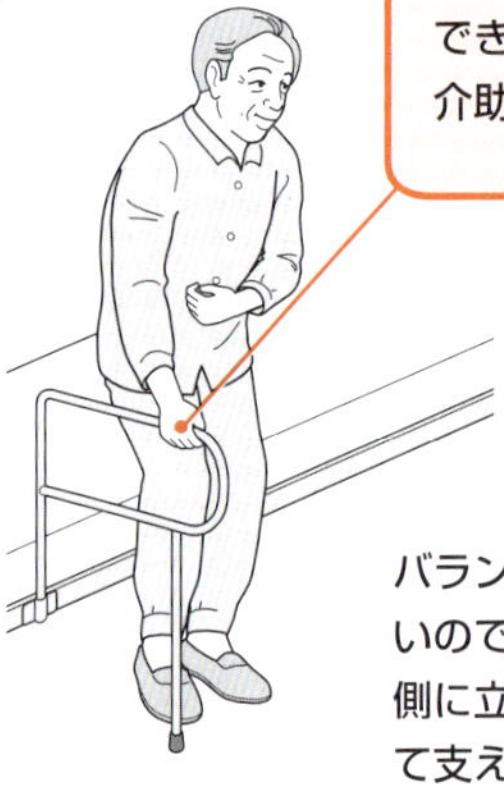

できるだけ遠くの介助バーをつかむ

バランスをくずしやすいので、介護者はマヒ側に立ち、必要に応じて支えるようにします

○ 坐位《ざい》保持

頭の位置を健側前方へ（右マヒ→左前、左マヒ→右前）

足をきちんと床に着ける（ベッドの高さを調節）

はじめはバランスがとれず、マヒ側の後方に倒れがちですが、練習すればできるようになります

◎ 移動

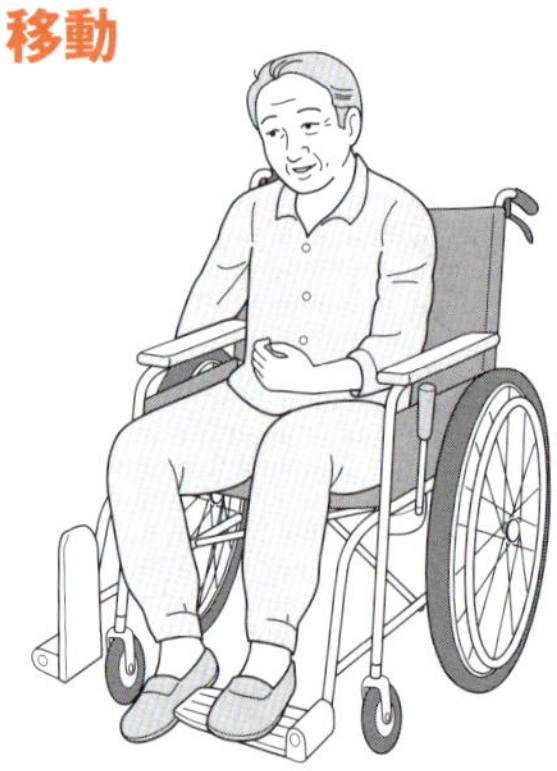

移動は車イスで行います

○ イス・車イスへの移乗

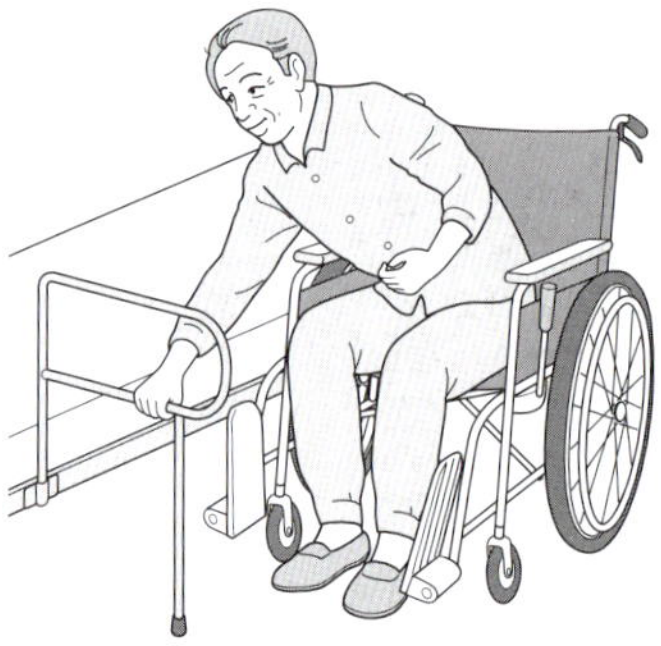

バランスをくずしやすいので、介護者はマヒ側に立ち、必要に応じて支えるようにします

○ 自立が可能か一部介助で可能　◎ 自立できる

ステージⅥ	ステージⅤ	ステージⅣ	ステージⅢの一部
		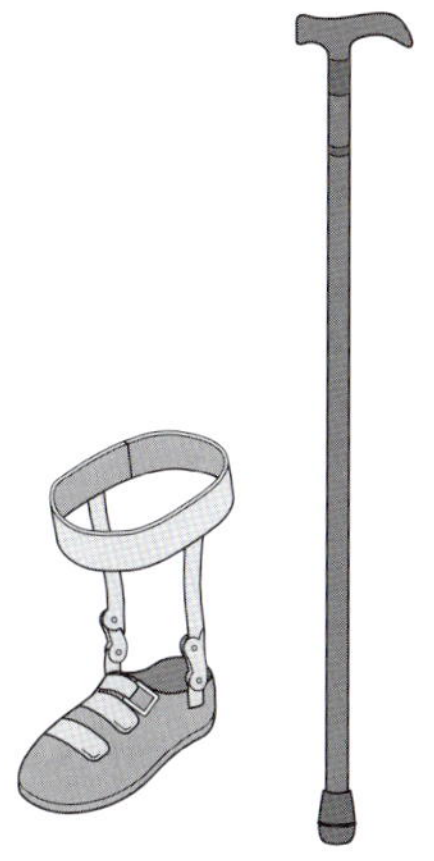	（体重を支えられる）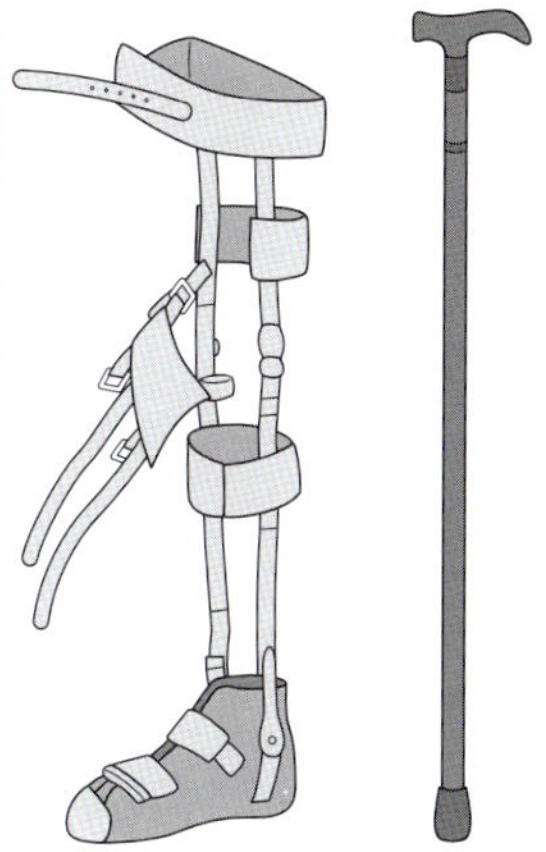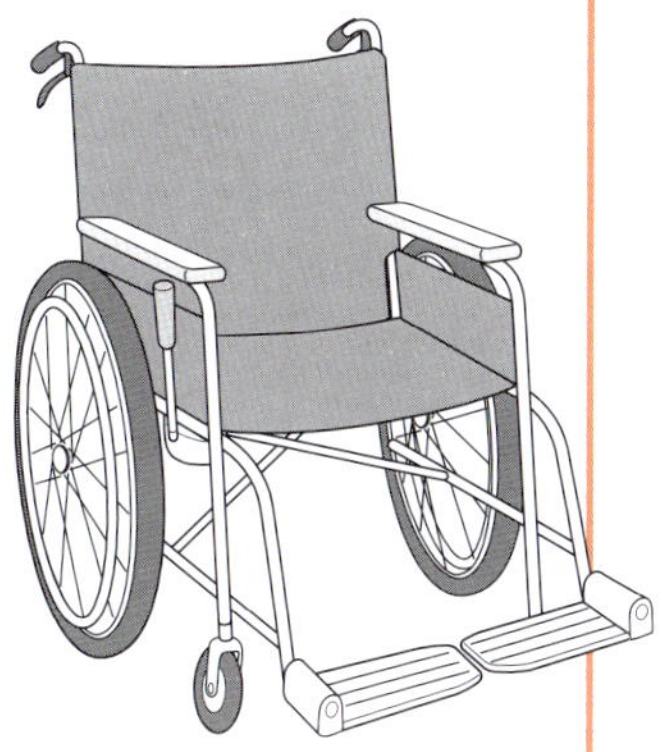
杖がなくても歩くことが可能です	ひざも足首もコントロールできるので、杖だけでも歩行が可能です	ひざのコントロールはできるが足首のコントロールはできないので、足首を固定する短下肢装具をつけて杖を使えば、歩行が可能です。着脱も一人でできます	長下肢装具でひざをまっすぐに足首を90度に固定したうえで、杖を使って歩く（ステージⅢ歩行）ことは可能ですが、痛みや変形を伴ううえ長距離の移動が難しく、何より装具を一人で着脱するのが困難なため、実用性に乏しいといえます。したがって移動方法は、「家のまわりの短い距離は長下肢装具＋杖の歩行、長距離の移動は車イス」の両方がすすめられます。歩くことにこだわりすぎると、生活空間・人間関係が狭くなり、寝たきりになる恐れもあります

寝たきりと決めつけないで

　下肢にマヒがある場合、日常生活動作の中でもっとも影響がおよぶのが移動です。ステージⅠやⅡの人では自力で移動することは無理で、そのために寝たきりになっているケースが少なくありません。しかし、下肢は上肢と違って細かい作業を要さないため、体重が支えられさえすれば低いステージの人でも生活の中でできることはいろいろあるのです。

　人間は片手で起き上がれ、片足で立つことができます。寝返りや立ち上がりの自立法を行ったり、少し介助をすることで、ステージが低い人でも寝たきりにならずにすむのです。「マヒがあるから寝たきりもしかたがない」と決めつけるのではなく、できることを少しずつ増やしていきましょう。

　なお、下肢のステージと生活の中でできることは、かならずしも1対1に対応しているわけではありません。運動マヒ以外の目に見えない障害や、リハビリ体験の有無、生活環境などによっても違ってきます。

　基本的には、できることはやっているはずですから、「よくがんばっていますね」と、今の状況を認めてあげることが大切です。そのうえで、ステージが高いのに本来ならできるはずのことができない人の場合は、ほかに障害はないか調べてみてください。特になければ、機能をもっと引き出せる可能性があります。

12-11

片マヒに伴う障害（1）

同名半盲《どうめいはんもう》とは何か

マヒしている側の視野が狭くなる

物を見るしくみ

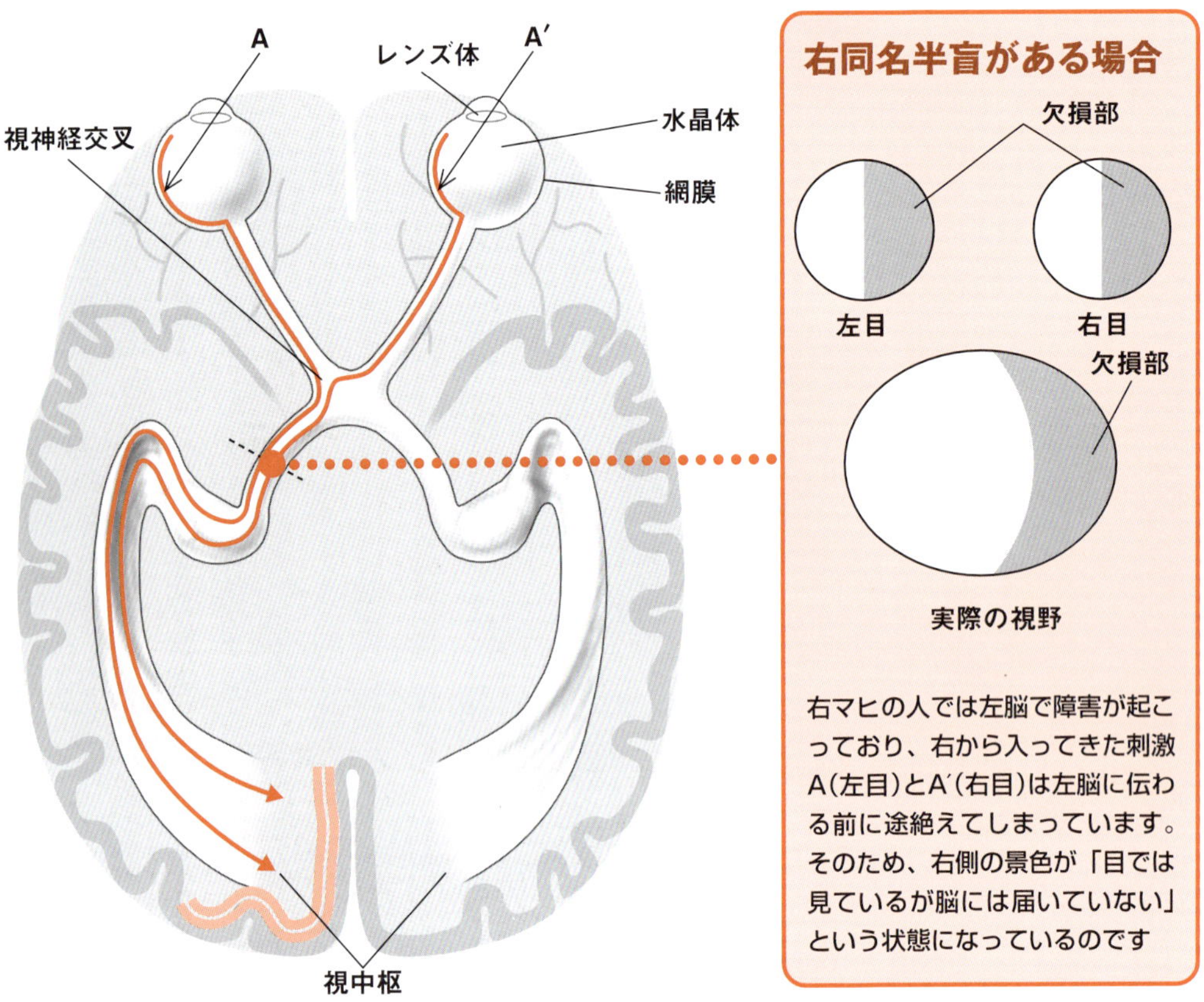

A
レンズ体
A′
視神経交叉
水晶体
網膜
視中枢
右同名半盲がある場合
欠損部
左目
右目
欠損部
実際の視野
右マヒの人では左脳で障害が起こっており、右から入ってきた刺激A（左目）とA′（右目）は左脳に伝わる前に途絶えてしまっています。そのため、右側の景色が「目では見ているが脳には届いていない」という状態になっているのです

見ているのに見えない

同名半盲とは、両目とも見えているのにマヒのある側の視野が狭くなる（右マヒ→右側の視野、左マヒ→左側の視野）ことをいいます。たとえば、入院先の病院で「内科病棟」とあるのを、〝棟〟が見えずに本人は「内科病」と思っていた、ということがあります。また、倒れてすぐは同名半盲があったが自然に治ったという人は多く、闘病記などを読むと「野戦病院に運びこまれた」と書かれています。視野が狭くなったために「屋根が半分なくて真っ暗な夜空が見える」というのです。

脳卒中は脳の中の内包《ないほう》という運動神経が通っているところに起こりやすく、すぐそばに視神経も通っています。そのため、内包が障害を受けると視神経も障害を受けることが多いのです。私たちが物を見るときは、右の景色を左脳で、左の景色を右脳で見て、統合して一つの景色として見ています。しかし、視神経が障害されていると、「目では見ているけれども脳には届いていない」状態になっているというわけです。

同名半盲は本人に自覚症状のあることが多く、首を動かせば見えるので、それほど生活の障害になるわけではありません。ただ、痴呆のある高齢者ではこうした代償行為が難しいため、介護者の関わり方が大切になってきます。要介護者には実際に見えていないにもかかわらず、「目の前にあるじゃない、よく見なさい」などと注意してしまうと、「自分は理解されていない」「嫌われている」と考え、心身ともに落ち着きを失っていくことがあるのです。

右同名半盲の見え方の例

輪投げの場合

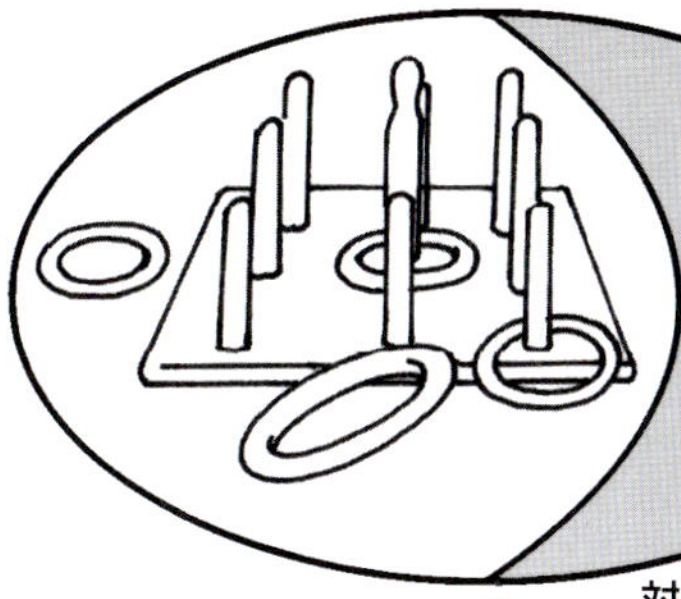

対象が固定されているので、そちら側に視野を向ければプレーできる

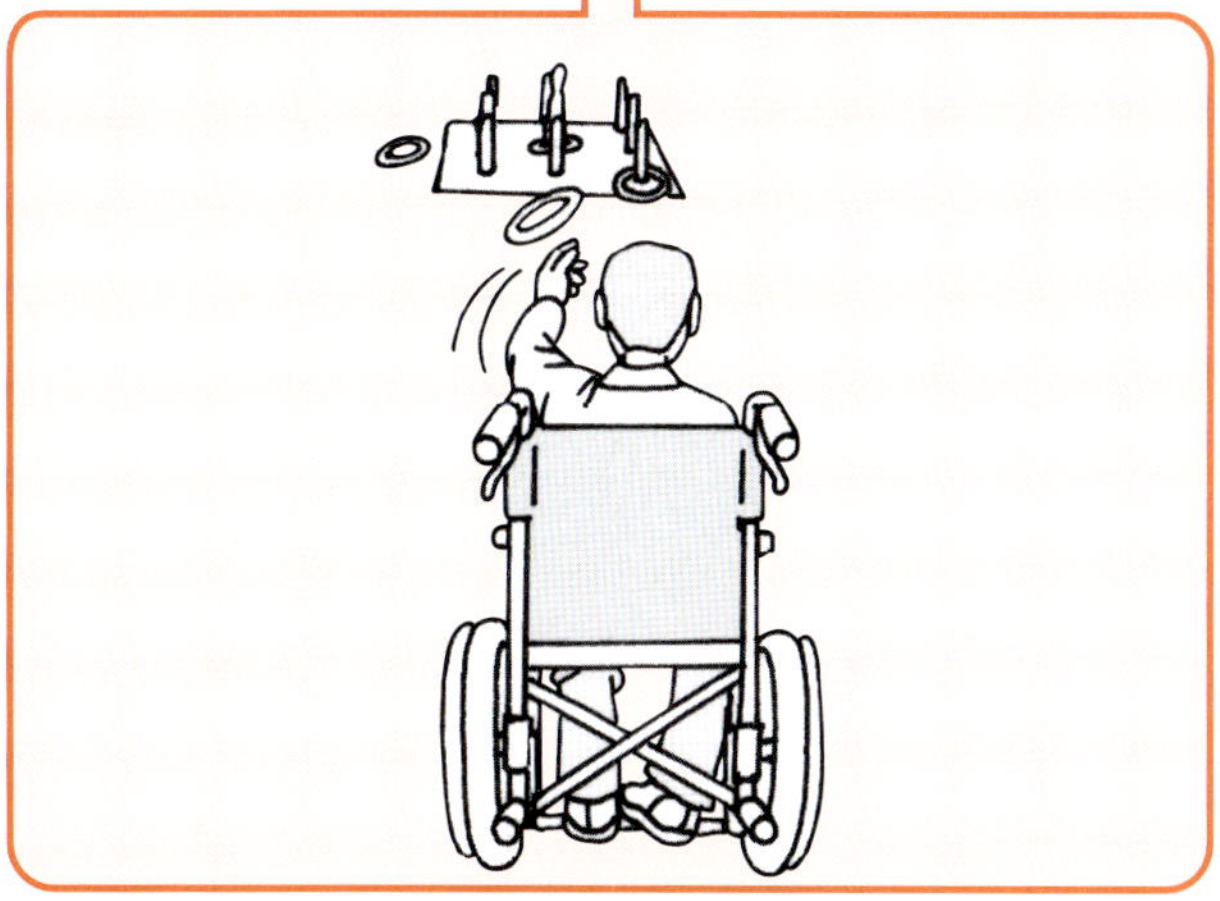

風船バレーの場合

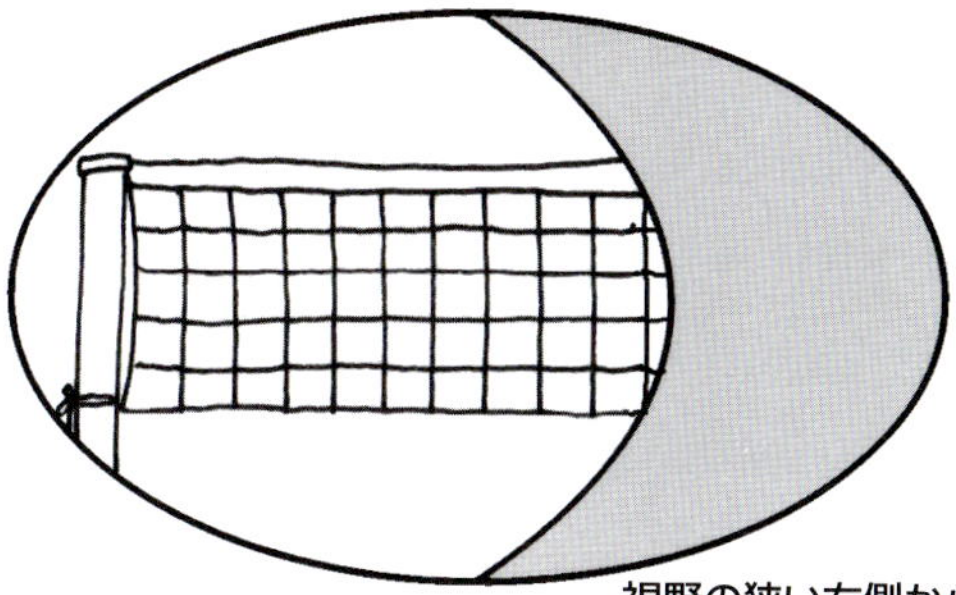

視野の狭い右側から風船がくる場合、風船は突然現れることになる

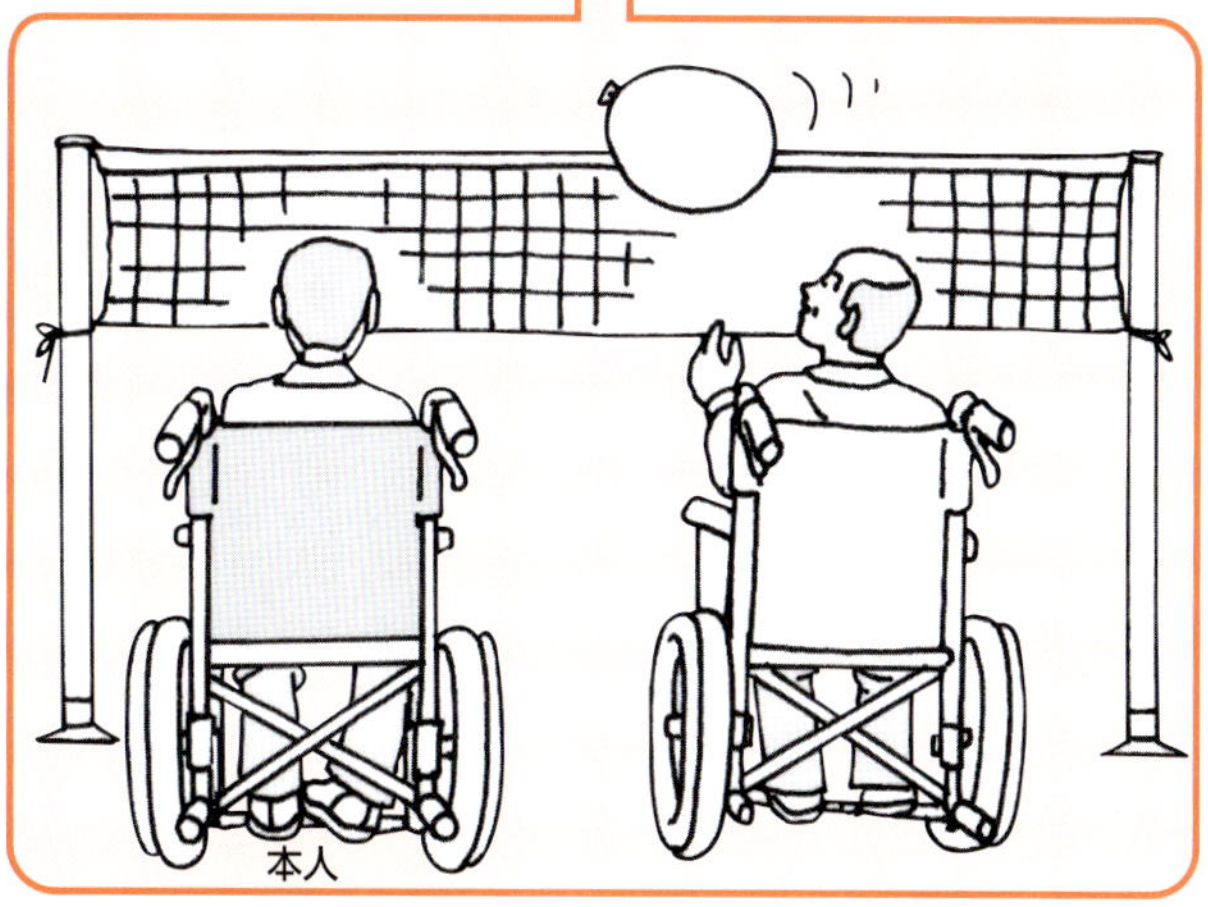

ナースコールのほんとうの理由

右片マヒのあるSさん（79歳女性）が、夜中にナースコールを30回も40回も鳴らすようになりました。

あれこれ原因を考えたすえ、寮母日誌と訓練日誌を照らし合わせてみたところ、レクリエーションに参加した日の夜は特にナースコールを鳴らしていることがわかりました。

さらに調べてみると、輪投げをした日は比較的落ち着いているのに、風船バレーをした日には鳴らし方がひどい、ということも明らかになりました。

じつは、Sさんは右同名半盲のために右側の視野が狭くなっていたのでした。

輪投げのように対象が固定されているものは視野が狭くてもできますが、風船バレーではいつ風船が飛んでくるかわからず、特に右側からくる場合は狭い視野の中に突然風船が現れることになります。風船がいつくるかとおびえた状態が夜まで続き、それが頻繁なナースコールという形で表れていたのでした。

そこで、風船バレーをするときは、ネットの右側に陣どってもらうようにしました。また、ベッドの位置を壁側ではなく廊下側に移動し、頭の向きも廊下からの人の出入りが見えるように変えてみました。その結果、Sさんは心身ともに落ち着き、ナースコールの回数も減っていきました。

対応のポイント

- 生活用品や食事は視野のある側に置く
- 視野のある側から近づく（声をかける）
- 視野のない側からのすばやい動きは避ける

12-12

片マヒに伴う障害（2）

言語障害への対応

人間関係をつくりながら会話を進める

✕ してはいけない対応

サインを読み違える

黙っていることを「怒っている」「自分のことを嫌っている」「気味が悪い」など、本人のふるまいや表情を一方的に解釈してしまうと、コミュニケーションがうまくいきません

話をきちんと聞かない

本人は「私の気持ちをわかってほしい」「一人前の大人として扱ってほしい」「少しでもよくなりたい」という思いを持っています。生返事をしたり目を合わさないなどの対応は、聞き手がその思いをくみとっていないというサインになります

人間関係をこわすような言語訓練

言語障害の種類や回復レベルによって、どのような対応をするかは異なります。こうした点を考慮せず、ただやみくもに話しかけたり訓練を強要したりしても、本人を混乱させたり困惑させるだけです

正しい発語の構造

①
正しく
発音する
②
正しく
言葉を選ぶ
③
正しく考える
話したいという意欲を持つ

言語障害の起こり方

発語面で見た場合、障害は①発音がおかしい（構音障害）、②言葉が出ない、おかしなことを言う（失語症）、③考えのすじ道がおかしい、話そうという意思がない（痴呆や意識障害など全般な精神活動低下に伴う状態）という3つのレベルで起こります。
言葉が通じないときは、いっしょに行動して人間関係をつくることが最初のはたらきかけとなります

障害の種類に合った対応を

脳卒中などで言葉が不自由という場合は、どのレベルで言葉の障害が起きているかを考えます。

いちばんわかりやすいのは発音の障害（構音障害）でしょう。本人にはゆっくりはっきり話してもらい、介護者は鋭い耳で聞きとるようにします。言語中枢に傷を受けると「失語症」になります。失語症の人は考えがしっかりしていてコミュニケーション意欲もあるのに、言葉が出ません。この場合は理解面を見ます。冗談に対して笑うか、「うん、うん」とうなずくだけでなく「いいえ」の応答があるか、がポイントです。考えのすじ道や発語意欲の面で問題のある人の場合は、毎日の日常生活動作（ADL）一つ一つでコミュニケーションを促していきます。

握手を求めてみよう

「言葉が出ない」「おかしなことをいう」という場合は、そのことにとらわれずに、まず思いきって握手を求めてみましょう。本人がどの位のことがわかってどの位のことができるのか、どんな気持ちでいるのか、などさまざまなことがつかめます

言語障害だと思う前に

握手を求めてみる

手を払いのける

（拒否的な反応）

念入りな健康チェックと人間関係のチェックを行う

- ごく日常的な不調が反映されていることが多い
  - 便秘・下痢　● 不眠
  - 発熱　● 脱水 など
- 本人に対して失礼な言動があったのではないかと反省する

まったく無関心

日常生活動作（ADL）における自発性を高める

- 生活行為とコミュニケーションは表裏一体のもの
- 食事・排泄・着替え・入浴・移動・遊びなどで本人の理解や意思を感じとる

積極的に応じる

最初のコミュニケーションができたことを喜ぶ

- おもしろい話をして笑ってもらう
- 「どこか痛いところがありますか」と質問して「はい、いいえ」の反応を確かめる

point 会話の第一歩は健康チェックと本人の笑顔を引き出すこと

12-13 片マヒに伴う障害(3)

構音障害者への関わり方

発音が不明瞭なだけでたくさん話すことができる

どこまで聞きとれるかに挑戦

構音障害とは、言葉は話せるものの声が出にくかったり、ろれつが回らなかったりするために、相手に伝わらない状態をいいます。発音器官は摂食器官とほぼ共通するので、嚥下《えんげ》障害やよだれを伴うことが少なくありません。原因としては脳卒中に伴うマヒが多く、右マヒ・左マヒに共通して見られます。小脳失調やパーキンソン病が原因で起こる場合もあります。

構音障害の人と話すときは「私が間違って聞きとっているかもしれない」ということを相手に伝えなければなりません。そのために介護者は聞きとれた通りにすかさず相手に返す、という態度を身につける必要があります。

どうしても聞きとれないとき

- **書いてもらう**
- **五十音表の指さしを使う**
  （言語中枢の障害ではないので読み書きの障害はありません）

それでも通じないとき

- **「ごめんなさい」とあやまる**

✕「えっ何ですか」と聞き返さない
○こちらが聞きとれた通りに返す

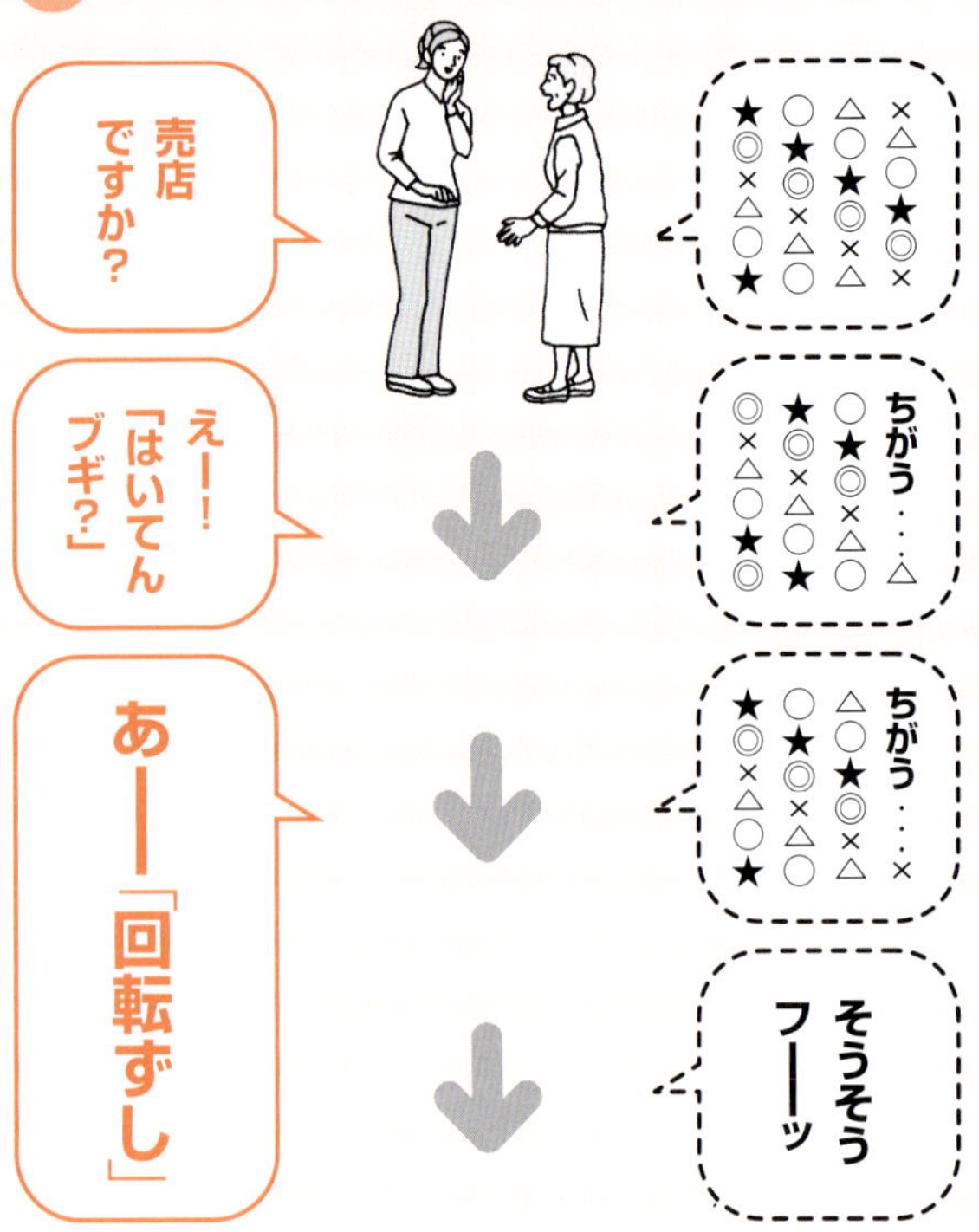

売店ですか?
えー!「はいてんブギ?」
ちがう・・・△
あーー「回転ずし」
ちがう・・・×
そうそうフーーッ

本人がはっきり話し、介護者の耳が慣れるための会話

「こんにちは」
「からだの調子はどうですか」

相手の手をにぎったまま、「こんにちは」と声をかけて会話をはじめましょう

構音障害の人の発音が聞きとりにくい理由

小脳失調の構音障害

器官の動きのなめらかさが障害されるために、爆発的な声とぎごちない話し方になります

パーキンソン病の構音障害

話しているうちに、だんだん早口になったり声が小さくなったりします

マヒ性構音障害

脳卒中発作を2回、3回とくり返すと、口のまわりにマヒが起こります。特に障害を受けやすいのは声帯・軟口蓋・奥舌などです

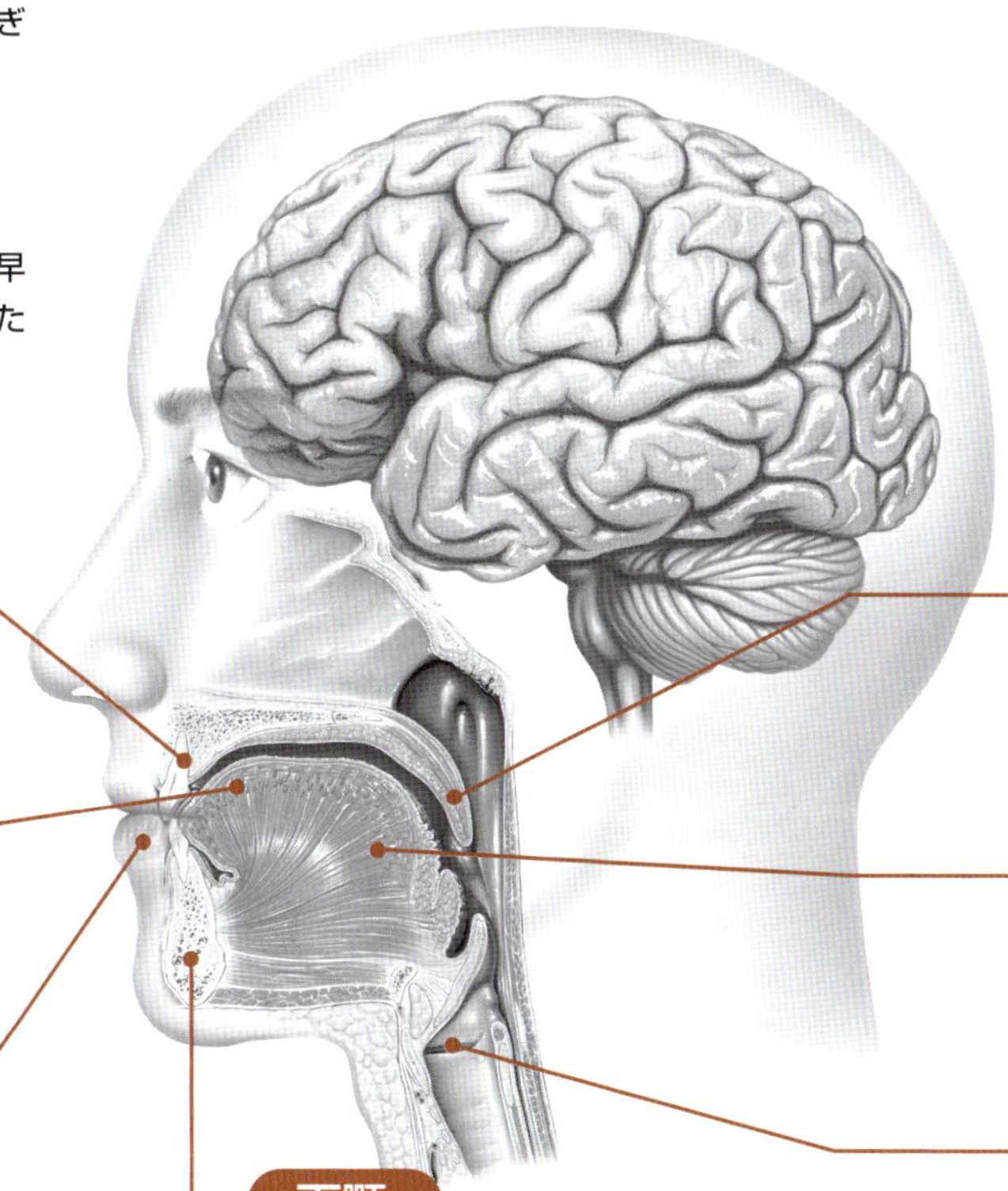

前歯

「前歯」が欠けていると、サ行・ザ行が難しい

舌先

「舌先」になめらかな動きがないと、サ行・ラ行が難しい

唇

「唇」が十分に閉じないと、パ行・バ行・マ行に影響する

下顎

「下顎《かがく》」の動きが不十分だと母音（アイウエオ）の区別ができない

軟口蓋

「軟口蓋」が十分上がらないと、マ行・ナ行・ン以外のあらゆる音が不正確になる

奥舌

「奥舌」の動きが鈍いと、カ行・ガ行が不正確になる

声帯

「声帯」の動きが不十分だとガラガラ声やカサカサ声や小さな声になる

「夜中はよく眠れますか」

←「心配事があって眠れないんじゃないですか。お金のこととか、○○さんのこととか」

←「舌の動きをなめらかにする練習をします。『タカラ、タカラ、タカラ』を5回いってください」

←「『タ、チ、ツ、テ、ト』『カ、キ、ク、ケ、コ』『ラ、リ、ル、レ、ロ』をはっきりいいましょう」

←「あなたの『宝』は何ですか」

←「今度は『サカナ、サカナ、サカナ』と5回いってください」

←「『サ、シ、ス、セ、ソ』『カ、キ、ク、ケ、コ』『ナ、ニ、ヌ、ネ、ノ』をはっきりいってください」

←「あなたの好きな『魚』は何ですか」

失語症とは

言語中枢が障害されて起こる

失語症の特徴

できる面・よくなる面

- 対人関係、仲間への思いやり
- 言葉かけの意図を理解する（質問・冗談・叱責・禁止・賞賛・軽蔑など。表情や声の調子が右脳でキャッチされるらしい）
- 歌を歌う、絵を描く、囲碁や将棋を楽しむ、道順を理解する（これらは右脳の能力）
- 記憶
- 障害の自覚、意欲、感情のコントロール
- すじ道の通った思考

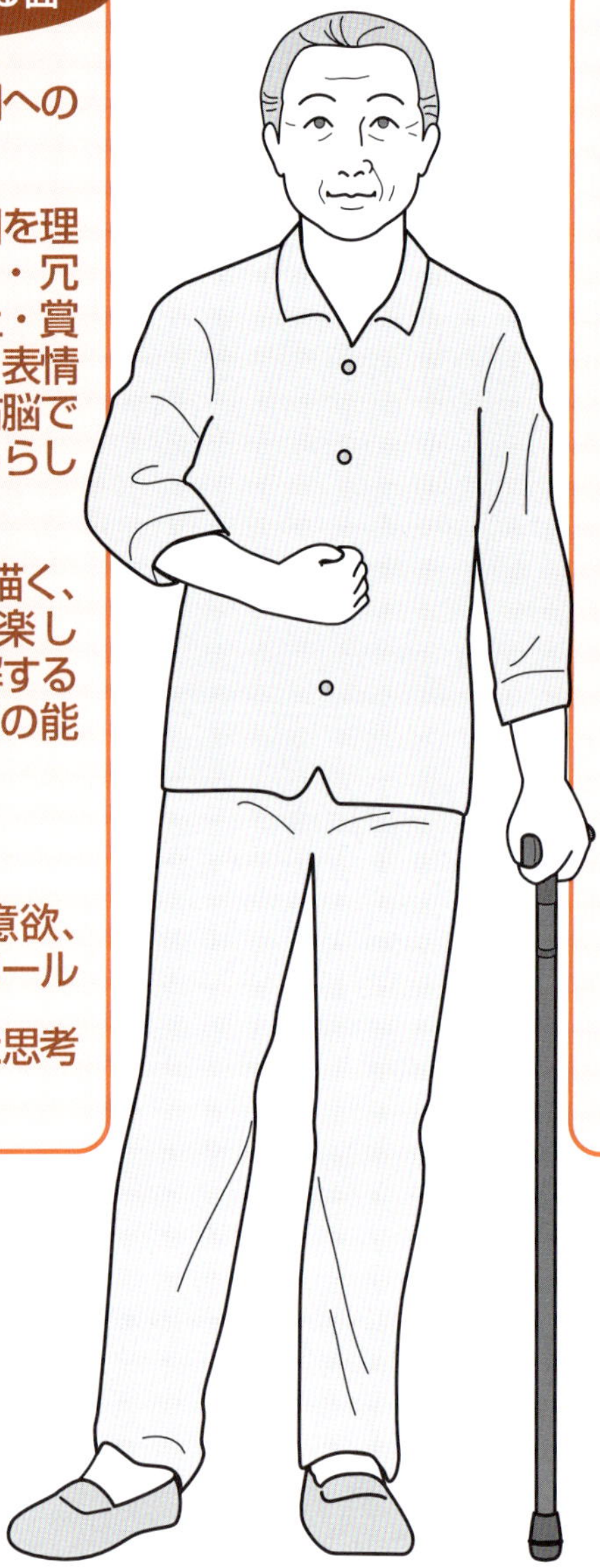

できない面

- 思い通りの言葉をいう
- 他人の言葉を即座に理解する（特に早口でいわれたり、急に話題が変わったり、大勢が話しかけたりした場合）
- 文章の理解（漢字ならわかりやすい）
- メモをとる、筆談やワープロ、五十音表の指さしなど文字による表現
- 復唱
- 音読
- ジェスチュア

言葉はいえないが「賢い人」

人間の言語中枢は右利きの成人の場合、左の脳内にあるのが通例です。したがって左の脳が傷つくと「失語症」になります。

左脳の前方の損傷で起こるのが「ブローカ失語」で、語彙《ごい》が乏しくたどたどしい話し方になります。身体面では歩けるようにはなるでしょうが、右手の重いマヒが残ります。

左脳の後部の損傷で起こるのが「ウェルニッケ失語」です。なめらかに話しますが、はなはだしいいい間違い（錯語）をしたり、重症者では「ジャーゴン」という滅茶苦茶な言葉になったりします。それ以上に困るのは、言葉の理解力の低下です。手脚のマヒがないこともあって、痴呆と誤診されて気の毒な扱いを受ける人もいます。

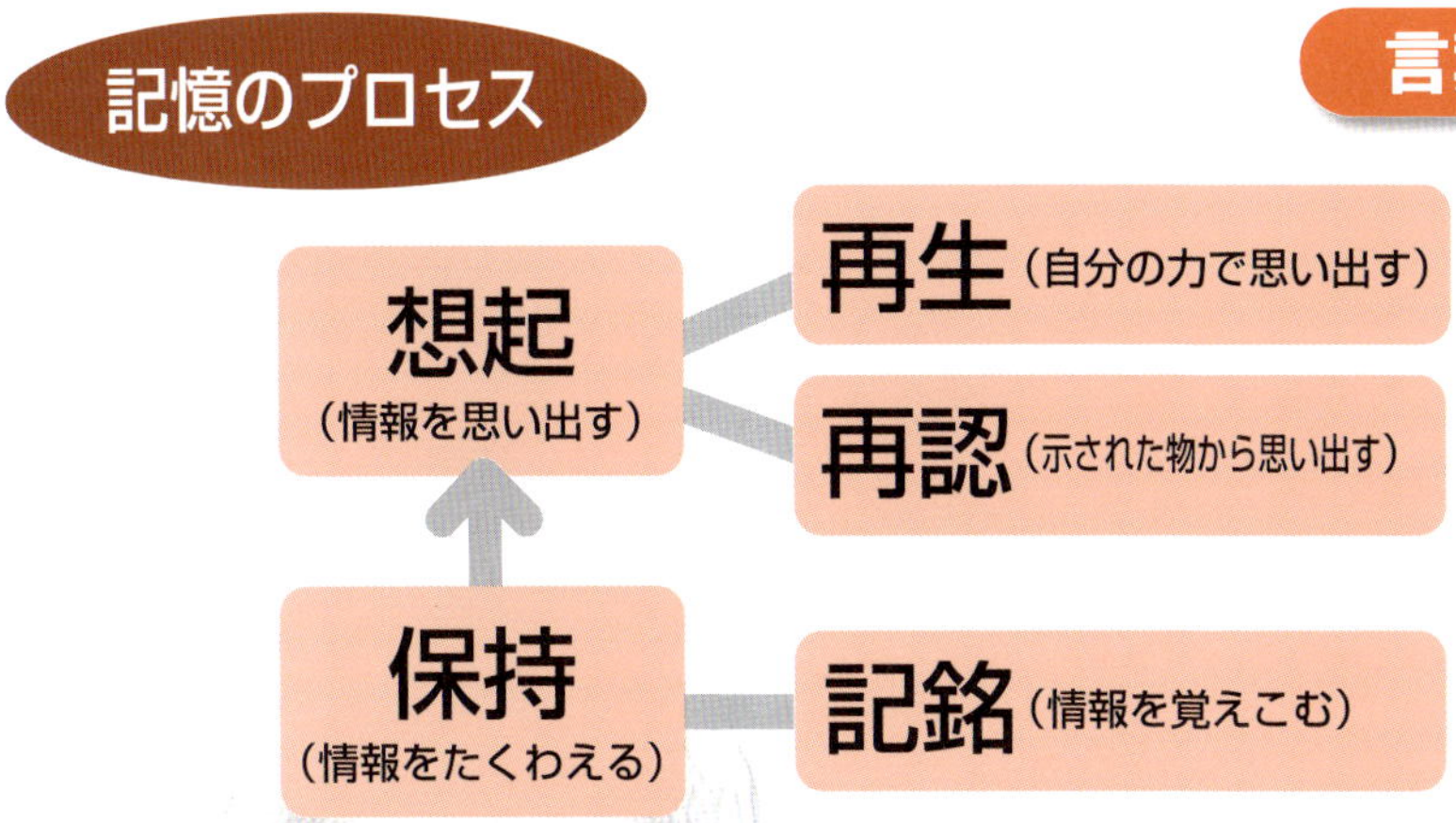
記憶のプロセス
想起
（情報を思い出す）
再生（自分の力で思い出す）
再認（示された物から思い出す）
保持
（情報をたくわえる）
記銘（情報を覚えこむ）

言葉を忘れたわけではない

失語症の人の脳内に言語の記憶が保たれていることは、いくつかの証拠から明らかです

- ●語頭音が手がかりになる（例：朝食べた物について「め」とヒントを出すと「目玉焼き」といえる）
- ●言語理解ができる（例：「朝食はお粥《かゆ》でしたか」に対しては「はい」「いいえ」で応じられる）
- ●意味的に関連性のある誤りが起きる（例：「タオル」のつもりで「帽子」という。「本」がいえないのに「ブック」がいえる）
- ●歌を歌うと歌詞が思い出せる

一般に「再生」は難しいが「再認」ならできることが多い。失語症者に対しては無理に言葉を思い出させようとせずに、選択肢を示して答えを選んでもらうとよい

✕ 無理にいわせる

○ 選択してもらう

どんな食べ物が好きですか？
牛肉と豚肉と鶏肉の中ではどれが好きですか？
牛肉…ステーキ
肉と魚ではどちらが好きですか？
肉です

会話がとぎれてしまう

無理のない会話だと思わぬ言葉が出ることもある

脳の損傷が小さければ、とっさに言葉が出ないだけの「失名詞失語」になります。身体面でも言語面でも障害は軽い場合が多いのですが、障害が軽いからといって悩みが小さいというわけではない点が重要です。精神的な支えが特に大切です。

左脳の全体におよぶような大きな損傷の場合は「全失語」になります。身体面でも車イスの生活になることでしょう。

これら失語症の人たちに対しては、病院やリハビリテーションセンターで専門の言語聴覚士（ST）による言語訓練が行われています。ぜひ相談してください。

失語症の人たちの最大の特徴は、おだやかな笑顔です。そして細かいところによく気がつきます。記憶も確かで判断力もしっかりしています。言語は不自由でも人間的に頼りになるのが失語症の人たちです。

失語症者へのメッセージ

- ●1週間のスケジュールを作りましょう。家族以外の人と会うための外出と家での休息のリズムが大切
- ●先輩の生活を参考にしましょう。失語症の仲間は全国にいます

12-15

片マヒに伴う障害（5）

失語症者への関わり方

10日を1日と考えてあせらず取り組む

失語症ケアの手順

スタート

「こんにちは」と声をかけて「今日も元気か」の確認

元気なら

「笑顔を引き出そう」「明るい気持ちでいてもらおう」という思いをこめてのはたらきかけ

- おもしろい話をして笑ってもらう
- 本人のよい点をほめる
- 歌を歌う（「どんぐりころころ」がよい）

元気がないなら

念入りな健康チェック・医師の診察

毎日の会話は失語症者の人格と能力が認められる貴重なチャンスです。本人の苦手なところを補いながら、こちらの話を上手に伝え、本人の思いを適切にいいあてる努力を続けてください

「尊敬と保護」のバランスが大切

失語症のケアでいちばん難しいのは、「本人の考えを尊重する」ということです。考えはあるのに、それを言葉として伝えられないのは、辛《つら》くもどかしいものです。したがって失語症のケアは本人に無理に言葉をいわせることではなく「本人の考えや思いをいいあてる」ということになります。

とはいっても、失語症の人は精一杯の能力で物を考えている場合が多いので、まわりから支えながらいっしょに考えを進める必要があります。

「それはこういう意味ですか」「こういう考え方もあるでしょう」「こっちのほうがいいんじゃないですか」などと、本人が理解でき受け入れられるような話し方で会話を進めて、よりよ

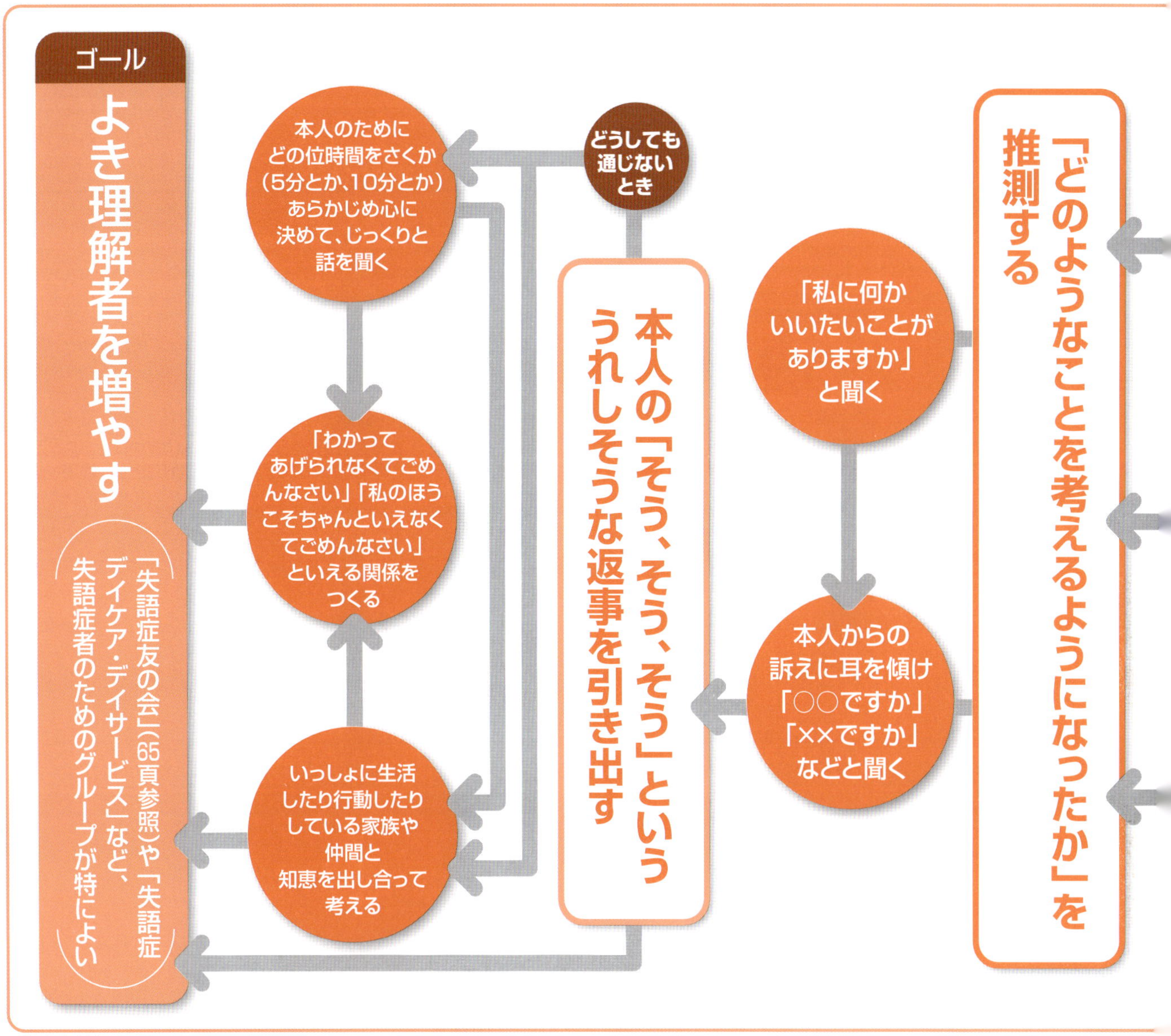
「どのようなことを考えるようになったか」を推測する
「私に何かいいたいことがありますか」と聞く
本人からの訴えに耳を傾け「○○ですか」「××ですか」などと聞く
本人の「そう、そう、そう」といううれしそうな返事を引き出す
どうしても通じないとき
本人のためにどの位時間をさくか（5分とか、10分とか）あらかじめ心に決めて、じっくりと話を聞く
「わかってあげられなくてごめんなさい」「私のほうこそちゃんといえなくてごめんなさい」といえる関係をつくる
いっしょに生活したり行動したりしている家族や仲間と知恵を出し合って考える
ゴール
よき理解者を増やす
「失語症友の会」（65頁参照）や「失語症デイケア・デイサービス」など、失語症者のためのグループが特によい

い生活に到達できるよう導いてあげてください。

失語症の人たちは回復してくるにつれて自分の意思がはっきりしてくるので、「だめだ」「いやだ」「違う」などという態度が出てきたら、だいぶよくなったとひとまず安心してください。ほんとうのコミュニケーションはそれからです。そのうちに「えー、こんな高度なことを考えていたの」と驚くような体験が生まれてくるはずです。

ずっと見守ってくれる言語聴覚士を見つけよう

失語症者が安心して過ごせる場所や自信を回復するチャンスを増やすことも言語聴覚士（ST）の仕事です。

地域でいつまでも見守ってくれるSTをぜひ見つけてください。

地域でのグループづくり、都道府県レベルの大会、全国大会、さらには国際交流のための海外旅行など、失語症をめぐる活動はどんどん発展しています。

失行・失認とは何か

左マヒ者に多く見られる

失行がある場合

失行とは

マヒがあっても本来なら十分できる動作で、どうやるのかも頭で理解しているにもかかわらず、その動作ができない・どうしていいかわからない状態をいいます。

たとえば、手は動かせるしボケてもいないのに歯磨きができないなど、今までやり慣れた簡単な行為ができなくなります。

脳の中にはくり返されてきた行為のやり方や順番を記憶している部位があり、そこが脳卒中によって損傷されたために起こります

主な種類と症状

構成失行	指で犬や狐などをつくり「こうしてみて」と指示しても、どうしていいのかわからない
着衣失行	身体機能的には可能で自分で服を着ようと思っているにもかかわらず、ズボンを頭からかぶろうとしたり、右手を左そでに通したりする（脱ぐほうは問題ないことが多い）
歩行失行	マヒも軽いし歩けるはずなのに、訓練室で「歩いてごらん」といっても歩けない
観念運動失行	動くほうの手でじゃんけんができない
そのほかの動作の失行	たばこを吸っていた人なら、ライターの扱い方がわからない、たばこをどちらの手で持っていいのかわからないなど、失行はすべての動作に起こり得る

失行・失認の大半は、左マヒの人でよくみられますが、観念運動失行など、右マヒの人でみられるものもあります

対応のしかた

「ダメじゃないの」「どうしてできないの」などというのは禁物。「できないことを快く介助する」ことが原則です。

一部の失行では、まわりから指示・命令されるとできませんが、無意識・自発的ならうまくできることもあります。自発的な行為を待ったり、引き出してあげるようにしましょう。

たとえば着衣失行の場合、気がついたら洋服を着ていたという動作を引き出せれば理想的。衣服を着やすく並べておく、左右がわかるよう目印を付ける、着替えを手伝いながらヒントを与えたり手をとってあげるなど、さりげない介助を心がけましょう

失認がある場合

失認とは

人が話しているときに考え事をしていると、声は聞こえていても耳に入っていない状態になることがあります。失認とはこの状態が機能的に起こっている場合、つまり感覚は正常なのにそれを認知できないことをいいます。

たとえば左空間失認では、目や神経に問題がないにもかかわらず、本人には真ん中から左側がまったく見えていません。

失認は本人に症状の自覚がなく、また目に見える障害ではないために、まわりもボケなどと勘違いしていることが少なくありません

主な種類と症状

左側無視 左空間失認と左身体失認を合わせたもの。左マヒ者に見られる

左空間失認 本人から見て左側が存在しないかのように感じている（例：お膳の左側に置かれたご飯を認知せずに、おかずばかり食べている）

左身体失認 自分のからだの左半分がないかのように感じている（例：左手を背中に敷いたまま寝ている、左脚がベッドから落ちていても気にしない）

病態失認 障害があるにもかかわらず、「自分は病気ではない」「手脚はマヒしていない、歩ける」といい張り、実際にそう思っている

全体と部分の関係の失認 今、何が大事でこれはあとでもいいという状況判断ができない

顔貌失認 顔を見ても人の区別がつかないが、言葉をかけられると「ああ、○○さん」とわかる

遠近感の失認 物理的な遠近感だけでなく、他人との距離のとり方も遠慮がなく厚かましくさえなる

対応のしかた

無理に治そうとするより、現実にできる動作を生かし、失認があってもそれなりに生活できる状況をつくることが大切です。

そのうえで、本人の代わりに危険を回避したり、不自然な状態を是正してあげることが基本となります。

たとえば左側無視の場合、認知できている右側だけで生活できるように、声をかけたり顔を出したりするのも右側からわかりやすく行い、生活用品や食事も右に置くようにします

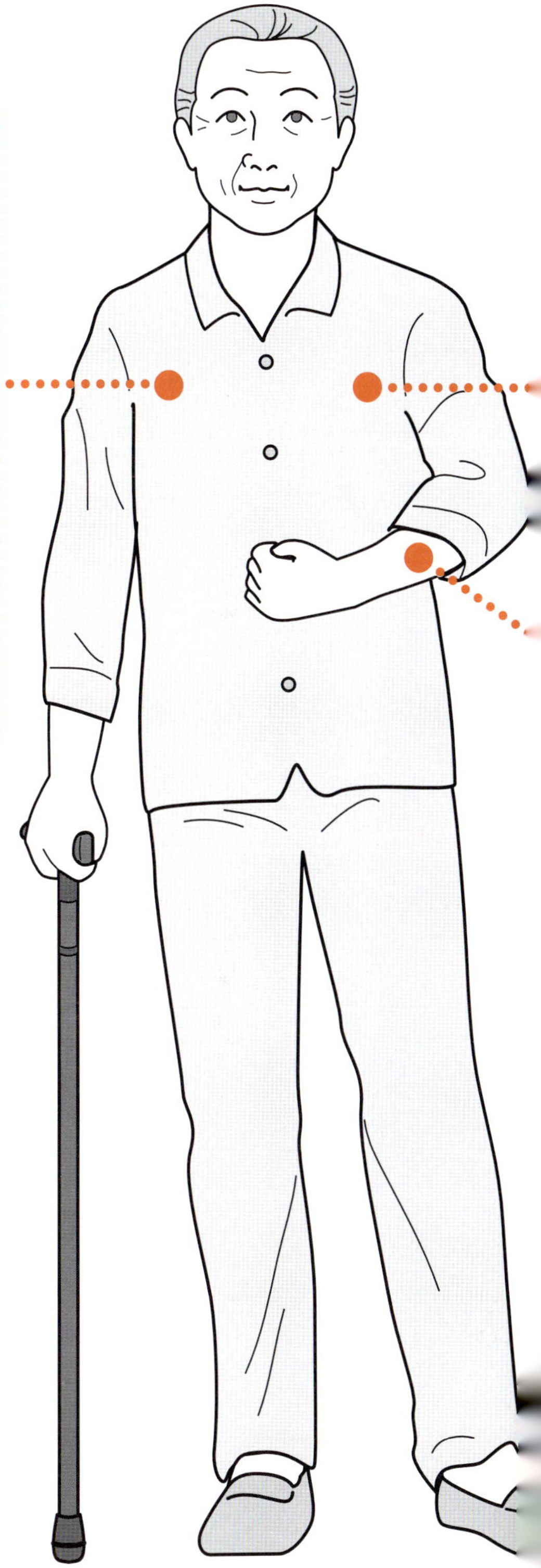

12-17

片マヒに伴う障害（7）

左マヒ者の性格変容

直そうとしないで見方を変えるのがポイント

いいところを探してみよう

介護の現場で左マヒの人を見ていると、その一部に性格が変わるという障害があるようです。家族に「昔からこんな性格でしたか？」と聞いてみると、「病気になってから人間が変わった」「もともとそういうところはあったが、ひどくなった」といいます。右マヒ者は失語症になる可能性はありますが、性格は継続されている感じがします。ところが、左マヒ者では性格が変わることがあるのです。

「自己中心的」「わがまま」などといった性格の変化は腹が立つものですが、本人はケロリとしています。腹を立ててもこちらが損をするだけ。「これは病気のせい」と考えれば少しは楽です。そして発想を変え、いい点・長所と短所ではなく、いい点・長所としてとらえるようにしてみましょう。長所と短所というのは、一つの性格の裏表です。たとえば、神経質というのはマイナスのイメージがありますが、プラスに考えれば繊細な神経の持ち主ということになります。性格変容の見られる左マヒの人に対して問題点ばかりをあげつらうのでは、本人も元気になることはできません。見方を変えて、いいところを探してみましょう。そして、そのいい点が出てくるような場面や役割をつくるようにするのです。たとえば、レクリエーションの雰囲気づくりの役割をしてもらうなどです。

変化の特徴

マイナス面

自己中心的
朝の会に遅れてくる、食堂にくる時間も気まぐれ

わがまま
食べ物の好き嫌いがはっきりしていて、嫌いな物が出ると手をつけない

自分勝手
施設でほかのお年寄りを診察している最中の医師に向かって「ちょっと先生、タオルとって」などという

感情的
少し注意するとカッとなる、こちらが一言いうと10倍になって返ってくる

おせっかい
同室の人に対して、箸の上げ降ろしからご飯を食べる順番まで指図する

大まか
自分のことは意外とだらしがなくて、ボタンのかけ違いがあっても放ったらかし

説得されない
どんなに理詰めで話をしても一切受けつけない、説得しようとしても馬耳東風

Before

いい点を見つけることで明るく生きられたMさん

市内の病院から特養ホームに緊急入所してきたMさん（64歳女性）は、離婚後、女手一つで一人息子を育て上げたという人でした。脳卒中で倒れ左マヒが出てから4ヵ月ほどだったこともあり、訓練をするうちに日常生活動作もどんどん回復してきましたが、家に帰る話が具体的になりはじめた頃から息子の面会が途絶えるようになり、それとともにMさんの問題も表面化してきました。

Mさんは腰が痛いといって一切ベッドから離れなくなってしまったのですが、口だけは何とも達者でした。大した用事もないのに何度も職員をよびつけ、人の気持ちを逆なでするようなことを平気でいう、お風呂に入れれば入れ方が悪いと1週間くらい文句をいうといった具合で、そのうち同室の人にまであたりちらすようになりました

プラス面としてとらえる

対応のポイント

- ●性格が変わったのは障害のせい 怒らない、直そうとしない
- ●見方を変える マイナス面→プラス面
- ●いいところを見つけだし、そのいいところが出るような場面を設定する

性格変容と失認

左マヒ者の性格変容は、失認（253頁参照）が性格や対人関係に表れたのではないかと考えることもできます。たとえば「遠近感の失認」がある人では、物理的な遠近感だけでなく人間関係の心理的距離感も障害されるため、他人との距離のとり方に遠慮がありません。また、「全体と部分の関係の失認」がある人は今何が大事かという状況判断ができないので、診察で忙しい医師に「タオルとって」などといったりします。「病態失認」のある人は自分は病気ではないといい張り、実際にそう思っているため、逆に重い障害でも深刻にならず、楽天的でいられるのです

プラス面

主体性がある
自発性がある、自分というものをきちんと持っている、こまごまと世話をやく必要がない

自己主張がある
裏表がなくて正直、個性的でユニーク、どうしたいのか理解しやすい

マイペース
天真爛漫、自分のペースさえ乱されなければほかのことにはこだわらない

明るい
喜怒哀楽がはっきりしていて情緒豊か、陰にこもったところがなくわかりやすい

世話好き
社交的、面倒見がいい、他人のことでも喜んだり悲しんだりできる

楽天的
細かいことは気にせず大らか、マヒがあってもあまりクヨクヨしていない

ほめられたい
ほめられるとがんばる、こちらが肯定的に接すれば素直に反応する、可愛げがある

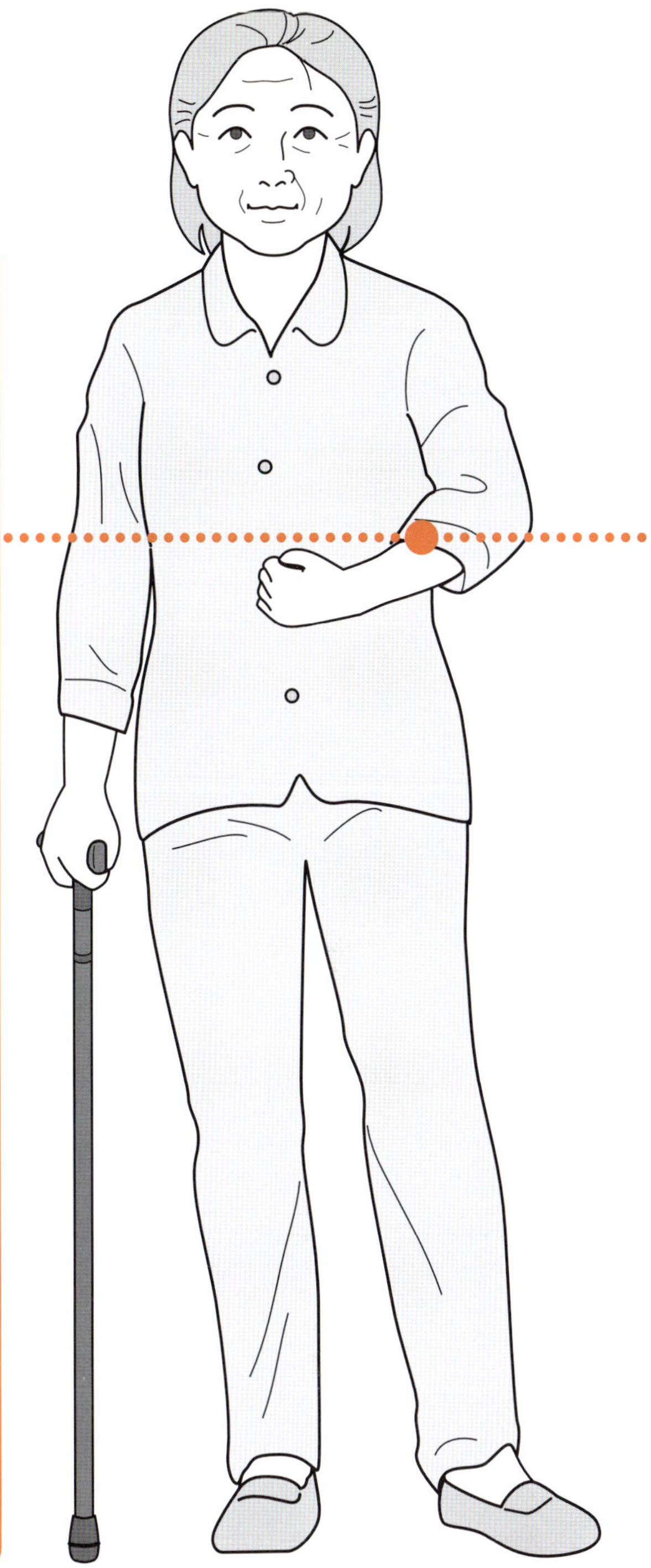

After

職員全員によるケース会議が持たれ、「自己中心的」「わがまま」などMさんの問題点があがりました。じつは、Mさんは左マヒ者の性格変容の典型例だったのです。ここで、「問題点をあげて改善する」というやり方をしたのでは逆効果。介護の現場では「老人の性格を変えるくらいなら、猫に社交ダンスを教えるほうが簡単だ」といわれ、こちらが変わるほうが簡単なのです。そこで「自己中心的→主体性がある」「わがまま→正直」などいい点を見つけたうえで、どんな場面でそれらが出てくるかを考えた結果、レクリエーションの場でいい雰囲気づくりをしてくれることがわかりました。ためしにレクリエーションに参加してもらったところ、場の雰囲気が一変。輪投げする人を応援したり、輪が入ればわがことのように喜んだり。「あなたのお陰で楽しかった。来週もきてね」というと、翌週からは早めにやってくるようになり、自分で車イスにのるなど次第に積極性も出てきました。

Mさんは64歳で入所、78歳で亡くなりました。Mさんのいいところを見て、そのための場をつくってあげることで、彼女は「万年躁状態」のような形で明るく生きることができたのです

12-18

マヒのある人もできるリハビリ（1）

仰臥位《ぎょうがい》編 いきいきヘルス体操

高齢者のリハビリにも効果がある

いつでもどこでも

この体操は脳卒中による片マヒの人のための体操としてつくられています。

人の姿勢は基本的には、「寝ている」「床にすわっている」「腰かけている」「立てひざになる」「立っている」しかありません。したがって、片マヒの人でもこの中のどれかの姿勢はとれるはずです。この体操は、どのような姿勢であってもできるように組み立てられています。

主にはストレッチやバランスをとり入れたものですが、姿勢を変える動作や、動きが入った体操は、ブルンストロームの回復ステージに関わるものがあり、中枢性のマヒの改善に役立つようにもなっています。

一度にすべてを行うのではなく、時間があるときにでも思い出して行ってみてください。

マヒのない人は姿勢の変換や動作そのものは楽にできるでしょうが、ストレッチなど役に立つものが多いので、誰にでもおすすめできる体操です。

股関節を開く

1 ひざを立てる

患側《かんそく》が動くときは脚でおさえます。この姿勢で30〜40秒

1 息を整える

両脚と腰をひねる

1 背骨のねじりと股の内外旋

ひざをそろえて患側へ動かします。この姿勢で30〜40秒

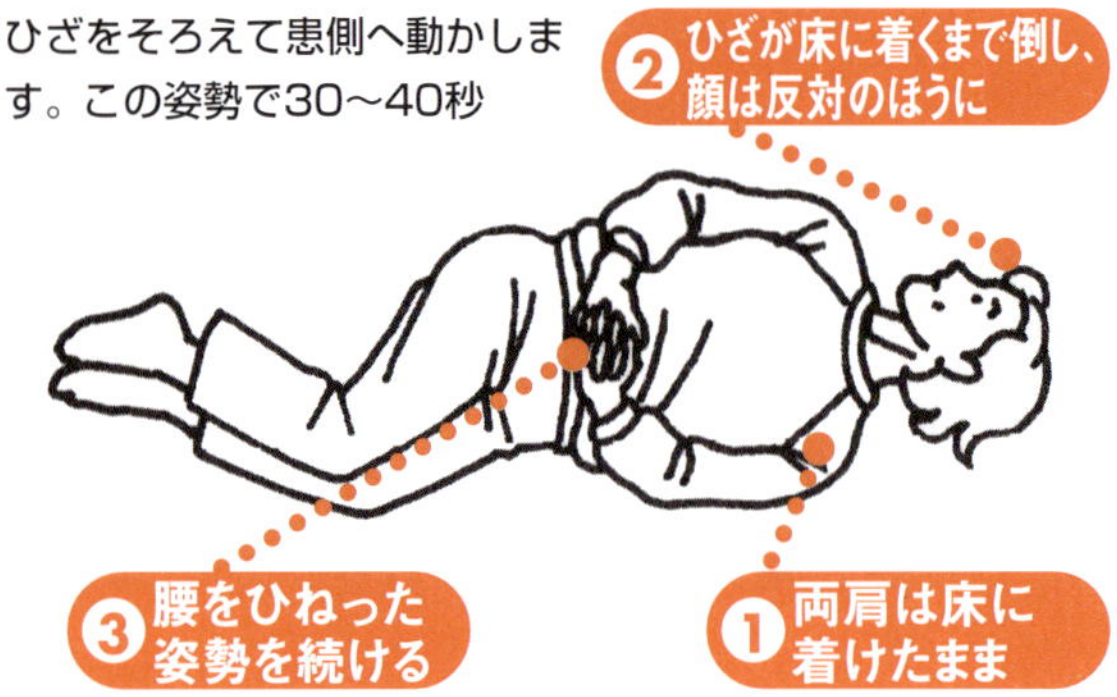
2 ひざが床に着くまで倒し、顔は反対のほうに
3 腰をひねった姿勢を続ける
1 両肩は床に着けたまま

肩を上げる

1 しっかり指を組む

指を組めば指の間が開きます

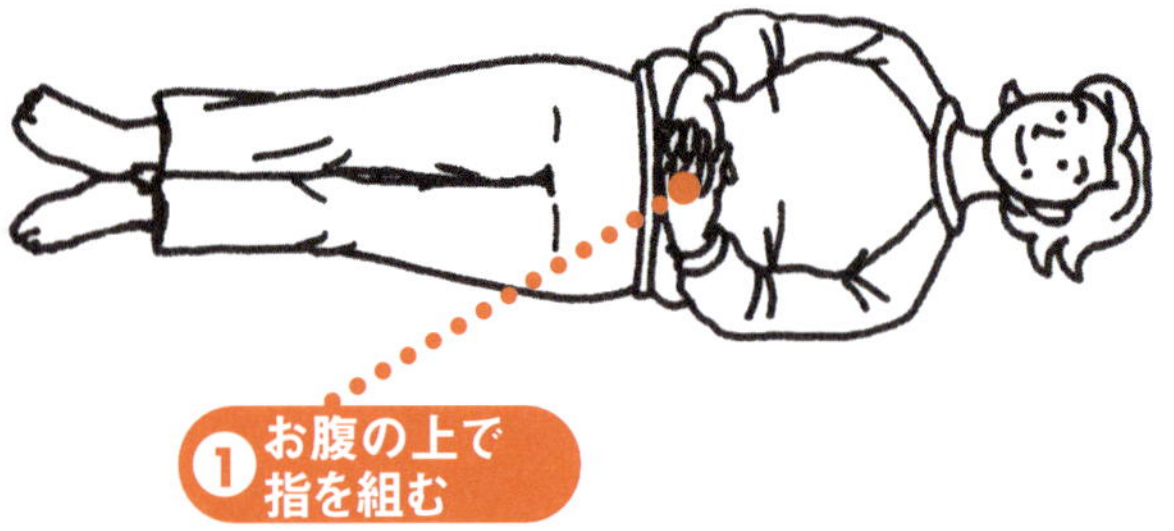
1 お腹の上で指を組む

股関節を曲げる

1 手を組んでおく

健側《けんそく》から行います

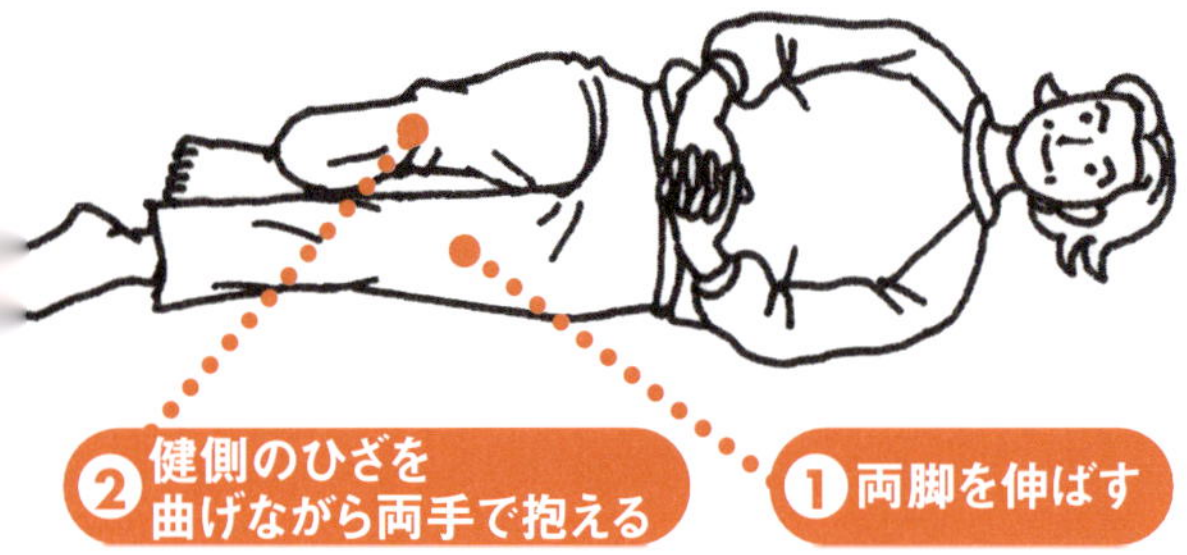
2 健側のひざを曲げながら両手で抱える
1 両脚を伸ばす

2 ゆっくり開く

脚がくずれないように気をつけながら、ゆっくりひざを開きます

2 少しずつひざを開く

3 内転筋のストレッチ

足の裏を合わせる。脚がくずれるときは片方でおさえます

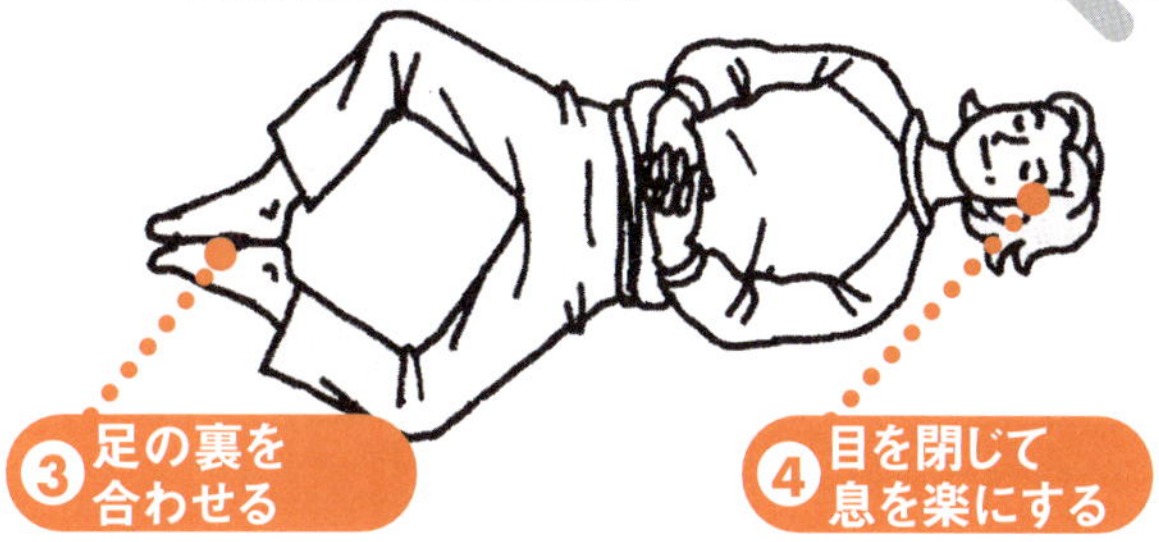
3 足の裏を合わせる
4 目を閉じて息を楽にする

2 ひざを立てて休む

これも立てひざ保持の体操です

4 両肩は床に着けたまま

3 背骨のねじりと股の内外旋

ひざをそろえて反対に動かします

5 健側へ両ひざを倒し、同じ運動をくり返す

2 手のひらは顔・頭に向けて

指が組めないときは小指側から手を持ちます

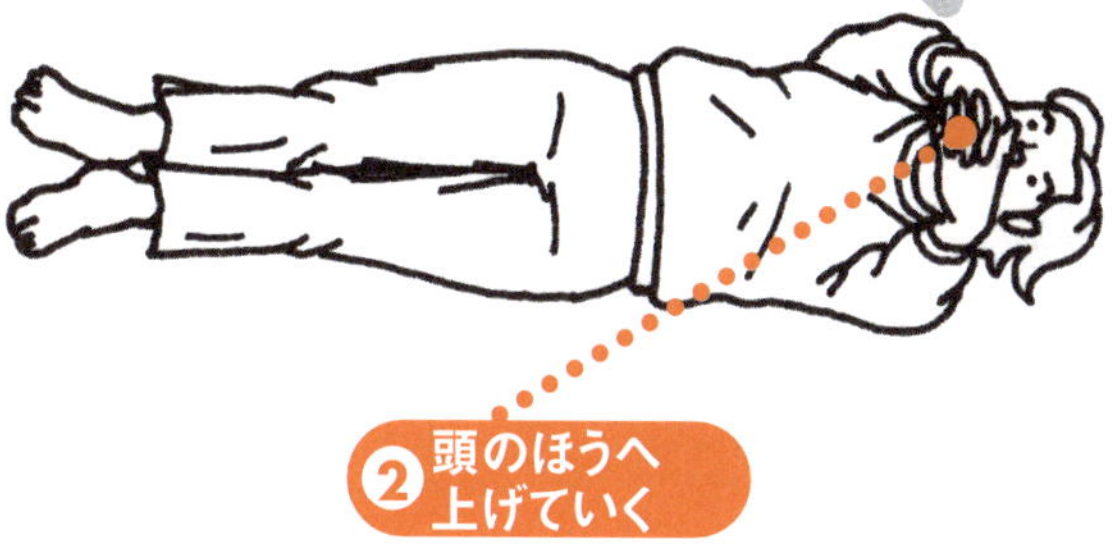
2 頭のほうへ上げていく

3 腹式呼吸で

寝ていると肩は動きやすいです。この状態で30～40秒

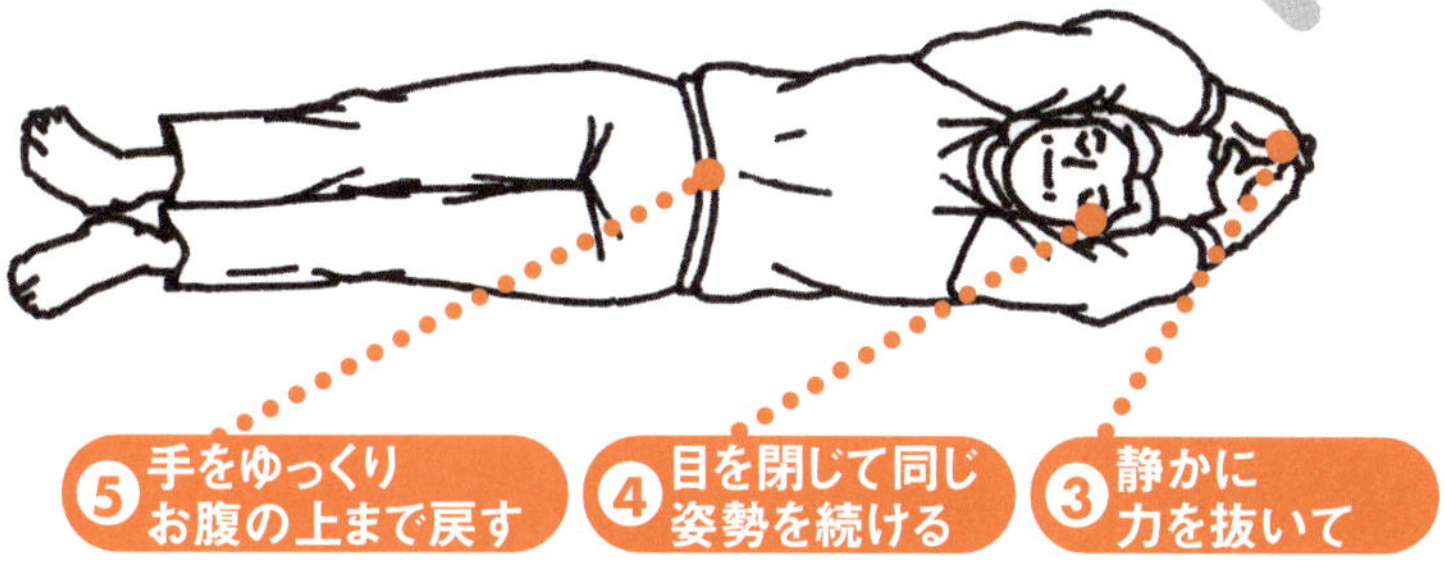
5 手をゆっくりお腹の上まで戻す
4 目を閉じて同じ姿勢を続ける
3 静かに力を抜いて

2 ひざを曲げる

反対側の脚が上がらないようにしながら、ひざも曲げこみます。30～40秒

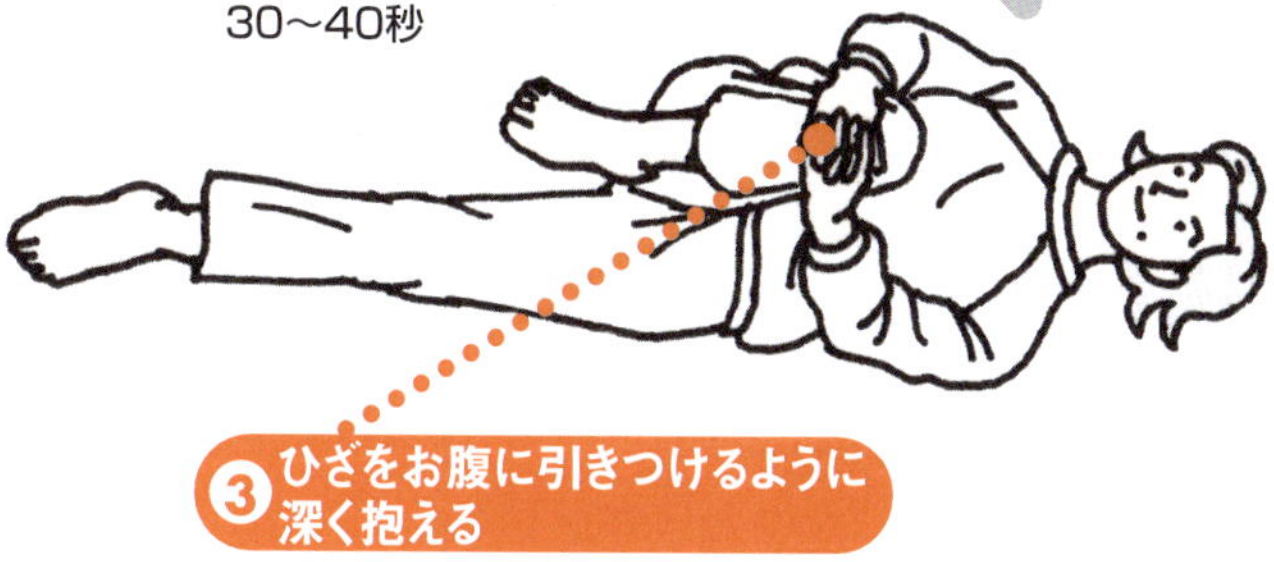
3 ひざをお腹に引きつけるように深く抱える

3 患側のひざを曲げる

患側は難しいので、できれば大したもの。介助が必要かもしれません

5 患側のひざを抱え、同じ要領でくり返す
4 ゆっくり脚を戻す

12-19

マヒのある人もできるリハビリ（2）

坐《ざ》位《い》編

いきいきヘルス体操

立ち上がりや歩行などに役立つ運動

すわってする体操

脳卒中になると多くの人はベッドとイスの生活になります。動作は楽でいいのですが、関節を動かす範囲が狭くなりがちで、それだけ筋肉や靭帯《じんたい》、関節包が短縮してしまいます。そこで、それらをストレッチしておくと動作が楽になります。10cmの段差を上がるとき10cm脚が上がるのと15cm上がるのとでは動作のゆとりが違います。

坐位での体操は、ストレッチを中心にしたものを選びました。中には体幹のひねりや股関節のひねりが入っているものもありますが、少しずつやってみてください。

床での体操は、床に降りたりイスに戻ったりする動作が難しい人に適しています。日本ではまだ和式の生活スタイルのところも多いので、床での動作を練習しておくことも有用です。床での動きは転倒の危険もなく、長い間の生活習慣にも合っているので、リラックスして動ける利点もあります。

下肢のストレッチ

1 足の裏を見る

足の裏が見えるようにあぐらをかきます。足を下から支えるように持ちます。両足について行います

1 あぐらをかいたまま、患側の足首を下からしっかり抱える

下肢屈筋のストレッチ

1 ひざを上に向ける

健側《けんそく》の脚にマヒした脚をのせ、片あぐらの姿勢。健側の手で患《かん》側《そく》のひざが上に向くように

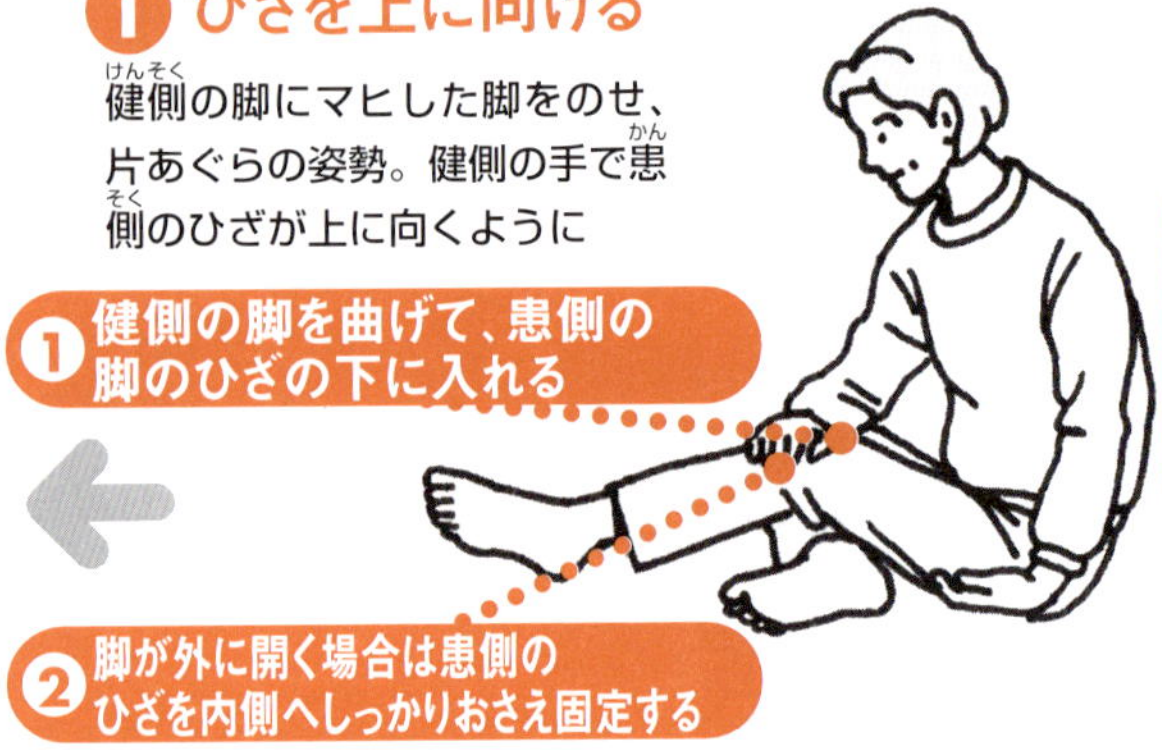
1 健側の脚を曲げて、患側の脚のひざの下に入れる
2 脚が外に開く場合は患側のひざを内側へしっかりおさえ固定する

股を開く

1 肩と股《また》・内転筋の伸展

あぐらから、足の裏を合わせ、手を組んで息を整えます

1 両足を合わせて、股を開く

尻上げと内ひねり

1 患側の立てひざ・股内旋

健側の脚の前で患側の脚を立てひざにします

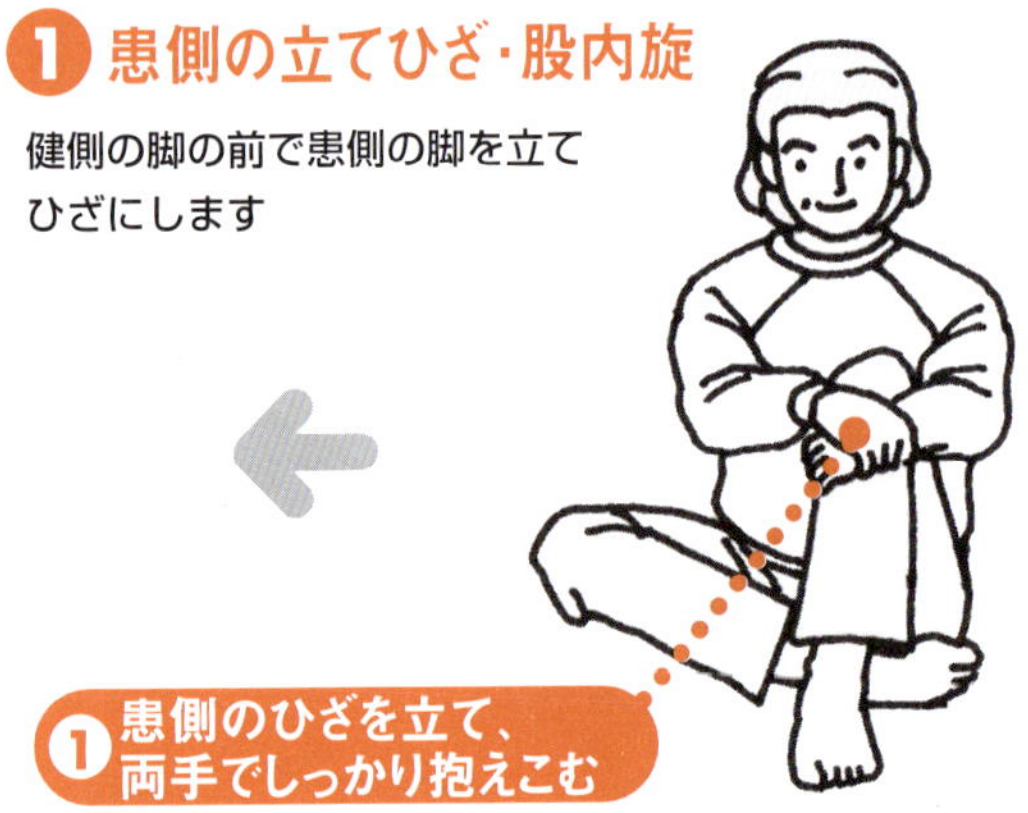
1 患側のひざを立て、両手でしっかり抱えこむ

2 脚を持ち上げる

足をおへそに引きつけるように持ち上げます。30〜40秒そのままでがんばります

2 腕をおへそに引き寄せるように脚を上げる

3 その姿勢を保つ

3 さらに上げる

さらに無理のない範囲で上げてみます。バランスがくずれないように気をつけます

4 もう少し高く上げる

5 その姿勢を保つ

6 脚を降ろす

2 お腹を腿《もも》に

目線を足先に置き、お腹を太腿につけるようにして、太腿の裏側の筋肉を伸ばします

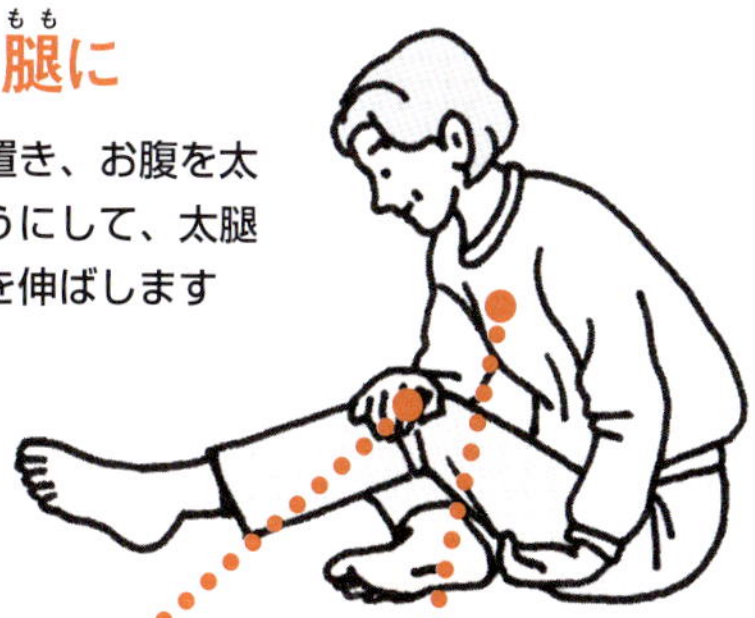

3 息を吐きながらからだを前に倒す

4 同じ姿勢を続ける

3 息をつめない

息を吐きながら、30〜40秒同じ姿勢を保ちます。ひざが曲がるので無理はかかりません

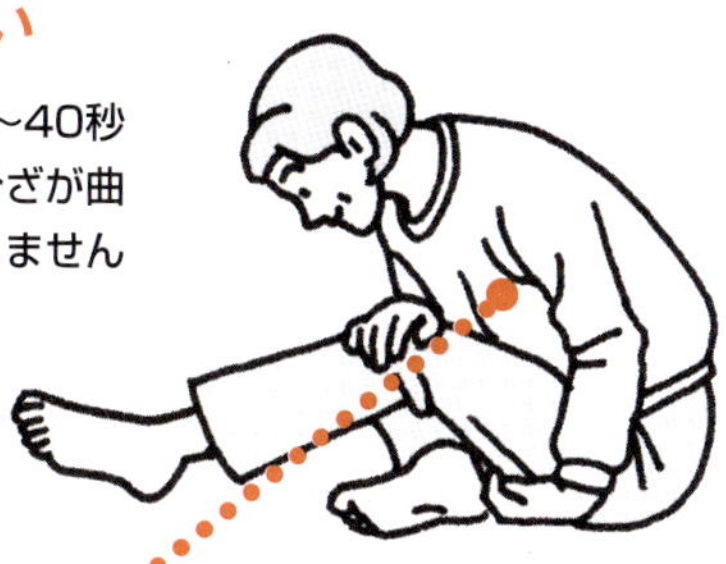

5 静かにからだを起こす

2 畳の目を拾うように

息を吐きながら前傾し、畳の目を拾うように両手を伸ばします。30〜40秒がまんします

2 息を吐きながらからだを前に倒す

3 同じ姿勢を続ける

3 息を整える

ゆっくりからだを起こし、息を整えます。あぐらが辛《つら》いときはざぶとんを使います

4 からだを起こす

2 お尻を浮かす

できるだけ両肩を水平にしたままで、患側のお尻を浮かすように床から上げます

2 体重を健側に移し、からだを浮かすようにして患側のお尻を上げる

3 静かに降ろす

4 同じ運動をくり返す

3 股関節内ひねり

特に股関節の内ひねり（内旋）は難しいので、辛ければ脚の位置を後ろにずらします

5 ひざをおさえる

4 お手着きひねり

それでも辛ければ、手を着いてからだを健側に傾けるようにします。倒れても安全です

6 つらくなったら手を横に着く

イス坐《ざ》位《い》編 いきいきヘルス体操

立ち上がりや歩行などに役立つ運動

イスに腰かけてする体操

イスに腰かけていてもたくさんの体操ができます。上肢、肩、体幹のひねり、下肢の運動などです。マヒがあってもかなり複雑なポーズがとれます。

特に、左マヒの人は体位の認識が低下していることもあるので果敢に挑戦してください。

しゃがみこみ運動は難易度の高いものですが、この姿勢がとれる人は歩行もうまくできるようになるでしょう。

肩の運動（1）

❶ 指を組む

指を組むのは大切な運動です。離れないようにしっかり組みます

❷ 頭の上に上げる

ゆっくり頭の上に上げます。頭までいけば120点

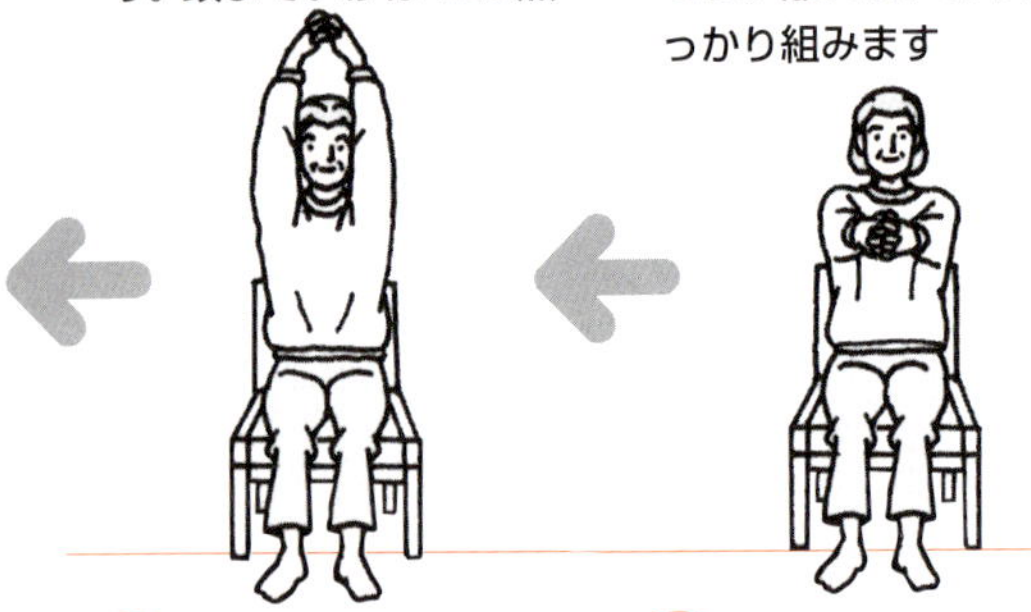

肩の運動（2）

❶ 肩つかみ腕組み

患側の腕の下から腕をさし入れて患側の肩をつかみます

❷ 片腕で両腕の運動

患側の肩をつかみこんでいくと、肩甲骨の間がひろがります

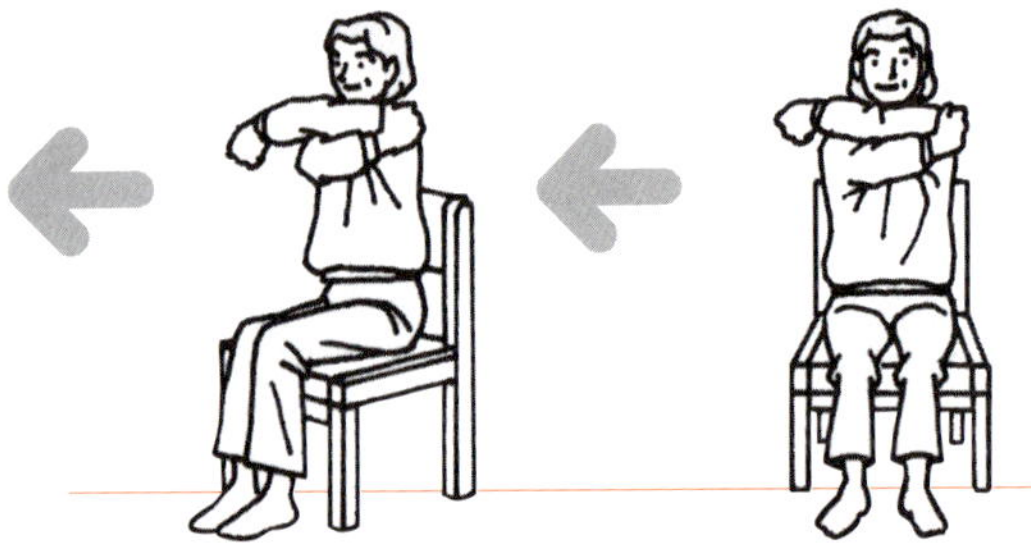

からだをひねる

❶ 肩をつかんで固定

患側の下から腕をさし入れて患側の肩をつかみます

❷ からだをひねる

肩をつかんでひねると、からだを確実にひねることができます

❸ 足を床に着けて

息を吐きながらその姿勢で30〜40秒がまんします

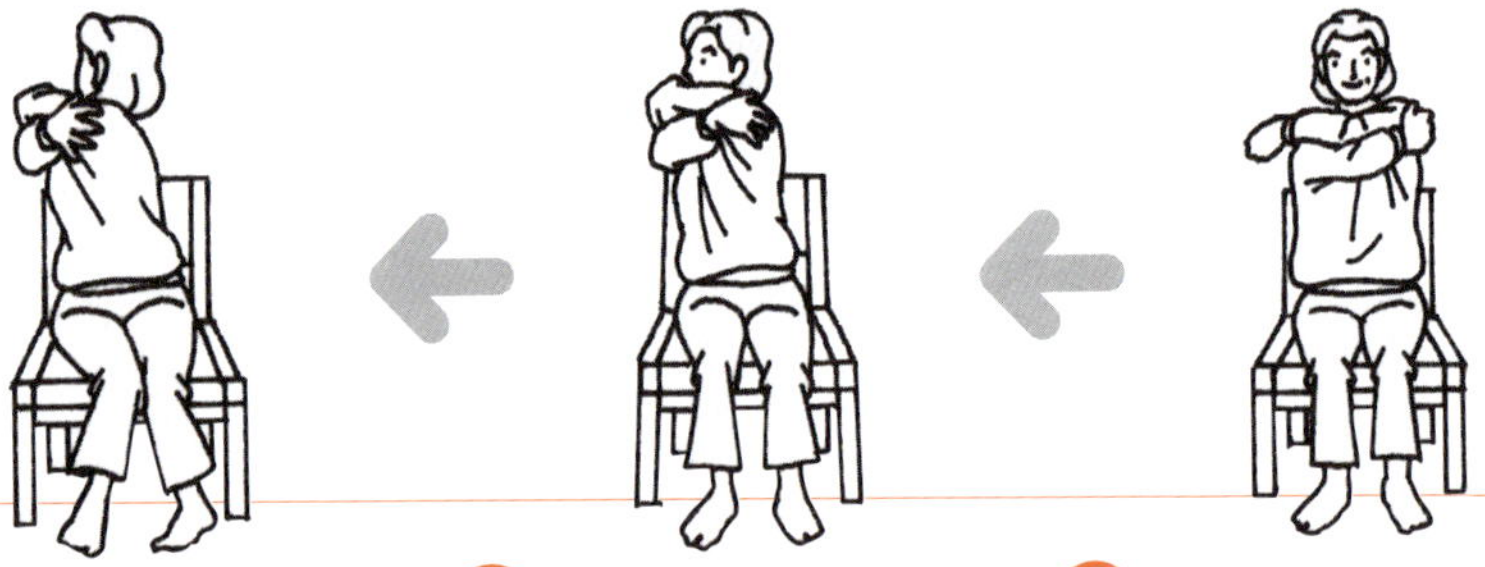

ひざを組んでからだをひねる

❶ 健側の脚を上に

患側の脚の上で深く組んで、マヒした脚を内側におさえつけるようにします

❷ 上の脚の方向にひねる

マヒした脚をしっかりおさえ、上になった脚の方向にからだをひねります

❸ 後ろを向く

30〜40秒、息を止めないでがまんをします

しゃがみこみ運動

1 かかとを着けて

手を前に出し、バランスをとってしゃがみこみます

1 肩幅に立ち 両手を前で組む
2 両手を前に伸ばしながら ひざを曲げてしゃがみこむ

2 深くしゃがむ

かかとをしっかり着けます。何かにつかまってもかまいません。30～40秒

3 深く しゃがみこむ

3 立ち上がる

ゆっくり立ちます。イスの生活の人には難しい体操です。1日1回

4 ゆっくり 立ち上がる
5 同じ運動を くり返す

3 頭の後ろに

頭の後ろまでまわれば150点。手のひらが頭の方向に向くこと

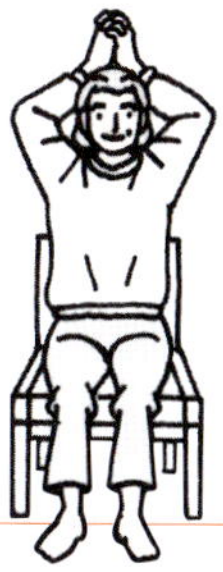

4 胸を張る

胸を張り大胸筋を伸ばします。少し介助があるとやりやすくなります

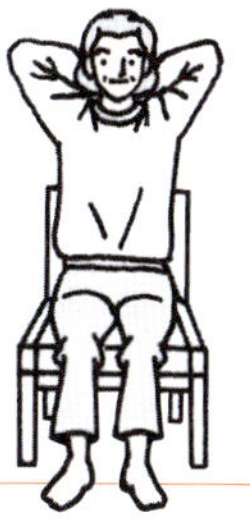

5 戻す

30～40秒がまんして、ゆっくり戻します

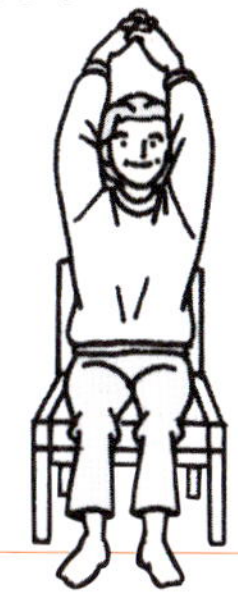

3 そのまま上げる

肩をつかんだままマヒ側の腕を押し上げるように上げます

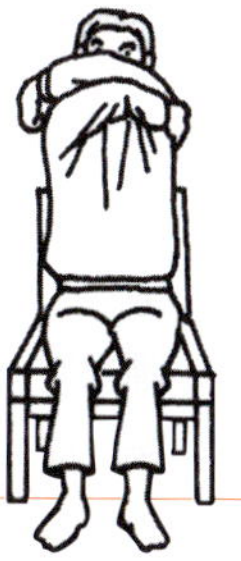

4 戻す

2～3回くり返して戻します

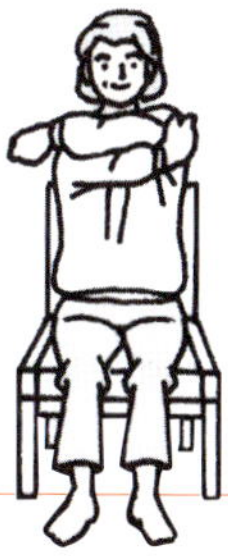

5 腕を降ろす

腕を降ろして、腹式呼吸をしながらリラックスします

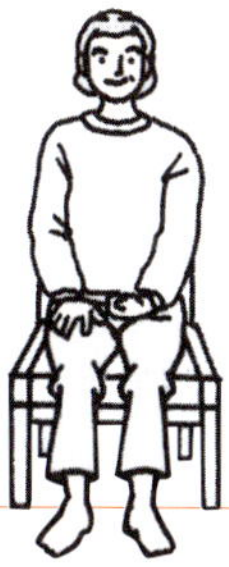

下肢のストレッチ

1 半跏《はんか》のポーズ

足が水平になり、足の裏が見えるようにし、足指の関節を動かします

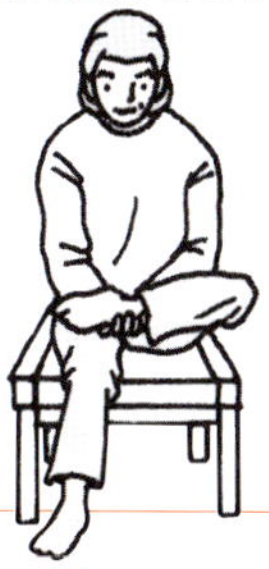

2 脚を上げる

手を下から入れて、おへそのほうに脚を持ち上げます

3 さらに上げる

少し上に上げます。30～40秒がまんします

4 手を使う

マヒした脚を上にしたときは、その脚を手で内側のほうにおさえます

5 からだをひねる

上になった脚の方向に顔を向け、その方向にひねります

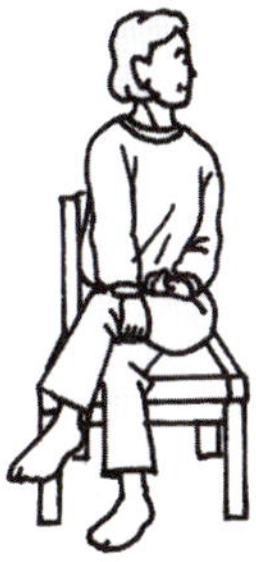

第13章

パーキンソン病者を理解する

13-1 パーキンソン病とは（1）

3大主徴とは

筋肉が固くなるため日常生活が難しくなる

曲げる筋肉が固くなる

パーキンソン病は脳の中のドーパミンが不足するために起こる病気です。根本的な治療法がないため薬物による対症療法が行われます。特徴的な症状として「固縮《こしゅく》」「動作緩慢《どうさかんまん》」「振戦《しんせん》」があり、これらを3大主徴といいます。

日常生活で支障が大きいのが、「筋肉が固くなる（固縮）」という症状です。固縮は曲げようとする筋肉のほうに強く起こるため、特有の前かがみの姿勢をとるようになります。

また、「動きが少なく遅くなる（動作緩慢）」ために、からだを動かそうとしても最初の動きがなかなかできません。からだを動かすのに多大な意志と力を必要とし、ごく当たり前の姿勢を保つのもたいへんになります。

「ふるえ（振戦）」は目につきやすい症状ですが、何もしないでいるときにふるえ、意識的に何かしようとすると止まる種類のものなので、軽いうちは日常の生活動作を困難にすることは少ないといえます。

パーキンソン病特有の症状

❶ 筋肉が固くなる(固縮)

前かがみの姿勢になること以外に、顔の筋肉が固縮して無表情に見えたり、口・舌・のどの筋肉が固縮して構音障害やよだれ、嚥下困難などが出る人もいます

背中が曲がり前かがみになる

腰や背中、首が曲がり、前かがみの姿勢になります

腕が曲がり胸にくっつく

固縮のため腕も曲がり、わきの下がしまって胸にくっついたようになります

手をにぎって開くのがたいへん

手首は甲のほうに曲がり、手はにぎったようになります

ひざが曲がり内またになる

ひざが曲がって左右がくっつき、足と足の間は開いて内またになります

かかとが浮いてつま先立ちになる

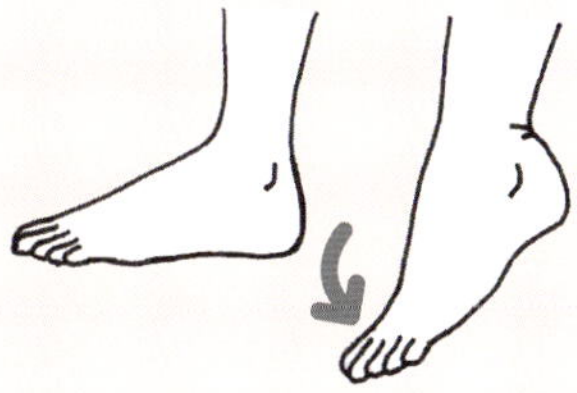

足首だけは足先をピンと伸ばすほうが強くなるので、かかとが浮いてつま先立ちになります

かかとを床に固定するとからだは後ろに倒れようとするため、ますます前かがみにならざるを得ません

❷ 動きが少なく遅くなる(動作緩慢)

からだを動かそうとしても、最初の動きがなかなかできません。歩こうとしても１歩目がうまく出せず、歩きはじめるとスムーズにいくものの、こんどはテンポがだんだん速くなって止まらなくなります

❸ 手足がふるえる(振戦)

ふるえはどちらか一方の手の指先からはじまることが多く、手首、もう一方の手、そしてあごや脚にもおよぶことがあります

こんな人がなりやすい!?

ドーパミンは色素沈着に関係があるので、パーキンソン病は白人に多く有色人種に少ないといわれています。実際、患者さんを見ていると色白で上品な人が多い傾向があるようです

13-2 パーキンソン病とは（2）

忘れられがちな重大な症状

自律神経症状もあることを知っておきたい

なぜ全身症状が起きるのか

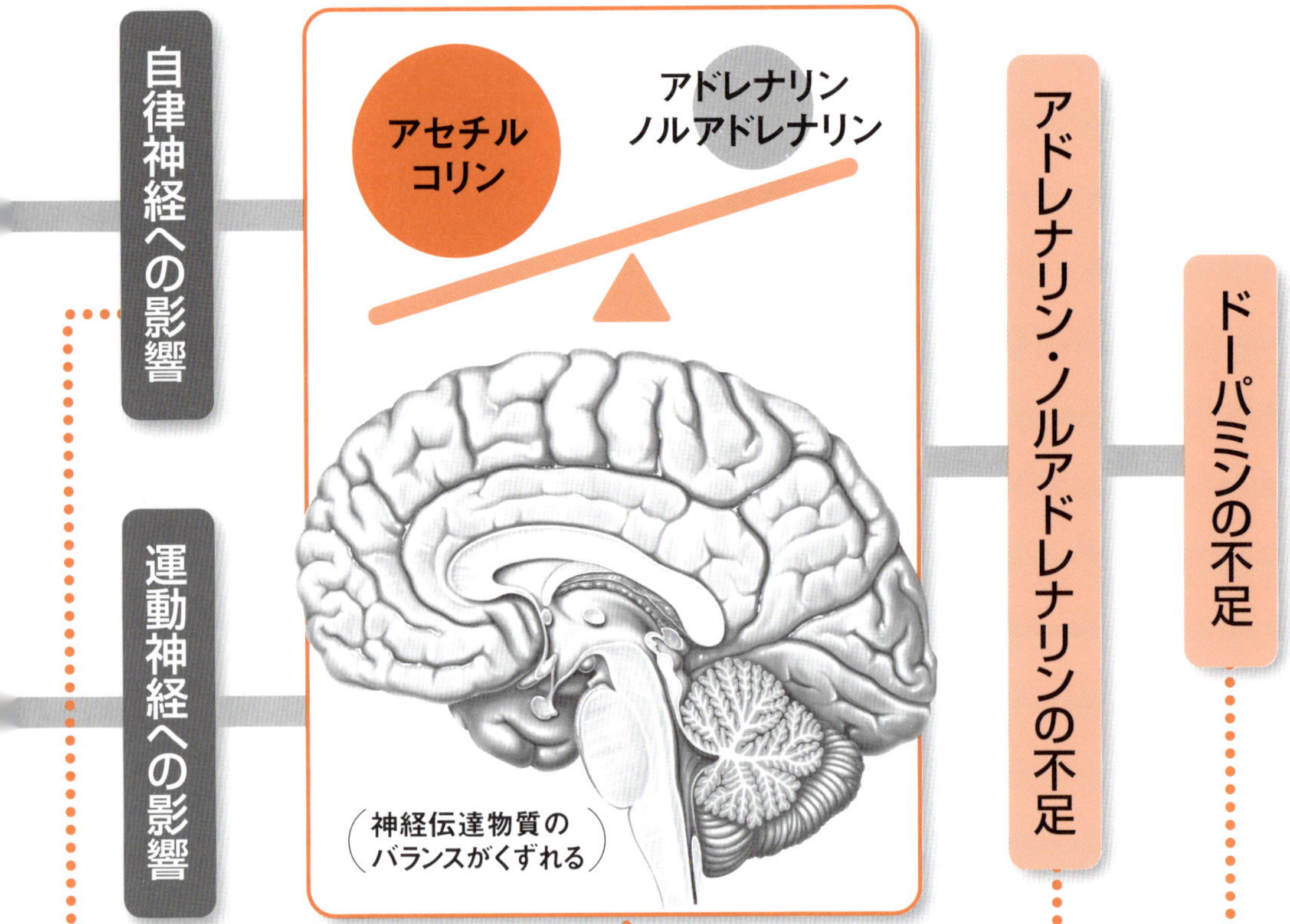

自律神経への影響
運動神経への影響
アセチルコリン
アドレナリン
ノルアドレナリン
神経伝達物質のバランスがくずれる
アドレナリン・ノルアドレナリンの不足
ドーパミンの不足

自律神経のはたらき
自律神経には交感神経と副交感神経があり、互いにバランスをとりながら内臓や血管などのはたらきを調節している

アセチルコリンが優位に
神経伝達物質アドレナリン・ノルアドレナリンが減少する一方で、脳内のアセチルコリンの量は変わらないため、相対的にアセチルコリンのはたらきが強くなる

ノルアドレナリンが減少
病気が進行するとアドレナリンやノルアドレナリンも不足

脳内でドーパミンが減少
パーキンソン病では脳内の神経伝達物質ドーパミンが不足する

目に見えない全身症状も出る

パーキンソン病の重大な症状として、自律神経症状のあることはあまり知られていません。さっきまで「暑い」と訴えていた人が、冷房を入れると今度は「寒い」といったりすることはありませんか。パーキンソン病者では自律神経のバランスがくずれているので、体温の調節がうまくできません。そのため、温度や湿度に敏感になり、暑がったり寒がったりするのです。

パーキンソン病は脳内にある神経伝達物質（運動や感覚などに関する情報を、神経細胞から神経細胞へ伝える化学物質）ドーパミンが不足して起こる病気です。そして病気が進行するにつれ、同じく神経伝達物質であるアドレナリンやノルアドレナリンの分泌も少なくなってきま

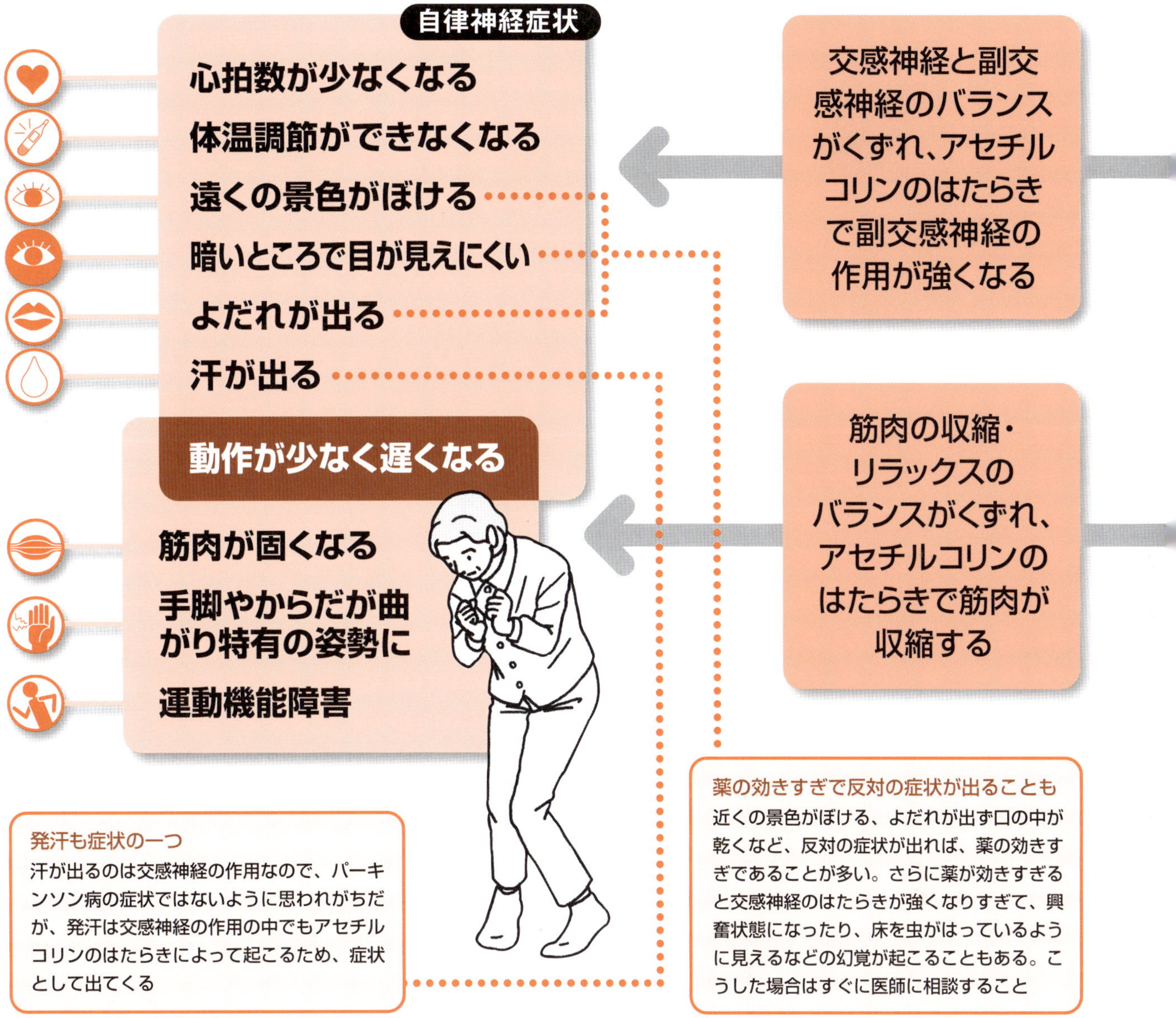
自律神経症状
心拍数が少なくなる
体温調節ができなくなる
遠くの景色がぼける
暗いところで目が見えにくい
よだれが出る
汗が出る
交感神経と副交感神経のバランスがくずれ、アセチルコリンのはたらきで副交感神経の作用が強くなる
動作が少なく遅くなる
筋肉が固くなる
手脚やからだが曲がり特有の姿勢に
運動機能障害
筋肉の収縮・リラックスのバランスがくずれ、アセチルコリンのはたらきで筋肉が収縮する
発汗も症状の一つ
汗が出るのは交感神経の作用なので、パーキンソン病の症状ではないように思われがちだが、発汗は交感神経の作用の中でもアセチルコリンのはたらきによって起こるため、症状として出てくる
薬の効きすぎで反対の症状が出ることも
近くの景色がぼける、よだれが出ず口の中が乾くなど、反対の症状が出れば、薬の効きすぎであることが多い。さらに薬が効きすぎると交感神経のはたらきが強くなりすぎて、興奮状態になったり、床を虫がはっているように見えるなどの幻覚が起こることもある。こうした場合はすぐに医師に相談すること

す。これらはアセチルコリンという神経伝達物質と対になって、自律神経や運動神経のはたらきに関わっています。アドレナリン・ノルアドレナリンの不足によって、拮抗関係にあるアセチルコリンのはたらきが相対的に強くなります。また、ドーパミンにはアセチルコリンの放出をおさえるはたらきがあり、そのドーパミンが不足するため、アセチルコリンが出すぎるということも起こってきます。その結果、神経伝達物質のバランスがくずれ、自律神経と運動神経の両方が影響を受けるのです。

　アセチルコリンのはたらきが強くなる結果、自律神経では副交感神経（夜安静にしているときの神経）の作用が強くなり、さまざまな全身症状が出ます。また、運動神経では筋肉を収縮させる作用が強く出ます。特に曲がるほうの筋肉が固くなるため、特有の前傾姿勢が出ます。

　なお、日本人の高齢者は、施設では個室よりも相部屋のほうがよいことが多いのですが、パーキンソン病者にかぎっては、温度や湿度がそのつど調節できる個室が適しているようです。

13-3

パーキンソン病者への誤解（1）

階段は昇れるのに

からだのひねりができないので寝返りがうてない

パーキンソン病者への誤解

誰もいないと動ける
心理的緊張がなくなったため
表情に乏しい
病気のために顔の表情筋が固くなるため
さまざまな誤解を受けている
誰かがそばにいると介助を要求する
見られている緊張感で動きが悪くなるため
これして
あれして
それくらい、できるでしょう？
……
甘えている
できることはちゃんと自分でしている
依存心が強い
ほんとうにできないからこそ介助を頼んでいる
サボっている
からだが突然動かなくなることがあるため

パーキンソン病は「機能障害の起こり方が特殊」「機能障害のレベルが変動する」「極端な機能低下が起こる」病気であるために、非常に誤解されています

病気を正しく理解しよう

看護や介護に携わっている人に大いに誤解されている病気、それがパーキンソン病です。表情筋が固くなっているのを、「感情に乏しい」といわれるのはその一例です。もっとつらい誤解もあります。「パーキンソン病の人は甘えている」「依存心が強い」「できるのに介助を要求する」「誰かがそばにいると介助を要求するが、誰もいないときは一人でも動ける」などといったものです。

こうした誤解や決めつけは、パーキンソン病についての無知からくるものです。実際には、パーキンソン病者には特殊な障害が起こっており、そのために誤解されやすくなっているのです。病気になる前の性格を考えてみてください。むしろ甘えが少なく、自立心のある人が多いのではないでしょうか。まずはパーキンソン病を正しく理解しましょう。それがいい介護の前提となります。

快く介助しよう

パーキンソン病者に対しては、「介助を求めてきたら快く応える」ことが大切です。できないからこそ介助を求めているのです。そして、できることを求めてきた場合でも、やはり同じように応えてあげてください。そんなときは介助以外のもの、たとえば安心感を求めているのかもしれません。毎回は無理でも、ときどき介助するということがあっていいはず。安心して依存できてこそ、自立もできるのです。

誤解される理由その① 機能低下の特異性

パーキンソンロードをつくろう

カラーテープを階段と同じかやや広めの幅(25㎝くらい)で、進行方向と直角になるよう貼ります。市松模様のじゅうたんを敷くのも可。階段を1段ずつ昇るつもりで、テープとテープの間に足を出し入れするようにして、半数ぐらいの人が歩けるようになれます

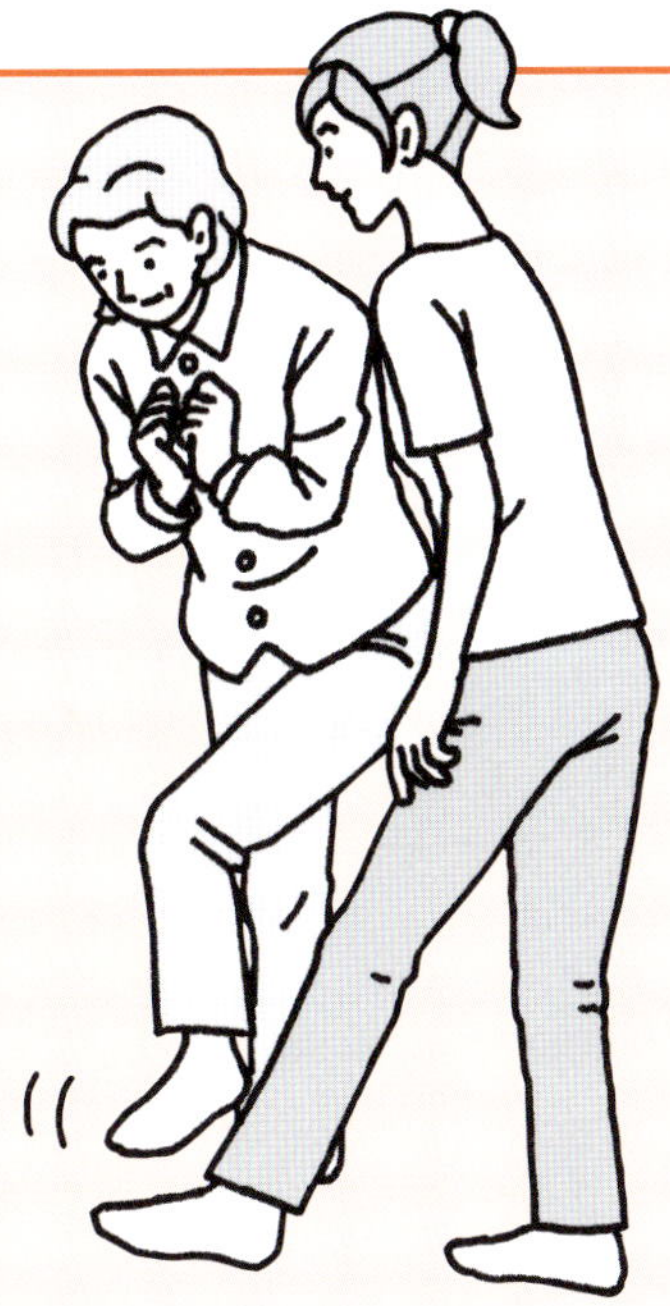

足が出なくなったら

歩いている最中に足が止まってしまったら、介護者は自分の足を「障害物」として本人の足の前に出してみましょう。障害物をまたぐような気持ちで足を前に出すと、うまく歩けることがあります。そのほか、①テンポが早くならないよう、口の中で「イチ、ニ、イチ、ニ」といいながら足を出す、②靴の裏に鋲をつけ、「コツコツ」という音の間隔を一定に保つようにしながら歩くなどの工夫をすることで、うまく歩けるようになることもあります

からだのひねりが消失する

パーキンソン病者が誤解されやすい最大の理由は、その機能低下の特異性にあります。

たとえば、まっすぐに歩くことはできるのに、立ったままからだの向きを変えることができなかったりします。これは、からだのひねりが消失していることが原因です。われわれは歩く際に「上半身は右・下半身は左→その逆→くり返し」という、ひねりを使った動作を無意識に行っています。しかしパーキンソン病者ではひねりの機能が消失しているために、「まっすぐに歩けるのに曲がれない」「歩幅が小さい」「手を振らない」といったことが起こってきます。また、寝返りという動作は、からだのひねりを使う動きの最たる例。そのため、パーキンソン病者は寝返りが非常に苦手です。

その一方で、階段はトントン昇れたり、何もないところでは歩いている途中で足が止まってしまうのに障害物があるとスッと乗り越えていける、という人が少なくありません。意識して障害物をまたぐのは得意なのです。

となれば、できないことを要求するよりも、できることをやってもらう・利用するようにしたいもの。つまり、「寝返りは介助するが、階段は自力で昇ってもらう」、そして階段を昇れる能力をうまく利用するのです。寝室からトイレまで・居間から玄関までなど、家の中の廊下にカラーテープを階段の幅に貼って、「階段に似た状態」をつくってみましょう。このパーキンソンロードで、半数ぐらいの人がうまく歩けるようになります。

13-4 パーキンソン病者への誤解（2）

さっきまでできていたのに

さまざまなきっかけで症状に波が出る

誤解される理由その❷ 機能の変動性

変動のきっかけ

- 季節や天候の変化
- 疲労
- 心理的緊張
- 薬の影響

介助なしでも動ける

調子のいいときは表情も豊かで会話も食事もでき、一人で歩くこともできます。体操や遊びリテーション（40頁参照）にも参加して、楽しそうです

機能のレベルが大きく変動

さっきまでできていたことが急にできなくなる、逆に今まで歩けなかった人が突然スムーズに歩き出す……。何らかのきっかけでできることのレベルが大きく変わってしまう「機能の変動性」も、パーキンソン病者が誤解されやすい一因です。

変動のきっかけには季節や天候の変化、疲労、心理的緊張、薬の影響などが考えられます。たとえば、梅雨に入ると寝たきり状態に、冬寒くなると筋肉が固くなるなど、季節によって機能が極端に変わる人がいます。午前中はふつうだったのに午後はまったく歩けないなど、機能の変動が一日の中で起こることもあり（日内変動）、これは疲れによることが多いようです。パーキンソン病の人は筋肉が固

変動の内容

高温多湿が苦手、冬の寒いときは調子が悪い

午前中は歩けたのに午後になると急に歩けなくなる

人に見られているとからだが動かなくなる

薬が切れたとたんにからだがまったく動かなくなる

「できる→できない」「できない→できる」というように、機能障害のレベルが変わる

車イスによる全介助

表情は失われ、からだは固まって指一本動かせず、車イスを押してもらう状態です。一言も話せず、介助してもらわなければ食事することもできません

くて動くのがたいへんなためふつうの人より疲れやすく、疲れるとさらに筋肉が固くなるということが起こるためです。そばに誰かいると動けないのに、誰もいないとよく動くという場合は、見られているという緊張感が動きを悪くしているのです。さらに、薬が効いているかどうかで、日内変動が見られるケースも少なくありません。

これらはいずれもパーキンソン病に特有の症状なのです。

薬による日内変動

長く薬を飲み続けている人では、薬が効いているときと切れたときの機能の差が大きく出るようになってきます。パーキンソン病の薬は一日に飲む量さえ変わらなければ、服用時刻は調節してもよいものがほとんどです。

そこで、デイサービスで昼食を楽しみにしているなら昼時に薬が効くように飲む時刻を調整するなど、本人がいちばん楽しみにしている時間帯・自立したいと思っている時間帯に薬の効果のピークがくるように、医師とも相談して飲み方を工夫するといいでしょう。

13-5

パーキンソン病者への誤解（3）

いきなり車イス全介助になる

劇的な変化を理解してあげる

誤解される理由その③ 機能低下過程の特殊性
●ふつうの老化の場合
歩行器
杖
自力歩行
●パーキンソン病者の場合
自力歩行
季節の変化、薬の調節などで機能が一気に戻ることもある

極端に機能が低下する

歩行や移動といった機能は、ふつうの人では老化とともに10年、20年かけて徐々に低下していきます。その過程は段階的であり、はじめは自力で歩けたのが杖を使い、次には歩行器に頼り、それも難しくなれば車イスを使うことになります。車イスも最初は自力で動かしていたのが、最後は全介助というように、やはり段階を踏んで機能低下が進んでいくものです。

ところがパーキンソン病者の場合、自力歩行から一気に車イスによる全介助になってしまうことがあるのです。しかも、季節の変化や薬の調節などで調子がいいときは、再び一気に自力で歩けるまでに戻ったりします。つまり、機能の低下過程が非常に特殊なのです。しかし、

車イス
全介助
車イス
老化とともに
徐々に機能が
低下する

車イス
全介助
ふつうの
老化と違って
一気に機能が低下する
ことがある

✕ 杖はうまく使いこなせない

杖や歩行器は、腕を伸ばすという動作ができてはじめて使いこなせる道具です。パーキンソン病者では伸ばす筋肉より曲げる筋肉が固くなるので、緊張すればするほど腕が曲がってしまいます。自力で使いこなすのはかなり難しいといえるでしょう。車イスも同様です

周囲の人間には「昨日まで一人で歩いていたのに、今日はまったく歩けなくなってしまった」という劇的な変化が、なかなか理解できません。そのため、パーキンソン病者のことを「やる気がない」「甘えている」などと誤解してしまうことになるのです。

　パーキンソン病者では、調子が悪くなって寝たきりのようになっても、また調子がよくなると一気に自力歩行まで戻る、ということがありえます。その特殊性を理解して、介助を求めてきたときは快く応えてあげるようにしましょう。

病気なのか老化なのか

現在では、パーキンソン病の進行をくい止めるいい薬が開発されているので、車イスによる全介助まで進むことは少なくなっています。患者であるUさん（90歳女性）は車イスになりましたが、「病気のせいというより、年のせいですかね」と笑っていました。どちらにしても、パーキンソン病者が「歩けない」といえば、それはほんとうに歩けないのです。気持ちよく介助してあげてください

13-6

パーキンソン病者の生活ケア（1）

一生つき合える医師を探す

患者、医師、介護者の三位一体が大切

パーキンソン病者の医療ケア

ヤールの重症度分類

Ⅰ度	症状は片方の手脚のみ。日常生活への影響は少ない
Ⅱ度	症状は両方の手脚に見られるが、障害はまだ軽く、従来通りの日常生活がだいたい続けられる
Ⅲ度	前かがみの姿勢や小きざみな歩行など特徴的な症状が見られる。日常生活は自立しているが、仕事を続けるにはかなりの努力が必要となる
Ⅳ度	歩行は可能だが、ころびやすい。日常生活でかなりの介助を必要とする
Ⅴ度	車イスでの移動になる。日常生活では全面的介助を必要とする

介護アドバイス
●ほかの病気がなければ、食事は何を食べても差し支えありません
●適度に緊張しているほうがからだが動くので、旅行に出るのもいいですよ
●1日に飲む量さえ守れれば、薬を飲む時間や間隔は調整してかまいませんよ
●急な発熱など、いつもと違ったことはないですか
介護観察
介護依頼
介護者
情報の提供
●夕方になると動きが止まってしまいます
●副作用を心配して薬を飲まないのですが
●最近、急に症状が進んだようで心配です
●カゼをひいたのですが、カゼ薬を飲ませてもかまいませんか
コミュニケーション・介護
●今日はふだんより寒がる（暑がる）な
●最近やせてきたみたい
●カゼでもないのに熱があるぞ
●食欲がないみたい
●薬を替えたら、おかしなことをいうようになったな
●話しかけても元気がないなあ
●午後になると急に動きが悪くなるみたい
介護アドバイス
情報の提供

よい医師が必要不可欠

パーキンソン病は今のところ根本的な治療法はなく、一生薬を飲み続けなければならない病気だといえます。効果の高い薬も開発されていますが、薬が効きすぎたり副作用が強かったり、人によって合う・合わないがあります。どの薬がいいのかはいろいろ試しながら見つけていくので、長い時間がかかります。また、人によっては薬のせいで症状が進行することもあり、そのつど薬の種類や量をコントロールしていかなければなりません。これらは医師の仕事であり、薬の作用と副作用をはかりにかけながら、寝たきりにはならないで生活障害をなるべく少なくできるよう、薬の種類や量を調整しているのです。

したがって、薬の効果や副作

歩けない人がテニスをした!

パーキンソン病では「筋肉が固くなる」「動きが少なく遅くなる」などの症状が出てくるため、どうしてもからだを動かす機会が少なくなりがち。意識的にからだを動かすことを心がけるようにしましょう。とはいっても、特別な運動やリハビリを行う必要はありません。ふだんの生活の中でふつうにからだを動かすことが大切です。デイケアやデイサービスでの体操やゲーム、散歩などを日課にとり入れることをおすすめします。若い頃にやっていたスポーツが何かあれば、ぜひもう一度トライしてみてください。「ふだん歩くのがやっとという人が、テニスコートに出たとたん走り回った」「1歩も歩けなかった人が、スキーをはかせると見事にすべった」「いつもはからだが動かない人が、プールの中では水を得た魚のようにすいすい泳いだ」――パーキンソン病者では、こんな〝奇跡〟のようなことが起こる場合があります。昔マスターしたスポーツや楽器演奏などはドーパミン不足の影響を受けないらしく、比較的スムーズにからだが動くのです

パーキンソン病者
質問、情報提供
問診、治療
医師に伝えること
●薬の効いている時間が短くなってきたのですが、何とかなりませんか
●夜よく眠れません
●薬を飲むと胃がムカムカするのですが
●トイレが近くて困っています
●食後に頭がぼうっとするのですが
●足がすくんで歩けない症状がひどくなってきたのですが
医師

用について遠慮なく話のできる、そして一生つき合える医師（主に神経内科）を見つけることは、患者本人にとっても介護者にとっても非常に大切なことだといえます。特に介護者は、病気のために動けなくなったり会話が難しくなった患者の代わりに、医師と情報をやりとりする場合も出てくるので、ふだんから患者とのコミュニケーションを密にして、体調の変化などを注意深くフォローしていく必要があります。

閉じこもりの徴候が見えたら

すみやかに介護力を確保しなければならない

寝たきり・ボケの危機
家から出なくなる
閉じこもり症候群
（身体機能が低下する
精神機能が低下する）
人に会わなくなる
?
歩行困難
会話困難

いざというときは迅速な対応を

パーキンソン病が進行すると、歩行が困難になって車イスによる全介助になったり、会話が困難になったりします。これらは同じ時期に起こることが多く、ここで、パーキンソン病者は大きな危機を迎えることになります。

一つは歩行困難による生活空間の狭まり、もう一つは会話困難によるコミュニケーションの障害で、その結果、家から出たがらなくなります。こうした状態は「閉じこもり症候群」とよばれ、からだや精神の機能が低下する大きな原因となっています。このような状態になったら、寝たきりとボケの危機ゾーンにあるといっても過言ではありません。すみやかに介護力を確保することが大切です。

すみやかな介護力の確保を!

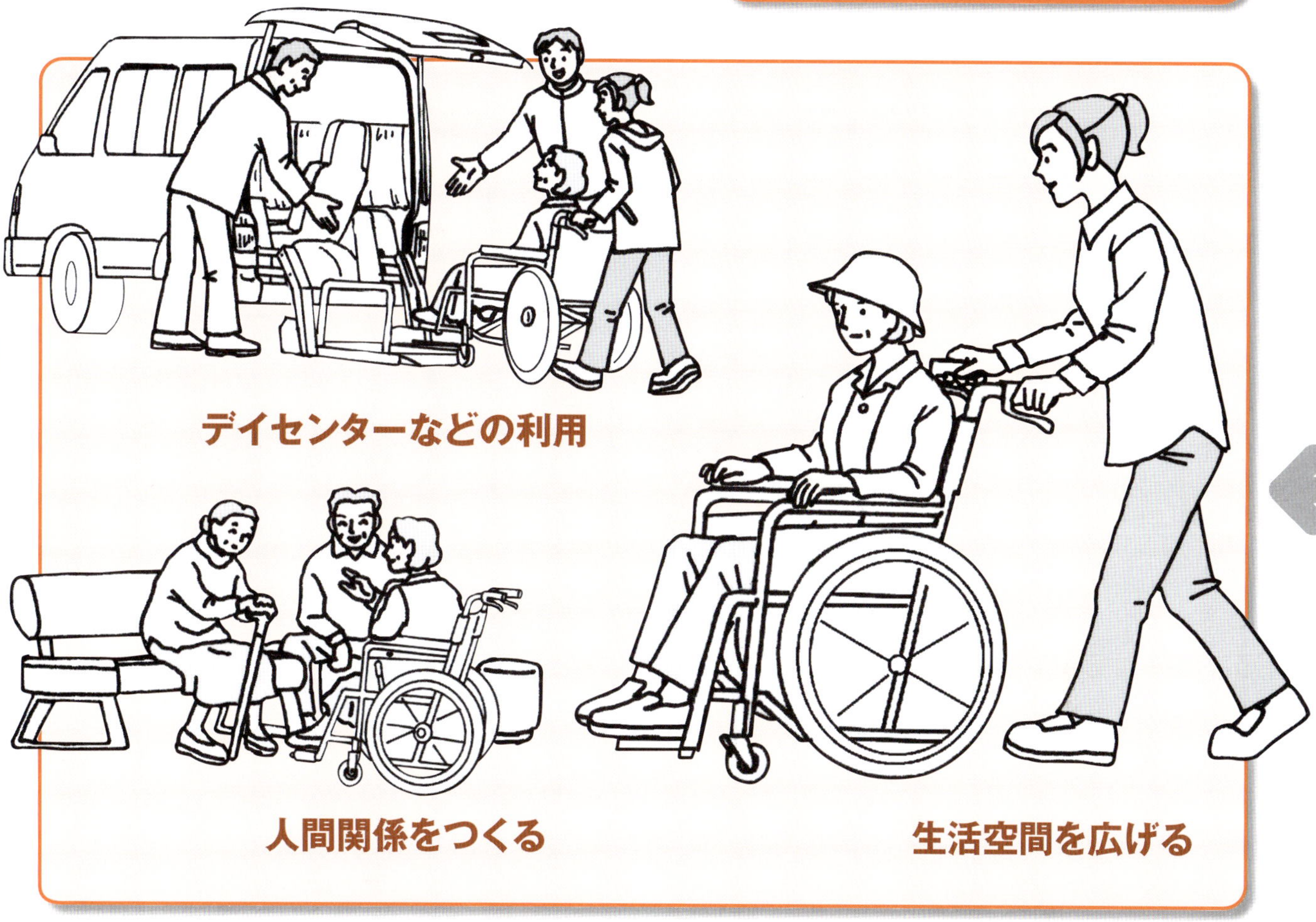

デイセンター関係者へ

一人で歩いていた人が急に車イス全介助になったからといって、デイセンターの利用をことわったりしないでください。閉じこもり症候群を防ぐためにも、生活習慣や人間関係を変えるべきではないのです

介護保険関係者へ

パーキンソン病者の「いざというとき」には、すみやかに介護力を確保する必要があります。要介護認定を一挙に引き上げてください。「そんな急に進行するはずがない」などといっている場合ではありません

ここで求められている介護力とは、寝たきりに対応するための介護力ではありません。たとえからだは動かなくても意志はしっかりあるし、表情に出なくとも豊かな情感を持っています。歩けなくなってもこれまで通りの生活空間を確保し、話せなくなってもこれまで通りの人間関係を確保する、そのための介護力が求められているのです。

歩行困難になったら、すぐに車イスを手配してください。全介助ですから、車イスを押してくれる人も必要です。車イスを使って生活空間を広げるのです。デイケア・デイサービスなども積極的に利用しましょう。言葉によるコミュニケーションができなくても、互いに共感することはできます。人間関係をつくる・継続するためにも、できるだけ外に出る機会をつくりましょう。そのためにはすみやかに介護力を投入する必要があるのです。

閉じこもり症候群を防ぐことができれば、機能がもう一度回復する可能性だってあります。いざというときのために準備しておきたいものです。

13-8

パーキンソン病者の生活ケア（3）

日常動作と介助のコツ

パーキンソン病者特有の症状をふまえる

寝たきりにならないために

人の自立のための生理的動作は「押す」が基本（第9章参照）ですが、パーキンソン病者では曲げる筋肉が固くなるため、関節を伸ばすという動作が非常に難しくなります。また、からだのひねりが難しくなるため、寝返りをうつことも困難になります。つまり、立ち上がるまでの一連の動作がもっとも難しく、いったん立ってしまえば自由に動ける人も少なくないのです。

そこでパーキンソン病者の場合は、反動をつけて寝返りや起き上がりをしたり、床からの段差を利用して立ち上がりをするようにします。そのため、ベッドよりもふとんのほうがいいことが多いようです。そして、自力では難しい場合は気持ちよく介助してあげましょう。

パーキンソン病者の動き

立ち上がり

寝床はマットなどを重ねて床から約20㎝の高さにします。この段差を利用して転がるように降り、台やイスに手を着いて立ち上がります

1 床に降りる

寝返りの要領で反動をつけ転がるように床に降ります

2 這《は》う姿勢になる

床の上で這う姿勢をとります

3 片脚ずつ立ち上がる

両手を台にのせ、片脚ずつ立ち上がります

寝返り

寝返りの3つの要素（①両ひざを立てる、②両手を上げる、③頭・肩を上げる、166頁参照）を使い、反動をつけながら寝返りをうつようにします

1 ひざ・手・頭・肩を上げる

できる範囲で両ひざを立て、両手と頭・肩を上げます

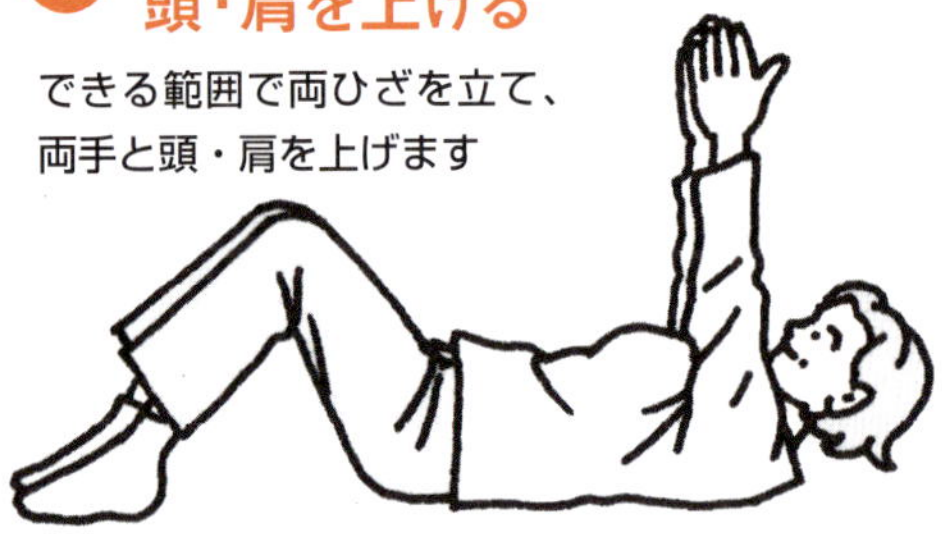

2 からだを倒す

寝返りをうつのと反対側にからだを倒します

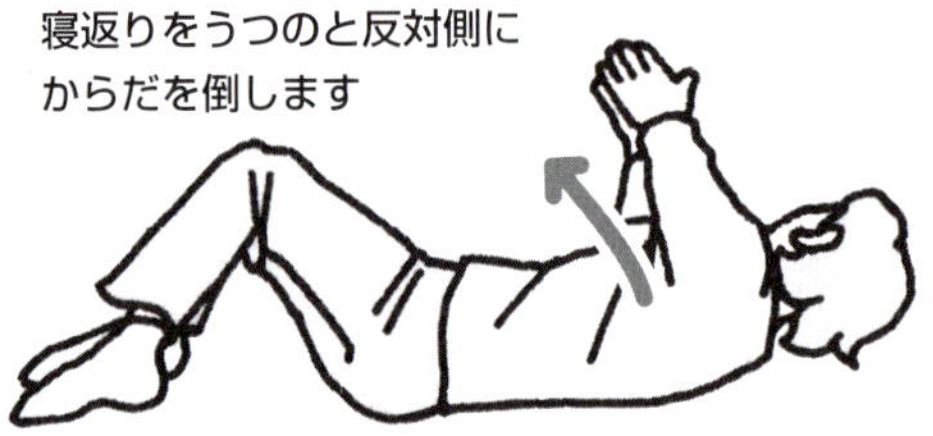

3 反動をつけて倒れる

そのまま反動をつけて逆側に寝返りをうちます

歩行の介助

要介護者の片手は自由にし、もう一方の手を軽くにぎります。歩行にリズムができるように「イチ、ニ」と声をかけるといいでしょう

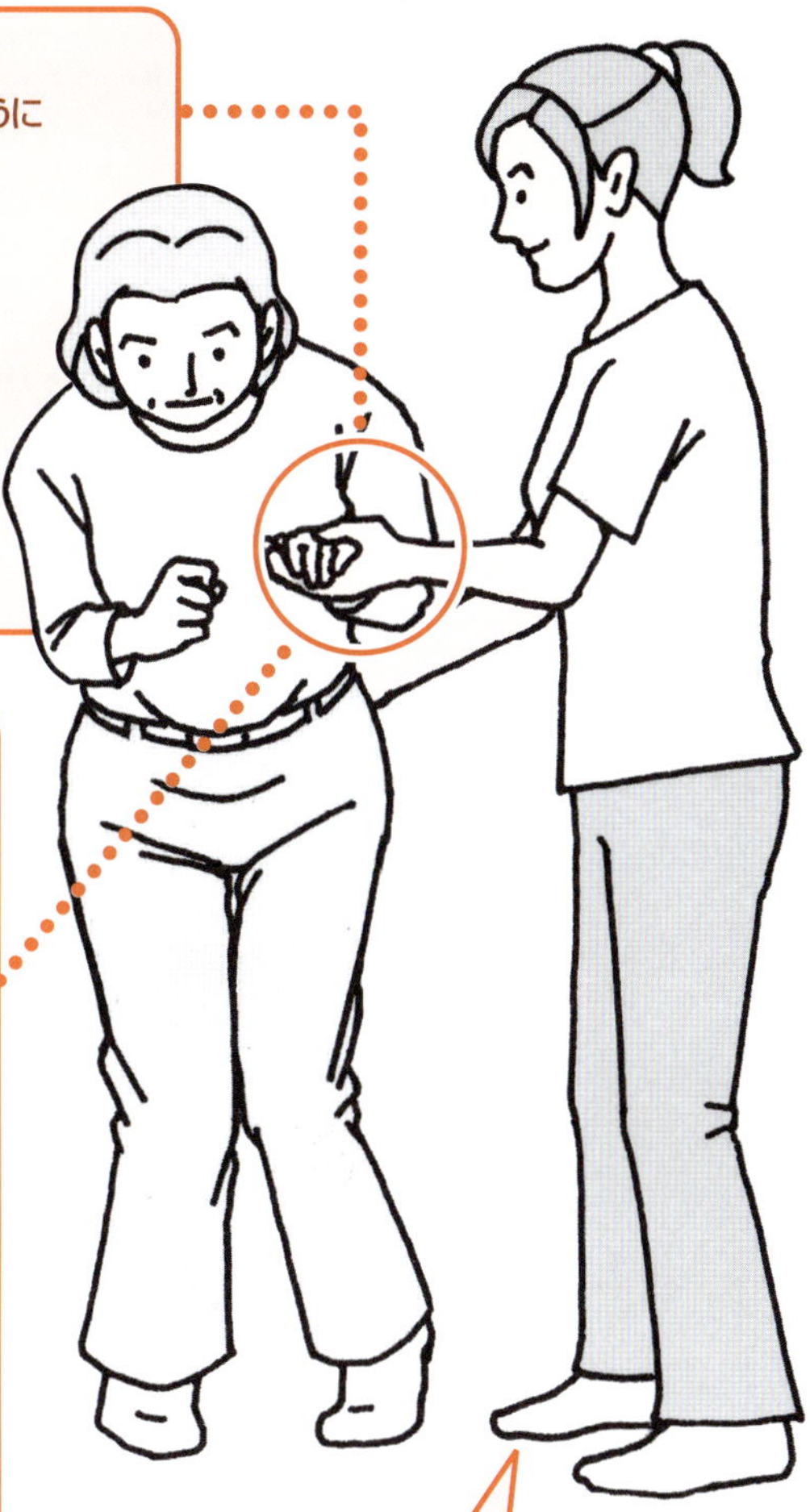

手は軽く差し出すように

手は強くにぎらず、「お手をどうぞ」という感じで介護者が手を軽く差し出すようにします

△ 両手を持って引っぱるのはよくない

①前かがみになりかかとが浮く、②両手を持たれると自分でバランスをとれないなどから、おすすめできません

ふらついて危ない場合はもう一方の手で腰のベルトを持つようにします

起き上がり

パーキンソン病者は伸ばす筋肉が弱く、腕で床を押しながら起きる動作が難しいため、反動をつけて起き上がるようにします

❶ 両脚を上げる

寝ころんだまま、両脚を真上まで上げます

❷ 両脚を勢いよく降ろす

両脚を一気に降ろし、その勢いで上体を起こします

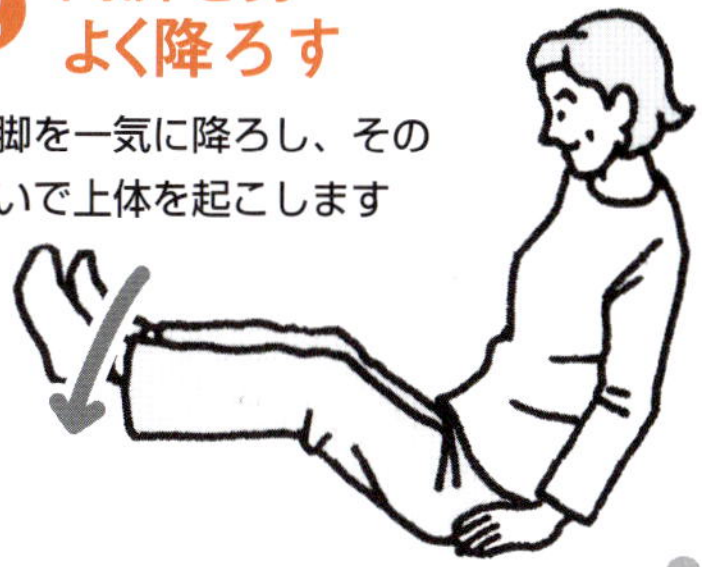

❸ 起き上がる

前かがみの姿勢をとりながら完全に起き上がります

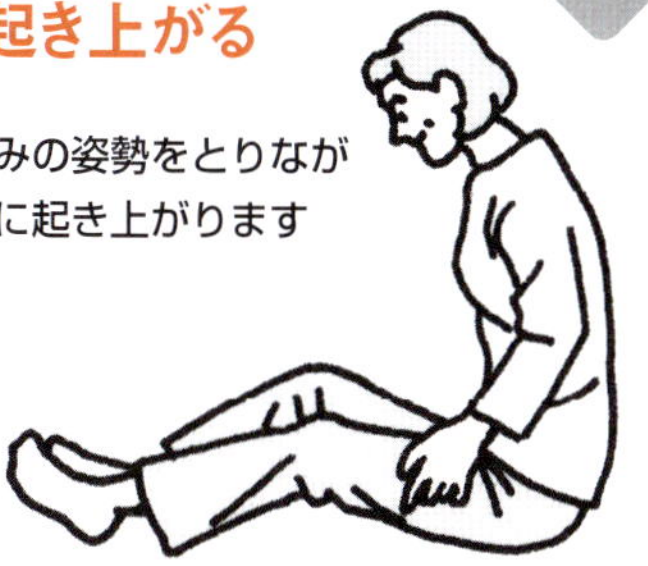

コミュニケーションの方法を決めておこう

病気が進行したり薬が効かないときには、一言も話せなくなることがあります。あらかじめコミュニケーションの方法を決めておくといいでしょう。たとえば、のどでうなり声を出せる人なら1回うなればイエス、2回ならノーと決め、イエスかノーで答えられる質問を介助者がします

13-9

パーキンソン体操（1）

みんなで楽しくパーキンソン体操

症状を改善する効果的な方法

からだのひねりをとり戻す

肩たたき体操

1 右手で肩をたたく

みんなで横にならんで（人数が多いときは、輪になるとよい）イスにすわります。右手で左隣の人の肩をたたきます

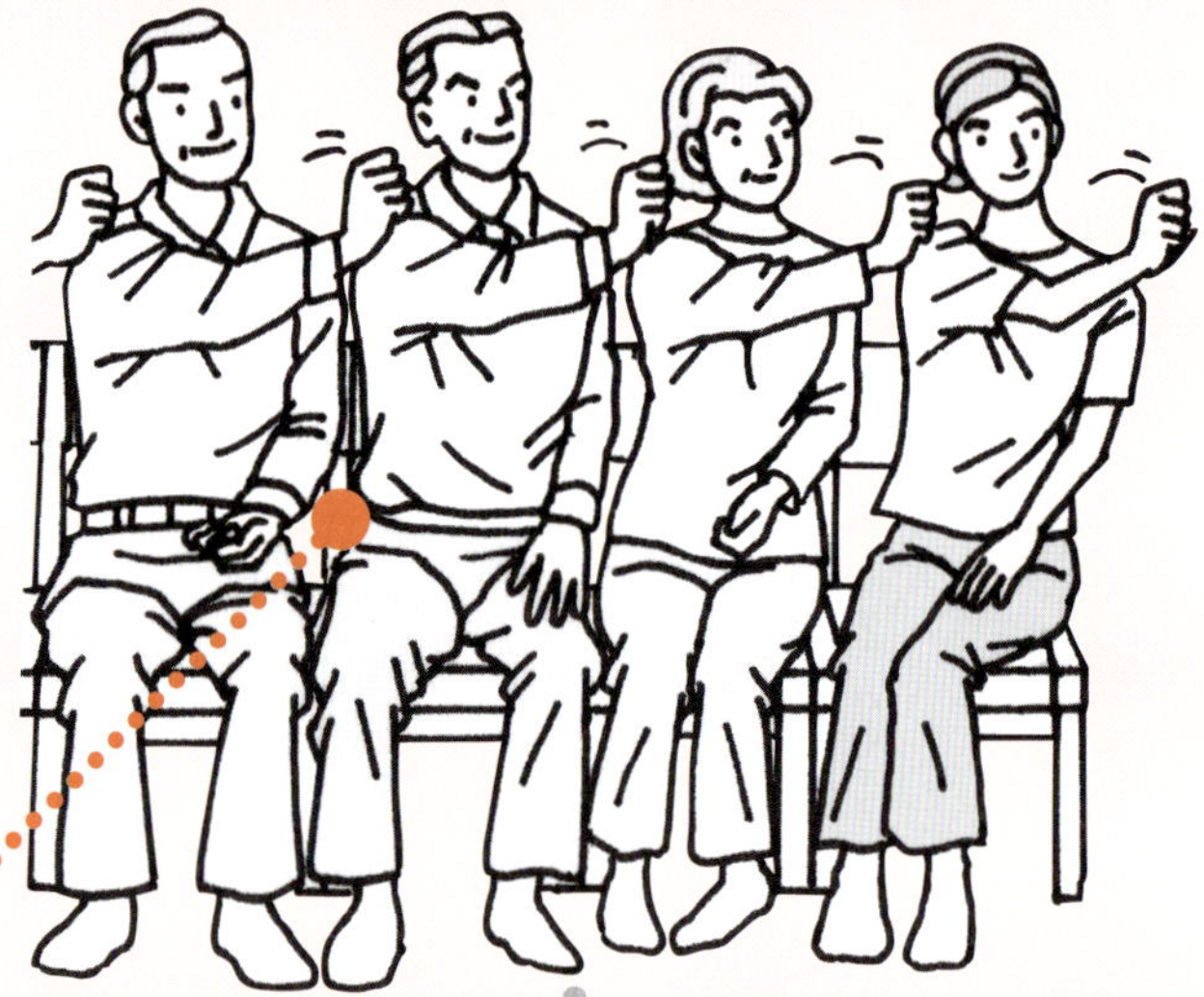

point 両隣の人とぴったりくっついて行いましょう

2 左手で肩をたたく

次はからだをねじって、さっきと逆の動作（左手で右隣の人の肩をたたく）に移ります

楽しみながら機能を回復

パーキンソン病者はからだをひねる動作が消失しています。そこで、ひねりをとり入れた体操を行うと効果的です。隣同士でからだをぴったりくっつけてすわり、右手で左隣の人の肩を、次に左手で右隣の人の肩をたたきます。さらにひねりを引き出すなら、耳たぶをつまんだり鼻をつまむようにします。訓練ではないので、楽しくやりましょう。「山田の案山子《かかし》」と歌いながら歌詞に「の」が出てきたら左右を入れ替えるルールにしたり、少しずつテンポを上げたりすると、いっそう盛り上がります。

　パーキンソン病の人は、特有の前かがみの姿勢に加え、筋肉が固くなるために肺活量が小さくなっています。さらに副交感

前かがみ姿勢を矯正する

胸伸ばし体操

1 両手を頭の後ろで組む

両足を床に着けイスに深く腰かけたら、両手を頭の後ろで組みます

2 胸を広げ持ち上げる

要介護者の両ひじに手のひらのやわらかい部分をあて、少しずつ引いていきます。胸をいっぱいに広げたら、少し上に持ち上げます

背筋をピンと伸ばす

背筋体操

1 頭の真上に手をあてる

介護者は要介護者の後ろに立ちます。手のひらのやわらかい部分を頭の真上に重ねて置きます

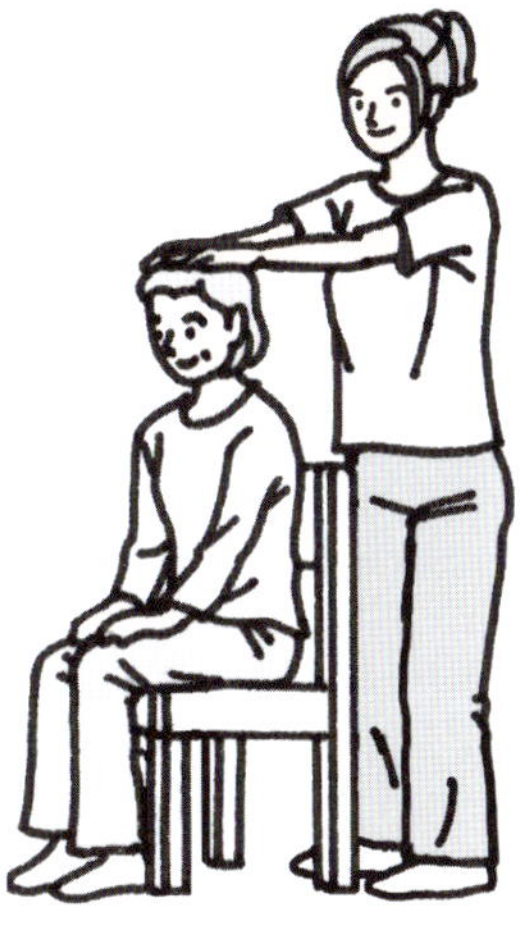

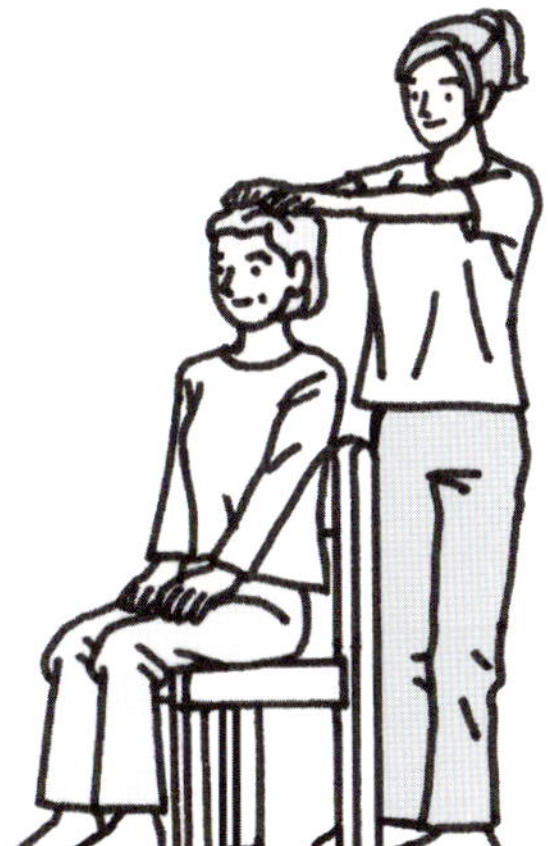

2 互いに5秒間押し合う

介護者は両手を下に押し、要介護者は頭で上に押し返すようにします。①②をくり返します

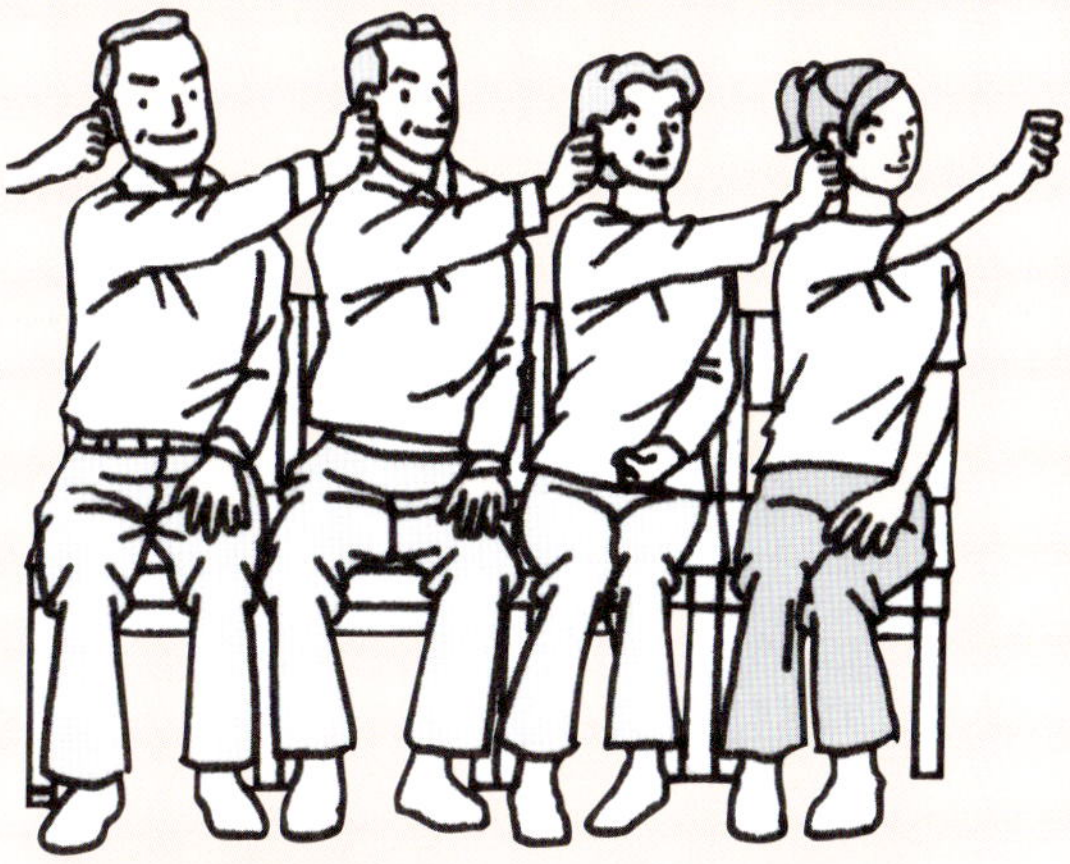

耳つまみ体操

もっとひねりを引き出すなら、右手で左隣の、また左手で右隣の人の耳たぶをつまみます

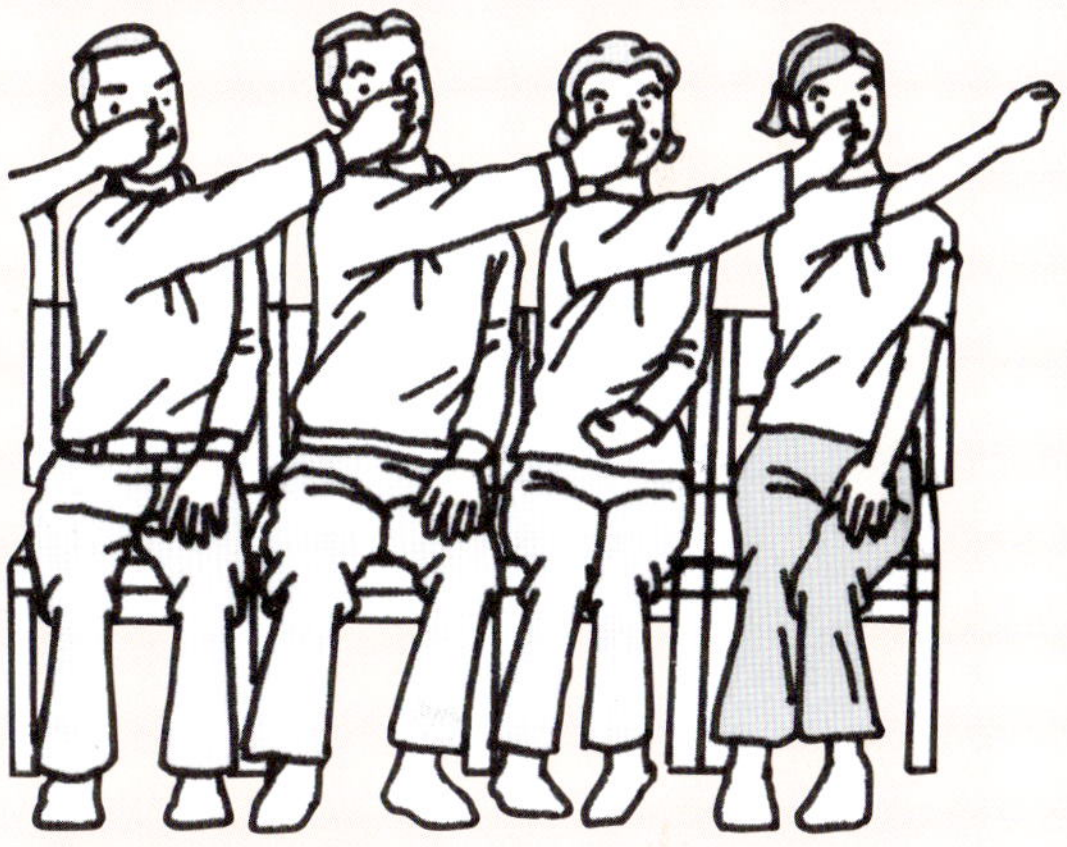

鼻つまみ体操

さらにひねりを引き出すなら、右手で左隣の、また左手で右隣の人の鼻をつまみます

神経優位になるため(264頁参照)、全体的に不活発な状態となり、ますます肺活量は小さくなります。そこで、長時間すわって作業をしているときなどには、30分に1回くらい胸を伸ばして肺を広げる体操をするとよいでしょう。肩こり体操としても効きめがあります。また、人の動きは抵抗を加えられるとそのぶん力が出るものです。介助者と2人で背筋体操をすると、一人で背筋を伸ばすよりもピンと伸びる効果があります。

13-10

パーキンソン体操（2）

一人でできる機能回復運動

パーキンソン病者特有の姿勢を矯正する方法

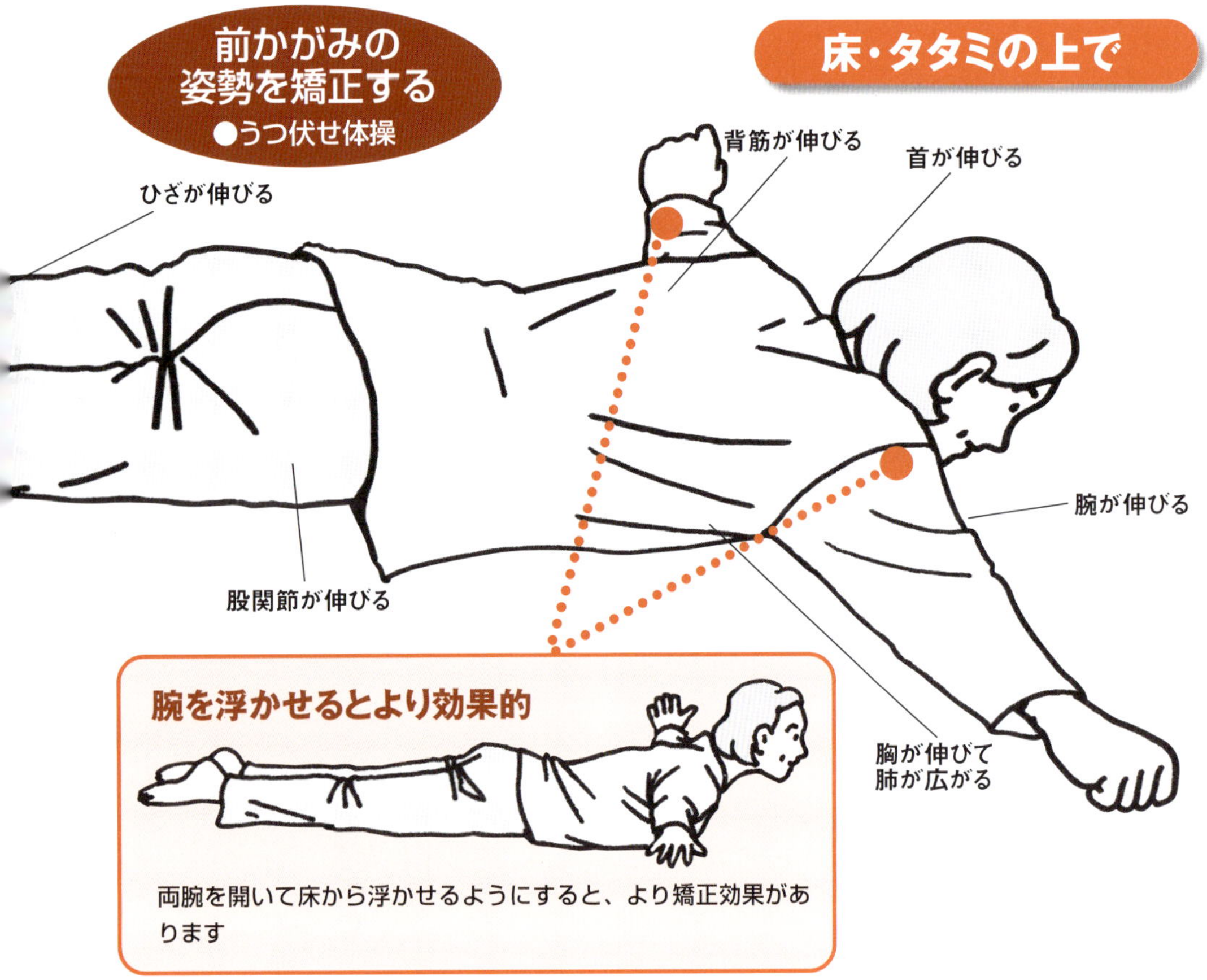
前かがみの姿勢を矯正する
●うつ伏せ体操
床・タタミの上で
背筋が伸びる
首が伸びる
ひざが伸びる
腕が伸びる
股関節が伸びる
胸が伸びて肺が広がる
腕を浮かせるとより効果的
両腕を開いて床から浮かせるようにすると、より矯正効果があります

1日1回はうつ伏せに

パーキンソン病者では、筋肉の中でも関節を曲げるほうの筋肉がより固くなります。そのため、関節のほとんどが曲がってしまい、特有の前かがみの姿勢をとるようになります。筋肉の固さのアンバランスによるものなので、すぐに関節が固まることはありませんが、ずっとこの姿勢を続けていると時間が経ったために固まってくることもあるほか、肺が圧迫されて肺活量が低下する恐れもあります。このような特有の姿勢を矯正するには、うつ伏せになるのが簡単でしかも効果的。うつ伏せになるだけで、自然にほぼすべての関節が伸びるからです。1日1回はうつ伏せになるといいでしょう。

なお、パーキンソン病の人は足首がピンと伸びてしまっていることが多く、うつ伏せになるだけでは矯正効果はありません。そこで、足首だけは立てて矯正するようにします。また、うつ伏せ体操を一人でやると、あお向けに戻るのがたいへんなことがあります。誰かがそばにいるときに行いましょう。

パーキンソン病者ではからだをひねる機能も消失するため、寝返りなどのひねりを使う動作ができなくなっています。

からだのひねりをとり戻すには、自分のからだをタオルにみたててしぼる、タオルしぼり体操が効果的です。おへそを中心に、上半身と下半身を逆方向に倒し、からだをひねるようにします。タオルしぼり体操は一人でもできますが、介護者が手伝えばより効果的です。肩をおさえながら、ひざを反対方向に倒すようにしてからだをひねります。

介護者が手伝えばより効果的

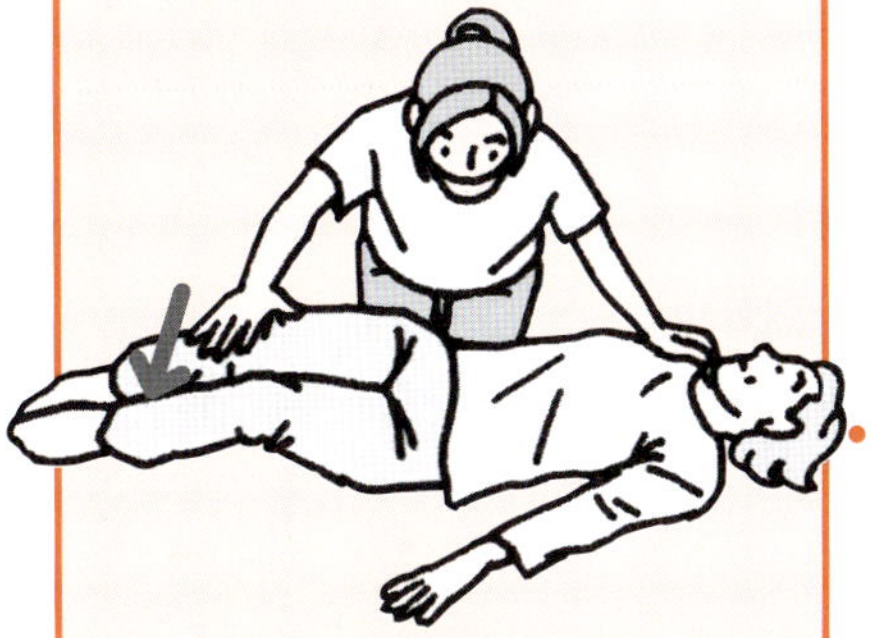

介護者は要介護者の横にすわり、手のひらのやわらかいところで手前側の肩をおさえながら、両ひざを向こう側に押します

向こう側の肩をおさえながら、両ひざを手前に引きます

仲間をつくろう

病気になると家にこもりがちですが、仲間をつくり集まることで心の支えになったり、コミュニケーションや情報交換、運動や笑いの場が生まれます。まずは患者同士でお茶を飲むところからはじめましょう。パーキンソン病友の会に連絡をとってみるのもいいでしょう。

全国パーキンソン病友の会事務局
〒107-0052　東京都港区赤坂
1-9-13　三会堂ビル8階
TEL 03-3560-3355
FAX 03-3560-3356

こうすれば足首も矯正できる

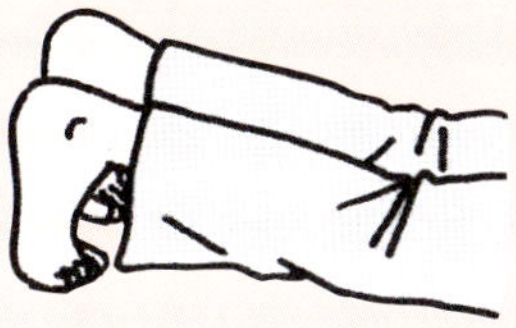

パーキンソン病者では足首が伸びてしまうので、うつ伏せになるだけでは矯正効果はありません。足首は立てて矯正します

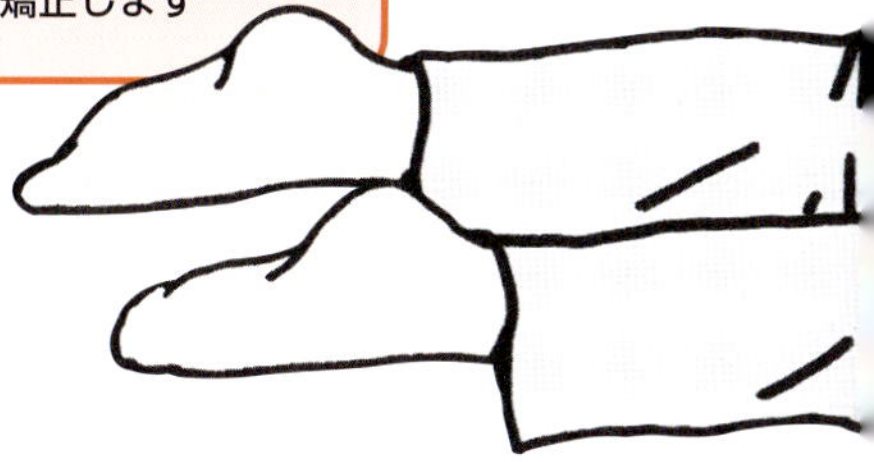

からだのひねりをとり戻す
●タオルしぼり体操

自分のからだをタオルにみたててしぼる、すなわちおへそを中心に上半身と下半身を別々の方向に倒し、からだをひねります

❶ 両手、両ひざ、頭を上げる

両手を組んで上に上げ、両ひざをできるだけ立て、頭を上げます

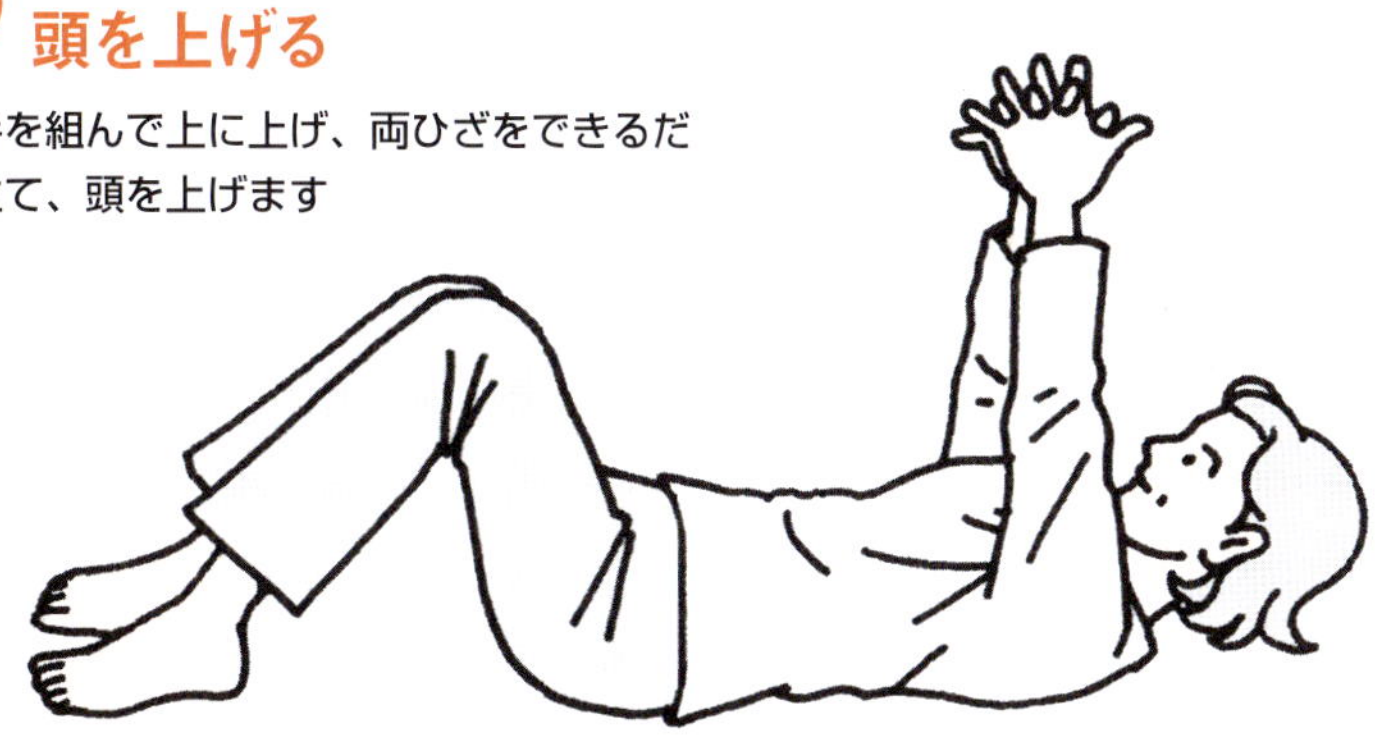

❷ からだをねじる

上半身を右へ、下半身を左へ倒し、からだをねじります

❸ 逆向きにからだをねじる

②とは逆に上半身を左へ、下半身を右へ倒し、からだをねじります

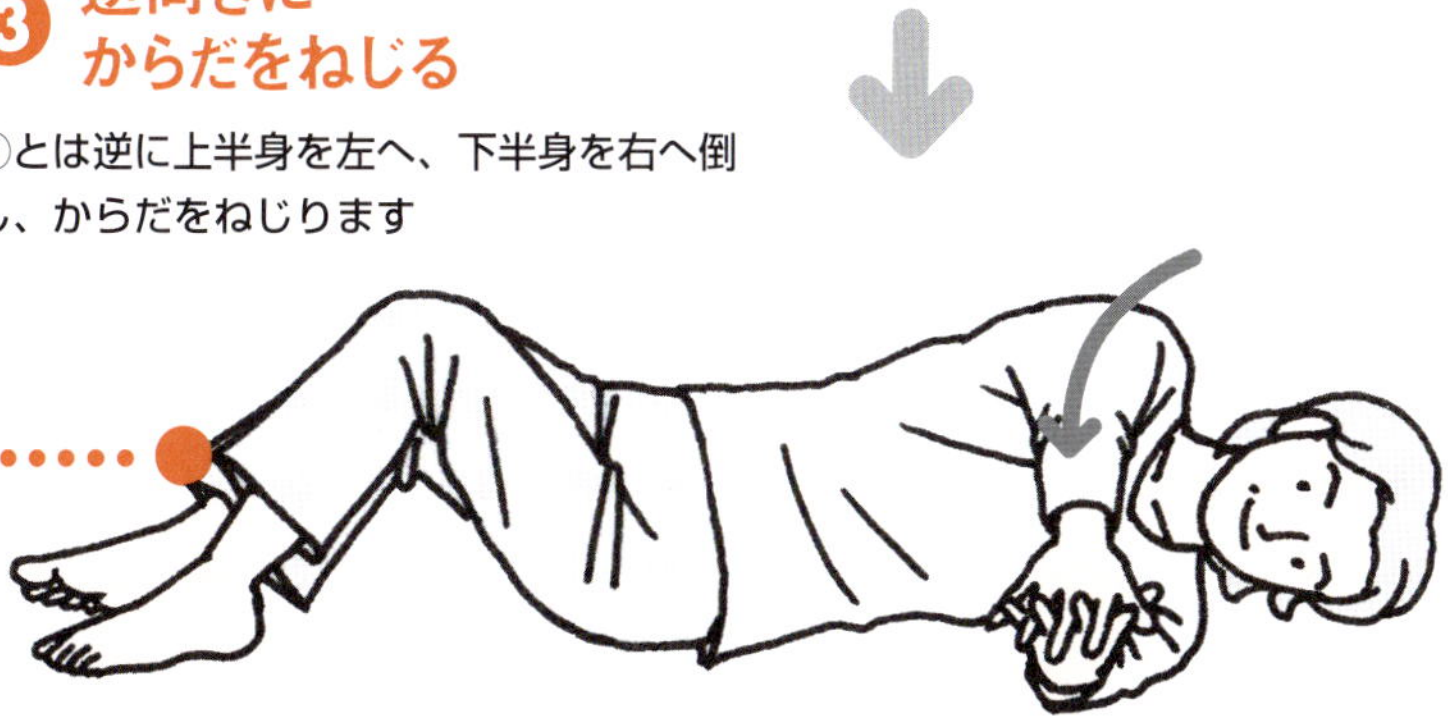

第14章

その他の障害・症状を理解する

14-1 関節リウマチ（1）

関節リウマチを理解する

関節リウマチは、決して患者を殺さない

基礎療法が基本

日本では、関節リウマチの人は50万～70万人おり、女性が大半で、ほとんどの人が中年以降に発症します。骨、軟骨、関節、関節周囲の軟部組織に疼痛や炎症を伴って発症しますが、関節局部の病気ではなく全身の病気であることを認識する必要があります。

病気の進行は、まず少数の関節にはじまり、多くの関節、小さな関節の順で、左右対称に症状が出ます。関節痛やこわばりが出てきたら早期に専門医の診断を受けることが大切です。

治療は、大きく分けると生活のリズムや保温、安静と運動などの基礎療法と、関節の動きや筋力を維持し、変形の予防をするなどのリハビリテーション、消炎鎮痛剤、抗リウマチ薬や生物製剤、ステロイド剤などの薬物療法、滑膜切除術、人工関節術など手術療法の4つに分けられます。早期から抗リウマチ薬や生物製剤を用いるのでスミスの古典的なピラミッド（285頁参照）は不用という学者もいます。

関節リウマチの進み方

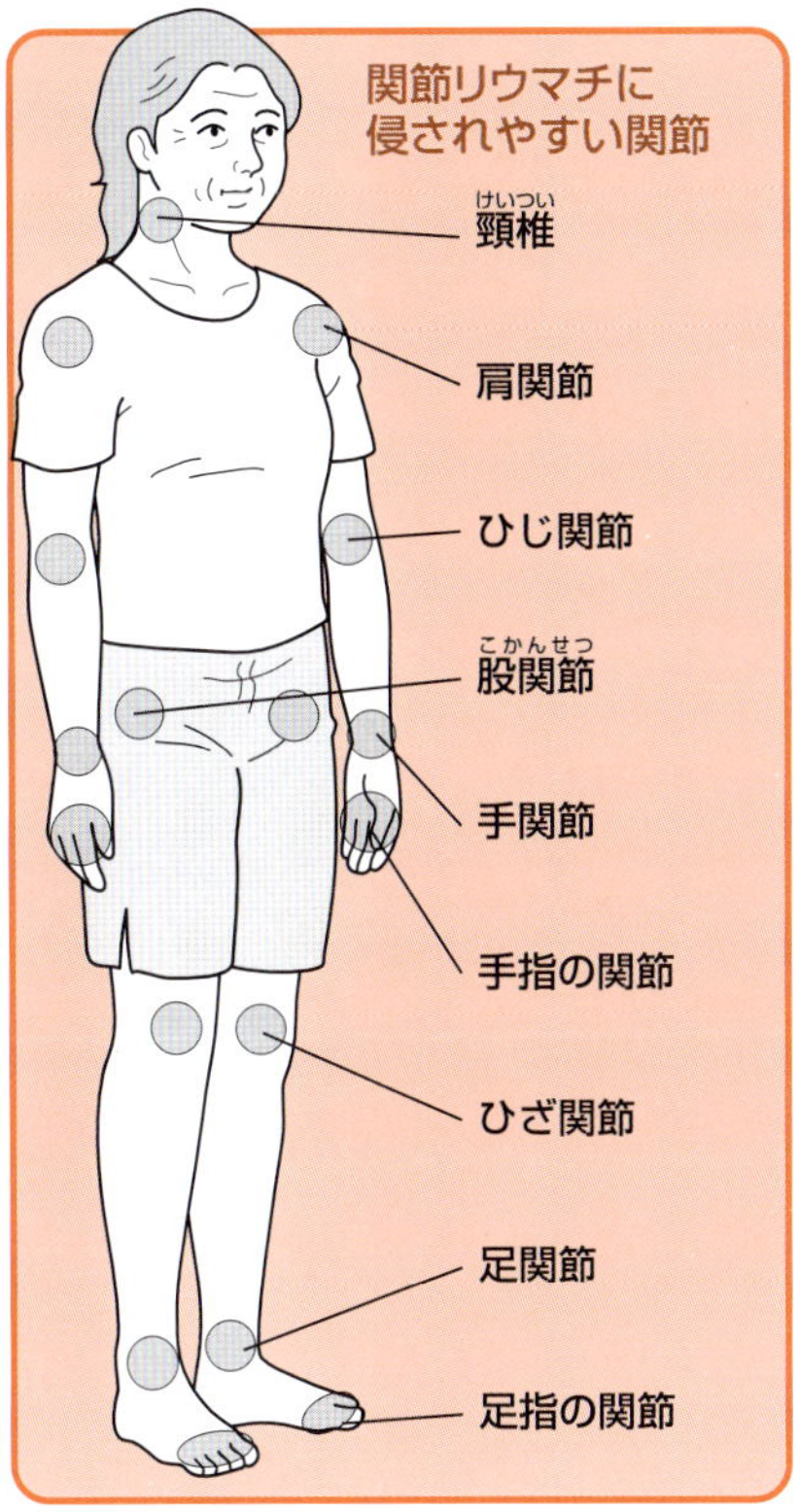
関節リウマチに
侵されやすい関節
頸椎《けいつい》
肩関節
ひじ関節
股関節《こかんせつ》
手関節
手指の関節
ひざ関節
足関節
足指の関節

自己チェックの方法

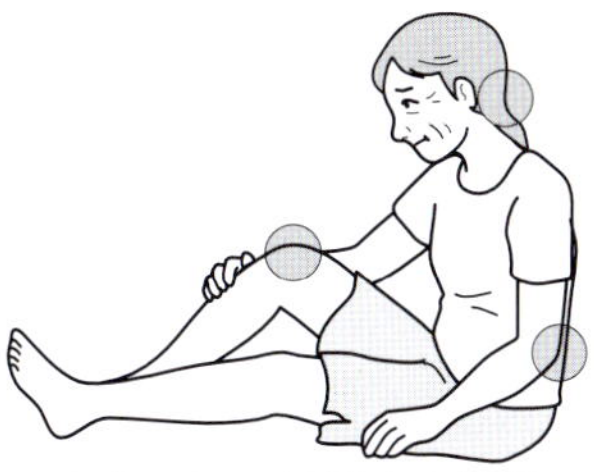
ひざ、ひじの関節痛や後頭部の腫れ

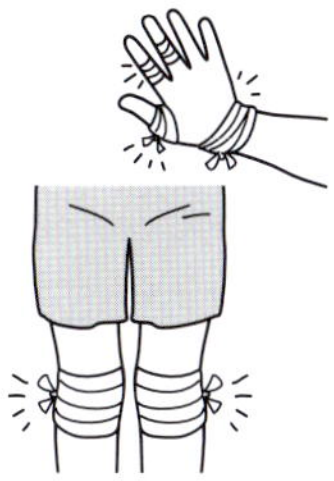
ひざ、手首、指など3関節以上の関節痛や腫れ

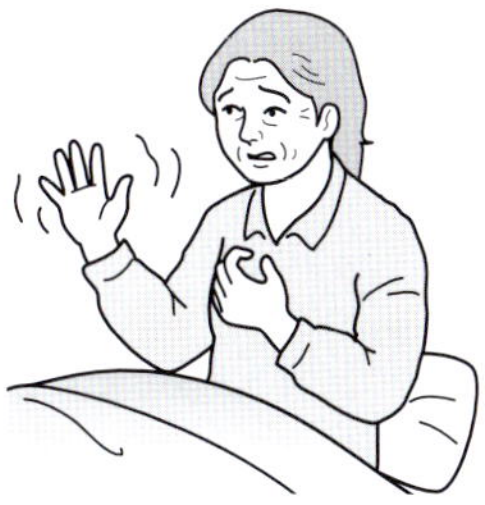
起床後、たびたび関節のこわばりが1時間以上続く

発熱、貧血など

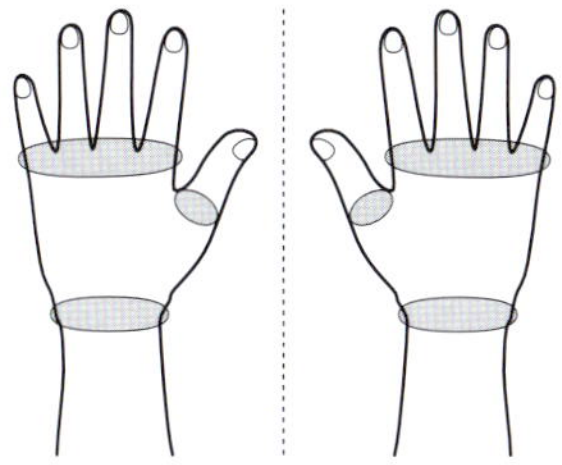
中手指節関節や手関節の左右対称の関節炎

関節炎の進み方

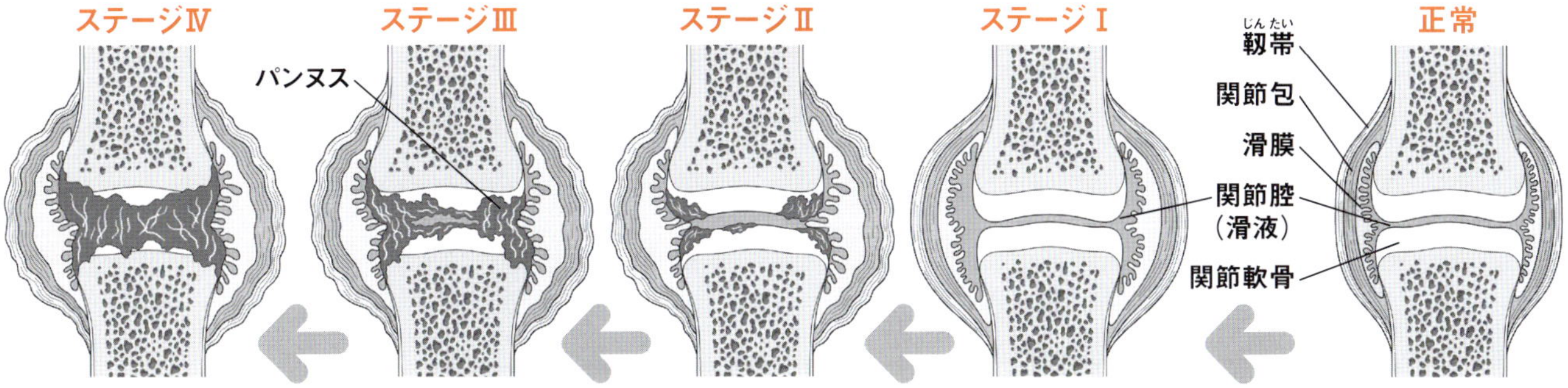
ステージⅣ
ステージⅢ
パンヌス
ステージⅡ
ステージⅠ
正常
靱帯《じんたい》
関節包
滑膜
関節腔
（滑液）
関節軟骨

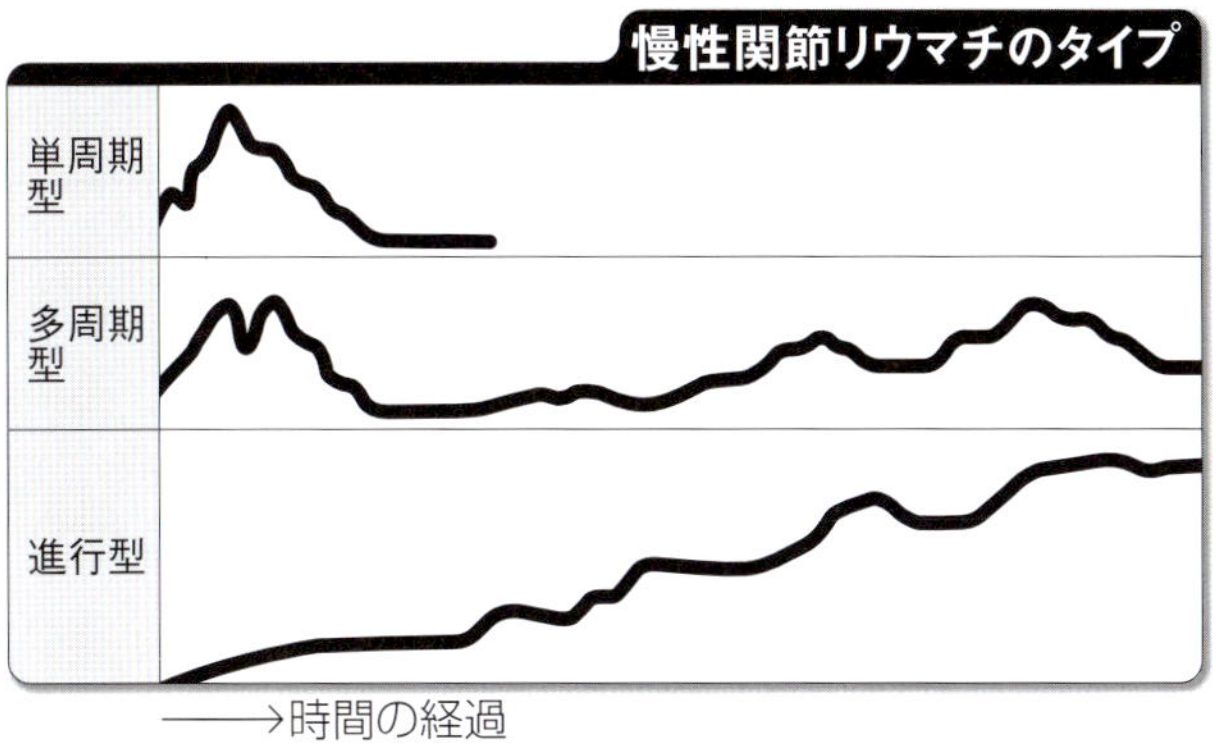
慢性関節リウマチのタイプ
単周期型
多周期型
進行型
→時間の経過

関節包のいちばん内側にある滑膜の炎症からはじまります。関節炎の進行の状態は4段階（ステージ）に分けています。ステージⅠでは関節の腫れ程度。レントゲンでも目立った所見はありません。Ⅱになると軟骨の一部が、線維性の組織（パンヌス）に侵され破壊されてきます。Ⅲになると、腫れも強く骨も破壊され、関節の変形を生じます。Ⅳでは、骨と骨が強直（癒合する）し、関節の機能が失われます。

このような経過は、すべての人に起こるわけでなく、人によっては１回だけ症状が出て治癒することもあります。しかし、多くの人は、改善したり進行したりしながらゆるやかな経過をたどります。一気に進行するタイプもあります。早期発見、早期治療により進行を防ぐだけでなく、改善度もかなり高くなります

14-2

関節リウマチ（2）

関節リウマチと生活ケア

関節リウマチは朝の病気、昼ぐらいから動かそう

温故知新の治療体系

関節リウマチは、症状の進行とは別に、日常生活にどの程度支障があるかによって、クラスⅠ～Ⅳに分類します。この病気は、「朝の病気」といわれるほど、午前と午後では体調が異なるので、体調を考慮して行動をすることが大切です。

昔から知られているのが「スミスのピラミッド」といわれる治療体系です。薬物の使い方は進歩し時代に合わないものもありますが、基礎療法、リハビリテーション、薬物療法、手術療法を4本柱として理解してください。基礎療法にある安静と運動は相反する表現ですが、全身の安静が必要なときでも、関節の運動を行うなどのリハビリテーション的な発想が大切だということです。クラスⅣであっても、装具や補助具を上手に使って活発な社会活動をしている人もいます。

日常生活障害の分類

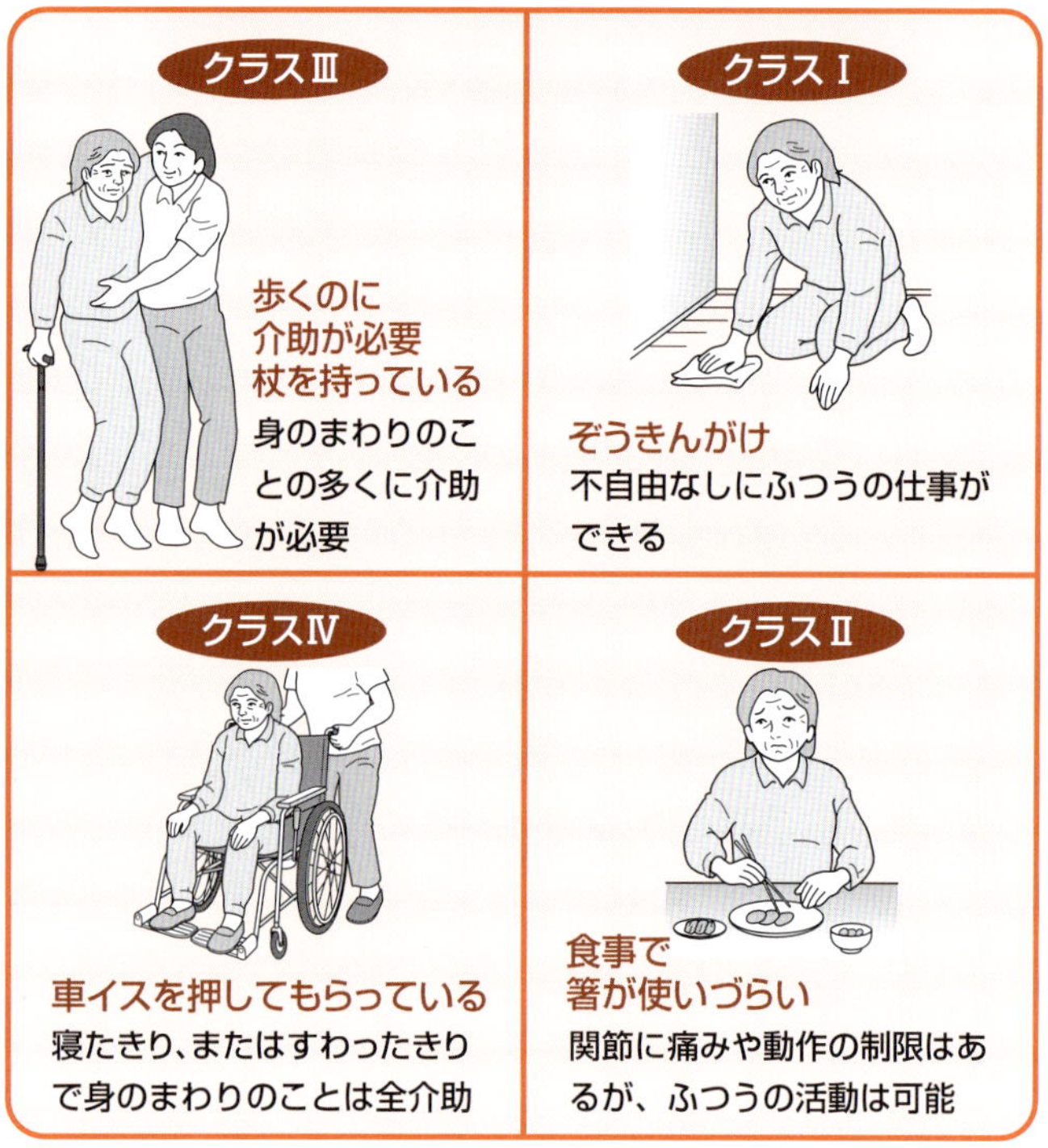
クラスⅢ
歩くのに
介助が必要
杖を持っている
身のまわりのことの多くに介助が必要
クラスⅠ
ぞうきんがけ
不自由なしにふつうの仕事ができる
クラスⅣ
車イスを押してもらっている
寝たきり、またはすわったきりで身のまわりのことは全介助
クラスⅡ
食事で
箸が使いづらい
関節に痛みや動作の制限はあるが、ふつうの活動は可能

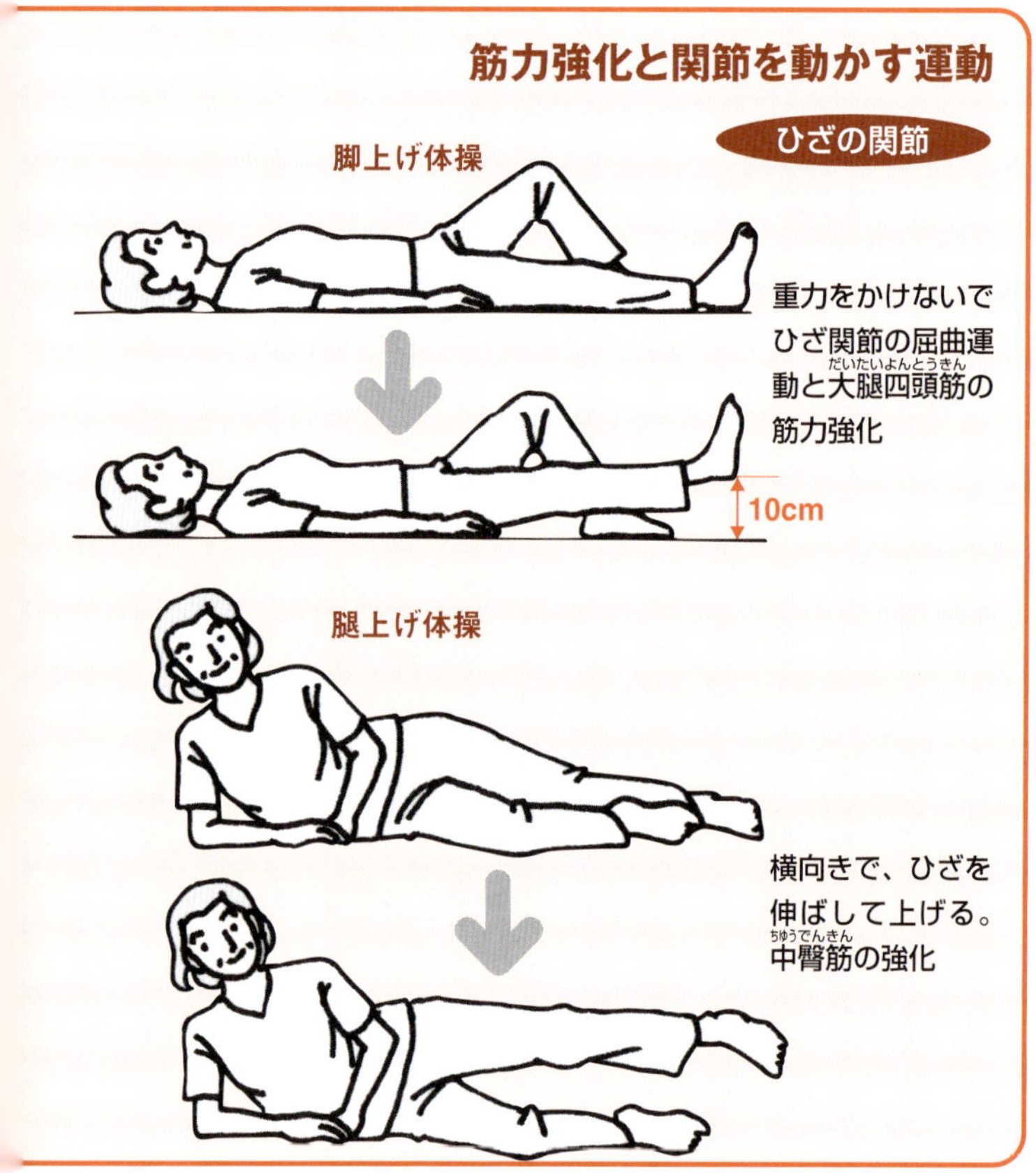
筋力強化と関節を動かす運動
脚上げ体操
ひざの関節
重力をかけないで
ひざ関節の屈曲運
動と大腿四頭筋《だいたいよんとうきん》の
筋力強化
10cm
腿上げ体操
横向きで、ひざを
伸ばして上げる。
中臀筋《ちゅうでんきん》の強化

治療の基本的な考え方

（「スミスのピラミッド」を元に作成）

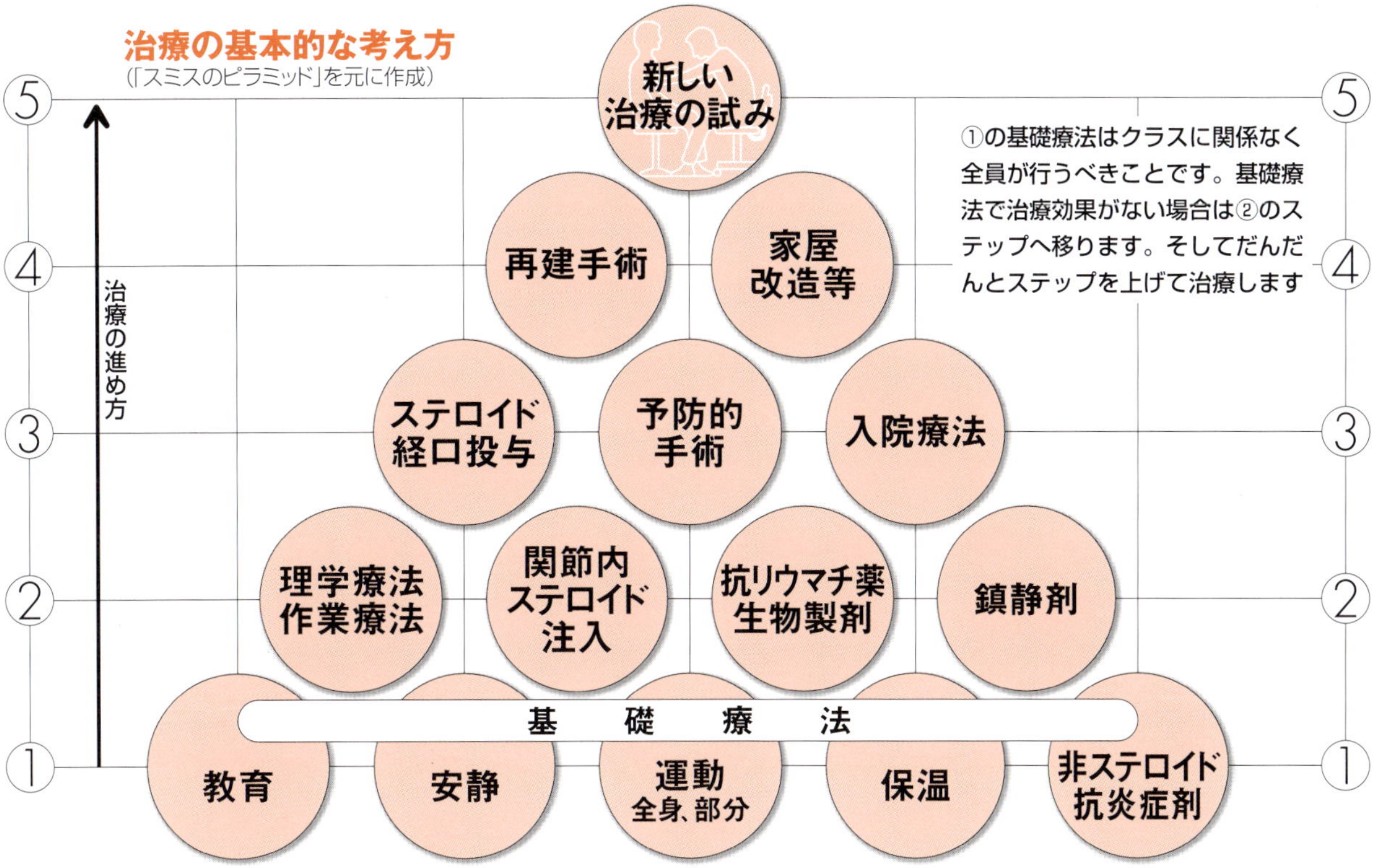

①の基礎療法はクラスに関係なく全員が行うべきことです。基礎療法で治療効果がない場合は②のステップへ移ります。そしてだんだんとステップを上げて治療します

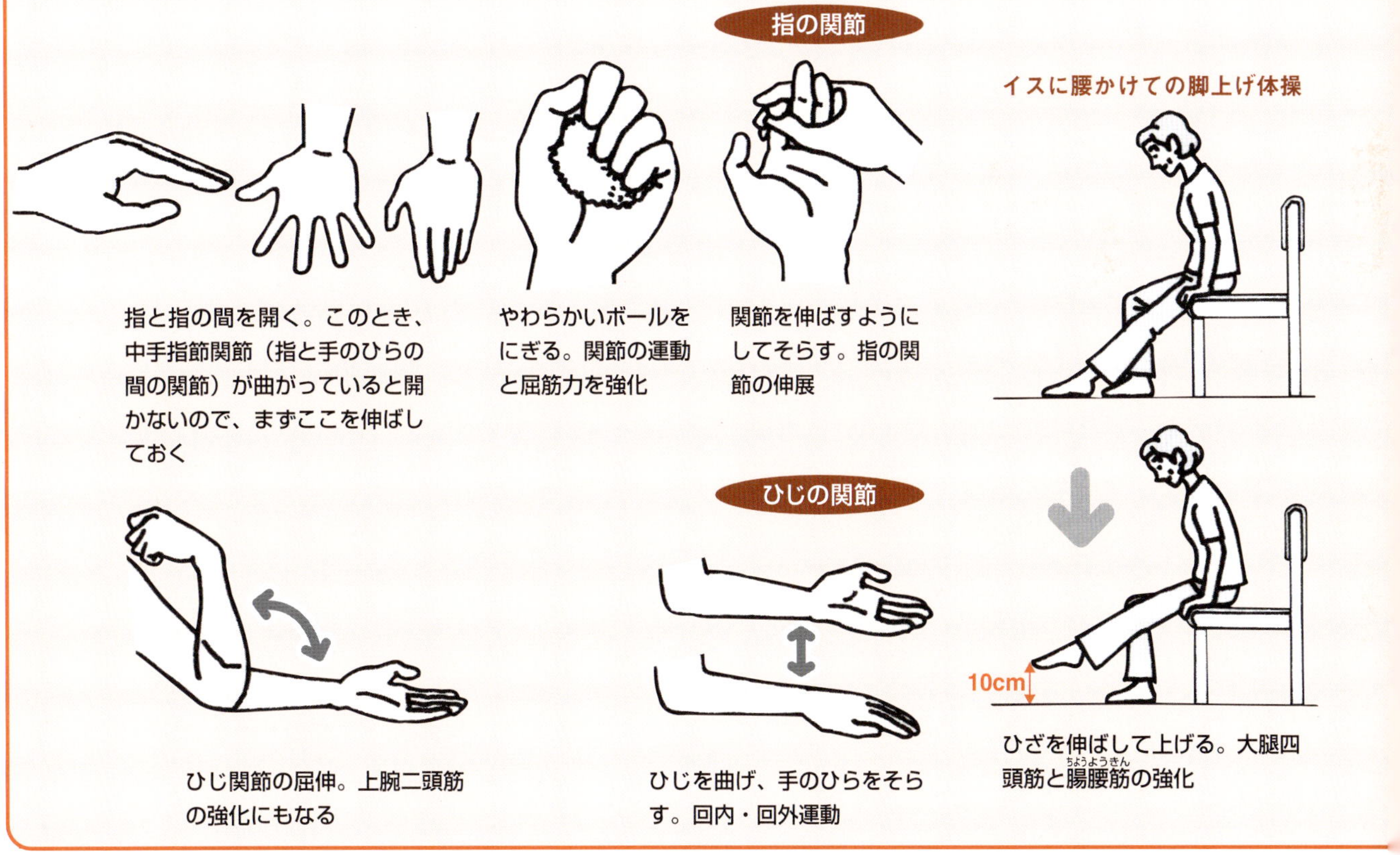

指と指の間を開く。このとき、中手指節関節（指と手のひらの間の関節）が曲がっていると開かないので、まずここを伸ばしておく

やわらかいボールをにぎる。関節の運動と屈筋力を強化

関節を伸ばすようにしてそらす。指の関節の伸展

ひじ関節の屈伸。上腕二頭筋の強化にもなる

ひじを曲げ、手のひらをそらす。回内・回外運動

ひざを伸ばして上げる。大腿四頭筋と腸腰筋《ちょうようきん》の強化

14-3

骨折後遺症

骨折後遺症で寝たきりにはならない

とにかくすわることがポイント

まずは「すわること」から

高齢者は転倒して骨折することが多く、そのまま寝たきりにつながるケースが多々あります。椎骨《ついこつ》や下肢の骨折の場合は、まず動けなくなりますし、上肢の骨折だと身動きがとれずに寝たきりになる人もいます。腰椎《ようつい》骨折は寝たきりになりやすく、寝たきり予防のために、せめてトイレや食事はすわって行うように心がけます。ただし、からだをひねると激痛が走るので、介助の際には注意が必要です。起き上がってしまえば意外と楽で、4週間くらい経つと薄紙を剝《は》ぐように痛みが引きます。

大腿骨頸部骨折《だいたいこつけいぶ》の場合は、緊急の手術が必要です。処置は早いほどよく、固定すれば痛みはとれますから、手術後は早く坐《ざ》位《い》をとるようにしてください。

拘縮《こうしゅく》と筋力低下を防ぐ

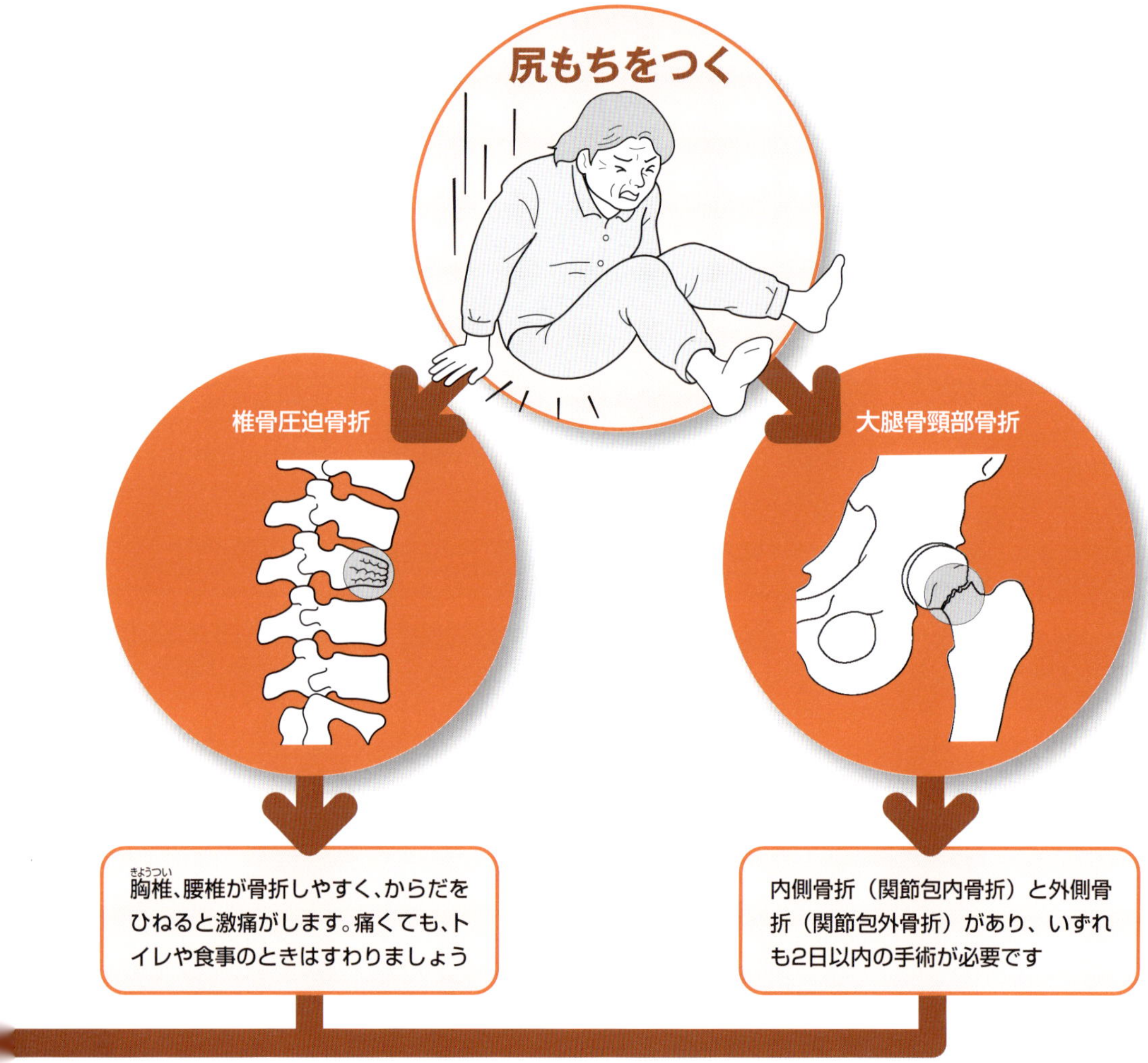
尻もちをつく
椎骨圧迫骨折
大腿骨頸部骨折
胸椎《きょうつい》、腰椎が骨折しやすく、からだをひねると激痛がします。痛くても、トイレや食事のときはすわりましょう
内側骨折（関節包内骨折）と外側骨折（関節包外骨折）があり、いずれも2日以内の手術が必要です

痛くないところは動かす

骨折では寝たきりにならないという心構えを持ってください。骨がつくには6〜8週間かかります。その間、安静をとり過ぎないようにします

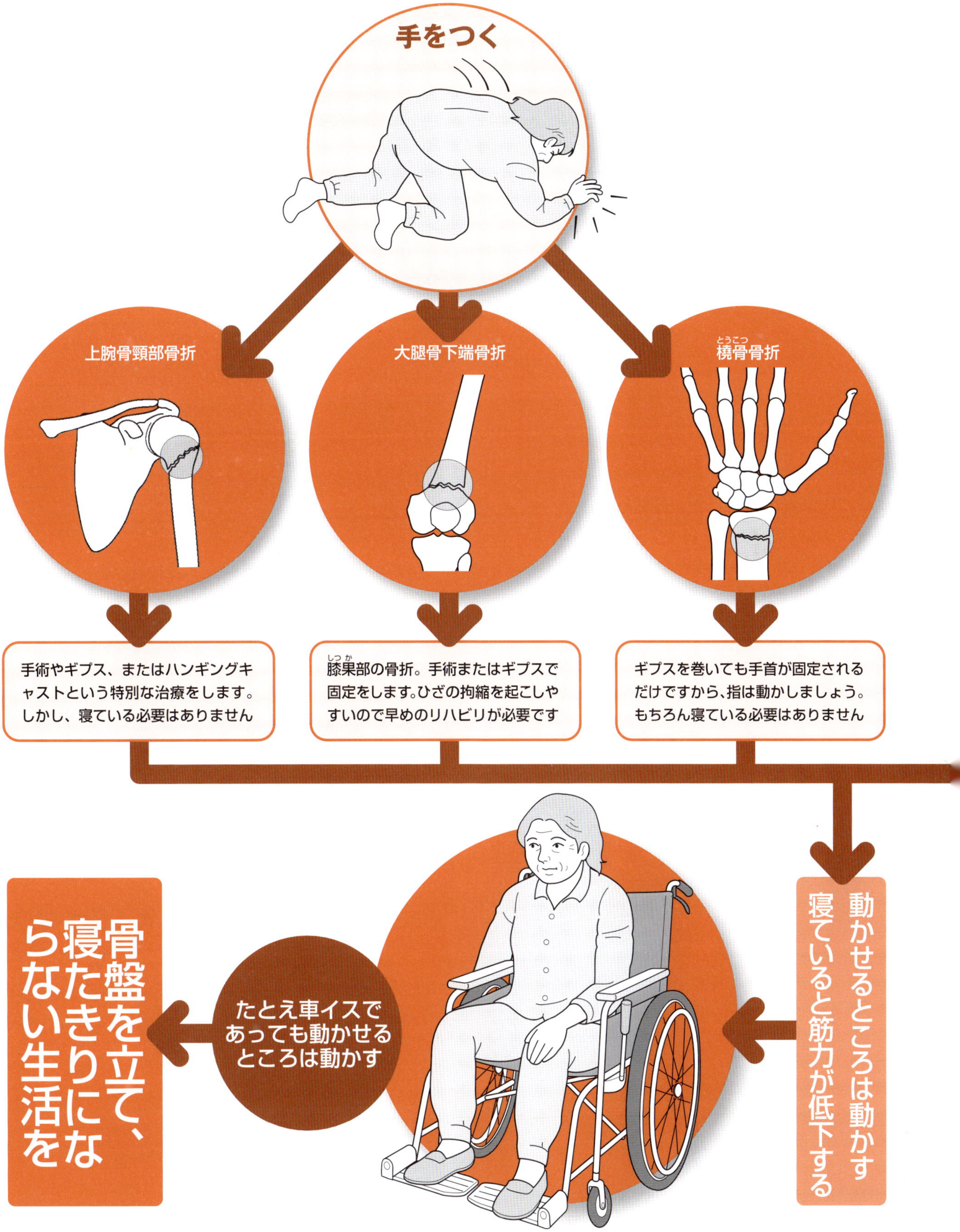
手をつく
上腕骨頸部骨折
大腿骨下端骨折
橈骨《とうこつ》骨折
手術やギプス、またはハンギングキャストという特別な治療をします。しかし、寝ている必要はありません
膝《しつ》果《か》部の骨折。手術またはギプスで固定をします。ひざの拘縮を起こしやすいので早めのリハビリが必要です
ギプスを巻いても手首が固定されるだけですから、指は動かしましょう。もちろん寝ている必要はありません
動かせるところは動かす
寝ていると筋力が低下する
たとえ車イスであっても動かせるところは動かす
骨盤を立て、寝たきりにならない生活を

220頁より続く

介護関連用語集 ❸

成年後見制度《せいねんこうけんせいど》
介護サービスは利用者とサービス業者の直接契約となっているが、利用者が精神・知的障害、痴呆などの場合、法律上の手続きや利用者の財産管理など、援助者が代行して利用者の権利を守る制度

せん妄
意識障害の一つで、幻覚、不安や興奮の状態を示す。高齢者では、脱水やけがのショックなどにより一時的にせん妄状態になることがある

大腿骨頸部骨折《だいたいこつけいぶこっせつ》
大腿骨上端の骨折のこと。高齢者に多く、体重がかかっただけで折れることもある

高這い位《たかばい》
両手を床に着けて、両脚はひざを伸ばしている這う姿勢のこと

ターミナルケア
治る見こみがない人に施す終末期の医療や看護。延命治療ではなく、痛みや苦痛を緩和しながら、残された時間を有意義に過ごせるようにする

チームケア
医療や福祉など、各領域の専門家がチームを組んで介護を行うこと

摘便《てきべん》
自力で排便できないとき肛門から直腸内に手指を入れて、ふん便を摘出すること

吐血《とけつ》
胃、十二指腸などの消化器系からの出血が原因で起こる。喀血と違い、暗褐色の血液を吐き出す

閉じこもり症候群
老化や障害をきっかけにして、家に閉じこもるなど生活空間が狭くなり、人間関係を喪失した状態のこと。多くの寝たきりや痴呆の原因とされている

トランスファー
ベッドから車イス、車イスからトイレなど、別の場所にからだを移動させる「移乗動作」のこと

脳血管型痴呆
医療サイドでの痴呆の病理学的分類の一つでアルツハイマー型痴呆と区別される。本書の分類での葛藤型がこうよばれることが多い

脳卒中
脳の血管がつまる「脳梗塞」と脳の血管が破れる「脳出血」または「くも膜下出血」の3つにわかれる。片方の手脚の運動マヒ・感覚マヒ（片マヒ）など、右マヒ、左マヒによっていろいろな障害を伴う

ノーマライゼーション
障害があっても区別や差別されることなく、人間としてふつうに生活を楽しみ、権利と義務を担って生きる社会であるべきだとする生活原理

バイタルサイン
からだの状態を観察するための不可欠なポイントで、体温、脈拍、呼吸、血圧、意識があるかどうかの5つを指す

廃用症候群《はいようしょうこうぐん》
ずっと寝たきりでからだを動かさないと、骨や筋肉の萎縮や関節の拘縮《こうしゅく》、意欲や記憶力などの心身機能が低下すること

日和見感染《ひよりみかんせん》
感染力の弱い菌による感染。抵抗力があれば問題はないが、免疫力などが弱っていると感染しやすい

モニタリング
介護保険で作成したケアプランに沿った介護サービス利用がうまくいっているかどうか、利用者の意見を聞くこと

予後《よご》
病気にかかった患者の経過およびその後のことを指す

理学療法士(PT)
病気やけがなどで身体に障害を負った人の機能を最大限に引き出すために、筋肉増強などの運動療法、電気や温熱などを使った物理療法を中心に動作機能回復をサポートするリハビリの専門家

臨床心理士
心理や発達に障害や問題のある人のために、心理療法を使って治療や援助をする専門家

老老介護《ろうろうかいご》
要介護者、介護者ともに高齢者のケースを指す。老人が老人の介護にあたることから、こういう表現をする

第5部

痴呆の見方と介護の原則

第15章 痴呆を理解する

15-1

痴呆とは何か（1）

痴呆のケアがめざすもの

問題行動からアプローチする

落ち着いた生活をつくろう

痴呆性老人というと、医療の側ではまず脳の変化を見ようとして、その症状をいろいろなテストによって点数化しようとします。しかし介護の側では、脳の変化があるかないか、痴呆の程度を示す点数が何点かということよりも、本人の現実の生活のありようを見ることのほうが大切だと考えます。たとえば、重い痴呆がある人でもそれなりに落ち着いた生活ができていればそれでいいといえますし、軽い痴呆でも落ち着かず問題行動が多ければ何らかの対応が必要です。

介護がめざしているのは痴呆そのものを治すことではなく、問題行動がなくなって老人が落ち着き、日々の生活が安定することです。そのためには、問題行動がなぜ起こるのか原因を探り、対応を考える必要があります。痴呆のケアがめざすのは落ち着いた生活づくりであり、介護の果たす役割は非常に大きいといえるでしょう。

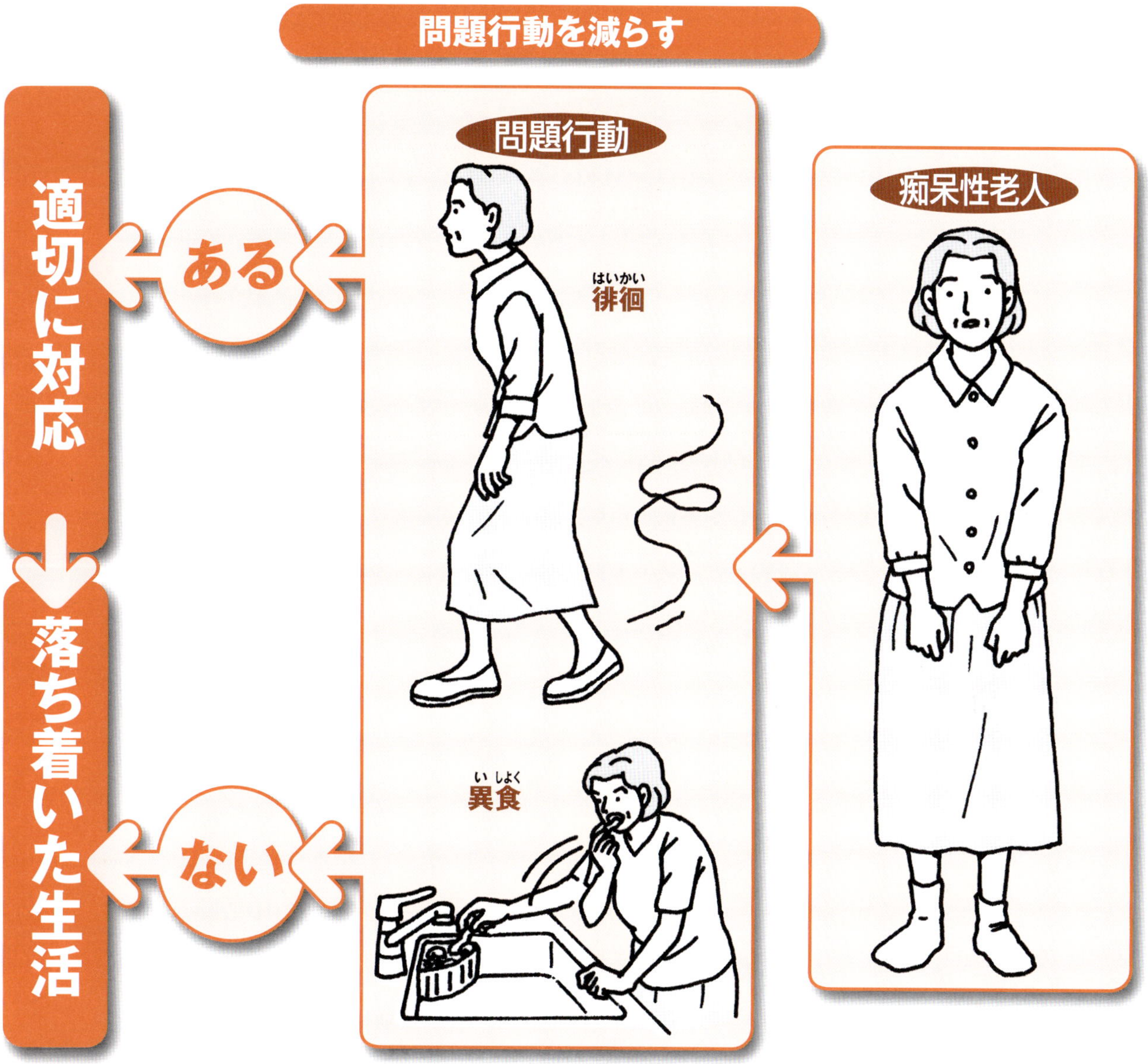

問題行動を減らす
適切に対応
ある
問題行動
徘徊《はいかい》
痴呆性老人
落ち着いた生活
ない
異食《いしょく》

痴呆性老人に対して介護がとるアプローチは、痴呆そのものを治すことではなく、問題行動を減らすことにあります。徘徊や異食などの問題行動が見られたら、その原因を探り対応を考えてみるのです。逆に、重い痴呆があっても特に問題行動がなく、落ち着いて生活できていれば、それでいいといえます

痴呆の程度と問題行動

一般的に、痴呆が重くなるほど問題行動が起こる割合も高くなるとされ、薬で痴呆を治療しようとします。しかし介護現場の実感としては、薬によって老人の痴呆が治ることはほとんどありません。また、医療に頼るあまり介護がおろそかになることも多く、そうなると軽い痴呆の人でも落ち着かない状態になってしまいます。大切なのは痴呆の程度ではなく、問題行動にどうアプローチしていくかにあるのです。

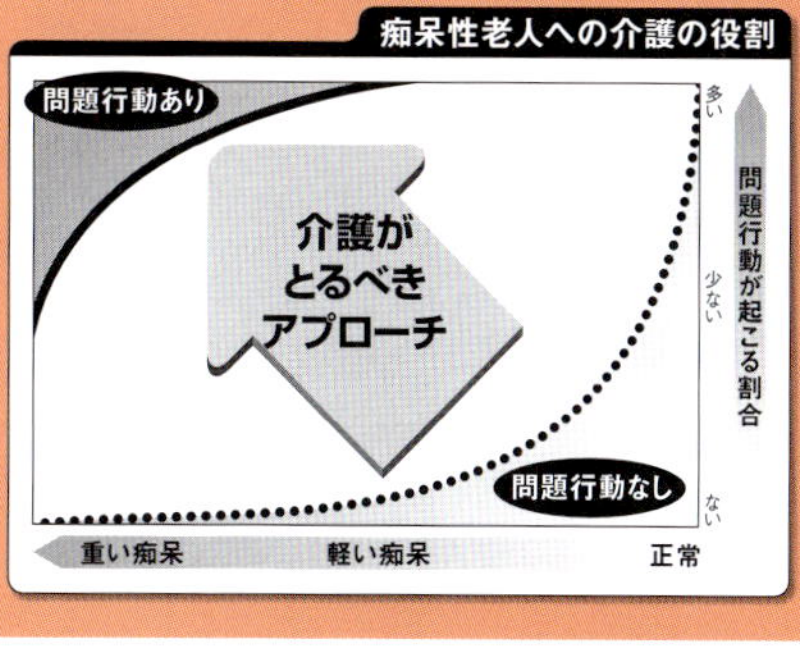

痴呆性老人への介護の役割
問題行動あり
介護がとるべきアプローチ
問題行動なし
多い
少ない
ない
問題行動が起こる割合
重い痴呆
軽い痴呆
正常

15-2

痴呆とは何か
（2）

痴呆はなぜ起こるのか

痴呆の原因は脳の病変だけとはかぎらない

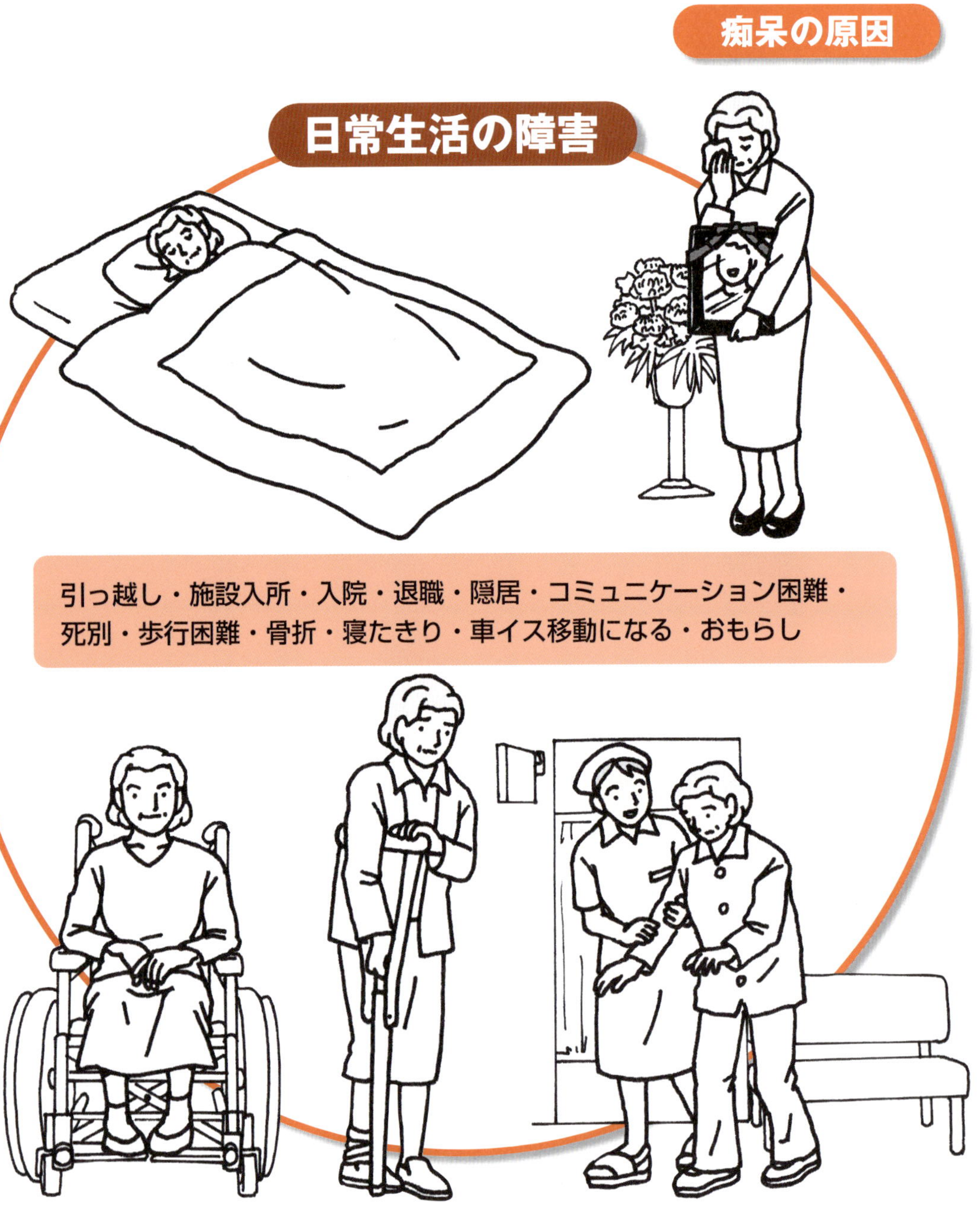

痴呆の原因
日常生活の障害
引っ越し・施設入所・入院・退職・隠居・コミュニケーション困難・
死別・歩行困難・骨折・寝たきり・車イス移動になる・おもらし

原因は生活の中にある

医学的に「痴呆症」というと、脳に病気があったり、老化に伴って脳の機能が低下するために起こるとされ、一般の人々にもこうした考え方が浸透しつつあります。たしかに、痴呆はアルツハイマー病やピック病など脳の病気によっても起こることがありますが、これらは比較的若いときに発病し、老人性痴呆とは異なるものです。脳の損傷は痴呆様症状を引き起こすことがありますが、だからといってすべての痴呆様症状の原因が脳にあるとするのは誤りです。

老人の痴呆の原因は、脳の病変だけで説明できるほど単純なものではありません。極端な話、脳が小さくなっていても痴呆症状の出ない人もいます。また、実際に痴呆のある老人一人一人

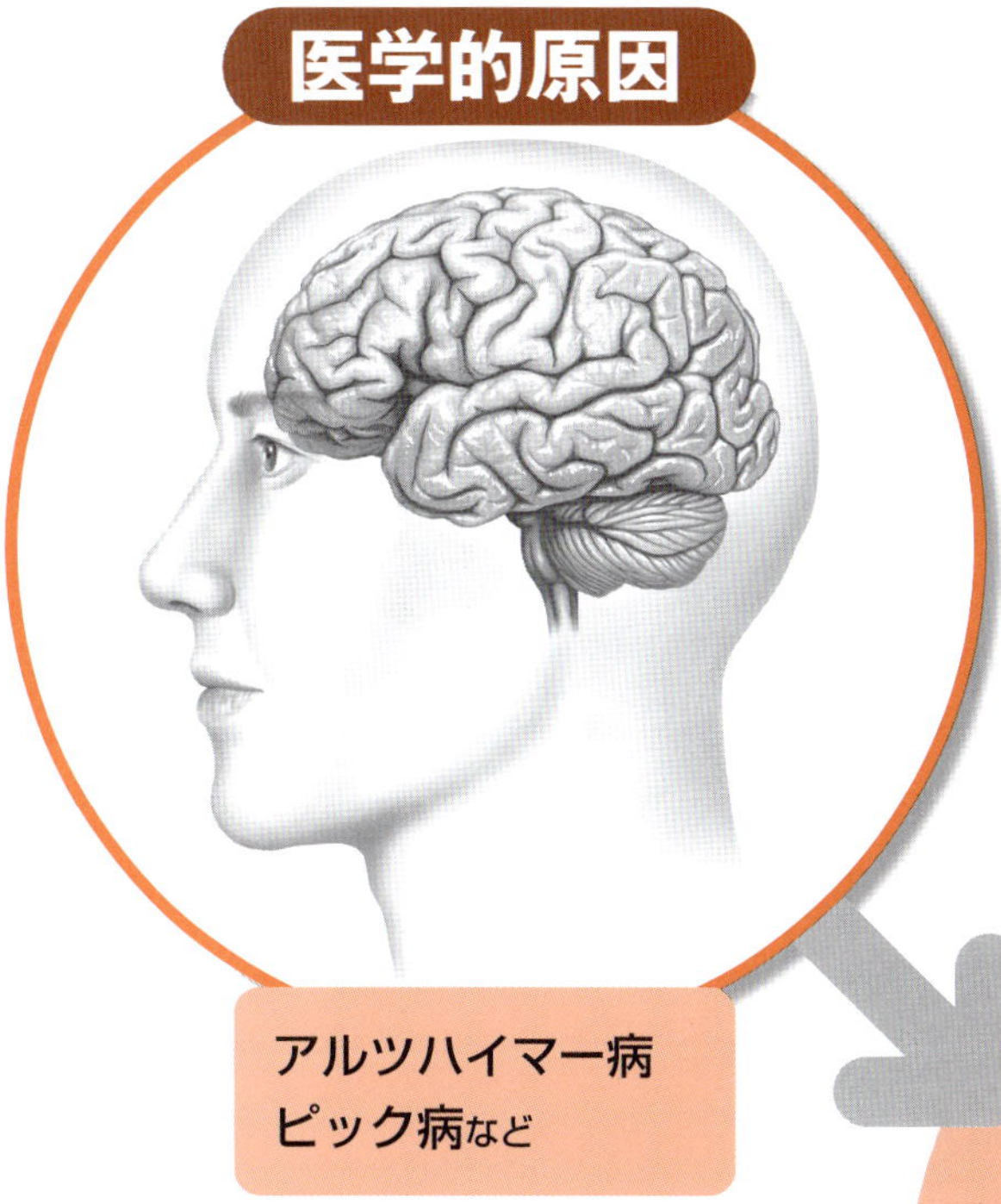
医学的原因
アルツハイマー病
ピック病など

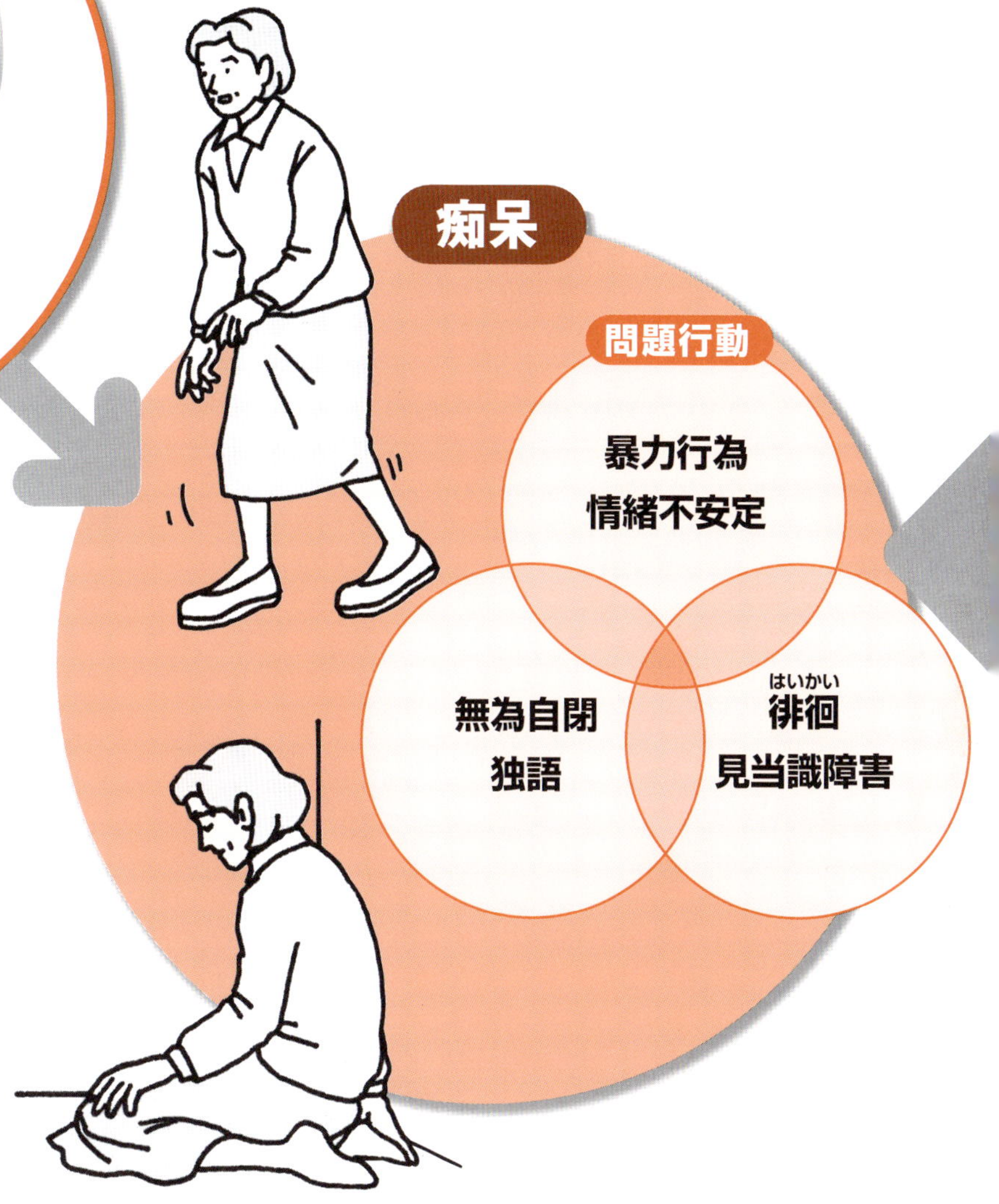
痴呆
問題行動
暴力行為
情緒不安定
無為自閉
独語
徘徊《はいかい》
見当識障害

ピック病について

ピック病は脳の萎縮によって人格が変化してしまう病気の一つ。問題行動が激しいため、介護は難しいと思われがちですが、行動の特性を知ることでデイサービスなどでケアすることも可能です。たとえば、毎日同じ時刻に同じ行動をくり返す人が多いので、同じスタッフが同じように接すると安心します。また、車の中など狭い場所のほうが落ち着く傾向があるので、ドライブに出かけたり、民家改造型のような狭いデイサービスがすすめられます

を注意深く見ていくと、引っ越しや施設入所などといった環境の変化、配偶者との死別などの人間関係の喪失、おもらしや歩行困難といった老化に伴う身体的障害など、さまざまなきっかけによって痴呆が起きていることがわかります。さらに、まわりの人間の対応、本人の生活歴や人生観・価値観までもが関与していると思わざるを得ないくらい、痴呆の原因は複雑で深いものです。

痴呆とは、老いていく自分を認められず、自然な老化現象や障害による機能低下、人間関係の変化などをきっかけとして生じる「自分との関係障害」である、ととらえることができます。脳の病変はむしろ、この関係障害が何年も続いた結果、生じることのほうが多いといえるでしょう。

したがって、痴呆に対して入院や投薬といった医学的なアプローチをとるだけでは限界があります。それよりも、まず環境や人間関係など実際の生活を変えていくことが重要なのです。それだけに、介護の担う役割は非常に大きいといえます。

15-3

痴呆とは何か (3)

介護に役立つ痴呆の分類

老いた自分との関係障害としてとらえる

問題行動から痴呆を分類

一般的には、老人性痴呆は「アルツハイマー型」と「脳血管型」に分類されています。たしかに脳の病変は痴呆の原因の一つではありますが、全部ではありません。こうした病理学的な分類に対し、介護の立場から提唱した仮説があります。それは、痴呆を「老いた自分との関係障害」としてとらえようとするものです。痴呆とは老いた自分が自分であると思えない、すなわち現実の自分との適応不全を起こしている状態と見ます。そしてその際の反応の違い、すなわち問題行動に応じて「葛藤型」「回帰型」「遊離型」の3つに分類しています。この分類は竹内孝仁氏が提唱しているものです。これらは目に見える生活場面で実感できる分類であり、介護者に痴呆性老人とどう関われればいいかを教えてくれることから、現場の介護職に高い支持を受けています。

もちろん、この仮説がすべてにあてはまるわけではありません。しかし、この仮説に基づいたアプローチが問題行動をなくし、「痴呆が治った」とさえいわれるケースを数多くつくり出しているのもまた事実なのです。

痴呆の3つのタイプ

Ⅰ.葛藤型

企画書
現実の自分を自分と感じられず
自己像をとり戻そうとして混乱する

現実との葛藤が起こっている

葛藤型とは、おもらしや物忘れをしてしまう現実の自分が受け入れられず、何とか自分をとり戻そうともがいているタイプをいいます。

実際には老化現象もからだの障害も治すことはできないわけですから、そこに葛藤が生まれ、「介護者に何かいわれただけで異常に興奮し、わめいたりつかみかかったりする」といった粗暴行為や、「熱心にリハビリにとり組むものの、ちょっとした効果のある・なしで気分の浮き沈みが激しい」などの情緒不安定として表れます。そのほか、「介護職や同室者が自分の物を盗ったといい張る」「しきりにナースコールを押して人をよびつける」などといった症状が見られるケースもあります。葛藤が「異食」「過食」「弄便《ろうべん》」として表れることもあります。

葛藤型の人は、いわば本人にとって理不尽な現実と戦いを演じているのだともいえるでしょう

Ⅲ.遊離型

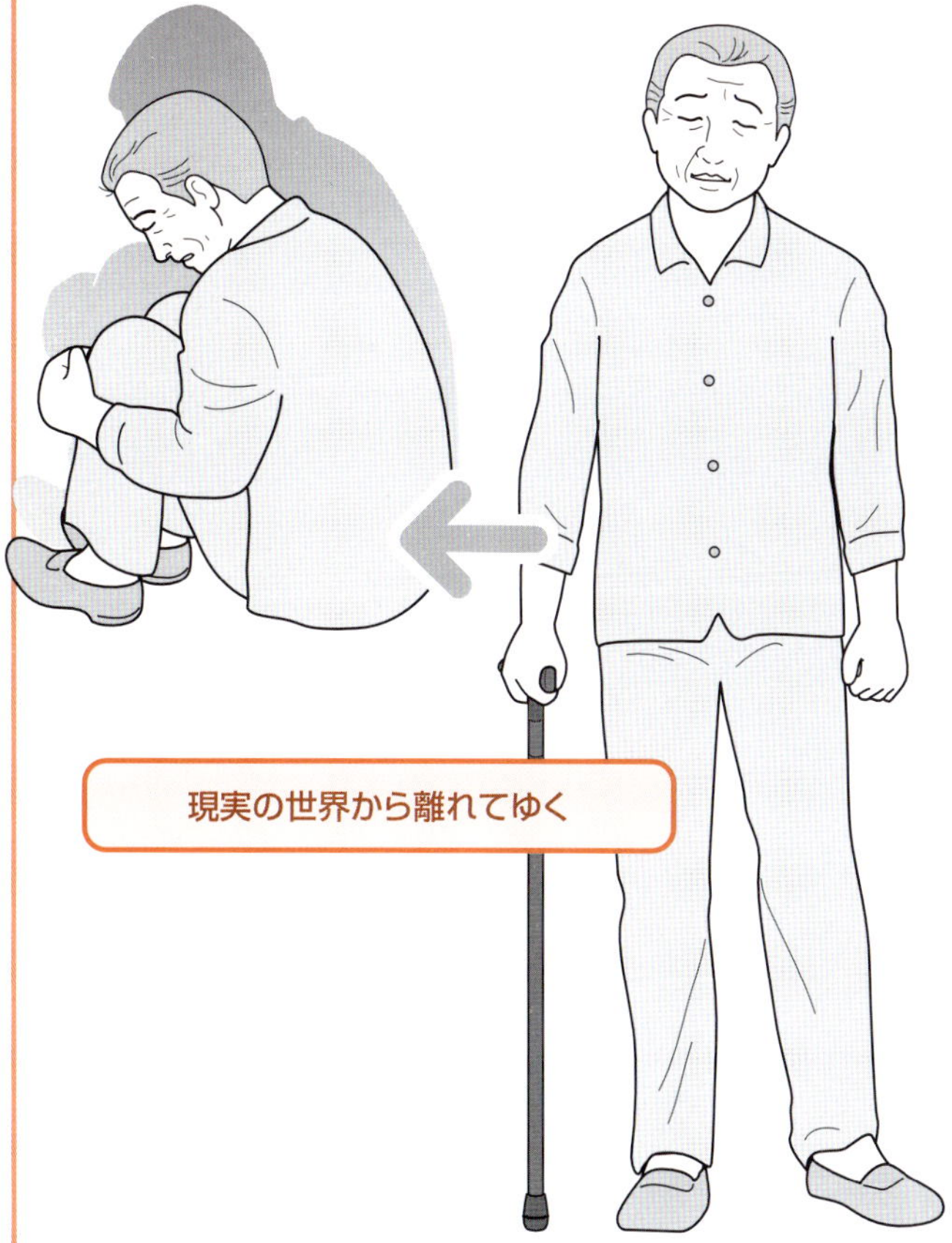
現実の世界から離れてゆく

現実から遊離している

現実から自分を離してしまうという点では回帰型と同じですが、回帰型の人が古きよき時代へと戻るのに対し、遊離型の人は過去でも現実でもない、自分の心の中だけの世界に閉じこもることで自分を保とうとします。

自分をとり巻いている現実とは関わろうとせず、「食事を出しても自分で食べようとせず、介護者が口に入れても一口かんでやめてしまう」などの無為自閉や、「声をかけても反応せず、一人でブツブツ話したり笑ったりしている」といった独語の症状が見られます。

遊離型の人はもはや現実に抵抗することを放棄しており、「心ここにあらず」の状態にあるのです

Ⅱ.回帰型

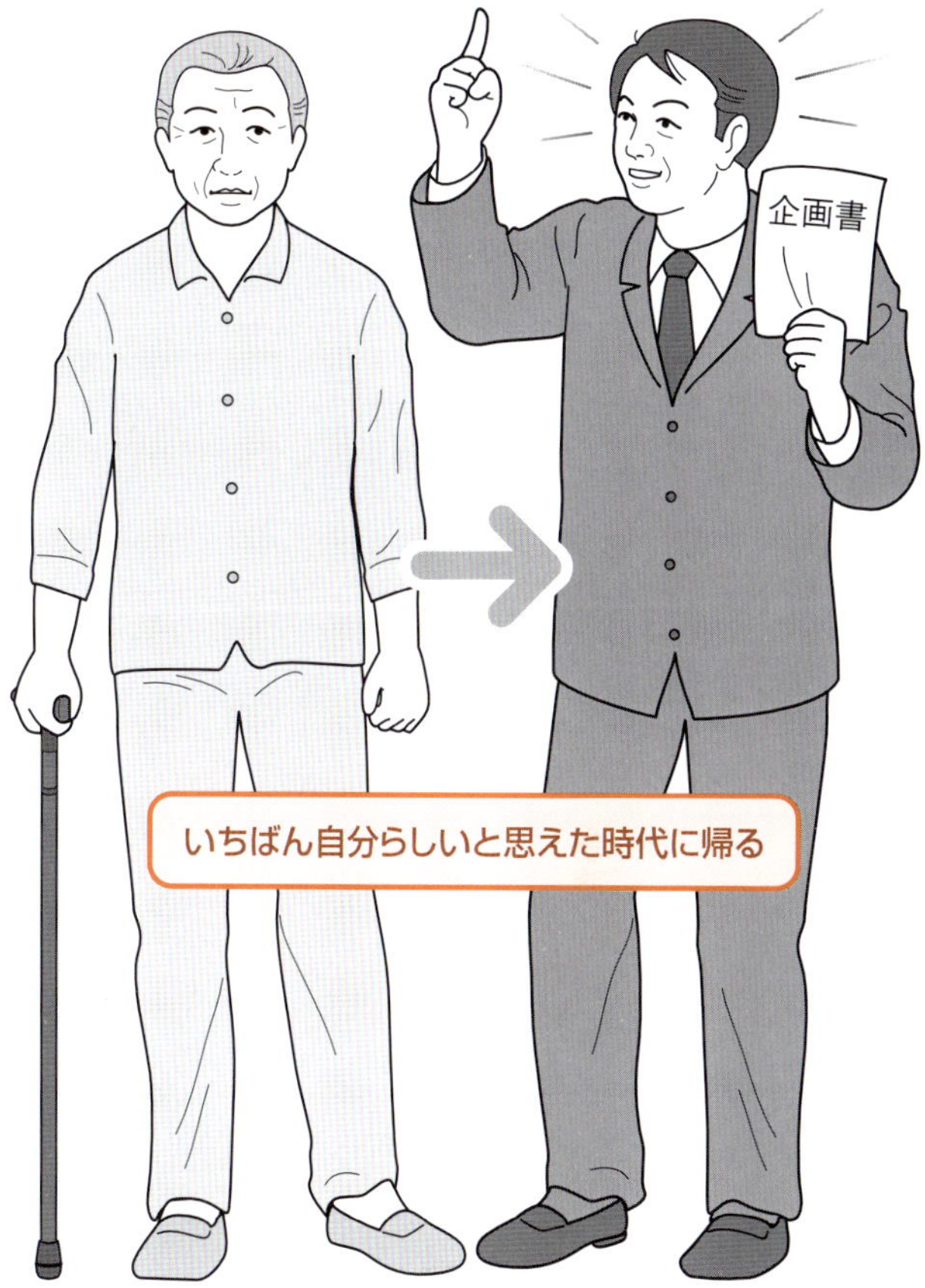
企画書
いちばん自分らしいと思えた時代に帰る

過去の自分に戻っている

現実の自分が受け入れられない点は同じでも、葛藤型の人が現実に踏みとどまっているのに対し、回帰型の人は過去の自分に戻ることで自分をとり戻そうとします。この場合の過去は、「自分のもっともよき時代」である点が特徴です。

「子どもが泣いているから家に帰るといい張る女性」「講義があるからと夜中に外出しようとする元大学教授」など、回帰型の問題行動の多くは徘徊《はいかい》という形で表れます。また、介護者のことをとうに亡くなった母親や、昔の隣人と思いこむなど、見当識障害が見られることもあります。

回帰型の人は幸せだった過去の時代に戻り、その時代に基づいて今の現実世界を再構成しているのです

15-4

痴呆のケア7原則（1）

環境・生活習慣編

変化に伴うストレスが痴呆を招く

原則① 環境を変えない

環境の変化

- 定年退職
- 入院
- 退院
- 家の建て替え
- 転居
- 施設入所
- 部屋替え

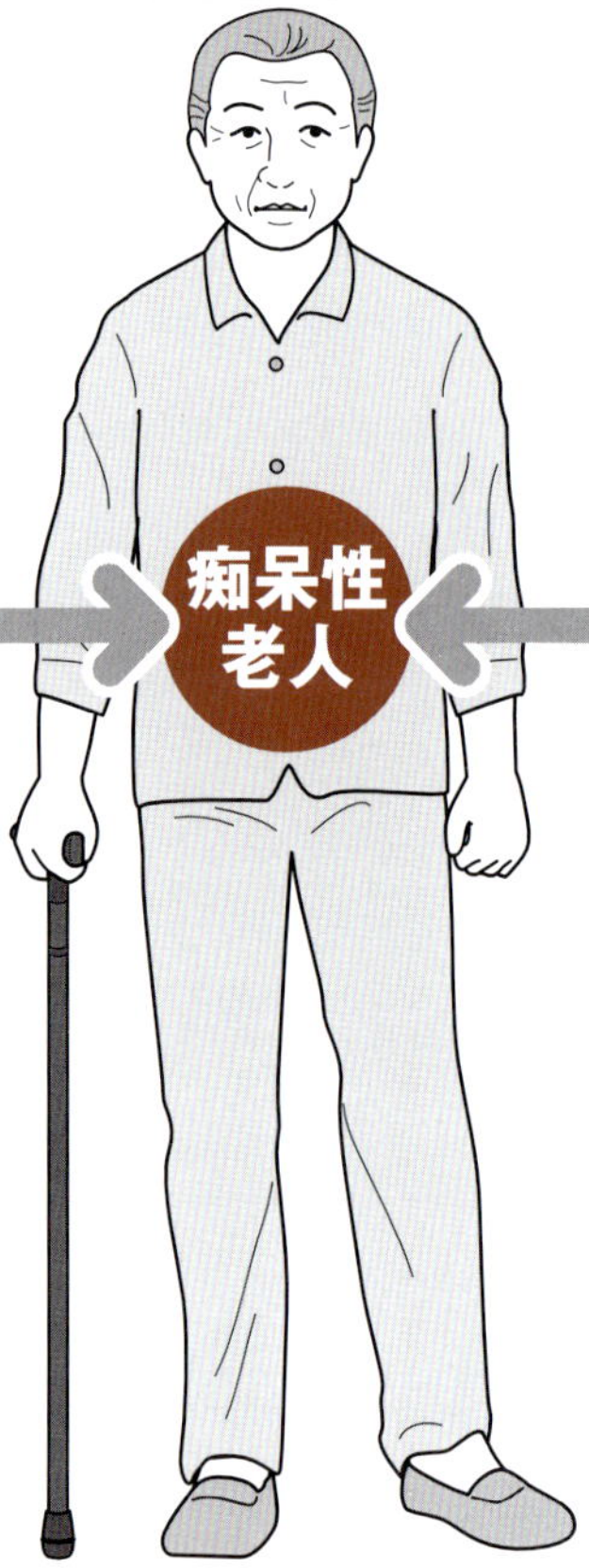

老化による変化

- 物忘れ
- 心理的変化
- からだの障害
- 人間関係の喪失
- 慢性疾患
- 病気
- 身体的変化
- 要介護

ボケさせないためのアプローチ

❶ **できるだけ前と同じ環境に近づける**
それまで使っていたふとんや枕、愛着のある生活用品はいっしょに持っていきましょう

❷ **頼れる人間関係をつくる**
施設や病院では担当者を決め、何か不安なことがあればその人の名前をよべばいいようにします

環境変化は大きなストレス

引っ越しをきっかけに痴呆になる老人は少なくありません。若い人でも、見知らぬ土地で新しい人間関係をゼロからつくっていくのはたいへんなストレスになります。それでなくても老人は、身体的変化や人の手を借りなければならない状況など、老化に伴って起こるさまざまな変化に直面し、大きなストレスを抱えています。こうした変化に、さらに転居や施設入所といった大きな環境の変化が押し寄せるとき、その適応不全からボケが出てくるのではないかと考えられます。

したがって、老人をボケさせないためには「環境をできるだけ変えない」ことが大切です。介護が必要だからと見知らぬ都会の子どもの家に引きとるよりは、住み慣れた土地で暮らすことを考えたいものです。ただし、転居や施設入所など、やむなく環境を変えざるを得ないこともあります。そんなときには、①できるだけ前と同じ環境に近づける、②頼れる人間関係をつくるの2点に注意してください。

原則② 生活習慣を変えない

	元に戻す	変えた	それまで
寝具が変わったケース（74歳女性）	 改めてふとんにしたところ、すぐに落ち着いた生活に戻りました	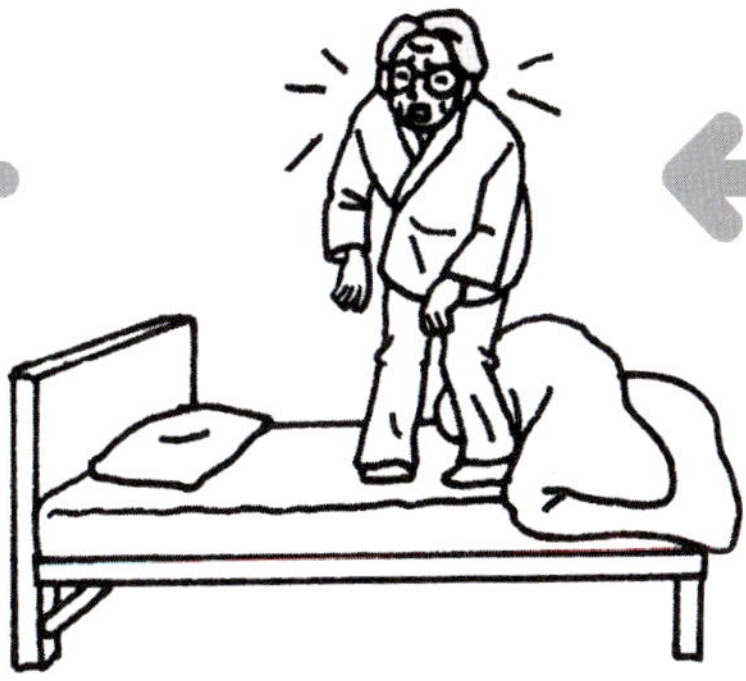 ケアマネジャーの助言でベッドにしたものの、落ち着きがなくなり痴呆症状が出るように	 72年間、タタミにふとんを敷いて寝る生活をしてきました
風呂が変わったケース（90歳男性）	 老人ホームの浴室が改装され家庭用の浴槽に入れるようになってからは、熟睡できるようになりました	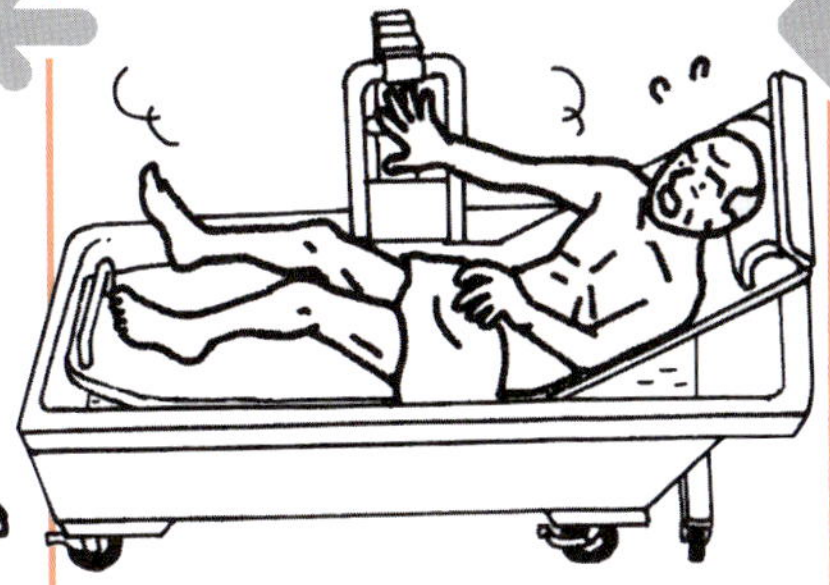 老人ホームでは機械式の風呂に入れられ、恐怖感から不眠症状が出るように	 自宅の小さな風呂で入浴を楽しむ生活を送ってきました

習慣の変化もストレスに

老化や障害があるからといって、何か特別なやり方をしてそれまでの老人の生活習慣を変えてしまうようでは、いい介護とはいえません。生活環境が変わらなくても、生活習慣が変わると、それに適応しなくてはならないために、老人に大きなストレスを与えてしまうことになるからです。

老人をボケさせないためには、「生活習慣を変えない」ことも大切です。老人のこれまでのやり方を変えないように工夫したり、介助のしかたを学んだりするのがいい介護だといえるでしょう。

安易に施設を変えない

「ボケたから」「ボケが重くなったから」という理由で別の施設へ移すという処置は、痴呆をわざわざつくっているとしか思えません。制度の問題はどうあれ、介護の現場ではボケたからこそ環境を変えない、重くなったからこそ介護関係を継続する、ということを守っていくべきでしょう

人間関係・身体不調編

問題行動は老人からの危機のサイン

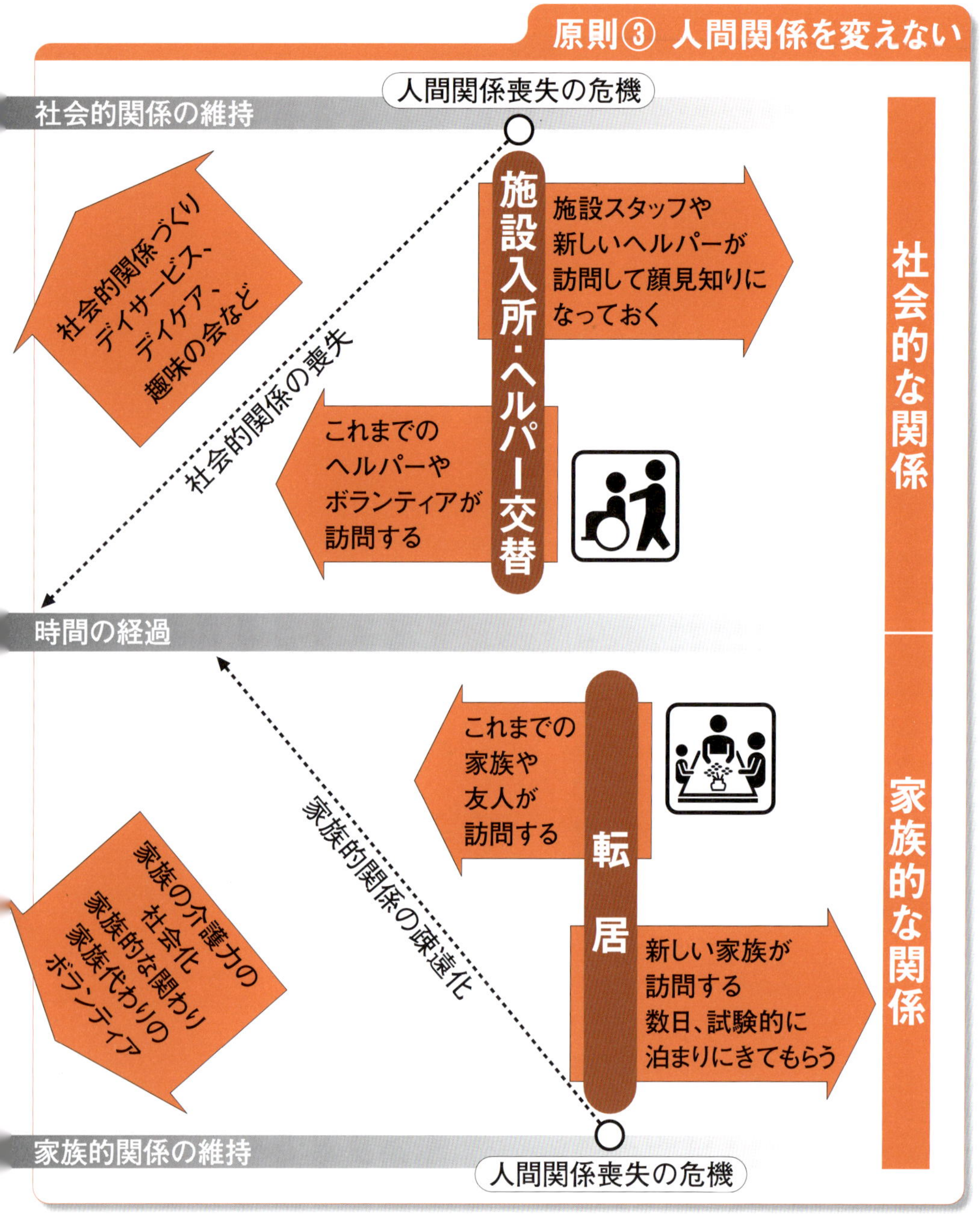
原則③ 人間関係を変えない
人間関係喪失の危機
社会的関係の維持
施設入所・ヘルパー交替
施設スタッフや新しいヘルパーが訪問して顔見知りになっておく
社会的関係づくり デイサービス、デイケア、趣味の会など
社会的関係の喪失
これまでのヘルパーやボランティアが訪問する
社会的な関係
時間の経過
転居
これまでの家族や友人が訪問する
家族的関係の疎遠化
家族の介護力の社会化 家族的な関わり 家族代わりのボランティア
新しい家族が訪問する 数日、試験的に泊まりにきてもらう
家族的な関係
家族的関係の維持
人間関係喪失の危機

人間関係はできるだけ継続する

「都会に住む子どもの家に引きとられた」「施設に入所した」など、環境が変わりそれまでの人間関係がなくなってしまうことは、痴呆症状が出る大きなきっかけとなります。環境が変わらなくても、担当ヘルパーなど人間関係を安易に変えると、老人をボケに追いこむことがあるので要注意。老人をボケさせないためには「人間関係をできるだけ継続する」ことが大切です。たとえば施設に入所したら、新しい人間関係ができて落ち着くまでは、ヘルパーやボランティア、もちろん家族もたびたび訪問してあげてください。ペットもときには人間以上に老人を落ち着かせる力を持っています。転居や入所の際にも、いっしょに連れていきましょう。

原則④ 身体不調を見のがさない

便秘が引きがねになるケース

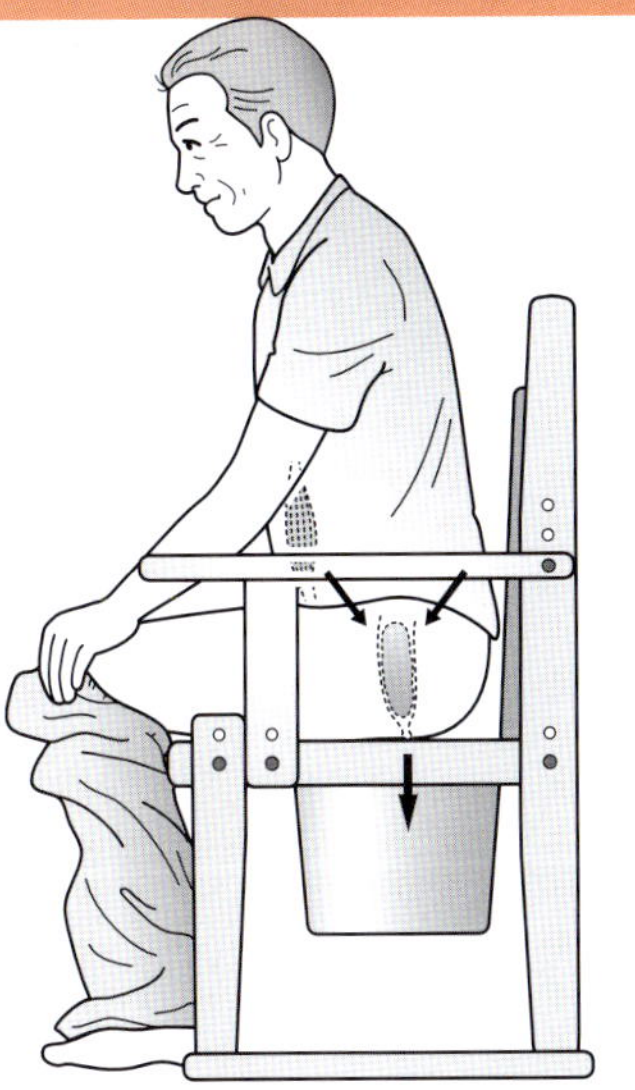

痴呆性老人の場合	健常者の場合
便意と識別できないが、違和感、切迫感がある	「これは便意だ」と識別
↓	↓
徘徊《はいかい》、不眠といった問題行動	「トイレにいって排泄する」という適切な行動
↓	
適切な介助を求めている	

問題行動の4大原因

便秘
便意を便意と識別する代わりに違和感や切迫感として感じとり、問題行動を通して表現することがしばしば見られる

脱水症状
発熱やせん妄状態を起こすほか、便秘の原因ともなり、さらなる問題行動につながることも。夏場の食事量が少なくなっているときは要注意

発熱
夏は脱水による発熱、冬はカゼによる発熱が多い。本人は自覚できないため、介護者が気がついたときには高熱になっていることがある

持病の悪化
本人の持病が悪化したために問題行動が出ることも。高血圧の人なら血圧を、糖尿病の人なら血糖値をチェックする

問題行動の原因を探そう

痴呆性老人の問題行動は脳や精神の問題だと思われていますが、じつはからだの不調から起きていることが少なくありません。ある老人施設で痴呆性老人の夜間の問題行動の原因を調べたところ、その60％は3日以上の便秘のときに起きていることがわかりました。そこで、毎朝食後にすわって排便を促す排泄ケア（112頁参照）を行ったところ、問題行動は以前の半分になったそうです。そのほか脱水症状や発熱、持病の悪化が問題行動の引きがねになることがあります。問題行動が見られたらそれは老人の危機のサインと考えて、原因を探してみましょう。

ケース1
広島から東京郊外にある長男のマンションに引きとられたAさんは、からだが不自由なこともあり、家の中から1歩も出なくなってしまいました。このままではボケてしまうのでは、と心配した家族は、広島県人会の人に話し相手にきてもらうことにしました。故郷の話題で話がはずみ、その人に誘われて旅行にも出かけるようになり、次第に近所にも友人ができるようになりました

ケース2
Bさんは、3年間頼りにしていたヘルパーが突然担当替えになった頃から、不眠や夜間の不穏行動が出るようになりました。新しいヘルパーが前の人とはまったく違ったタイプだったことも、原因のようでした。そこで、前任のヘルパーがときどき顔を出すようにし、新しいヘルパーを前任者と似たタイプの人と交替させたところ、徐々に落ち着いてきました

ケース3
特別養護老人ホームで職員の配置替えを一度に行ったところ、入所していた老人たちの間で次々と問題行動が出るようになりました。どの老人も職員の名前など覚えていないと思われるような人たちでしたが、顔なじみの職員が一度にいなくなったことで、落ち着かなくなったことが原因と考えられます

個性的空間・役割づくり編

今の自分を実感できるために

原則⑤ 個性的空間をつくる

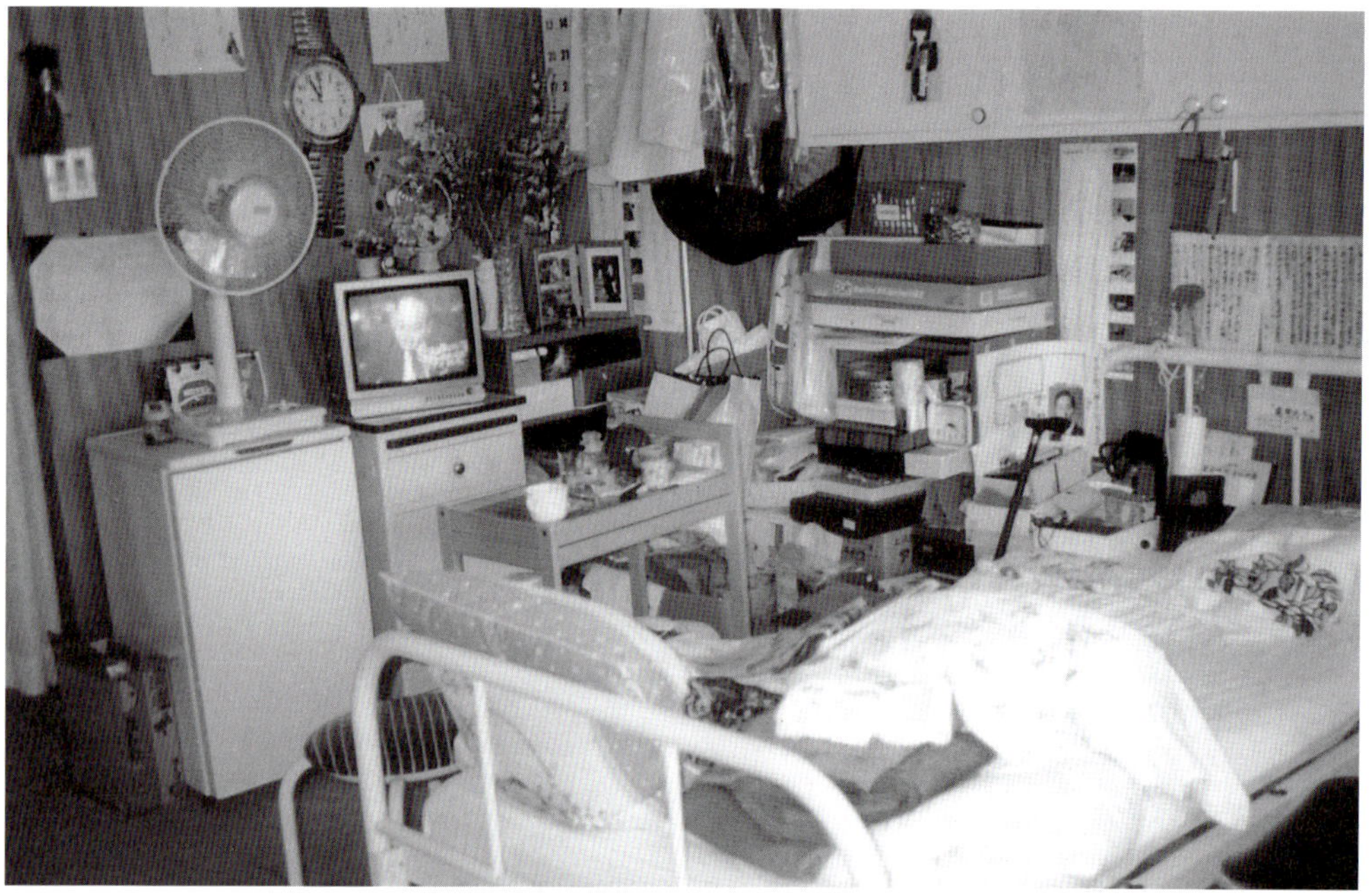

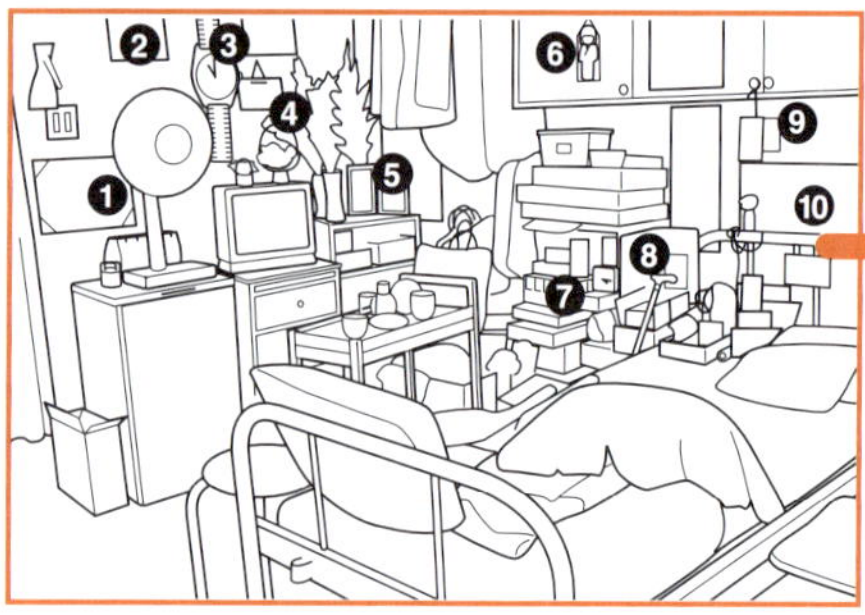

ある老人施設の4人部屋の一角。これを見て「雑然として見苦しい」と感じるようでは、介護には向かないかも

個性的で生活感ある空間の例

1. 喜寿の記念に市からもらった表彰状
2. 自作の和歌を綴った色紙
3. 老人会のゲームで勝ちとった賞品
4. 戦死した弟の写真
5. 息子や娘一家の写真
6. 孫が旅先で買ってきてくれたおみやげ
7. 友人・知人からの手紙が詰まった箱
8. 亡くなった夫の写真と位牌
9. 仲良しだったヘルパーが届けてくれたお守り
10. 毎朝手を合わせるお経の一節

私物は優れた介護用品

施設関係者へ

入所にあたって、私物を持ちこむことを「管理が面倒だから」と嫌がらないでください。私物こそがいちばん役に立つ介護用品であり、老人を落ち着かせてくれるのですから

家族の方へ

はたから見ると汚くて役に立たない物でも、老人にとっては大事な思い出の品かもしれません。安易に処分することは控えましょう。古い品物は、介護にとってはむしろ宝の山なのです

私物があるから落ち着ける

近代的なホテルは快適ですが、何日もいると自分の家に帰りたくなります。ホテルには自分で選び、長い時間を過ごしてきた私物がないからで、私たちはその私物を通して「自分が自分である」ことを確かめ、ホッとしているのです。老人施設によっては私物を認めていないところもありますが、老いた自分が自

原則⑥ 一人一人の役割をつくる

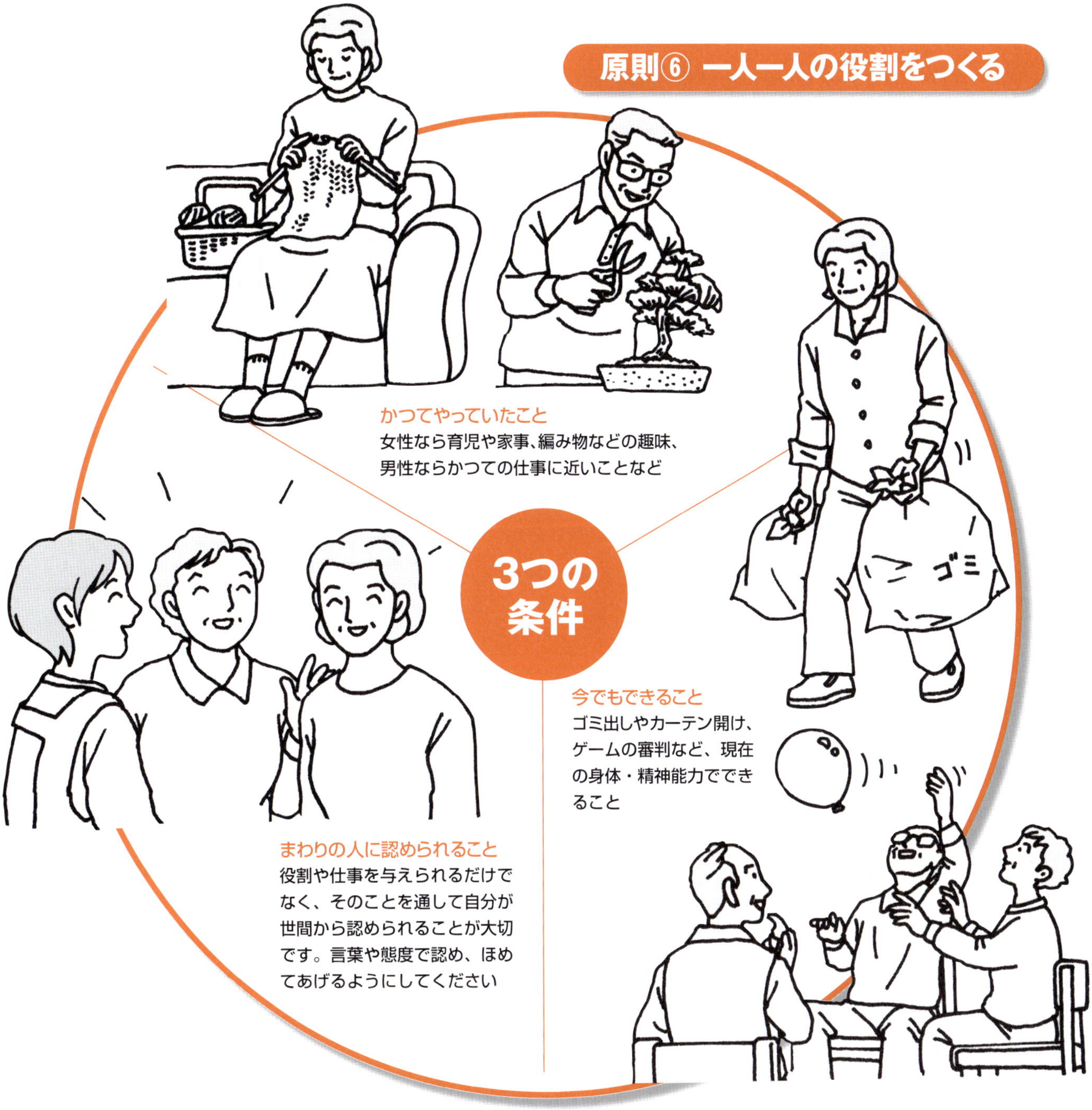
3つの条件
かつてやっていたこと
女性なら育児や家事、編み物などの趣味、男性ならかつての仕事に近いことなど
今でもできること
ゴミ出しやカーテン開け、ゲームの審判など、現在の身体・精神能力でできること
まわりの人に認められること
役割や仕事を与えられるだけでなく、そのことを通して自分が世間から認められることが大切です。言葉や態度で認め、ほめてあげるようにしてください
ゴミ

分だと感じられなくなっているのが痴呆だとすると、物のない空間は痴呆を重くするだけ。むしろ私物を増やして、ここが自分の居場所だと感じられるような個性的空間をつくるべきなのです。病院であれば、写真や記念品など大切にしている物だけでもベッドまわりに置きましょう。施設入所ならば、思い出の品はもちろん、使い慣れた生活用品も持ちこむべきでしょう。

役割づくりの3条件

老人を痴呆に追いこまないためには、一人一人に役割をつくり、現実の自分が自分だと感じられるようにすることも大切です。自分にちゃんと役割があり、誰かの役に立っていることを実感できると、表情がよくなり、痴呆の症状がなくなることがよくあります。ただし、どんな役割でもいいというわけではありません。①かつてやっていたこと、②今でもできること、そして③まわりに認められること、という3つの条件を満たしている必要があります。

15-7

痴呆のケア
7原則
(4)

一人一人の関係づくりⅠ

受容より相性、専門性より母性

受容より相性が介護の原則

「痴呆性老人を受け入れられないのは、私が悪いからではないか」と介護している家族は悩みます。しかし、老人はもっとも頼りにしている家族に対して、もっとも問題行動を起こしやすいといえます。人間関係が近いからこそ難しいのです。ときどきしか顔を合わせない親族やデイセンターのスタッフに対しては、家族に見せないような笑顔が出ることがありませんか。こうした相性のいい関係が増えてくると、家族との関係もうまくいくことが多いようです。

「専門職なのだから、どんな老人も受容できなければ」と思っていませんか。介護という長く続く生活の場では、それは〝建て前〟にすぎません。何より、無理して受容しようとしても本人にはすぐ悟られてしまいます。「受容より相性」というのが介護の世界での原則です。「自分には受容できない」と思えば、受容できる人と替われればいいのです。誰と相性がいいかは、老人の表情や態度を見ていればわかります。そもそも関係とは相互的なものですから、こちらが相性が合うなと感じていれば、相手もそう感じているものです。

原則⑦ 一人一人の関係づくり

Ⅰ 相性

相性づくりの方法

ケアプランも相性で

介護現場のケアプランは「Aさんの人間関係を豊かにするにはどんなデイサービスがいいのか、どのスタッフとどんな関係をつくればいいのか」を考えて決めなければなりません。好きなヘルパーがくると思えばこそ、「元気な顔を見せよう」という気にもなるのです

「在宅ケア」を「地域ケア」へ

自宅で介護するメリットは、相性のいい友人・知人がまわりにいるということです。したがって、家から一歩も出ない「在宅ケア」では意味がありません。家から地域に出ていく「地域ケア」を心がけましょう

施設ケアのメリットを生かせ

施設で介護するメリットは、相性が合う人を見つけやすいということです。施設を少人数のユニットでケアしようという動きがありますが、こうした相性選択の幅を狭めてしまうことになりかねない恐れがあります

Ⅱ 家族的関係

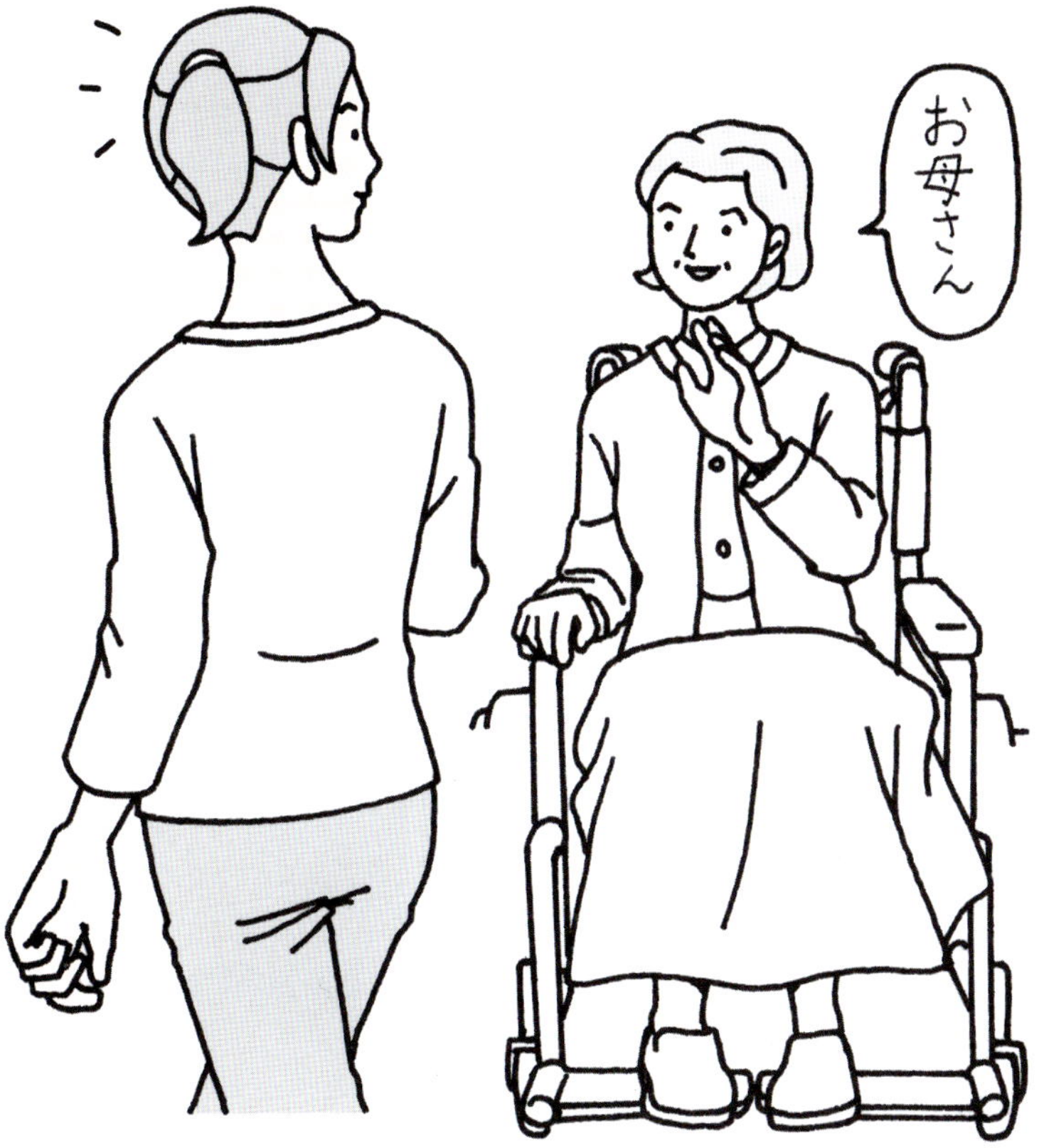
お母さん

子どもや母を求めている

介護職と老人との関係は、介護保険という制度を通した契約でなりたっている社会的関係です。しかし痴呆性老人の場合、それは家族的関係に近づいていきます。痴呆性老人が家族的関係、つまり距離の近い情緒的な関係を求めているからです。では、家族が介護していれば家族的関係になるかというと、そうではありません。なぜなら痴呆性老人は、①子どもが小さかった頃に頼られていた親としての自分や、②親に全面的に頼っていた子どもの頃の自分に戻りたがっているからです。いずれも母子関係という、相手との一体感を感じられた頃の関係です。

なぜ子どもを求めるのでしょうか。今の自分は介護してもらう存在ではあるが、子どもの面倒をみることで自分をとり戻すことができると思うのでしょう。なぜ母を求めるのでしょうか。痴呆は悲惨だと思われていますが、それは赤ちゃんのときと同じ。赤ちゃんのときは、泣けば応えてくれる世界、母さえあればすべてが満たされていました。痴呆性老人が最後に母を求めるのは当然だといえるでしょう。介護の基本は契約関係ですから、そこから逸脱してはならないのは当然ですが、介護関係の中身は家族的な関係に近づけていく必要があるのです。

介護の基本は「母性」

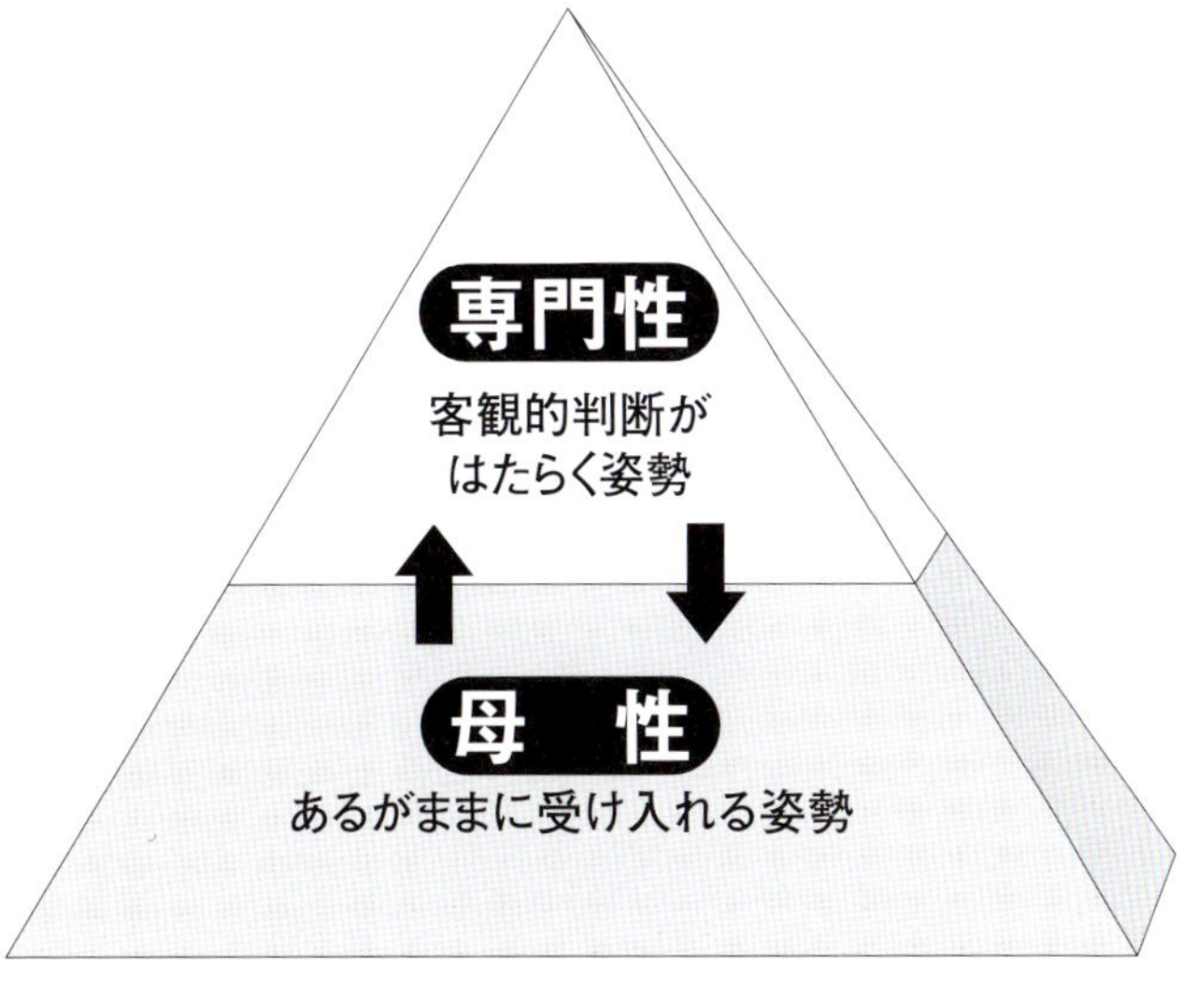
専門性
客観的判断がはたらく姿勢
母　性
あるがままに受け入れる姿勢

「今よりよくなる」ことを求める医療と異なり、「今あるがままを認める」ことが大切な介護では、条件をつけないで受け入れるという母性が基本です。無条件で受け入れる、それが母性です。介護の専門家は、豊かな母性の上に専門性が付加されている者でなくてはなりません

15 痴呆を理解する

15-8

痴呆のケア7原則(5)

一人一人の関係づくりⅡ

共感できる仲間をつくるために

痴呆性老人が落ち着く3つの仲間

痴呆性老人は共感的関係を求めています。同じ痴呆性老人同士で横の関係ができることで、落ち着くのです

共感できる仲間

痴呆性老人にとって、若くて頭もしっかりした介護スタッフは脅威に映っています。

しかし、同じ痴呆の老人が相手だと共感を持つことができるのです。仲のいい痴呆性老人同士の会話を聞いてみると、話が全然かみ合っていません。しかし、雰囲気は合っています。共感できる仲間といることで痴呆の老人の表情はよくなり、落ち着くのです

point いい仲間になれるかどうかは、相性によるところが大きい

仲間がいれば落ち着ける

痴呆性老人のケアでは「今までの人間関係を維持する」ことも大切ですが、「新たな社会的関係をつくっていく」ことも同じように大切です。むしろ、痴呆が重くなるほど、関係づくりがより重要になってきます。

痴呆性老人がいっしょにいて落ち着くのは、何といっても同じ痴呆の老人です。家族やヘルパーが相手だとすぐに落ち着かなくなる老人が、同じくらいの痴呆の人とは30分も話している、という経験はありませんか。痴呆性老人は共感できる仲間を求めているのです。自分と同じ痴呆性老人はホッとできる存在なのでしょう。痴呆の人が3人、4人と増えると、その中の世話好きな人がほかの老人の面倒を見はじめるということが起こっ

頼れるやさしい仲間

痴呆の老人とそうでない老人をわけて考えるのは、得策ではありません。互いにうまくいくかどうかは、痴呆の有無よりも相性の問題であることが多いのです。
面倒見がよく、痴呆の老人とうまくつき合える老人はたくさんいます。食事時間や食堂の場所などをやさしく教えてくれるこうした老人の存在は、痴呆性老人にとって大きな意味があるといえます

一般の老人

痴呆性老人とうまくつき合える老人はたくさんいます。相性が合えば、これほど心強い仲間もいないでしょう

いざというとき頼りになる仲間

介護スタッフが専門性にこだわるほど、痴呆性老人は落ち着かなくなります。
彼らがスタッフに求めているのは専門性ではなくて、仲間としての相性だったりするからです。「いざというとき頼りになる仲間」として、スタッフの中に一人でも気の合う人が見つかると、痴呆の人も精神的に安定してきます

介護スタッフ

痴呆性老人が求めているのは専門性を前面に出すような人ではありません。相性がよくて、いざというとき頼りになる仲間なのです

てきます。重い痴呆の人こそ、デイセンター、宅老所に出かけていってください。そこには「共感できる仲間」がたくさんいます。

　痴呆のない老人もよい仲間になれます。「痴呆の人が迷惑をかける」「一般の老人が嫌がる」という理由で痴呆専用施設や病棟がつくられたりしますが、痴呆の人とうまくつき合える老人もたくさんいるのです。痴呆性老人にとって、怒ったりばかにしたりせずやさしく誘導してくれる老人の存在は、大きな意味があります。親分肌の老人と依頼心の強い痴呆性老人、母性的な老人とわがままな痴呆性老人といった相性のいい組み合わせを、地域やデイセンター、施設でつくってみてください。

　介護スタッフもまた、痴呆性老人から仲間だと感じてもらえるような関わり方をしたいもの。「あなたたちとは違う存在ですよ」と専門性を前面に押し出すような姿勢では、痴呆の老人に落ち着いてもらうことはできません。「いざというとき頼りになる仲間」として、相性のよいスタッフが見つかれば安心です。

第16章

問題行動と介護

16-1 問題行動の原因を探す

問題行動には理由がある

不穏な行動、徘徊、せん妄などの原因を探そう

問題行動は危機の訴え

老人に不穏な行動や徘徊《はいかい》、せん妄《もう》などが見られると、その原因は痴呆だととらえてしまいがちです。しかし実際には、問題行動は生活の中に原因があることが多いのです。

まず考えられるのは、からだの不調や異常です。特に、便秘がないかチェックしてください。老人では便秘があっても漠然とした違和感しかなく、落ち着かないために歩きまわったりします。それを周囲は徘徊と見なしてしまうのです。脱水症状や発熱なども問題行動として表れることがあります（299頁参照）。ヘルパーの交代や施設入所など、人間関係や環境の変化も問題行動の引きがねになります（298頁参照）。たとえ相手の名前や顔がわからなくても起こります。無意識の世界が落ち着かないのでしょう。問題行動はまた季節の変わり目、特に春先に多く出現します。気候の変化に自律神経がついていけず、問題行動につながるようです。規則正しい生活を心がけましょう。

問題行動が見られたら、3つの原因のいずれか、または2つ以上が重なっていないかチェックしてみてください。

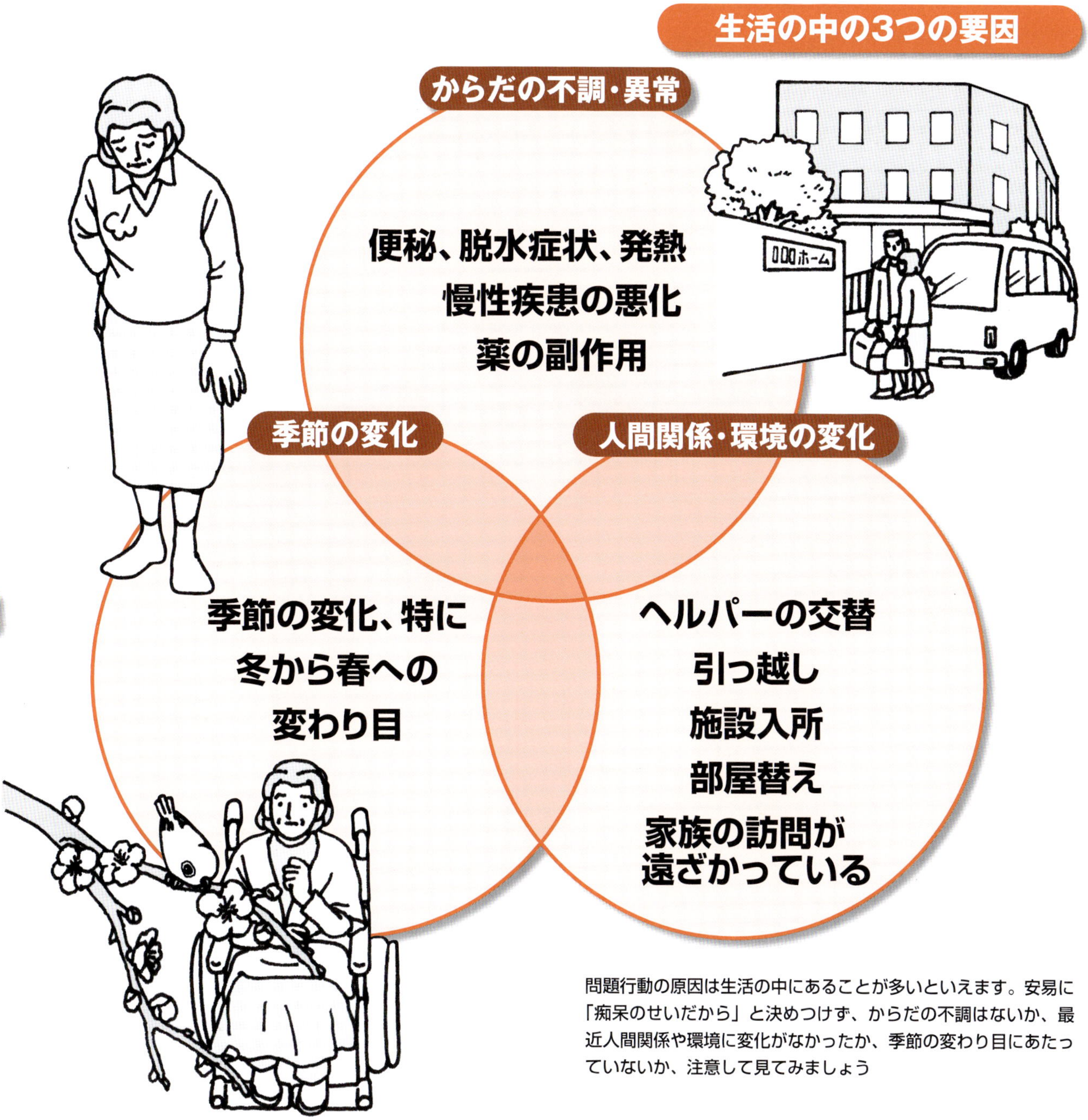
生活の中の3つの要因
からだの不調・異常
便秘、脱水症状、発熱
慢性疾患の悪化
薬の副作用
季節の変化
季節の変化、特に
冬から春への
変わり目
人間関係・環境の変化
ヘルパーの交替
引っ越し
施設入所
部屋替え
家族の訪問が
遠ざかっている
○○ホーム

問題行動の原因は生活の中にあることが多いといえます。安易に「痴呆のせいだから」と決めつけず、からだの不調はないか、最近人間関係や環境に変化がなかったか、季節の変わり目にあたっていないか、注意して見てみましょう

施設のスタッフへ

「こんなに問題行動のある人はとても無理」。入所や通所しはじめたときにそう思ったとしても、期限をつけてもう少しがんばってみましょう。たとえば「1ヵ月つき合ってみて、それでも落ち着かないときには考えましょう」という具合に。実際に1ヵ月経ってみると、たとえ問題行動に変化が見られなくても、スタッフは「もう慣れました」といってケアを継続することがよくあります。老いへの許容度が広がったのかもしれませんし、情が移ったのかもしれません

幻覚にもあわてないで

あるはずのないものが見えたり（幻視）、聞こえるはずのないものが聞こえたり（幻聴）するのを幻覚といいます。痴呆性老人の幻覚は、過去の体験がよみがえるものが多いのが特徴です。「火事で家が燃えている」と訴えるNさん（85歳女性）は空襲体験がある人で、夜中に「水が出た！」と叫ぶMさん（79歳男性）は水害にあったことがありました。現在感じている不安や違和感を、かつて同じように感じた時代に戻ることで訴えているのでしょう。ほんとうの原因は何か、探ってみてください

16-2

痴呆のタイプ別問題行動（1）

葛藤型への関わり方

理解してくれる「人」と「役割」が重要

葛藤型を理解する

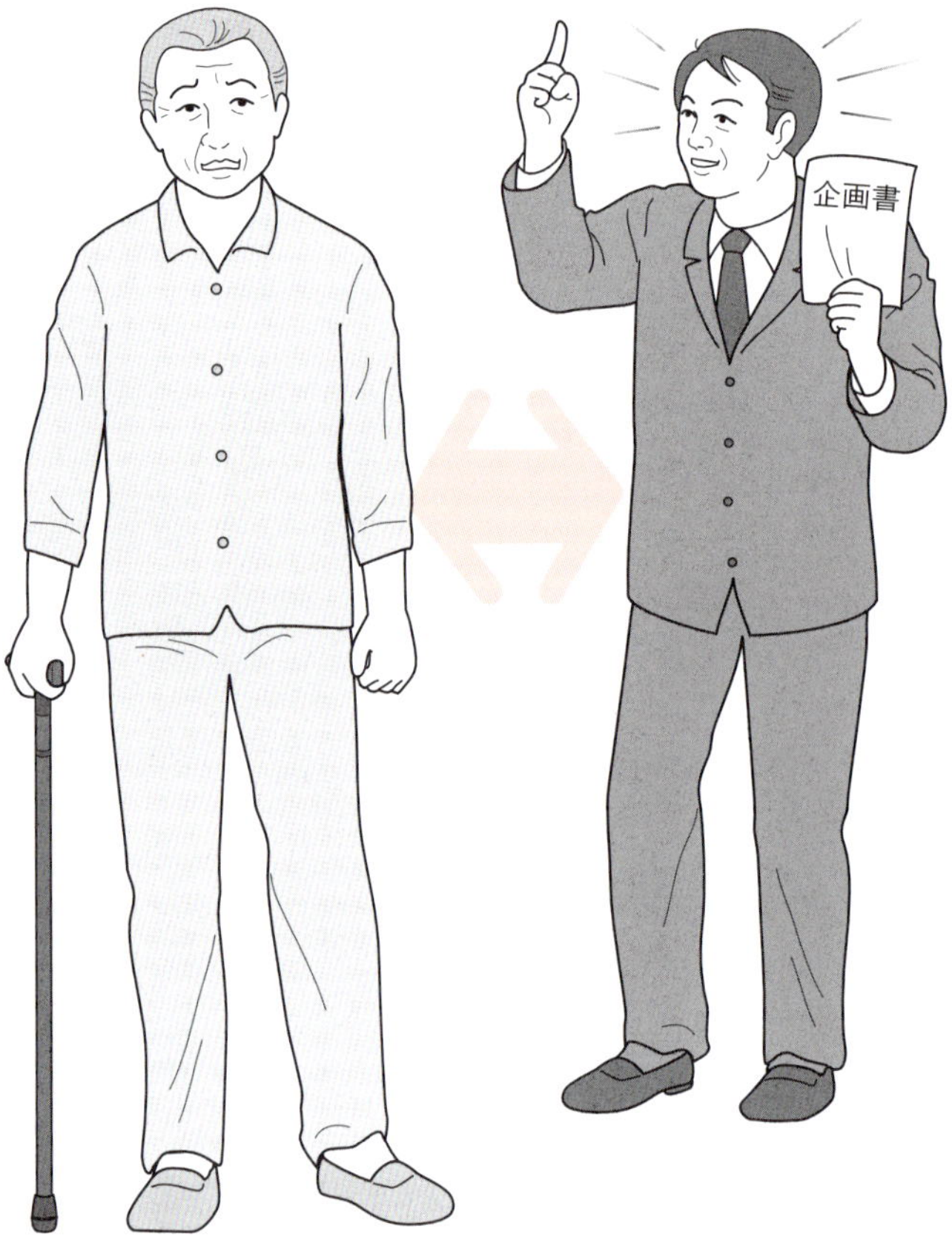

かつては社会の第一線で活躍していた自分が、今では不自由なからだになり人の世話を受けている――今の自分はとうてい受け入れられないが、若い頃にも戻れないという状況の中で葛藤が生まれ、それが粗暴行為や情緒不安定として表れます。葛藤型は、理不尽な現実と戦いを演じているのだともいえるでしょう

現実との葛藤が起きている

葛藤型は、老化や障害を持った現実の自分が、自分自身が考えているイメージとかけ離れてしまったため、何とか自分をとり戻そうともがいているタイプをいいます。自己像に合致したかつての自分をとり戻すには、老いや障害をなくさねばなりません。しかし、老いも障害も現代医学では治しようのないものです。ここに葛藤が生まれます。

「人から助けてもらわねばならない今の自分は、とうてい自分とは認められない。しかし、若い頃には戻れない。いったい自分はどうすればいいのか？」と。

葛藤の多くは、粗暴行為という問題行動として表れます。介護者のささいな言葉で興奮し、わめいたり物を投げたりするのです。また、情緒不安定もよく見られます。若い自分に戻ろうとがんばって訓練をし、少し効果があると有頂天になりますが、効果がないと大きく落ちこみます。そのほか、被害妄想や異食、弄便《ろうべん》なども葛藤型に含まれます。

粗暴行為に過剰に対応することは慎んでください。抑制や隔離は葛藤をより激しくするだけです。本人は自分自身に怒っており、その気持ちを受け止めてくれる人を求めているのです。

自分の過去を知り、現在の自分の葛藤を理解してくれる人がいることが何より大切です。介護スタッフに一人、そして同年代で経歴が似ている人が一人、といったところから関係づくりをしてみましょう。そして、現実の生活の中でできる役割をつくりましょう（301頁参照）。こうした「人」と「役割」を通して、現実の自分を再発見して自己像を修正し、葛藤をなくしていったケースがたくさんあります。

葛藤型

関わり方

役割をつくる

現実の生活の中で役割をつくりましょう。その場合、
①かつてその人がやっていたこと、またはそれに近いこと
②現在の身体・精神能力でできること
③まわりの人から認められること
の3つの条件を満たしている必要があります（301頁参照）。葛藤型では特に②が大切です。風船バレーの審判など、いいリーダーシップがとれるような場面づくりをしてみましょう

関係をつくる

自分がかつて立派だったことを知り、現在の自分の葛藤を理解してくれる人が一人でもいることが重要。介護スタッフや同年代で経歴が似ている人などから、関係づくりをしてみましょう。多くの人より、一人の人との特別な関係を求めているのです

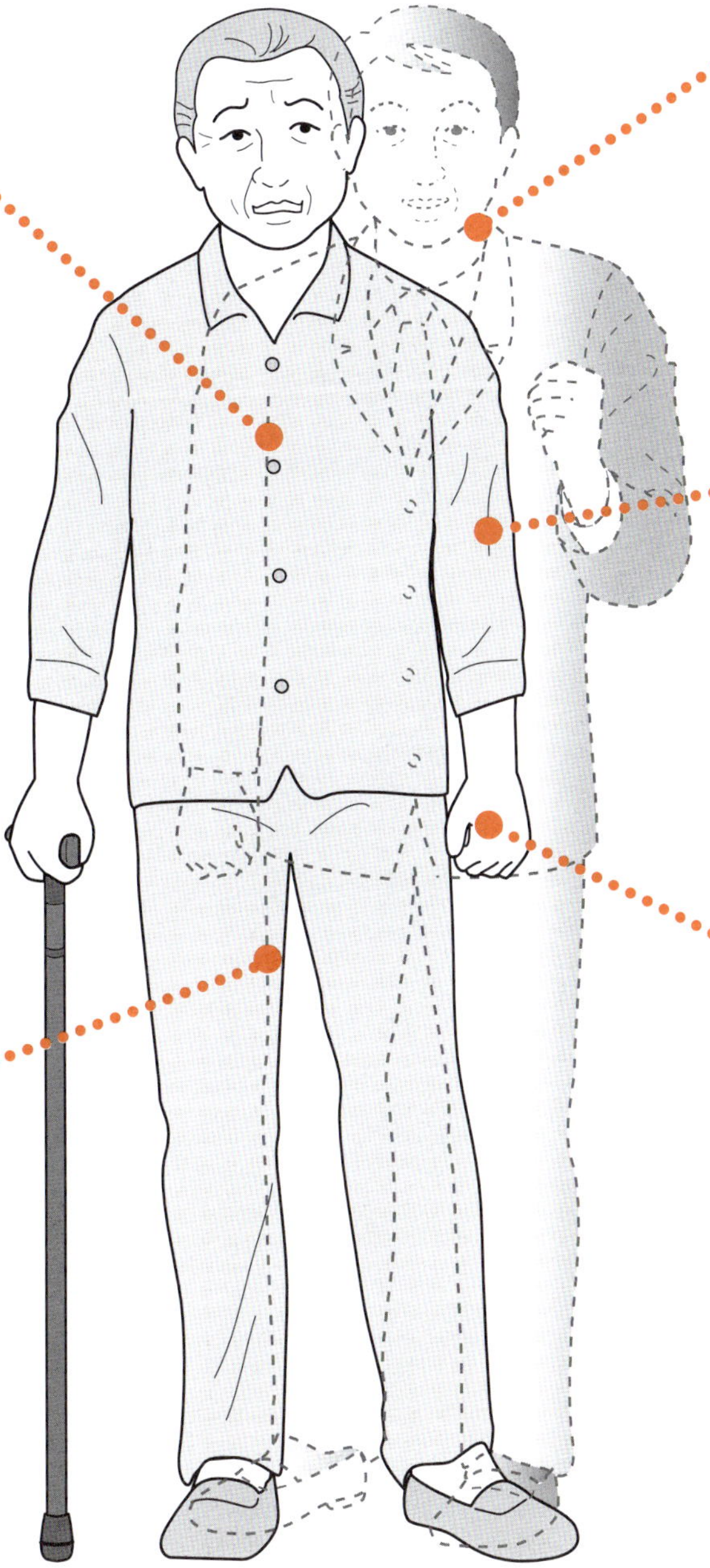

特徴

情緒不安定

若い頃の自分をとり戻そうと一生懸命リハビリにとり組み、少し効果があると有頂天になる一方で、効果がないとがっくり落ちこむなど、気分のゆれが大きくなります

粗暴行為

介護者のささいな言葉に「ばかにされた」と興奮し、介助の手を振り払って拒否する、暴言を吐く、物を投げたりけったりして壊すなどします。無理に抑制すれば暴力行為に発展することも

性格の特徴

「若いときから自己主張の強い闘争型の人は葛藤型になることが多いようだ」と竹内孝仁氏が述べているように、積極的に「○○一筋」といった人生を過ごした人に多いようです

葛藤型の人の思い

自分でいうのも何だけど、優秀な会社員だった。それが今じゃ不自由なからだで人に助けてもらわなきゃならん。もちろん自分はこれで終わるような人間じゃない。リハビリをがんばって、俺を子ども扱いするヘルパーを見返してやる。デイサービス？　誰がいくものか。うるさい、黙れ！

回帰型への関わり方

その人の「今」を受け入れることが重要

回帰型を理解する

回帰型の人は現実の自分が受け入れられず、過去の自分に戻ることで自分をとり戻そうとします。この場合の過去は「自分のもっともよき時代」である点が特徴で、それが徘徊や見当識障害といった問題行動として表れます。回帰型の人は過去の幸せだった時代に戻り、その時代に基づいて今の現実世界を再構成しているのです

過去の自分に戻っている

回帰型は、老化や障害を持った現実の自分が、自分自身が考えているイメージとかけ離れているため、過去の自分に帰ることによって自分をとり戻そうとしているタイプです。したがって、回帰する過去は自分がもっとも自分らしかったと感じられる時代が選ばれます。男性では40代、50代のはたらき盛りの頃、女性では子どもが小さくて育児や家事にがんばっていた頃が多いようです。いずれも「たいへんだったけれど、まわりから頼りにされていた」時代です。

徘徊《はいかい》は回帰型に特徴的に見られる問題行動です。「仕事にいかねば」「子どもが泣いているから家に帰らねば」といって、出ていこうとします。当然、見当識障害を伴います。ここがどこで今がいつか、自分は何歳かという見当識が、昔に戻っているのです。

出ていこうとするのを止めたり、思い違いを訂正しようとすれば、老人は激しく抵抗します。本人は本気で仕事にいかねば、家に帰らねばと思いこんでいるのですから。むしろ、老人によって再構成された世界を私たちの現実にとりこむようにするべきです。つまり、ほんとうはヘルパーなのに要介護者が「親戚の花ちゃん」だと思っているならば、それを引き受けるのです。

こうした対応が老人の見当識障害を強めてしまうのではないかと心配する人もいますが、実際には逆で、老人は落ち着き、現実に戻ってくることすらあります。現実から過去に回帰した自分を、まわりがその過去まで含めて受け入れてくれたことで、もはや回帰する必要がなくなったためでしょう。

回帰型

関わり方

過去につき合う

徘徊を止めたり見当識障害を正したりするのではなく、本人が再構成した世界をいったん受け入れて、つき合ってあげることが大切です。本人がヘルパーを自分の親や知り合いだと思いこんでいるならばそれを引き受け、「家に帰る」といい出したらとりあえずいっしょに歩いてみるのです。こちらが老人の世界の住人としてふるまうことで、老人の表情は落ち着き、現実の世界に戻ってくることすらあります（320頁も参照のこと）

薬では解決しない

「夜間うろうろして困る」というケースに対し、睡眠薬や精神安定剤の投与をすすめられることがあります。しかし薬では、つらい現実からのがれるために過去に戻っているという、老人の孤独は何も解決されません。それどころか、作用が強すぎるために昼夜が逆転する、目がトロンとして反応がにぶい、足元が危ないなどといった状態になることもあるのです

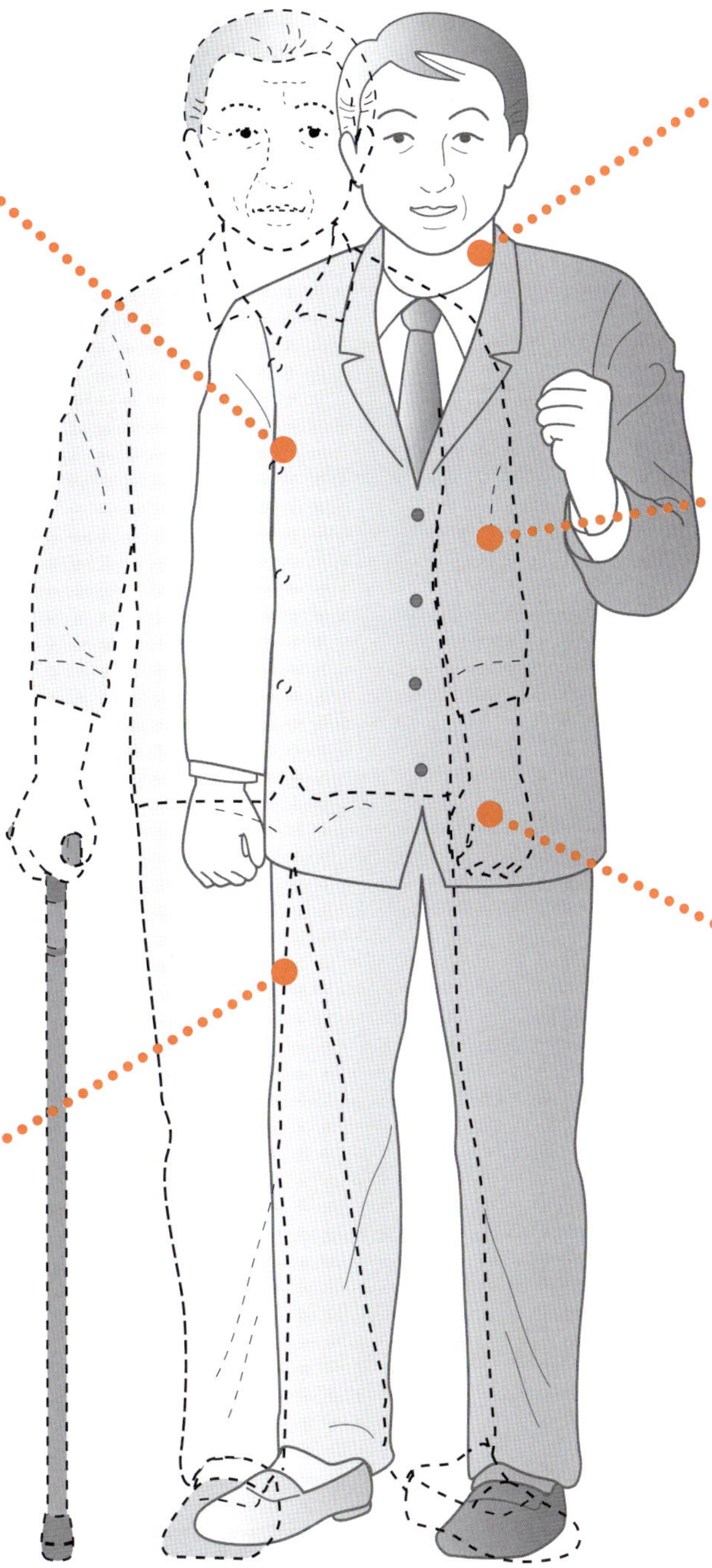

特徴

見当識障害

まわりの人物や自分のおかれた状況などを回帰した過去にならって再構成しているため、介護者を自分の母親と思いこんだり、「生理がきたから入浴しない」などといったりします

徘徊

「仕事にいかねば」「家に帰らねば」と歩きまわったり、外に出ていこうとします。この場合の「家」は自分が幸せだった頃の家であって、現在の自宅ではない点が特徴です

性格の特徴

若いときから夢に燃えて人生を切り開いてきたようなタイプの人には、回帰型が多いといわれています。竹内孝仁氏は、帰りたい過去を持った「幸せな痴呆」ともいっています

回帰型の人の思い

えっ、お風呂？　私が？　それどころじゃありませんよ、そろそろ子どもたちが帰ってくる頃なんですから。ごはんの準備をしておかなきゃ。そこの若い人、隣の山田さんよね？　私を台所まで連れていってくれませんか。食事？　私はいいから、子どもたちにとっておいてくださいな

遊離型への関わり方

現実感覚をとり戻すにはスキンシップが重要

遊離型を理解する

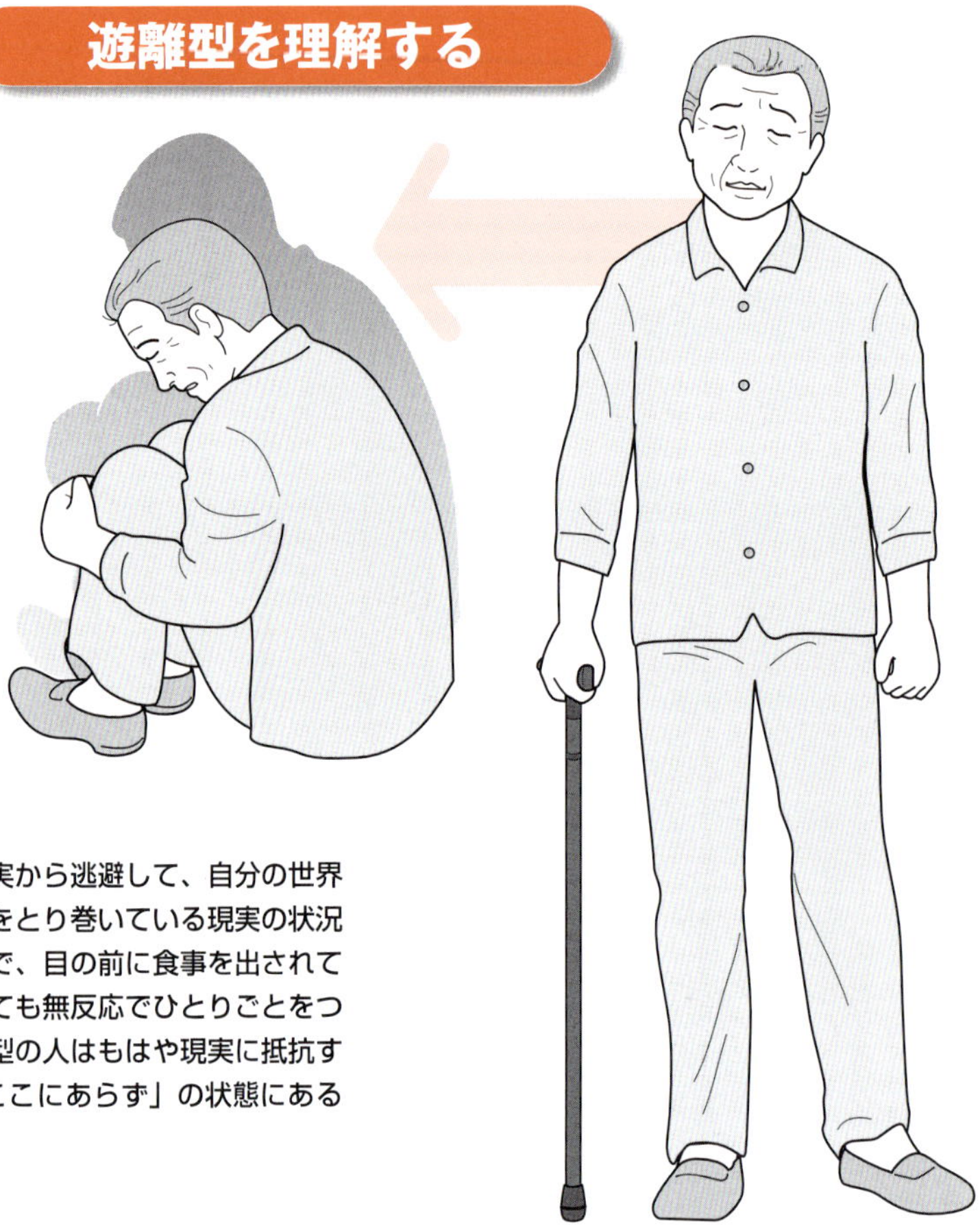

遊離型の人はつらい老いの現実から逃避して、自分の世界に閉じこもっています。自分をとり巻いている現実の状況は自分とは何の関係もないので、目の前に食事を出されても食べようとせず、声をかけても無反応でひとりごとをつぶやいていたりします。遊離型の人はもはや現実に抵抗することを放棄しており、「心ここにあらず」の状態にあるのだといえます

現実から遊離している

遊離型は、老化や障害を持って生きていくことをもはやあきらめ、現実との関係を遮断して、自分の世界に閉じこもることで自分を保とうとするタイプをいいます。回帰型の人の戻る世界が古きよき時代であるのに対し、遊離型の人の世界は現実でも過去でもない、自分の心の中だけの世界です。外の世界をないものとして扱い自分の世界に入りこめば、傷つけられることはない、というわけです。

こうした内的な世界は、空虚で病的なものとされています。老人にとっては必要な世界なのかもしれませんが、外との関係を絶たれた世界は少しずつ荒廃していくといわざるを得ません。声をかけても反応せず、一人でブツブツひとりごとをいって笑っているようすは、見ていて気持ちのいいものではありません。現実の刺激を受けることなく自己完結してしまった心は、貧しくなっていくだけなのでしょう。また無為自閉となり、目の前に用意された食事を食べようとせず、口の中に入れてもかもうとしないということになると、生命にも関わってきます。

遊離型の人に対し、無理に現実に引き戻そうとするのは禁物です。それよりも、「生きているんだ」「生きていてよかった」と実感できるような生活や体験をしてもらうことが大切です。その基本は「刺激」です。心は現実から離れても、からだは現実世界にいます。風船バレーをはじめとする「遊びリテーション」(40頁参照)など、五感の多くを刺激するようなアプローチが効果的です。また、スキンシップも現実感覚をとり戻すのに重要な役割を果たします。

遊離型

関わり方

適切な刺激を与える

老人はただでさえ感覚が低下しているうえに、遊離型では感覚刺激を拒否しようとしています。したがって、五感の多くを刺激するようなアプローチが有効です。

目：動きがあり、色の鮮やかなもの
耳：音楽や応援の声など
鼻：なつかしい匂い
舌：好きな食べ物の味
皮膚：スキンシップ
その他：からだが動くことによる刺激

風船バレーのように、いくつもの刺激が組み合わさった「遊びリテーション」が効果的です。また、音楽や園芸などもいいでしょう。ただし、わざわざ「音楽療法」「園芸療法」をするよりは、誰かが歌いだしたところにほかの人も加わり合唱になるなど、生活の場で自然に歌や園芸を楽しむようになることがポイントです

スキンシップをはかる

赤ちゃんでは耳や目の感覚がまだ発達しておらず、皮膚感覚の占める割合が大きいため、スキンシップが重要な役割を果たします。老人では耳や目の感覚が低下していきますが、皮膚感覚だけは最後まで残ります。つまり、赤ちゃんと同じくらいスキンシップが大切なのです。まず①握手をし、②横にぴったりからだをくっつけて肩に手をまわす、といったスキンシップを心がけてみてください

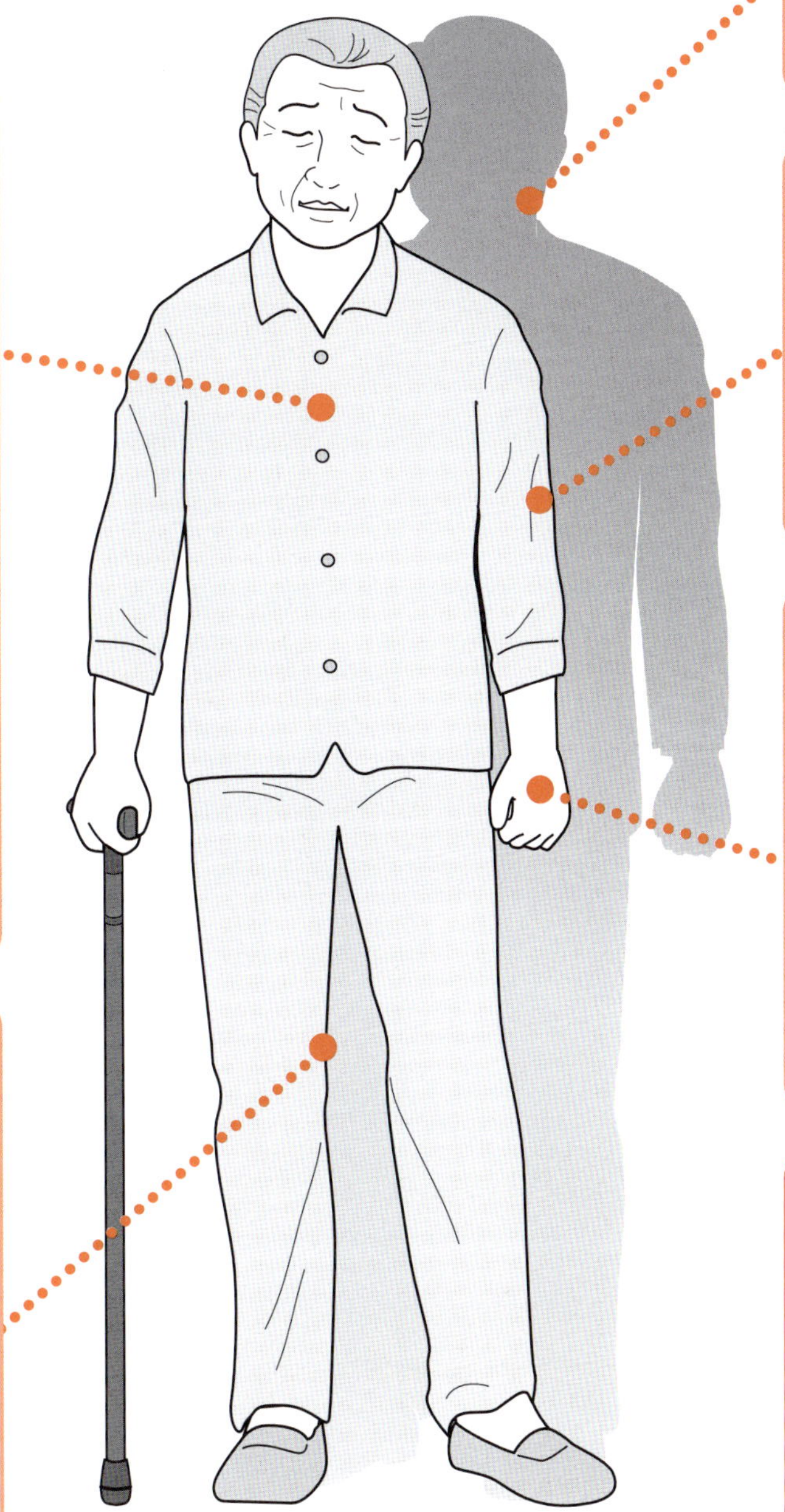

特徴

ひとりごと

話しかけても反応を示さず、その代わりブツブツつぶやくことが多くなり、一人で笑っていたりします

無為自閉

食事が目の前に用意されていてもぼうっとして食べようとせず、浴室に連れていったり着替えを促してもじっとしたまま動かないなど、自分の外の世界にまったく無関心な状態です

性格の特徴

竹内孝仁氏は「若い頃から難しい問題や複雑な問題を回避してきたような人は、遊離型になることが多いようだ」と述べています。老いを迎えて葛藤型になり、その後回帰型から少しずつ遊離型になる人、遊離型から回帰型へというパターンをとる人もいます

遊離型の人の思い

あーあ、こんな年寄りになってしまった。これまでの人生は誰かが何とかしてくれたけど、これぱっかりはね。食事？　生きててもしかたないのに、食べたってねぇ。お風呂？　誰に会うわけでもないのに、きれいにしたって意味ないよ。もう何にも興味がなくなった。寝かせておくれよ

物忘れへの対応

夫婦2人暮らしのTさん（77歳男性）は、ある朝奥さんに「どちらさまでしょうか？」と聞かれて慌てました。保健師やケアマネジャーのアドバイスで、友人もなく家に閉じこもりがちだった奥さんを週3回デイサービスに連れていくようにしたところ、表情が出てTさんのこともちゃんとわかるようになりました

16-5

問題行動への対応（1）

物忘れ

生活の場で対応できることもたくさんある

ケース1

「あなた、誰？」

老化に物忘れはつきもの

物忘れは痴呆症状の代名詞のようにいわれていますが、じつは老化に物忘れはつきものなのです。人がもっとも記憶力がいいのは18～20歳だといわれています。つまり、若い頃から物忘れははじまっているのです。

よく「朝ごはんに何を食べたかを忘れるのは老化だが、朝ごはんを食べたこと自体を忘れるのは痴呆」といわれますが、実際にはそれほど単純なものではありません。わずかの物忘れでも自信を失ってしまって痴呆症状が見られる人もいれば、ひどい物忘れでも落ち着いて生活している人もいるからです。

Hさん（94歳女性）は、「お歳はいくつ？」と聞かれると「さぁ、いくつになるかのぉ、どうしても知りたきゃ役場へいって聞いてみてくれ」と答えるような人でした。彼女は自分が歳も覚えていないことをよくわかっており、そうした自分を恥ずかしいとは少しも思っていないのです。そして、よくわかっている人に聞いてくれといって、特に問題もなく生活していました。

ここに紹介した2つのケースのように、生活と人間関係を豊かにすることで物忘れがなくなることはよくあります。

介護の目的は「落ち着いて生活できる」ことです。物忘れの程度と生活障害の程度は比例しているわけではありません。介護者は物忘れゆえに人に依存せざるを得ない高齢者の気持ちを理解し、高齢者がプライドを失ったり心の負担を感じることなく依存できる存在、さらには依存してもいいと信用してもらえる存在にならなければなりません。

ケース 2
「ごはん、まだ?」

Oさん（81歳男性）は、ある日の午前10時頃、妻に「朝ごはんはまだかね」と怒ったようにいいました。もちろん8時頃には食べ終わっているのですが、食べていないといい張るのです。妻は驚いたものの、とっさに「すみません、今日は遅くなって」と残りごはんでおむすびをつくって出しました。そして離れて暮らしている子どもたちに訪問を依頼し、いっしょにOさんの両親の墓参りにいったりするうちに、次第にOさんも落ち着いていきました

16-6

問題行動への対応（2）

おもらし

いきなりオムツに頼らない

おもらしの原因別対応法

尿道括約筋のゆるみ

尿がもれないように収縮しているはずの尿道括約筋が老化によってゆるみ、もれてしまってから気づくというもの

ケース❶

ぬれた衣類を隠すKさん

Kさん（88歳女性）は年のせいか、最近おもらしをしてしまうようになりました。Kさんには特にボケもなく、頭もしっかりしています。それだけに自分がおもらししたことが恥ずかしいらしく、ぬれた衣類を押し入れに隠すようになりました

考え方と対応

尿道括約筋のゆるみは老化によって起こる自然現象であり、この場合のおもらしは痴呆によるものとはいえません。「ダメじゃないの」などと叱るのは禁物。安心パンツやパッドを使用してください（120頁参照）。尿道括約筋を強くする体操で治ることもあります。このケースでは介護している娘がパンツタイプのオムツをすすめましたが、若い頃からパンツをはく習慣がないため、使ってくれませんでした。しかし、老人会の友人が「自分もはいてるよ」とすすめてくれてからは使うようになり、安心したせいか、おもらしもほとんどしなくなりました

感覚の識別ができない

尿意は感じているものの、それを尿意だと識別することができないまま、違和感や切迫感をウロウロすることで表現しているうちにもれてしまうもの

ケース❷

落ち着かなくなるGさん

最近デイサービスを利用するようになったGさん（70歳男性）は、軽い痴呆があります。いつも鼻唄を歌いながらセンターの中を歩きまわっていますが、ときどき目に見えて落ち着かずウロウロすることがあり、職員が声をかけてようすを見るとかならずおもらしをしていました

考え方と対応

この場合のおもらしは痴呆の症状でもありますが、寝ぼけているときや心理的に落ち着かないときにも起こることがあります。いきなりオムツをあてるのではなく、まわりが本人の代わりに尿意を察知してあげるようにしましょう。「落ち着きがないな、そういえば前のおしっこから3時間近く経っているな」と思ったら、トイレに誘導するようにするのです。尿意のサインは老人によっていろいろで、Gさんの場合は鼻唄の調子が長調から短調に変わったらおしっこのサインでした。念のために安心パンツも利用しましょう

原因に応じた介護を工夫する

老人がおもらしをした場合のまわりの反応は大切です。本人はおもらしという事態に大きなショックを受けているので、嘆いたり叱ったりすることは禁物。いきなりオムツをあててしまうのも間違いです。こうした対応によって「おもらしをする自分」が自分だと思えなくなり、痴呆に追いやられてしまうケースは少なくありません。

おもらしの原因には大きくわけて、①尿道括約筋《かつやくきん》のゆるみ、②尿意という感覚の識別ができない、③トイレの場所がわからない・どうしていいのかわからないの3つがあります。これらの2つまたは全部がいっしょになって、おもらしに至ることもあります。介護者は、どのような理由でおもらしが起きている

トイレの場所がわからない

尿意の識別はできてもトイレにいかねばならないことがわからない、またはトイレの場所がわからないために、ウロウロしているうちにもれてしまうもの

ケース❸

尿意の識別はできるDさん

老人ホームで暮らすDさん（82歳女性）は、「そろそろおしっこにいきたいんじゃない？」と声をかけるとうなずいたり首を振ったりするので、尿意の識別はできるようです。しかし、職員がいないときは廊下をウロウロ歩きまわるばかりでトイレまでたどり着けず、おもらししてしまいます

考え方と対応

この場合のおもらしも痴呆症状の一つです。やはり、寝ぼけているときや心理的に落ち着かないときにも起こることがあります。尿意の識別はできるわけですから、トイレの場所を本人にわかるような表現で示してあげると効果的なことがあります。年配のDさんに「トイレ」といっても通じないので、「厠」と大きく紙に書いて貼り出したところ、自分でトイレまでいけるようになりました。同時に職員のほうでも、「尿意を感じているな」と思ったら、早めにトイレに誘導するようにしています

かによって、介護のしかたを工夫する必要があるのです。そのほか、朝食後にトイレにすわって踏んばる「排泄ケア」（112頁参照）をとり入れることも大切です。これを基点に、一定時間ごとにトイレに誘導する方法でおもらしを防ぐことができます。

なお、痛みや意識障害を伴うおもらしは病的なものです。すぐに医療機関を受診してください。

地図を作成してトイレ誘導

特養ホーム「清水坂あじさい荘」（東京都北区）の5階には、痴呆はあるものの足腰のしっかりした老人が居住しています。自由に歩きまわれるだけあって、施設をオープンした当初は、廊下に排泄してしまう老人が続出しました。そのたびにスタッフがそうじしてまわるのですが、とても追いつくものではありません。しまいには、しみついた排泄物の臭いがとれないという状態になっていました。困った担当スタッフたちは話し合い、誰が何時頃に排泄するのか、各老人の排泄パターンを記入した「トイレ地図」を作成することにしました。そして、この地図に基づいてトイレ誘導するようにしたところ、1ヵ月ほど経った頃には居住する32名中31名がトイレで用をたせるようになりました。あとでわかったことですが、老人たちは壁板の幅木を溝と間違えて、トイレのつもりで排泄していたのでした。清水坂あじさい荘では現在、すわった姿勢をとれる人は基本的に日中はパンツをはき、トイレ誘導して便器にすわってもらう方針をとっています。

清水坂あじさい荘のトイレ。男女を間違えないよう性別を大きく書いた紙を貼ってある

なぜオムツをつけると尿意がなくなるのか

ふつう脳卒中で片マヒになった人でも、お尻のまわりの皮膚感覚までマヒしてしまうことはありません。しかし、長い間オムツをつけている老人では、オムツがぬれているかどうかさえもわからなくなっている人が多いのです。Fさん（87歳女性）は日常生活動作はすべて自立している人でしたが、1週間の検査入院でオムツにされ、戻ってきたときには尿意や皮膚感覚がなくなっていました。オムツをあてれば、尿意や皮膚感覚はむしろ邪魔にすらなります。尿が出てオムツがぬれ気持ち悪くても、オムツ交換のときしか交換してもらえなければ、感覚を持ち続けることは苦痛でしかありません。そこで老人は「オムツ」という環境に適応することを強いられ、尿意や皮膚感覚を忘れていくのです。おもらしをするからといきなりオムツをあててしまえば、老人の感覚を奪ってしまうことになりかねません

介護拒否

入浴、オムツ、食事などを拒否する理由

拒否する理由を考えてみる

介護拒否の中でももっとも多いのが入浴拒否です。風呂嫌いの老人は意外と多く、特にボケのある老人は抵抗する傾向があります。とはいっても、嫌がるものを無理して入れることはない、と思っていると1ヵ月も入らないことになりますし、何とかなだめて実際に入浴してもらうと「いい湯だ」と喜ぶのですから、「入りたくない」のがかならずしも本人の意志とはかぎらないようです。男性ならもともと不精なのかもしれませんし、女性なら他人の手をわずらわせてまで入りたくないという心理がはたらくのかもしれません。

　このような場合、放置するのでもなく、強制的に入浴させるのでもなく、その人が拒否するほんとうの理由は何か、あれこれ考えてみるところからはじめましょう。理由に応じていろいろ試みるうちに、介助を受け入れてくれることが少なくありません。老人施設でも、さまざまな理由を考えて対応することで、大きな成果をあげています。

入浴を拒否する場合

ヘルパー（家庭）の場合

考えられる理由	対応
心の負担 女性の高齢者は、生きてきた時代背景からいって人に世話をしてもらうことに慣れていないことが多い。入浴以前に、介護してもらうことそのものに「心の負担」を感じているのではないか	**いっしょに入ろうと誘う** 「今日は暑くて風呂を借りたいのですが、一人では寂しいのでいっしょに入ってくれませんか」という誘い方をしたところ、「しょうがない子ねぇ」と、母親のような表情で同意してくれました
服を脱ぐことへの抵抗 赤の他人に服を脱がされることに抵抗があるのではないか（高齢者でも、ボケがあっても、恥ずかしいという感情は残っているはず）	**ヘルパーも服を脱ぐ** ヘルパーもいっしょに裸になって入ることにしました。脱衣所では、まずヘルパーが服を脱いでみせました。すると、いつもならもっとも抵抗する脱衣の場面で、一人で服を脱ぎはじめました。何もせず見ていると、浴室に入ってどうしていいのかわからないようすです。そこですかさず「背中を流しましょう」と声をかけたところ、介助を受け入れてくれました
自分一人が裸になることへの抵抗 まわりがみんな服を着ている中で、自分だけが裸になることに抵抗があるのではないか（居心地が悪いし、不安にもなるだろう）	

その他の入浴拒否のケース

Tさんは、声をかけてから入浴介助しようとしても手で払いのけるなど、激しい介護拒否が続きました。同じくMさんも、人の足音が近づくだけで大声を出して嫌がりました。いずれも病院で抑制（手足を縛ること）されていた人で、介護拒否というよりまわりの世界が信じられなくなっていたのでしょう。そんなことはないとわかってくると介護拒否はなくなりましたが、いまだに白衣の人が近づくと緊張します

施設の場合

対応	考えられる理由
入る気になってもらう まず「これからお風呂に入りましょうね」と声をかけ、きちんと情報を与えましょう。そのうえで本人が入る気になることが介護の前提です	**その気になっていない** 本人がその気になっていないのに、入浴の時間だからと一方的に入れようとしていないか（本人は何が起きているのか、わかっていないのかもしれない）
相性のいいスタッフが誘う あれほど頑強に拒んでいたのに、相性のいい担当スタッフが誘ってみたらあっさり同意した、ということはめずらしいことではありません。スタッフとの相性は大切です	**スタッフとの相性** その日に風呂に誘った担当スタッフと、たまたま「相性」が合わなかったのではないか（嫌いな人に介助されてまで、風呂に入りたいとは思わないだろう）
1対1で対応 複数のスタッフで介助を分担するシステムをやめて、相性のいいスタッフが1対1ではじめから最後までケアするやり方に変えます	**分業システム** 浴室に連れていく人、脱がす人、洗う人といった分業システムが、ベルトコンベアーの上にのせられているようで嫌なのではないか（落ち着かない、風呂に入った気がしない）

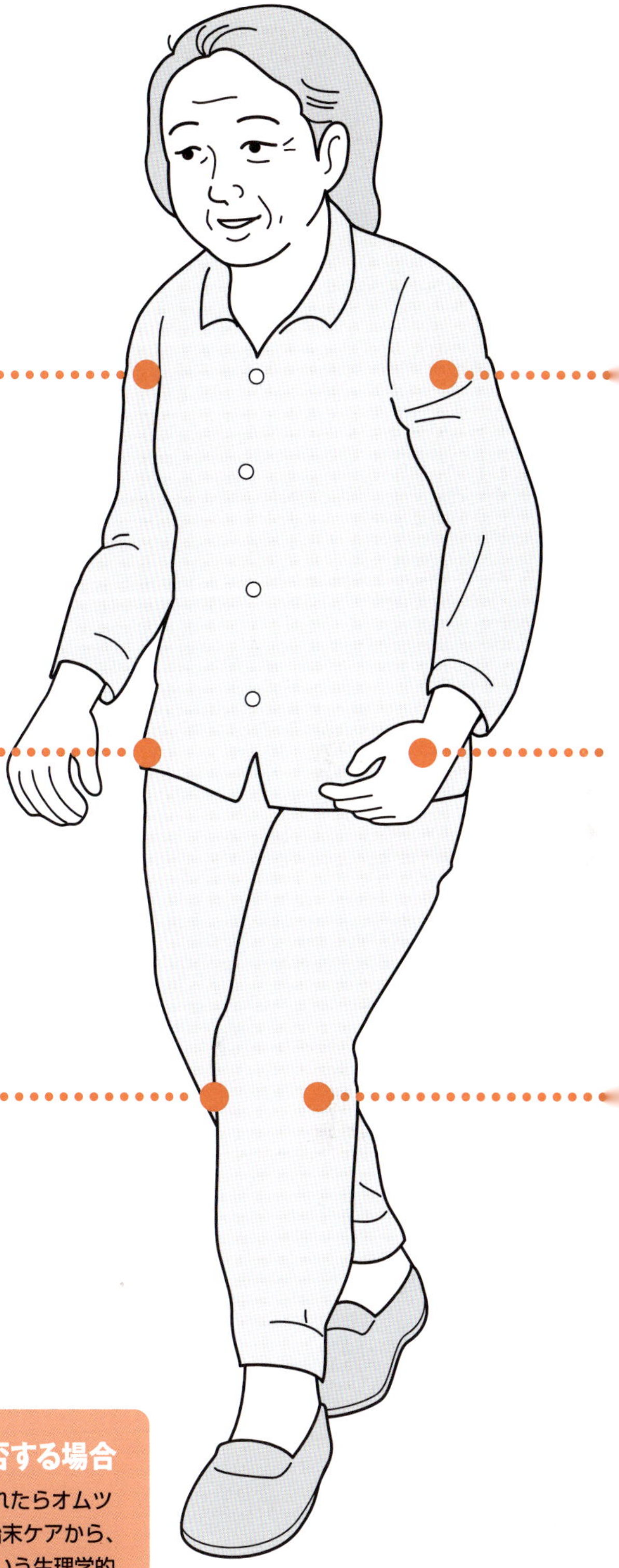

雰囲気を工夫した脱衣場の例

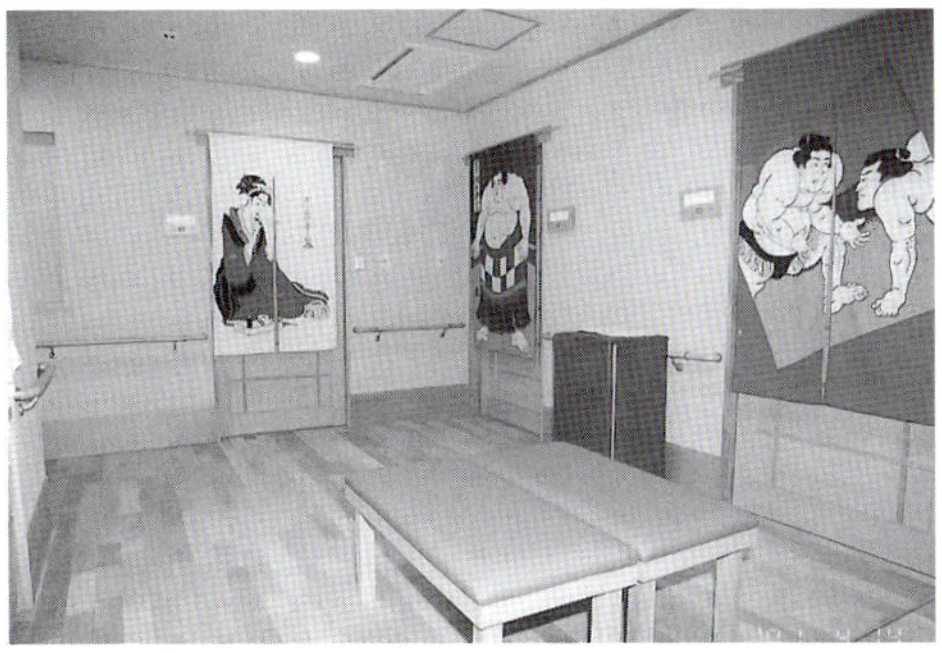

大喜デイサービスセンター（名古屋市瑞穂区）

オムツ・食事を拒否する場合

オムツ交換の拒否：「汚れたらオムツを交換する」という後始末ケアから、朝食後トイレにいくという生理学的排泄ケアに変えることで解決できるかもしれません（112頁参照）

食事の拒否：姿勢や食事時間などを見直してみましょう（第4章参照）

徘《はい》徊《かい》 まず本人の主張を認めるところからはじめる

徘徊のタイプ別対応法

回帰型の徘徊

ケース❶ 「ロシアへいく」といい張る

Nさん（80歳男性）は戦前、ロシア国境に近い旧満州に暮らしていたらしく、現地ではロシア女性にかなりもてたようです。老人ホームに入所後しばらくすると、「ロシアへいく」といっては腰ひもにタオルや手ぬぐいをぶら下げ、外に出ていこうとするようになりました。職員がここがどこで、今は何年で、Nさんが何歳であるかを説明するのですが、Nさんにはまったく通じません。止めようとすればするほど、「ロシアへいかねば」という思いは強まるようで、職員が対応に手を焼くことが続きました

↓

考え方と対応

何回目かの「ロシアいき」のとき、職員がNさんにつき合っていっしょに歩くことにしました。歩きながら「ロシアはどっち？」と聞くと、「あの山の向こう」と答えます。とっさに「じゃあ先にいって見てくるから、ここで待っててね」といって姿を消し、しばらくして「ロシアは今日は留守だったよ」というと、「じゃあ明日にしよう」と素直に自分の部屋に戻りました。Nさんにとってロシアとは、自分がもっとも充実していた時代の象徴なのかもしれません。それを否定せず、「いっしょにいこう」といってもらうことで、Nさんの要求は満たされたようです

ケース❷ 農繁期に家に帰りたがる

老人ホームに住むFさん（78歳男性）は、1年のうちでも農繁期になると落ち着かなくなります。手さげ袋に自分の肌着やタオル、枕などを詰めこみはじめ、最後に帽子をかぶると「家に手伝いに帰る」と出ていこうとします。Fさんにとって「家」とは、とうの昔に亡くなった両親がいる家であり、自分は40代のはたらき盛りのつもりでいるらしいのです

↓

考え方と対応

説得する代わりに20〜30分ほど職員がFさんにつき合い、いっしょに廊下やホームのまわりを歩くようにしました。慣れてくると、Fさんが荷物をまとめはじめるやベッドサイドへいき、できるだけ多くの荷物を詰めこむように手伝ったり、「帰る前にあいさつしなきゃ」とあちこちの部屋に連れて歩くようになりました。両手に荷物を持ったFさんは、1階の事務室であいさつをする頃にはすでに疲れはじめており、「今日は疲れただろうから明日にしたら？」と声をかけると、ときにはホッとしたように、ときにはしぶしぶと自室に戻っていくのでした

徘徊には3タイプがある

徘徊は大きく、①回帰型の徘徊、②わからないことからくる徘徊、③じつは徘徊とはいえないもの、の3つにわけられます。「どうしてもいかねばならない」という使命感や切迫感にかられているのが、回帰型（294、310頁参照）の痴呆性老人の徘徊です。彼らは過去の自分に戻り、自分の役割を果たそうとしているのです。その役割は男性なら仕事、女性では育児や家事など。共通するのはまわりから頼りにされ、自分がもっとも自分らしく感じられた時代に戻ろうとすることです。説得しても効果はなく、無理に止めれば抵抗して暴力行為に至ることも。

落ち着いてもらうには、①本人の気持ちに共感し、②しばらく徘徊につき合い、③理由をつ

ケース❸

「家に帰る」と出ていく母親

A子さんは、同居している79歳のお母さんがときどき「家に帰る」と出ていこうとするので、困っています。今の家はお母さん自身がずっと暮らしてきた家なのですが、いくら説明しても聞こうとしません。少しボケはあるものの、ふだんは特に問題もないので、どう対応すればいいのか考えあぐねています

考え方と対応

痴呆性老人の「家に帰る」の「家」は、どこか具体的な場所というより本人がいちばん落ち着ける場所、つまり自分の居場所のことをいっているものと考えられます。「ここは自分のいる場所じゃない。どこかに自分の居場所があるはずだ」という思いが、家や施設から出ていかせるのでしょう。そしてその居場所とは、自分に役割があってまわりから頼りにされていた過去の時代であることが多いといえます。「家に帰る」といいだしたら、「なぜ帰らなきゃいけないの？」と聞いてみてください。子守りや炊事など何か目的があるはずなので、その目的にうまくつき合ってあげるようにしてみてください。また皿洗いなど、今でもできるような役割を探してあげるのもいいでしょう

わからないことからくる徘徊

ケース❹

トイレを探しまわる

Kさん（79歳女性）は、夕方になると老人ホームの中を不安そうに歩きまわるようになりました。職員が「どうしたの？」と小声で聞くと、「ご不浄はどこか？」といいます

考え方と対応

Kさんは、夕方になると昔住んでいた家のトイレの場所を思い出し、そのために混乱してウロウロ歩きまわっているものと考えられます。本人は不安にかられているので、まずは「そうよね、わかりにくいよね」と受けとめ、トイレの前に「ご不浄」と大きく書いた紙を貼りつけたり、夕方落ち着かないときは早めにトイレに誘導するなどします

徘徊とはいえない場合

ケース❺

廊下を這いまわる

老人施設に入所しているSさん（80歳女性）は、歩けないのにベッドから床に降りては廊下を這いまわります。危ないからと職員が止めるのですが、常に見張っているわけにもいかず、困っていました

考え方と対応

這いまわるのには意味があるのではと考えた職員は、逆に降りやすいようにベッドを低くし、這うのを見守ることにしました。やがて、Sさんが人の話し声のするほうへ這っていくことから、「話し相手がほしかったんだ」と気がつきました。徘徊というより、単に人恋しかったのでしょう

けて延期してもらう（例：「今日はもう遅いからここに泊めてもらって、明日にしましょう」）、または④タイミングをみてほかのことに興味を振り向ける（例：好物や顔見知りの人とのあいさつ）を試みてください。

自分の部屋やトイレがどこかわからないためにウロウロする徘徊もあります。回帰型の徘徊が確信に満ちているのに対し、不安と困惑の表情を浮かべているのが特徴です。彼らはいくべき場所に誘導してくれる人を求めています。見下したり叱ったりしないで、快く誘導してください。わかりやすい目印をつけたり、施設ならドアやのれんの色を差別化するなどの工夫も必要です。

徘徊とはいえないケースもあります。痴呆性老人が歩いているだけで「徘徊だ」と決めつけがちですが、ふつうの表情で移動しているならば、それは散歩です。痴呆性老人でも、特に目的もなくブラブラすることはあるのです。身体の障害や老化のために歩く代わりに這《は》いまわる人もいますが、決して異常なことではありません。

16-9

問題行動への対応（5）

被害妄想

熱心な介護者が「泥棒」になるのはなぜか

被害妄想のタイプ別対応法

心理的負担解消型

老人は人から介護を受けることに大きな心の負担を感じています。そこで、「嫁が私のお金を盗った」などといい出し実際にそう思いこむことで、現実とのバランスをとろうとします。このタイプの妄想は、老人と介護者との関係が一方的かつかぎられたものであればあるほど出やすくなります。まずはデイセンターなどを利用し、閉鎖的な人間関係を広げましょう。対等な仲間や世話してあげる対象ができると、心理的な負担は軽減されます。同時に、老人と介護者との関係も一方的ではなく、「お互いさま」と感じられるようにすることが大切です

ケース❶

嫁がお金を盗った

Yさん（90歳女性）は、同居しているお嫁さんが財布からお金を盗ったといい出しました。一人でかいがいしく介護してきたお嫁さんは、「自分の生活を犠牲にまでして、面倒を見てきたのに」と、最初はくやしくて涙が出たそうです

考え方と対応

お嫁さんの介護はYさんにとってありがたい反面、心苦しかったのかもしれません。気をとり直したお嫁さんは、食器洗いや部屋の掃除などを手伝ってくれるよう頼むことにしました。実際にはかえって時間も手間もかかるのですが、一方的な関係でなくなったことでYさんの表情は和らぎ、「盗った」ともいわなくなりました

ケース❷

ヘルパーを泥棒よばわり

元芸者さんで一人暮らしをしているMさん（81歳女性）が、ヘルパーのことを「泥棒」といい出しました。そのヘルパーはこまやかなケアと機転が利くことで、誰もが優秀と認める人でした。こもりきりはよくないからとデイサービスに誘っても、気が強く人間嫌いなところのあるMさんは断固拒否しています

考え方と対応

ヘルパーは1時間の訪問時間のうち45分で手早く家事援助をし、残り15分でMさんから小唄と都々逸を習うことにしました。介助してもらうだけでなく、先生役で教えてあげることで相互的な関係ができ、泥棒よばわりはなくなりました。今、デイサービスの老人にも教えてくれないかという形で、Mさんを誘っているそうです

介護されることとの難しさ

妄想とは非現実的なことを固く思いこんでいる精神状態をいいます。薬で治療しようとしがちですが、痴呆性老人の妄想は「妄想を必要とするような現実」が背景にある場合が多いといえます。ですから、原因となる現実の側を変えていくことで、たいていはなくすことができます。

　被害妄想は3つのタイプにわけられますが、よく見られるのは心理的負担解消型とよばれる妄想です。老人の多くは「国に迷惑をかけるな」「人に迷惑をかけるな」といわれてきた人たちです。自分が介護されていることに大きな心の負担を感じています。「自分はヘルパーに迷惑をかけている」「嫁の人生を狂わせている」、つまり自分が加害者で相手が被害者なのです。

ケース❸

浮気の疑いをかける夫

配偶者が介護しているときには「心理的負担解消型」は嫉妬妄想として表れます。5年前に脳卒中で倒れた76歳の男性は、自宅で74歳の妻から熱心なケアを受けていました。寝たきり状態にある夫は、最近になって妻が買い物から帰ってくると「若い男と会っていたんだろう」といいはじめました。さらには、隣の部屋で電話に出て戻ると「男から電話だったんだろう」というなど、ひどくなってきました

考え方と対応

妻には夫の生活のすべてが見えていますが、夫からは妻の生活に見えない部分があります。妻が浮気していると思いこむことで、夫は心理的安定をはかろうとしたのでしょう。看護師のすすめでショートステイを利用し、妻にはわざと施設の女性スタッフにやきもちを焼いてもらうようにしたところ、嫉妬妄想はなくなりました

老化拒否型

自分が物忘れをするほど老化していることを認めたくないために、誰かのせいにしたり、まわりの仲の悪い人（在宅なら嫁、施設なら同室の相性の悪い人など）を泥棒よばわりします

ケース❹

何でも人のせいにする

施設で暮らすＳさん（80歳女性）は、転んで頭を打っても「誰かが後ろから押した」と杖を持とうとせず、おもらししてしまったときも「誰かが布団に水をまいた」といい張ります

考え方と対応

痴呆の葛藤型の延長と考えて対応します。寮母長が「ほんと、ひどい人がいるね」と共感しながら、シーツ交換や着物の着替えの手伝いをしたのをきっかけに、Ｓさんは少しずつ落ち着いていきました

被害者利得型

「被害者利得」とは、自分が被害者となることでまわりの関心と同情を得ることをいいます。孤独を感じている老人は「盗られた」と訴え、それでまわりの人を引きつけているのです

ケース❺

お金を盗られたと訴える

一人暮らしのＴさん（79歳男性）が、お金を誰かに盗られたと訴えはじめました。そんな事実はないのですが、本人は盗られたと信じこんでいるようで、説明しても納得しません

考え方と対応

ヘルパーが訪問して本人の話をじっくり聞いているうちに険しい表情が消え、盗られた話は出なくなりました。孤独にさせないよう定期的に訪問し、老人会の温泉旅行にも誘ってもらおうと話しています

こうした状態が続くことに耐えられず、老人は一発逆転の秘策を持ち出します。それが嫁やヘルパーが泥棒だと思いこむことです。そうすることで自分は被害者、嫁やヘルパーが加害者になり、現実の関係とのバランスがとれるのです。

こうした妄想は老人をめぐる人間関係が閉鎖的で、一方的なときに出やすくなります。つまり、嫁やヘルパーとの関係がほとんど唯一の人間関係で、さらに介護をしてもらうという一方的な関係が続いている場合です。そのため、人任せにせず熱心に介護してあげる介護者ほど、「泥棒」とよばれることが多いといえます。

このような妄想に対しては、デイセンターを利用するなどして、多様な人間関係をつくることが大切です。と同時に、介護者との関係もできるだけ相互的になるようにしていきます。

介護する側もたいへんですが、介護される老人もたいへんなのです。介護されることの難しさを想像してみることも、ときには必要なことではないでしょうか。

異《い》食《しょく》

赤ちゃんを説得する人はいない

異食は口唇期への回帰

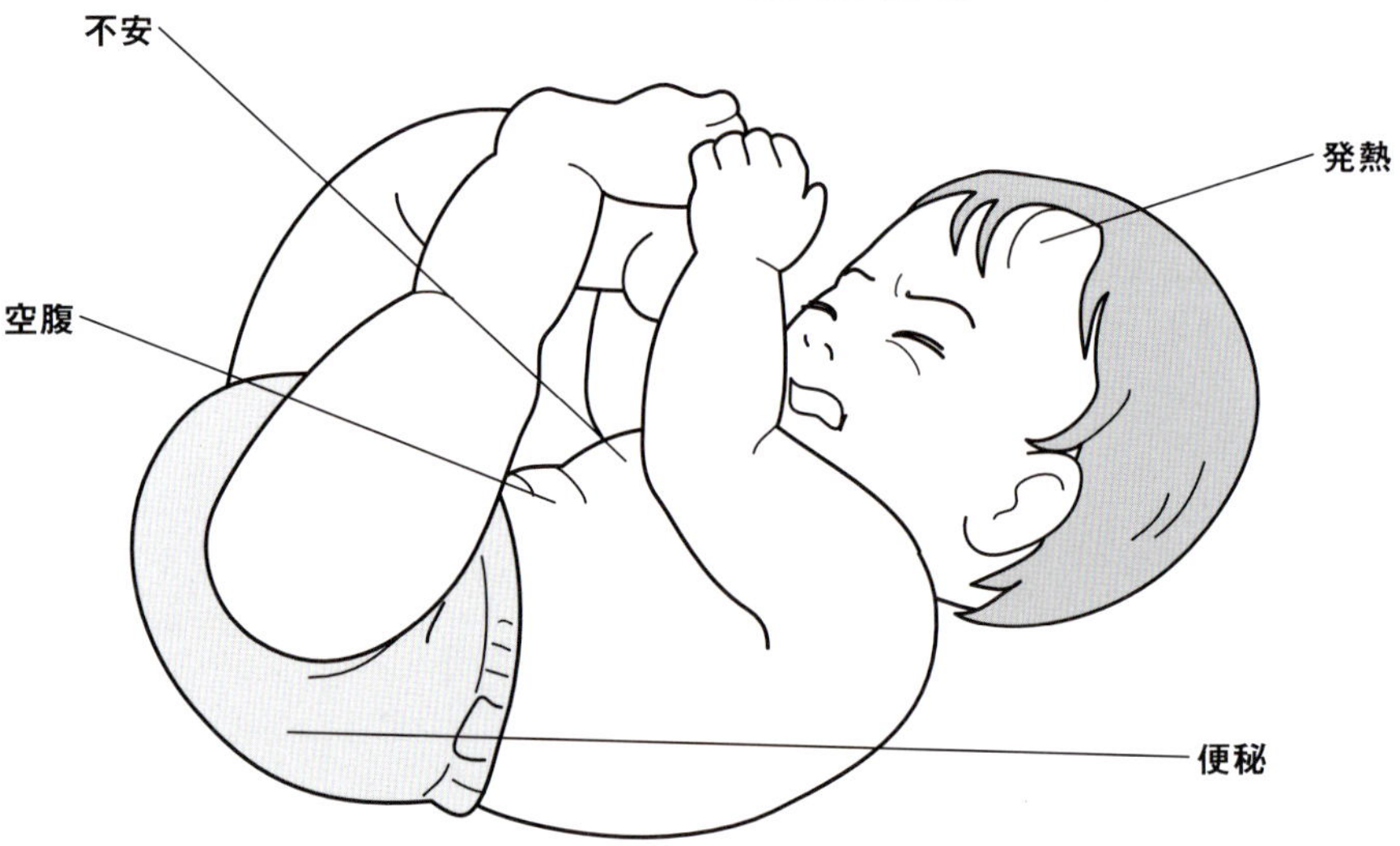

ケース❶

ハンドクリームをなめるKさん

ある施設では、スタッフがお金を出し合って手荒れを防ぐハンドクリームの徳用ビンを買っていました。そのクリームが、最近急に減るようになりました。みんなで不思議がっていたある日のこと、Kさん（84歳女性）がビンに手をつっこみ、クリームをなめようとしていました。Kさんは1週間前に入所したばかりで、ボケてはいるもののおとなしくて手がかからない人だといわれていました。しかし、クリームをとり上げられたのをきっかけに落ち着かなくなり、手ごろな物を見つけるとすぐ口に入れてしまうようになりました

ケース❷

何でも口に入れてしまうYさん

Yさん（90歳男性）は、自分のまわりにある物に手を伸ばしては何でも口に入れてしまいます。お手ふきやランチョンマット、箸やスプーンまで見境なしです。表情もオドオドして落ち着きがありません。夜になっても寝つけず、自分の部屋から出ては、あかりがともっていて人のいる、スタッフ詰め所のまわりにやってきます

抑制よりスキンシップを

「異食」とは食べ物ではない物を口に入れたり、食べてしまうことをいいます。異食を痴呆による人格崩壊の極地とみなし、投薬や監禁、抑制する人がいますが、それでは問題を解決することはできません。視野に入る物を口に運ぶのは、赤ちゃんに特徴的な行動です。フロイトは1歳半までを口唇期《こうしんき》とよび、まだ未発達な目や耳の代わりに口を通して世界を感じとる時期としました。目は見えにくく耳も遠くなった痴呆性老人は、口唇期に帰ることで自分を確認しているのではないでしょうか。

　赤ちゃんが何でも口に入れるからといって、叱ったり説得したりする人はいません。泣き続けていれば原因を考えて、あやしたり添い寝をしたりします。

赤ちゃんが泣き続けていたら、まわりの人は空腹ではないかとお乳を与えてみたり、オムツが汚れていないか調べたり、熱がないか頭に手をあてたりするものです。そのいずれでもなければ、優しく声をかけてあやしたり、添い寝をして落ちつかせようとします。介護者も、痴呆性老人が異食という行為を通して何を訴えているのか原因を探り、スキンシップという手段を中心に接してみてください

口唇期の考え方

フロイトの提唱する口唇期

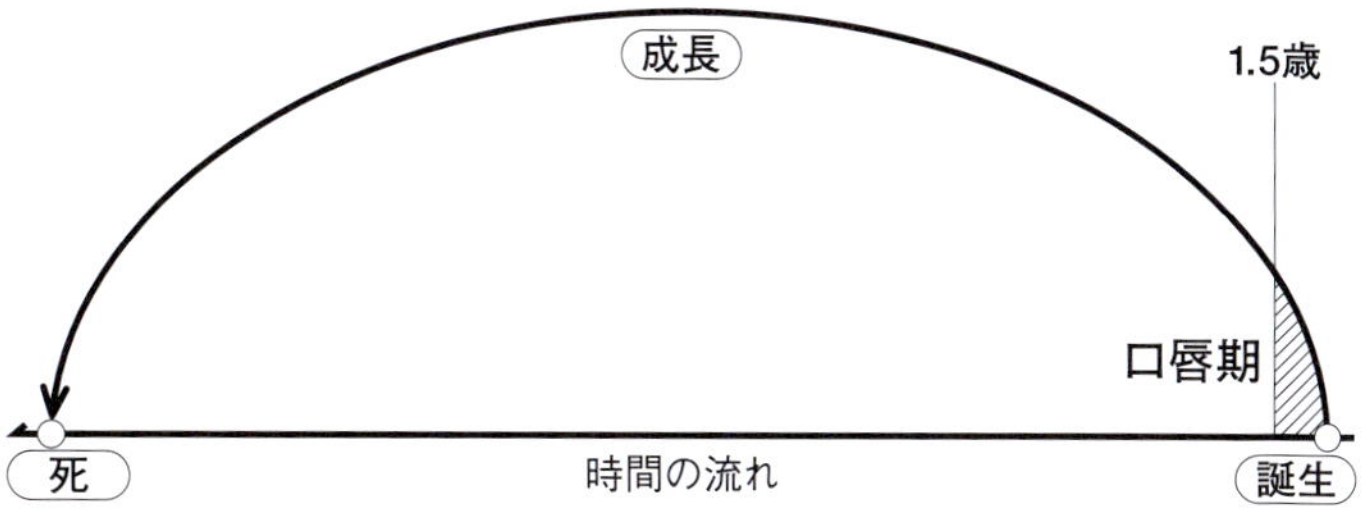

フロイトは誕生から1.5歳までを口唇期とよび、口を通して世界を感じとる時期だとしました。目で見たり耳で聞いたりする感覚はまだ発達していないため、皮膚感覚の中でも敏感な口によって世界の中の自分を確認しているのです

介護の現場における口唇期

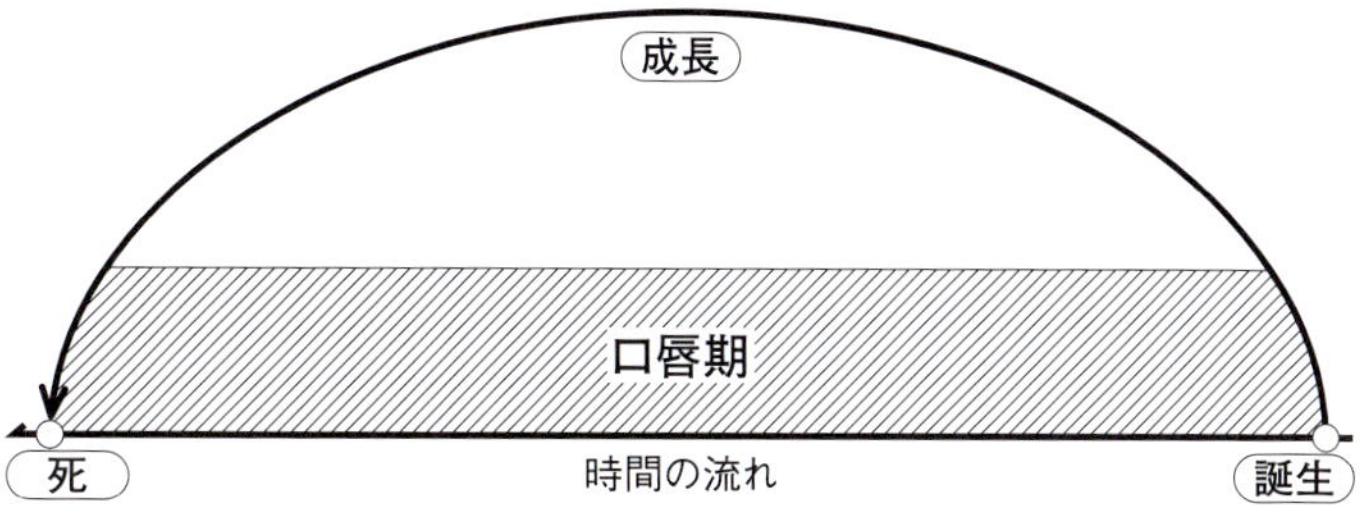

介護の現場では、口唇期を人生全体にわたって基本をなすものと考えます。目は見えにくくなり、耳も遠くなった痴呆性老人は、口唇期に回帰することで自分を確認しているのでしょう。人生の最終段階で口唇期に帰るのは自然なことなのです

考え方と対応

Kさんはおとなしくて表情のない人でした。家族が来ても誰かわからず、喜ぶこともないので、面会も遠ざかっていました。そこで家族に面会をお願いしたり、問題がないからとあまり関わらなかったスタッフも声をかけるようにしたところ、異食もおさまっていきました

考え方と対応

ほかにも詰め所にやってくる老人が何人かいたので、詰め所の一角に畳を敷き詰めて布団を敷き、老人同士くっつくように寝かせたところ、安心したように眠りました。毎晩これをくり返しているうちに異食も徘徊もなくなり、自分の部屋のベッドで寝ることが増えていきました

異食という行為に対しても、何が原因かを探ったうえで、添い寝などのスキンシップをはかるようにしてみてください。なお、異食で下痢することは少ないのですが、危険な物を口に入れないよう洗剤や消毒液、腐った食べ物などは目や手の届かないところに管理してください。また、危険物を誤って食べたときには、すぐに吐き出させます。

弄《ろう》便《べん》
原因は不快だからさわってしまうことにある

弄便を防ぐ2つのポイント

ポイント1 朝食後トイレに連れていく

オムツの中に便が出ていれば気持ち悪いのは、赤ちゃんでも痴呆性老人でも同じです。まず不快な状態にしないことが基本となります。朝食後にトイレにすわって踏んばる「排泄ケア」（112頁参照）を習慣にとり入れましょう。これでオムツの中に便を出してしまうことはほとんどなくなるはずです

排泄ケアとスキンシップを

弄便とは文字通り大便をもてあそんでしまうことです。オムツの中の便を手でさわり、手についた便を衣服やシーツ、壁になすりつけたりします。異食（324頁参照）と同じく、痴呆による人格崩壊の極地とみなし、つなぎ服を着せたり抑制したりする人がいますが、弄便もまた赤ちゃんへの回帰だと考えれば、異常に見える行動にも理由のあることがわかります。

赤ちゃんの行動原則は「快・不快の原則」です。気持ちがよければ眠ったり笑ったりし、気持ちが悪ければ泣いてまわりの人に訴えます。オムツに便が出ていれば不快なので、交換してくれるよう泣くのです。痴呆性老人も、オムツの中に便が出れば気持ち悪いと感じます。「便にさわってはいけない」というのは、あとから教えられた知識。年をとるとあとで教えられたことは先に忘れてしまい、快・不快の原則に戻っています。赤ちゃんは便まで手が届きませんが、老人は幸か不幸か手が届きます。そこで、不快なものを自分でとり除こうとして便にさわり、今度はその手が気持ち悪いのであちこちになすりつけるのです。

まずは不快な状態にしないよう、朝食後トイレにすわって踏んばる「排泄ケア」を習慣にしましょう。また、老人は快・不快の原則が支配する口唇期の状態に回帰していることから、スキンシップを中心とした関わり方をしましょう。なお、スキンシップは「やらねばならない」ものではありません。嫌いな人からのスキンシップは逆効果です。しかし介護職なら、手をにぎって肩に手をまわすところまでは給料分だと思ってください。

ポイント2 スキンシップで不安をとり除く

ステップ1 手をにぎる

まずはこちらから手を差し出してみましょう。「苦手だな」と思っていた人でも、1回の握手で気持ちが通じ合うことがよくあります

ステップ2 肩に手をまわす

久しぶりに会ったときなど、「元気でしたか」と肩を抱いてください。肩に手をまわすことで、からだがより密着します

ステップ3 頬をすり寄せる

意図してやるより思わずそうしたくなるような場面があるといいですね

ケース1 弄便をくり返す母親

Tさん（79歳女性）には軽い痴呆があります。ある夜、同居している娘さんは、Tさんの部屋をのぞいて絶句してしまいました。ポータブルトイレにすわったTさんが、大便まみれになっていたからです。便秘がちなTさんは、なかなか出ない便を手でつまんで出そうとしたあげく、手についた便を服や顔になすりつけたのでした。思わず強く叱りつけたところ、娘さんのことを「私をいじめる悪い人」と思いこみ、弄便がくり返されるようになりました。

困った娘さんは、排泄ケアをきちんとしてくれる老人施設のショートステイを利用することにしました。そこで朝食後はトイレにすわるようにするうちに、Tさんの便秘は解消していきました。自宅でも娘さんがヘルパーと2人で排泄ケアをはじめ、弄便はおさまりました。

ケース2 便を手にウロウロするWさん

老人ホームに暮らすWさん(76歳女性)は、いつも機嫌よく鼻唄を歌って歩いているような人でした。それがある日、便を両手に持ってウロウロしているところをスタッフに発見されました。下着の中に出してしまった便を自分で処理しようとしたものの、どうしていいかわからなかったのでしょう。

スタッフは排便の徴候を見のがしてしまったことを反省し、Wさんのようすを注意深く観察してみることにしました。すると、排便のときは「歩き方が遅くなり、立ち止まることが多くなる」「廊下のすみのほうにいきたがる」などといった特徴のあることがわかりました。そこで、こうした徴候が見られたら小声でトイレに誘うようにし、今では百発百中トイレで排便することに成功しています。当然ながら、弄便も見られなくなりました。

性的異常言動

性的欲求の表れをどう受け止めるか

性的異常言動のタイプ別対応法

人恋しい型

痴呆性老人はここがどこで自分が誰なのかわからず、不安を感じています。そして、そんな自分を優しく誘導してくれる人を求めています。その欲求が性的な形で表れたのが、このタイプです。気持ちにゆとりがなく、表情は固く、欲求に突き動かされているのが特徴です

ケース❶

局部を露出して歩く

施設に入所してきたFさん（79歳男性）が、性器を出して廊下を歩くようになりました。「欲求不満だろう」と考えた男性スタッフがアダルトビデオをいっしょに見るなどしましたが、問題行動はおさまりません

考え方と対応

何といっても家族的な関係を確認できることが、もっとも効果的です。家族に定期的に面会に来てもらえるようお願いしたり、介護スタッフも家族のような接し方をするよう心がけてください。Fさんの場合、仕事が忙しくて訪問が途切れがちだった長男が、孫を連れて会いに来るようになったところ、問題行動はすっかりおさまってしまいました

抑制解除型

老化や脳血管障害によって大脳の欲求をおさえる機能が低下したために、性的欲求が出るタイプ。人恋しい型にくらべると、本人のようすはそれほど深刻ではなく、むしろ余裕があって素直な印象です。俗に、「色ボケ」とよばれたりします

ケース❷

卑猥な言葉を発する

老人ホームに暮らすMさん（74歳男性）は、軽い脳梗塞になって以来、人が変わったようになってしまいました。好みのタイプの女性がいると、人前でもおかまいなく性的な誘いをしたり、卑猥な言葉をかけたりするのです

考え方と対応

脳の障害が原因なので、本人にはコントロールできません。個性の一つと思ってつき合いましょう。ただ、家族には受け入れがたいことが多いので、適当に話を合わせたり冷やかしたりするのは介護スタッフの仕事になります。また、ほかのものに興味や関心を移すことで性的言動がおさまることもあります。Mさんはスタッフが軽く受け流したり冷やかしたりすれば、満足しているようでした。趣味だった将棋に誘うと半日ぐらいは集中してくれることがわかったので、ボランティアに週2回来てもらっています

男女関係は人間関係の基本

痴呆性老人が異常と思えるような性的言動をすることがあります。まわりの人に卑猥な言葉をいったり、性的関係を求めたり、異性のからだにさわったりするのです。こうした言動に対し「いい年をして」と嫌悪を感じる人は少なくありませんが、年をとって性的能力が低下しても、性的興味や関心まで低下するとはかぎりません。自分が異性にとって魅力的な存在でいたいという気持ちは、いつまでも継続していくものです。女性の高齢者には男性の介護スタッフが、男性の高齢者には女性の介護スタッフがつくとうまくいくことが多いのも、これを裏づけているといえるでしょう。

男女関係は、母子関係とともに人間関係の基本です。性的欲

もともと型

よくよく調べてみたら、「もともとそういう人でした」というタイプ。年をとると個性が煮詰まるといいますから、その表れなのでしょうか。別名「煮詰まり型」とよんでいいかもしれません

ケース❸ 女性のからだをさわる

特養ホームに入所してきたHさん（91歳男性）は、女性スタッフと見ればからだをさわったり、卑猥な言葉をかけてきます。「気色悪い」といって近寄らなくなる女性スタッフもおり、Hさんの扱いには皆困っていました

考え方と対応

もともとの性格なのですから、これこそ個性と思って関わるしかありません。Hさんについてとり上げたケース会議ではさまざまな意見が飛び交いましたが、たまたまHさんの遠い親戚にあたるスタッフがいて、「あの人は若い頃からエッチだった」と証言したことから大笑いになりました。老人の性格を変えようとしても無理なので、中年の女性スタッフを中心に、適当に相手をしてあげています

求の表れは人間関係を求めているのだと理解して、対応を考えてみましょう。

もちろん、何でも受け入れるべきだといっているのではありません。性的欲求を他人の前であからさまにするのは、やはりマナー違反なのですから。タブー視せず、かといって何でも許容するのでもない、という距離のとり方が求められているのではないでしょうか。

Q&A

Q 施設に入所しているWさん（74歳男性）が、ときどき布団の中で自慰行為をします。下着が汚れて後始末が必要になることもあり、対応に困っています。

A 若い女性スタッフだと、男性のこうした行為には生理的嫌悪感が強いようです。逆に、研修会などにいくと、講師の先生は「自慰だって自然で当たり前のこと」といいます。

どちらが正しいのか迷うところですが、じつは問題は自慰行為そのものより、それがまわりの人に不快感を与えている点にあるといえます。自慰を止めるのでもすすめるのでもなく、「人に迷惑をかけないよう、うまく隠れてやりなさい」とアドバイスしてはいかがでしょうか。これは、男性がいうほうがうまくいくかもしれませんね。ただ、施設ですから、隠れてやっていても気づいてしまうことがあります。その場合は、見て見ぬふりをしてあげてください。

Q 特養ホームで寮父をしています。最近、Aさん（79歳男性）が「ヌード雑誌を買ってきてくれ」とせがむので、困っています。同じ男性として気持ちはわかるのですが、何か問題が生じないか心配です。

A 世間一般で許容されていることなら、老人ホームでも許容されていいと思います。ヌード雑誌もしかり、です。ただ、こうしたことは世間でもおおっぴらにやっているわけではありません。ふつうは人に隠れてこっそりするものです。ですから、Aさんも、こっそり買ってこっそり楽しむぶんにはいいのではないでしょうか。「家族やほかのスタッフに見つからないようにね」とアドバイスをつけて、そっと手渡してはいかがですか。職員としてではなく、仕事で知り合った男性から頼まれたことを私的にやってあげるという形をとるのです。それによって興奮して何か問題を起こす、ということはまず考えられません。

終末期リハビリテーションの考え方

大田仁史 ◉茨城県立医療大学附属病院長

人間としての尊厳や権利を守る

　天台宗の僧、源信《げんしん》による『往生要集《おうじょうようしゅう》』に「臨終行儀」という言葉があります。「臨終行儀」を、「死に逝く人を人間らしく送る考えと手法」とすると、私のいう終末期リハビリテーションに通じるものがあります。いずれにせよ、「ご遺体は美しくなければならない」、が私の終末期リハビリテーションの考えの基本です。

　現在、リハビリテーション医療の流れは、急性期から回復期、維持期に整理されています。私は維持期の対象者が不確かで、しかも自立を重視するリハビリテーション医療の現場では、どちらかといえば低ADL（日常生活動作）の人々に対する配慮が乏しいように思っています。

　リハビリテーションとは障害などで人間としての権利や尊厳が傷つけられたとき、それをとり戻す、ということが本義ですが、そうであるならば、植物状態のような超重度障害者になってしまった人は、自分では身の保全ができないのですから、「人間の姿としてふさわしい状態にあるよう」支援することをリハビリテーションとよんでもさしつかえないと私は考えています。大切なのは、人間の姿としてふさわしいとはどのようなことか、について思いを巡らすことです。

　私は終末期リハビリテーションを、**「加齢や障害のため自立が期待できず、自分の力で身の保全をなしえない人々に対して、最期まで人間らしくあるよう医療、看護、介護とともに行うリハビリテーション活動」**と定義しています。

　このように考えると、なすべきことが具体的にはっきりしてきます。手法の概略は、①清潔を保つ、②不動による苦痛の解除、③不作為による廃用症候群の予防、④著しい関節の変形・拘縮の予防、⑤呼吸の安楽、⑥経口摂取、⑦尊厳ある排泄、これらのケアがきちんとなされていることが前提で、さらに⑧家族へのケア、が加わります。

　ここに掲げたことがなされないため、人生の最期や死後の姿が悲惨であっては悲しいことです。なぜなら、そのすべてを防げるからです。

　福祉や在宅ケアの場は「終《つい》の場」になることがたびたびあります。そこに着目すればご遺体が人間らしくあるために、その前段にすべきことがわかると思うのです。

　医療の世界にリハビリテーションという思想が生まれたことは20世紀の言葉として歴史に残るでしょうが、その言葉を育てるのは21世紀であるように感じます。遅かったのか早かったのか。それは歴史が決めることでしょう。ただ急速に高齢化の進む日本では、「終末期リハビリテーション」という考えを医療、福祉の現場にいる者は避けて通れないでしょう。

第6部

介護者の健康のために

第17章 介護者の心とからだの健康づくり

17-1 ストレス対処法

介護ストレスと向き合う

発想の転換がキーポイント

何がストレスを招くのか

介護生活によって起こる身体的不調として、「頭痛、肩こり」「熟睡できない」「疲れやすい」「腰痛、便秘」などを訴えることが多いようです。また、「不安、イライラ」など、ストレスによる精神的不調に悩まされている人も少なくありません。

しかし、こうした心身の不調は、軽い運動をしたり、自分の時間を持つなどして、気分転換をはかり、単調な介護生活にメリハリをつけることで改善されることも多いものです。たとえ、そのストレス源となっている問題が大きくて、とり除けないものであっても、自分自身の受けとり方や対処の方法を変えるだけで、ストレスが軽減する可能性はあります。個人の性格や価値観がストレスを増大させる要因となることが多いからです。

一人で抱えこんでいては、解決はできません。家族だけでなく、介護者仲間など同じ立場の人に相談したり、積極的に社会的支援（デイサービスなど）を活用することも大切です。

介護ストレス

不安やイライラ
好きな音楽を聴いたり、お茶を飲むなど、「五感」を刺激して気分転換をはかりましょう

頭痛、肩こり
軽いストレッチをして血液の流れをよくしましょう。からだがほぐれると、心にもゆとりができます

熟睡できない
入浴、運動、光などを利用して、「心地よく眠る・目覚める」を演出します。眠りは時間より「質」です

疲れやすい
疲れはその日のうちにとりましょう。ストレッチや足裏マッサージは全身の疲労回復に最適です

腰痛、便秘
日頃から腹筋や背筋を鍛えましょう。腰痛防止とともに便秘対策にもなります

8つのキーワード

1 家族を介護に巻きこもう
2 完璧を望んではいけない
3 自分をほめてあげよう
4 たまにはプロにまかせる
5 明日にまわすことも必要
6 一人で抱えこまない
7 素直に喜怒哀楽を出す
8 介護は人生の一部だ

介護ストレスへのとりくみ方

対処のしかた	←	ストレス源
●家族、親戚 ●専門職――保健師／看護師／医師／ケアマネジャー／ホームヘルパー　など ●社会制度――介護保険制度／介護休業制度　など ●介護者の集い－介護技術講習／家族の会　など	社会的支援の活用	自分一人で抱えこみ、孤軍奮闘する 
健診を受ける／早めに予防する／健康づくりを習慣にする／自分をケアする時間を確保し、リラクセーションなどを行う	自己の健康管理	腰痛・ひざ痛／頭痛・肩こり／胃炎・胃潰瘍／下痢や便秘をしやすい／更年期症状／カゼをひきやすくなった　など
毎日全部しなくても大丈夫／自分で抱える量が多すぎた／誰かに聞きにいけばよい　という考え方へ	介護法の見直し	毎日こんなにできない／このままでは身がもたない／わからないことが多すぎる
一人で背負わなくてもいい／餅は餅屋ともいうじゃない／適度な楽観主義／人生山あり谷あり／自分の老い方を考えられる	考え方の切り換え	滅私奉公でしかない／自責の念にかられる／完璧主義である／思い通りにならないとイライラする
こうした機会を生かし、考え方を切り換えると、ストレス源がなくならなくても、ストレスを軽減することができます		こうした症状や考え方をそのままにしておくと、ストレスは増大します

快眠のすすめ

睡眠の質を向上させる方法

生体リズムをとり戻す

私たちのからだは、「生体リズム」という体内時計を持っています。生体リズムとは、体温、血圧、ホルモンの分泌、自律神経のはたらきなど、体内のさまざまなはたらきが一定の周期を持って変化していることをいいます。

この生体リズムを規則的に刻んでいるのは、一日を周期とする睡眠時間、就寝時刻、食事時刻などがセットされた「朝・昼・夜」のリズムです。介護生活によってこのリズムが乱れると体調をくずしやすくなります。

「熟睡できない」「寝つきが悪い」などは、介護する人に多い悩みです。体内時計を調整するには睡眠が大きなカギになります。心地よく眠るためには、しっかり起きてメリハリのある一日を過ごすことがポイントになります。

心地よく眠る

音

刺激的なものは避ける

寝る直前までの興奮するようなテレビ・ラジオ、音楽、読書など、目や耳からの刺激は避けます。神経が高ぶって、なかなか寝つけません。

刺激的なテレビなどは、なるべく録画をして、昼間に見るといいでしょう

光

うす暗い光の中で

部屋を遮光カーテンや雨戸で暗くして、眠りにつくといいでしょう。

ただし、あまり暗い部屋よりうす暗い程度のほうが安眠できるようです。月明かりが少し入る程度の隙間をつくったり、足元灯をつけるのもいいかもしれません

目覚めをよくする

心地よい音で目覚める

起きる時刻を一定にする習慣をつけると、目覚めはよくなります。自分の好きな音楽、テレビ・ラジオなどのタイマーを起床時刻に合わせて、時計代わりにするのもいいでしょう。

心地よい目覚めが期待できそうです

強い光で目覚める

朝起きたら、カーテンや雨戸を開けて、太陽の光をいっぱいに浴びます。強い光を受けて、目覚めをスッキリさせましょう。

雨やくもりの日であれば、部屋の電灯をつけて、その明かるさで刺激を受けるようにします

社会活動

ほっとする時間を持つ

家族や友人、またはペットなどと、ほっとできる時間を持つことは大切です。とりとめのないおしゃべりをしたり、散歩したりと、いっしょに過ごすことで、一人のときとは違ったリラックス効果が得られます

活動的な時間を持つ

仕事や学校、趣味や地区活動、ボランティアや定期的な散歩など、家庭外での活動は、自分が社会の一員であると感じる場でもあります。

外からの適度な刺激はやる気を起こさせ、メリハリのある一日をつくります

運動

寝る前の軽いストレッチ

寝る前に軽いストレッチをして、適度にからだを動かしましょう。

特に足は思いのほか疲労が貯まっています。足の裏をもんだり、たたいたりして、血行をよくします。疲れが解消されるので、眠れない夜にはおすすめです

横になってストレッチ

横になったまま、両手をにぎって開くなどのストレッチをして、さらに手足や首、関節をよく伸ばします。

また併せて、腹式呼吸を行うのもいいでしょう。スッキリして、からだの中から目覚める感じがします

入浴

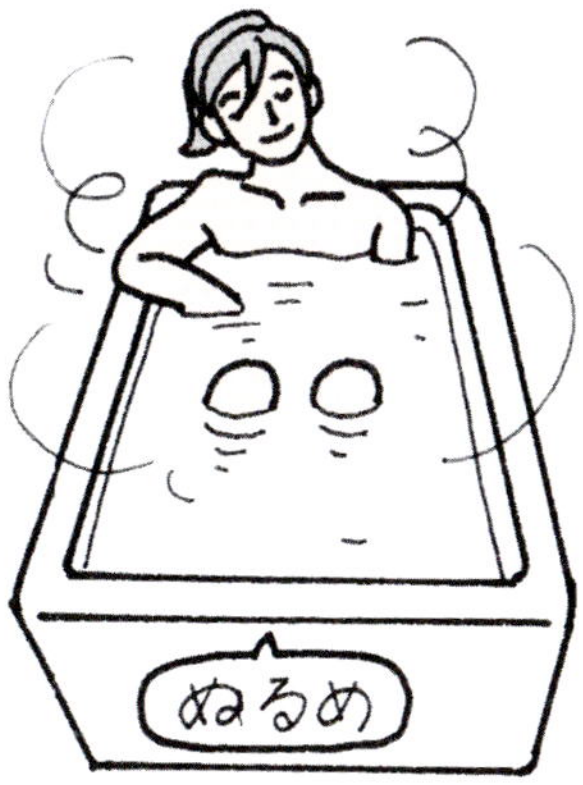

ぬるめのお風呂に入る

37～40度程度のぬるめのお湯にゆっくり入ります。副交感神経がはたらいて全身の緊張が静まり、心身ともにリラックスできます。

ただし、寝る直前や食事直後は避けてください。逆効果になることがあります

熱いシャワーを浴びる

一日のスタートに、42度くらいのやや熱めのお風呂に入ったり、熱いシャワーを浴びるのもシャキッとします。交感神経が刺激されて、気分を盛り上げる効果があります。

ただし、高血圧や心臓病などのある人は避けてください

食事

脂肪分控えめ、腹八分目

食事は、脂肪分の少ないメニューで腹八分目程度にします。食べ過ぎたり、胃がもたれるようなメニューでは、寝つけなくなります。

また夕方以降は、コーヒー、紅茶などの刺激物は避けたほうがいいでしょう

朝食はしっかり食べる

起きたら、まずコップ１杯の水やお湯で、内臓を目覚めさせます。朝食は一日のはじまりです。よくかんでしっかり食べましょう。

時間がなければスープ１杯でもかまいません。かならず食べるように心がけてください

腰痛体操

介護者にいちばん多い腰痛を防ぐために

簡単にできる腰痛体操

お尻とお腹の筋肉を鍛える

高齢者でも比較的楽にできます

1 お腹に力を入れる

まず床にあお向けに寝ます。次に両手をお腹の上にのせ、両ひざを立てた状態にし、お腹に力を入れます

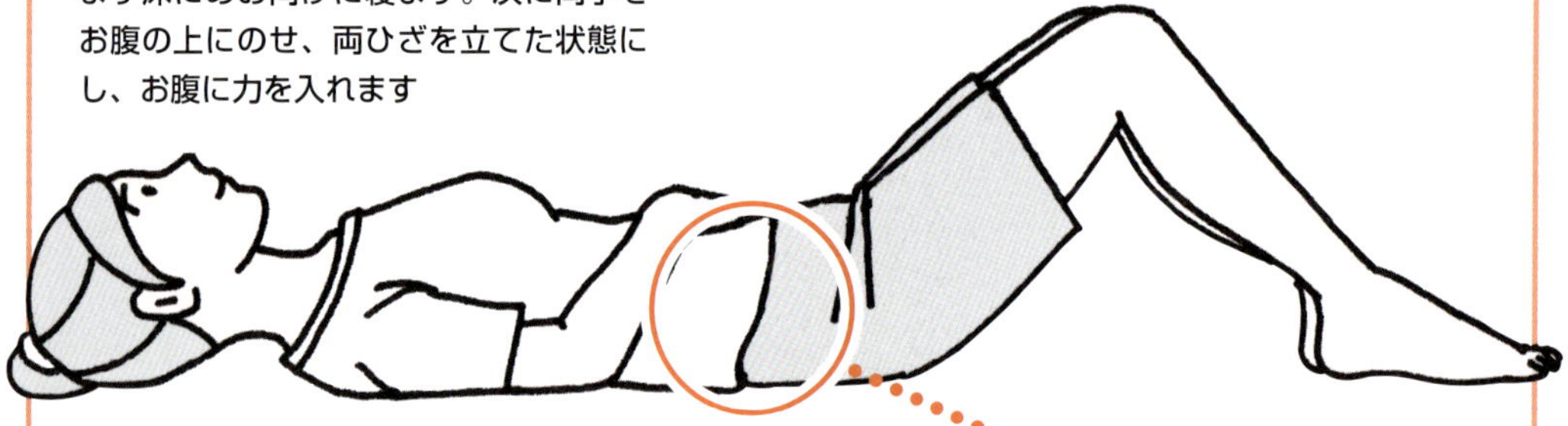

背中を床に押しつける
肩からお尻にかけて背中全体をしっかりと床に押しつけておきます。隙間があると腰へよぶんな負担がかかるので注意しましょう

2 おへそをのぞきこむ

お腹に力を入れ、肛門を締めるようにお尻にも力を入れます。次におへそをのぞきこむように頭を上げて、お尻を少し浮かせます

上体は起こさない
頭を上げる際には、肩から腰までの上体は床に着けたままにしておくのがポイントです

無理をせずに習慣づける

介護には、中腰などの無理な姿勢をはじめ、肩や腰などに負担のかかる動作が多く、腰痛や肩こりがつきものです。

からだの疲労は、心の疲労（ストレス）にもつながります。介護生活を続けるためにも、疲れを貯めないように、心身ともにリフレッシュすることが大切です。

そこで、肩や腰の筋肉をほぐし、腹筋や背筋を鍛える、家庭でも簡単にできる体操を紹介します。最初は5回くらいをめどにして、はじめるといいでしょう。慣れてきたら徐々に回数を増やしていきます。反動をつけないで、一つ一つの動作をゆっくりと一定のリズムで行います。たとえ1日15分でも、毎日、根気よく続けるようにしましょう。

痛みが起きてしまったら

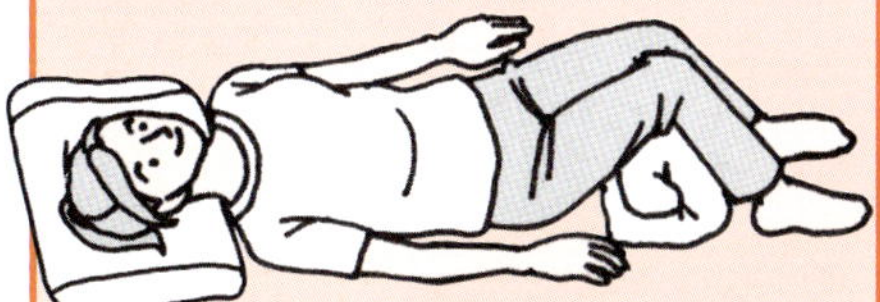

あお向けの場合：両ひざを立て、腰が反らないようにします。頭の下やひざ下に枕などを入れてもいいでしょう

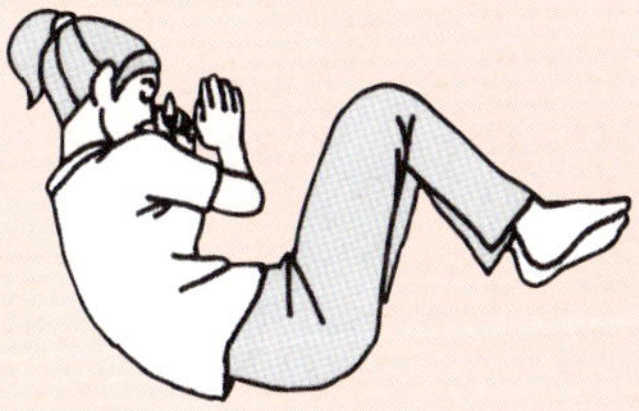

横向きの場合：えびのように背中を丸めて、おへそを見るようにします

肩がこったら

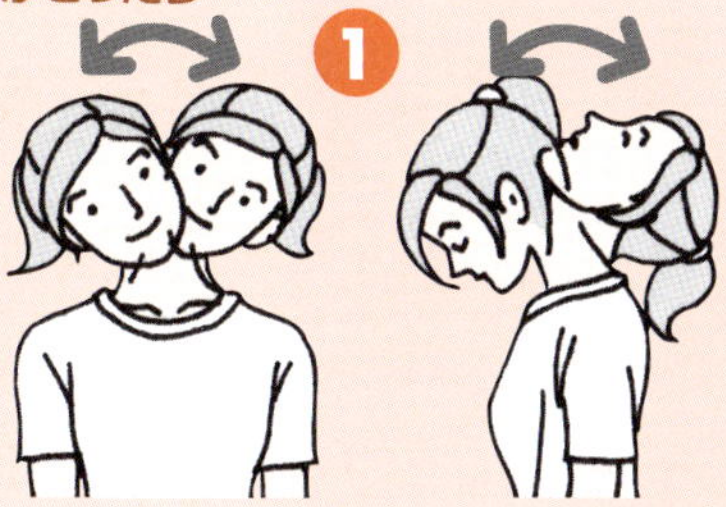

①首を前・後、左・右にゆっくりと反動をつけないで、伸ばすほうを意識して曲げます。あごを上げたときは口を開けないようにします

②片方の腕を横に伸ばし、もう片方の腕で後方に引きます

③片方の腕を上に上げてひじを曲げ、もう片方の手でそのひじを引きます。②、③ともに反対側の腕も同様に行います

お腹の筋肉を鍛える（腹式呼吸）

❶ あお向けに寝る

あお向けに寝て、両手を頬《ほお》に着け両ひざを立てたら、大きく鼻から息を吸います

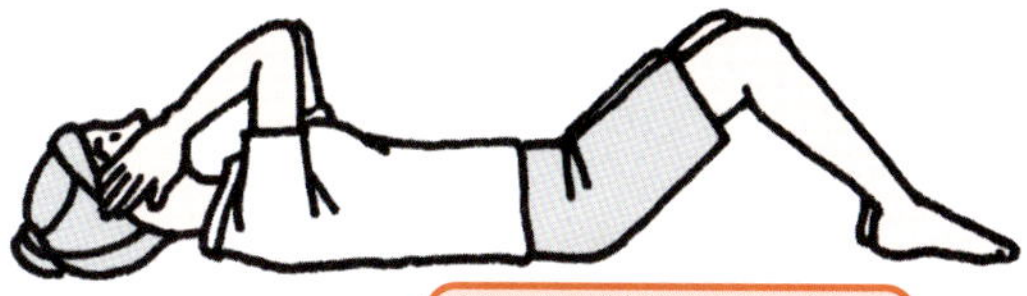

ひざは開いてもよい
両ひざは肩幅くらいに開いてもかまいません

❷ ゆっくりと起きる

口で息を吐きながら、ゆっくり上半身を起こして5秒ほど静止します。無理な場合は、肩が少し浮く程度でもかまいません

背中を床に密着させる
すき間ができると腰に負担がかかるので、ピタッと床に着けます

❸ 最初の状態に戻す

大きく鼻で息を吸いながら、ゆっくりと元の状態に戻します。頭は少し浮かせておきます

腰の筋肉を伸ばす（腹式呼吸）

❶ 両ひざをつかむ

あお向けに寝たら、鼻で息を吸いながら両ひざを曲げて両手でつかみます

❷ ひざを引き寄せる

口で息を吐きながら、両ひざが胸に着くまでゆっくりと引き寄せます。鼻で息を吸いながら、両ひざを元の位置に戻します

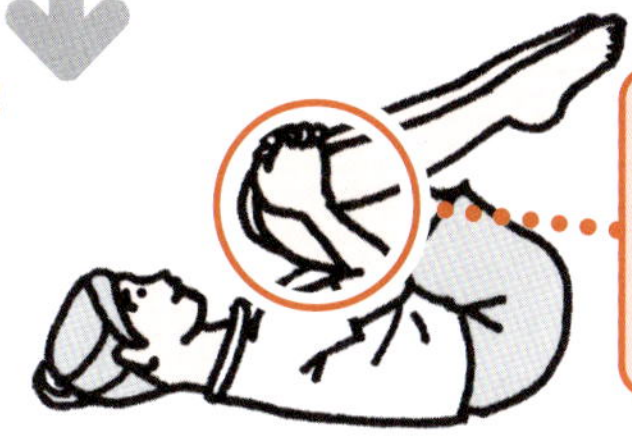

息を吐きながら
両ひざを引き寄せるときは、息を吐きながら

両ひざを開く
両ひざを開いて抱えこむと、より効果的です

17-4

介護生活リラクセーション（1）

腹式呼吸のすすめ

心身の緊張がほぐれ、心地よさが得られる

心身をリフレッシュする

介護を続けていると緊張することも多く、からだの緊張は、そのまま心の緊張につながります。知らないうちに、呼吸が浅く速くなって、息がつまるような感覚になることもあります。

からだの緊張をときほぐすことで、心の緊張がほぐれてくることは少なくありません。

忙しい介護の合間に、簡単なストレッチでからだの緊張をほぐして、心身ともにリフレッシュしましょう。上半身の緊張がとれたら、腹式呼吸で意識的に深くゆっくり呼吸をしましょう。胸式呼吸にくらべて、体内に効率よく酸素をとり入れられます。

冷え性、寝つきの悪い人にもおすすめです。

主な効果

- 胃腸の活動が促進される
- 全身の血のめぐりがよくなる
- 背すじが伸びて心地よくなる
- ゆったりした気分になる
- 集中力が高められる
- 自律神経系を調節する

準備編 呼吸筋のストレッチ

1 両足は肩幅に開く

手は太腿の上におき、背すじをピンと伸ばして、あごを少し引きます

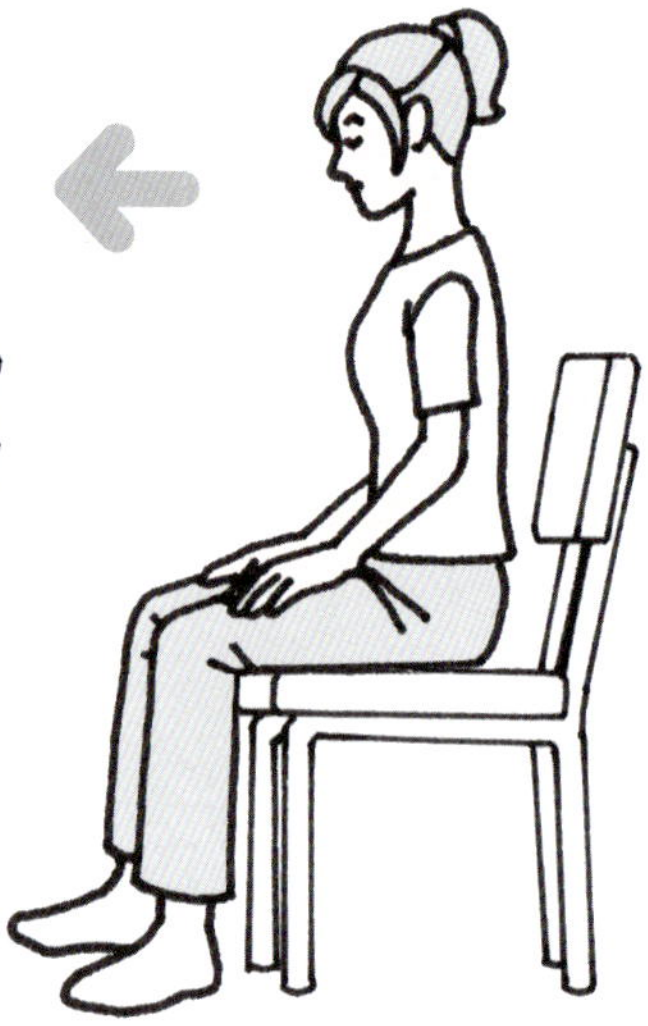

2 大きく息を吸う

息を吸いながら肩をいっぱいに上げ、そのまま緊張させ1〜2秒保ちます

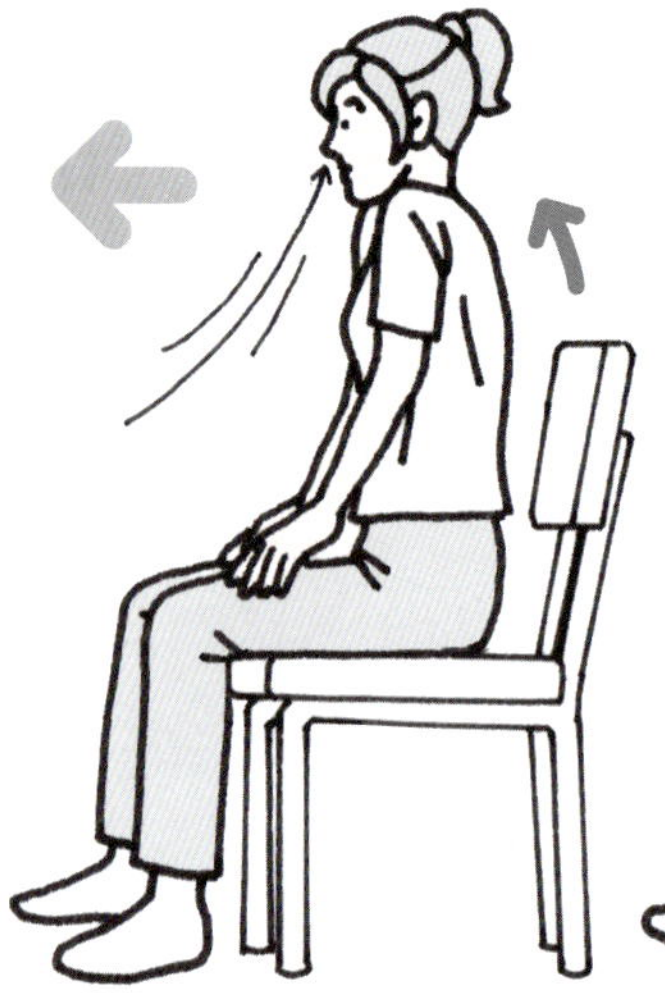

実践編 イスにすわって

1 足を床に着けてすわる

あごを少し引いて、軽く目を閉じ、背中は背もたれから離しておきます

2 手は胸とお腹に

片手は下腹にあて、もう一方の手は胸にあてます

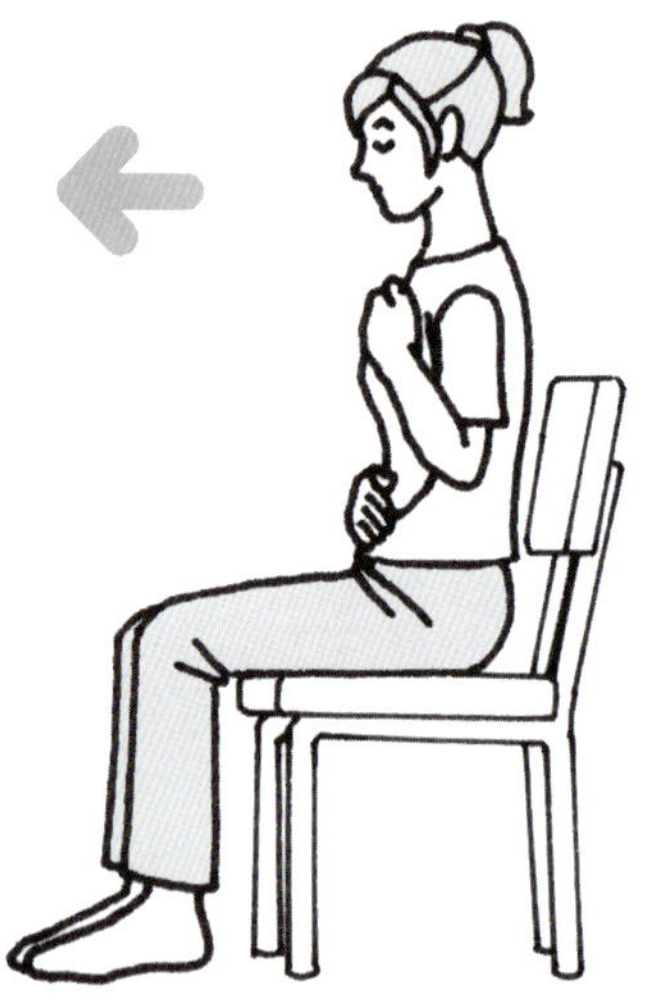

実践編 あお向けで

❶ あお向けになる

床に寝て、両ひざを立てたら、床と腰の間にすき間をつくります

すき間をつくる

腰の下に手を差しこんで、すき間をつくります

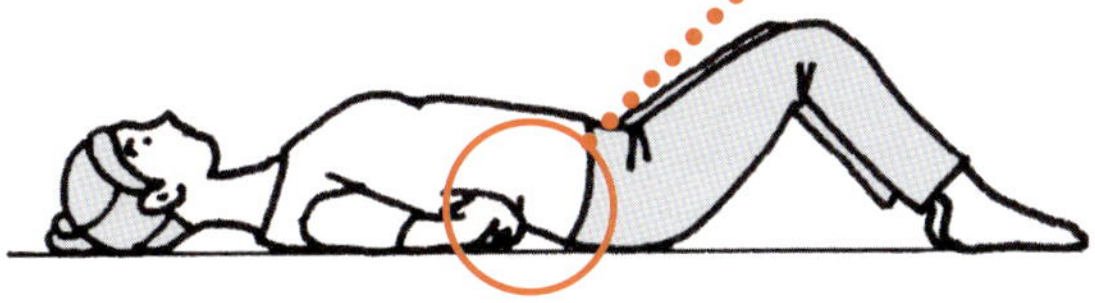

❷ 口から息を吐く

片手をお腹の上におき、口をすぼめて、ゆっくりと長く息を吐きます

すき間を埋める

腰と床のすき間を埋めるような感じで息を吐きます

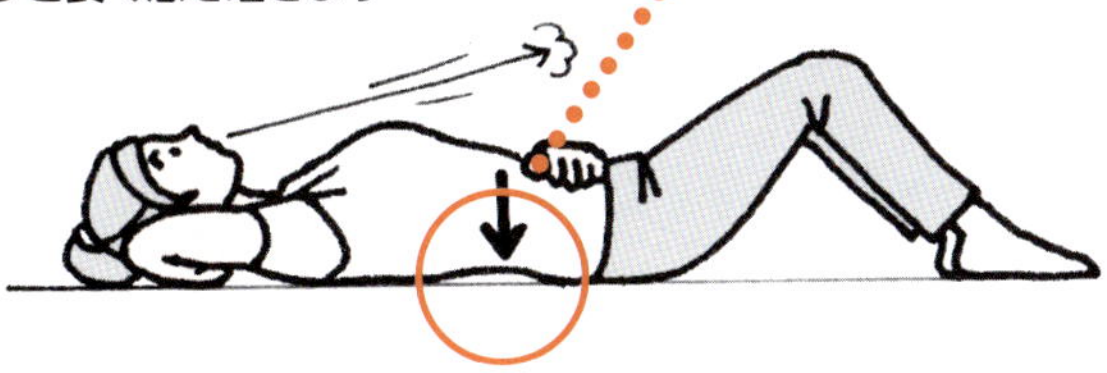

❸ 息を吐ききる

息をすっかり吐ききります。①の姿勢で鼻から息を吸い、①～③を3～5分間行います

床に着ける感覚で

おへそを床に押しつける感じで、息を吐ききります

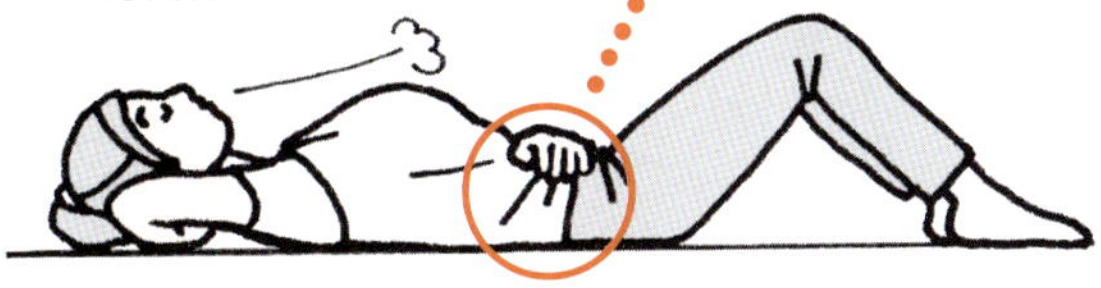

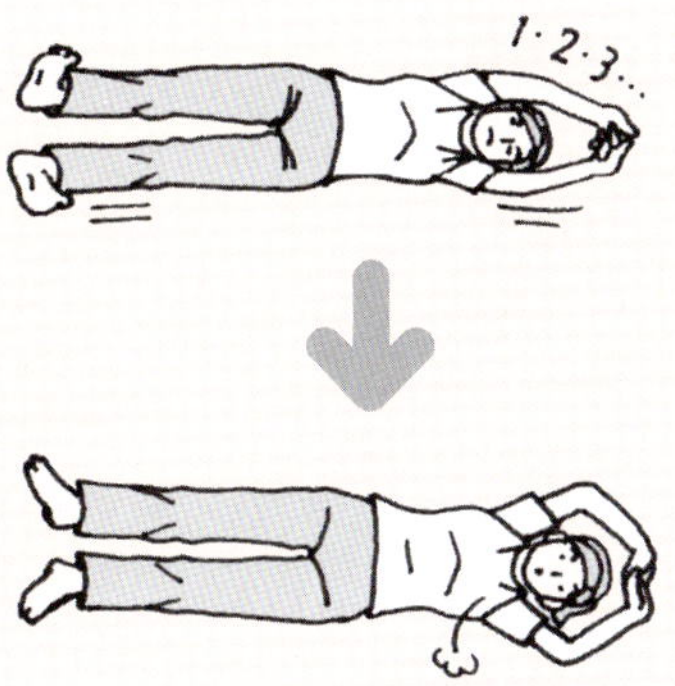

仕上げのストレッチで覚醒を

指を組んで手のひらを上に向けたら、足首を手前に曲げて全身を伸ばします。伸びきったら、ふっと力を抜きます。この動作を2～3回くり返します

❸ 両肩関節をまわす

腕の力を抜いて、両肩関節を後ろのほうへ大きくまわすようにします

❹ 大きく息を吐く

息を吐きながら両肩の力をストンと抜きます。これを2～3回くり返します

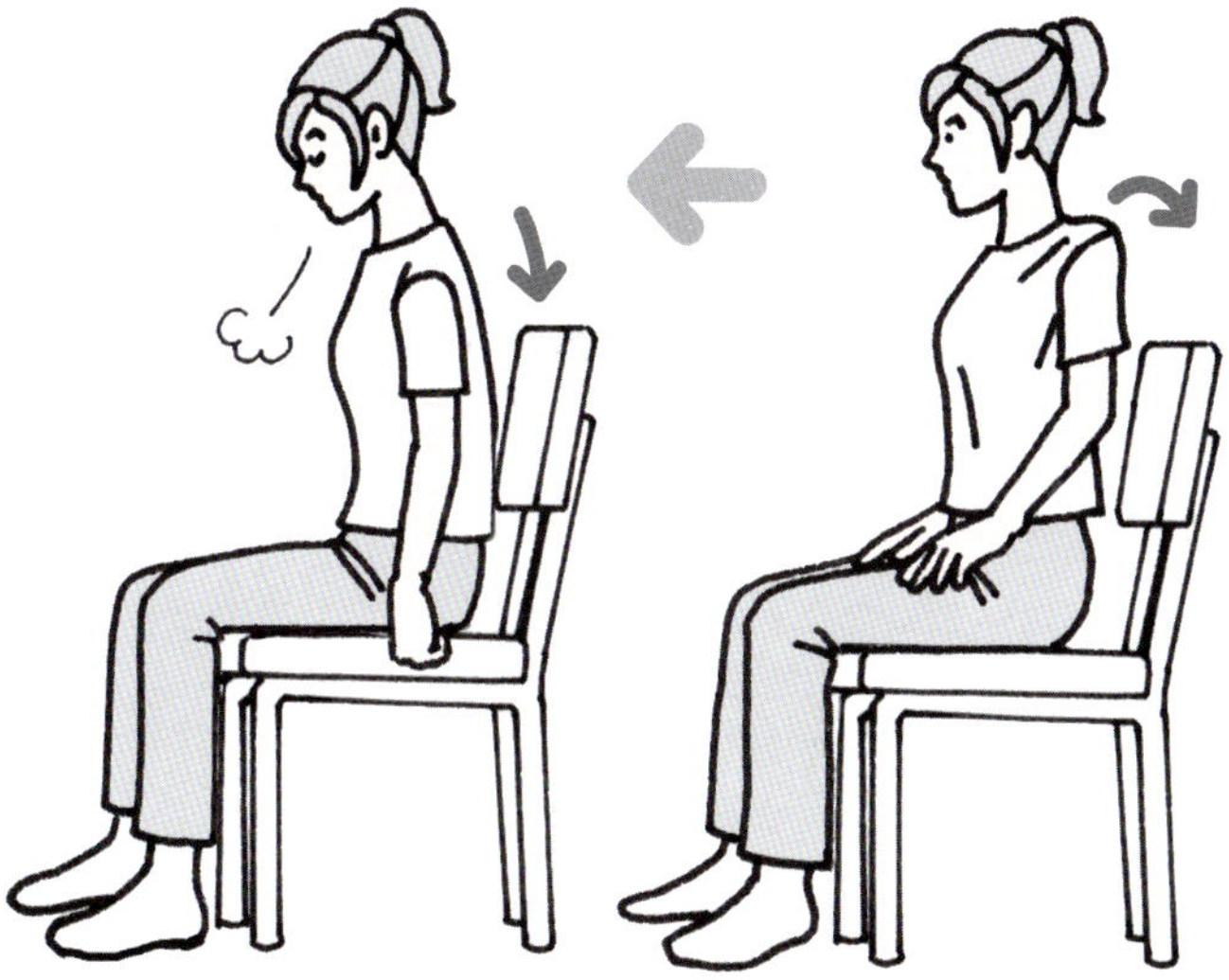

❸ 口から息を吐く

口から息をゆっくりと吐きます。お腹から絞りだす感じで吐ききります

❹ 鼻から息を吸う

鼻からゆっくり息を吸うと自然にお腹が膨らみます。①～④を3～5分間行います

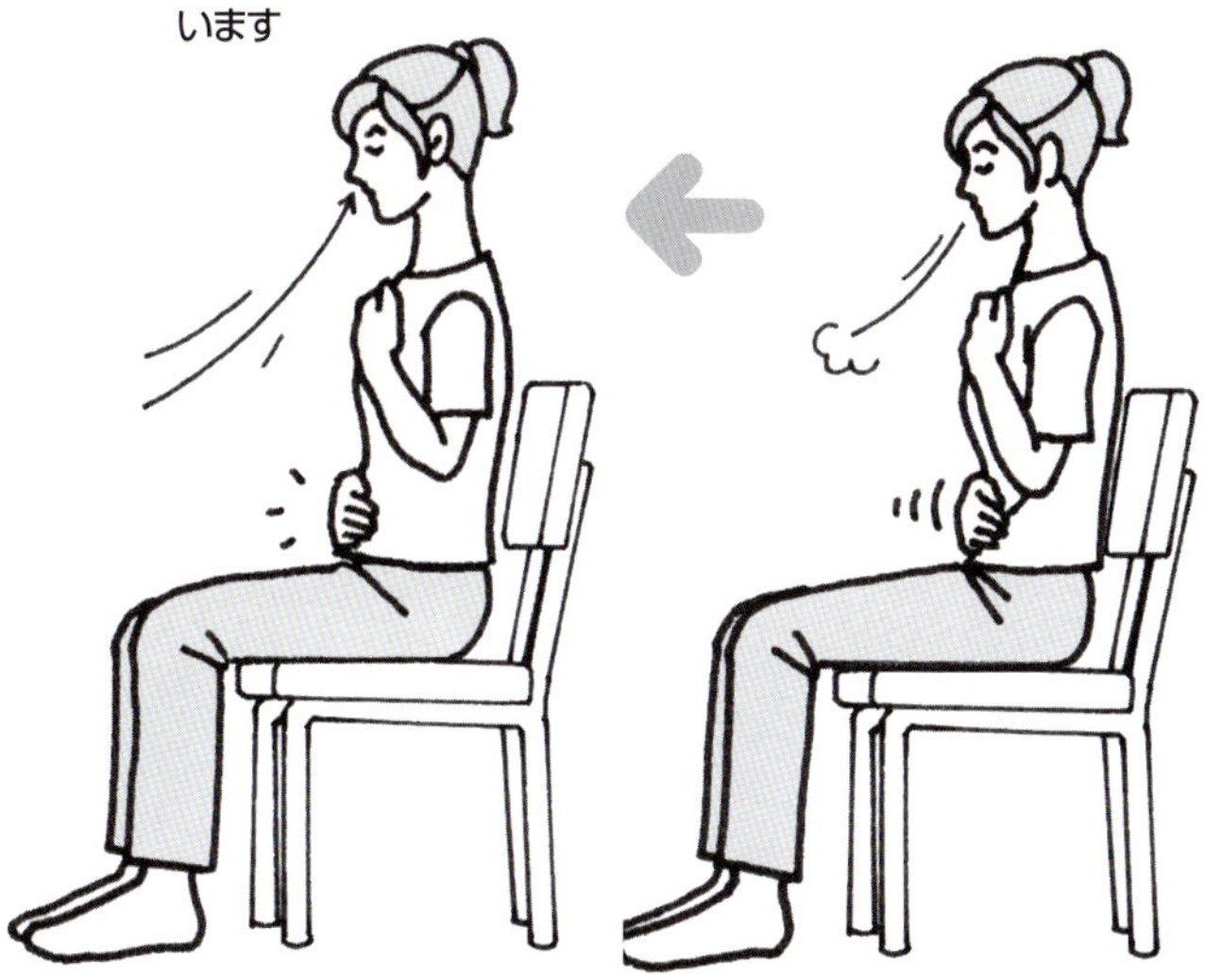

17-5

介護生活
リラクセーション
（2）

ボディワークⅠ

全身疲労の回復に効果的

一人でできるボディワーク

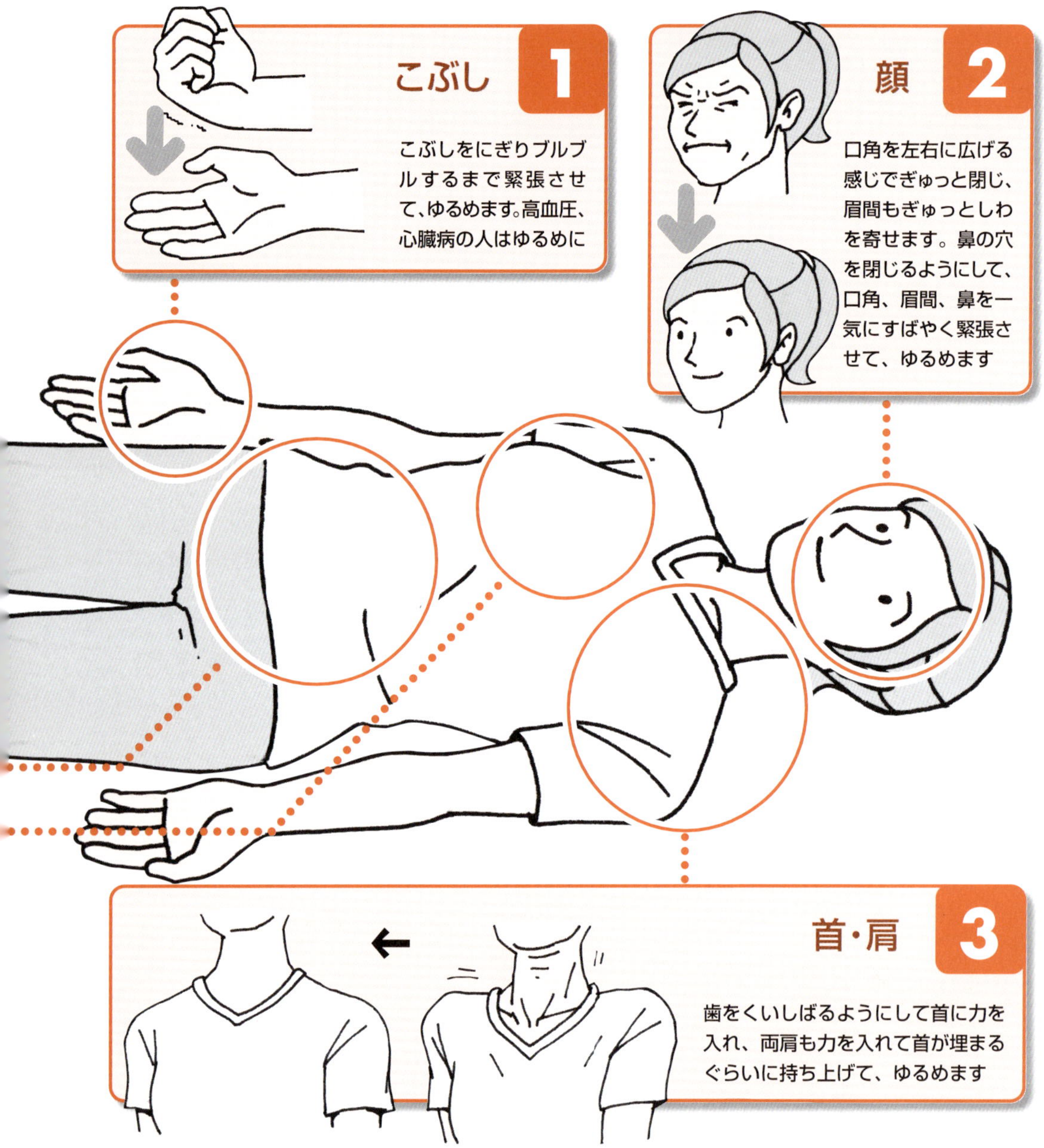

1 こぶし

こぶしをにぎりブルブルするまで緊張させて、ゆるめます。高血圧、心臓病の人はゆるめに

2 顔

口角を左右に広げる感じでぎゅっと閉じ、眉間もぎゅっとしわを寄せます。鼻の穴を閉じるようにして、口角、眉間、鼻を一気にすばやく緊張させて、ゆるめます

3 首・肩

歯をくいしばるようにして首に力を入れ、両肩も力を入れて首が埋まるぐらいに持ち上げて、ゆるめます

全身の筋肉のリラックス法

家事や介護に忙しく過ごしていると、心身ともに緊張から解放されることは少ないものです。一日の中に簡単なリラクセーション法をとり入れて、緊張をほぐしましょう。

まずは、全身の筋肉を弛緩させる方法です。あお向けになって全身の力を抜きます。こぶしをにぎり5秒間緊張させたら、パッと開いて力を抜きだらんとします。これを2回ほどくり返したら、次に顔面、首・肩、胸、腹、脚と順番に筋肉を5秒間緊張させ、一気に緊張を解きます。この動作を各部位2回ずつくり返し、最後に手や脚をゆっくり曲げ伸ばししてから立ち上がります。さらに、足も思いのほか疲労が貯まっています。足の体操も併せて行うとより効果的です。

足いきいき体操

1
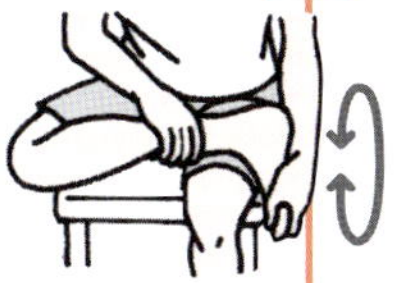
手の指を足の指の間に差しいれ、大きく左右20回ずつまわします

2

指先を持ったまま足の裏を反らして、アキレス腱を伸ばします

3

足首を固定して足の指先を軽くほぐし、付け根の関節をゆるめます

4

湧泉のツボに両親指を重ねて、息を吐きながらぐーっと押します

5
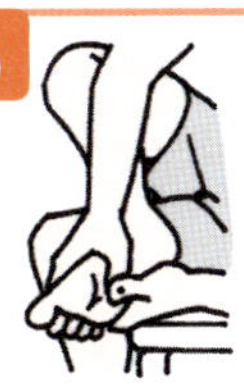
足心のツボも両親指を重ねて、息を吐きながらぐーっと押します

6
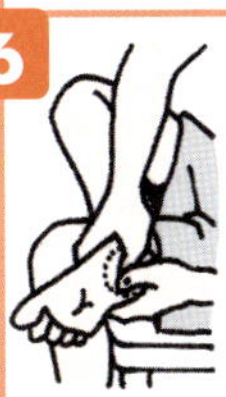
失眠のツボは軽く押してから、息を吐きながらまわりを押します

7

かかとから指の付け根まで、足の裏全体をくまなく押します

8
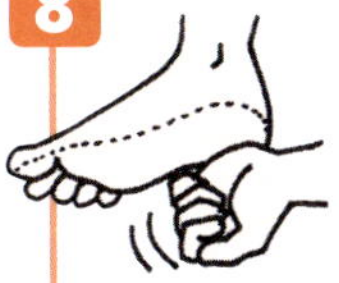
こぶしの側面を使って、足の裏全体をトントンと軽くたたきます

9
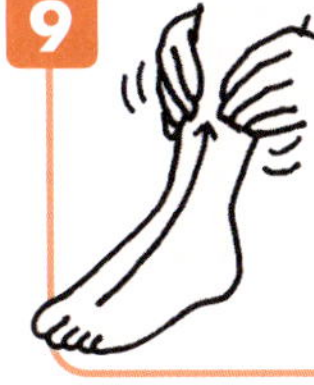
足の甲からさすり上げ、足首からふくらはぎに向かってもみます

足裏のツボ

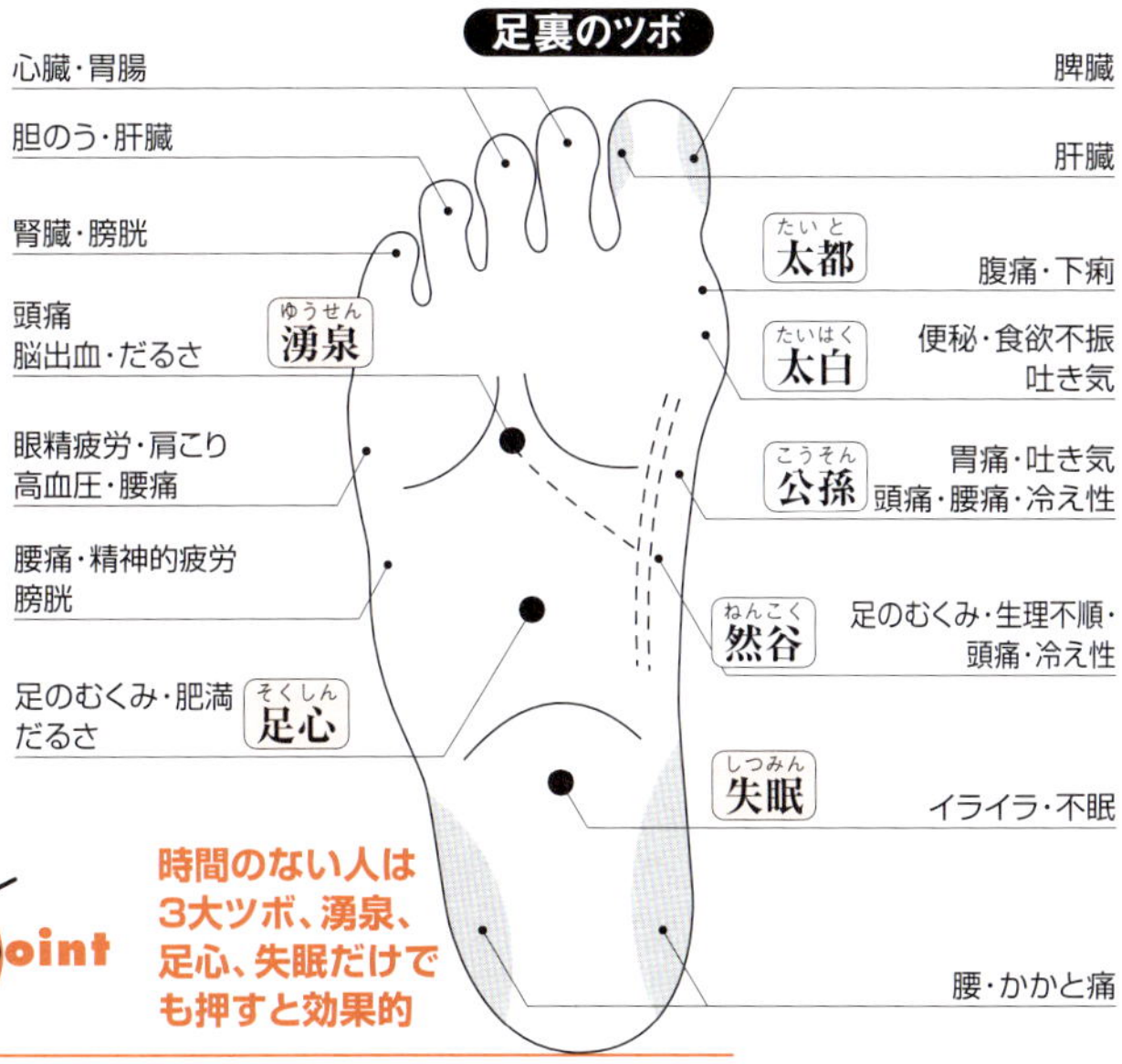

心臓・胃腸
胆のう・肝臓
腎臓・膀胱
頭痛
脳出血・だるさ
湧泉《ゆうせん》
眼精疲労・肩こり
高血圧・腰痛
腰痛・精神的疲労
膀胱
足のむくみ・肥満
だるさ
足心《そくしん》
脾臓
肝臓
太都《たいと》
腹痛・下痢
太白《たいはく》
便秘・食欲不振
吐き気
公孫《こうそん》
胃痛・吐き気
頭痛・腰痛・冷え性
然谷《ねんこく》
足のむくみ・生理不順・
頭痛・冷え性
失眠《しつみん》
イライラ・不眠
腰・かかと痛

point 時間のない人は3大ツボ、湧泉、足心、失眠だけでも押すと効果的

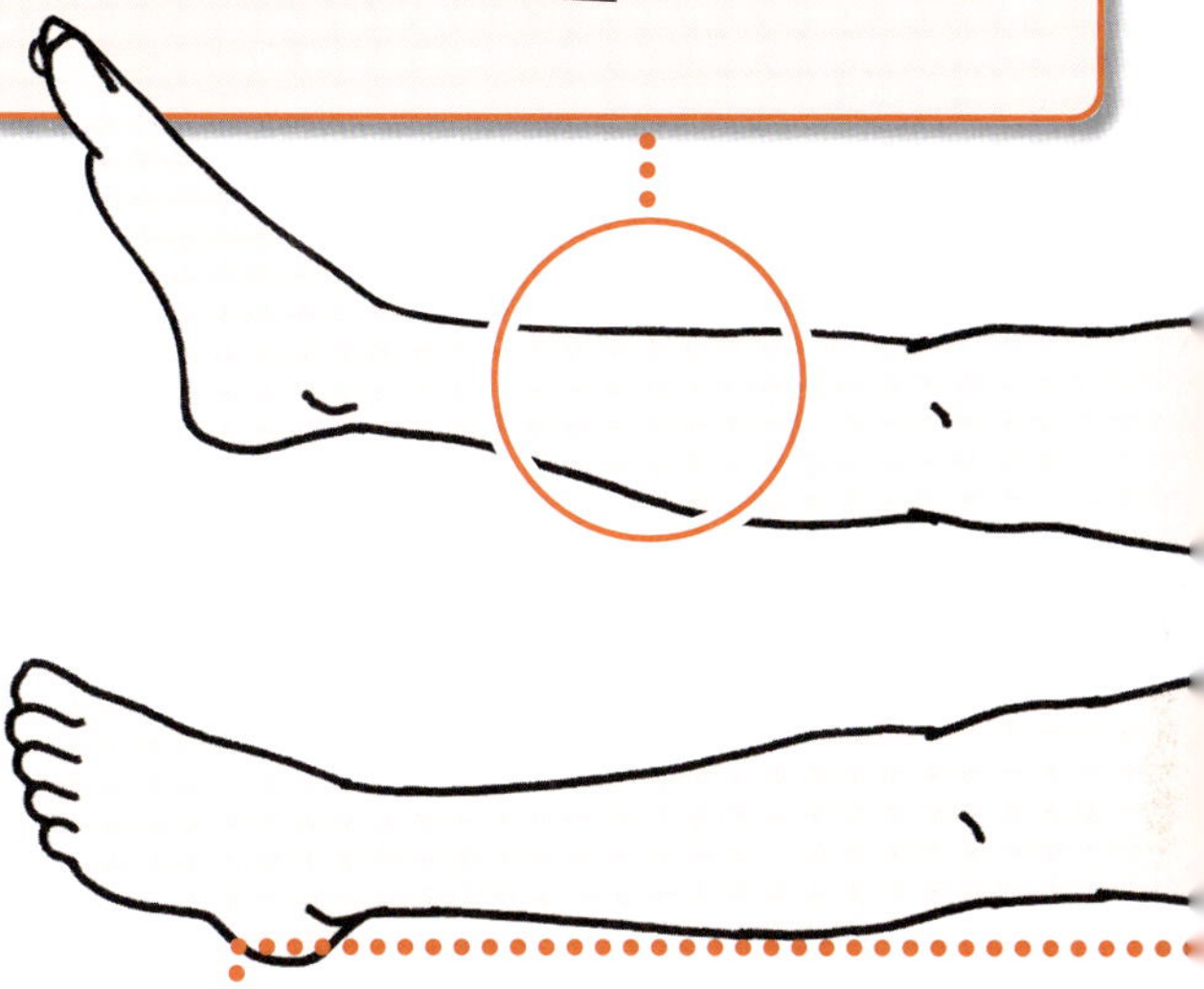

6 脚

脚は少し閉じ気味にして、太腿《ふともも》、ふくらはぎ、指の先までいっしょに緊張させて、ゆるめます

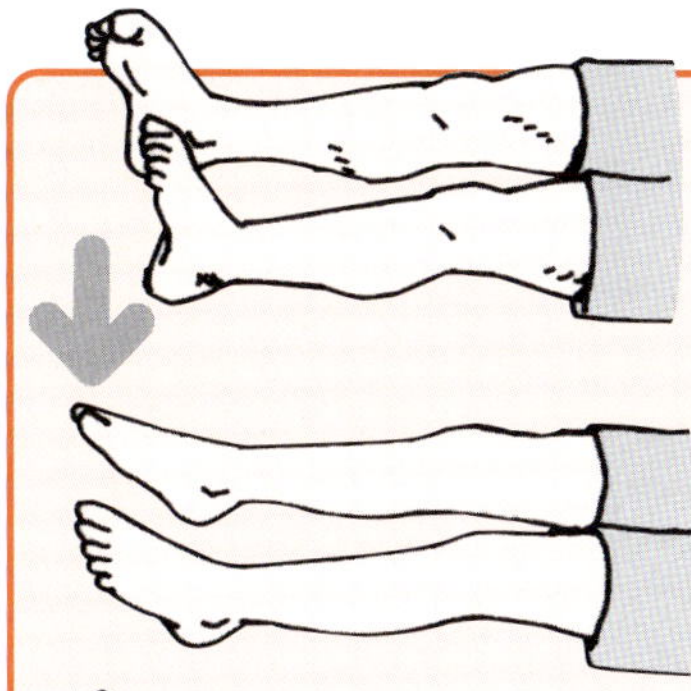

5 腹

お腹は少しへこますようにして、腹筋を意識しながら力をぎゅっと入れて、ゆるめます

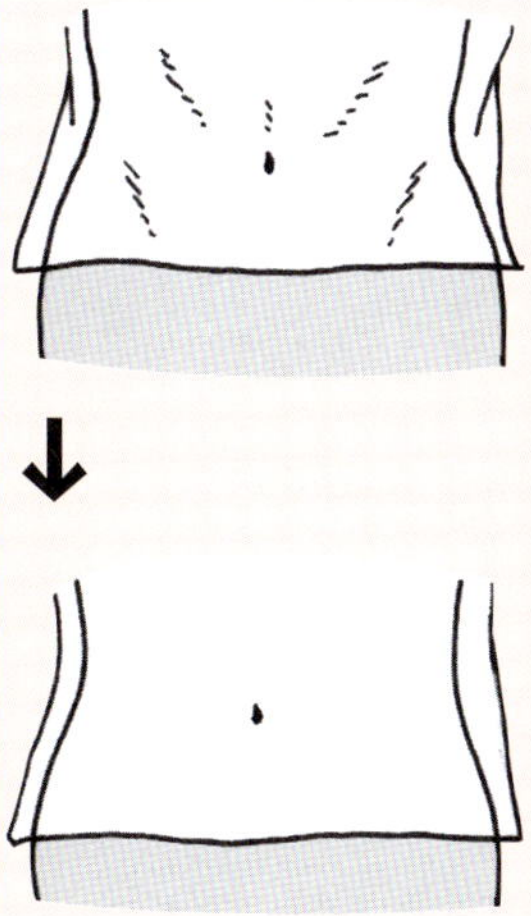

4 胸

両手で胸を中央に寄せる感じで、胸の筋肉にぎゅっと力を入れて、ゆるめましょう

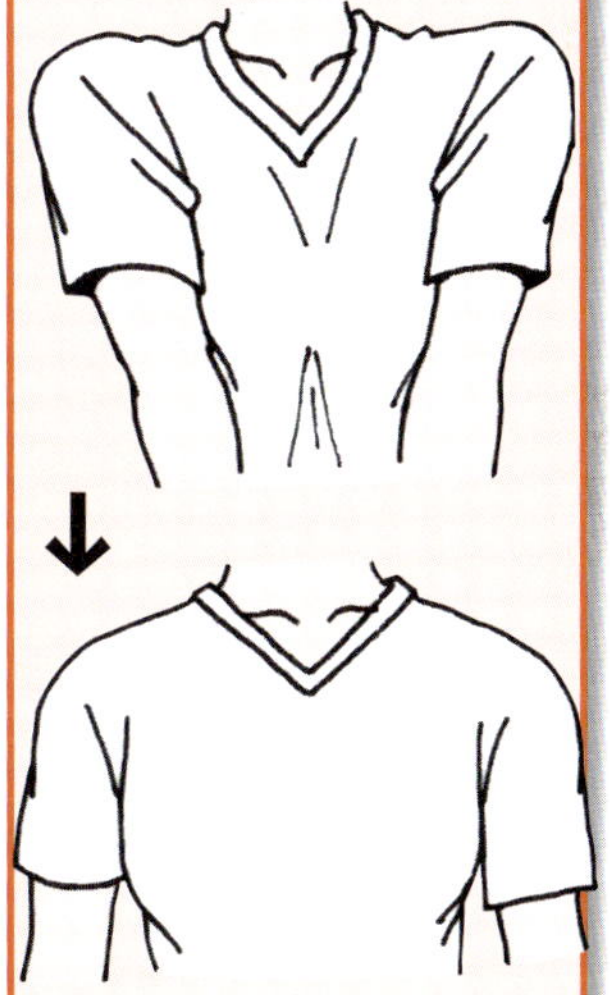

ボディワークⅡ
2人1組で行うから人間関係もよくなる

2人で行うボディワーク

人間温湿布

まず、一人が手と手をこすり合わせます。手のひらが温かくなってきたら、その手を相手の肩や背中にそっとおきます。ちょうど温湿布を貼り付けるように手の温もりが伝わって、ふだん感じることのない温かさが実感できます。言葉とは違うコミュニケーションを体感してみましょう

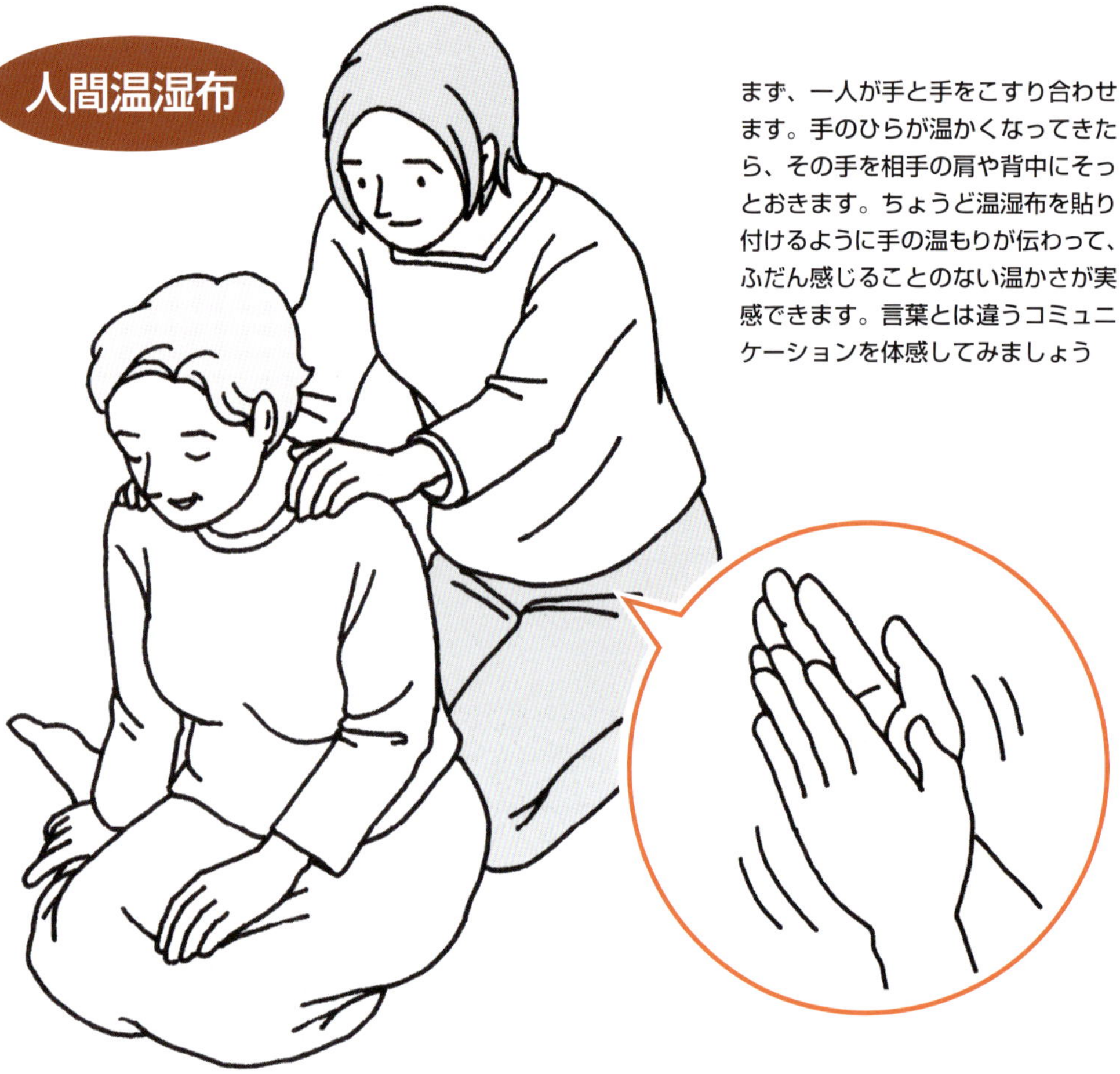

からだゆらし

全身の力を抜いて、手はからだのわきにおき、脚は閉じて力を抜きます。からだをゆらす人は、相手の両方のかかとの下に片手を入れて支え、もう一方の手で相手の両親指をつかみ左右に動かします。からだの中がタプタプゆれている感じがすればいいでしょう

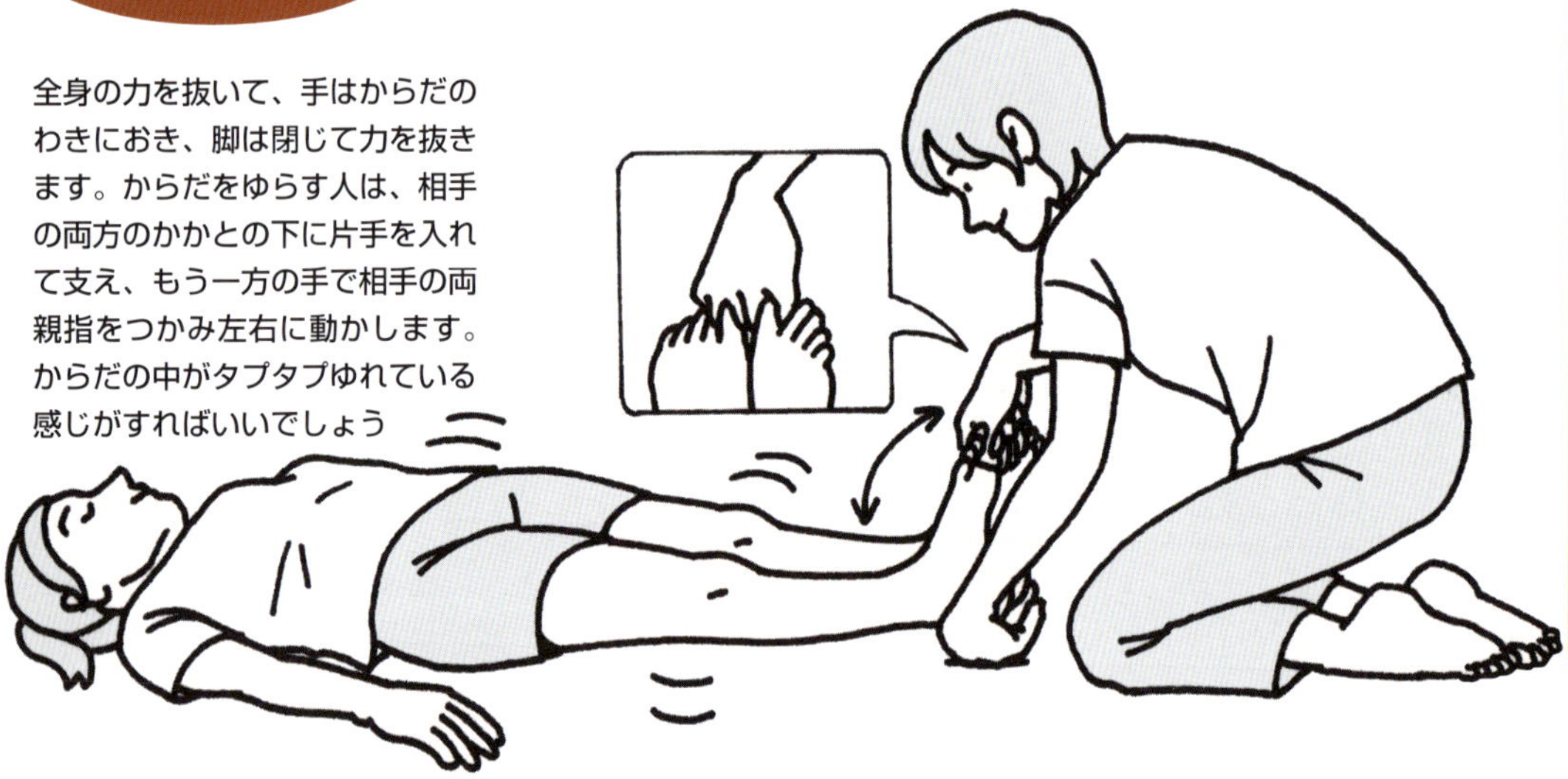

五感を活用する

視覚、聴覚、嗅覚《きゅうかく》、味覚、触覚《しょっかく》、これが「五感」です。五感はそれぞれが緻《ち》密《みつ》にはたらいているだけでなく、互いが密接に結びついている感覚です。介護を続けているとイライラしたり、落ちこんだりとストレスが溜まります。そんなときは、これら五感を上手に活用してみましょう。心とからだをほぐすリラクセーション効果が得られます。

音楽

音楽には気分を高めたり、鎮静化させる効果があります。心にゆとりがないときこそ音楽を聴きましょう。たまには、要介護者と聴くのも雰囲気が変わっていいかもしれません

色彩

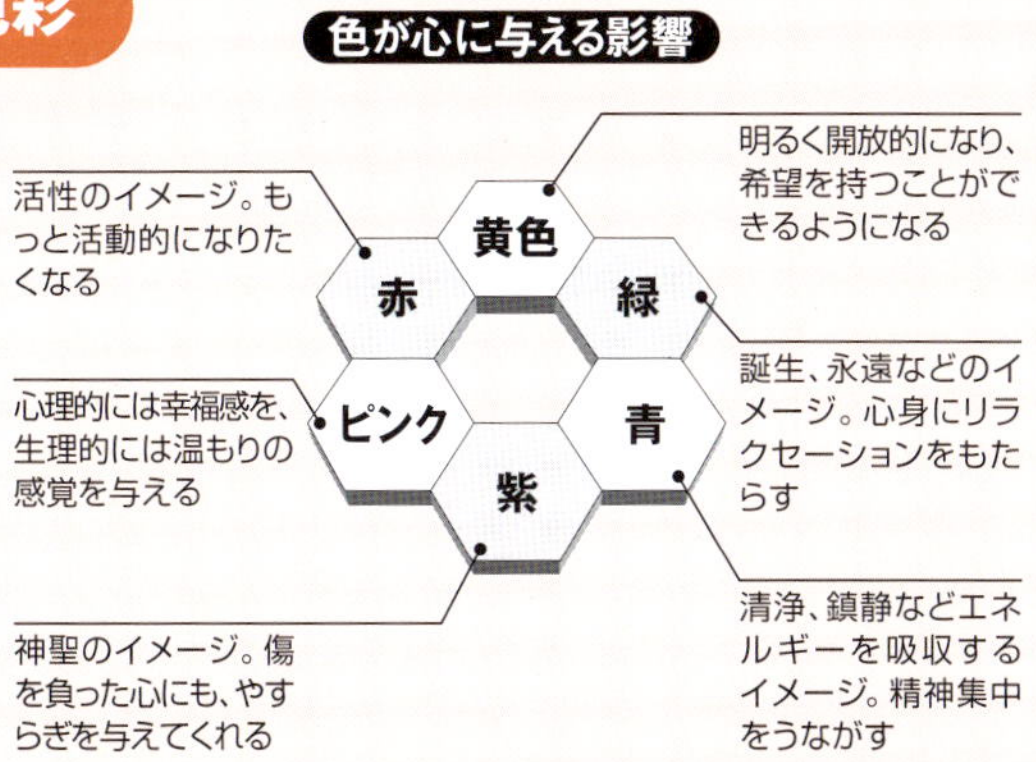

色が心に与える影響
黄色
明るく開放的になり、希望を持つことができるようになる
赤
活性のイメージ。もっと活動的になりたくなる
緑
誕生、永遠などのイメージ。心身にリラクセーションをもたらす
ピンク
心理的には幸福感を、生理的には温もりの感覚を与える
青
清浄、鎮静などエネルギーを吸収するイメージ。精神集中をうながす
紫
神聖のイメージ。傷を負った心にも、やすらぎを与えてくれる

末永蒼生「色彩楽」（日本ヴォーグ社刊）より

絵を描くとき、形を表現するのに左脳がはたらくのに対し、色彩表現には右脳がはたらきます。ストレスは左脳の使い過ぎです。右脳を活発にして、ストレスを和らげましょう

園芸

植物を見るだけでも情緒を安定させる効果があります。血圧や心拍数が安定し、やすらぎの脳波といわれるアルファ波が多く出ます。特に、緑色はリラクセーション効果大です

動物

動物の癒《いや》し効果は多くの病気治療にとり入れられ、感情調整や意欲向上、痛みの緩和などに応用されています。犬や猫を飼わなくても、写真集を見たりするだけでも心が和みます

香り

ハーブなどから抽出したエッセンシャルオイルや日本古来のお香などの香りは、気分転換には最適です。種類もいろいろあるので、目的に合わせて使い分けるといいでしょう

17-7

介護生活
リラクセーション
（4）

いっぱつ体操

高齢者にも気軽にできる筋力アップ法

筋力を強くするアイソメトリック体操法

太腿①

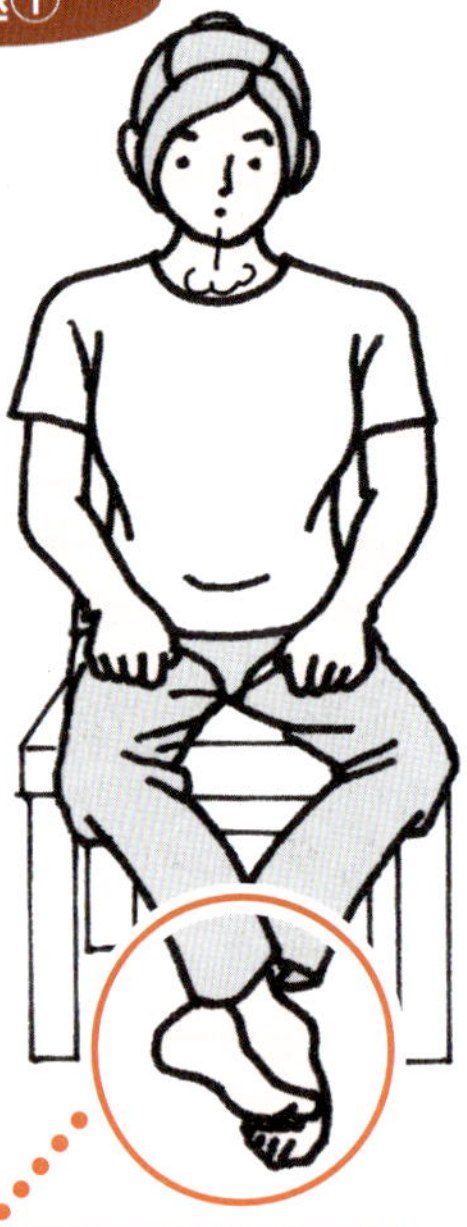

太腿の前面（大腿四頭筋《だいたいよんとうきん》）と裏（屈筋群）の強化。足を引っかけるようにして組み、下の足を上へ、上の足はおさえるように力を入れて、5〜6秒。反対の脚も同様に行います

太腿②

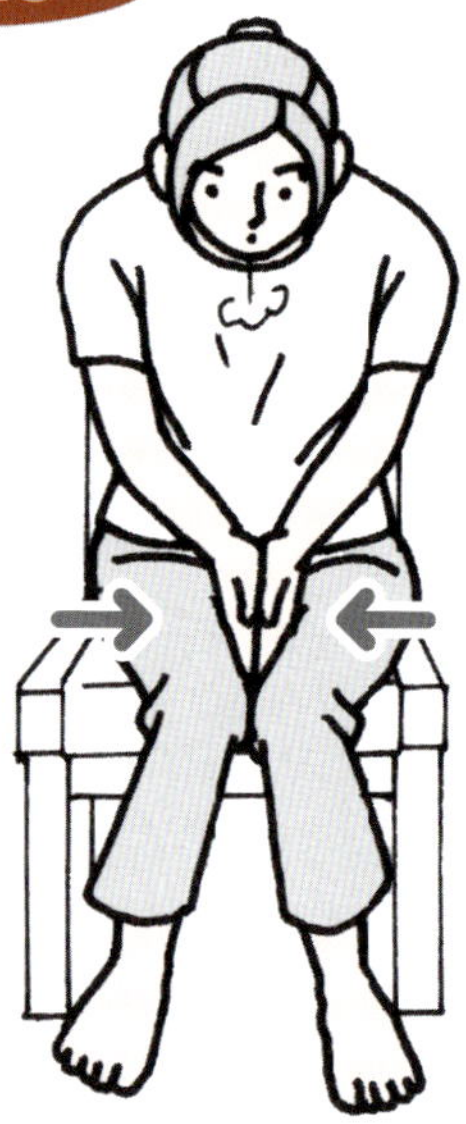

太腿の内側（内転筋群）の強化。両足は少し開き、ひざの間に両手を合わせてはさみ、締めつけるように力を入れて、5〜6秒

足を引っかける

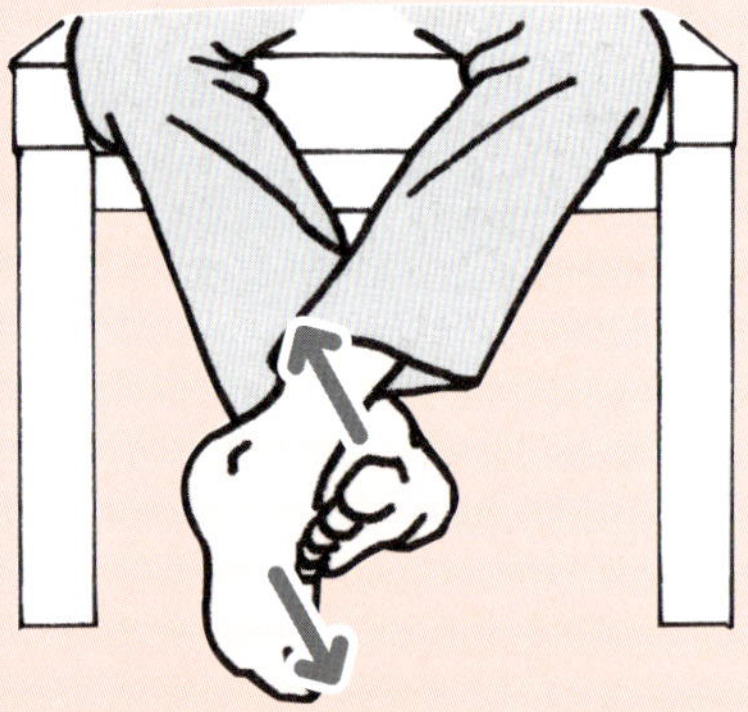

イスに腰かけ、床に足を着き、両足を引っかけるように組みます。互いに引っぱりあうように両側の足に力を入れます

腰

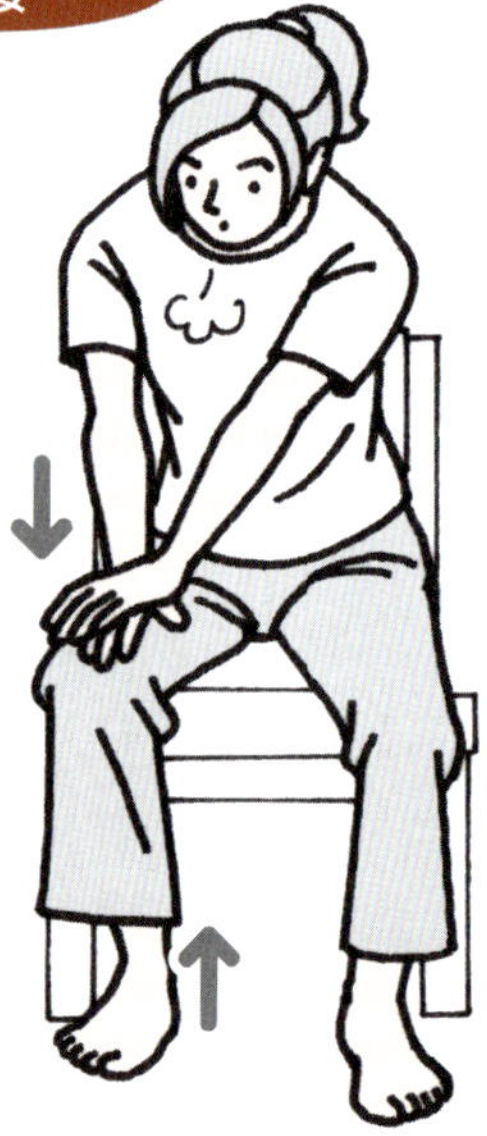

腸腰筋《ちょうようきん》の強化。腰かけた位置で、まず足裏が床から少し浮くようにひざを持ち上げる。持ち上げたひざを両手のひらを重ねて上から押しつけて、足が床に着かないように力を入れて、5〜6秒

必要な筋力アップを

体操には、エアロビック体操、ストレッチ体操をはじめ、筋力をつけるための体操や持久力や瞬発力をつけるためのものなどいろいろあります。

ここで紹介する「いっぱつ体操」は、アイソメトリック（等尺性）の運動です。これは、関節が固定されている状態で相反する（拮抗《きっこう》する）方向に、できるだけ強く、短時間力を入れることにより筋力をアップさせるもので、一つの動作の時間は5〜6秒です。体操中、つい息を止めてしまいがちですが、口から息を吐きながら行うほうが効果的です。一度に多くの筋肉を使うと、疲れてしまうので、同じ部位は1日2回も行えば十分です。

高齢者や介護者、そして腰痛やひざ痛などで関節を大きく動

腹筋

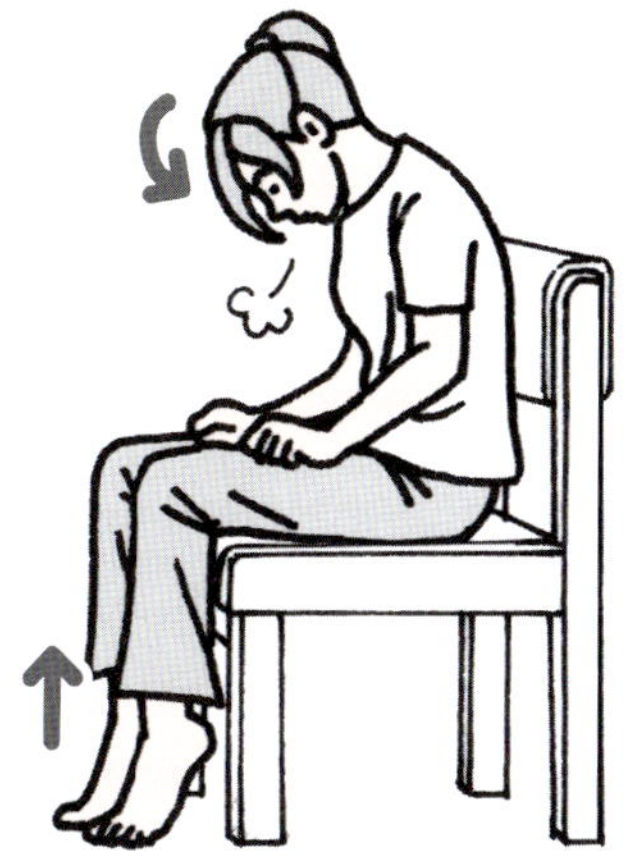

腹筋の強化。イスに深く腰かけ、あごを引きながらおへそをのぞきこみ、かかとを上げて、5～6秒

腕①

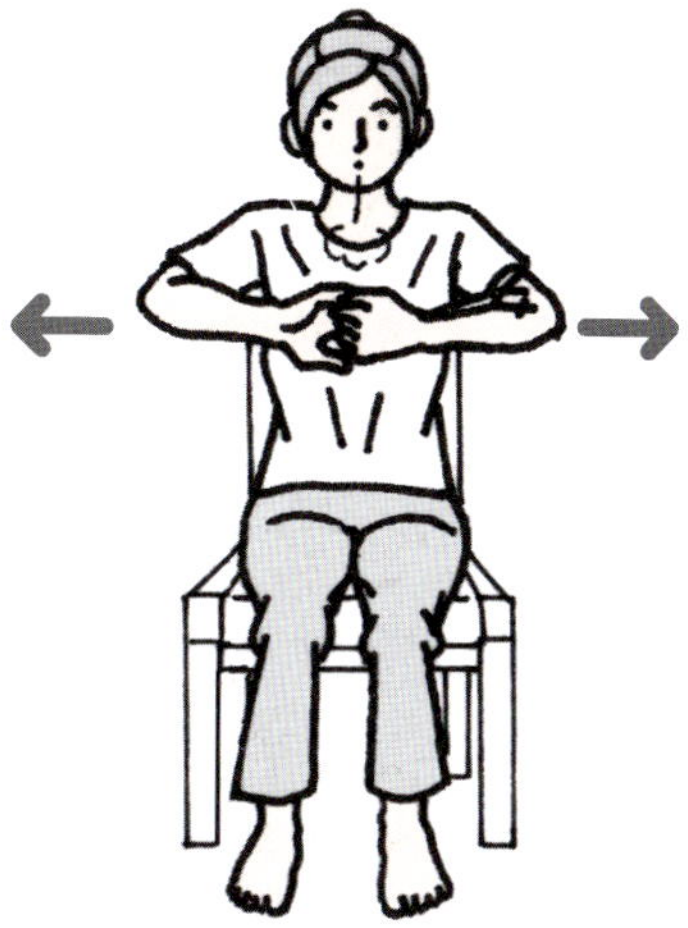

握力（手指屈筋）と三角筋の強化。指を引っかけるようにし、ひじを横に張って、5～6秒

腕②

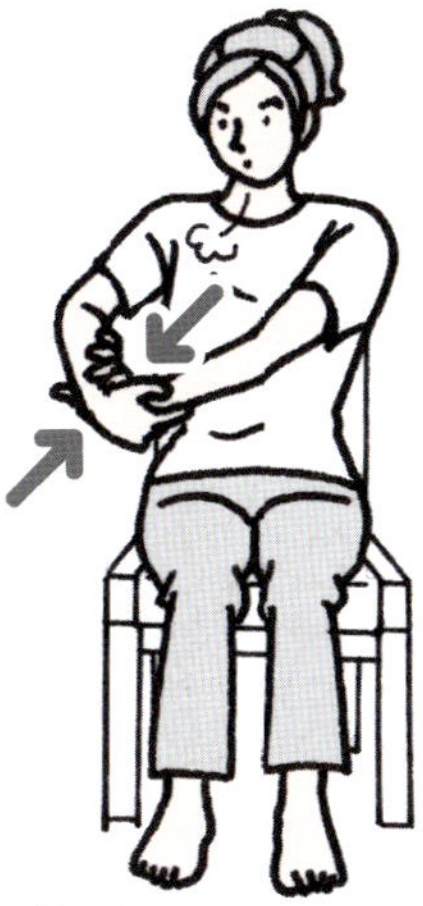

上腕二頭筋、上腕三頭筋の強化。少しひじを曲げ、反対の手で手首の近くの前腕部をおさえ、曲げるひじをおさえて、5～6秒

腕③

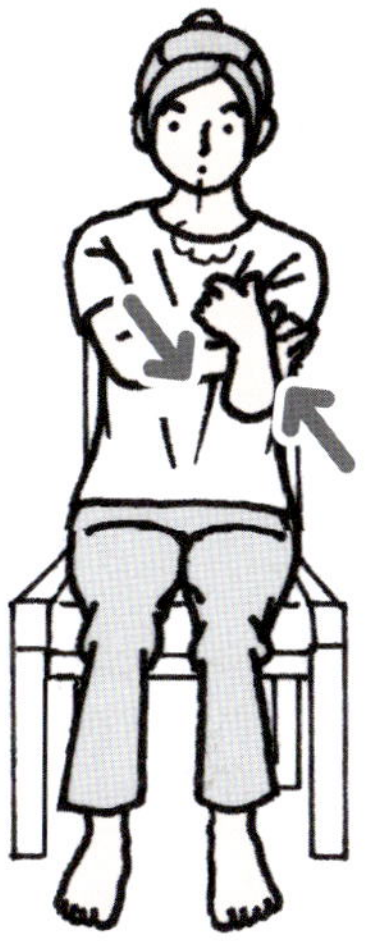

上腕二頭筋、上腕三頭筋の強化。腕②と同様の効果。前腕部を反対側の手で外からおさえ、引きつけて、5～6秒

腕④

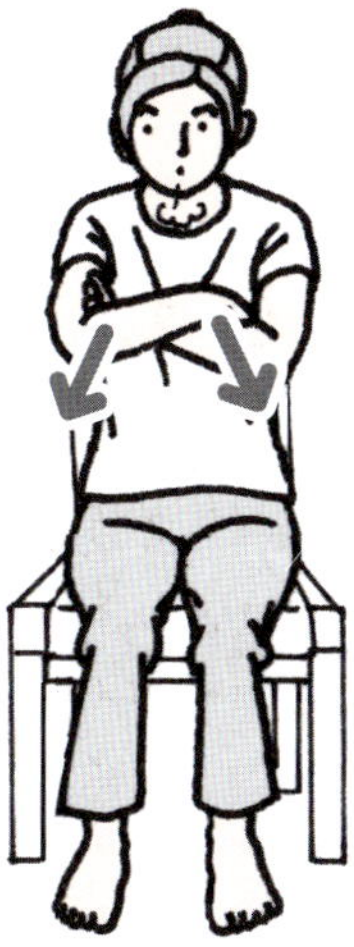

上腕三頭筋、三角筋の強化。腕組みをして、小指側に力を入れて前腕部を前に押すように力を入れて、5～6秒

胸

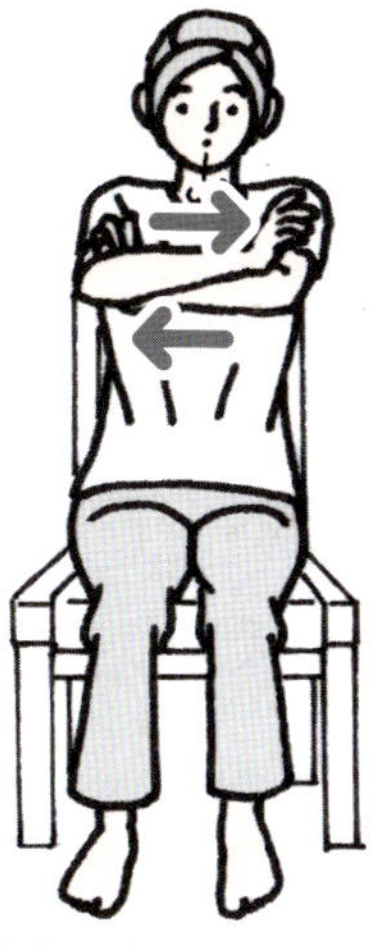

大胸筋の強化。腕組みをして、ひじを少し上げて、両手のひらで上腕を押すように力を入れて、5～6秒

かすことができない人でも、狙いを定めた筋肉を短期間で強化することで痛みが改善されます。

特に力の弱っている高齢者の場合、握力や上腕の筋力、腹筋力、立ち上がりのための太腿《ふともも》周辺の筋力、脚を持ち上げるための筋力の強化などが重要です。

いつでも簡単にできますので、ぜひやってみてください。

介護腰、介護ひざ対策に

95歳の要介護度5の母親を介護している娘Tさん（70歳）と、週に一度泊まりこみで応援にくる嫁のKさん（58歳）は、65kgの太った母親をトイレに連れていくため、ともに腰痛とひざ痛に悩んできました。

そこで、「いっぱつ体操」のうちの太腿の強化と腰の運動を折りにふれ行うようにしたところ、今では苦痛もなく介護ができるようになりました。

17-8

介護保険の上手な使い方（1）

介護保険とは何か

誰もが介護サービスを安心して受けることができる

主な介護サービスの種類

訪問サービス	訪問介護	ホームヘルパーが寝たきりや心身に障害のある高齢者のいる家庭を訪問し、食事・排泄・入浴などの介助や、調理・洗濯・買い物などの生活の援助を行う
訪問サービス	訪問入浴介護	寝たきりや障害があるために、家庭内での入浴が困難な高齢者が対象。移動入浴車で家庭を訪問して、特殊浴槽を使って入浴の介助をする
訪問サービス	訪問看護	看護師や保健師が、寝たきりなどのために通院できない高齢者の家庭を訪問して、主治医と連絡をとりながら健康チェックや身辺看護などを行う
訪問サービス	訪問リハビリテーション	理学療法士や作業療法士などが家庭訪問し、日常生活の自立を助けるためのリハビリテーションを行う
訪問サービス	居宅療養管理指導	通院困難な高齢者のために、かかりつけの医師や歯科医師、歯科衛生士、薬剤師、管理栄養士などが家庭訪問し、直接、医学的な管理や指導、助言を行う
通所サービス	通所介護	寝たきりや認知症などの高齢者の心身機能維持や、介護者の負担軽減のためのサービス。送迎・食事・健康チェック・入浴・レクリエーションなどを行う
通所サービス	通所リハビリテーション	医療機関や介護老人保健施設にかぎって行われるリハビリテーション。作業療法士や理学療法士や言語聴覚士などが「リハビリ計画」を立て、生活支援を行う
短期入所サービス	短期入所生活介護	在宅での介護が介護者の都合により一時的に難しくなったとき、特別養護老人ホームなどで要介護者等を一時的に預かる。家庭介護指導も受けられる
短期入所サービス	短期入所療養介護	医療型ショートステイ。介護老人保健施設や医療施設などに短期間入所して、必要な医療なども受けられる。継続した在宅生活を支援する

介護保険制度とは

これまでの介護は家族中心に考えられてきました。しかし、これからは、高齢者のみの問題ではなく、私たち一人一人の問題であり、家族だけでかかえこむことはできません。この考えのもとに制定されたのが、「介護保険制度」です。

介護保険は40歳以上の国民全員が加入しなければいけない強制保険で、被保険者は65歳以上の第1号被保険者と40～64歳までの第2号被保険者の2つにわかれます。

第1号被保険者はその原因を問わず、必要になれば介護サービスが受けられます。しかし、第2号被保険者は、脳血管障害、パーキンソン病、初老期認知症などをはじめとする、特定疾患の場合にかぎられます。

第1号被保険者には「被保険者証」が送られてきますが、それだけでは介護サービスを利用できません。必要になったら、居住する「市町村の窓口」などに申請し、「要支援」または「要介護」の認定を受けなくてはなりません。

介護保険は、「誰もが住み慣れた家庭や地域で介護サービスが利用でき、安心して生活を送ることができる」ことをスローガンに、自立支援・自己選択・自己責任をキーワードとして、要介護者等を主体としたサービスを提供する制度です。

平成18年、介護保険制度も5年が経過し見直しがされました。いままでのサービスに、早い段階から要支援状態の悪化防止および改善をはかろうという介護予防サービスや、地域に根ざした地域密着型サービスが加わりました。

主な介護サービスの種類

その他の在宅サービス	特定施設入居者生活介護	特定施設入居者生活介護の指定を受けている有料老人ホームや軽費老人ホーム（ケアハウス）などに入所して、介護保険のケアプランに基づいた食事・入浴・排泄などの介護や療養上の援助を受けることができる
	特定福祉用具販売	福祉用具でも腰かけ便座や簡易浴槽など入浴や排泄に関する用具は、清潔という観点からも貸与という形式になじまないということで、1年間10万円を上限として支給限度基準額の範囲内で支給される
	福祉用具貸与	高齢者の自立を援助するために、その身体状態や家庭環境などに合った車イスやベッドをはじめとする12種類の福祉用具をレンタルしてくれるサービス。しかし、要介護度によりレンタル制限あり
施設サービス	介護老人福祉施設	従来の特別養護老人ホームのこと。身体および精神上に著しい障害があって、常時、介護を必要としているにもかかわらず、家庭においての介護が困難になった人が生活する施設
	介護老人保健施設	介護やリハビリを中心としたケアと安定した医療を提供する、医療と福祉の両方に位置する施設。目標は急性期の治療が終了した高齢者の家庭復帰で、家庭での介護に役立つ日常生活の支援を行う
	介護療養型医療施設	急性期の治療が終わり、長期の療養を必要とする高齢者のための医療機関。医療・看護・介護・リハビリテーションなどを受けることができる
相談窓口など	地域包括支援センター	主に市町村に設置され地域の要支援者、高齢者などからの介護や福祉などに関する相談を受ける窓口。保健師などの専門家が、介護予防ケアプラン作成やマネジメント、ケアマネジャー支援などを行う
	在宅介護支援センター	市町村の窓口と同様に、福祉サービスや利用申請の相談にのってくれる24時間対応の相談機関。特別養護老人ホームや病院などに併設されているが、制度の創設以来、小学校区に一つの設置を目標にしている
	居宅介護支援事業者	ケアプラン作成業者。要介護認定を受けてケアプランづくりを頼む場合、ケアマネジャーは本人や家族から心身の状態、どんな介護を希望しているかを聞いて、その人に合ったケアプランを作成してくれる

介護サービスを活用する

要介護状態になると、「迷惑はかけたくない」「自分なんかいないほうが……」と嘆く高齢者の声を耳にします。さらに、それを聞いた家族は「自分たちさえ我慢すれば」と自分自身にいい聞かせる方が多いようです。

介護サービスを利用するにあたっては、他人の手を借りることに「罪悪感」を持つ家族の方も多く、逆に要介護者等は「家族に捨てられた」という思いにかられるようです。

在宅において介護は、年中無休の24時間態勢です。家にいることの多い主婦が、介護者になることが多く、そのたいへんさは想像し難いものです。家族の中心である主婦が、介護で疲れはててしまっては、家庭崩壊につながりかねません。

介護には、食事や排泄などを中心とする身体的ケアと、精神的にバックアップするケアがあります。身体的ケアは他人でも代行できますし、むしろプロにまかせたほうがいい場合もあります。逆に、要介護者等にとってもっとも必要とされる精神的ケアは、家族にしかできないことがあります。介護する人とされる人、四六時中顔をつき合わせていては息がつまってしまいます。介護者に息抜きが必要なように、要介護者等も家族と離れた時間を持つことが必要です。

介護で疲れきってしまう前に、介護サービスを上手に使って、なるべく負担を軽くし、要介護者等を精神的に支える役割にまわるべきです。

介護保険で受けられる主なサービスとしては、ホームヘルパーが自宅にきて介助や生活援助してくれる訪問サービスをはじめ、リハビリなどで日中を過ごす通所サービス、家族の方の休養などを目的として短期間施設を入所利用する短期入所サービス、介護老人福祉施設や介護老人保健施設に入所する、施設サービスなどがあります。

ただし、どのサービスを受けられるかは、その「要介護度」によって違いますが、それぞれの特徴を知り、要介護者等をはじめとする家族の状況に合ったものを選ぶといいでしょう。

介護保険を利用するには

ケアマネジャーなどの専門家に相談すると簡単

ケアマネジャーなどの役割

介護サービスが必要な状態になったら、「市町村の窓口」などに相談します。

平成18年4月に各市町村に創設された地域包括支援センターは、高齢者や家族の総合的な相談にのってくれます。また、居宅介護支援事業者は申請の代行もしてくれます。

介護認定を受けたら、まずはそれぞれの限度額や状況に応じて、どんなサービスを受けるかのプランづくりをします。自分でもできますが面倒なこともあるので、プランニングの専門家に頼みましょう（要介護⇒居宅介護支援事業者、要支援⇒地域包括支援センター）。介護サービスが介護を必要とする高齢者一人一人のために、さらに介護する家族にとって、より意味のあるものになるようにプランニングしてくれます。プランづくりばかりではなく、サービス業者の選定から、業者との調整、進行管理なども仕事に含まれています。サービス利用者にとっては心強い頼りになる存在です。

●介護保険を利用するまでの順序

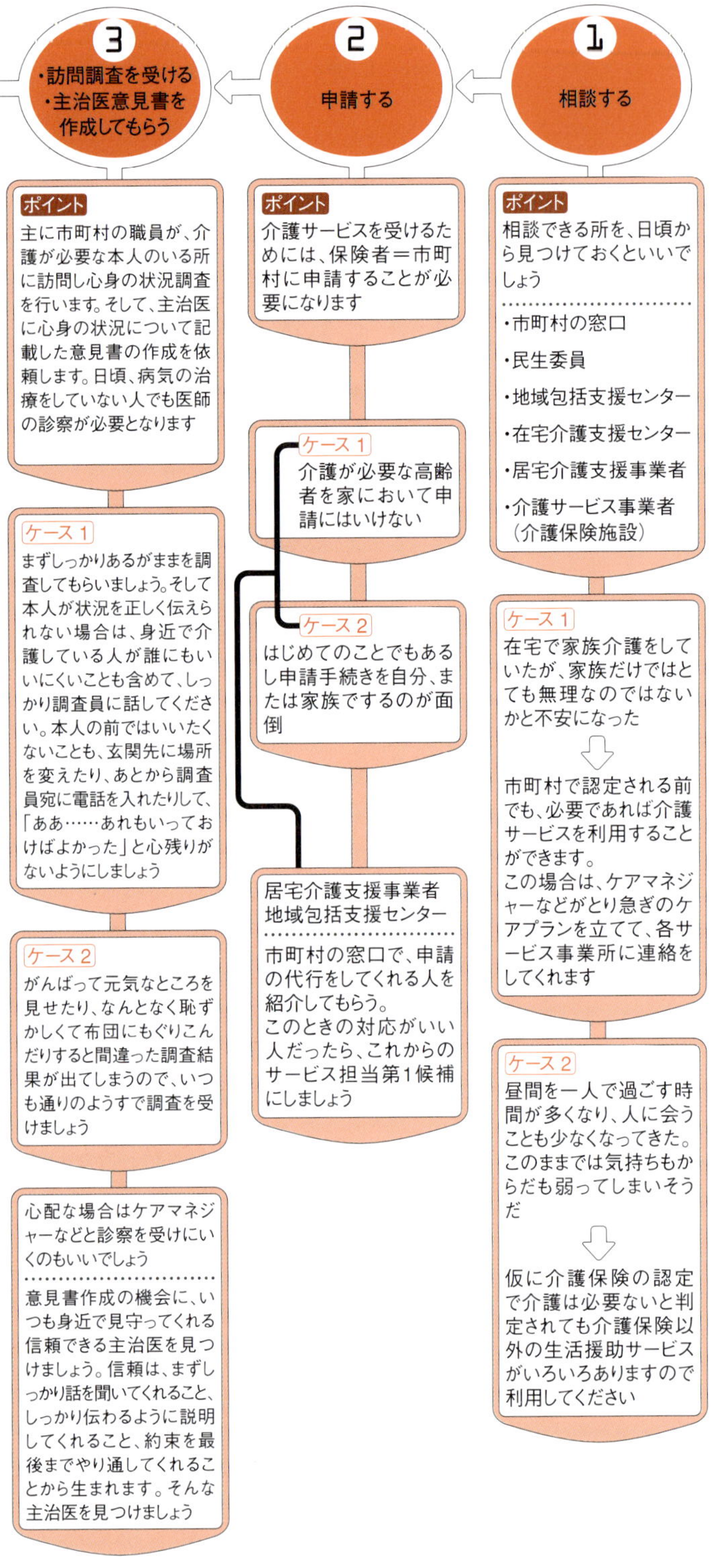
1
相談する
ポイント
相談できる所を、日頃から見つけておくといいでしょう
・市町村の窓口
・民生委員
・地域包括支援センター
・在宅介護支援センター
・居宅介護支援事業者
・介護サービス事業者（介護保険施設）
ケース1
在宅で家族介護をしていたが、家族だけではとても無理なのではないかと不安になった
市町村で認定される前でも、必要であれば介護サービスを利用することができます。
この場合は、ケアマネジャーなどがとり急ぎのケアプランを立てて、各サービス事業所に連絡をしてくれます
ケース2
昼間を一人で過ごす時間が多くなり、人に会うことも少なくなってきた。このままでは気持ちもからだも弱ってしまいそうだ
仮に介護保険の認定で介護は必要ないと判定されても介護保険以外の生活援助サービスがいろいろありますので利用してください
2
申請する
ポイント
介護サービスを受けるためには、保険者＝市町村に申請することが必要になります
ケース1
介護が必要な高齢者を家において申請にはいけない
ケース2
はじめてのことでもあるし申請手続きを自分、または家族でするのが面倒
居宅介護支援事業者
地域包括支援センター
市町村の窓口で、申請の代行をしてくれる人を紹介してもらう。
このときの対応がいい人だったら、これからのサービス担当第1候補にしましょう
3
・訪問調査を受ける
・主治医意見書を作成してもらう
ポイント
主に市町村の職員が、介護が必要な本人のいる所に訪問し心身の状況調査を行います。そして、主治医に心身の状況について記載した意見書の作成を依頼します。日頃、病気の治療をしていない人でも医師の診察が必要となります
ケース1
まずしっかりあるがままを調査してもらいましょう。そして本人が状況を正しく伝えられない場合は、身近で介護している人が誰にもいいにくいことも含めて、しっかり調査員に話してください。本人の前ではいいたくないことも、玄関先に場所を変えたり、あとから調査員宛に電話を入れたりして、「ああ……あれもいっておけばよかった」と心残りがないようにしましょう
ケース2
がんばって元気なところを見せたり、なんとなく恥ずかしくて布団にもぐりこんだりすると間違った調査結果が出てしまうので、いつも通りのようすで調査を受けましょう
心配な場合はケアマネジャーなどと診察を受けにいくのもいいでしょう
意見書作成の機会に、いつも身近で見守ってくれる信頼できる主治医を見つけましょう。信頼は、まずしっかり話を聞いてくれること、しっかり伝わるように説明してくれること、約束を最後までやり通してくれることから生まれます。そんな主治医を見つけましょう

4 審査・判定を受ける

ポイント
先の訪問調査・主治医の意見書などをもとに、保健・福祉・医療の専門家で構成される介護認定審査会にかけられます。本人に介護が必要かどうか、そして、介護が必要ならばどの程度必要か、を話し合い決定する会議です

ケース1・ケース2 共通
本人にかかる介護の手間のみで、審査・判定されるのが原則ですが、現実的には介護認定審査会の審査員は、さまざまな要素を含め考えて審査していることが多いようです。
一人暮らしの人、歩くことのできる痴呆の人、介護する人が病弱な場合など、本人のみの状況だけで、すべてを審査できるわけではないことを審査員はわかっています

5 ・認定を受ける ・通知を受け取る

ポイント
市町村から認定結果が通知されます。
- 非該当（自立）
  介護保険によるサービスは受けられません
- 要支援1・2
  介護予防サービスが受けられます
- 要介護1〜5
  居宅（在宅）サービスと施設サービスが利用できます
  結果通知は必ず本人宛に郵送で行われます。電話での連絡・通知はありません

同封されているもの
①認定結果通知書
通知書は、本人のみにしか届きませんので、認定結果は本人のみしか知りません。この届いた通知書をこれから担当してもらうケアプラン作成者に見せて、認定結果を正しく早く教えてあげてください
②介護保険証
認定結果＝要介護度などが記入されています。今後、介護サービスを受ける度、原則毎月提示することになりますので、大切にしてください
③居宅サービス計画作成依頼届出書（要介護）
居宅サービス計画（＝ケアプラン）が作成できるケアマネジャーは、あなたの町にたくさんいます。都合のきく、ウマが合って話しやすい、信頼できるケアマネジャーを選んでケアプラン作成を依頼しましょう
④その他
介護サービスを受けるのに大切な情報の説明書が同封されています。わからないことはケアプラン作成者に読んでもらって、説明してもらいましょう

6 各種サービスを選択する

ポイント
自分や家族のために各種サービスを選択しましょう

介護保険には、以下のサービスがあります。

要介護者のための居宅（在宅）サービス、施設サービス、地域密着型サービス、要支援者のための介護予防サービス、地域密着型介護予防サービスがあります。

地域密着型（介護予防）サービスとは、都道府県ではなく各市町村が業者の指定・監督を行い提供するサービスです。

ケース1
- 同居の息子夫婦は共働きを続けたい
- 子供の教育も家族みんなで考えたい
- 趣味活動も続けたい
- 地域活動に参加したい
- 家族で旅行にいきたい
- 朝はとても気忙しいのでなんとかしてほしい
- 無駄なお金は使いたくない
- 世間体も整えたい
- 親戚を納得させたい
- みんなの笑顔を見たい
- たまには親の顔を見ずに心からゆっくりしたい
- 孝行息子（嫁）でいたい

ケース2
- 楽しい集いがほしい
- 恥をかきたくない
- 健康でいたい
- 元気になりたい
- おいしい物が食べたい
- 仲間とどこかにいきたい
- ゆっくりお風呂に入りたい
- 家族にお金の迷惑をかけたくない
- 不自由があるけど好きにさせてほしい
- 安心して一人でいられるようになりたい
- 若い男女と話したい
- みんなに自分のことを覚えていてほしい

※介護サービスの種類参照

7 ケアプランを作成する

ポイント
認定結果をもとに、心身の状況に応じてケアプラン作成を依頼したケアマネジャーなどと話し合い、各種サービスを組み合わせた居宅サービス計画（要介護1〜5）、または、介護予防サービス計画（要支援1・2）を作成します

ケース1・ケース2 共通
本人・家族の意向を十分に聞いて、さらにケアプラン作成者自身がアセスメントを実施し、それを根拠に、ケアプランの素案をいくつか作成します
- どんな人がケアしてくれるのか
- どんな所でどんなケアが受けられるのか
- ケアにどれぐらいお金がかかるのか

ケアに関する「人・モノ・カネ」について、とことん質問して心から納得したケアプランを選択、決定しましょう。

ケアプランの選択は1回きりではありません。何度でも修正・変更は可能ですので、いつでもケアプラン作成者に申し出てください。

どうしても気持ちが伝わらない、わかりにくいケアプラン作成者は、担当変更が可能ですので、我慢しないで、「ケアプラン作成者を替えてください」とケアプラン作成者所属の事業所か、市町村に連絡しましょう。

ケアプラン作成者変更希望のせいで不利益があるようでしたら、いつでも、市町村・県などの苦情受付係に申し出ましょう

※ケアプランモデルケース参照

8 各種サービスの利用

ポイント
それぞれのケアプランに基づいて在宅や施設で保健・医療・福祉の総合的なサービスが利用できます

ケース1・ケース2 共通
いよいよ介護サービスを利用できることになりました。

ケアプラン作成者一は、介護サービスを提供してくれる事業所に直接、今まで本人・家族から聞いた要望や方針を含めて、かゆいところに手が届くように申し送りをしておいてくれます。

必要であれば、介護サービスを利用する前に、そのサービス事業所を訪問したり、または担当者に家に来てもらうようにするのもいいでしょう。また、サービス提供の関係者が集まって、サービス担当者会議が開催されますので、本人・家族が積極的に参加できるように、利用者本人の自宅でサービス担当者会議を持ってもらうのもいいでしょう。

最初の利用当日、必要であればケアプラン作成者が同伴することもできます。

利用中には、ケアプラン作成者は利用状況を直接確認するために、現場に出向いたり、定期的にまたは要望がある度にかならず訪問連絡をしてくれます。

介護サービス内容に不満があれば、ケアプラン作成者を通じて申し出て、サービス向上をしてもらいましょう。納得できない場合は、もちろんサービスの変更は可能です

ケアプランのモデルケース

介護保険を上手に使いこなすために

●介護認定別ケアプラン

	介護認定	要支援1・2	要介護1
専業主婦がいる場合	専業主婦が一人で介護する場合 **主婦の負担を軽くする** 外に出る機会が多くなるように、通所サービス利用をポイントにする	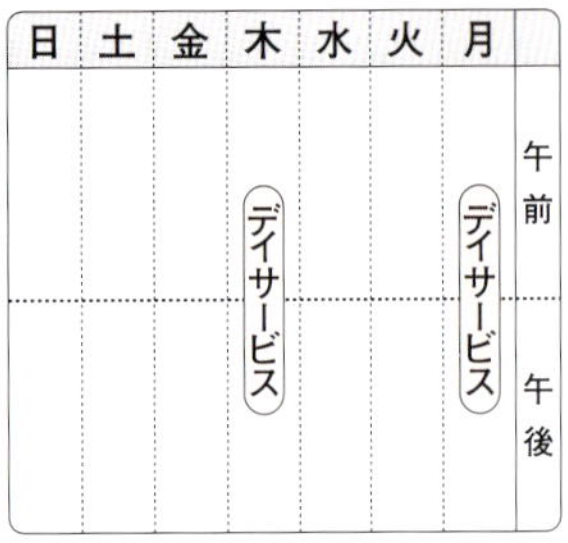月 火 水 木 金 土 日 午前 午後 デイサービス デイサービス	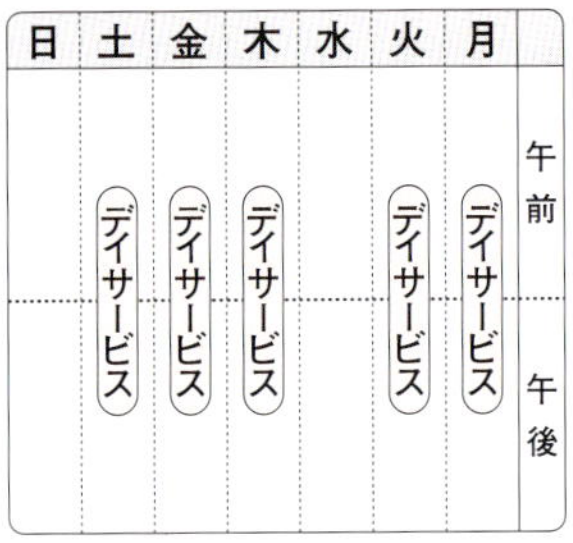月 火 水 木 金 土 日 午前 午後 デイサービス デイサービス デイサービス デイサービス デイサービス
共働きの場合	日中は介護できない場合 **一人のときをどうするか** 日中、家に人がいないので、なるべく一人きりの時間を少なくする	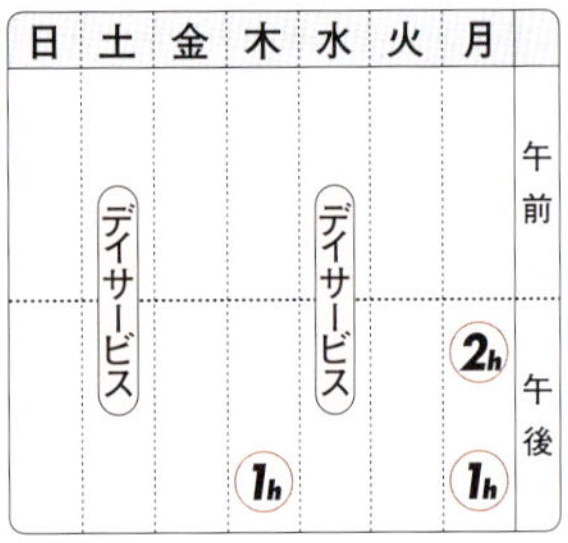月 火 水 木 金 土 日 午前 午後 2h 1h デイサービス 1h デイサービス	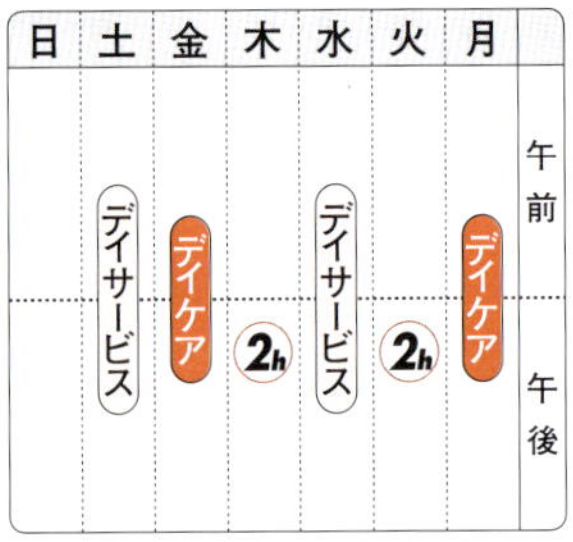月 火 水 木 金 土 日 午前 午後 デイケア 2h デイサービス 2h デイケア デイサービス
老老介護の場合	介護者も高齢の場合 **共倒れにならないように** 介護する家族も高齢の場合、共倒れにならないように負担軽減がポイント	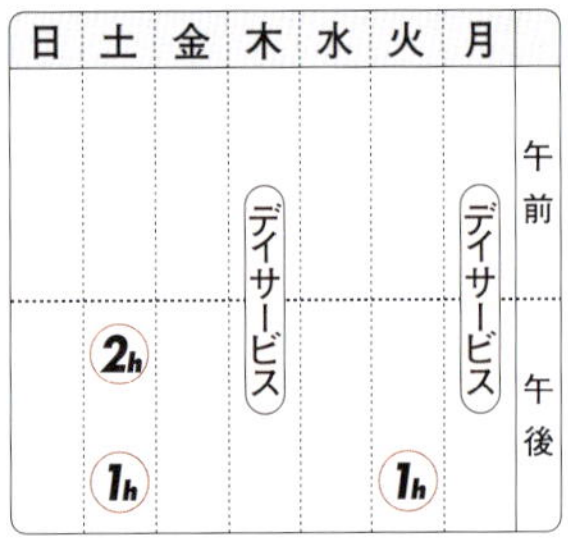月 火 水 木 金 土 日 午前 午後 デイサービス 1h デイサービス 2h 1h	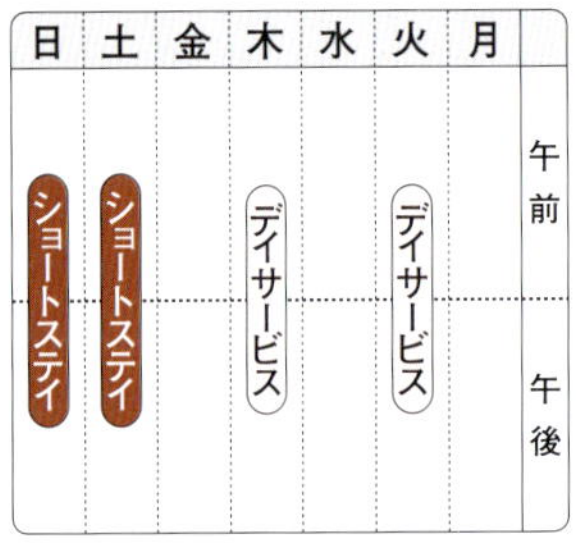月 火 水 木 金 土 日 午前 午後 デイサービス デイサービス ショートステイ ショートステイ
独居老人の場合	要介護者が一人暮らしの場合 **自立した部分を大切に** 自立している部分は残しつつ、本人の意思を尊重してサービスを決定する	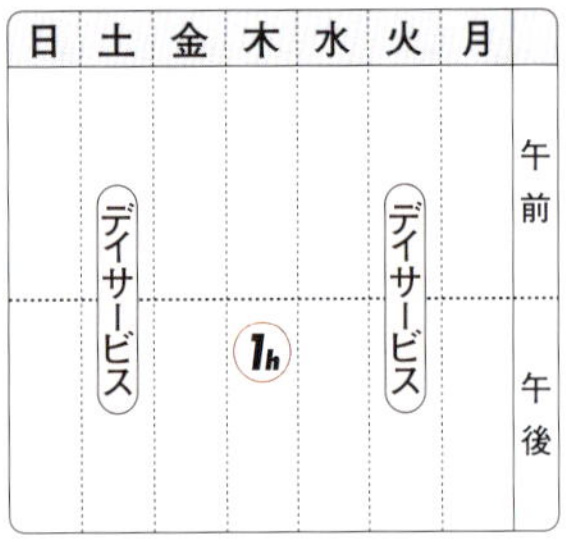月 火 水 木 金 土 日 午前 午後 デイサービス 1h デイサービス	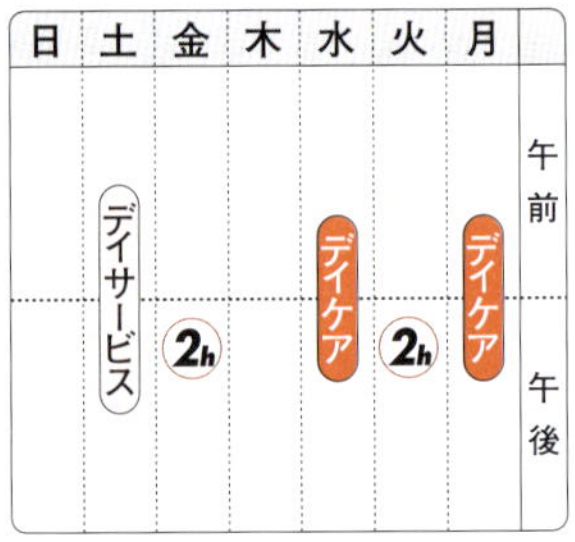月 火 水 木 金 土 日 午前 午後 デイケア 2h デイケア 2h デイサービス

一部実費負担もあります。※上記データは2003年作成のものです。目安として利用してください。

誰のためのプランなのか

訪問調査や介護認定審査会を経て、介護の度合がもっとも軽い「要支援1」から、もっとも重い「要介護5」までの認定を受けます。

この要介護度が決定すると、その段階に応じて利用できるサービスの範囲も決まってきます。「要支援」であれば、介護予防サービスしか利用できませんが、「要介護1」以上であれば、在宅サービスと併せて施設サービスも利用できます。

サービスを利用する場合、要介護度によって利用できる金額に限度があります。保険内でどれぐらいのサービスが受けられるのか、まずは、ケアマネジャーなどの専門家に相談します。

ケアプランナーは利用者やその家族の要望を聞いて、いちば

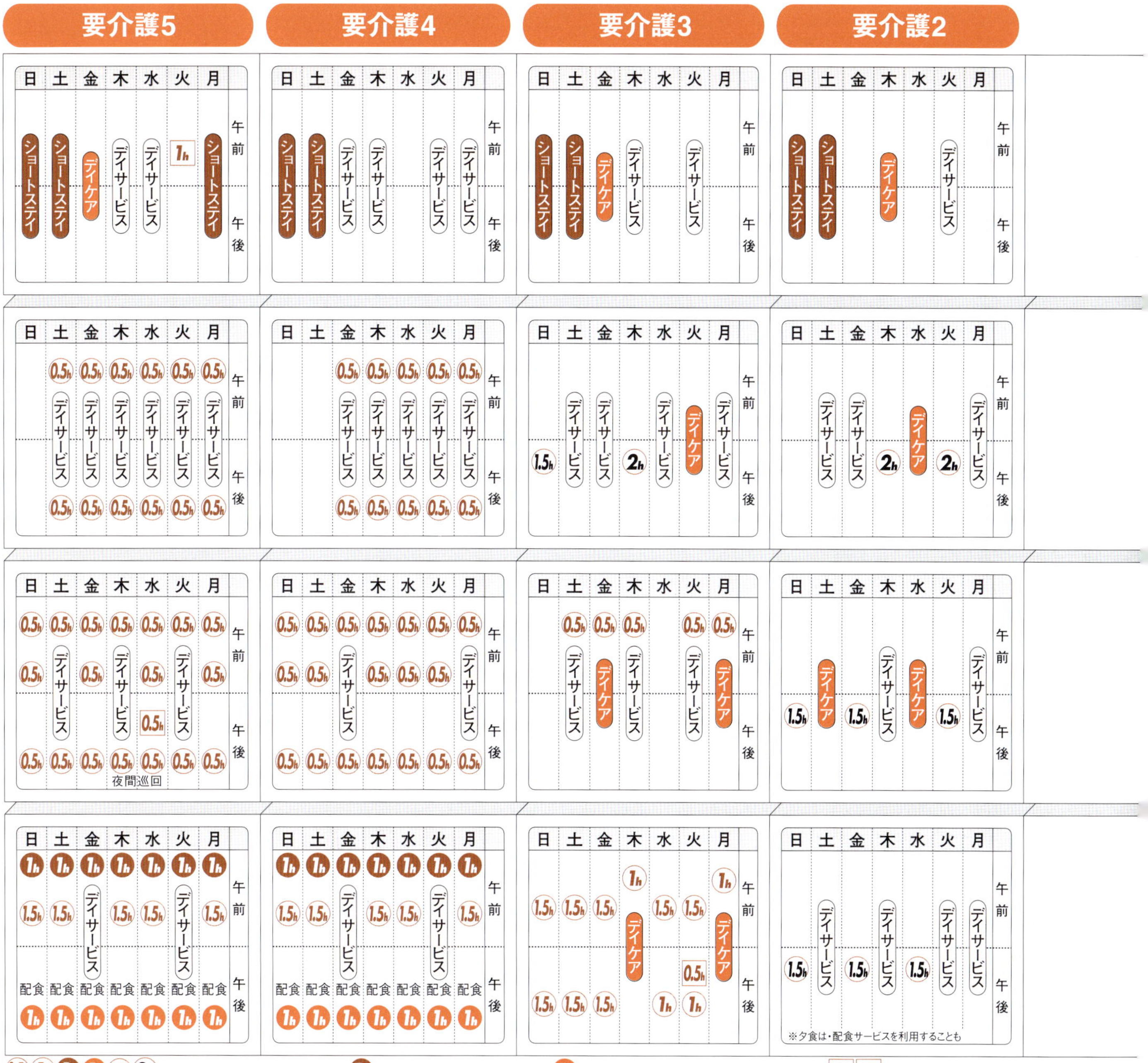

0.5h 1h 1h 1h 1.5h 2h はヘルパーの時間数、ただし 1h は深夜、早朝30分ずつの、1h は夕方、深夜30分ずつのオムツ替え　1h 0.5h は訪問看護の時間数

ん希望に沿ったサービスを選んでプランニングしてくれます。

そのためには利用者の身体状態をはじめ、何が不自由なのか、家族関係、経済状況などの正確な情報を提供することが必要になってきます。

しかし、情報を伝えたからといって、まかせっきりではいけません。利用者が主体となって積極的にプランづくりに参加しましょう。両者でつくり上げていくことが重要です。

最初から完璧なプランなどあり得ません。利用してから不都合が生じたら、そのつどケアプラン作成者に相談してください。いつでもプランの見直しをしてくれます。

ケアプラン作成者の存在

いつも要介護者側に立って考えるのが、ケアプラン作成者の基本姿勢です。

プランの変更はもとより、サービス業者とのトラブルなど、困ったときは、いつでも相談しましょう。どんなときでも受け入れてくれる、頼りになるパートナーです。

な

さ

索引

索引

参考文献

三好春樹:元気がでる介護術　岩波書店　2002
健康づくり・ノートシリーズ②/うるおい介護ノート　財団法人東京都健康推進財団　2002
岸本裕充:ナースのための口腔ケア実践テクニック　照林社　2002
羽鳥操:野口体操・感覚こそ力　春秋社　2002
大田仁史:地域リハビリテーション原論　医歯薬出版　2001
三好春樹:介護が上手くなるための10ヵ条　関西看護出版　2001
松林誠志(編著):クスリも鍵もいらない介護　雲母書房　2001
東京都健康づくり推進センター(編):ストレス教室の開き方　保健同人社　2001
寒河江秀行(著)、久保　明(監修):フットセラピーで美しく　廣済堂出版　2001
井上千津子(監修):介護サービス利用の手引き　小学館　2001
ナーシング・フォーカス・シリーズ/最新口腔ケア　照林社　2001
五十嵐透子:リラクセーション法の理論と実際〜ヘルスケア・ワーカーのための行動療法入門　医歯薬出版　2001
和田秀樹:間違いだらけの老人医療と介護　講談社　2001
三好春樹:老人介護 常識の誤り　新潮社　2000
三好春樹:シリーズ生活リハビリ講座6　生活リハビリ体操　雲母書房　2000
銀ちゃん便利堂(編):お年寄に役立つ道具案内　学陽書房　2000
高野喜久雄:ホームヘルパーハンドブック　新星出版社　2000
中野昭一(編・著):図解生理学　医学書院　2000
昇　幹夫:笑顔がクスリ　保健同人社　2000
壁下香織(著)、真島伸一郎(監修):介護サービス・こう受ければ大満足!　こう書房　2000
播本高志(編・著):介護職のための高齢者の病気と薬講座　中央法規出版　2000
大田仁史:介護予防　荘道社　2000
野崎貞彦(監修):やすらぎ休養ノート　財団法人東京都健康推進財団　1999
玉垣　均:寝たきりにさせないリハビリ介護　ブリコラージュ　1999
H・ケイトン、N・グラハム、J・ワーナー(著)、朝田隆(監訳):痴呆症のすべてに答える　医学書院　1999
三好春樹:シリーズ生活リハビリ講座5　遊びリテーション学　雲母書房　1999
牛山京子:在宅訪問における口腔ケアの実際　医歯薬出版　1999
三好春樹:シリーズ生活リハビリ講座4　介護技術学　雲母書房　1998
三好春樹:シリーズ生活リハビリ講座3　身体障害学　雲母書房　1998
金谷節子&聖隷三方原病院栄養科スタッフ:病院食事革命　女子栄養大学出版部　1998
竹内孝仁:介護基礎学　医歯薬出版　1998
三好春樹:シリーズ生活リハビリ講座2　生活障害論　雲母書房　1997
三好春樹:シリーズ生活リハビリ講座1　関係障害論　雲母書房　1997
西原修造:新・感染症の基礎知識　筒井書房　1997
大田仁史:かばい手の思想　荘道社　1996
三好春樹:ねたきりゼロQ&A　雲母書房　1996
遠藤尚志:ことばの海へ　筒井書房　1996
D・ゴールマン(著)、土屋京子(訳):「EQ」　こころの知能指数　講談社　1996
三好春樹:老人介護Q&A　雲母書房　1995
竹内孝仁:医療は「生活」に出会えるか　医歯薬出版　1995
大田仁史:芯から支える　荘道社　1994
村上廣夫&誠和園Staff:寝たきり地獄はもういやじゃ　筒井書房　1993
大田仁史:心にふれる　荘道社　1993
大田仁史:堪忍袋の緒　荘道社　1993
三好春樹:介護覚え書　医学書院　1992
三好春樹:老人の生活リハビリ　医学書院　1988
三好春樹:老人の生活ケア　医学書院　1985
大田仁史:いきいきヘルス体操　荘道社　1985
大田仁史:脳卒中在宅療養の動作訓練　日本アビリティーズ協会　1984

写真提供

特別養護老人ホーム甍(いらか)　34、75、183頁
財団法人結核予防会　58頁
長崎大学熱帯医学研究所・岩崎琢也　58頁
東京都健康局　59頁
グループホームふれあいサロン・はまなす　65頁
リハビリデザイン研究所　79、104、105、115頁
リビングガーデンプロジェクト　89頁
金谷節子(聖隷三方原病院栄養科)　90頁
フランスベッド・メディカルサービス　106、107頁
特別養護老人ホーム誠和園　125頁
ペンションひゅっかり　147頁
大喜デイサービスセンター　147、319頁
特別養護老人ホーム浜石の郷　147頁
老人保健施設ライフタウンまび　182頁
特別養護老人ホーム生きいきの里　195頁
特別養護老人ホーム湧愛園　300頁
特別養護老人ホーム清水坂あじさい荘　317頁

監修・著者紹介

大田　仁史（おおた　ひとし）

1936年生まれ。東京医科歯科大学医学部卒業。伊豆逓信病院リハビリテーション科部長、同病院副院長を経て、茨城県立医療大学教授、附属病院長。現在、茨城県立医療大学名誉教授、茨城県立健康プラザ管理者。

三好　春樹（みよし　はるき）

1950年生まれ。74年から特別養護老人ホームに生活指導員として勤務後、九州リハビリテーション大学校卒業。現在、生活とリハビリ研究所代表。

N.D.C.367.7 359p 27cm

Ultimate Practical Care

完全図解《かんぜんずかい》　新《あたら》しい介護《かいご》

発行日――2003年６月10日　第１刷発行
2009年２月18日　第21刷発行

定価はカバーに表示してあります。

監　修――大田仁史《おおたひとし》・三好春樹《みよしはるき》

発行者――中沢義彦

発行所――株式会社　講談社

〒112-8001　東京都文京区音羽2-12-21

電話　出版部　03-5395-3560

販売部　03-5395-3625

業務部　03-5395-3615

印刷所――凸版印刷株式会社

製本所――株式会社　若林製本工場

ISBN4-06-259351-3